THE SEVENTY GREAT INVENTIONS OF

THE ANCIENT WORLD

고대세계의 위대한 발명 70

브라이언 M. 페이건 외 지음 · 강미경 옮김

랜덤하우스

차례

술을 데우는 데 사용되었던 중국의 세 발 달린 청동 주발.

표지 설명 : 길일과 흉일에 대한 내용을 담고 있는, BC 600년 메소포타미아 지역의 설형문자판(런던 대영박물관 소장). 그 아래 사진은 왼쪽부터 차례로 투탕카멘의 단도(카이로 이집트박물관 소장), 메소포타미아의 설형문자판(런던 대영박물관 소장), 우르의 전승 기념판(런던 대영박물관 소장), 이집트의 《사자의 서》 속표지(런던 대영박물관 소장), 삼성퇴(三星堆) 유적지에서 출토된 청동 인두상(쓰촨 성 문화재청 소장), 화가 아마시스가 흑회식 기법으로 장식한 그리스의 꽃병(뷔르츠부르크대학교 마르틴폰바그너박물관 소장), 세고비아의 도수관(Scala 촬영).

속표지1 : 휴대용 청동 해시계의 세부 모습, 5세기 비잔틴.
속표지2 : 스페인 세고비아에 있는 로마의 도수관, 1세기 말~2세기 초.

The Seventy Great Inventions of the Ancient World
edited by Brian Fagan
ⓒ 2004 Thames & Hudson Ltd., London
All rights reserved.

Korean translation edition ⓒ 2007 by Random House Korea Inc.
Published by arrangement with Thames & Hudson, Ltd., London, UK
via Bestun Korea Agency, Seoul, Korea.
All rights reserved.

이 책의 한국어판 저작권은 베스툰 코리아 에이전시를 통한 Thames & Hudson, Ltd.사와의 독점계약으로 랜덤하우스코리아(주)가 소유합니다. 신저작권법에 의하여 한국 내에서 보호를 받는 저작물이므로 무단전재와 복제를 금합니다.

고대 세계의 위대한 발명 70

초판1쇄 | 2007년 10월 30일
지은이 | 브라이언 M. 페이건 외
옮긴이 | 강미경

발행인 | 양원석
편집인 | 김기중
편집장 | 정보배
책임편집 | 박지홍
디자인 | design＊cokkiri

펴낸곳 | 랜덤하우스코리아(주)
주소 | 서울시 강남구 삼성동 159번지 오크우드호텔 별관 B2
편집문의 | 02-3466-8844
구입문의 | 02-3466-8954~5
홈페이지 | www.randombooks.co.kr

등록 | 2004년 1월 15일 제2-3726호
값 | 45,000원

ISBN 978-89-255-0875-7 04900
ISBN 978-89-255-0874-0 (set)

저자 소개	8
연대표	10
머리말	12

과학기술

	머리말	18
1	돌로 만든 도구	21
2	불	24
3	나무로 만든 도구	26
4	복합 도구 그리고 날과 끌	28
5	뼈와 뿔로 만든 도구	30
6	맷돌, 광내기 그리고 광을 낸 도끼	32
7	바구니와 바구니 짜는 기술	34
8	토기	37
9	구리, 청동, 금, 은	41
10	철과 강철	46
11	유리	49
12	직물과 직조술	53

페루 마추픽추의 잉카 유적지에 있는 석조 건축물.

주거와 생활

	머리말	58
13	주택	61
14	석조 건축물	66
15	가구	71
16	조명과 난방	76
17	물 공급과 배관	80
18	목욕과 위생	84
19	안전 장치	88
20	곡물 농업	91
21	땅 파는 막대에서 쟁기까지	95
22	관개	97
23	맷돌과 물방아 그리고 양수기	101
24	정원	105
25	가축 사육	109
26	조리	113
27	발효 음료	116
28	식료품 보관	119
29	초콜릿과 차	120
30	마약과 최면제	124

이집트 메케트레의 무덤에서 출토된 인형. 베 짜는 모습을 묘사하고 있다.

차례

교통수단

	머리말	128
31	스키, 설상화, 터보건 그리고 스케이트	131
32	바퀴와 수레	134
33	말과 마구	138
34	오솔길과 도로	142
35	다리와 운하	146
36	낙타와 낙타 안장	150
37	뗏목과 통나무배	152
38	판자배와 선박	156
39	범선	159
40	짧은 노, 장대 그리고 긴 노	162
41	항해술, 항구, 등대	166

전함에 타고 있는 로마 군대를 묘사한 부조, 이탈리아 팔레스트리나.

사냥, 전쟁 그리고 스포츠

	머리말	170
42	동물 덫과 물고기 덫 그리고 그물	173
43	던지는 창, 부메랑, 활과 화살	175
44	검, 단도, 전쟁용 창	178
45	갑옷, 투구, 방패	182
46	요새	187
47	공성기, 쇠뇌, 격발식 활	192
48	전차와 기병대	196
49	갤리선과 전함	200
50	구기 경기와 경쟁이 치열한 스포츠	205
51	보드 게임	210

고대 로마의 도로 가운데 가장 오래되고 유명한 이탈리아의 아피아가도.

예술과 과학

	머리말	212
52	최초의 예술	215
53	음악과 악기	220
54	문자	225
55	기호와 암호	230
56	책과 종이	232
57	점성술과 천문학	235
58	달력과 시간 측정	239
59	지도와 지도 제작법	243
60	수학과 계산 도구	247
61	동전과 화폐	250
62	저울과 도량 단위	253
63	일반 의학	255
64	외과 수술과 수술 도구	260
65	미라와 미라 제작법	264

각종 보석으로 만든 흉배 장식. 이집트 투탕카멘 왕릉.

치장

	머리말	268
66	보디아트와 문신	271
67	의복, 신발, 가발	274
68	보석	279
69	화장품과 향수	284
70	피임약과 최음제	289

참고 문헌	291
도판 출처	297
찾아보기	299

마야의 악사들을 묘사한 벽화. 멕시코 보남파크.

저자 소개

브라이언 M. 페이건(Brian M. Fagan) : 캘리포니아대학교(산타바버라 분교) 고고학과 명예 교수로 선사학 분야에서 세계적으로 권위를 인정받고 있다. 《고대의 북미 Ancient North America》(2005년 4쇄 발행), 《지구의 인간들 People of the Earth》(2003년 11쇄 발행)을 비롯해 수많은 저서가 있다. 이 밖에 《고대 세계의 70가지 미스터리 The Seventy Great Mysteries of the Ancient World》(2001)를 편집하기도 했다. 최근 저서로는 《기나긴 여름 : 기후가 문명에 미친 영향 The Long Summer : How Climate Changed Civilization》(2004)이 있다. 4, 5, 28, 34(배리 래프터리와 공저), 36, 46의 야교 항목을 집필했다.

앤소니 F. 에이브니(Anthony F. Aveni) : 콜게이트대학교 천문 인류학과 러셀 B. 콜게이트 교수로 재직하고 있다. 주로 마야 지역에 연구의 초점을 맞추어왔지만 아울러 고대 그리스, 에트루리아, 잉카의 천문학과 역법에 대해서도 연구하고 있다. 가장 최근의 저서로는 《시간의 제국 : 시계, 달력 그리고 문화 Empires of Time : Clocks, Calendars, and Cultures》(2002년 2쇄 발행), 《고대의 천문학자들 Ancient Astronomers》(1993), 《한 해의 책 : 계절별 축제에 관한 간략한 역사 The Book of the Year : A Brief History of the Seasonal Holidays》(2004)가 있다. 57, 58을 집필했다.

로저 블랜드(Roger Bland) : 런던 대영박물관 동전 및 메달 부서 로마 동전 담당 큐레이터를 거쳐 현재 보물 및 골동품 부서 책임자로 재직하고 있다. 저서로 E. M. 베슬리와 공저한 《쿠네티오의 보물 The Cunetio Hoard》(1983)이 있으며 《로마 시대 브리튼에서 제작된 동전들 Coin Hoards from Roman Britain》이라는 다섯 권짜리 시리즈물을 편집하기도 했다. 61을 집필했다.

제임스 브룬(James Bruhn) : 더럼대학교에서 로마 군대를 주제로 연구 활동을 하고 있다. 특히 로마 군대와 지역 주민들 간의 민족 정체성과 상호작용에 연구의 초점을 맞추고 있다. 토머스 헐릿과 함께 47을 집필했다.

칼 W. 버처(Karl W. Butzer) : 텍사스대학교(오스틴 분교) 교양학부 딕슨 센테니얼 교수이자 《고고학 저널 Journal of Archaeological Science》 편집자로 활동하고 있다. 인간과 환경의 관계가 전공 분야이며, 저서로 《인간 생태학으로서의 고고학 Archaeology as Human Ecology》(1982)이 있다. 22를 집필했다.

마이클 D. 쿠(Michael D. Coe) : 예일대학교 인류학과 명예 교수로 있다. 작고한 부인 소피와 함께 《초콜릿의 진짜 역사 The True History of Chocolate》(1996)를 저술했다. 최근 저서로는 마크 밴 스톤과 공저한 《마야 상형문자 읽기 Reading the Maya Glyphs》(2001), 《앙코르와 크메르 문명 Angkor and the Khmer Civilization》(2003)이 있다. 29를 집필했다.

폴 T. 크래독(Paul T. Craddock) : 대영박물관 보존 및 문서 정보 부서 연구원으로 일하고 있다. 청동기시대 전기의 구리 광산에서부터 바우하우스의 은에 이르기까지 금속 기술 전반에 걸쳐 조예가 깊다. 저서로는 《아연과 놋쇠의 2000년 역사 2,000 Years of Zinc and Brass》(1990), A. 래미지와 공동으로 저술한 《크로이소스 왕의 황금 King Croesus's Gold》(2000), 《초기의 금속 채굴과 생산 Early Metal Mining and Production》(1995)이 있다. 9, 10을 집필했다.

대픈 더번(Daphne Derven) : 식량과 농업을 위한 스톤 반스 센터 프로그램 총책임자로 일하고 있다. 전공 분야는 식량과 문화에 관한 교육 프로그램이며, 식량의 기원 및 이와 관련된 과학기술을 연구하고 있다. 26을 집필했다.

데이비드 드루(David Drew) : 고고학자이자 작가, 방송인으로 활동하고 있다. 쿠지차카 트러스트가 페루에서 벌이고 있는 고고학 발굴과 지역 개발 사업에 활발하게 참여해왔다. 이 밖에도 BBC의 의뢰로 역사 다큐멘터리 영화와 고고학 다큐멘터리 영화를 여러 편 제작한 바 있다. 안데스 고고학을 주제로 수많은 논문과 책을 집필해왔으며, 저서로 《마야 왕들의 잊혀진 연대기 The Lost Chronicles of Maya Kings》(2000)가 있다. 50을 집필했다.

개릿 G. 페이건(Garret G. Fagan) : 펜실베이니아주립대학교 고전 및 고대 지중해 연구학과 부교수로 재직하고 있다. 주요 관심 분야는 로마의 사회사와 문화사, 로마 시대 비문, 고대 세계의 정치와 전쟁이다. 저서로 《로마 세계의 공중 목욕탕 Bathing in Public in the Roman World》(1999)이 있다. 16, 18을 집필했다.

린다 파라(Linda Farrar) : 워위크대학교 평생 교육원 강사다. 전공 분야는 고대의 정원과 고대 그리스-로마의 도시다. 저서로 《고대 로마의 정원 Ancient Roman Gardens》(1998)이 있으며, 《퍼골라 · 정자 · 아치의 역사 Pergolas, Arbours, and Arches, their History》(2001)와 《정원의 백과사전, 그 역사와 디자인 Encyclopedia of Gardens, History and Design》(2001)의 필진으로 참여하기도 했다. 24를 집필했다.

어빙 핑클(Irving Finkel) : 대영박물관 고대 근동 부서 부책임자로 재직하고 있다. 설형문자로 씌어진 수메르와 바빌로니아의 주술 · 의학 · 문학 서적에 조예가 깊다. 비공식적으로 박물관 내에서 열리는 보드 게임을 총괄하고 있으며, 고대의 게임과 현대 인도의 토착 게임에 관해 연구해오고 있다. 저서로 《영웅 길가메시 The Hero King Gilgamesh》(1998)가 있다. 51을 집필했다.

조앤 플레처(Joann Fletcher) : 요크대학교 객원 연구원이자 해러게이트박물관의 자문 이집트학자다. 이집트와 예멘의 다양한 유적지에서 조사 활동을 벌여왔으며, 저서로는 《고대 이집트의 향유와 향수 Oils and Perfumes of Ancient Egypt》(1997) 외에 《이집트의 태양왕 아멘호테프 3세 Egypt's Sun King : Amenhotep Ⅲ》(2000)가 있다. 65, 66, 67, 69를 집필했다.

카렌 폴린저 포스터(Karen Polinger Foster) : 예일대학교 근동 및 에게 예술학과 강사다. 저서로 《청동기시대의 에게 파양스 도자기 Aegean Faience of the Bronze Age》(1979), 《미노아의 도기 부조 Minoan Ceramic Relief》(1982), 《무지개의 도시 : 고대 수메르의 이야기 The City of Rainbows : A Tale from Ancient Sumer》(1999)가 있다. 이 밖에 로버트 라피노와 함께 《메트론 : 에게의 청동기시대 고찰 Metron : Measuring the Aegean Bronze Age》(2003)을 공동으로 편집하기도 했다. 동물원과 애완동물 항목을 집필했다.

아이린 굿(Irene Good) : 하버드대학교 피보디박물관의 구겐하임 연구원이자 부(副) 큐레이터다. 복식에 관심이 많으며, 현재 중국 서부 · 아프가니스탄 · 인도-이란 국경 지역의 후기 청동기시대에 주목하고 있다. 《복식의 사회 고고학 A Social Archaeology of Cloth》(가제)을 출간하기 위해 준비중이다. 12를 집필했다.

토머스 헐릿(Thomas Hulit) : 더럼대학교에서 청동기시대 후기 중동 지방에서 사용했던 무기와 갑옷, 그 중에서도 특히 이들 무기와 갑옷의 생산 및 사용을 좌우했던 군대와 사회 · 경제 요인을 주제로 연구 작업을 진행하고 있다. 이 밖에 가공물 생산과 관련해 거기에 사용된 재료와 제조 기술에 대해서도 관심이 많다. 44, 45, 47(제임스 브룬과 공저)를 집필했다.

앤 하일랜드(Ann Hyland) : 전쟁에 동원된 말과 인내력을 요하는 기마술에 관해 여러 권의 책을 냈다. 《옥스퍼드 영어 사전 Oxford English Dictionary》의 기마 관련 부문 자문을 맡고 있기도 하다. 저서로는 《에쿠우스 : 로마 세계의 말 Equus : The Horse in the Roman World》(1990), 《아리아노스의 '전술'을 통해 살펴본 로마 기병대의 훈련 Training the Roman Cavalry : From Arrian's "Ars Tactica"》(1993), 《중세의 전투마 The Medieval Warhorse》(1994), 《1250년부터 1600년까지의 전투마 The Warhorse 1250~1600》(1998), 《중세 시대의 말 The Horse in the Middle Ages》(1999), 《고대 세계의 말 The Horse in the Ancient World》(2003)이 있다. 33, 48을 집필했다.

랠프 잭슨(Ralph Jackson) : 대영박물관 로마노-브리티시 컬렉션 큐레이터다. 로마의 금속 제품과 고대 의약품 고고학이 전공 분야다. 저서로 《로마 제국의 의사와 질병 Doctors and Diseases in the Roman Empire》(1988)이 있다. 64를 집필했다.

제프리 P. 킬런(Geoffrey P. Killen) : 고대 가구와 목공예술에 조예가 깊다. 가구 역사의 권위자이며, 저서로 《이집트의 목공예술과 가구 Egyptian Woodworking and Furniture》(1994), 《고대 이집트의 가구 Ancient Egyptian Furniture》 1권과 2권(2002년에 2쇄 발행)이 있다. 영국과 미국에서 고대의 목공예술을 주제로 정기적인 강연 활동을 펼치는 한편, 목공예품이 만들어지는 과정을 직접 재연해 보이고 있다. 15를 집필했다.

패트릭 E. 맥거번(Patrick E. McGovern) : 펜실베이니아대학교 부설 고고학을 위한 박물관 응용과학 센터(MASCA) 수석 연구원 겸 동(同)대학교 인류학과 부교수로 재직중이다. 가장 최근의 저서로는 《고대의 포도주 : 포도주 제조의 기원 고찰 Ancient Wine : The Search of the Origins of Viniculture》(2003)이 있다. 지난 20년 동안 생체 고분자 고고학이라는 새로운 분야를 개척해왔다. 27을 집필했다.

세이앙 맥그레일(Sean McGrail) : 런던 그린위치의 국립해양박물관 수석 고고학자에 이어 옥스퍼드대학교 해양 고고학과 교수를

저자 소개

지냈다. 현재 사우샘프턴대학교 해양 센터 객원 교수로 재직중이다. 최근 저서로는 《세계의 선박 Boats of the World》(2004)이 있다. 37, 38, 39, 40, 41을 집필했다.

J. P. 맬러리(J. P. Mallory) : 퀸스대학교(벨파스트 분교) 고고학 및 고생태학과 교수로 재직하고 있다. 전공 분야는 인도-유럽어족을 사용하는 민족의 초기 선사학이다. 저서로는 《인도-유럽어족을 찾아서 In Search of Indo-Europeans》(1989) 외에 공동으로 저술한 《타림의 미라들 The Tarim Mummies》(2000)과 《인도-유럽어족 문화 백과사전 Encyclopedia of Inde-Eurppean Culture》(1997)이 있다. 32를 집필했다.

윌리엄 H. 매닝(William H. Manning) : 카디프대학교 고고학과 명예 교수다. 전공 분야는 로마 고고학이며, 특히 로마 제국 군대와 로마의 과학기술·도구·장비에 관심이 많다. 저서로 《로마 시대 브리튼의 철제 도구 목록 The Catalogue of Romano-British Iron Tools》, 《대영박물관의 용구와 무기들 Fittings and Weapons in the British Museum》(1985), 《어스크 유적지에 관한 보고서 Report on the Excavations at Usk》 1권-7권(1981-95), 《로마 시대의 웨일스 Roman Wales》(2001)이 있다. 19를 집필했다.

크리스 마이클존(Chris Meiklejohn) : 위니펙대학교 인류학과 교수다. 전공 분야는 생물 고고학으로, 덴마크·포르투갈·이란의 중석기 시대와 신석기시대에 해당하는 인간의 골격 성분을 오랫동안 연구해오고 있다. 농업 변천의 성격과 그와 같은 사건의 해석에서 인간의 골격 자료가 차지하는 역할과 관련해 수많은 저서를 냈다. 31을 집필했다.

스티븐 미튼(Steven Mithen) : 리딩대학교 교수로 초기 선사학을 가르치고 있다. 인간 정신과 선사 시대 수렵-채취 사회의 진화, 고고학에서의 컴퓨터 시뮬레이션의 사용에 관심이 많다. 최근 들어 요르단의 와디파이난 지역에 연구의 초점을 맞추고 있다. 저서로 《정신의 선사학 Prehistory of the Mind》(1996)과 《빙하기 이후 After the Ice》(2003)가 있다. 1, 2, 3, 6, 20, 52를 집필했다.

도미니크 몬트세라트(Dominic Montserrat) : 유니버시티칼리지 런던의 고고학연구소 회원이자 왕립아시아학회 회원이다. 고대 세계의 문화 전유(專有)에 특히 관심이 많으며, 그 방면에 대해 광범위하게 글을 써오고 있다. 저서로는 《그리스-로마기 이집트에서의 성과 사회 Sex and Society in Graeco-Roman Egypt》(1996), 《아케나텐 : 역사와 환상 그리고 고대 이집트 Akhenaten : History, Fantasy, and Ancient Egypt》(2000)가 있다. 70을 집필했다.

폴 니콜슨(Paul Nicholson) : 카디프대학교 고고학과 전임 강사다. 저서로 《이집트의 파양스 도자기와 유리 Egyptian Faience and Glass》(1993), 공동으로 저술한 《대영박물관의 고대 이집트 사전 British Museum Dictionary of Ancient Egypt》(1995)이 있다. 이 밖에 《고대 이집트의 물질과 과학기술 Ancient Egyptian Materials and Technolgy》(2001)을 공동으로 편집하기도 했다. 1983년부터 이집트에서 발굴 작업을 해오고 있다. 11을 집필했다.

콜린 오코너(Colin O'Connor) : 퀸즐랜드대학교 토목공학과 명예 교수다. 저서로 《교각 구조의 설계 Design of Bridge Superstructures》(1971), 《2세기에 걸쳐 : 오스트레일리아의 옛날 교각들 Spanning Two Centuries : Historic Bridges of Australia》(1985), 《로마의 교각들 Roman Bridges》(1993), P. 쇼와 공저인 《교각의 하중 Bridge Loads》(2000)이 있다. 현재 석조 교각의 역사를 다룬 책을 집필중이다. 토목공학의 유산에 대한 연구 업적을 인정받아 2003년 제1회 존 모나시 메달을 받았다. 35를 집필했다.

잭 오그든(Jack Ogden) : 보석의 재료와 가공 기술에 조예가 깊다. 귀금속 전문 상담 회사인 오스미리디엄 사 사장이다. 저서로 《고대 세계의 보석 Jewellery of the Ancient World》(1982)과 《과거의 해석 : 고대의 보석 Interpreting the Past : Ancient Jewellery》(1992)이 있다. 68을 집필했다.

존 피터 올슨(John Peter Oleson) : 빅토리아대학교 그리스·로마학과 교수다. 지중해 연안의 육상과 해저 유적지를 수없이 발굴해왔으며, 에트루리아의 무덤 건축·고대의 치수 기술·해양 고고학·로마 시대의 근동과 같은 분야에서 광범위하게 저술 활동을 해왔다. 저서로 《그리스와 로마의 상수도 시설 Greek and Roman Mechanical Water-Lifting Devices》(1984), 《그리스와 로마의 과학기술, 그 출처 Greek and Roman Technology, A Sourcebook》(1999), 《스케르키 사주의 난파선 : 1997년 보고서 Deep-Water Shipwrecks of Skerki Bank : The 1997 Survey》(2004)가 있다. 17, 23의 측연추 항목을 집필했다.

배리 래프터리(Barry Raftery) : 철기시대의 아일랜드에 대해 세계적으로 인정받는 권위자다. 유니버시티칼리지(더블린 분교) 고고학과 학과장이며, 켈트 고고학을 가르치고 있다. 아일랜드의 선사시대 도로 발굴 작업에 광범위하게 참여해왔다. 저서로는 《기독교 이전 켈트족의 아일랜드 Pagan Celtic Ireland》(1994)가 있다. 브라이언 페이건과 함께 34를 집필했다.

보리스 랜코프(Boris Rankov) : 런던대학교 로열할러웨이 전임 강사로 고대 역사를 가르치고 있다. 3단 노 군선 올림피아스 호의 복원에 참여했으며, 존 모리슨·존 코츠와 함께 《아테테의 3단 노 군선 The Athenian Trieme》 두번째 판(2000)을 저술했다. 이 밖에 3단 노 군선 자문단 단장이기도 하다. 49를 집필했다.

샬럿 로버츠(Charlotte Roberts) : 더럼대학교 고고학과 강사다. 고병리학, 그 중에서도 특히 전염성 질병의 진화와 고역학에 관심이 많다. 최근 저작으로는 《브리튼에서의 건강과 질병 : 선사시대에서부터 오늘날까지 Health and Disease in Britain : Prehistory to the Present Day》(2003), 《결핵의 생물 고고학 : 다시 출현한 질병을 바라보는 세계의 시각 The bioarcaeology of tuberculosis : a global perspective on a reemerging disease》(2003), 《나병의 과거와 현재 The Past and Present of Leprosy》(2002)가 있다. 고미술품학회 회원이자 고병리학협회 부회장이다. 63을 집필했다.

앤드류 로빈슨(Andrew Robinson) : 《문자 이야기 : 알파벳, 상형문자, 그림문자 The Story of Writing : Alphabets, Hieroglyphs, Pictograms》(1995), 《잊혀진 언어들 : 세계 미해독 사본의 수수께끼 The Enigma of the World's Undeciphered Scripts》(2000), 《선형 B문자를 해독한 남자 : 마이클 벤트리스 이야기 The Man Who Deciphered Linear B : The Story of Michael Ventris》(2002)의 저자다. 54, 55, 56을 집필했다.

엘리너 로브슨(Eleanor Robson) : 케임브리지대학교 과학사 및 과학철학과 강사로 재직하고 있으며, 동대학교에서 고대 이라크 지성사를 전공했다. 저서로 《기원전 2100~1600년의 메소포타미아 수학 Mesopotamian Mathematics, 2100~1600 BC》(1999)와 공동으로 저술한 《고대 수메르 문학 The Literature of Ancient Sumer》(2004)이 있다. 60, 62를 집필했다.

피터 롤리-콘위(Peter Rowley-Conwy) : 더럼대학교 고고학과 환경 고고학 강사다. 수렵·어로·채집 활동, 농업의 기원, 초기 농부들의 생활에 관심이 많다. 이집트와 아시아의 다양한 지역을 비롯해 유럽 여러 지역에서 조사 활동을 벌여왔으며, 고고학의 초기 역사에 대해서도 연구하고 있다. 21, 25, 42, 43을 집필했다.

리처드 러즐리(Richard Rudgley) : 《문화의 연금술 : 사회의 마취제 The Alchemy of Culture : Intoxicants in Society》(1993), 《정신 활성 물질에 관한 백과사전 The Encyclopedia of Psychoactive Substances》(1998)의 저자다. 이 밖에도 역사와 고고학을 다룬 텔레비전용 다큐멘터리를 여러 편 제작했다. 30을 집필했다.

빌 실러(Bill Sillar) : 런던대학교 고고학연구소 강사이자 라틴아메리카연구소 부회원이다. 안데스 지역의 고고학과 민족지학, 도자기, 물질문화와 과학기술에 관심이 많다. 저서로 《문화의 형성 : 토기 제작과 가족의 태동. 안데스 산지의 토기 생산, 교역, 활용을 둘러싼 민족 고고학 연구 Shaping Culture : Making Pots and Constructing Households. An Ethnoarchaeological Study of Pottery Production, Trade and Use in the Andes》(2000)가 있다. 8을 집필했다.

케이트 스펜스(Kate Spence) : 케임브리지대학교 동양학부 객원 강사다. 1988년부터 이집트에서 발굴 작업을 해오고 있으며, 전공 분야는 고대 이집트 건축이다. 13, 14를 집필했다.

리처드 탤버트(Richard Talbert) : 노스캐롤라이나대학교(채플힐 분교) 역사 및 고전학과 케넌 교수이며, 고대세계지도연구센터(www.unc.edu/awmc)와 밀접한 관련을 맺고 있다. 로마의 행정 체계에서부터 지도 제작과 세계관에 이르기까지 활발하게 연구 활동을 벌이고 있다. 저서(공저 포함)로는 《제국 로마의 원로원 The Senate of Imperial Rome》(1984), 《그리스와 로마 세계의 지형 판도 The Barrington Atlas of Greek and Roman World》(2000), 《농촌에서 시작해 제국을 건설한 로마인들 The Romans from Village to Empire》(2004), 《로마 세계의 영토 : 로마의 가치관 Space in the Roman World : its Perception and Presentation》(2004)이 있다. 59를 집필했다.

윌리케 웬드리치(Willeke Wendrich) : 캘리포니아대학교(로스앤젤레스 분교) 고고학과 부교수로 이집트 고고학을 가르치고 있다. 저서로는 《누가 바구니를 두려워하는가 : 민족 고고학의 입장에서 살펴본 이집트 바구니 생산의 의미 Who is Afraid of Basketry : An Ethnoarchaeological Interpretation of Basketry Production in Egypt》(1999)가 있다. 베레니케에서의 유적 발굴 작업을 진두 지휘했으며, 현재는 파이움(이집트) 유적지를 발굴하고 있다. 조경 고고학, 기술의 전문화, 도제 제도가 주요 관심 분야다. 7을 집필했다.

T. G. 윌퐁(T. G. Wilfong) : 미시간대학교 근동 연구학과 이집트학 부교수이자 켈시고고학박물관 그리스-로마기 이집트실 부(副)큐레이터다. 《제메의 여성들 : 고대 후기 이집트의 한 콥트 마을의 생활상 Women of Jeme : Lives in a Coptic Town in Late Antique Egypt》(2001)을 비롯해 다수의 논문과 책을 발표했다. 현재는 미시간대학교 발굴 원정대가 1924년부터 1935년까지 로마 시대 이집트 도시인 카라니스에서 발굴한 음악 관련 물품을 연구하고 있다. 53을 집필했다.

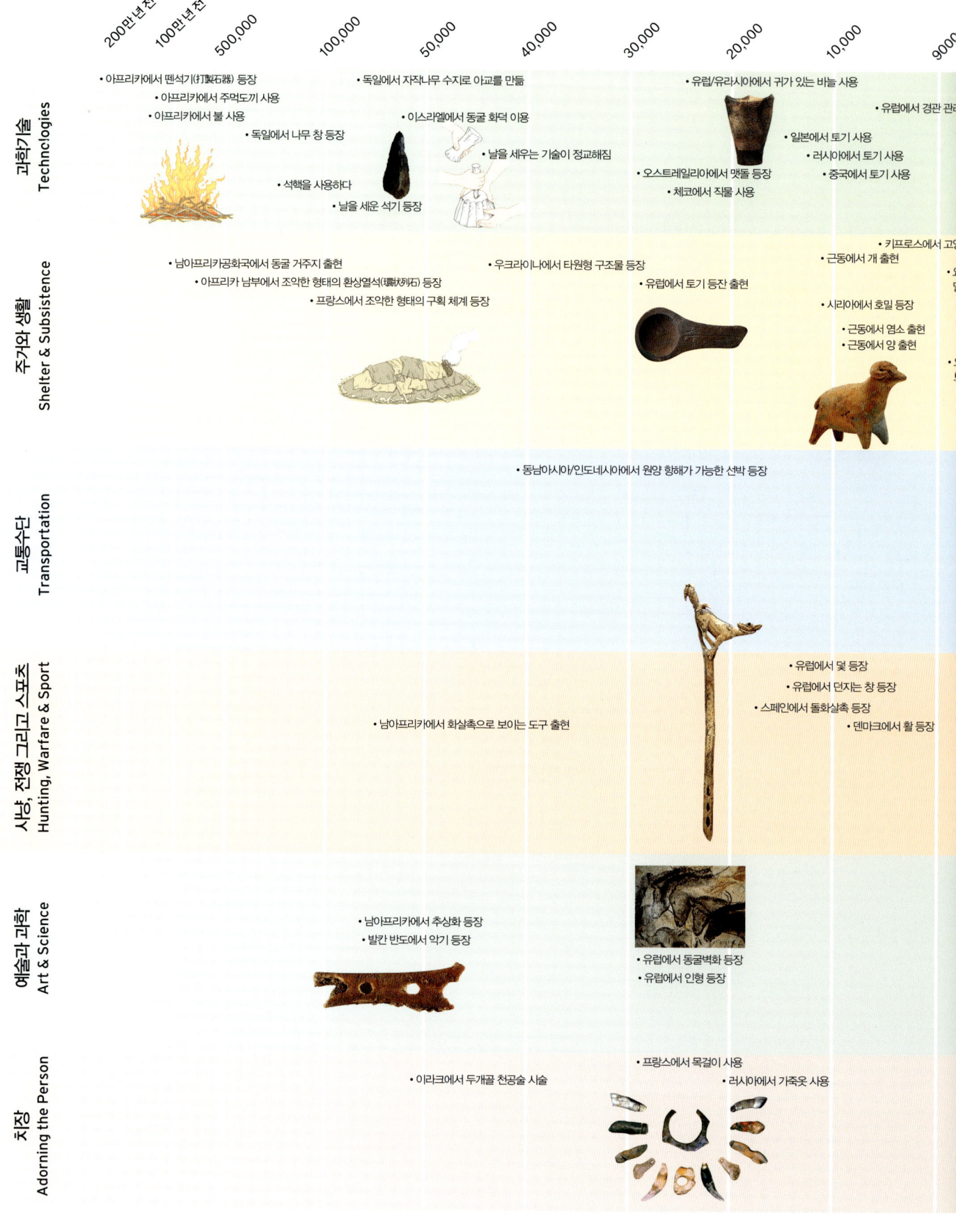

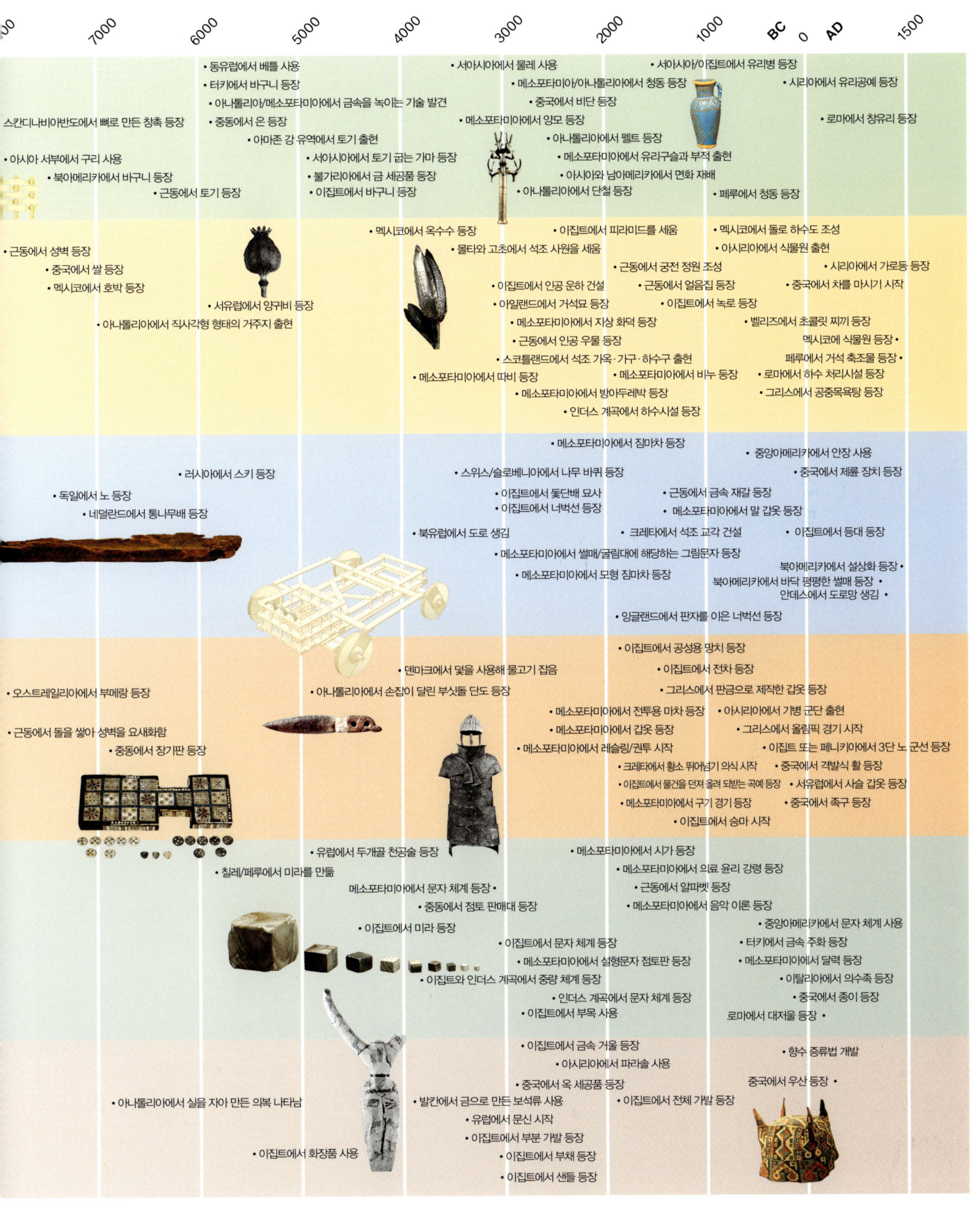

머리말

우리는 호모 사피엔스 사피엔스, 즉 '현명한 인간'으로서 유창하게 언어를 구사하고, 앞일을 내다보고, 이성에 근거해 논리를 전개하는 능력을 갖추고 있다. 우리는 50,000년이 넘도록 여타의 동물을 훨씬 능가하는 인지 능력을 소유해왔다. 우리는 지칠 줄 모르는 호기심을 지니고 있다. 우리는 적시에 기회를 포착해 혁신을 이루어내며, 현재 상태에 만족하는 법이 거의 없다.

이는 비단 오늘날의 인간에게만 해당되는 특성이 아니다. 적어도 250만 년 전 우리의 먼 조상은 돌과 나무 도구를 활용한 일련의 발명을 통해 여봐란 듯이 생존해나갔다. 그러다 현생 인류가 출현하면서 혁신의 속도는 몰라보게 빨라졌다. 지난 50,000년의 역사가 걸어온 길은 놀라운 발명들로 다져져 있다. 그 중에는 야금술처럼 근본적인 발명이 있는가 하면, 두드러지지는 않지만 어마어마하게 중요한 발명도 있다. 방한복 제작을 가능케 했던 바늘이 바로 그런 예다.

과학기술이라면 종류 여하를 불문하고 열광하는 오늘날의 우리에게 발명은 특별한 매력을 지닌다. 스스로를 석제 과학기술자라고 칭하는 현대의 석공이 정교한 사출물 부품을 조립하는 모습을 지켜보고 있노라면, 마치 오늘날 우리가 자동차 오일을 갈아넣듯이 손쉽게 돌 도구를 만들던 시대가 생각난다.

능력과 발명은 함께 진보한다. 초기 인류는 어리석지 않았다. 그들은 사방이 적 천지인 세상에서 살아남는 법을 알고 있었다. 네안데르탈인은 끄트머리에 돌을 매단 창만으로 무장하고 맹수가 우글거리는 환경에서 생활

이것이 인류 역사 최초의 발명품일까? 아프리카 초원에서 살았던 우리의 초기 조상이 조악한 형태의 돌 도구를 만든 건 적어도 250만 년 전이었다. 돌을 다루는 기술은 그 후 몇천 년에 걸쳐 계속 발전했고, 서유럽의 솔루트레안 시기, 즉 BC 20000～BC 15000년경에 이르러 프랑스의 르플라카르에서는 사진과 같이 아름다운 부싯돌 가공물이 만들어졌다.

했다. 들소와 같은 덩치 큰 동물을 죽이려면 엄청난 용기뿐만 아니라 노련한 접근 기술이 필요했다. 창을 사용하는 사냥꾼은 말 그대로 들소의 등에 올라타야 했다.

발명의 이면에 자리한 기술과 경험은 과학기술 못지 않게 중요하다. 진정한 발명가는 보통 사람이 생각해내기 어려운 남다른 창의력을 지닌다. 고대에는 세심한 관찰이 곧 발명으로 이어졌는데, 예를 들어 맹수를 겁주어 쫓아내는 데 사용되었던 횃불은, 벼락을 맞아 불붙은 나무에서 착안했을 확률이 높다. 그런가 하면 기회를 잘 포착해서 이루어진 발명도 있었다. 이를테면 구리 원광 조각이 우연히 옹기장이의 화덕에 들어가 녹았고, 그 모습을 지켜보던 옹기장이는 불붙은 점토에 익숙한 터라 또 다른 금속 조각을 녹여볼 생각을 품었을 것이다. 세번째로, 침묵과 인내 속에서 진행된 실험이 발명으로 이어지는 경우도 있었을 것이다. 가구 제작이 바로 그런 예에 속한다. 그 다음엔 필요가 있었다. 더 많은 곡물에 대한 필요성은 경작으로, 깊은 물을 건너야 하는 필요성은 카누로, 출산을 조절해야 하는 필요성은 피임법으로 이어졌다. 우리 시대와는 너무도 멀리 떨어진 과거인지라 발명가의 면면을 확인할 수는 없지만, 그들의 지칠 줄 모르는 창의력과 독창성에는 혀를 내두를 지경이다.

이 책은 이른바 '고대 세계'에 이루어진 광범위한 발명을 다루고 있다. 1세기 전만 해도 '고대 세계'라고 하면 고대 지중해 세계, 이집트, 그리스, 근동, 메소포타미아, 로마 정도를 떠올렸으나, 오늘날 이 말은 아프리카의 원시 인류에서부터 멕시코의 옥수수 재배 농부들과 중국의 왕릉에 이르기까지 모든 대륙의 모든 유산을 아우른다. 여기서 말하는 '고대 세계'에는, 구대륙에서는 로마가 몰락한 AD 500년, 아메리카 대륙에서는 아스텍의 수도 테노치티틀란이 포위당한 AD 1520

최초의 표현 예술로 알려진 사례는 연대가 약 30,000년 전으로 거슬러 올라간다. 하지만 이러한 사례가 우연의 산물에 불과한지, 아니면 인간의 발전에서 명실상부한 전환점을 나타내는지를 둘러싸고 여전히 의견의 분분하다. 자기 몸을 핥고 있는 구석기시대 후기의 뿔 달린 이 들소 조각은 프랑스의 라마들렌 동굴에서 발견되었다. 연대는 BC 11000년경.

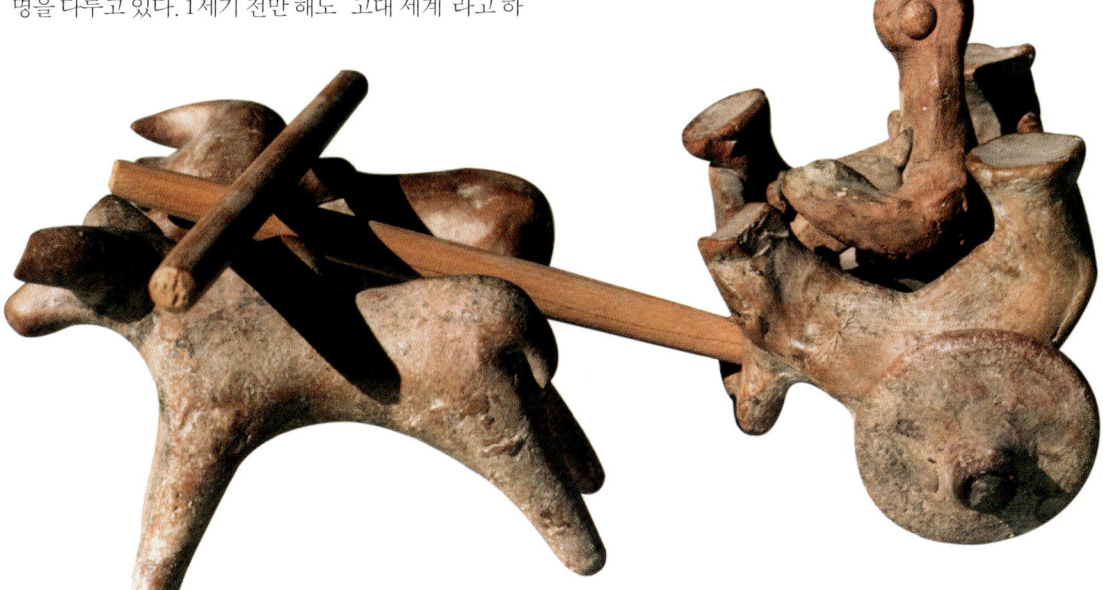

바퀴는 BC 4세기에 발명되었다고 추정된다. 최초의 수레는 아마도 메소포타미아에서 등장했던 듯싶다. 처음에 나온 바퀴는 나무토막을 통째로 깎거나 나무토막 3개를 연결해 만들었기 때문에 속이 비어 있지 않았다. 황소가 끄는 이 모형 쌍륜 수레는 지금의 파키스탄에 해당하는 모헨조다로에서 출토되었다. 연대는 BC 3세기 중반.

머리말

오른쪽 이집트에서 출토된 신석기시대의 채색 토기. 연대는 BC 4000년경이며, 돛대와 돛을 갖춘 배와 선원들을 묘사하고 있다.

아래 중국 시안 근처에 있는 서주(西周, BC 1050~BC 771년)의 한 귀족 무덤에서 출토된 전차 바퀴. 청동기시대의 중국에서 전차는 권력을 나타내는 상징이었다.

년까지의 모든 인류 역사와 세계 모든 곳이 포함된다.

이 책에서는 고대에 이루어진 수백 건의 눈부신 발명 가운데 70가지를 엄선해 소개한다. 그 중에는 세상에 나오기 전에는 그 중요성을 상상조차 하지 못했던 발명도 끼여 있다. 몇 가지만 예를 들면, 맷돌·바구니·가구·마취제·낙타 안장이 그렇다. 새롭게 등장한 낙타 안장이 사하라 사막을 열어 장거리 교역을 가능케 한 사실이나, 중국인들이 외바퀴 손수레를 발명했다는 사실을 아는 사람은 아마 거의 없지 싶다.

남아 있는 증거

과거의 놀라운 발명에 대한 우리의 지식은 매우 단편적인 기록에 근거한다. 그 가운데 대부분은 나무 창이나 직물처럼, 수세기나 되는 시간을 견뎌내기에는 역부족인 유기 잔존물이다. 사정이 그렇다 보니 네안데르탈인이 사용했던 삼각형 모양의 돌창촉이나, 중국의 한 황제가 얼음을 저장하기 위해 지하 깊숙이 조성했던 구덩이와 같이, 특별히 눈에 띄는 경우가 아니고선 발명(품)을 찾아내는 일이 여간 어렵지 않다.

언젠가 미국 고고학자 켄트 플래너리가 지적했듯이, 최초의 옥수수 낟가리나, 과학기술이 처음으로 적용된 발명 사례를 찾는 일 따위는 사실 무의미하다. 다만 중요한 혁신이 이루어졌던 연대를 어림잡아 추정하거나, 구리 주조술이나 유리 제작술의 등장과 같은 진보가 인간의 도구 활용능력에 미친 변화를 짐작할 수 있다면 우리는 그것으로도 충분히 흡족할 것이다. 과학의 입장에서는 다행히도, 세상에 모습을 드러낸 시기를 가늠할 수 있는 고고학 증거들이 충분히 남아 있다. 덕분에 우리는 시간을 거슬러 그 흔적을 추적할 수 있다.

왼쪽 아시리아의 부조들은 자세하고도 정확한 묘사를 통해 고대 세계의 말과 마구의 상태를 짐작케 해준다. 니네베에서 출토된 이 부조(BC 7세기)는 정교한 굴레와 안장을 착용한 말 두 필과 궁수의 모습을 보여준다.

아래 가죽으로 만든 것으로 보이는 갑옷과 깃털로 장식한 투구로 무장한 전사가 창을 휘두르는 자세를 취하고 있다. 멕시코 서부의 할리스코에서 출토된 토기 인물상.

인간의 혁신을 둘러보는 여행

이 책《세계의 위대한 발명 70》은 크게 6부로 나뉜다. 맨 먼저 '과학기술' 편에서는 인간이 사냥 도구를 만드는 데 사용했던 기초 재료인 돌과 불, 나무와 뼈에 이어 농업과 가축 사육을 다루고 있다. 고대사의 대부분을 이룬다고 해도 과언이 아닌 이 4가지 과학기술은 20세기에 이르기까지 사용되었다. 우리가 조사한 증거에 따르면, BC 10000년 이후 농사 기술이 도입되면서부터 바구니와 토기가 널리 보급되기 시작했다. 농사가 시작되면서 직조기술이 등장했고, 그 후 금속을 다루는 기술이 등장했다. 야금술은 처음에는 장신구와 제의용 물건을 만드는 데 사용되다가 나중에는 일상용품과 무기 제작에도 사용되었다.

'주거와 생활' 편에서는 간단한 덤불 주거지에서부터 석조 건축물에 이르기까지 인간이 고안해온 독창적인 주거 형태를 소개하고 있다. 주거가 점차 안정되면서 정교한 형태의 가구와 목공품이 등장했고, 좀더 효율적인 난방시설과 조명시설을 만들려는 시도와 함께 최초의 배관 및 배수 체계가 등장했다. 이 밖에 농업과 관개의 발명, 문명의 발상기로 거슬러 올라가는 원예에 대한 열정도 빼놓을 수 없다. 조리는 불의 사용과 함

머리말

오른쪽 아마도 쟁기는 가장 중요한 농업상의 발명이 아니었을까 싶다. BC 500년경부터 등장한 쟁기는 이 벽돌에 묘사된 대로 중국 한나라(BC 206~AD 220년)에서 사용되었다.

아래 오른쪽 그리스 바페이오에서 출토된 이 황금잔(BC 15세기)은 금속 공예기술의 승리라고 할 수 있다. 인간이 들소를 사냥해 포획하는 장면이 생생하게 묘사되어 있다.

아래 뜀박질 경주를 벌이는 선수들의 모습을 묘사한 꽃병. 아테네에서 열렸던 판아테나이아 경기에서 승리자에게 주었던 상이다(BC 560~BC 555년).

께 시작되었지만 도시 문명이 꽃피면서부터 높은 수준을 선보이게 되었다. 아울러 음료수와 음식, 기호식품을 신선하게 보관하려는 욕구도 끊이지 않았다.

'교통수단' 편에서는 스키, 바퀴, 수레에서 출발해 낙타와 말의 효용성을 높이는 데 기여했던 발명을 소개하고 있다. 이와 관련해 고대의 길을 따라 여행하는 한편, 카누에 이어 노와 돛을 장착한 최초의 배를 타고 바다로 나가게 될 것이다.

'사냥, 전쟁 그리고 스포츠' 편에서는 사냥에 필요했던 발명과 전투에 필요했던 발명이 어째서 서로 불가분의 관계일 수밖에 없었는지를 조망하고 있다. 수만 년 동안 고대의 사냥꾼들은 아주 간단한 형태의 그물과 덫, 창을 사용해 각종 크기의 동물을 사냥했다. 던지는 창(短槍), 부메랑, 활과 화살은 사냥 범위를 확장해주었을 뿐만 아니라 정확도를 높여주었다. 곧이어 창과 활은, 금속 단도와 긴 칼이 그랬듯이, 전쟁 무기로 발전했다. 상비군의 등장과 함께 공성용 무기와 격발식 활이 등장했고, 사람들은 갑옷으로 무장했다. 갈수록 철저하게 계획된 요새가 생겨나 도시와 군 주둔지와 마을을 방어했다. 전차와 기병대는 전쟁의 판도를 일거에 바꾸어놓았다. 뒤이어 갤리선과 전함이 등장하면서 전장은 바다로까지 확장되었다. 아울러 올림픽 경기처럼 경쟁이 치열한 스포츠와, 장기판이라는 작은 공간에서 이루어졌던 두뇌 싸움과 전쟁의 연관관계도 다루었다.

'예술과 과학' 편에서는 음악과 회화를 비롯해 인류 역사 초기에 이루어진 예술 활동을 광범위하게 소개한다. 이와 관련해 문자의 도입, 나아가 시간의 흐름과 천체의 움직임에 대한 인간의 지대한 관심을 둘러싼 논쟁을 살펴보게 될 것이다.

마지막으로, '치장' 편에서는 신분을 나타내거나, 혈족 관계를 맺거나, 스스로 돋보이기 위해 사용되었던 보디아트와 문신을 다루고 있다. 보디아트가 의복과 보석으로, 나아가 유혹의 기술을 구사하고 성적 능력을 과시하는 데 큰 몫을 담당하는 화장품과 향수로 발전한 건 순식간이었다. 인간의 독창성이 아낌없이 발휘된 피임 용구와 최음제 역시 이와 같은 발전 과정의 산물이었다.

이 책에 실린 글들에 대해서는 신뢰성과 공정성을 보장한다. 모두가 뛰어난 필진의 전문지식 덕분으로, 크고 작은, 중요하면서도 때로 사소한 발명에 균형 잡힌 시각을 제공해줄 것이다. 물론 이 책에 소개된 발명을 둘러싸고 쟁점이 되고 있는 부분도 더러 있는데, 그점 또한 기꺼이 인정한다. 더불어 이 책에는 여간해선 접할 수 없는 과학적인 정직함이 담겨 있다.

브라이언 페이건

페루에서 출토된 나스카 토기(400년경). 몸을 치장한 여인의 모습이다. 문신은 보호나 치료의 역할을 했던 것으로 보이는데, 예를 들어 임신과 출산 기간 동안 영원한 부적으로서 기능했다. 아메리카 대륙 발견 이전의 몇몇 문화권에서는 몸통과 사지, 얼굴에 문양을 새겨 높은 지위를 드러냈다.

인간은 수만 년 동안 그물을 사용해 물고기를 잡아왔다. 러시아에서 발견된 한 그물은 길이가 약 30미터이며, 연대는 약 10,000년 전으로 거슬러 올라간다. 하지만 썩는 재질로 만들어졌던 탓에 초기의 그물은 남아 있지 않을 가능성이 크다. BC 700~BC 692년경에 이라크 니네베에 있는 센나케리브 왕의 남서쪽 궁에서 출토된 아시리아의 이 부조는 그물과 줄로 물고기를 잡는 어부의 모습을 묘사하고 있다.

과학기술

수천 년 동안 인류에 봉사해온 기초 과학기술 가운데 일부는 아주 일찍부터 발전했다. 최초의 도구는 돌과 나무로 만들어졌다. 석기는 인간이 만든 도구 중 가장 내구성이 뛰어나며 가장 널리 알려져 있다. 석기는 최초의 도구 제작자의 손에서 탄생한 간단한 찍개와 격지에서부터 약 50,000년 전 현생 인류가 만든 세련된 돌날에 이르기까지 수백만 년을 두고 서서히 진화했다.

고고학자들은 실험을 통해 도구와 도구 제작 과정에서 생겨난 부산물을 분석함으로써 돌을 다루는 기술의 비밀을 파헤쳐왔다. 목기는 현재 남아 있는 것이 드물어 자세히 알려져 있지 않은데, 그 가운데 독일 북부 쇠닝겐에서 발견된 창은 연대가 약 40만 년 전으로 거슬러 올라간다. 우리의 먼 조상은 불을 길들여 호신과 보온뿐 아니라 창끝을 단단하게 만드는 데에도 사용했다. 이 밖에도 사냥감을 유인하기 위해 숲에 불을 질러 새로 풀이 자라나게도 했다. 부젓가락은 인류가 만든 가장 강력한 물건이라고 해도 과언이 아니다.

나중에 극지방의 인간들은 좀더 정교한 석기 제작 기술을 발명했다. 약 50,000년 전 표준화된 날이 생산되면서 이를 계기로 더욱 전문화된 도구가 쏟아져 나왔다. 그 중에는 정도 있었다. 이러한 새로운 과학기술에 힘입어 뾰족한 창촉과 작살, 귀 있는 바늘과 같은 놀라운 도구를 만들기에 이르렀다. 약 25,000천 년 전 유라시아인들은 바느질한 옷을 겹겹이 껴입고 있었다. 덕분에 기온이 영하로 내려가는 겨울에도 사냥을 할 수 있었다. 빙하기가 끝날 무렵인 약 12,000년 전에는 많은 집단에서 이전에 비해 크기가 줄어든 석기를 사용했다. 작은 석기를 만드는 기술은 효율성 면에서 이전의 도구와는 비교가 되지 않는 활과 화살의 개발로 이어졌다.

부싯돌과 뼈로 만든 무기. 연대는 약 11,000년 전 북아메리카 몬태나에서 발견되었다. 인간이 지닌 가장 오래된 과학기술 가운데 일부를 활용해 아름답게 조각한 이들 도구는 여러 가지 용도로 사용할 수 있어 매우 실용적이었다.

과학기술

빙하기 말기로 접어들수록 식용작물이 점차 중요해졌다. 식물을 채집하고 처리하는 기술은 쉬운 편이어서 맷돌만으로도 족했다. 과학기술이 정교해지면서 인간은 더욱 단단해진 도끼날을 만들어냈다. 이전보다 넓어진 삼림지대에서 도끼는 없어선 안 될 도구 가운데 하나였다. 부싯돌 도끼와 까뀌 덕분에 인간은 커다란 나무를 쓰러뜨려 집의 기둥과 들보를 만드는 한편, 나무 속을 파내 카누를 제작했다.

도축한 동물이 됐든 갓 거두어들인 곡식이나 열매가 됐든, 사냥과 채집 활동에서 기동성을 결정하는 것은 이를 집으로 가져오는 능력이다. 수천 년 동안 인간은 의복 겸용의 가죽 망토를 운반 용기로 사용했다. 또 오늘날 오스트레일리아의 애보리진이나 아프리카의 산족처럼 나무 껍질로 만든 간단한 용기를 사용하기도 했다. 바구니는 원래 식물 섬유를 다루는 초보적인 기술에서 출발했다. 하지만 자그마한 씨앗과 열매가 주요 산물이라, 이를 나르고 보관해야 하는 지역에서는 곧이어 세련된 수준의 기술을 자랑하는 바구니가 모습을 드러냈다. 점토 항아리는, 모닥불 옆에 앉아본 사람이면 누구나 익숙한, 불 다루는 기술에서 비롯되었다. 점토 항아리는 바구니에 비해 휴대하기가 쉽지 않았지만 내연성과 내구성이 강하다는 이점이 있었다. 야금술은 토기를 굽는 과정에서 발달했다. 사실 구리 원광을 녹이는 데 필요한 온도는 그렇게 높지 않아도 된다. 게다가 천연 구리는 망치로 두들겨도 잘 펴진다. 북아메리카 중서부에서는 이 방법이 흔히 사용되었다. 초기 사회에서 구리, 금, 은은 목걸이와 팔찌를 비롯해 신분과 사회적 지위를 나타내는 중요한 장신구의 재료였다. 청동과 그 뒤에 등장한 철은 점차 실용적인 과학기술로 자리 잡았고, 농기구와 전쟁 무기를 제작하는 데 사용되었다.

특권층과 기술 혁신은 긴밀한 연관이 있어, 특히 결과물이 희귀하거나 정교한 물건일수록 소수의 특권층만 사용했다. 많은 경우 발명은 경제적인 필요보다는 다른 사람들 틈에서 도드라져 보이게 하는 물건이나 과학기술을 끊임없이 추구하려는 욕구에서 비롯되었다.

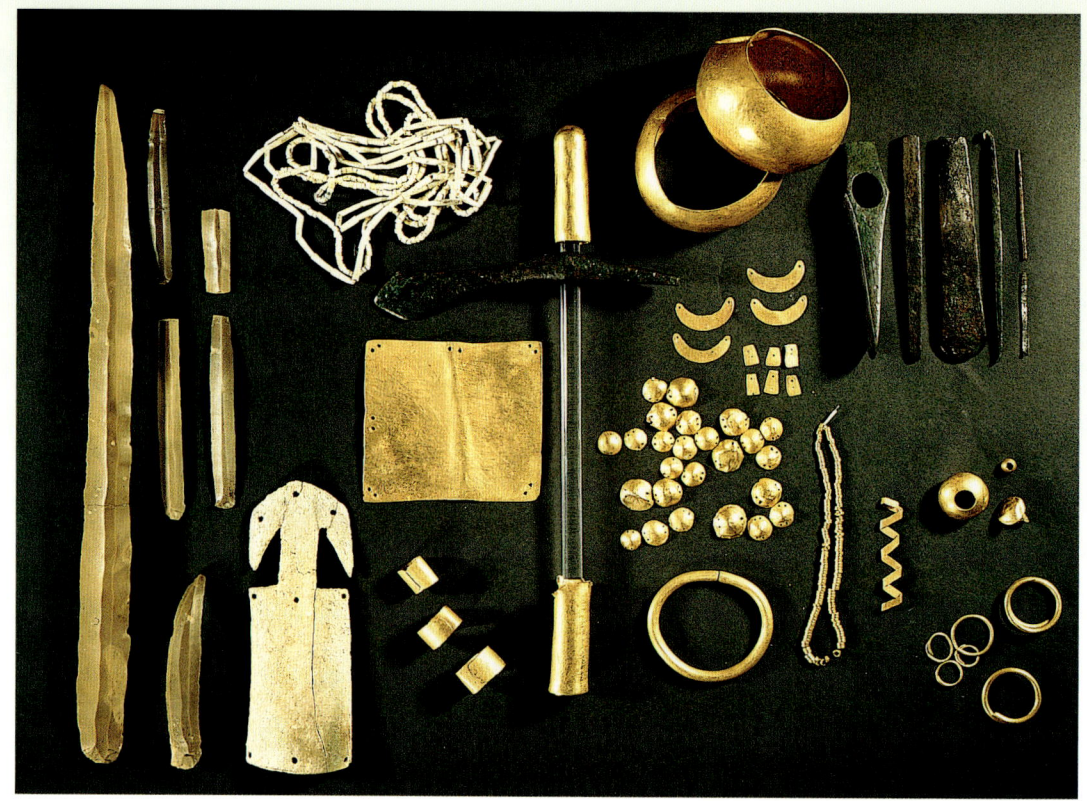

세계에서 가장 오래된 금 세공품에 속하는 이들 금붙이는 불가리아 바르나에서 출토되었다. 연대는 신석기시대 후기인 BC 4000년대로 거슬러 올라간다. 고분군에서는 초기의 과학기술 수준을 보여주는 토기, 부싯돌, 보석, 도끼 머리도 함께 발견되었다.

돌로 만든 도구

돌 무기가 발견된 상황은 현재의 세상을 훌쩍 뛰어넘어 아득히 먼 시대로 우리를 이끈다.
존 프리어, 1799

발명의 중요성을 내구성의 기준에서 판단할 경우, 돌로 만든 도구가 단연 1위일 것이다. 아프리카 초원 지대에서 생활하던 우리의 먼 조상이 어떤 목적, 예를 들어 견과류를 깨뜨려 열거나, 안에 있는 골수를 빼먹기 위해 뼈를 부숴뜨리는 데 가공하지 않은 돌멩이를 맨 처음 사용한 건 적어도 300만 년 전이다.

나중에 나무와 뼈, 뿔도 도구를 만드는 재료로 사용되었지만, 겨우 7,000년 전 금속 처리기술이 발명되기까지 돌은 천연 재료로서 최고의 지위를 누렸다. 사실 석기의 나이는 300만 년이 훨씬 넘을지도 모른다. 오늘날 일부 침팬지 무리는 돌망치와 돌모루를 사용해 견과류를 깨뜨려 먹는다. 물론 이들 침팬지가 비교적 가까운 과거에 그와 같은 과학기술을 발명했을 수도 있다. 하지만 도구를 사용하는 이들의 능력은 600만 년 전에 출현한 침팬지와 현생 인류의 공동 조상 또한 석기를 사용했을지도 모른다는 점을 암시한다.

우연한 발견

최초의 석기는 발명의 결과라기보다 발견의 결과였을 확률이 높다. 자연 그대로의 돌멩이는 매우 효과적인 도구가 될 수 있다. 예를 들어 망치로 쓸 수도 있고, 날카로운 끝으로 뭔가를 자를 수도 있고, 미사일처럼 멀리 던질 수도 있다. 그러므로 최초의 고고학 유적지로 알려진 동아프리카에서, 가공되지는 않았지만 원래 있던 곳에서 옮겨온 흔적이 역력한 돌이 자주 발견되는 건 전혀 놀라운 일이 아니다. 고고학자들은 이러한 도구를 가리켜 마누포르트(manuport, '손'을 뜻하는 라틴어 manus와 '운반하다'를 뜻하는 라틴어 portare의 합성어: 역주)라고 부른다. 우리의 먼 조상이 석기를 만드는 법을 맨 처음 터득한 건 아마도 천연 상태의 돌멩이를 사용하는 과정에서가 아니었을까 싶다.

망치로 사용되는 과정에서 돌멩이는 반으로 쪼개지거나 격지가 떨어져 나오기도 했다. 떨어져 나온 격지는 끝이 날카로워 동물의 시체를 토막내는 데 유용하게 쓰였을 것이다. 2,500만 년 전 아프리카 초원 지대에서 생활하던 원시 인류에게 도축은 중요한 일이었다. 게다가 먹이를 찾아 어슬렁거리는 하이에나와 사자 때문에 도축은 가능한 한 빨리 이루어져야 했다. 따라서 원시 인류가 도축에 사용할 날카로운 격지를 얻기 위해 돌을 맞부딪치기 시작하기까지는 (진화의 측면에서 볼 때) 그리 오랜 시간이 걸리지 않았을 것이다. 고고학자들이 이른바 '떼기'라고 부르는 이러한 기술은, 단순한 발견과 석기의 발명을 구분지었다.

우리가 아는 한 원시 인류는 적어도 250만 년 전에 돌을 맞부딪쳐 격지를 떼어냈다. 수많은 석영 격지가 에티오피아의 오모와 카다고나 퇴적층에서 발견되고 있다는 사실이 이를 뒷받침해준다. 많은 경우, 일부러 떼어낸 돌멩이와 저절로 떨어져 나온 돌멩이를 구분하기란 매우 어렵다. 고고학자들이 확인한 바에 따르면, 눈길을 사로잡는 과학기술이 등장한 시기는 200만 년 전

탄자니아의 올두바이 협곡. 이곳에서 최초의 눈에 띄는 과학기술, 즉 일부러 떼어낸 격지를 도구로 사용했다는 증거가 발견되었다. 그래서 이 지역의 이름을 따 '올두바이 문화'라고 명명했다.

1 과학기술

위 올두바이 협곡에서 발견된 찍개. 그림에서 보다시피 몸돌(原石)에서 격지를 떼어냈다. 격지는 떼어낸 상태 그대로 사용하거나 약간의 손질을 가해 긁개로 사용했다.

오른쪽 프랑스 생아슐에서 발견된 정교한 아슐리안 주먹도끼와, 이런 도구를 제작하는 데 사용된 기술을 묘사한 그림. 이 주먹도끼는 날이 2개다. 다시 말해 양쪽 모두를 사용할 수 있다. 제작자는 자신이 만드는 도구가 최종적으로 완성된 모습이 어떨지 분명히 알고 있었다. 그 결과, 이들 주먹도끼는 올두바이 협곡의 도구들에 비해 형태와 기교 면에서 더욱 규격화되었다.

기로 발견되며, 영양과 얼룩말 같은 동물에서 나온 뼛조각과 섞여 있는 경우도 많다. 이는 이곳이 도살 장소였다는 점을 말해준다. 세심하게 떼어낸 찍개나, 천연에서 얻은 돌멩이와 같은 도구들은 덩치가 작은 사냥감을 쓰러뜨린다면 모를까, 사냥 무기로는 부적합해 보인다.

동물 뼈에 나 있는 베인 자국을 현미경으로 확인한 결과 올두바이 협곡의 도구들이 도살에 사용되었다는 사실이 밝혀졌지만 다른 용도, 예를 들어 풀을 자르고, 막대기를 날카롭게 벼리고, 나무 껍질을 벗기고, 견과류를 깨뜨리고, 벌레를 짓이겨 죽이는 데에도 사용되었을 확률이 높다. 200만 년 전 직후 우리의 조상은 생존을 위해 점차 석기에 기대게 되었다.

과학기술의 발전

140만 년 전에 이르러 원시 인류는 돌의 양쪽 면에서 번갈아 격지를 떼어내기 시작했는데, 이러한 시도를

부터이다. '올두바이 문화'로 알려진 석기 문화는 200만~150만 년 전에 동남아프리카에서 형성되었다.

이 문화를 처음 세상에 알린 인물은 탄자니아의 올두바이 협곡에서 발굴 작업을 진행하던 메리 리키였다. 그 중 가장 눈에 띄는 도구는 '찍개'로, 현무암이나 수암에서 떼어낸 격지의 형태를 띠고 있다. 떼어낸 격지 중 대다수는 그대로 사용했지만 더러 끝을 약간 깎아내 사용하기도 했다. 다듬기로 알려진 이 기술은 '긁개'를 만드는 데 사용되었다. 이처럼 끝을 깎아낸 이유는 형태를 잡거나 모서리를 무디게 하기 위해서였는데, 그 결과 사용자가 손을 베는 것을 방지해주었다.

올두바이 협곡에서는 도구들이 종종 수천 개씩 무더

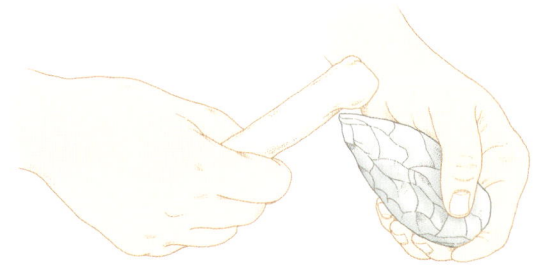

올두바이의 '외날' 찍개와 구분하기 위해 '양날' 기술로 부르고 있다. 양날 기술 덕분에 원시 인류는 고고학자들이 '주먹도끼'와 '자르개'라고 부르는 도구를 만들 수 있었다. 주먹도끼가 끝이 뾰족하고 모양이 서양 배처럼 생겼다면, 자르개는 모서리가 뭉툭하고 옆으로 퍼진 끌처럼 생겼다. 이러한 양날 도구는 일부러 형태를 부여했다는 점에서도 올두바이 도구들과 크게 다르다. 이들 도구를 제작한 인류는 격지를 떼어내기 전에 자신이 만들려는 도구의 모양을 염두에 두고 있었다. 양날 도구는 대부분 대칭 구조를 이룬다. 이는 단지 실용성을 극대화하려는 목적에서만은 아니었던 듯하다.

50만 년 전 뿔과 뼈로 만든 망치가 등장했다. 이들 망치는 격지를 '가늘게' 떼어내는 용도로 사용되었다. 이로써 오늘날 보아도 미학적으로 상당히 뛰어난 도구가 제작되었거니와, 이 시기에 이르러 우리의 조상들은 아프리카에서 아시아와 유럽으로 흩어져 나갔다. 더불어 석기 제작에 사용된 돌의 종류도 아주 다양해졌다. 그 가운데 가장 중요한 재료인 부싯돌은 미세한 결정질 구조로 되어 있어, 마음먹은 대로 쪼갤 수 있을 뿐만 아니라 절단면도 매우 날카로워 크게 각광받았다.

호모 에르가스터, 호모 하이델베르겐시스, 호모 네안데르탈렌시스와 같이 우리의 조상이 일궈내는 혁신의 속도는 현대의 기준에서 볼 때 여전히 더디기만 했다. 그런 가운데서도 약 250,000~30,000년 전 유럽과 아시아 서부에서 생활했던 네안데르탈인은 주먹도끼 기술뿐만 아니라, 고고학자들이 '르발루아' 기법이라 부르는 기술을 사용했다. 이 경우, 먼저 몸돌에서 격지를 제거해 표면이 볼록한 핵을 만든 다음, 이를 편평한 바닥에 놓고 한 번에 세게 내리쳐 미리 정해둔 크기와 모양대로 격지를 떼어냈다. 격지가 더 필요하면 다시 핵을 준비했다. 달리 손질이 필요 없을 정도로 끝이 뾰족한 격지가 나오는 경우도 더러 있었는데, 그럴 때는 나무 막대를 매달아 창을 만들었다.

13만 년 전쯤 아프리카에서 진화한 현생 인류인 호모 사피엔스도 르발루아 기법을 사용했다. 50,000년 전에 이르러 호모 사피엔스는 다른 형태의 석기 제작기술을 선보이기 시작했다. 한 가지 예를 들면, 통칭 날로 알려

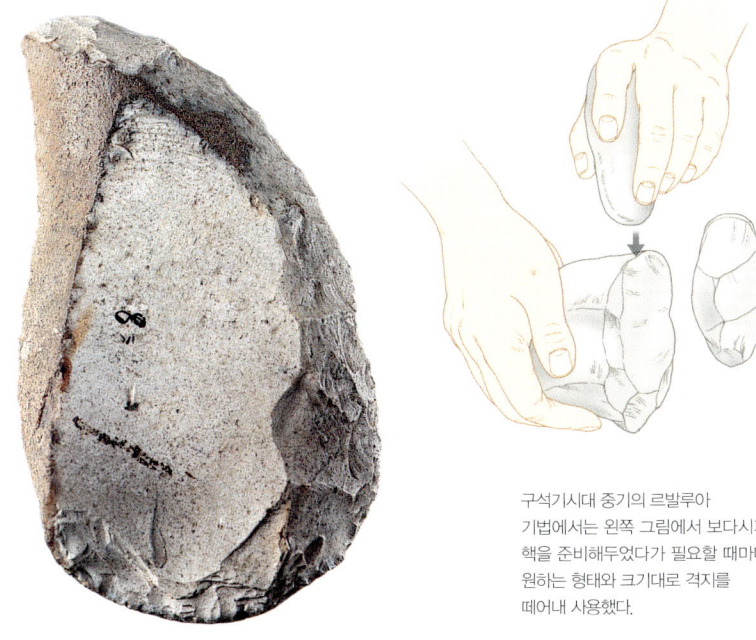

구석기시대 중기의 르발루아 기법에서는 왼쪽 그림에서 보다시피 핵을 준비해두었다가 필요할 때마다 원하는 형태와 크기대로 격지를 떼어내 사용했다.

진 길고 가느다란 격지를 다량으로 떼어낼 수 있도록 늘 핵을 준비해두었다. 호모 사피엔스는 이런 식으로 긁개나 새기개(끝이 끌처럼 생겼다), 화살촉(28쪽 참조)을 만드는 데 필요한 '여분의' 재료를 미리 확보했다. 경우에 따라서는 뿔이나 뼈 끄트머리를 격지 모서리에 대고 문지르는 방법으로 여분을 비축하기도 했다. 그렇게 해서 얻은 작고 예리한 조각은 화살촉을 만드는 데 사용했다.

마지막 빙하기가 끝나고 가장 널리 보급된 기법은 '잔석기〔細石器〕' 기술이었는데, 격지를 잘게 깨뜨린 다음 원하는 형태로 다듬어 화살이나 칼, 낫과 같은 도구 끝에 끼워 사용했다. 대륙마다 발명 양상이 달랐던 것으로 보이는 잔석기 기술 덕분에 인류는, 우리가 아는 한 가장 효율적으로 돌을 이용했다.

주요 연대

가공하지 않은 천연 상태의 돌	300만 년 전
뗀석기	250만 년 전
주먹도끼 기술	140만 년 전
르발루아 기법	250만 년 전
날 만드는 기술	10만 년 전
잔석기	20,000년 전

불

따뜻한 불기운이 느껴지는구나.
이사야서 44장 16절

위 불을 다루는 능력이 생기면서 여러 가지 이점을 누리고 다양한 활동이 가능해졌다.

아래 세계 최초의 야영지로 알려져 있는 케냐 쿠비포라의 FxJj20 지역. 연대는 160만 년 전으로 거슬러 올라간다.

불 자체는 인간의 발명이 아닐지언정 불을 다스리는 기술은 인간의 진화에서 커다란 비중을 차지했다. 사냥과 채집 활동으로 생활을 영위했든, 농사로 생활을 영위했든, 불은 우리의 조상에게 열과 빛을 제공하고 호신 수단이 됨은 물론, 개간이나 방충 목적으로 숲에 불을 지름으로써 주변 환경을 바꾸기도 했다.

불은 오랫동안 퍽 귀중한 도구로 취급되었는데, 빙하기의 수렵-채집 부족의 야영지에서 발견된 화덕이 이를 증명한다. 하지만 불을 다스리는 기술이 언제 등장했는지에 대해선 고고학자들도 그 정확한 시기를 확인하는 데 애를 먹고 있다. 무수한 형태의 삼림지대에서 저절로 발생해 숯을 남겨놓은 불과, 인간이 일부러 지른 불의 잔해를 구분하기가 어렵기 때문이다.

더구나 야영지에 아무 흔적도 없는 경우, 특히 주변에 나무가 모조리 타버린 경우에는 재가 사방으로 흩어져 더욱 확인이 어렵다. 우리는 다만 자연에서 발생하는 불을 손에 넣어 사용하는 행동과, 의도적으로 불을 피우는 행동, 즉 돌을 맞부딪치거나 나무 막대를 맞비벼 불꽃을 일으키는 행동을 구분할 뿐이다.

그동안 고고학자들이 실험해본 결과, 같은 장소에서 두 번 이상 모닥불을 피웠을 경우에는 다음과 같은 흔적이 남아 있을 확률이 높다. 첫째, 주변의 토양이 지하 15센티미터 깊이까지 그을렸을 가능성이 크다. 참고로, 자연적으로 발생한 불은 그 일대 토양이 지하 1~2센티미터 이상 그을리지 않는다. 둘째, 그 일대 토양의 자성이 영향을 받았을 가능성이 크다. 불이 난 지역의 자성은 연소가 전혀 일어나지 않았거나, 나무 등걸이 타는 것처럼 상대적으로 가벼운 수준의 화재가 발생한 지역의 자성과 크게 다르다.

고고학 증거

토양의 산화 정도와 자성이라는 두 척도와 함께, 화덕 역할을 했던 다양한 형태의 구덩이는 세계 최초의 야영지의 위치를 확인하게 해주었다. 케냐의 쿠비포라 지역에 위치한 일명 'FxJj20'라는 곳인데, 연대는 160만 년 전으로 거슬러 올라간다. 심하게 그을린 토양 일부는 최소한 네댓새 동안 불을 피웠던 야영지의 흔적으로 확인되었다. 이곳 주변에서는 수천 점의 석기와 뼛조각도 발견되었다. 이 가운데 불에 탄 흔적이 있는 잔해가 거의 없는 점으로 보아, 고기를 굽거나 열을 가해 돌을 떼어낼 목적에서 불을 피웠던 것 같지는 않다.

FxJj20 야영지의 기능은 온기와 빛을 제공하고 맹수의 접근을 막는 데 있었던 듯하다. 하이에나와 사자 같은 맹수들은 짐승의 시체를 놓고 쟁탈전을 벌이는 경쟁 상대이자 위험한 적이었을 것이다. 이곳에서 불을 사용한 초기 인류는 아프리카 초원 지대에서 수렵과 채집, 썩은 고기 청소로 생활을 영위했던 호모 에르가스터였을 것으로 추정된다.

FxJj20을 제외하면, 선사시대 인류가 모닥불을 피웠다는 고고학 증거는 거의 찾아보기 어렵다. 그 중 노폭의 비치스피트는 몇 안 되는 사례 가운데 하나로 추정되며, 연대는 50만 년 전으로 거슬러 올라간다. 이곳 역시 주변 일대의 토양이 심하게 그을린데다 그 흔적이 일부 지역에 국한된 점으로 미루어, 자연적으로 발생한 화재가 원인인 것 같지는 않다. 어쨌든 네안데르탈인과 같은 초기 원시 인류가 불을 사용하지 않고 빙하기의 유럽에서 생활했을 가능성은 매우 희박하다. 네안데르탈인이 남긴 동굴 유적지에서는 잠잘 때 땅을 덥히기 위해 피운 화덕에서 흩날려 쌓인 것으로 보이는 두꺼운 층의 재가 종종 발견된다. 예를 들어 이스라엘의 케바라 동굴과 같은 다른 유적지에서도, 깊숙이 쌓인 침전물을 발굴한 결과, 여러 차례에 걸쳐 한 장소에 조성한 작은 화덕이 무수히 나왔다. 하지만 의도적으로 만든 돌 화덕은 알려져 있지 않다.

주변 풍경을 바꾸기 위해 의도적으로 불을 사용했다는 증거가 포착되는 건 BC 10000년경 이후다. 오스트레일리아의 애보리진과 아메리카 원주민과 같은, 오늘날의 수렵-채취 부족 가운데 상당수가 사냥감을 유인하기 위해 초목을 태워 새로 식생을 조성하는 데 불을 사용해왔다. 북유럽의 신석기시대 부족들도 그랬던 것 같다. 그 가운데 학자들 사이에 가장 널리 알려진 예는 BC 9500년경쯤의 요크셔의 스타카이다. 이곳 호수의 퇴적층에서 나온 숯 조각을 자세히 조사한 결과, 사람들이 여러 차례 갈대밭을 태웠다는 증거가 나왔다. 시야를 넓혀 호수 건너편의 상황을 파악하거나, 식물의 성장을 촉진해 작은 사냥감과 새떼를 몰아넣으려는 목적도 있었던 듯하다.

위 암벽을 은신처 삼아 생활했던 호모 에렉투스가 다양한 목적을 위해 불을 사용하는 모습을 묘사한 그림.

주요 연대

최초의 모닥불	160만 년 전/케냐
동굴 여기저기에 흩어진 화덕	60,000년 전/이스라엘
개간이나 방충의 목적으로 숲에 불을 지름	BC 9500년/유럽

왼쪽 약 60,000년 전 네안데르탈인이 조성했던 화덕. 한 장소에서 여러 차례에 걸쳐 불을 피웠던 흔적이 남아 있다. 발견 장소는 이스라엘의 케바라 동굴.

3 나무로 만든 도구

고고학 발견은 더욱 할 말을 잃게 만든다.
로버트 덴넬이 쇠닝겐의 창 앞에서, 1997

침팬지는 나무 도구를 여러 가지 목적에 사용한다. 사진은 나무 막대로 뒤적여 벌레를 찾는 모습이다. 침팬지가 이와 같은 도구를 만들어 사용할 수 있다는 점으로 미루어 우리의 먼 조상도 같은 능력을 지녔을 것으로 보인다.

오른쪽 독일 쇠닝겐에서 발견된 구석기시대 전기의 사냥용 창 가운데 하나. 가문비나무 재질에 길이가 약 2미터인 이들은 현대의 창과 비슷하게 생겼다.

고고학자들은 깊이 절망할 때가 많다. 인간의 흔적을 보여주는 초기의 증거가 너무 많이 사라져버렸기 때문이다. 나무로 만든 도구가 그 대표적인 예다. 세계 최초로 알려진 목기는 나이가 40만 살이다. 하지만 이 무렵 인간의 조상은 정교한 석기를 제작했다. 아프리카에서 유럽과 아시아로 흩어진 이들 인간의 조상은 체격이 현생 인류와 비슷했으며, 직립 보행을 했고, 뇌의 크기가 적어도 우리의 3분의 2에 해당했다. 이들은 이미 수천 년 동안 목기를 제작해 사용했던 것으로 추정되지만 현재는 하나도 남아 있지 않다.

침팬지는 나무 도구를 활용해 여러 가지 임무를 수행한다. 예를 들어 나무 막대를 휘두르거나 던져 위협을 하기도 하고, 개미와 흰개미를 긁어모으기도 하고, 견과류를 깨뜨리는 모루로 사용하기도 한다. 흰개미를 긁어모으는 데 쓰는 나무 막대의 경우, 잔가지에서 잎사귀를 떼어내고 양끝을 이빨로 물어뜯어 적당한 크기로 만든다. 원시 인류가 직면했던 문제도 침팬지가 나무 도구를 활용해 해결해온 문제와 별반 다르지 않았을 것이다. 그렇다면 이들 역시 둥우리에서 벌레를 끄집어내거나, 속이 빈 나무 둥치에서 수액을 빼내는 데 나무 도구를 사용했으리라 추측할 수 있다. 올두바이의 석기를 복제해 실험해보면, 우리의 먼 조상이 나무 도구를 사용했을 가능성은 더욱 커진다. 나무를 다듬는 데 효과적인 이들 석기는 200만 년 전 직후에 제작됐는데, 나무 창을 만드는 데 사용했을 확률이 높다.

드문 증거

나무 창은 지금까지 발견된 목기 가운데 가장 나이가 많다. 1995년 독일 쇠닝겐에서 연대가 40만 년 전으로 거슬러 올라가는 나무 창 3점이 출토되었다. 가문비나무로 만든 이들 나무 창은, 앞쪽은 무겁고 두꺼우며 꼬리 부분은 길고 뾰족한 것을 비롯해 현대의 창과 비슷하게 생겼다. 아울러 말뼈도 다수 발견된 점으로 미루어, 말과 같은 덩치 큰 포유동물을 사냥하는 데 사용했던 것으로 추정된다. 창과 함께 양끝을 뾰족하게 깎은 막대 1점과, 가공한 흔적이 역력한 은것나무 가지 3점도 발견되었다. 속

주요 연대

창	40만 년 전, 독일
가공한 나무	75만 년 전~24만 년 전, 이스라엘
끝이 뾰족한 막대	125,000년 전, 영국과 독일

왼쪽 쇠닝겐에서 나무 창 발굴을 주도한 하르무트 티에메. 창 말고도 석기와 10마리가 넘는 말을 비롯해 동물 뼈도 함께 발견되었다. 이를 통해 티에메는 창이 단지 짐승의 시체에 접근하지 못하게 맹수들을 내쫓는 목적보다 사냥용으로 사용되었을 것이라고 추측한다.

을 파낸 점으로 미루어, 이들 나뭇가지는 돌 격지를 보관하는 용기 역할을 하지 않았을까 싶다. 만약 그렇다면 세계 최초의 복합 도구였던 셈이다.

쇠닝겐의 창이 발견되기 전 유럽의 클랙턴(영국)과 레링겐(독일)에서 끝이 뾰족한 나무 막대 2점이 발견되었다. 연대는 둘 다 125,000년 전으로 거슬러 올라간다. 요르단 계곡의 게세르 베노트 야코브 유적지에서도 연대가 아주 오래된 목기가 출토되었다. 불에 그을린, 길이 25센티미터의 버드나무 조각이 바로 그 예다. 표면이 편평하고 광을 낸 흔적이 있는데다 나뭇결대로 잘려 있어 저절로 떨어져 나온 조각이라고는 보기 어렵다. 이 나무 조각의 연대는 확실하지는 않지만 75만 년 전과 24만 년 전 사이로 추정된다.

뿌리와 가지

우리의 조상들은 점차 진화해나가면서 나무를 사용해 다양한 도구를 발명했던 것으로 보인다. 오늘날 침수지 퇴적층에 남아 있는 목기를 토대로 목기 제작의 실질적인 증거를 포착할 수 있는 시기는 빙하기 말기 이후부터이다. 이들 지역에서는 퇴적층이 부패를 막아준 덕분에 나뭇가지, 나무 껍질, 뿌리 등을 활용해 만든 다양한 형태의 도구가 썩지 않고 보존되었다.

연대가 BC 7500년과 BC 4500년으로 거슬러 올라가는 덴마크와 스웨덴의 신석기시대 유적지에서는 나무로 만든 도구가 특히 풍부하게 출토되고 있다. 그 가운데 아게뢰드 V 유적지에서는 벚나무와 오리나무 가지, 소나무 뿌리를 한데 엮어 만든 짐승 우리 잔해가 계속 발견되어왔다. 이 우리는 자연과학과 실제적인 필요성이 한데 어우러진 예술작품이다. 버드나무 껍질을 가닥가닥 엮어 만든 고기잡이 그물과, 소나무 껍질로 만든 뗏목도 같은 시기에 제작되었다. 라임나무 둥치의 속을 파내 만든 카누와, 물푸레나무를 깎아 만든 심장 모양의 노 역시 연대가 같다. 물고기를 덫에 몰아넣는 울타리를 만드는 데에는 개암나무 가지를 사용했으며(173쪽 참조), 자작나무 껍질을 엮어 부싯돌을 운반하는 가방을 만들었다. 활을 만드는 데에는 느릅나무 가지를 사용했다.

나무를 이용해 만든 이러한 도구들은 지금은 잊힌 자연 세계와의 친화력을 보여줄 뿐만 아니라, 자신의 솜씨를 사랑했던 사람들의 손끝에서 탄생한 수공품의 수준을 짐작하게 해준다.

왼쪽 BC 7500~BC 4500년경 스웨덴의 아게뢰드 V에서 출토된 짐승 우리 잔해. 벚나무와 오리나무 가지에 소나무 뿌리를 한데 엮어 만든 이 우리는 신석기시대 사람들이 종류가 각기 다른 나무의 성질을 십분 파악하고 있었다는 점을 보여준다.

아교

접착제는 인류와 나이가 같은데, 나무 둥치에서 흘러나오는 끈적거리는 수액이 만들어내는 송진이 그 대표적인 예다. 석기시대의 사냥꾼들은 갖가지 종류의 식물성 재료, 특히 수지(樹脂)를 사용해 창과 같은 도구에 뾰족한 날을 겹쳐 붙였다. 최근 들어 독일에서 연대가 80,000년 전으로 거슬러 올라가는 자작나무 수지가 발견되었다. 이 수지는 나무 손잡이에 돌날을 고정시키는 데 사용했던 것으로 추정된다. 곧이어 석기시대 농부들도 짐승의 가죽에서 접착제 성분을 발견했다. 이집트 목수들 사이에서 널리 사용되었던 이 접착제는 황소 가죽에서 젤라틴 성분을 추출해 만들었다. 짐승의 가죽으로 만든 접착제는 가구 제작에 이상적이었으며, 파라오 투탕카멘의 보좌를 만드는 데에도 사용되었다. 젤라틴 성분의 접착제는 오늘날에도 장롱 제작자들 사이에서 널리 쓰이고 있으며, 특히 골동품을 복원하는 데 사용되고 있다. 이집트인과 로마인들은 물고기로도 접착제를 만들었는데, 물고기 껍질이나 뼈를 물에 넣고 끓인 다음 이를 솔에 발라 사용했다. 젤라틴의 일종인 순도 100퍼센트의 어교(魚膠)는 철갑상어로 만든다. 물고기 껍질로 만든 접착제는 중세시대에 채색 사본을 장정하는 과정에서 많이 사용되었다. 지금은 동물과 식물을 재료로 한 접착제는 거의 사라졌고, 인공 접착제가 그 자리를 대체하고 있다.

4 복합 도구, 그리고 날과 끝

> 영감의 결과였든 또 다른 이유에서였든, 초기의 유럽인들이
> 야만의 늪에서 벗어나 멀고도 험준한 미개의 봉우리를 넘어서서
> 마침내 일정한 수준의 문명에 도달할 수 있었던 건 그들의 손 덕분이다.
>
> 그레이엄 클라크, 1952

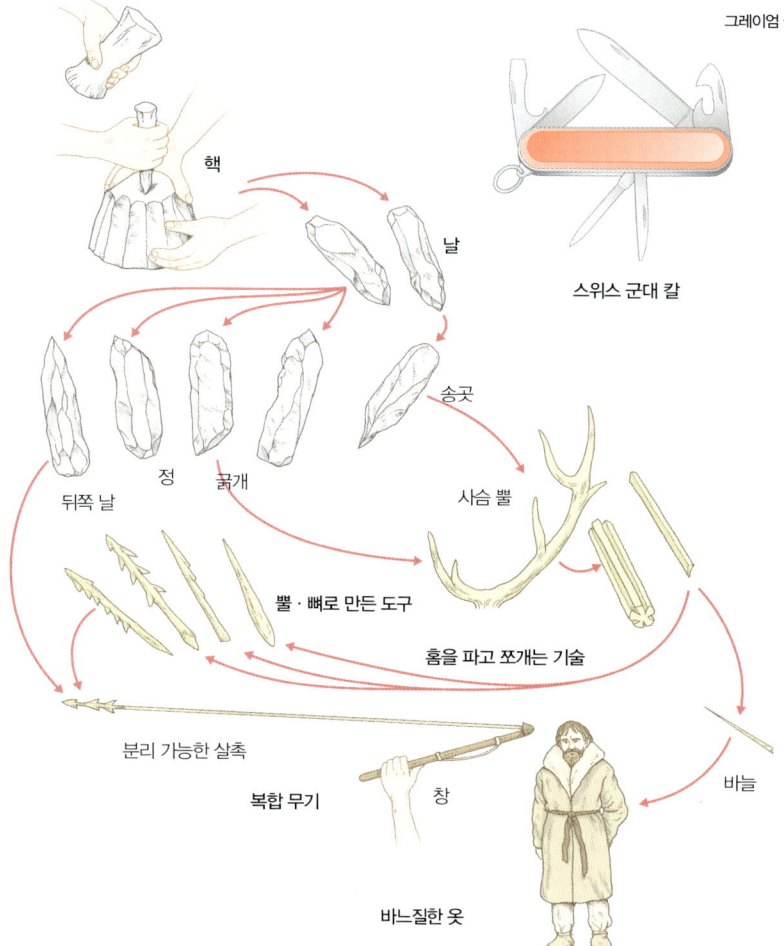

지를 한꺼번에 여러 개씩 떼어내 사용했다. 이렇게 떼어낸 격지는 창 손잡이나 손잡이 끝에 동여맨 줄에 고정해 사용해도 될 만큼 두께가 얇았다. 끄트머리가 무척이나 날카로웠던 이들 창은 두꺼운 짐승 가죽을 뚫고 들어가 심각한 부상을 입힐 수 있었다.

이와 같은 무기 제작기술은 빙하기 말기, 그러니까 12,000년 전부터 유럽과 아프리카에서 꽃을 피웠다. 하지만 그 이전인 50,000년 전에도 서유럽의 네안데르탈인들은 이미 복합 무기를 사용해 들소와 매머드 같은 덩치 큰 짐승을 사냥했다.

'스위스 군대 칼 효과'

현재 대부분의 전문가들은 현생 인류가 아프리카에 처음 출현한 시기를 13만 년 전 이전으로 보고 있다. 호모 사피엔스의 일부가 아프리카에서 서아시아로 이

위 이른바 '스위스 군대 칼 효과'로 통하는 날 제작기술 덕분에 빙하기 말기의 인간들은 이전보다 크기가 일정해진 여분의 날을 이용해 정교한 도구를 만들 수 있었다. 그 결과, 뿔과 뼈로 된 용품도 제작하게 되었다.

오른쪽 프랑스 르무스티에에서 출토된 이들 무스테리안기의 작은 격지는 네안데르탈인이 만들었다.

고학자들은 하나 이상의 부품으로 이루어진 도구를 가리켜 복합 도구라고 부른다. 약 25만 년 전 석기 제작자들은 석기 제작기술에서 놀라운 진전을 보였다. 즉 울퉁불퉁한 돌멩이에서 어쩌다 떨어져 나온 격지에 의존하는 대신, 최초로 몸돌을 다듬어 핵을 확보했다. 이런 식으로 핵을 준비해두었다가 커다란 격지를 하나씩 떼어내거나, 크기가 비교적 균일한 격

복합 도구, 그리고 날과 끌 **4**

왼쪽 프랑스 플라카르에서 출토된 정. 연대는 구석기시대 후기로 거슬러 올라간다. 이와 같은 날들은 뿔과 뼈와 같은 다양한 재료를 이용해 기존과는 차원이 다른 도구를 제작할 수 있는 가능성을 열어놓았다.

주요 연대

석핵	250,000년 전
'스위스 군대 칼 효과'	45,000년 전

주한 시기는 약 10만 년 전이지만 그때까지도 이들은 아주 간단한 형태의 복합 도구를 사용하고 있었다. 약 45,000년 전 현생 인류의 인지 능력이 고도로 발달하면서 오늘날의 우리처럼 추론하고, 계획을 세우고, 혁신을 이룩하는 상태에 도달했다. 그 직후 석기 제작기술이 한층 더 정교해지면서 돌뿐만 아니라 뿔, 뼈, 상아, 가죽, 나무 등 다양한 재료로 만든 도구가 등장했다. 바로 이 시기에 이른바 '스위스 군대 칼 효과'가 역사상 처음으로 모습을 드러낸다.

잘 알다시피 스위스 군대 칼은 몸체와, 칼날과 병따개에서부터 가위, 톱, 족집게 등 온갖 도구가 부착된 연결쇠로 이루어져 있다. 부착물은 각기 몸체의 지지를 받지만 함께 사용할 경우 그 용도가 이루 말할 수 없이 다양하다. 빙하기 말기의 유럽인들은 날 기술을 이용해 오늘날의 스위스 군대 칼에 견줄 수 있는 도구를 개발했다. 크로마뇽인은 구멍 뚫는 도구를 사용해 날을 제작했다. 이들은 부싯돌이나 각암 같은 미세한 결정질의 돌을 골라 원통 모양의 핵으로 다듬은 다음 일정한 크기의 양날 격지를 가능한 많이 떼어냈다.

날 제작기술의 발달에 힘입어 두께가 얇으면서 균형미를 자랑하는 완제품이 생산되었다. 이들 완제품은 창에 고정해 면도날처럼 예리한 살촉으로 사용하거나, 특별히 손질을 하지 않고도 칼로 사용할 수 있었는데, 칼의 경우 잡았을 때 손이 베이지 않도록 뒷면을 무디게 만들었다. 석공들은 몇 번의 멋진 일격 끝에 날을 얻었을 테고, 이 날을 가지고 바퀴살 대패를 만들거나, 날 카롭게 벼려 목공용 도구나 톱을 만들었을 것이다.

생가죽을 처리하는 긁개의 경우에는 날 끝이나 양쪽 면을 무디게 만들어 사용했다. 날 끝을 뾰족하게 갈면 가죽이나 나무에 구멍을 뚫는 송곳이 만들어졌다. 방향을 가늠해가며 끝머리를 주의 깊게 내리치면 끌처럼 생긴 정을 얻을 수 있었다. 뿔에 깊이 홈을 내거나, 매머드 엄니를 비집어 열어 기다란 조각으로 나눌 수 있다는 점에서 정은 무엇보다도 중요한 도구였다.

스위스 군대 칼을 생각해보자. 날을 얻을 수 있는 핵은 몸체이기도 하면서 연결쇠인 셈이었다. 석공들은 일과를 시작할 때마다 늘 핵을 지니고 다녔다. 핵은 언제라도 꺼내 사용할 수 있는 재료 창고였다. 숙련된 석공은 날을 떼어내 순식간에 칼이나 긁개, 끌과 같은 도구를 만들었다. 날 제작기술은 인간의 발전에 혁명을 가져왔다. 처음으로 인간은 용도도 다양하면서 다루기도 쉬운 종합 공구 상자를 손에 넣었다. 덕분에 뿔이나 뼈와 같은 다양한 재료(30쪽 참조)를 이용해 효율성도 높고 훨씬 정교해진 갖가지 종류의 용품을 만들 수 있었다.

아래 북아메리카의 한 땅굴에서 출토된 클로비스 날. 이런 작은 날들을 탈·부착이 가능한 손잡이에 고정시켜 사용했다. 그 후 나무로 만든 창이 등장하면서 효율성이 뛰어난 사냥 무기들이 탄생했다.

29

5 뼈와 뿔로 만든 도구

뼈를 깎고 다듬으려면 돌뿐만 아니라 식물 재료의 특성까지 파악하고 있어야 했다.
긁개와 조각용 도구처럼 생가죽을 손질하거나 짐승 뼈를 다루는 데 필요한 도구를 만들려면
동물의 부위별 특성을 꿰고 있어야 했다.

스티븐 미튼, 1996

구멍이 뚫린 이 뿔 조각은 가죽끈 따위를 늘여 펴는 데 사용했던 것으로 추정된다. 일찍이 프랑스의 선사시대 역사가들은 이와 같은 물건에 홀을 뜻하는 '명령의 지팡이'라는 명칭을 붙였지만 그 기능에 대해선 확실히 알지 못했다. 프랑스의 라마들렌 암벽 거주지에서 출토된 이 뿔 조각은 연대가 BC 11000년으로 거슬러 올라간다. 사진에 나와 있는 면에는 말 4마리가, 그 뒤쪽에는 말 3마리가 새겨져 있다.

인간은 처음부터 이런저런 목적에 뼈와 나무를 사용해왔지만 완성품이 남아 있는 경우는 아주 드물다. 뼈는 나무보다 보존도가 높은데, 우리가 아는 한 초기 인류가 뼈로 도구다운 도구를 만들었다는 증거는 없다. 다만 날카로운 돌날로 뼈를 부수어 아무런 손질도 가하지 않고 그 상태 그대로 사용했을 뿐이다.

뿔과 뼈를 다루는 기술은 현생 인류, 특히 유럽과 유라시아 북부에서 생활했던 현생 인류의 산물이었다. 이들 지역에는 숲이 없어 나무 대신 뿔과 뼈가 자주 사용되었다. 이러한 재료들이 쓰이게 되면서 유럽의 크로마뇽인은 스위스 군대 칼의 효과를 내는 날 제작기술을 선보이기 시작했다(28쪽 참조). 끝이 끌처럼 생긴 정 덕분에 인간은 순록이나 엘크의 뿔 표면에 깊게 홈을 팔 수 있었다. 그러고 나면 돌로 만든 송곳으로 해면질의 뿔 안쪽까지 구멍을 뚫은 다음 그 안으로 가죽끈을 끼워 넣어 조각조각 분리했다. 이렇게 해서 얻

창을 던질 때 사용했던 이 추는 BC 11000년경 프랑스의 앙렌 동굴에서 출토되었다. 아이벡스(야생 염소) 2마리가 서로 뒤엉킨 채 놀거나 싸우는 모습이 조각되어 있다. 이 당시의 인간들은 뿔을 깎고 다듬어 실용적이면서 예술성도 뛰어난 용품을 만들었다.

주요 연대

귀 있는 바늘	25,000년 전
뼈로 만든 살촉	BC 8000년, 스칸디나비아
다기능 복합 도구	BC 1000년, 베링 해협

순록 뿔 재질의 미늘이 달린 이 작살은 프랑스 그로트드라뷔쉬에서 출토되었으며, 연대는 BC 11000년경이다. 짐승의 가죽을 뚫고 들어가 회복하기 힘든 상처를 입힌다는 점에서 작살은 매우 효과적인 무기였다.

은 기다란 뿔 조각은 다양한 종류의 사냥용 무기를 만드는 데 사용되었다. 창에 끼우는 살촉, 미늘이 하나 또는 2개 박힌 작살(해양 포유동물을 잡는 데 특히 효과 만점이었다), 톱니처럼 깔쭉깔쭉한 낚시용 창이나 작살이 그런 예였다.

크로마뇽인과 이들과 이웃한 유라시아인들은 고도로 정교한 뿔과 뼈 기술을 개발했다. 예를 들면 동물 형상을 정교하게 새긴 단창(175쪽 참조), 눈칼[雪刀], 힘줄을 늘여 펴는 데 사용했을 것으로 추정되며 때로 동물을 조각해 장식한 '명령의 지팡이'라는 생소한 도구가 거기에 해당한다. 이 새로운 기술은 조각 기법의 발전을 가져왔고, 덕분에 크로마뇽인과 시베리아인들은 유명해졌다.

후기에 이루어진 뿔과 뼈 기술의 발달은 북부 지방의 환경에서 기인된 바 크다. 다 자란 사슴의 뿔은 미늘이나 살촉을 만들기에 그만이어서 구대륙과 신대륙에서 널리 각광받았다. 이 밖에 동물의 뼈도 도구로 제작되었는데, 짐승 뼈의 경우 먼저 갈고 긁어내는 과정을 거쳐 불로 지져 단단하게 만든 다음 밀랍으로 광을 냈다. 수렵-채취 생활을 했던 스칸디나비아의 마글레모시아인은 BC 8000년경 뼈를 이용해 아주 정교한 살촉을 만들었는데, 대개 낚시용 창으로 사용했다.

BC 1000년 이후 뿔과 뼈 기술은 푸누크 제도와 구 베링 해, 베링 해협에 거주하던 에스키모족들 사이에서 절정을 이루었다. 이들 부족은 물개, 해마, 고래를 사냥하기 위해 정교한 복합 도구를 만들었다. 그 가운데 많은 수가 그 자체로 예술작품이다. 이러한 도구들은 기능적인 면에서도 중요했지만 의식의 차원에서도 중요했다. 당시의 유물들로 판단하건대, 뼈 도구를 제작하는 기술은 사회적 지위의 상징이었으며, 뼈와 상아로 가면을 만드는 기술도 그 안에 포함되었다.

뿔과 뼈로 도구를 만드는 기술은 기본적으로 간단했는데, 그 근간은 목공술이었다. 예를 들면 뼈를 문지르고 가는 과정, 거칠거칠한 돌에 대고 문질러 광을 내는 과정, 밀랍으로 마무리를 하는 과정 등이 그랬다. 정이라는 도구가 뿔과 뼈의 가능성을 활짝 열어젖히면서 인간은 고도로 실용적이고 위험한 무기를 병기고에 추가할 수 있었다.

바늘과 바느질

약 25,000년 전 빙하기 말기의 혹독한 기후 조건 속에서 유럽과 유라시아에 거주하던 크로마뇽인은 가위 혁명에 견줄 만한 도구, 즉 귀 있는 바늘을 발명했다. 프랑스 르플라카르에서 출토된 이 바늘들도 그 중 하나다. 이번에도 '스위스 군대 칼 효과'가 두각을 나타냈다. 뼈나 상아를 갈아 미세한 조각으로 만들려면 날카로운 부싯돌 칼이, 구멍을 뚫으려면 정교한 송곳이 필요했기 때문이다. 바늘은 인간의 역사를 통틀어 가장 중요한 발명품 가운데 하나다. 바늘 덕분에 바느질이 가능해졌기 때문이다. 이로써 사람들은 자기 몸에 맞는 옷을 여러 겹 껴입을 수 있었다. 게다가 생가죽과 털처럼 방호 기능이 각기 다른 재료를 두루 이용해 두건 달린 방한복이나 물개 가죽에 토끼털을 덧댄 장화 같은 의복을 제작할 수 있었다. 옷을 겹겹이 껴입을 경우, 시시각각 달라지는 온도에 신속하게 적응할 수 있다. 이는 오늘날에도 중요한데, 빙하기 말기의 혹독한 기후 속에서는 더 말할 나위도 없었다. 옷을 여러 겹 껴입은 덕분에 낚시와 사냥 같은 야외 활동이 쉬워졌고 땀을 흘릴 경우 벗을 수도 있었다. 바늘은 눈에 잘 띄는 도구는 아니었다. 하지만 바늘이 있었기에 빙하기 말기에 유럽과 유라시아의 광활한 툰드라 지대에 거주하던 사람들이 1년 내내 밖에서 활동할 수 있었으며, 그 결과 시베리아 북동부와 같은 극지 지역에 정착하는 한편, 15000년경에는 아메리카 대륙으로도 이주했다.

맷돌, 광내기 그리고 광을 낸 도끼

내 삶이나 고된 맷돌질이나 무엇이 다르랴.
찰스 디킨스의 1839년 소설 《니콜라스 니클비》에서 맨털리니가 한 말.

고학자들이 발견하는 석기는 암석에서 떼어낸 격지로 만들어진 경우가 대부분이다(21쪽 참조). 하지만 이는 석기의 일종일 뿐이고, 원석을 갈고 윤을 내서 만든 도구도 있었다. 많은 경우 반들반들한 표면은 마른 씨앗이나 곡물, 광물과 같은 거친 재료를 가는 데 석판과 단괴를 사용하면서 생겨난 결과였다.

이러한 도구들은 빙하기 말기, 그러니까 약 12,000년 전 이후부터의 유적지에서 특히 주류를 이룬다. 이 시기 들어 채집할 수 있는 야생 식물의 종류도 많아졌고, 또 작물 재배가 시작되기도 했다. 하지만 최초의 사례는 빙하기 중기인 20,000년 전으로 거슬러 올라가며, 어쩌면 이보다 더 이전일 수도 있다.

최초의 증거

가장 오래된 것으로 알려진 맷돌의 일부는 오스트레일리아 뉴사우스웨일스의 커디스프링스에서 발견된다. 인간의 도구와 함께, 지금은 멸종된 일명 거대동물상(megafauna)이라는 덩치 큰 동물의 뼈가 나온 곳은 오스트레일리아 전역을 통틀어 이 물웅덩이밖에 없다. 최근 발굴 결과, 지질 연대가 30,000년 이전으로 추정되는 깊이 150센티미터의 구덩이에서 맷돌 조각 33점이 출토되었다. 맷돌 조각 중 상당수가 도축한 동물의 뼈가 묻혀 있는 지층에서 나왔다. 식물 조직의 잔해와 반들반들한 돌 표면을 현미경으로 조사한 결과, 씨앗을 가는 데 사용했던 도구로 확인되었다.

이들 맷돌 조각은 그냥 보기에는 그다지 인상적이지 않을 수도 있지만 구석기시대의 생활양식을 이해하는 데 아주 중요한 단서를 제공한다. 애보리진은 오래전부터 오스트레일리아의 사막 지대에서 살아남기 위해 맷돌에 의지해왔다.

초기의 맷돌들은 아프리카, 그 가운데 특히 나일 계곡의 와디쿠브니야 유적지에서 발견된다. 20,000년 전 이곳에 거주하던 사람들은 식물을 채집하기도 하고, 해마다 나일 강이 범람하고 나면 알을 까러 몰려드는 메기를 잡아 생활을 영위했다. 이곳을 발굴한 결과 수많은 맷돌이 모습을 드러냈다. 아울러 사암 계곡에서는 적당한 크기와 형태로 떼어내 손질한 석판도 발견되었다. 맷돌 표면에 남아 있는 잔해를 분석한 결과, 그 가운데 일부는 녹말 성분이 들어 있는 식물을 가는 데 사용했고, 일부는 광물을 가는 데 사용했다고 밝혀졌다. 광물은 아마도 동굴벽화를 그리거나 몸을 치장하는 데 쓸 염료를 만들기 위해 갈았던 듯하다.

하지만 뭐니뭐니 해도 최대의 맷돌 매장량을 자랑하면서 가장 눈길을 사로잡는 곳은 나투피안 유적지와 BC 12500년경 초기 농업 공동체가 형성되었던 서아시아 지역이 아닐까 싶다(91쪽 참조). 이들 지역에서는 찻잔을 크게 확대해놓은 듯한 절구와 공이를 비롯해 다양한 크기와 형태의 분쇄용 도구가 발견되고 있다. 이 도구들은 곡물, 도토리, 옻나무 열매 같은 식물을 빻는 데 쓰였던 것으로 보이지만 현재까지 나온 증거로는 정확하게 확인하기가 어렵다. 하지만 시간과 공

오스트레일리아 커디스프링스에서 출토된 맷돌 잔해. 재질은 사암이며, 연대는 30,000년 이전으로 추정된다. 맷돌 주변에서는 지금은 멸종된 덩치 큰 동물들의 뼈도 함께 발견되었다.

맷돌, 광내기 그리고 광을 낸 도끼 **6**

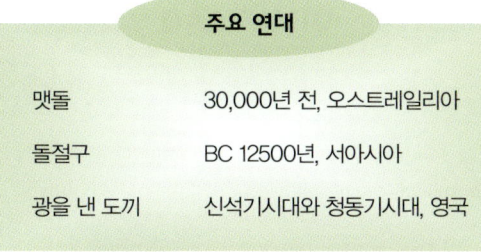

주요 연대	
맷돌	30,000년 전, 오스트레일리아
돌절구	BC 12500년, 서아시아
광을 낸 도끼	신석기시대와 청동기시대, 영국

왼쪽 하요님 구릉지에서 출토된 나투피안 양식의 석회석 공이와 절구. 식물의 종류에 따라 각기 다른 돌과 절구를 사용했던 것으로 보인다. 공들여 윤을 내고 모양을 낸 경우도 더러 있는데, 그러려면 시간과 노력이 엄청나게 들어갔다. 따라서 이를 소지한 사람은 신분이 상당히 높았을 것으로 추정된다.

을 들여 정교하게 제작하고 반들반들하게 윤을 낸 경우가 많다. 이를 통해 아마도 소지자의 신분이 상당히 높지 않았을까 하는 추측을 해볼 수 있다.

광을 낸 도끼

선사시대의 수렵-채집인과 초기 농부들은 돌도끼도 정성스레 다듬고 반들반들하게 광을 냈다. 수렵-채집인 대부분은 돌을 깨뜨리는 간단한 방법으로 도끼를 손에 넣고는 표면은 거친 상태 그대로 내버려두었다. 반반한 외형을 만들기 위해 돌을 갈고 윤을 내는 과정은 여간 수고스럽지 않았기 때문에 특별한 목적이 생겼을 때만 정성을 들였던 듯하다. 예를 들어 돌을 깨뜨리면서 생긴 울퉁불퉁한 부분을 제거하면 나무를 베는 데 훨씬 효과적인 도끼를 얻을 수 있었다. 거기에 광까지 낼 경우 아주 매력적인 도구로 탈바꿈하기 때문에 이런 도구들은 거리와 상관없이 활발하게 거래되었다.

그와 같은 움직임을 뒷받침해주는 아주 훌륭한 증거 하나가 신석기시대와 청동기시대의 영국(잉글랜드 지역)에서 나온다. 그동안 영국에서 이루어진 암석학 연구 결과에 힘입어 도끼가 맨 처음 제작되었던 채석장의 위치 확인이 가능해졌다. 더러 원래의 장소에서 수

백 킬로미터나 떨어진 곳에서 도끼가 발견되기도 하는데, 그 주변에 인간의 유골이 함께 놓여 있는 경우가 많다. 잘 만든 도끼는 매우 소중한 물건이어서 실제 사용보다 과시를 위한 목적으로 이용했을 확률이 높다.

아래 요르단 와디함메 27의 나투피안 유적지에서 나온 현무암 재질의 분쇄용 도구들. 사진은 발견 당시의 모습이다. 유물 중에는 공이가 들어 있는 상태의 절구 1점과 빈 절구 1점, 분쇄용 돌 2점이 포함되었다.

바구니와 바구니 짜는 기술

바구니는 수많은 인디언을 잡아먹은 후 뚜벅뚜벅 걷기 시작하더니 곧이어 물 속으로 들어갔다.
바구니는 악어다. 껍질만 봐도 놈인지 알 수 있다.

드 시브리외, 거스가 인용한 글에서, 1989

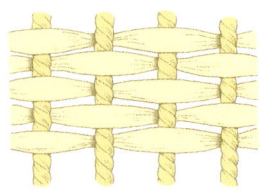

얽어 짜기: 가닥이 휘지 않게 똑바로 세우거나 베틀에 고정시켜, 가로 방향을 따라 엇갈려가며 가닥을 짜넣는다.

아래 독일 노이마겐에서 발견된 부조. 안주인이 머리 손질을 받으며 고리 버들 세공 의자에 앉아 있다.

식량을 모아들여 저장하는 일은 인간에게만 국한된 활동이 아니다. 개미와 다람쥐도 똑같은 행동을 보인다. 하지만 인간은 식량을 저장하는 용기를 발명했다. 식량 저장 용기는 역사가 매우 오래됐으며, 덕분에 많은 양의 식량을 운반하고 보관할 수 있게 되었다. 최초의 용기는 아무래도 썩기 쉬운 재료로 만들어졌던 것 같다. 시간의 흐름에 맞서 현재까지 남아 있는 예가 전혀 없기 때문이다.

불을 피우는 기술이 발명되기 전에 인간은 불을 다루는 기술을 이용해 자기와 금속 공예품을 생산했으며, 달걀 껍질, 조가비, 조롱박 같은 천연 재료도 용기로 사용했다. 그 밖에 생가죽과 방광처럼 비교적 노력이 덜 드는 동물성 재료도 용기로 변신했다. 나뭇잎, 나무 껍질, 잔가지와 같은 식물성 재료도 한데 꼬아 엮으면 저장 용기로 사용할 수 있었다. 아울러 선사시대부터 인간은 고도로 정교한 바구니 짜는 기술로 우유나 물 같은 액체를 보관했다.

썩기 쉬운 유기 재료는 매우 예외적인 상황, 예를 들

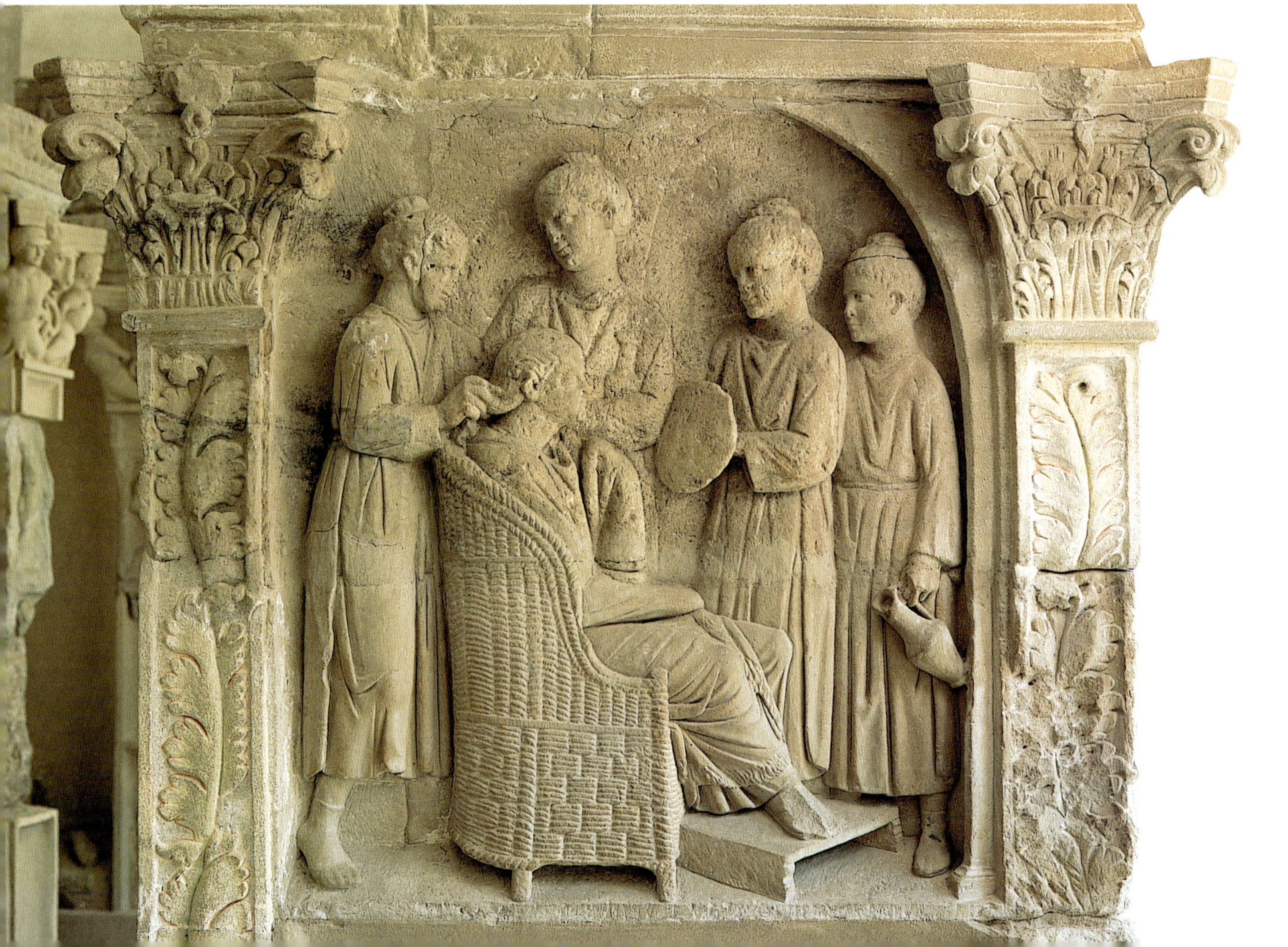

바구니와 바구니 짜는 기술 | 7

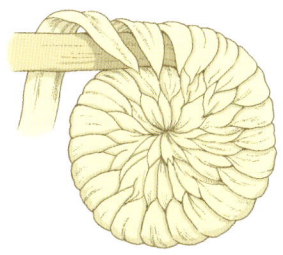

위 왼쪽 이집트 투탕카멘 왕릉에서 나온 BC 14세기의 대형 갈대 바구니. 안에는 아직도 말린 과일이 들어 있다.

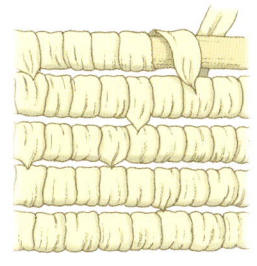

위 둘둘 감아 올려 짜는 기술의 경우, 먼저 막대나 재료 다발('토대')을 고정시킨 다음, 가닥으로 그 주변을 감싸 나가면서 모양을 잡는다.

어 영구 동토층이나 침수지, 또는 동굴이나 무덤, 사막처럼 지극히 건조한 환경에서만 살아남을 수 있다. 따라서 고대의 바구니에 대한 우리의 지식은 이러한 지역에서 출토된 유물에 근거한다. 현존하는 바구니 가운데 가장 오래된 예는 연대가 신석기시대로 거슬러 올라가며, 북아메리카(힌스 동굴, BC 7500년경)에서부터 터키(차탈휘위크, BC 6000년경), 이집트(파이윰A, BC 5000년경)에 이르기까지 전 세계 곳곳에서 발견된다.

기술과 재료

바구니는 기다란 나뭇잎이나 잔가지로 만드는데, 그 때문에 재료가 원래 형태 그대로 남아 있는 경우가 많다. 기본 기술은 전 세계 어디서나 매우 간단했으며, 다만 사용된 재료의 종류와 완성된 바구니의 모양, 장식, 기능만 다를 뿐이었다. 물론 길이가 달라진 재료를 끼워넣는 공정, 작업을 시작하고 마무리하는 공정과 같은 세세한 부분에서는 차이가 드러나지만, 바구니 제작자들은 제한된 기술로 모양, 저장 공간, 견고성 면에서 어마어마하게 다양한 제품을 만들어냈다.

시간이 흐르면서 제작기술도 바뀌었다. 예를 들어 고대 이집트의 경우 엮음질 세공으로 만든 바구니는 그리스-로마 시기에 이르러서야 등장했지만, 한데 꼬아 둘둘 말아 짜는 기술은 이집트 문명이 생겨났을 때부터 널리 퍼져 있었다.

북유럽의 바구니는 대개 버드나무 줄기나 소나무 뿌리, 개암나무 가지처럼 재질이 비교적 딱딱한 재료로 만들어졌다. 그 가운데 버드나무 줄기, 소나무 뿌리, 개암나무 가지, 말채나무 등이 선호도가 높았다. 로마 시기의 바구니 기술은 남아 있는 예가 거의 없다. 하지만 부조들을 보면, 당시의 고리 버들 세공 의자가 얼마나 아름다웠을지 충분히 짐작할 수 있다. 깔개를 만드는 데에는 골풀과 사초가 사용되었다. 남유럽의 바구니는 주로 스페인풀이나 골풀과 같이 비교적 말랑말랑한 재료를 한데 꼬아 만들었다. 메소포타미아 지방의 바구니는 대개 땅 속이나 항아리를 보관했던 지하 저장고에서 발견되었다. 뱀이 똬리를 틀듯 둘둘 감아 올리는 기술이 가장 널리 사용되었지만,

왼쪽 로마 시대의 이집트에서 제작된 내비침 세공의 바구니.

아래 격자 세공에서는 세 방향으로 엮거나 꼬는 기술이 널리 사용된다.

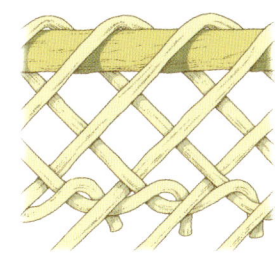

35

신석기시대 이후부터 엮음질 세공의 깔개도 함께 발견되고 있다.

아프리카의 바구니는 대개 종려나무 잎사귀나 풀과 같은 말랑말랑한 재료로 만들었다. 고대 이집트의 유물 가운데 현재까지 남아 있는 사례가 많은데, 예를 들어 파라오 투탕카멘의 무덤에서는 120점이 넘는 바구니가 발견되었다. 안에는 대개 파라오가 사후 세계로 가지고 갈 말린 과일이 담겨 있었다.

아시아에서 가장 각광받았던 재료는 대나무였다. 요즘도 인도네시아, 필리핀, 중국, 베트남, 일본 등지에서 제작되는 대나무 바구니는 숙련된 장인의 경우 가늘게 쪼갠 댓조각만으로도 뛰어난 예술작품을 만들 수 있다는 점을 보여준다. 가장 널리 사용되었던 기술은 엮음질이었다. 대나무 외에 풀, 로탄(종려나무의 일종), 판단 같은 재료도 인기가 높았다.

북아메리카에서는 역사시대뿐만 아니라 신석기시대에도 소탈, 유카, 용설란, 나무 뿌리, 풀 등을 바구니 재료로 사용했다. 남아메리카의 바구니는 덩굴, 종려나무 이파리, 풀, 나무를 잘게 쪼갠 조각 등을 엮거나 꼬아 만들었다. 엮음질 세공의 쟁반은 2가지 색깔의 복잡한 기하학 문양으로 장식했는데, 문양에 깊은 의미가 담겨 있는 경우가 많다.

기능과 의미

바구니는 형태에 따라 다양한 목적으로 사용되었다.

> **주요 연대**
>
> | 최초의 바구니 | 북아메리카, BC 7500년경 |
> |---|---|
> | | 터키, BC 6000년경 |
> | | 이집트, BC 5000년경 |

전 세계에서 나타나는 민족지학 사례로 볼 때, 바구니마다 용도가 각기 다르다는 점이 곧 명백해진다. 예를 들어 빵 바구니에 말린 대추야자를 담는 일은 거의 없었다. 음료를 담아 조리를 하는 데 사용했던 바구니도 있다(이 경우 음료가 담긴 바구니에 뜨겁게 달군 돌을 집어넣었다). 오늘날에도 사하라 사막에서는 낙타 젖을 짤 때 빈틈없이 감아 올려 짠 바구니를 사용한다. 아메리카 인디언의 경우에도 전통 의식을 치를 때 바구니에다 음료를 데운다.

바구니는 처분이 쉬운 저장 용기라는 기능성 측면에서뿐만 아니라 가보의 차원에서 제작되기도 했다. 반짝이는 황금빛 밀짚 한 가닥을 정교하게 엮어 만든 반지에서부터 몽골의 초원 지대에 우뚝 서 있는 가옥에 이르기까지 바구니 기술의 다양성은 거의 상상을 초월한다.

전 세계의 수많은 지역에서 사람들은 바구니를 짜고 장식하면서 그 안에 의미와 비유도 함께 엮어넣었다. 남자와 여자, 나이와 신분, 신이나 정령과의 조우, 안전과 건강과 부와 행복을 기원하는 마음 등이야말로, 언뜻 소탈해 보이는 이 재료에서 빠질 수 없는 요소였다.

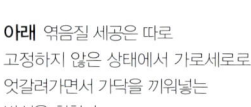

아래 오른쪽 18세기 초 체로키 인디언이 만든 뚜껑 달린 등나무 바구니. 미국 남서부 지역에서 발견되었다. 잘게 쪼갠 등나무 줄기를 염색한 다음 엮음질 세공으로 짜나가면서 문양을 넣었다.

아래 엮음질 세공은 따로 고정하지 않은 상태에서 가로세로로 엇갈려가면서 가닥을 끼워넣는 방식을 취한다.

토기

아마도 토기 제작은 인간이 물질의 화학적인 변화를 인식하고 이를 이용한 최초의 사례가 아닐까 싶다.
토기 제작술의 핵심은 점토 조각을 원하는 모양대로 빚은 다음
여기에 '불을 질러' 영원성을 부여하는 데 있다.

고든 차일드, 1956

이런저런 형태로 어디서나 눈에 띄는 토기는 우리 물질 문화의 일부로 자리 잡았다. 벽돌과 돌로 지은 집에서 생활하는 대다수의 사람들과 대개의 문명은 토기 냄비나 사발, 보관 용기, 종교적인 성격을 띠는 인형에 의지해 삶을 영위해왔다. 토기의 기원은 최초로 점토를 빚어 거기에 불을 가한 수렵-채집인과 초기의 농부 입장에서 설명될 수 있는데, 맨 처음 토기가 등장한 지역과 상황의 다양함으로 미루어볼 때 이러한 발명을 가능케 한 이유는 한두 가지가 아니었던 듯하다. 최초의 토기와 그 연대를 둘러싼 논쟁은 지금도 계속 진행되면서 우리의 지식을 바꾸어놓고 있다.

토기 제작기술

우리 주변에서 쉽게 구할 수 있는 재료로 만들어지는 토기에는 그리스인들이 말한 4가지 기본 요소(흙, 물, 불, 공기)가 모두 들어간다. 토기 제작에 사용되는 점토는 편평한 판 형태의 입자가 고운 결정체로 이루어졌는데, 물을 머금게 되면 서로 뭉치는 특성이 있어 쉽게 펴 늘일 수 있다. 최초의 토기는 주로 꾹꾹 눌러 다지거나, 사리를 틀어 감아 올리거나, 편평한 점토판 여러 개를 한데 이어 붙이거나, 틀에 넣는 방법으로 만들어졌다. 도공은 모래나 조개 껍질, 유리와 같은 첨가물을 추가해 천연 점토의 성격을 바꾼다. 그 결과, 점토는 탄성과 수축성은 줄어들고, 대신 건조성은 높아진다. 불을 가하는 과정에서 점토의 광물 구조가 완전히 파괴되는데, 그 결과 결정체가 녹아내리면서 서로 엉겨 붙는다.

맨 처음 토기를 만든 사람은 누구였을까 하는 문제와 관련해 여성의 역할이 언급되어왔다. 여성은 식량을 모아들이고, 요리를 하고, 가사를 담당하면서, 최초로 토기를 빚고, 장식하고, 굽는 일뿐만 아니라, 흙을 파내 곱게 빻아 반죽하는 일을 하기에 가장 좋은 위치에 있었다.

다양한 기원

인간의 문화 발전에서 토기의 도입은 중요한 이정표의 하나로 간주되어왔다. 1936년 고든 차일드는 작물 재배와 동물 사육과 함께 토기 제작을 '신석기 혁명'에서 빼놓을 수 없는 요소로 보았다. 하지만 그는 나중에 캐슬린 케니언이 예리코를 발굴하는 과정에서 얻은 뜻밖의 성과를 인정했다. 이곳에서 케니언은 토기 도입 이전에 이미 농경 생활이 시작되었다는 점을 입증해 보였다. 하지만 그 후 사냥, 채집, 어로 생활을 했던 일본의 구석기시대 사람들이 조몬 토기를 사용했다는 사실이 밝혀졌다. 차일드는 그 전에 사망했다.

최근의 고고학 연구 결과로 우리는 토기가 아주 다양한 상황에서 발명되었으며, 각기 다른 토기의 기원 사이에는 일정한 연관관계가 없다는 사실을 알 수 있

위 체코의 돌니베스토니체에서 출토된 동물 머리 모양의 토기. 매머드 사냥꾼들의 야영지였던 이곳에서는 동물 형상의 소형 토기 잔해 수천 점이 발견되었다. 그 중에는 인물상도 몇 점 포함되었다. 연대는 BC 22400년경으로 추정된다.

아래 점토의 특성에 대한 지식은 구석기시대 후기부터 알려졌다. 길이가 각각 63센티미터와 61센티미터인 사진의 이 들소들은 프랑스 튁도두베르 동굴에서 발견되었다. 점토는 손가락과 주걱 같은 도구(BC 15000~BC 10000년)를 사용해 빚었다.

조몬 토기는 채집과 낚시, 사냥으로 생활을 영위하던 사람들이 10,000동안에 걸쳐 만들었다. 이들이 농사를 지었다는 증거는 어디에도 없다. 조몬 문화 초기인 BC 4500년에 이르러 바닥이 편평한 토기가 등장했는데, 굽 달린 큰 잔과 속 깊은 항아리는 새끼줄 문양으로 장식해 '조몬'이란 새끼줄 무늬를 의미한다) 입체감을 살렸다. 이러한 기법은 세월이 지나면서 더욱 화려해졌다. 사진의 이 토기는 조몬 문화 후기인 BC 2000년에 제작되었다.

남아메리카의 도공들은 아주 다양한 종류의 천연 산화물을 개발해 이를 물에 개어 바른 다음 반짝반짝 광을 내 매끄러우면서 반들거리는 표면을 얻었다. 예를 들어 페루의 나스카 문화에서는 토기 하나에 적어도 15종의 염료를 사용해 11가지나 되는 색을 만들어냈다. 이 토기(AD 1~700년)는 입에 손잡이가 달려 있는 것으로 보아 북으로 사용했던 듯하다.

다. 하지만 대부분의 사회에서 개발이 진행되어온 과정을 살펴보면, 토기의 발명은 농업의 발달과 정착 생활, 공동체라는 3가지 요소와 밀접하게 맞물려 있다.

세계의 일부 지역에서는 사금파리 파편 46점이 최초의 토기라는 주장이 제기되어왔다. 원래는 하나의 그릇을 이루었을 이들 사금파리 조각은 일본 혼슈 북쪽의 오다이야모토에서 출토되었다. 이 가운데 30점은 표면에 숯 성분이 묻어 있었는데, 이로 미루어 아마도 조리용 냄비로 사용했던 듯하다. 이 밖에 후쿠이, 셈푸쿠지, 가미쿠로이 같은 동굴 유적지에서도 연대가 BC 10500년으로 거슬러 올라가는 조몬 문화 초기의 토기가 발견되었다.

조몬 문화 초기의 토기는, 수렵-채집 생활과의 연관성 때문에 처음에는 논란의 대상이 되었다. 고고학자 가운데 상당수가 조몬 토기의 연대를 인정하려 들지 않았지만 러시아 극동 지역(아무르 강 하류: BC 13000~BC 11000년, 트랜스바이칼: BC 9000년), 중국(양쯔 강: BC 11000년, 황허 계곡: BC 8800년, 완니안: BC 12000년), 북아프리카(사하라 남부: BC 7500년) 등지에서 발견된 최초의 토기도 연대가 모두 비슷하다. 모두 수렵-채집 사회였던 곳들로, 토기를 제작하기 시작한 시기가 거의 일치한다.

이에 비해 메소포타미아, 동부 지중해 연안, 아나톨리아를 비롯한 서아시아 전역에서는 농사를 짓고 나서 토기를 사용하기 시작했다는 이론이 널리 받아들여지고 있다. 예를 들어 자그로스 산맥 지대에서는 정착 생활과 더불어 밀과 보리를 경작하고 가축과 양을 사육한 지 200여 년이 지난 BC 6300년에 이르러서야 토기를 만들기 시작했다. 게다가 비교적 늦게 등장한 이 지역의 토기는 만드는 방법이 남달랐던 듯하다. 이른바 점토판 이어 붙이기 기술인데, 이 경우 햇볕에 구운 점토 보관 용기를 사용했을 뿐만 아니라 건축용 도료와 진흙 벽돌, 회반죽을 사용했던 것으로 보인다. 발명이 이루어지자 토기는 저장 용기와 조리 기구, 식기 등으로 서아시아 전역에 급속하게 퍼져 나갔다.

아메리카 최초의 토기(BC 5500년)는 브라질 아마존 강 일대의 타페리냐와 페드라핀타다에서 확인할 수 있다. 강의 자원으로 생활을 영위했던 이곳 사람들이 남긴 패총에서는 불에 그을린 흔적이 있는 작고 키 낮은 사발이 발견되고 있다. 아메리카의 다른 지역에서 볼 수 있는 토기들이 아마존 강 유역에서 확산되어 나간 결과인지, 아니면 콜롬비아 북부(BC 4600년)나 에콰도르 해안(BC 3200년), 페루 해안(BC 2460년), 파나마(BC 2140년), 중앙아메리카 남부(BC 1805년)의 토기가 각기 다른 발명의 결과인지는 불확실하다.

하지만 형태, 양식, 용도에서 커다란 차이를 보이는 아메리카의 토기는 지역 주민들의 필요에 따라 제작 기술이 바뀌기도 하고 발전하기도 했다는 점을 명확하게 보여준다. 예를 들어 멕시코의 경우 중부 고원 지대의 푸론-에스피리디온 토기(BC 1600년)는 투박하고 단순한 데 비해, 해안 지방인 치아파스에서 발견되는 바라 토기는 화려하게 장식한 사발과 항아리가 주종을 이룬다. 후자의 경우, 축제나 종교 의식에 사용할 토기를 만들면서 조롱박 장식 기술을 응용했지만, 기능성을 중시했던 고원 지대의 토기는 신분의 차이가 없는 평등한 사회였다는 점을 반영하듯이 일부러 아무 장식도 하지 않았다.

초기 토기의 기능

많은 경우 토기 생산은 농사 도입 이전에 시작된 듯하지만 왜 토기를 개발했을까 하는 문제는 여전히 의문으로 남는다. 토기를 사용했던 '신석기시대 초기'의 사회들은 대부분 큰 강이나 해안 주위에 위치해 있었다. 이들 지역은 사람들에게 사냥, 채집, 낚시 등을 통해 다양하고 풍부한 자원을 얻을 수 있는 환경을 마련해주었다. 미국의 고고학자 브라이언 헤이든은 처음에 토기는 축제나 의식에서 음식을 담아 대접하거나, 베푸는 사람의 부나 너그러움을 과시할 목적에서 사용되었던 일종의 '남다른 기술'이었다고 주장해왔다.

불 위에 올려놓고 조리용 냄비로 계속 사용하다 보면 검댕이 묻어 까맣게 변색되거나 숯 성분이 나오기 마련인데, 놀랍게도 최초의 토기 중에는 그런 예가 거의 없다. 대신 장기간 보관하는 데 쓰였을 법한 커다란 항아리가 주류를 이룬다.

일본의 초기 조몬 문화 동굴 유적지에서 발견되는 최초의 토기 가운데 일부는 계절별로 장소를 옮겨다니며 야영하던 집단에서 사용했던 것으로 보인다. 하지만 깨지기 쉬운 다기능 용기의 생산과 제작은 여기저기 이동해 다니는 생활방식에는 어울리지 않는다. 따라서 조몬 유적지를 비롯한 여러 지역에서 정주 공동체가 완전히 자리 잡게 된 데에는 토기 생산과 사용이 주요 요인의 하나로 작용했을 가능성이 높다.

개발의 전통

조리용 냄비는 인간의 식생활 개선에 오랫동안 아주 중요한 역할을 담당했다. 냄비 덕분에 유해하거나 맛이 없었을 많은 식물이 기본 식료품으로 변모했다(113쪽 참조). 사람들이 점차로 흙의 다양한 특성을 깨닫게 되면서 토기는 점점 더 다양한 용도로 쓰이기 시작했다. 형태와 장식이 다양해진 토기는 신분의 고하와 종교관을 표현하는 수단이기도 했다. 제작기술이 갈수록 정교해지고 전문화되면서 토기는 교환의 대상이나 교역 가능한 상품을 담는 용기로 바뀌었다. 더욱이 요업 기술은 도가니를 제공함으로써 금속 세공기술과 같은 다른 기술의 발전에도 기여했다(41, 46쪽 참조).

가마는 연료가 타면서 내는 열을 좀더 효과적으로 도기에 전달해주는 반영구적인 장치이다. 가마가 메소포타미아와 근동에 처음 등장한 시기는 적어도 BC 5000년으로 거슬러 올라간다. 가마 덕분에 도기 주변의 온도와 대기를 일정한 수준으로 조절할 수 있게 되

관 뚜껑으로 사용되었던 중국 신석기시대의 채색 주발. 반포에서 발견된 양사오 문화 유물로, 연대는 BC 5000~BC 4000년경이다. 이 주발은 어린아이의 시신이 들어 있는 항아리 위에 놓여 있었는데, 이 시기 중국에서는 이런 매장법이 성행했다.

8 과학기술

위 초기의 토기는 대부분 노천 가마에서 구웠다. 즉 토기 주변에 연료를 쌓은 다음 여기에 불을 피워 구웠는데, 이렇게 하면 꽤 많은 열이 손실되지만 토기와 연료를 잘 배치할 경우 900°C가 넘는 온도를 유지할 수 있다. 페루 락치에 있는 이 가마터 주변에는 한때 야트막한 바람막이가 서 있었지만 지금은 소실되고 없다. 하지만 크고 깨지기 쉬운 항아리를 보호했던 사발층 꼭대기에는 동물 배설물과 풀을 태우는 과정에서 나온 재가 남아 있다.

맨 오른쪽 BC 530~330년 아테네인들이 만든 적회식 도자기는 당시의 가마 기술이 얼마나 뛰어난 수준에 이르렀는지를 보여준다. 죽은 자를 보호하는 스핑크스가 묘사된 이 포도주 잔은 이탈리아 카푸아 근처의 한 무덤에서 발견되었다. 무덤에는 다른 도기들도 있었다.

오른쪽 이집트 베니하산에 있는 바크트의 무덤에 그려져 있는 벽화의 세부 모습. 연대는 BC 1970년경이다. 도공들이 점토를 밟아 으깨 준비한 뒤 회전식 작업대에서 모양을 빚어 가마에 넣고 굽는 과정이 묘사되어 있다.

주요 연대

최초의 토기	BC 14000년, 일본 BC 5500년, 브라질
가마	BC 5000년, 메소포타미아와 근동
녹로	BC 3500년, 메소포타미아와 근동

자 색을 칠해 유약을 바른 도기의 생산도 가능해졌다. 광택은 도기의 표면이 완전히 유리로 바뀔 때 형성된다. 이 과정을 더욱 촉진하기 위해 산화납과 같은 용매를 사용했다. 파양스 도자기(광택이 나는 고급 채색 도자기: 역주)는 BC 5000년부터 이집트와 메소포타미아에서 생산되었지만, 알칼리성 유약을 입힌 도기는 유리와 같은 시기(BC 1500년)에 메소포타미아에서 개발되었다(49쪽 참조). 납 유약이 개발된 시기는 이보다 1000여 년 후인 BC 100년경으로, 중국과 지중해, 이집트에서 거의 동시에 모습을 드러냈다.

BC 3500년경부터 메소포타미아와 근동에서 널리 사용했던 녹로는 BC 2400년경 이집트와 에게 해에도 도입되었다. 도공은 이 녹로가 주는 원심력에 의지해 젖은 상태의 점토를 꽉 눌러 짜기도 하고 들어 올리기도 한다. 녹로를 돌려 그릇을 만드는 도공들은 대개 고운 반죽을 선호하는데, 반죽이 거칠 경우 손의 피부를 자극할 뿐만 아니라 모양도 잘 빚어지지 않기 때문이다. 반면 반죽의 결이 고우면 불을 땠을 때 형태가 일그러질 확률도 낮고 가마 안에서 골고루 잘 구워진다.

중국에서는 가마 기술과 반죽 기술을 끊임없이 개발해 도기를 매우 높은 온도에서 구워내는 데 성공했다. 이는 도자기의 탄생으로 이어졌다. 신대륙의 도공들은 녹로를 사용하지 않았다. 대신 가마와 비슷한 장치를 다양하게 개발해 비교적 낮은 온도에서 구운 질그릇을 생산했다. 신대륙의 질그릇은 복잡한 문양을 조각한 다음 산화물을 이용해 정교하게 장식하는 것이 특징이었다.

구리, 청동, 금, 은

다른 예술 분야에서와 마찬가지로 농사를 짓는 데에도 금속으로 만든 도구가 사용된다.
이런 이유로 금속은 인간에게 가장 긴요한 필수품이다.

게오르기우스 아그리콜라, 1556

금속의 개발은 인간 사회에 지대한 영향을 미쳤다. 금속은 명실상부한 최초의 합성 물질이라는 점에서도 인간의 기술 개발 역사에서 중요한 위치를 차지한다. 불을 다루는 기술이 절정에 이르면서 무기화학이 시작되었다.

토기와 마찬가지로 발명의 산물로서의 금속 역시 오랫동안 논쟁이 되고 있는 문제를 제기한다. 즉 제련술의 발명이 구대륙의 중동과 아메리카의 중부 안데스 같은 일부 지역에만 국한된 현상이었는지, 아니면 인간 사회가 고도로 발전하면서 여러 지역에서 각기 따로 나타난 현상이었는지를 놓고 여전히 의견이 분분하다. 중국의 과학과 과학기술의 역사를 연구했던 조지프 니덤은 이 문제를 언급하면서 단순한 과학기술은 반복해서 발명되는 경향을 보여왔지만 복잡한 과학기술은 한정된 중심부를 기점으로 점차 확산되어 나가는 경향이 있다고 결론지었다.

따라서 금속의 경우, 구리와 납 제련술은 상대적으로 간단하기 때문에 많은 지역에서 발명되었던 것으로 보이지만 그보다 복잡한 철 제련술은 한 곳에서만 발명되었던 듯하다 (46쪽 참조). 단순한 기술의 경우 아마도 소규모 금속 공예품과 함께 교역품이나 선물의 형태로 금속 생산의 중심부에서 다른 지역으로 퍼져 나갔을 것이다. 그리고 새로운 기술을 접한 주변부에서는 운 좋게도 천연 금속과 광석을 보유했을 경우 나름대로 야금술을 발명하지 않았을까 싶다.

구리

구석기시대의 수렵-채집인은 금속의 진가를 몰랐던 듯하다. 최초의 금속인 구리는 천연에서 고체 형태를 띠는데, BC 7000년대부터 중동의 신석기사회에서 매우 한정된 용도로 사용되었다. 구리는 진기하고 흥미로운 준보석과 함께 구슬이나 목걸이로 만들어졌다. 구리는 특히 미학적인 특성 때문에 소중하게 취급된 듯하다. 바야흐로 금속이 돌을 밀어내고 도구와 무기의 재료로 각광받는 시대가 펼쳐졌다. BC 5000년대경 아나톨리아나 메소포타미아 북부에서 최초로 금속을 제련했던 듯하다. 이는 산화물이나 탄산염 형태로 존재하는 금속성 광물에 열을 가해 액체 상태의 금속을 생산했다는 뜻이다.

천연 구리는 작업할 때 빨갛게 되도록 달구지 않으면 매우 물러진다. 약 1100°C 이상으로 가열하면 구리는 녹는다. 일단 이러한 사실을 발견하고 나서는 쓸모없는 구리 파편들을 도기 도가니에 넣고 완전히 녹을 때까지 산화가 되지 않도록 그 위를 숯으로 덮어 열을 가하면 주괴로 바뀐다는 사실도 곧 터득했을 것이다. 천연 구리는 구리 광상에서 나는데, 초록색 광물을 함유하고 있을 경우 더 많은 구리를 얻을 수 있다는 사실도 알려졌을 것이다. 마침내 몇몇 천재가 천연 구리를 수거해 숯으로 가열하는 간단한 방법을 통해 금속을 생산했다. BC 5000 ~ BC 4000년대에 이 과정에 사용되었던 도가니 잔해가 중동과 발칸 지방에서 발견되고 있다.

이스라엘 나할미슈마르에 있는 이른바 '보물의 동굴'에서 출토된, 홀 또는 권표로 추정되는 지팡이. 복잡한 구리 주조술이 돋보이며, 연대는 BC 3000년대로 거슬러 올라간다.

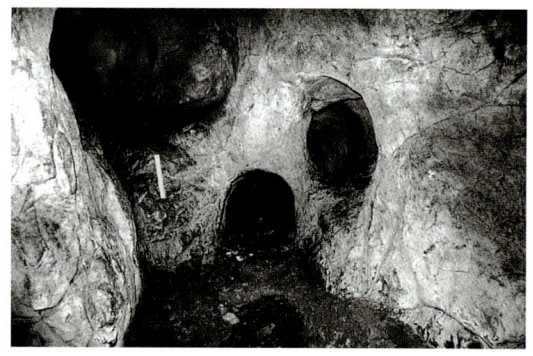

아나톨리아 남부 케스텔에 있는 광산 갱도. 세계 최초의 주석 광산인 이곳은 BC 2000년대에 조성되었다.

BC 4000년대 중부 유럽에서도 구리를 제련한 흔적이 포착되며, BC 2000년대 중반 브리튼 섬에서도 포착된다. 중국에서는 BC 3000년대경, 남아메리카 중부 안데스에서는 BC 1000년대 말경부터 구리 제련이 시작됐다는 게 현재 정설로 받아들여지고 있다.

구리가 녹으면 도가니 바닥과 똑같은 형태를 유지한다는 사실이 알려지면서, 녹은 구리를 구덩이나 속을 파낸 돌에 부을 경우 일정한 형태를 띠게 된다는 사실도 곧 알려졌을 것이다. 주조술은 이렇게 발명되었다.

청동

구리는 사실 주조하기가 매우 까다로울뿐더러 금속치곤 다소 무른 편이다. 두 종류의 금속을 섞어 합금을 만들면 훨씬 질 좋은 금속을 얻을 수 있다. 고대에서 가장 널리 사용되었던 합금은 청동이다. 청동은 구리와 주석 약 10퍼센트를 섞어 만들지만 주석의 비율은 5~15퍼센트에 이르기까지 매우 다양하다. 청동이 구대륙의 메소포타미아와 아나톨리아에 모습을 드러낸 시기는 BC 2000년대 초반이다. 그런데 주석이 상대적으로 귀한 금속이라는 점이 문제였다. 최근 들어 고고학자들은 아나톨리아 남부의 토로스 산맥에 위치한 케스텔에서 초기 주석 생산의 흔적을 발견했다. 이 주석 광산은 적어도 BC 2000년대에 조성되었던 것으로 보인다.

청동은 주석 광산을 보유한 지역에서 구리 제련술이 개발되는 시기에 맞추어 각기 따로 모습을 드러냈다. 브리튼 섬의 경우 BC 2000년대 중반 들어 한동안 구리 제품이 눈에 띄다가 BC 2200년경에는 청동이 브리튼과 서유럽을 장악한다. 브리튼 남서부에 주석 광산이 있었던 것이 거의 확실하다. BC 2000년경 중국 북부와 아시아 남동부에서도 똑같은 변화가 일어났다.

청동은 녹일 경우 구리보다 훨씬 유동성이 높고 용융점도 낮을뿐더러 천천히 굳기 때문에 주조하기가 한결 쉽다. 게다가 구리보다 훨씬 더 견고해서 도구와 무기 재료로도 더 우수하다. 돌의 오랜 통치 기간이 마침내 끝나고 바야흐로 청동기시대가 도래했다.

아메리카에서는 오늘날의 페루에 해당하는 지역에서 BC 1000년경부터 청동이 사용되기 시작했다. 이는 안데스에 주석 산지가 있어 가능한 일이었다. 아메리카에서는 청동기술이 확산되는 속도가 느려, 중앙아메리카의 경우 400~500년대에 이르러서야 청동 제품

아래 왼쪽 '주물 잔'으로 알려진 BC 5세기경 그리스의 적회식 항아리. 청동 조각상을 제작하는 인부들을 묘사하고 있다.

아래 오른쪽 고대 그리스의 용광로와 청동 주조 갱을 재연한 그림. 이 경우 갱은 조각상을 제작하는 용도로 쓰였다.

이 등장했다. 이번에도 구리와 주석 광산을 보유하고 있던 덕분이었다. 아메리카에서는 다양한 종류의 소형 도구와 장신구가 제작되었지만 구대륙에 필적할 만한 청동기시대는 없었다고 보아도 무방할 듯하다.

구대륙의 많은 지역, 예를 들어 중동과 인도에는 이렇다 할 주석 광산이 없었으므로 대체물을 찾아야 했다. 바로 구리와 아연의 합금인 황동이었다. 하지만 아연을 녹이는 데 필요한 온도에서는 작업이 도저히 불가능할 정도로 매우 고약한 기체가 생기는 게 문제였는데, 순수 아연이 분리된 건 상대적으로 아주 최근의 일이었다. 대신 밀봉한 도가니에 산화된 아연 광석과 숯을 넣고 구리 용액으로 화학 반응을 일으키게 하는 방법을 통해 황동을 만들었다. BC 시대가 거의 끝나갈 무렵 그리스와 인도 북부에서 발견된 이 방법 덕분에 로마인들도 곧 광범위하게 황동을 사용하게 됐다.

금

고고학의 입장에서 보면 금은 비교적 늦게 등장했다.

주요 연대

구리	BC 7000년대, 중동
구리 제련	BC 5000년대, 아나톨리아나 메소포타미아 북부
청동(구대륙)	BC 2000년대, 메소포타미아와 아나톨리아
청동(아메리카)	BC 1000년, 페루
황동	BC 시대가 끝나갈 즈음, 그리스와 인도 북부
금(구대륙)	BC 5000년, 불가리아
금(아메리카)	BC 1000년대
은	BC 4000년대, 중동

최초의 금제품은 불가리아 바르나에 있는 신석기시대 공동묘지에서 출토되었는데, 연대는 BC 5000년경으로 거슬러 올라간다. 광석이 아니라 금속의 형태로 발견되는 금은 대개 5~30퍼센트의 은을 함유하고 있다. 처음에 금은 정제하지 않고 구리를 약간 추가해 사용했던 것으로 추정된다. 그러다 BC 7세기 말 아나톨리아 서부의 리디아에서 동전 주조술이 등장하면서 상황이 바뀌었다(250쪽 참조). 동전은 일정한 무게와 순

복잡하기 이를 데 없는 청동 그릇. BC 5세기경 즈음 레이구둔에서 출토되었으며, 정교한 장식은 당시 중국 장인들의 빼어난 솜씨를 짐작하게 해준다.

과학기술

다음 쪽 영국 서퍽의 밀든홀 유적지에서 발견된 대형 접시의 세부 모습. 화려하면서 정교한 돋을새김 세공이 돋보이는 이 눈부신 은제 접시는 현존하는 로마 시대 후기의 은제품을 통틀어 가장 빼어난 사례 중 하나로 꼽는다.

오른쪽 콜롬비아에서 출토된 툼바가 재질의 이색(二色) 장식판. 2가지 색깔은 황금색을 띠는 부분을 산성 식물즙으로 처리해 얻은 결과다. 식물즙이 구리의 일부를 제거함으로써 표면은 진한 황금색으로 바뀌었고, 나머지 부분은 그대로 남았다.

아래 황금 장신구와 함께 묻힌 유골. 불가리아 바르나의 무덤 43호에서 출토되었으며, 연대는 BC 4000년대다.

아래 오른쪽 납에서 은을 분리하는 데 사용했던 풀무. 아직도 주둥이가 붙어 있다. 인도 북서부 아구차에서 출토되었으며, 연대는 BC 3세기다.

도를 지닌 귀한 금속이었기 때문에 동전을 제작하는 사람들은 혼합 상태를 보아가면서 은을 분리해 금을 정제해야 했다. 금가루나 금박을 소금과 함께 냄비에 넣고 가열하는 이 과정은 분금(分金)으로 알려져 있다. 그 결과 염소와 염화철 증기가 형성되었고, 이들 증기가 휘발성의 염화물 상태로 있던 금에서 은을 제거해 순수 금만 남겨놓았다. 동전이 사용되면서 금 정제술은 널리 확산되었다. 분금 방법은 거의 변화를 겪지 않다가 중세 후기 유럽에 와서야 바뀌었다. 물론 다른 대륙에서는 이보다 더 늦은 곳도 많았다.

남아메리카에서는 BC 1000년대에 야금술이 시작되었는데, 귀금속을 다루는 기술은 늘 중요하게 여겨졌다. 남아메리카 사람들은 금을 정제하지는 않았지만 혼합 비율을 조절하는 방법으로 툼바가라는 금속을 생산했다. 천연 상태의 금-은 합금에 먼저 구리를 섞은 다음 거기에 망치질을 했다. 그러고 나서 수렴성 화학 물질로 표면을 처리해 구리를 산화시켰다. 그리고 다시 염분이 강한 소금물이나 과일즙으로 만든 유기산으로 산화된 구리를 제거하고 나서 표면을 반들반들하게 닦아내면 순수한 금을 얻을 수 있었다.

은

은은 BC 4000년대부터 중동에서 조금씩 사용되었다. 천연 은을 그대로 사용했거나, 아니면 이 지역에서 아주 풍부했던 은 광석을 바로 녹여 사용했을 것으로 추정된다. 하지만 은은 대부분 다른 금속, 특히 납에 소량으로 들어 있다. 납 광석에 은이 함유되어 있다는 사실을 발견한 데 이어 BC 1000년경에 이를 분리해내는 방법이 등장하면서 천연 광석에 소량으로 들어 있는 서로 다른 종류의 물질을 추출하려는 시도가 생겨났다. 이른바 회취법(灰吹法)인데, 먼저 열풍로를 이용해 은을 함유한 납을 1100°C 정도로 가열하면 납이 산화되면서 납 산화물이 형성되었다. 이 납 산화물은 유해한 독소를 내뿜으며 사방으로 흩어지거나 일산화납 덩어리를 형성했다. 그러고 나면 은은 산화되지는 않지만 플리니우스가 1세기에 《박물지》에서 묘사했듯이 마치 '물 위에 뜬 기름'처럼 여전히 금속 상태로 남았다. 회취법이 발견된 이후 은은 훨씬 더 일반화되면서 고급 식기로 사용되는 한편, 각국에서 동전을 주조하는 데 중추 역할을 했다.

10 철과 강철

대장장이가 강철을 더 단단하게 벼리기 위해 도끼나 자귀를 찬물에 집어넣으면 주변이 온통
지글거리는 소리로 요란하듯이, 올리브나무 말뚝이 박힌 그자의 눈에서도 지글거리는 소리가 났습니다.

폴리페모스가 장님이 되는 장면을 묘사한 호메로스의 글에서, BC 8세기

오른쪽 이집트 왕들의 계곡에 있는 투탕카멘 왕릉에서 출토된 단도. 연대는 BC 14세기로 거슬러 올라간다. 손잡이는 황금으로 제작했으며, 자루 끝에는 수정 구슬이 달려 있다. 하지만 가장 값나가는 부분은 뭐니뭐니 해도 칼날이다. 다름 아니라 철로 만들었기 때문이다.

아래 BC 5세기경 스키타이의 철판 투구. 우크라이나 노보페도리프카 근처의 쿠르간 2에서 출토되었다.

고대 그리스인들은 자기네가 철을 발명했다고 주장하지만 철 제련술은 아나톨리아 북동부의 히타이트 지역에서 비롯되어 전 세계로 퍼져 나갔을 가능성이 높다. 중국인들도 독자적으로 철을 발명했던 것으로 보인다. 아메리카에서는 유럽인이 도래하고 나서야 철을 제련했지만, 북동쪽 끝인 배핀 섬 주변에 살던 이누이트족은 그곳에 떨어진 거대한 철 운석에서 소량의 철을 떼어내 사용했다. 그린란드 근처의 디스코 섬에서 발견된 천연 상태의 철 광상에서는 훨씬 더 적은 양의 철을 얻었는데, 지구상을 통틀어 순수 천연 철을 사용한 예는 이 경우가 유일하지 않았나 싶다.

철광석은 매우 흔하지만 철은 고대 세계에서 마지막으로 등장한 금속이었다. 그 이유는 용융점이 상대적으로 높기 때문이다(1530°C).

용재(slag, 제련이나 용접 등 금속을 가공하는 과정에서 나오는 부산물로, 금속 표면 위에 떠서 금속이 공기에 의해 산화되는 것을 방지하고, 또 표면을 보존하는 역할을 한다: 역주)를 만드는 기술이 고도로 발달하기까지 철을 완전히 녹이는 일은 불가능했다. 그 전까지는 괴철로 알려진 딱딱한 덩어리가 생산되었는데, 광석과 연료와 용재가 뒤섞여 있었다. 이 괴철을 백열 상태가 될 때까지 가열한 다음 망치질을 해서 납작하게 펴면 연철을 얻을 수 있었다. 이러한 기술은 BC 2000년대 후반 들어 개발된 것으로 추정된다. 하지만 철은 운철, 즉 '하늘에서 내려온 금속'에 견주어지면서 수세기 넘게 귀중하고 신비한 물질로 남아 있었다.

BC 1322년경 투탕카멘을 매장할 당시 부장품으로 함께 넣은 황금 손잡이가 달린 철제 단도도 있고, 히타이트 군주 하투실리스 3세가 아시리아 왕에게 보낸 유명한 편지도 있다. 당장은 철을 공급할 수 없어 체면이 말이 아니지만 동봉한 단도를 받아주길 바란다는 내용인데, BC 1250년 철광석 산지를 보유했던 나라에서 다른 나라 왕에게 보낸 철제 단도는 회유용 선물로 안성맞춤이었다. 그로부터 불과 몇 세기 후 제철술은 스위스에서부터 중국에 이르기까지 널리 확산되었고, BC 8세기 당시 메

소포타미아의 호르사바드에 있던 왕의 창고에는 모두 합치면 무게가 몇 톤에 이르는 철괴와 철제 무기가 수천 점 보관되어 있었다.

강철

이처럼 폭발적인 성장의 이면에는 강철의 발명이 자리하고 있다. 강철은 철에 탄소 약 0.2~0.5퍼센트를 섞어 만든 합금이다. 철제품의 경우 숯가루를 덮어 장시간, 심지어는 며칠씩 고온에서 열을 가했다. 그러면 탄소 중 일부가 철에 스며드는데, 이 철을 빨갛게 되도록 달군 다음 물 속에 집어넣으면 훨씬 더 단단하고 강한 철이 나왔다. 호메로스는 오디세우스가 폴리페모스의 외눈에 불붙인 막대기를 박아넣자, 뜨거운 강철을 물 속에 담글 때처럼 지글거리는 소리가 났다고 표현했다. 끔찍하지만 생생한 비유가 아닐 수 없다. 열처리를 한 강철은 BC 500년대 이전에 등장했다.

철과 강철이 손을 잡으면서 사회 전반에 걸쳐 수많은 변화가 생겨났다. 먼 곳에서 막대한 비용을 지불하고 구입해야 했던 구리와 주석은 구시대의 유물로 전락했다. 이제는 대부분의 공동체에서 자체적으로 철을 생산할 수 있었다. 철은 이전의 어떤 금속보다 우수했다. 그 결과, 철은 아주 다양한 용도로 쓰였지만 새로운 형태의 철제품은 그리 많지 않았다. 그렇더라도 3세기에 세워진 델리 철기둥의 사례가 보여주듯이, 중요한 의미를 갖는 철제 가공물들이 생산되었다.

도가니강

괴철로 만든 강철은 2가지 심각한 문제를 안고 있었다. 즉 철에 용재 함유물이 들어 있는 것이 취약점이었다. 게다가 철을 통해서는 탄소 함량을 균일하게 얻을 수 없었다. 확실한 해결책은 철을 녹이는 것이었지만 1400°C가 넘는 온도에 어떻게 도달하느냐가 또다시 문제였다.

이러한 문제는 BC 500년대 이후 인도 북부에서 해결되었던 듯하다. 오늘날의 파키스탄 북부에 위치해 있던 도시 탁실라에서 나온 철제품 가운데에는 함유물이 없고 탄소 함량이 균일한 철이 일부 포함되어 있다. 이런 점으로 미루어, 헬레니즘의 세례를 받았던 이

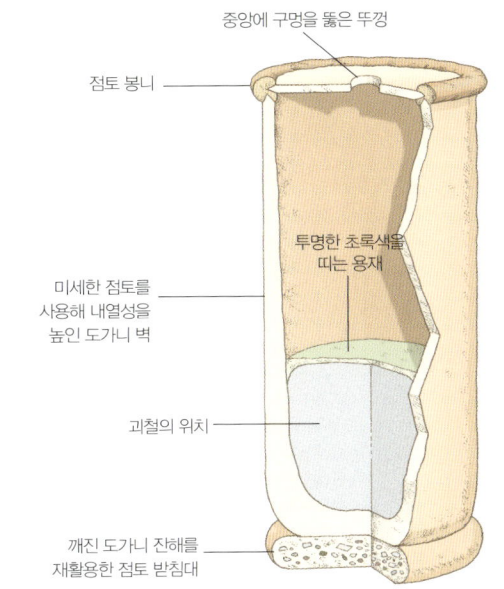

위 도가니강을 생산하는 데 사용되었던 도가니의 단면도. 이슬람이 통치하던 시절 초기의 메르프 지층에서 출토되었다. 연대는 9~10세기.

왼쪽 인도에 있는 델리 철기둥의 세부. 무게가 6톤이 넘는 이 철기둥을 만드는 데 엄청난 양의 연철이 들어갔으며, 연대는 3세기경이다.

도시에서 도가니강을 생산했던 것이 분명하다.

또 다른 증거도 있다. 알렉산드리아의 연금술사였던 조시무스는 3세기에 인도인들이 나뭇잎과 나무 껍질과 함께 연철을 도가니에 넣고 밀폐한 뒤 아주 높은 온도에서 가열해 강철을 만들었다고 썼다. 이렇게 해서 막강한 검을 만들 수 있는 용융된 철이 탄생했다.

도가니강은 중동, 중앙아시아, 인도에서 널리 사용되었지만, 신기하게도 유럽인들은 18세기까지 이 기술을 몰랐던 것으로 보인다. 반면 중국은 일찍부터 독특한 철제품을 선보였다.

주요 연대

연철	BC 2000년대 후반, 아나톨리아
주철	BC 9세기, 중국
가열한 철	BC 500년대 이전
도가니강	BC 500년대 이후, 인도 북부

중국과 주철

BC 9세기부터 중국에선 철을 생산했다. 중국인들은 거의 처음부터 용광로를 이용해 현재 주철로 알려진 무른 철을 생산했다. 주철을 생산하려면 용광로의 상태가 점점 뜨거워지면서 환원성이 높아져야 한다. 이를 위해 숯의 비율을 차츰 늘리는데, 그 과정에서 탄소 가운데 일부가 철에 녹아들기 시작한다. 그 결과, 용융점이 약 1200°C 정도로 낮아지면서 탄소 함량이 4.3퍼센트에 이르게 된다. 이렇게 해서 얻은 백주철은 지나치게 단단하고 부러지기 쉬워 주조하기도 까다로울뿐더러 달리 가공할 방법도 없었다.

그러나 중국인들은 위업을 달성했다. 다름 아니라 이 철을 좀더 다루기 쉽게 만든 것이다. 중국인들은 주조 온도를 조절하는 방법으로, 현재까지 가장 널리 사용되는 금속인 회주철에 이어 연성 주철까지 다양한 종류의 주철을 생산해냈다. 게다가 탄소를 태워 없애는 방법으로 연철을 생산하기도 했다.

용광로 처리기술은 매우 효과적이어서, 덕분에 중국인들은 어마어마하게 다양한 종류의 철제품을 생산할 수 있었다. 2,000년 전인 한(漢) 왕조에 이르러 중국은 철 기술과 생산에서 세계 최고를 자랑했다. 나아가 5세기에 이르러서는 철을 녹이는 데 석탄과 코크스를 사용하기 시작했다는 증거도 있다. 바야흐로 세계 최초의 산업혁명이 시작되었던 것이다.

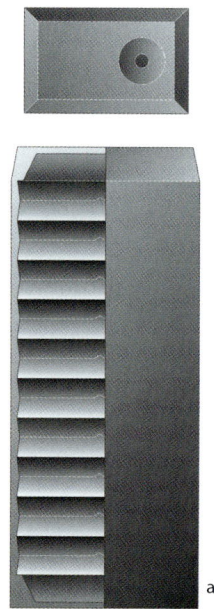 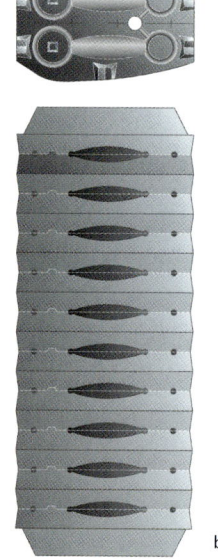  

전차에 필요한 철제 부품을 주조하는 데 사용했던 서랍식 거푸집 모형도. 중앙의 도관(c)이 각각의 거푸집(a는 외부, b는 내부)을 연결했다. 덕분에 똑같은 부품을 동시에 대량으로 주조할 수 있었다(d). 중국에서는 이미 2,000여 년 전부터 대량 생산이 한창 진행되고 있었다.

유리

> 옛날 천연 소다(소다석)를 취급하는 배 한 척이 이곳(벨루스 강 근처) 해안에 당도했을 때의 이야기이다. 선원들은 식사를 준비하러 바닷가 여기저기로 뿔뿔이 흩어졌다. 그런데 가마솥을 괼 돌이 없어 배에 있던 짐에서 소다 덩어리를 가져왔다. 소다에 열을 가하자 해변의 모래와 완전히 뒤섞이나 싶더니 곧이어 그 주변에서 이상한 액체가 흘러나와 시내를 이루었다. 바로 이것이 유리의 기원이라고 전해진다.
>
> 대(大)플리니우스, 1세기

유리는 놀랍고도 이상한 물질이다. 실리카, 소다, 석회를 함께 가열했을 때 생기는 아주 차가운 액체가 유리다. 유리 제품은 보통 이 물질이 뜨거운 상태로 있는 동안에 만들어진다. 아마도 가장 중요한 점은 유리가 투명하다는 사실일 것이다. 덕분에 인간의 역사에서 처음으로, 뚜껑을 열지 않고도 용기 안에 무엇이 들어 있는지 알 수 있게 되었다. 후대로 들어와 과학자들은 이러한 특성에 힘입어, 이 신기한 물질이 없었다면 생각조차 할 수 없는 관찰법을 고안해냈다.

유리의 기원은 다소 불분명하지만, 적어도 대플리니우스가 1세기에 기술한 글(위의 인용문 참조)보다 더 오래전으로 거슬러 올라간다. 석영이나 동석 같은 반짝이는 돌은 적어도 BC 4000년대부터 극동에 알려져 있었고, 이른바 '이집트 파양스'(석영을 빻아 유약을 입혀 만든 물질)도 비슷한 시기에 등장했다. 하지만 돌이나 석영 '핵'에 기대지 않고도 반짝이는 효과를 얻을 생각을 하기까지는 몇천 년이 걸렸다. 현재 알려진 최초의 유리 제품은 사실 유리라고 보기 어렵다. 유리를 만들려고 했던 것이 아니라 파양스를 생산하는 과정에서 우연히 나온 결과였기 때문이다.

유리 제조

최초로 유리가 만들어지게 된 배경에 대해선 알려져 있지 않다. 아마도 파양스 유약이 반투명하거나 심지어는 투명하다는 데서, 그리고 소품의 경우에는 핵을 생산할 필요 없이 유약만으로 만들 수 있다는 생각에서 비롯되지 않았을까 싶다. 이유야 어떻든 유리는 BC 2500년경 메소포타미아에서 개발되었던 것 같다. 주로 작은 구슬과 호부 따위가 생산되었는데, 아마도 처음에는 우연히 만들어졌을 가능성이 높다. 하지만 베로니카 태턴 브라운과 캐럴 앤드류스가 지적했듯이, "BC 1500년경 서아시아에서 최초의 유리 그릇이 생산될 때까지 세계 어디에서도 명실공히 유리라고 할 만한 제품은 알려지지 않았다." 이때를 기점으로 유리 개발이 급속하게 진행되면서 유리는 이집트에 이어 지중해 동부로 퍼져 나갔다. 중국에 유리가 등장한 시기는 주(周)나라 말기에 이르러서다. 중국의 경우 BC 4세기와 3세기의 무덤들에서 유리 제품이 발견된다.

초기의 유리 제조에 대한 우리의 지식은 대부분 이집트, 그 중 특히 아마르나 유적지(BC 14세기 중반)에 근거한다. 여기서 유리는 천연 원료를 이

위 이 푸른색 항아리는 이집트에서 가장 오래된 유리 그릇 가운데 하나다. 연대는 투트모세 3세의 통치기인 BC 15세기. 당시는 유리 부는 기술이 아직 발명되지 않았을 때라, 핵을 형성하는 기술을 사용해 항아리를 제작했다.

왼쪽 6~7세기에 이스라엘의 베트엘리에제르에 있던 유리 가마를 복원한 그림. 먼저 약 2×4미터 크기의 대형 탱크에서 유리를 녹인 다음 굳으면 적당한 크기로 깨뜨렸다.

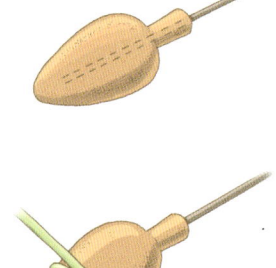

위 이집트에서 핵을 형성해 그릇을 만들던 단계.

오른쪽 뚜껑에 금테를 두른 상자. 연대는 1세기이며, 이탈리아에서 발견된 것으로 추정된다. 물결 무늬를 이루는 진한 파란색, 초록색, 보라색, 흰색의 금박 띠들은 주조했다.

용해 단 한 단계의 처리 과정만을 거쳐 만들어졌던 듯하다. 이렇게 해서 얻은 유리는 둥글면서 끝이 약간 뾰족한 덩어리 형태를 띠었는데, 터키 해안의 울루부룬에서 발견된 난파선에서도 이와 비슷한 유리 덩어리가 나왔다.

중세와 그 이후에서처럼 유리는 두 단계의 처리 과정을 거쳐 만들어졌을 수도 있다. 먼저 천연 원료를 상대적으로 낮은 온도(800~900°C)에서 함께 가열했을 것이다. 이른바 유리화라는 과정인데, 화학 반응으로 인해 생긴 기체는 이 과정에서 빠져나간다. 그러고 나서 식히면 설탕 같은 물질이 나왔을 테고, 이 물질을 빻아 약 1100°C의 고온에서 다시 녹였을 것이다.

유리 그릇

서아시아와 이집트, 지중해 동부에서 처음 모습을 드러낸 유리 그릇은 이른바 핵 형성(왼쪽 그림 참조)이라는 과정을 통해 만들어졌다. 먼저 진흙과 지푸라기, 배설물이나 기타 부서지기 쉬운 물질로 핵을 만들어 막대기에 끼운 다음 원하는 대로 그릇의 내부 형태를 잡았다. 그러고 나서 열을 약간 가해 핵을 말린 다음 유리를 입혔다. 유리를 입히는 방법에 대해선 의견이 분분하다. 먼저 유리 덩어리를 녹인 다음 가열한 핵을 거기에 대고 눌러 유리가 들러붙게 했을 수도 있고, 핵을 유리 용액에 담가 빙글빙글 돌리는 방법을 사용했을 수도 있다. 그런 다음 유리로 뒤덮인 핵을 판판한 바닥에 올려놓고 천천히 돌리면서 그릇의 외부 형태를 잡아 나갔을 것이다. 그리고 나서 각기 다른 색깔의 유리 막대를 연화 처리해 몸통에 붙인 다음, 갈지자 무늬나 꽃장식을 만들 수 있는 도구와 함께 색실을 당기면서 모양을 잡아주었다. 그 뒤 족집게를 사용해 그릇의 최종 형태를 잡았다. 그런 다음 손잡이도 추가했다.

완성된 그릇(안에는 여전히 핵이 들어 있는 상태다)은 한쪽으로 치워 아주 서서히 식혔다. 이른바 강화 과정이다. 후대로 오면 이러한 작업은 가마 안에 따로 마련된 방에서 이루어졌다. 그릇은 이곳에서 며칠에 걸쳐 식혔을 것이다. 그 시간 동안 여태껏 유리가 받았을 압력이나 긴장이 해소되면서 그릇은 서서히 사용 가능한 상태로 바뀌었다. 달구어 서서히 식히는 강화 과정은 핵을 형성하든 안 하든 유리에 반드시 필요하다. 그리고 나면 한 번에 조금씩 깨뜨려 핵을 제거했다. 핵을 모두 제거하기란 불가능했으므로 핵이 지닌 결의 흔적이 그릇 안에 남아 있어, 그렇지 않았을 때에 비해 그릇이 좀더 불투명해 보인다.

이 밖에 유리 막대를 가늘게 쪼갠 다음 그 조각들을 일정한 형태를 지닌 틀에 부어 열을 가하는 방법으로 그릇을 만들었을 수도 있다. 이런 식으로 다양한 색깔의 유리를 만들 수 있었다. 이런 유리를 엄밀하게는 모자이크 유리라고 부르지만, 이탈리아 르네상스기에 개발된 기법의 명칭을 따서 '밀레피오리'라고 부르기도 한다. 이 경우 대개는 유리를 거푸집에 부어 딱딱하게 굳은 상태로 떠내지만 주조한 상태에서 작업하기도 한다. 예를 들어 이집트 왕 투탕카멘의 무덤에서 발견된 유리 머리받침은, 기본 형태를 주조한 다음 조심스럽게 광을 내고 갈아 마무리를 했던 것으로 보인다.

유리 불기

유리 다음으로 가장 중요한 발명은 유리 부는 기술이다. BC 1세기경 시리아 해안가 사람들은 그릇 손잡이 따위를 만들 때 기다란 막대 끝으로 유리를 일일이 모

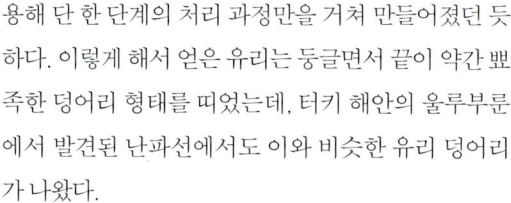

왼쪽 거푸집을 사용해 만든 모자이크 유리(또는 '밀레피오리') 그릇. BC 2세기 지중해 동부의 유리 공방에서는 이런 종류의 제품을 주로 생산했다.

아래 포틀랜드 항아리. BC 1세기 후반 또는 1세기의 것으로 추정되는 이 항아리는 불어서 만든 감청색 유리에 흰색 유리를 '덧씌우는' 방식으로 제작되었다. 즉 두 겹의 유리를 함께 불어 완전히 한 몸이 되게 한 다음 최종 형태를 빚었다. 그리고 나서 손잡이를 추가한 다음 강화 처리를 했다. 흰색 층의 유리는 정교하게 잘라내 카메오 효과를 연출했다. 이러한 기법은 유리 부는 기술이 발명된 직후부터 이미 모습을 드러내기 시작했다.

아들이기보다 속이 빈 막대를 사용해 유리에 공기를 불어넣는 방식을 택하면 핵 없이도 작업이 가능하다고 생각했다. 집게 같은 도구를 사용해 뜨거운 유리 거품을 판판한 돌 위에 놓고 굴리면 원하는 형태의 그릇을 만들 수 있었다. 이 기술은 로마 세계 전역으로 급속하게 퍼져 나갔지만 중국에 이르기까지는 500년 가까운 세월이 걸렸다. 그 밖의 다른 곳에서 유리 부는 기술은 재빠르게 확산되어 나가, 무려 19세기까지 유리 제품 생산의 규범으로 자리 잡았다.

유리 불기의 극치는 거푸집 불기다. 이 기술에서는 유리 거품을 원하는 모양을 새긴 거푸집에 불어넣는다. 이런 식으로 복잡한 경치나 형태를 돋을새김해 넣은 그릇을 생산할 수 있었다. 1세기 후반에 알려진 거푸집 불기는 발전에 발전을 거듭해오면서 오늘날에도 여전히 사용되고 있다.

창유리

또 다른 로마의 발명인 창유리는 1세기 무렵 이탈리아에서 모습을 드러냈다. 유리 자체는 그릇을 만드는 유리와 기본 구조가 동일하지만, 그릇용 유리와 달리 웬만해서는 탈색 처리를 하지 않았다. 그래서 녹색이나 푸르스름한 초록색을 띠는 경우가 많다. 창유리를 만들려면 먼저 유리 용액을 밑이 편평한 원통형 그릇에 붓고 표면을 판판하게 고른다. 그런 로마의 유리 장인 엔니온의 서명이 찍혀 있는, 손잡이가 2개 달린 잔. 1세기 중반에 제작된 이 잔은 거푸집 불기 기술의 대표적인 사례다. 몸체의 일부를 이루는 거푸집에 넣어 장식을 뜬 다음 손잡이를 추가해 강화 처리를 했다. 그런 다음 쇠막대와 맞닿아 있던 유리 거품 표면을 제거하자 사진에서 보는 것과 같은 잔이 나왔다.

다음 집게로 죽죽 잡아늘이면서 직사각형 형태를 잡아준다. 그리고 나서 강화 처리가 끝나면 한 판씩 잘라내 사용한다.

이런 기술은 1~3세기에 주로 사용되었는데, 그 산물이 바로 한 면은 광택이 있고 다른 한 면은 광택이 없는 반투명 유리다. 이 밖에도, 유리 용액을 원통에 채워 공기를 불어넣어 늘인 다음 길이대로 잘라서 펴주면 판유리를 얻을 수 있다. 이렇게 해서 생산된 유리는 필요한 크기만큼 그때그때 잘라 사용했다. 이 방법은 3세기 이후부터 알려졌는데, 양쪽 면이 모두 투명한 유리는 바로 이런 과정을 거쳐 생산되었다.

위의 두 경우에 비하면 '크라운 유리'는 좀 색다른 방법으로 만들어졌다. 먼저 유리 거품을 불어 늘인 다음 거품 한쪽 면에 쇠막대를 붙였다가 제거한다. 그러면 한쪽 끝이 터진 거품은 급속하게 회전하다가 원심력에 의해 '삽시간에' 내용물을 콸콸 쏟아내면서 둥그런 원반을 형성한다. 이렇게 해서 만들어진 원반은 나중에 창유리로 잘라서 사용할 수 있었다. 여기서 크라운이란 쇠막대를 부착했다가 떼어내면서 생긴 구멍을 말하는데, 이 기술은 로마 후기, 그 중에서도 특히 비잔틴 시대부터 알려졌다.

복원 실험을 통해 옛날 방식대로 원통을 불어 만든 판유리. 오른쪽 유리는 아직 편평하게 펴기 전의 상태다.

주요 연대

반짝이는 돌	BC 4000년대, 근동
유리 구슬과 호부	BC 2500년경, 메소포타미아
유리 그릇	BC 1500년경, 서아시아와 이집트
유리 불기	BC 1세기, 시리아
창유리	1세기, 로마

직물과 직조술

오빠가 여동생에게 말했다. 태양의 신 우투가 이난나에게 이르기를,
"여인아, 다 자란 아마처럼 어여쁘구나. 아마포는 크나 작으나 언제나 요긴한 법.
이난나여, 내 그대에게 아마포를 가져다주겠다"고 했다.

이난나와 두무지의 결혼, BC 2000년경

천을 만들 수 있는 기술, 즉 직기의 발명은 인간의 발전 과정에서 소박하면서도 가위 혁명적인 사건이 아닐까 싶다. 지극히 단순한 형태를 띠긴 했어도, 직기의 도입은 섬유와 실을 내구성과 가변성, 착용성을 두루 갖추었을 뿐만 아니라, 상징적 의미와 사회적·미학적 정보까지 담아낼 수 있는 전혀 새로운 차원의 물질로 바꾸어놓았다.

직기는 아주 오래전에 발명되었다. 그동안 직기는 수정과 변화를 거듭 겪어왔다. 그 정점에 문직(紋織)처럼 무늬가 복잡한 직물을 자동적으로 생산할 수 있는 자카르 직기가 서 있다. 플라이 북의 발명은 산업혁명으로 이어졌고, 천공 카드는 컴퓨터 시대의 12진법 논리를 낳았다. 하지만 직기보다 앞서 섬유에서 실을 뽑아내는 기술이 발명되지 않았다면 이와 같은 후대의 독창적인 발명은 이루어지지 못했을 것이다.

실 잣기

실을 잣는다는 건 길이가 짧은 섬유를 함께 꼬아 더 길고 더 질긴 실을 만든다는 뜻이다. 이 작업은 손으로 하기도 하지만, 무게가 실릴 경우 회전 거리를 더 길게 유지해주는 가락이나, 비트는 힘을 더해주는 가락바퀴를 사용하면 작업의 속도를 더 높일 수 있다. 가락바

페루 찬카이 중간기 후기 (1000~1416년)에 살았던 한 여성의 무덤에서 발견된 직조 도구와 상자. 가락, 얼레, 면실 타래, 낙타 털 뭉치, 나무로 만든 가락바퀴가 보인다.

위 페루 남부 해안의 파라카스에서 발견된 화려한 색깔의 천. 연대는 BC 600~BC 200년경의 것으로 추정된다. 남아메리카의 안데스 지역에서는 직조기술이 예술의 경지로까지 발전했는데, 특히 파라카스의 직공들은 다양한 기교로 복잡한 천을 짜는 데 탁월한 솜씨를 발휘했다.

다음 쪽 왼쪽 낙타 털로 짠 이 섬유 조각은 원래는 더 큰 천의 테두리였다. 언뜻 간단해 보이지만 서로 다른 3개의 섬유층을 동시에 짠 데서 알 수 있듯이 매우 복잡한 직조기술이 사용되었다. 페루 남부 해안에서 발견되었다. 연대는 BC 500년경.

다음 쪽 오른쪽 사(紗)에 수를 놓은 옷소매(BC 340~BC 278년). 중국 장링의 마산에 있는 한 여성의 무덤에서 출토되었다.

퀴는 고고학 유적지 어디서나 발견된다. 실을 만드는 데 사용되는 섬유의 특징, 예를 들어 길이나 꼬인 방향, 인피 조직, 외관 등에 따라 실을 뽑는 방법이 달라진다. 이러한 특징은 섬유의 굵기와 꼬임의 정도와 함께 실의 성질을 결정한다. 따라서 섬유의 특성은 천에 매우 중요한 영향을 미친다.

실을 잣는 데 사용된 최초의 섬유는 식물에서 채취했는데, 아마도 목화와 엉겅퀴처럼 씨에 솜털이 나 있고 손쉽게 구할 수 있는 식물이 주를 이루었을 것이다. 아시아 남부와 남서부 등지에서는 BC 2500년경부터 목화를 재배했다. 페루와 에콰도르 북부 해안에서도 이와 비슷한 시기에 다양한 품종의 신대륙 목화를 재배하여 섬유에 사용했다. 반면 고원 지대 주민들은 낙타과 동물에서 얻은 섬유로 실을 잣기 시작했다.

이 밖에 삼이나 쐐기풀 같은 식물의 줄기에서 채취한 섬유 세포 다발인 인피(靭皮)도 있는데, 특히 아마 같은 식물은 일부러 재배해 사용했다. 전왕조 시대의 이집트에서는 아마가 주요 섬유였다. 수메르와 바빌론에서는 문자 체계가 도입되기 시작한 시기와 비슷하게, 그러니까 BC 3400년경부터 양모의 놀라운 특징에 주목했다. 나아가 극동에서는 야생 누에의 고치가 실을 만드는 데 사용되기 시작했다. 중국 남부의 신석기시대 유적지인 양저우(楊洲)에서 나온 증거로 볼 때, BC 2700년경부터 비단을 사용하기 시작했던 것으로 보인다.

실에 고리를 만들어 한데 얽어 천을 짜는 방법은 선사시대로까지 거슬러 올라간다. 실을 얽지 않고 천을 만드는 방법도 있는데, 고정된 틀에 실을 나란히 늘어놓고 실의 위치를 바꿔가며 천을 짰다. '스프랭'이라는 이 기술은 구대륙과 신대륙 모두에서 사용되었다.

펠트

식물 섬유가 아닌 섬유, 즉 펠트로도 천을 만들 수 있다. 펠트는 동물 섬유를 엉키게 하거나 압축해서 만든다. 이 과정에서 마찰과 열과 습기를 가하는데, 그 결과 동물 섬유는 서로 영구적으로 뒤얽힌다. 때로 유장(乳漿, 젖에서 지방과 단백질을 빼고 남은 성분: 역주)을 첨가해 이 과정을 촉진하기도 하는데, 유장은 섬유의

비늘이 팽창하도록 도와주는 역할을 한다. 펠트는 매우 질긴데다 젖었다 말랐다를 반복해도 끄떡없으며, 열 전도율도 매우 뛰어나다. 양모와 염소 털을 사용하기 시작하면서 펠트는 비로소 제 모습을 드러냈다. 콜럼버스 이전의 신대륙에서는 펠트가 발견되지 않는다. 염소와 양의 털과 달리 낙타 털에는 펠트 성질이 없기 때문이었다. 펠트에 대한 언급은 우르 3기(BC 2100년경)에서 고(古)바빌론 시기에 이르는 메소포타미아의 경제와 법률 문헌에서 발견된다. 하지만 펠트와 관련한 최초의 고고학 증거(대략 BC 2600년경)는 아나톨리아 중부의 베이세술탄에서 발견되었다.

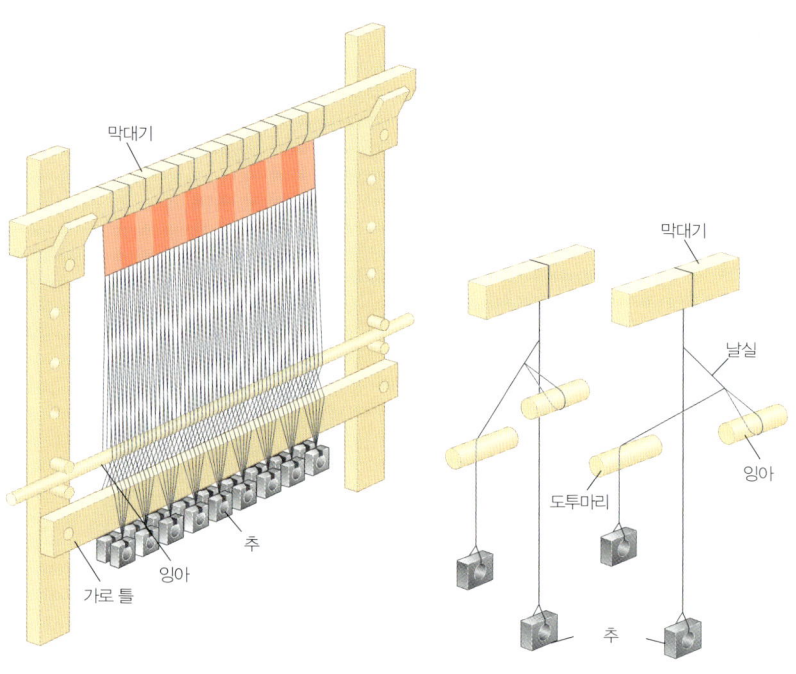

위 직기의 모형도. 막대기에 날실을 묶어 이동식 잉아로 나눈다.

아래 수평식 직기로 천을 짜는 직공들. 이집트 메케트레의 무덤에서 출토된 모형. 연대는 BC 1985년경.

위 오른쪽 날실에 추를 매단 직기를 묘사한 고대 그리스의 도기, 연대는 BC 540년경.

직기

바다리안 문화기의 이집트인들은 BC 5000년부터 토기와 예술작품을 통해 직기를 묘사했지만 직기는 그 전에 등장했다. 최근 들어 터키의 차요뉴에서 나온 증거는 BC 10000년경에 이미 천을 '짜고' 있었다는 사실을 보여준다. 즉 바구니를 짤 때처럼 날실 주위에 씨실을 엮어넣는 방식을 사용하긴 했지만, 둥근 형태가 아니라 날실을 틀에 감아 편평한 면이 나오도록 했다. 체코의 돌니베스트니체와 같은 동유럽 평야 지대의 구석기시대 후기의 유적지에서는 이보다 훨씬 구체적인 증거들이 나오고 있다. 위의 토기에 묘사된 장면은 얽어 짠 천과 엮어 짠 천이 BC 27000~BC 22000년경부터 사용되었다는 점을 암시한다.

이러한 초기의 증거들은 섬유의 역사에서 중요한 질문을 제기한다. 즉 '얽어 짠' 직물과 '엮어 짠' 직물의 차이는 과연 무엇인가? 또 하나, 직조기술에는 어떤 방법들이 있었을까? 전문가들은 직물을 '직기로 생산한 실을 한데 섞어 짠 천'이라고 정의한다. 구조를 면밀히 조사하면 편물과 직물은 분명히 다르다.

직조에는 흔히 실이라는 형태의 물질 2가닥이 필요하다. 그 중 하나는 날실인데, 쉽게 말해 세로줄 실이다. 다른 하나는 씨실인데, 쉽게 말해 가로줄 실이다. 이 날실과 씨실은 직조에 필수적인 2가지 요소다. 또 하나의 중요한 요소는 씨실과 날실을 얽는 기술이다. 직기가 힘을 발휘하는 곳이 바로 여기다. 날실을 홀수

구간과 짝수 구간으로 나누어 그 중 한쪽을 한 번에 하나씩 들어올리면서 그 사이로 씨실을 집어넣는다. 그러고 나서 반대쪽도 똑같은 과정을 되풀이한다. 이런 식으로 날실을 들어올릴 때 생기는 공간 안에 씨실을 집어넣음으로써 직조가 이루어진다.

이 밖에 날실을 2가닥 사용해 변화를 주거나, 씨실 부사(浮絲)를 추가로 사용해 무늬를 넣는 방법도 있다. 아주 복잡한 직조는 직기가 담당했다. 직기는 언제나 제자리를 지키면서 날실을 뽑아 씨실을 집어넣는 과정을 도왔다. 그렇더라도 이 작업에는 여전히 사람의 손이 필요했다. 직조 과정에서 실은 들어올려지거나, 아니면 제자리에 가만히 있을 수밖에 없다. 또 다른 이원 체계인 셈이다.

직기의 종류

세월이 흘러 고대 세계의 원시적인 직기는 서아시아의 간단한 수평식 직기에서부터 동남아시아의 백스트랩 직기, 유라시아 북부와 이집트 신왕국의 수직식 직기에 이르기까지 새로우면서 좀더 복잡한 형태를 띠게 되었다. 이들 직기 덕분에 독창적인 직조법이 속속 등장했다.

신대륙에서는 매우 색다른 발전이 이루어졌다. 직기의 형태는 여전히 간단한 수준에 머물렀지만 그 구조는 정말 놀라웠다. 그 중 몇몇 경우는 오늘날에도 복원하는 데 애를 먹고 있다. 북아메리카에서는 수직식 직기가 사용되었고, 중앙아메리카와 남아메리카에서는 수직식 틀과 백스트랩 직기가 모두 사용되었다. 그 가운데 특히 안데스 지역의 직조기술은 타의 추종을 불허하는데, 이 지역의 직조기술은 처음부터 복잡했다.

날실을 들어올리는 역할을 하는 잉아의 도래와 함께 기술 면에서 아주 중요한 변화가 일어났다. 직기에 잉아가 많을수록 직조 방법이 복잡해진다. 이 장치가 언제, 어디서 발명되었는지는 불확실하지만, 앞에서 언급한 바다리안기의 이집트에서 만들어진 그릇에 잉앗대처럼 보이는 장치가 묘사되어 있다. 또 하나의 중요한 발전은 페달식 직기였다. 최근의 연구 결과, 이 직기는 후한(後漢) 시기 중국에서 발명된 것으로 밝혀졌다. 이 경우 발로 작동하기 때문에 직공은 두 손을 모두 사용할 수 있다.

수직식 직기 가운데 특히 흥미를 끄는 경우가 하나 있는데, 날실에 추를 매단 직기가 바로 그것이다. 현재 실물은 남아 있지 않고 복원할 수 있을 정도의 흔적만 남겨놓은 이 직기는 BC 6000년경 동유럽에서 처음 등장했다. 그 후 북쪽으로는 노르웨이까지, 남쪽으로는 지중해까지, 서쪽으로는 스페인까지, 동쪽으로는 시리아까지 퍼져 나갔다. 독자적인 발명의 산물일 수도 있지만 아메리카 북서부 해안의 원주민들 사이에서도 이와 아주 유사한 종류의 직기가 발견된다.

천과 직조 과정은 인간 사회 어디서나 물질 문화뿐만 아니라 사회생활과도 불가분의 관계를 맺는다. 최근 들어 더욱 정교해진 분석 기술이 사용되면서, 고고학 차원에서 섬유 조달 방법과 방적 및 직조 방법에 대한 연구가 시작되었다.

주요 연대

직물에 대한 묘사	BC 27000~22000년경, 체코
엮어 짠 직물	BC 10000년경, 터키
날실에 추를 매단 직기	BC 6000년경, 유럽
양모의 사용	BC 3500년경, 메소포타미아
비단의 사용	BC 2700년경, 중국
펠트의 사용	BC 2600년경, 아나톨리아
목화 재배	BC 2500년경, 남아시아/서남아시아
	BC 2500년경, 페루/에콰도르
페달식 직기	25~220년, 중국

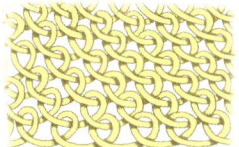
실에 고리를 만들어 얽는 방식

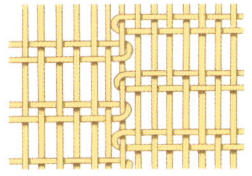
열장이음 방식의 태피스트리

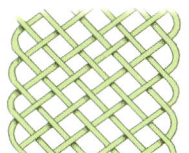
맞물려 뜨기

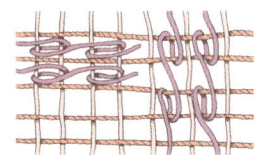
스템스티치 자수

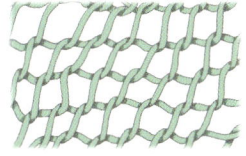
십자 뜨기

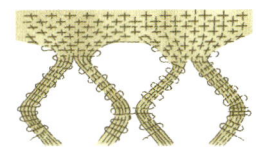
내비침 방식의 태피스트리

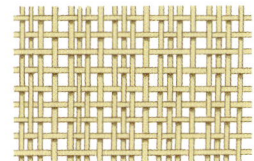
씨실 부사를 추가해 변화를 준 평직

위 다양한 직조 방법

왼쪽 백스트랩 직기에 앉아 천을 짜는 마야의 귀족 부인을 묘사한 토기, 600~900년경.

주거와 생활

목초 주거지든, 동굴과 암벽 주거지든, 초가 지붕을 얹은 흙집이든, 석조 저택이든, 위풍당당한 궁궐이든, 인간은 늘 주거지에 아낌없이 독창성을 쏟아 부어왔다. 인간은 수백만 년 동안 이주 생활을 했기 때문에 사실 집은 그다지 중요하지 않았다. 나뭇가지를 엮어 바람을 피하거나, 툭 튀어나온 바위나 동굴을 골라 풀이나 생가죽으로 입구를 막는 게 고작이었다. 그러다 작물 재배와 함께 채집 활동이 점차 큰 비중을 차지하면서 영구히 정착하기 시작했다. 그 결과 수세대 동안 한자리를 고수하는 마을과 집들이 생겨났다. 사람들은 이곳에 음식과 물건을 보관하고, 여기서 식사를 준비하고, 이곳에서 태어나고 죽고, 때로 이곳 마루 밑에 묻히기도 했다.

집은 언제 어디서나 가장 편리한 재료를 이용해 주변 환경과 가장 잘 어울리는 형태로 지어졌다. 빙하기 후기에 우크라이나의 사냥꾼들은 흙을 퍼내고 생가죽으로 지붕을 덮거나, 매머드 뼈를 골조 삼아 뗏장을 입힌 겨울 주거지를 만들었다. 동남아시아의 반건조 지대에서는 굽거나 굽지 않은 진흙 벽돌을 사용해 단열 효과가 뛰어난 두꺼운 벽을 세웠다. 기후가 온화한 지역에 살았던 고대 유럽의 농부들은 손쉽게 목재와 억새풀을 구할 수 있었고, 덕분에 가족이 늘어도 공간이 충분히 넓은 집다운 집을 지을 수 있었다.

돌의 사용과 함께 주거 환경도 바뀌었다. 돌은 석기 시대 유럽에서 거석묘를 조성하며 처음 사용된 데 이어 이집트에서는 피라미드의 형태로 선을 보였다. 돌로 건물을 지으면 훨씬 영구적이다. 이 때문에 돌로 지은 건물은 특권의 상징이자 신과 여신들의 처소, 나아가서는 전지전능한 하느님의 거처로 자리 잡았다. 후대로 올수록 석조 건축물은 곳곳의 마을과 도시에서 흔한 풍경이 되었다. 석조 건축물이 더욱 보편화되면서 아치 문과 둥근 천장의 사용과 같은 혁신이 이루어졌다.

페루 마추픽추의 웅장한 잉카 유적지. 잉카 왕의 시골 궁전으로 추정된다. 산꼭대기에 계단식 부지를 조성해 돌로 집을 지었다.

주거 생활이 이루어지면서 다른 발명들도 모습을 드러냈다. 의자, 침대, 장롱, 식탁, 책상으로 대표되는 가구는 그 중 가장 눈에 띄는 사례였다. 가구 제작과 더불어 선반, 송곳, 기타 전문화된 조각 도구를 다루는 목공술이 크게 발전했다. 난로만으론 집안을 쾌적하게 만드는 데 한계가 있었다. 로마인들은 배관과 수도 시설뿐만 아니라, 간단한 형태의 중앙 난방 체계인 하이포코스트(hypocaust, 마루 밑 난방장치)와 조명시설도 개발해냈다. 사람들이 인접한 지역에 모여 살기 시작하면서 위생시설과 목욕 기술이 중요하게 여겨졌다. 아울러 안전에 대한 필요성도 생겨났다. 군중이 운집하면서 귀중한 곡물과 재산을 보호하고, 나아가서는 가족을 지킬 수단이 필요했다.

주거와 생활은 공존했다. 10,000여 년 전에 시작된 농업의 발전은 갑작스런 발명의 산물이라기보다 오랜 채취 활동이 가져온 결과였다. 사람들은 야생 식물을 옮겨 심어 더 많은 식량을 확보할 수 있었다. 처음에 농부들은 선조들의 간단한 도구를 사용했으나, 새로운 경제가 급속하게 확산되면서 농기구가 속속 개발되었다. 그 정점에 쟁기가 있었다. 쟁기 덕분에 밭을 가는 일이 훨씬 쉬워졌다.

물은 늘 중요했다. 이집트에서는 처음부터 관개시설이 개발되었고, 메소포타미아에서는 강력한 관료 체계가 대규모의 중앙 집중된 급수시설을 관리했다. 고대 중앙아메리카의 습지 정원에 이어 중국 북부와 페루 사막의 계곡 관개시설도 엄격한 감독 아래 관리되었다. 관개를 하려면 무엇보다도 물을 움직여야 했으므로 양수기와 수차 개발이 필요했다. 그 과정에서 곡물을 가는 회전식 맷돌도 개발되었다. 그리고 경작하는 사람에게 아마도 가장 큰 기쁨을 안겨주는 정원이 초기의 마을과 도시에서 모습을 드러냈다. 그 한복판에 지금은 전설로만 내려오는 바빌론의 가공원(架空園)이 있었다.

동물 사육은 또 하나의 커다란 진보였다. 마소, 염소, 돼지, 양 같은 노동용 동물은 물론이고, 군주의 즐거움을 위해 개인 공원과 동물원에서 사육하는 애완동물과 이국의 동물들도 있었다. 그 가운데 이집트 고양이와 같은 일부 애완동물은 신의 위치에 오르기도 했다.

인류에게 좀더 많은 즐거움을 선사하는 발명, 예를 들어 조리법의 혁신이라든지, 남은 곡물을 발효시켜 만든 음료 같은 경우는 가정생활의 질을 높여주었다. 술은 특히 접대라는 사회적 의무를 수행하는 데 중요한 역할을 했다. 냉장고가 없는 세계에서는 음식 보관이 골칫거리였는데, 로마와 중국의 황제들은 얼음 움집과 지하 구덩이 같은 독창적인 해결책을 내놓았다. 한편 아스텍의 귀족들은 산의 얼음을 가져다 사용했다. 마지막으로, 차와 초콜릿이라는 색다른 음료와, 고대인의 종교 생활에서 중요한 비중을 차지했던 마약과 최면제의 세계가 있다.

위풍당당한 로마의 저택과 정원을 그린, 이탈리아 폼페이에 있는 마르쿠스 루크레티우스 프로토의 집 프레스코 벽화. 로마인들은 저택과 마을에 수도, 위생, 배관, 난방 시설을 완벽하게 갖추어놓고 있었다.

주택

13

> 무리 중 몇몇은 나뭇잎으로 지붕을 엮기 시작했고, 또 다른 몇몇은 산에 굴을 파기 시작했다.
> 많은 사람들이, 구덩이를 파서 만든 이 보금자리를 본떠 진흙과 잔가지로 몸을 피할 곳을 마련했다.
>
> 비트루비우스, 1세기

집은 위험한 환경으로부터 몸을 피해 숨을 곳을 제공해준다. 사실 집은 이보다 훨씬 더 복잡한 의미를 지닌다. 즉 가족 공동체와 그보다 단위가 더 큰 지역 공동체 안에서의 관계를 규정하는 데 중요한 역할을 한다. 주택의 형태와 재료는, 지역 주민들의 생활 방식뿐만 아니라 그 지역의 환경 조건에도 영향을 받는다.

주택의 기원을 추적하려는 고고학계의 시도는 번번이 벽에 부딪히면서 논란이 되어왔다. 초기의 증거를 찾아내 이를 토대로 해석하고 연대를 추정하는 작업은 만만치가 않다. 동물과 새들과 곤충도 다양한 종류의 구조물을 짓지만 인간의 위대한 발명에 속하는 '건축' 행위와는 분명히 구분된다. 잘 알다시피 원시 인류는 다른 동물처럼 동굴과 같은 천연의 은신처를 찾아냈다. 남아프리카의 스와르트크란스 동굴에서 오스트랄로피테쿠스가 거주했던 것으로 보이는 증거가 발견되었다(약 180만~100만 년 전). 하지만 그곳에 매장된 유골의 해석을 둘러싸고는 여전히 의견이 분분하다.

시간이 지나면서 사람들은 환경에 변화를 주기 시작했다. 프랑스 남부의 라자레 동굴에서 나온 증거는 약 13만 년 전경에 인간이 이미 돌과 목재를 사용해 칸막이와 차일을 세웠다는 점을 보여준다.

최초의 증거

동굴은 비바람과 맹수로부터 몸을 피할 수 있는 은신처였지만 사실 야영지를 정할 때 가장 중요하게 꼽은 요소는 물과의 거리였다. 원시 인류는 대개 옥외 거주지에서 생활했던 듯하다. 인간은 강이나 시내, 호수와 가까운 곳에다 주변에서 구할 수 있는 재료를 사용해 임시 거처를 지었다. 하지만 그 가운데 대다수가 고고학 증거를 전혀 남겨놓지 않았다.

우리가 입수한 최초의 증거는 호모에렉투스가 살던 시기(약 170만~70만 년 전)로 연대가 거슬러 올라가는데, 불을 다루게 된 시기와 얼추 비슷하다(24쪽 참조). 아프리카 남부의 유적지에서 발견된 타원형이나 원형, 또는 초승달 모양의 돌무더기는 임시 구조물을 에워쌌던 것으로 추정된다. 아마도 이 임시 구조물은 뼈나 막대기를 골격 삼아 그 위에 생가죽을 덮었을 테지만, 이들 '천막'의 정확한 형태와 지붕을 갖추고 있었는지의 여부는 여전히 논란거리다. 좀더 명확한 증거는 우크라이나의 몰로도바 I 야영지와 같은 훨씬 후대(44,000년 전경)의 유적지에서 나온다. 현재까지 이

우크라이나 몰로도바의 구석기시대 거주지를 복원한 그림. 천막 뼈대에 생가죽을 씌웠던 것으로 추정되며, 매머드 뼈를 이용해 가죽이 날아가지 않도록 눌렀던 것으로 보인다. 안에는 여러 개의 난로가 있었다.

61

주거와 생활

위 우크라이나의 메츠히리치에서 발굴된 거처를 복원한 모습. 재료는 매머드 뼈이며, 연대는 약 15,000년 전쯤으로 추정된다.

아래 터키 차탈휘위크에서 발굴된 집을 복원한 그림. 연대는 BC 7000년경. 사다리를 타고 지붕에 난 구멍을 통해 집에 들어갔다.

곳에서는 매머드 뼈를 늘어놓은 대형 구조물과 함께 타원형 구조물 11점이 발견되었다.

건축 재료

지역마다 각기 다른 양상을 띠는 건축 양식의 발전 과정을 살펴보는 것도 좀더 생산적인 차원에서 주택 연구에 접근하는 방법이다. 건축 양식은 해당 지역에서 쉽게 구할 수 있는 재료와 밀접하게 연관되어 있을 뿐만 아니라 그 지역의 환경 조건과도 관계가 있다. 고대부터 근대에 이르기까지 해당 지역에서 나는 재료와 환경 조건이 거의 변하지 않은 경우도 더러 있다. 다시 말해 고고학 유적지에서 발견되는 건축 양식과, 오늘날에도 여전히 남아 있는 그 지역 고유의 건축 양식이 서로 비슷할 수도 있다는 이야기다.

나무를 손쉽게 구할 수 있었던 곳이라면 어디서나 말뚝 구멍의 형태를 띠는 뼈대 구조의 흔적이 발견된다. 나무 뼈대는 식물 섬유로 만든 밧줄이나 가죽끈으로 함께 동여맨 다음 식물 재료를 사용해 지붕을 이거나, 가마니나 천, 나무 껍질, 동물 가죽 등을 그 위에 덮었다. 대개 지붕은 들고 다닐 수 있어 임시 거처에 특히 적합했다. 뼈대 재료는 새로 이주한 곳에서 얻을 수 있었다.

평원 인디언들이 사용하던 티피의 경우, 막대기를 한데 동여매 그 위에 동물 가죽을 덮어씌웠다. 티피는 오늘날에도 가끔 사용된다. 북아메리카의 쿠마시 인디언은 버드나무 막대를 휘어 반구형 뼈대를 세운 다음 애기부들 같은 식물로 지붕을 이었다. 그리고 지붕 맨 꼭대기에는 비가 오면 닫을 수 있는 구멍을 남겨놓았다.

나무를 구할 수 없는 지역에서는 돌, 진흙, 뗏장, 눈과 얼음 등이 건축 재료로 쓰였다. 이런 재료는 무거워서 대개 영구 거처에만 사용되었다. 25,000~12,000년 전쯤의 유럽과 중앙아시아에서는 손쉽게 구할 수 있었던 매머드 뼈로 오두막을 지었다. 우크라이나의 메츠히리치에서 연대가 15,000년 전경으로 거슬러 올라가는 이런 오두막이 여러 채 발굴되었다. 골조 역할을 하는 엄니 위에 턱뼈와 기타 뼈가 즐비하게 놓여 있었는데, 아마도 매머드 가죽으로 구조물 전체를 덮었을 것으로 보인다. 그 중 한 오두막에는 무려 95마리가 넘는 매머드 뼈가 들어갔던 것으로 추산된다. 하지만 건축 재료로 사용하기 위해 매머드를 죽인 것 같지는 않다. 코스텐키에서는 매머드 뼈를 잘라 나무 기둥을 박아넣는 구멍으로 사용했다. 덕분에 나무가 습지에서도 썩지 않은 채로 보존될 수 있었다. 19세기 들어 이누이트족과 추크치족은 고래 뼈, 그 중에서도 턱뼈와 갈비뼈로 골조를 세우고 그 위에 고래 가죽을 덮는 방식으로 집을 지었다.

팔레스타인의 예리코에서 나온 가장 오래된 거주의 증거는 연대가 BC 9000년 이전으로 거슬러 올라간다. 덕분에 이 지역 주택 건축의 발전 과정을 추적할 수 있게 되었다. 최초의 주택은 점토로 지어졌는데, 뼈대는 목재를 추가해 세웠던 것으로 보인다. 이러한 구조는 처음에는 원형이었다가 나중에는 직사각형 형태를 띠는 진흙 벽돌집으로 대체되었다. 집에는 방이 여럿 있었다. 아나톨리아의 차탈휘위크에는 이미 BC 7000년경에 직사각형 형태의 집들이 빼곡하게 들어선 대규모 취락이 형성되어 있었는데, 이 경우 지붕에 나 있는 구멍을 통해 집에 들어갔으므로 도로를 넓게 내야 했다.

환경 조건

건축 재료도 주택의 형태에 일정 정도 영향을 미치지만 해당 지역의 환경 조건 또한 중요한 영향을 미친다. 뜨겁고 건조한 사막 기후에서는 열 전도율이 낮은 돌이나 진흙이 건축 재료로 각광받았다. 두꺼운 벽이 실내에 태양열이 투과되는 속도를 늦춰주기 때문이다. 이런 지역에서는 지붕이 대체로 편평하다. 기후 조건상 강우량을 문제 삼지 않아도 되기 때문이다. 실내의 경우, 천장은 가능한 한 높이 내는데, 이와 함께 벽 위쪽에 작은 창을 뚫어 공기의 흐름을 원활하게 한다. 물론 창은 바람이 잘 드는 곳에 낸다. 이러한 특징을 지닌 주택은 오늘날의 북아프리카 전역에서 발견되는데, 그 가운데 주목할 만한 고고학 증거는 이집트의 아마르나 유적지(BC 1350년경)에서 포착된다.

바위산을 깎아 만든 카파도키아의 독특한 주거 형태에서 알 수 있듯이, 이러한 기후대에서는 지하 주택뿐만 아니라 바위를 깎아 만든 집도 발견된다. 지하에서는 주위를 에워싼 흙이 일교차를 떨어뜨려 한여름에도 서늘한 상태를 유지해주기 때문이다. 지금도 중국에서만 4,000만 명이 넘는 사람들이 동굴 가옥과 움집에서 생활하는 것으로 추정된다.

뜨겁고 습기가 많은 열대 지역에서는 공기의 흐름이 최대한 원활해야 하므로 통풍이 잘되는 단순한 구조의 주택이 주로 발견된다. 지붕은 보통 물이 잘 빠지도록 경사지게 만들며, 가옥의 몸체는 집 안에 물이 차지 않도록 버팀목을 세우고 그 위에 올린다. 이러한 가옥은 적도 근처의 아프리카, 동남아시아 일부 지역, 중앙아메리카와 남아메리카 일부 지역의 열대 환경에서 많이 눈에 띈다. 열대 지역의 경우, 목조 가옥에 대한 고고학 증거는 드문 편이다. 하지만 BC 1500년경에 제작된 고대 이집트의 벽 부조에, 동아프리카로 파견된 무역 사절단이 보고 온, 이러한 형태의 가옥이 묘사되어 있다.

이집트 테베의 데이르 엘 메디나 유적지 전경. 이 마을에는 '왕들의 계곡'에서 왕족들의 무덤을 조성했던 인부들이 살았다. 다듬지 않은 돌과 진흙 벽돌로 지은 이곳의 소박한 집들은 구조가 다들 비슷하다. 현관, 거실, 부엌에 이어, 가족들이 대부분의 일상을 보냈을, 편평한 지붕으로 이어지는 계단이 있었다.

오른쪽 장대 위에 세운, BC 1500년경 동아프리카의 가옥. 나무 뼈대 위에 초가지붕을 얹었던 것으로 보인다. 데이르 엘 바리에 있는 하트셉수트 여왕의 신전 벽 부조에 묘사되어 있다.

아래 폼페이에 있는 아만디오의 저택 안마당. 천장에 난 구멍 밑으로 빗물받이가 보인다. 이 지역에서는 집안의 신들에게 봉헌된 이런 성소가 종종 눈에 띈다.

날씨가 추운 곳에서는 집들이 대개 난로를 중심으로 배치되며, 태양을 향하거나 차가운 바람이 불어오는 방향을 피한다. 사시사철 내리는 비 때문에 지붕은 대개 경사져 있다. 강설량이 높은 지역에서는 지붕의 경사도가 더 가파르다. 눈이 쌓이도록 내버려두면 지붕이 내려앉을 수도 있기 때문이다.

아울러, 오랜 시행착오 끝에 자연 재해를 견디는 데 적합한 건축 형태와 방법이 개발되었다. 구조가 견고할수록 바람에 더 잘 견뎠다. 장대를 세워 그 위에 가옥을 올릴 경우, 홍수와 산사태뿐만 아니라 독 있는 파

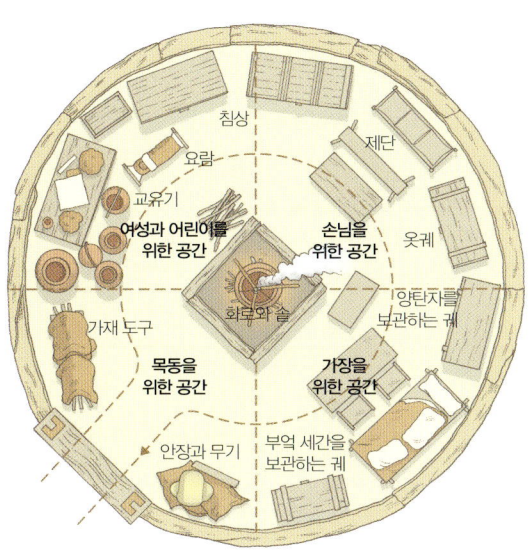

주요 연대	
동굴 주거지	100만 년 전 이전, 남아프리카공화국
환상열석	70만 년 전 이전, 아프리카 남부
조악한 수준의 칸막이	30,000년 전 이전, 프랑스
구조물	40,000년 전 이전, 우크라이나
흙집	BC 9000년 이전, 팔레스타인
직사각형 형태의 주거지	BC 7000년 이전, 아나톨리아

왼쪽 대몽골의 파오 내부. 방이 하나밖에 없는 주택에서도 경우에 따라서는 복잡한 공간 구획이 얼마든지 가능하다는 점을 보여준다.

아래 중국의 저택을 묘사한 모형. (위는 지붕을 얹은 모습이고, 아래는 떼어낸 모습이다.) 연대는 서한(西漢) 초기인 2세기. 외벽, 대문, 탑 등으로 요새처럼 무장한 당시의 저택을 생생하게 보여준다.

충류와 벌레, 기타 위험한 동물로부터 웬만큼 보호받을 수 있다. 석조 가옥은 뼈대를 세워 만든 구조보다 지진에 더 잘 견딘다.

주택과 사회 구조

주택의 가장 기본적인 기능은 인간을 환경으로부터 보호하는 것이지만, 주택의 형태와 규모, 장식은 문화권마다 매우 복잡하고 다양하다. 주택은 사회 구성원들 사이의 관계망을 짜는 데에도 중요한 역할을 담당한다. 몽골의 파오처럼 방이 하나밖에 없는 주거 형태의 경우에도, 개념상으로뿐만 아니라 실질적으로도 공간을 나눌 수 있다. 이집트의 아마르나나 로마 시대 폼페이의 저택처럼 방이 여러 개 딸린 경우 방마다 특별한 기능이 있어, 집안의 특정 구성원 혹은 집단과 연관되었거나, 차별화된 환경 조건을 제공했을 확률이 높다.

바탐말리바와 같은 서아프리카의 민족지학 연구 사례를 통해 주거라는 환경 안에서 이루어지는 복잡다단한 상징적 모임과 종교 의식을 추정해보면, 집은 가족 구성원들 간의 관계를 확립하고 표현하는 데에서도 중요한 비중을 차지한다. 집들이 모여 취락을 형성하면서, 주택의 규모나 형태, 장식, 위치 등을 통해 공동체 내의 다양한 모임과 위계 질서를 표현하려는 움직임이 생겨났다.

14 석조 건축물

> 황금을 입히는 작업을 끝으로 마침내 영원무궁을 상징하는 사암 기념물이 완성되었다.
> 이집트 왕 아멘호테프 3세의 비문에서, BC 14세기

세계 각지에서는 초창기부터 울퉁불퉁한 자연석을 건축 재료로 사용했지만 '석조 건축물'이라는 용어는 대개 가공한 돌로 만든 구조를 지칭한다. 전통적으로 석조 건축은 질 좋은 돌을 구할 수 있는 지역에서 발전했지만 어떤 경우에는 먼 거리를 마다 않고 돌덩이를 운반해오기도 했다. 이집트에서는 무게가 1,000톤이 넘게 나가는 돌덩이를 수백 킬로미터 떨어진 곳으로 운반해 공사했다. 운송 수단은 주로 배였다. 로마 제국 시대에는 이집트에서 로마까지 반암을 수입해 들여왔다. 스톤헨지를 짓는 데 사용된 청회색 사암의 경우, 웨일스 남서부에서 캐내 240여 킬로미터나 떨어진 곳으로 운반했던 것이 거의 확실하며, 그보다 무게가 더 나가는 사라센석도 30킬로미터가 넘는 곳에서 옮겨왔다.

석조 건축의 역사

석조 건축술과 관련된 초기의 증거 가운데 가장 인상적인 예는 극동과 유럽에서 발견된다. 예리코 주민들은 BC 8000년경 돌로 성벽을 쌓았다. 프랑스 브르타뉴 지방의 그랑 메니르 브리제(Grand Menhir Brise, '거대한 깨진 선돌'이라는 뜻: 역주)는 하나의 거대한 돌로, 무게가 280톤가량 나간다. BC 4500년경에 세워진

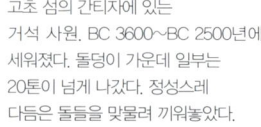

고초 섬의 간티자에 있는 거석 사원. BC 3600~BC 2500년에 세워졌다. 돌덩이 가운데 일부는 20톤이 넘게 나갔다. 정성스레 다듬은 돌들을 맞물려 끼워놓았다.

이 돌은 12킬로미터 떨어진 곳에서 운반해와 가공한 것으로 보인다. 아일랜드 뉴그레인지에 있는 거석묘는 연대가 BC 3100년경으로 거슬러 올라간다. 몰타와 고초의 거대한 석조 사원은 BC 3600∼BC 2500년에 세워졌다. 오크니 제도의 스카라브레에 있는 가옥들(BC 3100∼2500년) 역시 돌로 지어졌다(71쪽 참조).

이집트의 피라미드와 신전

석조 건축물이 맨 처음 모습을 드러낸 곳은 이집트였다. BC 2630년경에 조성된 사카라의 조세르 왕의 계단식 피라미드는 명실상부한 석조 건축물의 첫번째 사례로 꼽혀왔지만 확실하지는 않다. 현재는 기스르엘무디르로 알려진 곳 근처의 거대한 돌담이 조세르 왕의 피라미드보다 연대가 약간 더 앞선 것으로 알려져 있다. 이집트 석조 건축술의 뿌리는 소박한 수준이긴 하지만 선사시대로까지 거슬러 올라간다. 나브타플라야 유적지에서 발견된 소규모 환상열석(環狀列石)과 조각한 돌의 흔적은 연대가 BC 5000년경으로 추정된다.

계단식 피라미드가 세워질 무렵 이집트의 장인들은 아주 단단한 돌을 깎아 그릇을 만들 정도로, 돌을 다루는 솜씨가 이미 상당한 경지에 올라 있었다. 가공한 돌은 BC 3000년경 아비도스에 조성된 이집트 초기 왕들의 무덤에서도 발견된다.

계단식 피라미드는 당시의 장인들이 새로운 재료를 가지고 씨름했던 흔적을 여러 곳에서 보여준다. 석회암 구조는, 비록 규모는 작지만 처음으로 정확한 직사각형 형태로 다듬어졌을 뿐만 아니라, 거의 틈이 없이 신중하게 짜맞추어졌다. 구멍을 파서 집어넣은 진흙 벽돌 벽과 기둥이나 바닥 등에서 알 수 있듯이, 건물의 설계와 시공은 다른 재료로 지은 구조물에 바탕을 두었다. 여기에 정성스레 다듬은 돌로 세부 장식을 했다. 건축가는 돌을 재료로 사용하면서도 그 구조적인 특성을 제대로 알지 못했던 듯하다. 기둥들을 작은 버팀벽

위 이집트 사카라에 있는 조세르 왕의 계단식 피라미드. 연대는 BC 2630년경이다. 전방에 보이는 성소는 리딩(기둥이나 벽 등에 세로줄을 지어 판 홈이나 장식) 기법으로 지어졌다.

아래 BC 2500년경 세워진, 이집트 기자에 있는 카프레 왕의 계곡 신전. 아스완에서 캔 분홍빛 화강암 덩어리를 700킬로미터 넘게 떨어진 기자로 운반했다. 이 신전에는 원래 화강암을 길게 쪼개 얹은 지붕이 올려져 있었다.

에 붙여 세운 채로 놔두었기 때문이다. 게다가 '건물'의 많은 곳에 잡석 핵이 그대로 남아 있고, 내부 공간도 비좁은 복도보다 약간 너를까 말까 한 경우가 많다.

이집트의 석조 건축술은 불과 몇 세대 만에 빠르게 발전했다. 기자(BC 2500년경)와 같은 후대의 피라미드들은 규모가 훨씬 더 커졌다. 건축에 사용된 석회암의 크기가 커지면서 피라미드의 안정성도 높아지고 키도 이전보다 커졌다.

피라미드에 딸린 신전도 석조 건축술의 백미를 이루었다. 아스완에서 거대한 분홍색 화강암을 캐내 기자로 옮겨 광을 낸 다음 기둥으로 세웠다. 후대로 오면 분홍색 화강암 기둥에 식물을 조각한 주두(株枓)를 얹어 장식했다.

흰색 석회암과 분홍색 화강암과 대비를 이루기 위해 검은색 현무암도 사용되었다. 이 3가지 색깔은 장식 효과뿐만 아니라 상징적인 의미도 지니고 있었다.

후대(BC 1500년경 이후)로 올수록 신전은 규모도 점점 커졌을 뿐만 아니라 구조도 훨씬 복잡해졌다. 그 중 카르나크의 아몬 신전에 있는 세티 1세와 람세스 2세의 다주식 복도가 아마 가장 유명하지 않을까 싶은데, 이 복도에는 거대한 기둥들이 즐비하게 늘어선 가운데, 중앙에는 바닥을 높여 고창(高窓)을 낸 '네이브'가 들어앉아 있다. 아부심벨에 있는 람세스 2세의 신전(BC 1280년경)처럼 암벽을 깎아 만든 사례도 발견된다.

나일 계곡에서 가까운 사막 고원은 오랫동안 돌의 확실한 공급처였다. 대규모 공사 현장은 대개 이곳에서 그리 멀지 않은 곳에 있었다. 게다가 돌에는 이집트인들이 주목했던 2가지 특성이 있었다. 그 중 하나가 영원히 존속하면서 만인에게 자신의 존재를 드러낸다는 특성이었다면, 다른 하나는 (질이 좋기만 하다면) 섬세하고 정교한 부조를 만들 수 있다는 특성이었다. 회반죽은 훨씬 나중에야 나왔기 때문에 돌덩이는 중력을 이용해 제자리에 끼워졌다.

도구는 간단했다. 석회암같이 무른 돌은 BC 1500년경 이전부터 돌 곡괭이를 이용해 캐냈던 것으로 추정된다. 돌덩이를 서로 맞물려 끼우는 작업에는 구리-청동 끌과 구리-청동 톱을 사용했다. 화강암 같은 단단한 돌을 캐내고 다룰 때는 석기를 사용했지만, 여러 가지 증거로 볼 때 이집트인들은 석영 가루와 함께 구리 도구를 사용해 단단한 돌을 잘랐던 듯하다.

그 밖의 석조 건축물

이집트의 석조 건축술은 조형물의 규모와 숫자, 작업 방식, 지속 기간이라는 측면에서 매우 독특하다. 하지만 석조 건축술은 세계 곳곳에서 각기 따로 개발되었다. 돌을 캐내고 다루는 기술과 지식이 알려진 지역에서는 인상적인 구조물들이 발견된다. 풍부한 노동력과 귀중한 자원을 묵히지 않으려는 욕구는 기념물 건축으로 이어졌다.

아메리카의 경우, 잉카인들은 거석 쌓기 기법을 사용해 사크사와만(1500년경) 같은 거대한 유적지를 남겼다. 테노치티틀란의 아스텍 건축물(1400년경)은 피

위 거석 쌓기 기법으로 조성된 1500년경의 사크사와만 유적지. 신전 너머로 잉카의 수도였던 쿠스코가 보인다. 정교하게 다듬은 거석들을 빈틈없이 끼워 맞췄다.

주요 연대

성벽	BC 8000년 이전, 근동
석조 사원	BC 3500년 이전, 몰타와 고초
거석묘	BC 3100년 이전, 아일랜드
석조 가옥	BC 3000년 이전, 스코틀랜드
피라미드	BC 2630년경, 이집트
거석 쌓기	1500년경, 페루

앞 쪽 이집트 카르나크에 있는 신전의 거대한 다주식 복도 내부. 연대는 BC 1300년경. 지붕은 단 하나의 거대한 석판으로 가려져 있었다. 아치가 발명되기 전이라 석판을 걸칠 수 있는 거리가 제한되어 있어서 기둥들이 다닥다닥 붙어 있다.

주거와 생활

아테네의 파르테논 신전
석조 건축물의 최고봉 중 하나로 꼽히는 BC 447~BC 438년경의 이 신전은 오늘날에도 여전히 위풍당당하다.

오른쪽 이라크 크테시폰에 있는 사산 양식의 아치. 구운 벽돌로 만들었으며, 연대는 550년경, 총길이는 25미터다.

라미드와 신전이 주를 이루며, 팔렝케에 있는 파칼의 무덤과 같은 마야인들의 기념물은 연대가 훨씬 더 빠르다(675년경). 유럽의 경우에는 그리스에서 석조 건축술이 꽃을 피웠다. 아테네의 파르테논 신전(BC 447~BC 438년)과 같은 조형물은 오늘날까지도 여전히 영향력을 발휘하고 있다. 그리스의 석조 건축물은 기둥, 경사가 낮은 지붕, 툭 튀어나온 들보 등으로 미루어 처음에는 목조 건물의 영향을 받았던 것으로 추정된다. 그리스 석공들의 기술은 가위 전설적이다. 수직·수평의 표면은 살짝 구부려 착시 현상을 상쇄했으며, 박공벽과 프리즈는 조각상으로 장식했다.

아치, 볼트, 돔

아치는 개구부 위에 걸친 반구형 구조물이다. 잘 다듬은 돌이나 기타 재료로 세워지는 아치는 스스로의 무게뿐만 아니라 그 위에 있는 구조물의 무게까지 지탱할 수 있다. 아치를 튀어나오게 하거나 연장할 경우 직사각형 공간을 덮는 볼트가 된다. 볼트를 둥글릴 경우 돔이 되는데, 돔은 주로 원형이나 정사각형 공간을 덮는 데 사용된다. 공간이 메워질 때까지 벽돌을 차곡차곡 쌓아올리는 내쌓기 기술은 초기 석조 건축술에서 공간을 덮을 때 사용했지만, 이 경우 진정한 의미에서의 볼트나 돔으로 간주되지는 않는다. 볼트나 돔의 대표적 예는 기자에 있는 대피라미드의 대회랑(BC 2500년경)과 오크니 제도의 '벌집' 무덤(BC 2700년경), 또는 미케네에 있는 아트레우스의 보물 창고(BC 1350년경)에서 발견된다.

이집트나 그리스에서 볼 수 있는 초기의 석조 건축물에서는 두꺼운 석판이나 목재를 덮어 지붕에 뚫린 구멍을 메웠다. 하지만 돌이나 목재로는 커다란 구멍을 메우는 데 한계가 있었다. 그래서 비좁은 출입구와 창을 만들었고, 복도는 뚜껑을 덮어 서로 다닥다닥 붙은 기둥들로 에워쌌다. 아치가 넓게 뜬 공간을 메우게 해주었다면, 볼트와 돔은 기둥의 방해를 받지 않는 너른 공간을 확보하는 데 사용되었다. 초기의 건축물에서도 아치와 볼트가 더러 발견되지만 이러한 건축 형태가 활짝 꽃을 피운 건 로마 시대에 와서였다. 이는 강력한 접합제인 회반죽의 발견에 이어 거푸집 공사에 나무를 사용하게 되면서 이루어진 결과였다. 아치는 프랑스 남부에 있는 퐁뒤가르의 경우처럼 수도교를 확장하거나 다리를 세울 때 널리 사용되었다. 반면 볼트와 돔은 콜로세움과 파르테논의 예에서 알 수 있듯이 1세기 로마의 기념물에서 발견된다.

가구

> 그러고 나서 나는 올리브나무 꼭대기의 무성한 잎사귀를 쳐내고 뿌리 쪽에서부터 위로 올라가면서 잔가지를 잘라 밑동만 남긴 다음 청동 까뀌로 판판하게 다듬었소. 그렇게 해서 침대가 완성되자 이번에는 상아와 황금과 은을 아로새겨 장식한 다음 가죽끈을 얽어 걸치고 그 위에 진홍색 쇠가죽을 씌웠다오.
>
> 호메로스, BC 8세기

사람들이 천연 재료를 정확하게 가공하는 데 필요한 기술과 전문화된 도구를 손에 넣게 되자 가구 제작이 가능해졌다. 가구는 처음에는 편리와 수납의 목적에서, 그리고 나중에는 신분을 과시하려는 목적에서 제작했다. 처음에 가구는 주변에서 쉽게 구할 수 있는 재료로 만들었지만, 무역의 발전과 더불어 재료의 이동이 쉬워지자 더욱 정교하고 화려한 가구들이 등장했다.

신석기시대의 가구

최초로 집 안에서 사용한 가구 중 몇 점이 스코틀랜드 북쪽 해안에 위치한 오크니 제도의 신석기 유적지인 스카라브레(BC 3100~BC 2500년)에서 발견되었다. 오크니에서는 나무가 귀해서 이곳 주민들은 집을 지을 때처럼 돌로 가구를 만들었다. 개인적이거나 상징적인 성격의 소품들이 석판으로 만든 일종의 '장식장'에 진열됐고, 벽에는 우묵 들어간 곳을 만들어 찬장을 들여놓았다. 집마다 돌침대가 2개씩 있었는데, 고사리나 히스로 만든 매트리스를 얹고 그 위에 동물 가죽을 씌웠던 것으로 보인다. 바닥에는 상자 모양의 구멍을 파고 가장자리를 점토로 막아 물이 흘러나오지 않게 처리했는데, 아마도 낚시용 미끼를 보관했던 듯하다.

오크니의 스카라브레에 있는 신석기시대 집들은 이곳 주민들에게 퍽 쾌적했을 것이나 사생활은 거의 보장하지 못했던 듯하다. 그래서 2개의 돌침대 맞은편에 가리개를 설치해 방과 분리하는 효과를 내려고 했던 것 같다. 직육면체 형태의 난로와 마주보는 '장식장' 앞에는 돌의자가 놓여 있다. 바닥의 상자는 살아 있는 낚시용 미끼를 보관하는 용도였던 것으로 추정된다.

하워드 카터가 투탕카멘의 무덤 (BC 14세기)에서 발견한 가구에는 금속 경첩을 사용한 최초의 접이식 침대 틀도 포함되어 있었다.

파라오의 가구

고대 이집트의 주택에는 가구가 별로 없었던 것으로 보인다. 특히 가난한 자의 집에서는 더욱 가구를 구경하기가 어려웠다. 목재 가구는 신분이 높은 사람들의 몫이었다. 더구나 상아는 왕족의 가구에 한해서만 사용되었다. 대부분의 집에서는 갈대와 골풀 줄기를 엮어 만든 등받이 없는 의자(또는 스툴: 역주), 식탁, 상자, 물건 걸이, 가리개가 가구의 전부였을 것이다. 진흙 벽돌로 만든 자그마한 고대(高臺)는 밤에는 침대로, 낮에는 긴 의자로 사용했다.

전왕조 시대(BC 5500~BC 3100년)에는 한데 묶은 나뭇가지로 조악한 형태의 침대 틀을 만들고 그 위에 식물 섬유와 잔가지를 함께 엮어 짠 깔개를 덮어 사용했다. 목재로 가구를 제작한 건 왕조 시대에 들어와 청동으로 만든 목공 도구가 도입되면서부터였다. 당시의 가구는 크게 발판·틀·뼈대 세 부분으로 이루어져 있었는데, 이는 목수들이 나무 재료의 특성을 파악하고 이음매를 간단히 했기 때문이다. 이집트의 경우, 처음에 질 나쁜 나무 때문에 가구 제작에 한계가 많았다. 하지만 BC 2000년대 중반인 4왕조에 이르러 지금의 시리아와 레바논에 해당하는 삼림 지대에서 목재를 수입해 들인 덕분에 근사한 디자인의 가구를 만들 수 있었다.

기자의 무덤에서 발견된 헤테페레스 왕비의 가구(BC 2600년경)를 보면, 목재 수입 이전과 이후의 차이를 여실히 알 수 있다. 왕비의 무덤에는 이동식 의자, 침대 틀, 휴대용 침대 닫집을 비롯해 개인용 가구 일습이 부장되어 있었다. 비스듬하게 경사를 이루는 침대 틀 끝에는 발판이 부착되어 있었고, 머리맡에는 금박을 입힌 머리받침이 놓여 있었다. 참고로, 이집트인들은 베개 대신 나무나 돌로 만든 머리받침을 사용했다. 역시 금박을 입힌 안락의자의 양쪽 팔걸이에는 하이집트를 상징하는 식물인 파피루스 꽃을 세 송이씩 조각해 넣어 그녀가 왕비의 신분이라는 점을 나타냈다.

왕조 시대의 침대 틀과 의자는 동물의 다리와 비슷하게 조각한 다리로 지탱되었다. 예를 들어 초기 왕조 시대에는 야트막한 침대 틀과 등받이 없는 의자의 다리로 소의 다리와 비슷한 형태가 각광받았다. 중왕국 시기(BC 2080~BC 1940년)에 제작된 의자들은 이제는 목수들이 치수를 재고 비율을 따져 균형이 딱 맞는 가구를 제작하는 데 통달했다는 점을 보여준다. 등받이는 널찍하게 제작해 비스듬히 기울였고, 걸터앉는 부분은 날씬하고 기다란 가젤 다리를 닮은 다리를 깎아 그 위에 얹었다.

왕의 가구는 귀금속, 수입 목재, 상아, 밝은 색깔의 준

보석으로 종교와 국가의 상징을 아로새겨 화려하게 장식했다. 신왕국 때 테베에 조성된 투탕카멘(재위 BC 1332~BC 1322년)의 무덤에서는 금박을 입힌 정교한 왕좌를 비롯해 눈길을 사로잡는 가구들이 발견되었다. 등받이 없는 의자의 경우에도 종류가 다양했다. 그 가운데 격자 구조의 의자는 버팀대를 삼각형 꼴로 맞물리도록 비스듬하게 덧대 견고성을 보강했다. 가구 장인들은 등받이 없이 다리가 셋 달린 의자에 앉아 작업했다. 이에 비해 접이식 스툴은 틀 2개를 서로 맞물린 다음 청동 리벳 2개로 조여 만들었다. 중산층은 주로 동물 다리나 둥근 다리가 달린 스툴을 사용했는데, 활 모양의 걸터앉는 부분에는 쿠션을 올려놓았다.

근동의 가구

아시리아와 아나톨리아에서 제작된 가구는 저마다 독특한 이 지역 도시 국가의 문화만큼이나 형태가 아주 다양했다. 아시리아의 유적지에서 금속 장식을 가구에 붙이기 시작했다는 증거가 포착된다. 예를 들어 님루드에 있는 아슈르나시르팔 2세(재위 BC 883~BC 859년)의 궁전 벽 부조에는 등받이 없는 왕좌에 앉아 있는 왕의 모습이 묘사되어 있다. 의자에는 정교하기 이를 데 없는 조각 솜씨로 주조한 금속 장식이 부착되어 있다.

터키 고르디움의 프리지아 고분군에서도 화려하게 장식한 가구가 출토되었다. 미다스의 통치기인 BC 8세기경의 이들 가구는 그 당시 이곳 사람들이 다리가 셋 달린 연회용 식탁을 사용했다는 점을 보여준다. 주인은 나무로 만든 이 대에 발효한 음료를 담은 대형 청동 솥을 올려놓고 손님들을 대접했다. 식탁 정면에는 복잡한 기하학 문양이 정교하게 아로새겨져 있었다.

그리스와 로마의 가구

그리스의 가구는 현재 하나도 남아 있지 않아, 당시의

기자에 있는 헤테페레스 왕비의 무덤을 발굴한 사람은 미국의 이집트 학자 조지 라이스너였다. 발견 당시 무덤 안에 있던 목재 가구들은 썩다 못해 가루처럼 완전히 바스라진 상태였다. 하지만 남아 있는 상감과 금박의 위치를 토대로 침대 닫집, 이동식 의자, 침대 틀, 커튼 상자, 안락의자, 머리받침, 소형 팔찌 보관함을 복원할 수 있었다.

채색 항아리와 조각을 통해서만 그 흔적을 추적할 수 있다. 그리스의 경우, 처음에는 이집트의 영향을 강하게 받았지만 BC 5세기에 이르러 이른바 고전주의 양식에 속하는 새로운 형태의 가구가 등장했다.

그리스인들은 다양한 종류의 스툴, 카우치, 식탁, 상자, 의자를 사용했다. 그들은 식탁에서 식사할 때 일명 클리네로 알려진 카우치에 기대길 좋아했다. 클리네는 침대로도 사용되었는데, 그 당시의 그림들로 보건대 이집트의 침대보다 폭도 더 넓고 길이도 더 길었다. 그리스인들은 식사를 하면서 침대 머리판에 기대놓은 베개에 기댔다. BC 450년에 이르러 새로운 형태의 의자인 클리스모스가 널리 사용되었다. 곡선으로 처리한 다리와 둥글린 등받이가 특징인 이 의자는 등뼈를

편안하게 받쳐주어, 앉았을 때 자세를 자연스럽게 유지해주었다.

목공술의 발전은 로마인들에게 소박한 가구에 접근할 수 있는 길을 터주었다. 목공용 작업대의 발명과 철제 도구기술의 발전은 가구 산업의 활성화로 이어졌다.

로마인들도 위대한 혁신가의 기질을 발휘해 이집트와 그리스의 가구를 수정·보완했다. 판사가 앉았던 스툴인 셀라 쿠룰리스는 바로 그곳에서부터 로마 제국 전역에 정의가 실현된다는 의미를 지니는 상징물이었다. 로마의 목수들은 선반과 문을 단 판자 찬장을 선보였다. 이 판자 찬장은 두루마리를 보관하거나 개인 소장품을 진열하는 데 사용되었다. 청동으로도 가구를 주조했는데, 식탁 윗면은 광을 낸 대리석판으로 제작했다.

중국의 가구

최초의 중국인들은 돗자리 문화의 영향 때문인지 식사는 야트막한 식탁에서 했고, 잠은 바닥에서 잤던 듯하다. 나중에 나무로 만든 대가 도입되면서 침대의 키가 높아졌지만, 책상다리를 하거나 무릎을 꿇고 앉는 자세는 불교의 영향으로 의자가 들어올 때까지 바뀌지 않았다.

중국의 가구는 옻칠을 해서 진주를 아로새기거나, 전통적인 문양을 그려넣는 경우가 많았다. 단단하면서 결이 고운 나무에 광택을 입힌 가구도 있는데, 선과 형태에 통달한 장인의 솜씨가 돋보인다.

주요 연대

돌로 만든 가구	BC 3100∼BC 2500년, 오크니
구리로 만든 목공 도구	BC 3100년, 이집트
금속 장식	BC 9세기, 아시리아
클리스모스 의자	BC 450년, 그리스

아메리카의 가구

신대륙에서는 스툴이 공무의 상징처럼 사용되면서 어느 문화권을 막론하고 종교 의식의 중심으로 자리 잡았다. 카리브 해의 타이노족 추장과 귀족과 샤먼들이 사용했던 일종의 제의용 스툴인 두호는 환각 효과를 일으켜 영혼과 대화할 수 있게 해준다고 알려져 있다. 나무나 돌로 만든 스툴은 더러 인간이나 동물, 섬뜩한 반인반수 형상으로 깎은 등받이를 붙이기도 했다. 그런가 하면 정교한 문양을 새겨넣거나 조가비, 황금, 뼈를 아로새기는 경우도 있었다.

아메리카의 가구는 고대 적부터 새로운 재료와 기술, 발명에 힘입어 꾸준히 발전했다. 그 결과, 날이 갈수록 다양한 기능과 형태의 가구가 제작되어 안락함을 주었을 뿐만 아니라 문화적 동질성까지 형성했다.

앞쪽 위 연회용 식탁에 앉아 있는 아슈르바니팔 왕과 왕비의 모습을 묘사한 BC 645년경 아시리아의 부조. 가구의 세밀한 장식으로 미루어, 청동이나 황금 같은 금속으로 따로 주조해 몸체에 붙였던 것으로 보인다.

앞쪽 아래 로마의 카우치와 발판. 사진은 보스코레알레의 파니우스 저택에 있는 복원된 카우치. 이 예에서 알 수 있듯이 로마 시대에는 카우치를 화려하게 장식하는 경우가 많았다. 아마도 짐승 뼈를 깎아 틀과 다리를 만든 후 색깔 있는 유리를 아로새겼던 듯하다. 대개 카우치의 양쪽 끝은 살짝 치켜올려졌고, 앉는 부분에는 베개와 매트리스를 올려놓았다.

아래 왼쪽 클리스모스는 고대 세계를 통틀어 가장 비례가 완벽한 의자였던 듯하다. 그 영향력은 2,000여 년의 세월을 뛰어넘어 프랑스와 영국에서 제작된 신고전주의 양식의 의자 디자인에서 목격된다. 로브스존 기빙스는 항아리와 조각에 묘사된 장면을 토대로 클리스모스의 우아한 자태를 완벽하게 복원해냈다.

목공용 선반

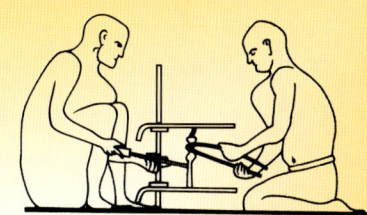

역사가와 기술자들은 목공용 선반의 정확한 발명 연대를 놓고 오랫동안 설전을 벌여왔다. 플리니우스가 지적한 대로 많은 학자들이 BC 5세기에 사모스의 테오도로스라는 사람이 선반을 발명했다는 데 동의한다. 목공용 선반을 묘사한 최초의 사례는 프톨레마이오스 왕조 시대에 이집트 투나엘게벨에 조성된 페토시리스의 무덤 벽 부조에서 발견된다(그림 참조). 부조의 연대는 필리포스 아리디우스(재위 BC 323∼BC 317년)가 통치하던 시대와 일치한다.

터키 고르디움의 고분군에서 나온 나무판 표면에 보면 기다란 끌 자국이 연달아 나 있는데, 이로 미루어 프리지아인들도 선반을 사용했던 것이 확실하다. 나무판의 연대는 미다스 왕의 통치기였던 BC 8세기다. 하지만 이집트에서 그보다 훨씬 이전에 선반을 사용했을 가능성을 암시하는 증거가 나왔다. 발 밑에 나사 구멍이 선명하게 나 있는 스툴의 다리와 그 주변의 깊고 널찍한 사각형 홈은, 스툴을 제작하는 과정에서 고정된 끝에 대고 돌렸다는 의미로 해석할 수 있다. 방사성 탄소 연대 측정법으로 측정한 결과, 이들 스툴의 연대는 BC 1630∼BC 1420년경으로 나왔다.

16 조명과 난방

불 없이는 사실상 아무 일도 할 수 없다는 생각이 퍼뜩 든다.
플리니우스, 1세기

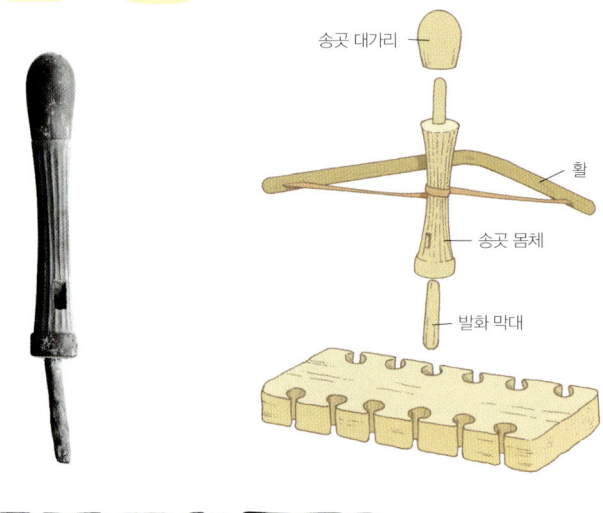

위 투탕카멘의 무덤에서 출토된 BC 14세기경의 발화용 나무 활비비. 그림을 보면 이 도구를 어떻게 사용했을지 알 수 있다. 송곳 구멍에는 송진을 채워넣어 마찰력을 높였다.

오른쪽 프랑스 라스코 동굴에서 발견된 구석기시대의 돌로 만든 등잔. 석기시대에 유럽의 동굴들에 놀라운 벽화를 남긴 화가들은 어쩌면 이러한 등잔의 빛에 의지해 작업을 했을지도 모른다. 하지만 아직까지는 횃불이 많이 사용되었을 것이다.

다음 쪽 젊은 여인의 모습을 한 우아하기 이를 데 없는 중국의 등잔. 청동에 금박을 입혔고, 연대는 BC 2세기 후반. 여인의 옷소매가 등잔의 굴뚝 역할을 한다.

최초의 개발

아이스킬로스가 전하는 그리스 신화(《묶인 프로메테우스》, 109~110)에 따르면, 신들은 '모든 기술의 스승이자 원대한 목적의 수단'인 불의 비밀을 철저하게 숨겼다. 그 후 프로메테우스가 불을 훔쳐다 주면서 인간은 과학기술을 발전시키기 시작했다. 여기서 살펴볼 불의 2가지 용도, 즉 조명과 난방을 고려할 때, 인간의 발전에서 불을 제일 중심에 둔 그리스인의 인식은 충분히 타당하다.

불의 사용은 나무나 뼈를 맞비벼 마침내 불을 만드는 기술을 개발한 인류 최초의 조상으로 거슬러 올라간다(24쪽 참조). 투탕카멘의 무덤에서 나온 부장품 가운데 발화용 활비비가 포함되어 있었고, 로마의 베스타 신전에서도 영원한 불꽃이 꺼지면 발화 송곳을 사용해 다시 불타오르게 했다. 참고로, 로마인들은 성화가 꺼지면 이를 재앙의 징조로 여기고 두려워했다.

고대인들은 나무를 연료로 사용했다. 청동기시대에 이르러서는 기름과 지방, 석탄은 물론, 다양한 종류의 식물 연료(숯과 송진 등)도 사용되었는데, 석탄은 로마령 브리튼과 중국에서만 사용되었다. 사람들은 연료의 각기 다른 성질을 파악해 그에 맞게 사용했다. 예를 들어 메소포타미아에서는 유리 가마용 연료로 포플러나무로 만든 숯을 으뜸으로 쳤으며, 그리스 작가 테오프라스토스(《식물 탐구》)는 불을 만드는 데 상대적으로 유용한 나무의 다양한 특성에 주목했다. 이러한 지식은 수세기에 걸쳐 경험과 실험이 축적된 결과였다. 맨 처음에는 모닥불이 열과 빛을 모두 제공했을 것이다. 부득이하게 불빛에서 멀리 떨어져야 할 경우에는 모닥불에서 횃불을 분리해냈다. 하지만 난방과 조명이라는 불의 2가지 기능이 완전히 분리되려면 양초와 등잔의 발명이 필요했다.

고대의 등잔과 조명법

횃불은 가장 기본적인 형태의 조명 도구로서 아주 나중까지도 고대 세계 전역에서 광범위하게 사용되었다. 심지를 태우는 등잔은 구석기시대 후기(약 30,000~10,000년 전)부터 있었다. 유럽의 동굴 벽에 그림을 남긴 화가들은 등잔이나 횃불의 빛에 의지해 작업을 했을 것이다. 등잔에서 가장 중요한 부분은 연료(대개는 올리브 기름이었지만

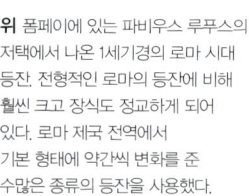

지방이나 동물성 기름을 사용하기도 했다) 보관통과 심지(갈대나 식물 섬유, 털 등)다. 과열을 방지하고 등잔을 더 밝게 하기 위해 올리브 기름에 소금을 섞었을 수도 있다.

고대 세계의 등잔은 무수히 남아 있는데, 시대와 문화권에 따라 형태가 각양각색이다. 맨 처음에는 쌍각 조개류의 껍질이 사용되었다. 조개 껍질은 그 자체로 등잔으로서의 기능을 갖추고 있었다. 즉 등딱지는 연료 보관통으로 사용하고, 심지는 테에 꽂으면 되었다. 실제로 메소포타미아 사람들은 나중에 도기나 금속으로 등잔을 만들면서 조가비 모양을 종종 차용했다.

인위적으로 등잔을 만들 경우, 한쪽 끝이 툭 튀어나온 사발 형태로 돌을 깎아 사용했다. 그런가 하면 한쪽 옆에다 심지를 끼우게 되어 있는 밋밋한 접시 형태의 토기 등잔도 있었다. 하지만 시간이 지나면서 모양과 장식이 훨씬 더 정교할 뿐만 아니라 심지도 여러 개 끼울 수 있는 등잔이 등장했다.

연료통 마개가 등장하면서 연소 속도, 즉 밝기를 조절할 수 있었다. 하지만 심지를 자동적으로 조작하려는 시도는 별 성과를 거두지 못했다. 실험 결과, 4온스들이 피마자유 등잔은 18시간가량 빛을 제공할 수 있었다.

로마 시대에 이르러 도기 등잔이 대량 생산되면서 제국 전역으로 확산되었다. 등잔은 주로 벽감에 놓거나 걸이에 걸거나 줄을 묶어 천장에 매달았다. 로마인들은 더 밝은 빛을 얻기 위해 한꺼번에 여러 개의 등잔을 걸 수 있는 가지등잔대를 개발했다. 등잔에 갓을 씌운 옥외용 호롱 등도 등장했다. 양초는 청동기시대에 들어와서야 개발된 듯하다. 고대에는 동물의 지방에서 얻은 수지나 밀랍에 심지를 담가 굳히는 방법으로 초를 만들었다. 방을 밝게 하려면 양초 여러 개를 한꺼번에 가지촛대에 꽂아 사용했다.

이처럼 여러 가지 조명법이 나왔음에도 불구하고, 대부분의 고대 사회에서 공공 조명시설은 거의 알려진 바 없다. 따라서 어둠이 깔린 뒤에 외출하려면 각자 알아서 빛을 소지해야 했다. 부자들은 횃불을 드는 역할과 함께, 경찰력이 없었을 때였으므로 경호원 역할도 담당할 하인을 대동하고 다녔을 것이다. 일부 공공 건물은 특별한 경우에 한해 밤에도 불이 켜졌을 테지만 상시 가로등 체계는 350년에 와서야 비로소 등장했다. 세계 최초로 공공 조명시설을 선보인 도시는 시리아의 안티오크다. 반면 뱃사람들의 길잡이인 등대(169쪽 참조)는 비교적 빨리 등장했는데, 세계 최초의 등대는 알렉산드리아의 파로스 섬에 세워졌다.

위 폼페이에 있는 파비우스 루푸스의 저택에서 나온 1세기경의 로마 시대 등잔. 전형적인 로마의 등잔에 비해 훨씬 크고 장식도 정교하게 되어 있다. 로마 제국 전역에서 기본 형태에 약간씩 변화를 준 수많은 종류의 등잔을 사용했다.

오른쪽 폼페이에 있는 메난드로스의 저택에서 나온 1세기경의 화로. 발견 당시 철제 용기에 아직도 재가 들어 있었다.

난방 체계

동굴부터 주택까지 고대의 주거지에서 공통으로 발견되는 난로는 그리스의 헤스티아나 로마의 베스타처럼 신으로 의인화될 만큼 비중이 매우 컸다. 그리스 필로스의 미케네 궁전 알현실에 있는 원형 난로와 같은 붙박이 난로(BC 1300~BC 1200년경)가 마침내 사라지고 숯을 연료로 하는 이동식 화로가 등장했다. 로마 시대에는 물과 포도주를 데우는 풍로도 나왔다.

하지만 고대 세계를 통틀어 가장 정교한 난방 체계가 그리스인들에 의해 개발돼 로마인들의 손에서 완성되었다. 이는 흔히 하이포코스트라고 불리는데, '아래서 타는'을 뜻하는 그리스어 'hypocausis'에서 유래했다. 원시적인 형태의 하이포코스트는 간단한 지하 굴로 이루어져 있었다. 방 밑에 있는 아궁이가 토해내는 뜨거운 공기는 이 굴을 통해 난방이 필요한 방으로 보내졌다. 방을 데우고 나면 공기는 벽과 지붕에 있는 굴뚝을 통해 밖으로 빠져나갔다.

로마 시대에 들어와 이 간단한 '환상(環狀)' 체계는 좀더 복잡한 장치로 바뀌었다. 로마인들이 개발한 하이포코스트는 여러 가지 요소를 지니고 있었다. 우선 방바닥 일부가 아니라 전체를 기둥 위에 올렸다. 이러한 구조를 지칭하는 라틴어 'suspensura'('매달기')는 여기에서 유래했다. 그 다음, 특별히 고안한 장방형 타일을 사용해 벽 안쪽의 공간을 비웠다. 의견이 분분하긴 하지만, 지붕 내부도 특수 타일로 처리해 똑같은 효과를 노렸을 수 있다. 그러나 로마 시대 지붕 중 원래 상태대로 남아 있는 사례가 거의 없어 이를 입증할 길이 없다. 어쨌든 이론상으로는 이런 방식으로 아궁이에서 나오는 뜨거운 공기가 방 전체를 감쌌을 것이다.

열의 세기는 벽면을 통과하는 연도(煙道)의 개수로 조절할 수 있었다. 목욕탕의 경우에는 아궁이 위쪽에 보일러를 설치해 물과 공간을 동시에 덥혔다. 아궁이에서 나오는 공기는 방바닥 밑의 구멍으로 들어가 타일과 굴뚝을 통해 밖으로 배출되었고, 보일러는 온수를 운반하는 관과 연결되었다. 하이포코스트의 사례는 목욕탕에서뿐만 아니라 부자들의 저택과 추운 북쪽 지방에 주둔했던 군 장교의 막사에서도 발견된다.

주요 연대

토기 등잔	30,000~10,000년 전경, 유럽
돋워 올린 난로	BC 1300~BC 1200년, 그리스
하이포코스트	BC 4세기 또는 3세기, 그리스
가로등	350년, 시리아

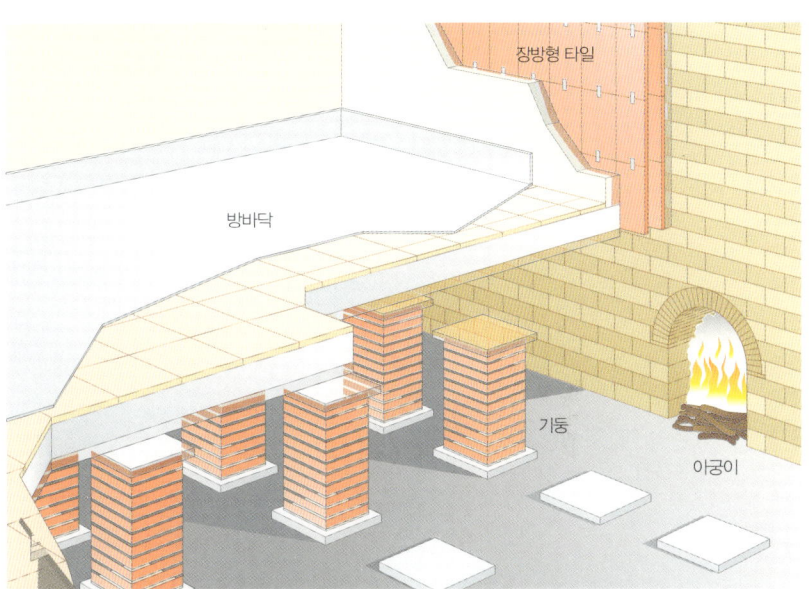

아래 로마 시대 하이포코스트 단면도와, 폼페이에 있는 스타비아 목욕탕.

17 물 공급과 배관

원한다면 부디 수많은 수원지에서 물을 운반하는 데 꼭 필요한 구조와,
덩치만 큰 피라미드나 유명하지만, 쓸모없는 그리스의 건물들을 비교해보라.

프론티누스, 《로마의 수도관에 대하여》에서, 1세기

위 샘에 이르는 통로를 확보하기 위해 내쌓기 공법으로 지은 그리스 미케네의 계단식 터널로, 연대는 BC 1250년이다.

아래 BC 510년경 그리스의 흑회식 항아리. 샘 위에 설치한 냉장 오두막에서 물을 긷는 여인들의 모습이 묘사되어 있다. 고대 세계에서는 많은 사람들, 주로 여성들이 이런 방법으로 매일 집에 물을 길어다 날랐다.

물 공급은 인간의 생존에 더없이 중요하다. 한 사람이 마시고, 요리하고, 씻는 데 들어가는 하루 물 소비량은 적어도 8리터다. 아무리 건조한 지역에서도 사람들은 생존을 유지하고 가축 사육과 간단한 농업 활동을 위해 끊임없이 물을 발견해왔다. 도시의 경우, 물에 대한 높은 수요, 수원의 오염이나 고갈, 물 수송 및 저장 체계의 필요성, 하수 처리 등이 복잡하게 맞물리면서 물 공급 체계를 조정해야 할 필요가 있었다. 이러한 문제를 해결하기 위해 도시 공학과 행정 차원의 해결책이 제시되었고, 그 결과 2세기 들어 거대 도시 로마는 1인당 하루에 약 1,000리터의 물을 공급할 수 있는 체계를 갖추었다.

수원 찾기

대부분의 경우, 먼저 수원을 찾은 다음 거기에 접근해 물의 수송, 저장, 처리에 필요한 체계를 조정하는 일이 급선무였다. 고대 이집트와 메소포타미아 주민들은 건조한 땅을 관통하는 큰 강 주위에 천연의 수원을 확보하고 있었다. 이들은 관개와 수송에 필요한 운하를 세우기도 했다. 중국에서는 양쯔 강과 황허 강이 이런 역할을 했고, 중앙아메리카의 열대 지역에서는 이보다 작은 강들을 수원으로 활용했다. 지중해 북부 해안의 경우에는 사시사철 강우량이 풍부한데다 시내와 호수도 수원의 역할을 했다. 전 세계 석회암 지역에서는 샘이 자주 분출하는데, 고대 문화권에서는 어디나 맑고 깨끗하고 시원한 샘물을 선호했다. 갈레노스, 비트루비우스, 대플리니우스와 같은 로마 작가들은 건강에 좋은 샘물을 판별하는 법을 기술했다. 코린트의 샘물처럼 물을 함유한 지층을 뚫고 들어가는 방법으로 샘물의 흐름을 원활하게 만들기도 했다. 시리아 아라두스 섬 근처의 해저 샘은 수면 아래로 기다란 가죽 관을 연결한 납 깔때기를 내리는 방법을 사용해 개발했다. 샘이 없는 지역에서는 대수층(帶水層, 지하수를 함유한 다공질의 삼투성 지층: 역주)에 우물을 파서 물을 끌어다 썼다. 이 경우, 우물 안쪽에 두꺼운 판자나 돌덩이, 또는 토기로 만든 조립식 원통을 덧댔던 것으로 보인다. 비트루비우스를 비롯해 그리스와 로마의 작가들은 지형, 토양, 지표수, 초목의 상태를 통해 대수층의 존재를 가늠할 수 있다고 썼다. 이런 조건이 들어맞으면 지하 100미터까지 우물을 팠다.

수원으로의 접근

물웅덩이는 인간과 동물을 쉴 새 없이 끌어들이기 때문에 제대로 개발하지 않을 경우 샘은 곧 진흙을 드러내며 오염되고 만다. 물 공급에 관심을 기울였던 고대의 작가들은 한결같이, 샘과 우물은 주변의 갈대, 초목, 진흙을 제거해 늘 청결하게 유지해야 한다고 강조했다. 오늘날의 레바논에 해당하는 비블로스에서는 BC 3000년 이전에 이미 샘물을 받는 조그만 웅덩이를 팠다. 웅덩이 주변은 늘 건조하게 유지했으며, 나중에는 돌벽과 포장 도로와 계단까지 조성했다. 메기도와 미케네 같은 청동기시대의 도시들에서는 계단을 쌓아 둥근 천장을 얹은 터널을 통해 지하 수원에 접근했다.

물 공급과 배관 **17**

그리스 올림피아에 있었던 헤로데스 아티코스의 님파이움(고대 그리스와 로마에서 물의 님프에게 바친 신전: 역주) 복원도. 고대 그리스의 도시들에서는 더러 샘터에 이런 화려한 냉장 오두막을 조성했다.

예루살렘은 도시가 포위될 경우에도 계속 수원에 접근할 수 있도록 복잡한 체계를 갖추고 있었다. 청동기와 철기시대에 지중해 근처의 주민들은 물을 받는 기능뿐만 아니라 태양열과 오염으로부터 물을 보호하는 기능을 갖춘 냉장 오두막을 샘 위에 설치했다.

그리스와 로마의 도시들에서는 샘마다 공공 냉장 오두막이 생겨났는데, 때로 화려한 외관과 함께 몇 층 높이로 올려 조각상과 분수, 대형 인공 연못으로 장식하는 경우도 있었다. 편리함을 위해 물을 다량으로 퍼 올리는 다양한 장치가 메소포타미아와 이집트에 이어, 그리스와 로마에서도 개발되었다(101쪽 참조).

물 수송

고대 사회에서는 주로 여성이 샘이나 저수지에 가서 항아리나 가죽 부대에 물을 길어 당나귀나 낙타 등에 싣고 집으로 운반하는 일을 담당했다. 한꺼번에 많은 양을 수송하거나, 멀리 떨어진 곳으로 수송하려면 도관이 필요했다. 신석기시대에 들어와 지하 수로가 사용되었는데, 훗날 동남아시아와 중국, 중앙아메리카에서는 이 지하 수로가 관개 체계의 근간을 이루었다(97쪽 참조).

BC 1000년대 들어 비교적 규모가 작은 강에서 토기 관과 함께 돌을 깎아 조성한 수로가 물을 끌어오는 데 사용되었다. 누수 방지 처리까지 한 이런 수로들은 메소포타미아의 우르, 시리아의 마리, 크레타의 크노소스에서 발견되었다. 중앙아메리카에서도 돌 수로가 올멕 문화의 중심지였던 산로렌조 주변에 샘물을 공급하는 한편(BC 1000년경), 테오티우아칸의 저수지에 강물을 끌어들이는 기능을 담당했다(300년).

점토 관은 고대 세계 전역에서 인기가 높았다. 제작비도 저렴하고 설치도 비교적 쉬웠을 뿐 아니라, 편리하고 안전하게 물을 공급해주었기 때문이다. 고대 도시 아테네와 페르가몬의 물 공급 체계는 이러한 점토 관을 사용해 조성되었다. 로마 제국 초기에는 납 도관이 보편화되었지만 비트루비우스는 물의 상태를 깨끗하게 유지해주고 수리가 간편하다는 점을 들어 점토 관이 더 바람직하다고 지적했다. 중국에서는 대나무 관을 사용했다.

납 도관은 대형 청동 온수기와 함께 로마의 공중

폼페이에서 출토된 로마 시대의 청동 수도꼭지. 1세기경의 것으로, 관에 부착한 밸브로 물의 세기를 조절했다.

81

17 주거와 생활

폼페이의 폰타나 그란데 저택에 있는 분수. 다채로운 색깔의 모자이크로 뒤덮여 있다. 뒤쪽의 계단 아래로 물을 떨어뜨려 수조를 채웠다.

목욕탕에서 흔히 볼 수 있었다. 도관은 일정한 폭의 납판을 굴대에 감은 다음 V자형 이음매를 납땜하거나 접는 방식으로 제작되었다. 그렇게 해서 제작된 관들은 끝과 끝을 겹쳐 연결했다. 물의 세기는 청동 꼭지로 조절했으며, 청동 밸브로 온수와 냉수를 섞어 물의 온도를 맞추기도 했다.

로마 시민 대부분은 거리 모퉁이의 분수대에서 물을 길어다 썼지만, 면허를 취득하거나 뇌물을 주면 가까운 공공 수조나 수원에 가압 처리한 납 도관을 연결해 물을 끌어올 수 있었다. 폼페이와 헤르쿨라네움에는 이러한 가정용 도관 체계가 많이 남아 있다. 납 도관은 그다지 건강에 해롭지는 않았다. 지중해 연안의 도시들에서 공급했던 물은 탄산칼슘 성분이 다량 함유되어 있어 납이 물에 녹을 염려가 없었기 때문이다.

지역 차원을 넘어서는 도관 체계는, 건설하는 데 시간과 노력이 많이 드는데다 끊임없는 보수 관리가 필요하고, 사고에 의해서든 고의에 의해서든 피해를 입기가 쉽다는 약점이 있었다. 그 결과, 로마 시대 이전의 지중해 세계에서는 대규모 송수관 체계를 찾아보기가 어려웠다. 아직은 국가의 규모가 작아 송수관을 건설하고 관리할 재원을 확보하지 못했기 때문이다. 하지만 BC 8세기의 예루살렘과 아시리아 제국의 도시들, 페르시아의 지하 도수 터널(또는 카나트), 헬레니즘의 영향을 받은 페르가몬의 점토 도관 체계는 예외였다. BC 690년경 아시리아의 센나케리브 왕은 바비안 계곡의 물을 니네베로 수송하는 물 공급 체계를 건설했다. 그 중에는 내쌓기 공법으로 축조한 5개의 아치 위에 길이 280미터, 폭 12미터, 깊이 1.6미터로 조성한 예르완의 돌 수로도 포함되어 있었다.

지하 도수 터널이란 쉽게 말해 완만한 경사를 이루는 땅굴로, 이를 통해 산기슭에 있는 대수층의 물을 끌어왔다. 지하 수로의 경로와 수위는 길이 30~50미터의 굴대를 곳곳에 가라앉혀 측정했다. 이 굴대 바닥을 통해 수로를 파고 관리했다. 지하 수로는 수심과 주변 지형에 따라 적게는 몇 킬로미터에서부터 많게는 20~30킬로미터 떨어져 있는 정주지까지 확장되었다.

평화와 번영을 구가했던 로마와 비잔틴 제국의 인구 밀집 지역에서는 몇 킬로미터부터 242킬로미터에 달하는 콘스탄티노플의 수로 체계까지, 길이가 다양한 수로교를 수백 군데에 걸쳐 건설했다. 대도시의 경우, 수많은 분기 체계가 필요했다. 3세기에 이르면 총 연장 길이가 502킬로미터에 달하는 11개의 수로교가 매일 약 100만 입방미터의 물을 로마 시에 공급했다.

수로교는 거의 모든 경우, 도관 대부분이 지하에 있었다. 도관은 콘크리트와 돌 수로로 이루어졌다. 지대가 낮은 계곡 건널목이나 도시 가까이에서는 수로를 아치 위에 올려 높이(수압)를 유지했다. 그 가운데 아쿠아클라우디아 수로를 로마 시로 연결했던 아치가 가장 긴 경우였는데, 총 연장 길이가 10.5킬로미터였다. 경사지에는 가압 처리한 송수관을 설치했지만 중력을 이용한 로마의 수로교는 경사도가 대개 1퍼센트 안팎이었다. 이는 수압이 세질 경우에 생기는 피해를 막기 위해서였다. 하지만 경사도는 프랑스 남부에 있는 님의 0.03퍼센트에서부터 카르타고의 2.8퍼센트에 이르기까지 다양했다.

수로교를 깊이 50미터가 넘는 골짜기 위로 올리기 위해 다리가 건설되었다. 님 근처에 있는 퐁뒤가르는 그런 다리 가운데 대표적이다. 골짜기 너머에서는 대형 납 도관의 압력을 받아 언덕 아래로 물이 흘러내렸고, 반대편 골짜기 위쪽의 물은 중력의 원리에 의해 계속 수로로 흘러들었다.

주요 연대

우물	BC 3000년, 근동
터널	청동기시대, 지중해 동부와 미케네
돌 수로와 점토 도관	BC 1000년대, 근동과 크레타
돌 수로	BC 1000년경, 멕시코
수로교	BC 312년, 로마
납 도관	1세기, 로마

물 저장

아주 깊다면 모를까, 도시의 우물들은 근처의 시궁창에서 대수층으로 흘러드는 불순물 때문에 쉽게 오염되었다. 그런 상황에서는 수조에 받아놓은 물이 더 안전하다. 고대 지중해 세계의 도시 가정 대부분은 지붕과 안뜰에 빗물을 받는 수조를 설치해 물을 공급받았다. 델로스와 같은, 에게 해의 건조한 섬 지방에서는 물을 받는 수조가 매우 중요했다. 빗물이 거의 유일한 수원이었기 때문이다. 로마나 콘스탄티노플 같은 대도시에서는 포위 공격이나 수로교의 불통, 물 수요의 급증에 대비해 대형 수조를 지어 여분의 물을 확보했다. 마야 문명의 중심지 욱스말과 거대 도시 테오티우아칸에서는 공공 저수지와 가정용 수조를 통해 매년 찾아오는 건기와 카르스트 지형에 대응했다.

청동기시대 초기에 개발된 시골과 도시의 효과적인 수급 체계는 그 후 1,000여 년에 걸쳐 계속 발전을 거듭했다. 인간은 늘 물을 필요로 한다는 점을 감안할 때 이는 지극히 당연한 일이다.

프랑스 남부 님 근처에 있는 로마 시대의 퐁뒤가르. 이 웅장한 다리는 수로교를 깊은 골짜기 너머로 확장하기 위해 지어졌다. 중력의 원리를 이용한 수급 체계에서는 완만한 경사도를 유지하는 것이 필수였다.

18 목욕과 위생

목욕을 생각하면 무엇이 떠오르는가?
기름, 땀, 오물, 기름기 둥둥 뜬 물, 그 외 역겨운 모든 것.

마르쿠스 아우렐리우스, 2세기

오늘날의 파키스탄에 해당하는 모헨조다로의 대형 목욕탕. 예사롭지 않은 수력 공학기술을 보여주는 이 건물은 의식을 거행했던 장소로 추정된다. BC 2000년대 중반 벽돌로 지어졌으며, 크기는 12×7미터다. 대형 배수관을 통해 물을 비우게 되어 있다. 도시 자체가 복잡한 하수 체계를 갖추었고, 거의 모든 집마다 욕실 시설이 되어 있었다.

고대 세계의 위생 관념을 현대인의 시각에서 바라보아선 곤란하다. 고대인들에게 '청결'이란 눈에 보이는 때를 제거하는 걸 의미했다. 기능이 제한된 고대 국가의 정부 체계로는 빅토리아 시대 이후부터 어느 정도 익숙해진 위생 정책의 시행은 둘째치고 입안조차 할 수 없었다. 아시리아에도, 그리스에도, 로마에도 공중 위생법 같은 건 존재하지 않았다.

그렇다고 해서 고대에 공중 위생에 대한 관심이 전혀 없었다는 얘기는 아니다. 비트루비우스는 BC 1세기 후반 《건축서》를 저술해, 습지 위나 근처에 마을을 세워선 안 된다고 권고하는 한편, 변소는 오물이 흘러들지 못하도록 공공 장소에서 떨어진 곳에 있어야 한다고 충고했다. 하지만 그와 같은 기준은 우리가 이해하는 일반적인 공중 위생 관념과는 거리가 멀다. 수로교나 분수대, 하수 시설, 공중 목욕탕, 변소의 유무에 대한 언급만으로 고대 도시들의 '위생' 상태를 파악하기는 어렵다. 그보다는 이러한 시설들이 어떻게 사용되었으며, '청결'의 기준을 어디에 두었는지를 살펴보는 것이 훨씬 더 설득력이 있다. 폼페이에서는 개인 화장실이 부엌 안이나 근처에 있었다는 점을 감안할 때, 고대의 생활 환경에 현대의 잣대를 들이대선 안 될 것이다.

배수 시설과 하수 시설

사람들이 정착 생활을 하기 시작하자 쓰레기 처리가 시급한 문제로 떠올랐다. 그 결과, 이미 신석기시대에 넘처나는 물을 처리하는 배수 체계와, 오수를 처리하는 하수 시설이 스코틀랜드 오크니 제도의 스카라브레 같은 지역에서 모습을 드러냈다(BC 3100~BC 2500년경). 이곳의 6가구에서는 변소로 사용했던 것으로 보이는 작은 방에서 지하 도관이 각각 집 밖으로 뻗어나와 있는데, 이 도관은 오물을 처리하는 단독 수로와 연결된다. 정교한 하수도 체계는 인더스 계곡의 모헨조다로(BC 2500년경) 같은 대도시 지역에서도 발견된다. 이곳의 경우, 수로들이 합류하는 지점에 계단을 설치해 오물을 정기적으로 비워 깨끗이 청소하도록 했다.

하지만 모든 사람이 다 공공 하수 체계가 필요하다고 생각하지는 않았다. 터키의 차탈휘위크(BC 7000년)에서는 아직까지 배수 시설의 흔적이 발견되지 않았다. 이곳에서는 쓰레기를 손으로 치우거나, 개인용 분뇨 구덩이를 파는 것으로 충분하다고 생각했던 듯

하다. 일부 지역에서는 뚜껑을 덮지 않은 원시적인 형태의 하수도로 만족했다. 놀랍게도, 파르테논의 도시 아테네도 그랬던 듯하다. 아테네인들은 물 공급에는 신경을 썼지만(81쪽 참조), BC 5세기의 배수 체계를 살펴보면 시장에 겨우 대형 도관 하나를 설치하는 것이 고작이었다. 도시의 나머지 지역은 알아서 해결하도록 내버려두었던 듯하다. 참고로, 아리스토파네스의 희곡 〈말벌들〉(256~259)에는 아테네 거리에서 '진흙'을 밟는다는 표현이 나오는데, 이로 미루어 나

로마의 하수 및 배수 체계의 핵심 요소는 클로아카 막시마였다. 이 대하수구의 물은 티베르 강으로 흘러들었다. BC 5세기경 착공해 BC 1세기에 이르러서는 마르쿠스 아그리파가 배로 여행했다고 전해질 정도로 규모가 커졌다.

로마인들은 적어도 BC 2세기부터 여러 명이 동시에 앉을 수 있는 공중 변소를 지었다. 그 후 그들은 공중 변소에 막대한 관심과 비용을 쏟아 부었는데, 조각상과 벽화와 모자이크로 화려하게 장식하는 경우도 더러 있었다. 이 공중 변소는 로마 근처의 오스티아에 있다.

다음 쪽 3세기 초 로마에 세워진 카라칼라 목욕탕 복원도. 이 무렵 공중 목욕탕은 4세기 넘게 이어져온 로마의 빼놓을 수 없는 특징으로 자리 잡았다. 이와 같은 로마의 대형 목욕탕은 정원을 울타리 삼아 거대한 목욕 공간과 강의실, 화랑, 운동장까지 갖추고 있었다.

아래 폼페이에 있는 포룸 목욕탕의 냉수실. 탕객들은 각기 온도가 다른 방을 차례차례 통과한 뒤 맨 나중에는 차가운 물에 뛰어들어 마무리를 했다.

중으로 가면서 처음보다는 위생에 좀더 관심을 기울였던 것 같다.

에트루리아인들은 도로 아래에 돌로 덮은 수로를 조성했던 것으로 보아, 배수 체계와 하수 체계를 광범위하게 갖추었던 듯하다. 마르차보토는 그 대표적인 사례다(BC 500년경). 수력 공학에 뛰어났던 로마인들은 하수 처리에 대한 고대 세계의 관심을 새로운 차원으로 끌어올렸다. 로마 제국의 수도에는 아주 방대한 하수 체계가 갖추어졌다. 그 규모가 얼마나 방대했던지 대플리니우스는 그렇지 않아도 놀라운 곳의 가장 놀라운 광경이라고 표현했다(《박물지》, 36.104). 나아가 플리니우스는 로마가 마치 하수관 위의 공중에 떠 있는 것 같다고 전한다.

주요 연대	
하수구	BC 3100~BC 2500년, 오크니
하수 처리 체계	BC 2500년경, 인더스 계곡
하수 처리 체계	BC 5세기, 로마
공중 목욕탕	고대 그리스

로마 하수 체계의 핵심 요소는 '클로아카 막시마'라는 대형 하수구였다. 적어도 BC 2세기까지 하수구는 부분적으론 뚜껑을 덮지 않은 상태로 있었던 듯하다. 그러다 BC 33년에 이르러 뚜껑이 덮였다. 수로가 어찌나 넓었던지 아우구스투스 황제의 오른팔이었던 마르쿠스 아그리파는 배를 타고 이곳을 여행했다고 전한다.

변소와 마찬가지로 정교한 배수 체계와 하수 체계 역시 로마 제국 전역의 도시들에서 발견된다. 폼페이를 조사한 결과, 도시의 모든 주택에 사실상 개인 변소가 있었던 것으로 드러났다. 집의 위층에 위치한 변소는 벽 속에 삽입한 관을 통해 지하의 하수구나 구덩이로 연결되었다. 공공 화장실 역시 로마에서만 볼 수 있는 현상이지만, 그렇다고 해서 공공 장소에서의 배변을 막지는 못했다. 그 증거로, 폼페이의 일부 거리 시설물에 새겨진 노상 배변 금지 포고령은 비참할 정도로 말끔하게 지워져 있었다.

공중 목욕탕과 목욕 시설

고대인들은 마음만 먹으면 바다나 호수, 시내나 강에서 언제든 목욕할 수 있었다. 가정용 욕조는 청동기시대 크레타의 크노소스에서 발견되지만 공중 목욕탕이 등장한 건 그리스 시대에 들어와서였다. 그리스의 전형적인 공중 목욕탕은 시칠리아의 젤라에 있는 목욕탕처럼 방의 안쪽 벽을 중심으로 개인용 욕조를 배열했다. 이런 간단한 시설에 때로 열기실이 추가되기도 했다.

하지만 로마인들은 공중 목욕 시설을 예술의 경지로 끌어올렸다. 그리스인들처럼 로마인들도 집단으로 씻긴 했지만 씻는 장소가 공공 탕이었다는 점이 달랐다. 하이포코스트 가열 방식(79쪽 참조)에, 복잡한 수력 공급과 배수 체계를 결합한 로마의 공중 목욕탕은, 통로 안쪽으로 들어갈수록 주변 공기와 물이 점차 뜨거워지

도록 설계되어 있었다. 사람들은 땀을 뻘뻘 흘리다 차가운 물에 풍덩 뛰어들었다. 1세기 들어 운동과 마사지, 간단한 휴식을 위한 방이 추가되면서, 로마의 공중 목욕탕은 비교적 소박한 시설에서 거대한 복합 레저 공간으로 탈바꿈했다. 황제들은 인기와 넓은 지역의 통치를 위해 너도나도 목욕탕 짓기에 나섰다. 제국(주로 로마)의 목욕탕 부지 가운데 약 18퍼센트만이 씻는 공간으로 사용되었다는 사실은, 이 시기 들어 씻는 행위 자체보다 친구를 만나 한담을 나누며 세상 돌아가는 사정을 살피는 것이 훨씬 더 중요해졌다는 점을 말해준다.

하지만 로마의 목욕탕이 모두 화려함과 청결을 표방했던 건 아니다. 열기와 습기가 뒤섞인데다 연일 문턱이 닳도록 사용하다 보니 고장난 상태로 운영되는 곳도 많았다. 관리가 잘되는 곳도 수질은 그다지 좋지 못했다. 열기 욕탕의 상태는 특히 더 엉망이었다. 물을 얼마나 자주 갈았는지는 불확실하다. 기록에도 나와 있듯이, 오일이나 연고를 바른 사람이 탕을 사용할 경우 여러 가지 문제가 발생한다. 목욕이 치료 방법이라고 여겨져 환자도 건강한 사람과 함께 탕을 사용했다는 기록을 보면 더욱 염려스럽다. 목욕탕이 질병이 빠르게 퍼지는 데 어느 정도 역할을 했는지는 모르지만 위생 상태를 의심할 만한 증거는 충분하다.

비누

동물 지방과 알칼리로 만든 고대 메소포타미아의 비누 제조법은 BC 2000년경부터 알려졌지만 화장품보다는 의약품의 의미가 컸던 듯하다. 이는 고약과 비슷한 이집트의 비누에도 해당되는 얘기다. 그리스인들은 몸에 기름을 발라 스트리길(오른쪽 참조)이라는 도구로 때를 벗겨내길 좋아했다. 이러한 관행은 로마에까지 이어졌다. 플리니우스는 《박물지》(28.191)에서 동물 지방과 재로 만든 사포가 갈리아 지방에서 수입되었다고 전한다. 갈리아 사람들은 이 사포를 사용해 머리카락을 붉게 물들였다. 2세기에 들어와 의사 갈레노스는 청결을 위해 비누를 사용하라고 권장했다. 하지만 중세 때 비누를 사용하는 관행이 사라진 뒤로 중세가 끝날 때까지 유럽에서는 두 번 다시 비누가 등장하지 않았다.

19 안전 장치

> 페넬로페는 자기 방으로 이어지는 높다란 계단을 올랐다. 그녀는 손에 잔뜩 힘을 준 채 매끈하게 둥글린 상아 손잡이를 단 청동 열쇠를 단단히 그러쥐었다. 왕비는 멀리 떨어진 그 방에 이르러 참나무 문지방에 발을 올려놓았다. 그녀는 순식간에 고리에 묶인 끈을 풀고는 정확하게 열쇠를 걸쇠 뒤에 꽂았다.
>
> 호메로스, BC 8세기

안전하길 바라는 욕구는 인간의 기본적인 본성이다. 군대와 도시의 성벽은 중요한 위협으로부터 안전을 제공해주었을지 몰라도, 자신의 몸과 재산을 지키는 일은 각자의 몫으로 남겨졌다. 이처럼 개인의 안전을 추구하려는 시도가 끊임없이 이루어져 왔는데, 그 중에서도 로마 시대에 개발된 자물쇠가 대표적인 사례였다.

초창기의 개발

근동과 이집트 사회의 경우 대개 성벽, 빗장을 지른 문, 경비병 등이 안전 장치 작용을 했다. 문지방과 상인방에 박아넣은 축의 힘으로 움직였던 문은 경첩이 나오기 아주 오래전에 개발되었다. 경첩이 널리 쓰이게 된 건 철기시대에 들어와서였다. 축과 경첩 모두 문을 여닫을 수 있게 해주었다. 그 후 문틀이나 주변 벽의 빗장 구멍에 끼워넣어 문이 열리는 것을 방지하는 막대를 사용하면서 마침내 문이 완성되었다.

오른쪽 문지방과 상인방에 박아넣은 축의 힘으로 작동하는 문의 발명은 안전 장치의 개발에서 초기이기는 하지만 중요한 단계였다. 로마 시대 후기에 만들어진 이 돌문은 요르단 아즈라크의 요새 안에 있다.

아래 침입자의 손길이 닿지 못하도록 높은 곳에 창을 낸 다음 철제 격자로 막았다. 덕분에 주택의 안전도가 많이 향상되었다. 1세기경에 건축된 사진의 주택은 이탈리아 남부의 헤르쿨라네움에 있다.

광이나 보관 용기의 경우, 점토나 밀랍에 압인을 해서 봉해 추가 안전 장치의 효과를 노리기도 했다. 이렇게 하면 실제 장벽이나 울타리가 없어도 안전이 침해당했는지 즉각 확인할 수 있었다. 이런 인장과 압인 자국은 근동과 지중해 동부의 유적지에서 흔히 발견된다. 이집트 왕들의 계곡에 있는 투탕카멘의 무덤 출입구에 찍혀 있는 점토 압인은 이 방면에선 보기 드문 사례다. 그리스와 로마 시기에는 인장이 주로 반지의 형태를 띠었다. 음각 기법으로 정교하게 조각한 반지 인장은 편지나 기타 서류를 봉인하는 데 사용되었다.

자물쇠의 개발

집에서의 안전은 침입자가 들어오기 힘들게 입구를 만들려는 시도를 통해 꾸준히 강화되어왔다. 이러한 경향은 폼페이와 헤르쿨라네움의 주택에서 여실히 목격된다. 예를 들어 높다란 벽 위쪽에 작은 창문을 내 튼튼한 철제 격자로 막았으며, 높직한 현관문은 쇠테와 금속 징으로 보강했고, 문 안쪽에는 빗장을 질러 늘 닫아두었다. 빗장은 효과가 매우 높았지만 안에서만 열린다는 단점이 있었다. 가장 단순한 최초의 해결책은 문에다 끝이 휜 막대가 통과할 수 있는 틈새를 내는 것이었다. 막대 끝은 걸쇠 구멍에 질러넣었다. 그러면 막대가 미끄러지거나 올라가면서 걸쇠가 열렸다. 이러한 잠금 장치는 중국과 그리스에서 거의 동시에 사용되었다.

이와 같은 간단한 걸쇠가 고대 세계 전역에서 계속 사용되었지만, 걸쇠를 들어올릴 막대와 시간만 있으면 누구든 그리 어렵지 않게 문을 열 수 있었다. 이 점을 해결하기 위해, 닫혔을 때 구멍 안에 끼워지는 걸쇠 위쪽에 나무 대못이나 날름쇠를 설치하는 경우가 많았다. 걸쇠를 벗기고 문을 열려면 한쪽 끝에 갈퀴가 달린 열쇠로 날름쇠를 위로 올렸다. 문 틈새를 통해 열쇠를 집어넣고 갈퀴를 대못 구멍에 맞추면 대못이 위로 들어올려졌다. 그리고 나서 문 틈새로 줄을 잡아당기면 걸쇠가 미끄러지면서 문이 열렸다. 이러한 자물쇠는 BC 1세기 말 이전부터 그리스와 로마 세계와 중국에 널리 알려졌다.

날름쇠 자물쇠

걸쇠와 간단한 날름쇠로 이루어진 자물쇠는, 로마 시대에 이르기까지 가장 흔하면서도 아마도 유일한 형태의 잠금 장치였던 듯하다. 로마 유적지에서는 걸쇠를 들어올리는 막대와 갈퀴 달린 열쇠가 자주 발견되는데, 대개 철로 만들어졌다. 이러한 간단한 장치는 대부분 나무로 만들었을 테지만, 걸쇠와 열쇠 모두를 금속으로 제작한, 좀더 정교한 형태의 자물쇠가 BC 1세기 후반 로마 세계 전역에 등장했던 것 같다. 이 경우, 열쇠 혼자서 날름쇠를 들어올려 걸쇠를 벗겨냈다.

이집트 왕들의 계곡에 있는 투탕카멘의 무덤 출입구를 봉하고 있는 점토 압인.

이와 같은 자물쇠의 경우 중력의 힘을 이용해 날름쇠를 걸쇠에 끼웠지만 이 방법은 자물쇠가 거꾸로 뒤집히지 않는 경우에만 효과가 있었다. 날름쇠를 걸쇠 구멍에 밀어넣어 그 상태로 유지해주는 철 용수철은 그 후에 개발되었다. 이 중요한 발명 덕분에 상자와 궤처럼 발 달린 물건에도 자물쇠를 사용할 수 있게 되었다. 그리고 나서 날름쇠에 일정한 형태를 부여해 열쇠로만 걸쇠를 벗겨낼 수 있게 만들면서 자물쇠의 안전성이 크게 증가했다. 이러한 방식의 열쇠를 걸쇠 밑으로 밀어넣을 경우 날름쇠가 들어올려지고, 그 여파로 걸쇠가 미끄러지면서 자물쇠가 열렸다.

지레 자물쇠

로마의 자물쇠 가운데 가장 발전된 형태는 지레 자물

로마의 열쇠. (왼쪽부터) 가시 모양의 용수철이 특징인 맹꽁이 자물쇠 열쇠, 날름쇠를 들어올려 열게 되어 있는 자물쇠 열쇠, 날름쇠를 미끄러뜨려 열게 되어 있는 자물쇠 열쇠, 회전식 자물쇠 열쇠, 열쇠 걸이, 회전식 열쇠와 반지 모양의 고리, 청동 열쇠 걸이.

쇠였다. 이 자물쇠는 날름쇠가 하나밖에 없었는데, 용수철이 축 위에 얹은 날름쇠를 고정해주었다. 아울러 열쇠에 홈을 여러 개 파서 맞는 열쇠로만 자물쇠를 열 수 있도록 했다. 또 열쇠 끄트머리에 여러 개의 구멍을 뚫어 홈을 통과할 수 있게 했는데, 열쇠가 회전하면서 날름쇠를 들어올리면 걸쇠가 미끄러지면서 벗겨졌다.

주요 연대

첩	철기시대
걸쇠를 들어올리는 막대	BC 1세기 초반, 그리스와 중국
날름쇠 자물쇠	BC 800~BC 900년대, 그리스·로마·중국
지레 자물쇠	BC 900년대, 로마
맹꽁이 자물쇠	1세기 초반, 중국

맹꽁이 자물쇠

지레 자물쇠의 원리는 맹꽁이 자물쇠에도 종종 사용되었지만, 가장 흔한 형태의 맹꽁이 자물쇠는 이와는 별개의 좀더 간단한 원리로 작동되었다. 이 경우에는 걸쇠 끝에다 납작한 용수철을 용접해 붙이거나, 대갈못으로 단단히 고정한 뒤 걸쇠 끄트머리 뒤에서 바깥쪽으로 벌려주었다. 그 바람에 용수철은 마치 가시처럼 보였다. 자물쇠 통의 걸쇠 구멍을 통해 걸쇠를 밀어 넣으면 용수철들이 처음에는 압착되었다가, 걸쇠가 통 안에 들어가면 도로 튕겨 나와 통이 함부로 열리는 것을 방지했다. 거꾸로 용수철 위쪽으로 열쇠를 밀어 넣으면 용수철들이 압축되는데, 그 결과 걸쇠가 뒤로 밀리면서 통이 열렸다.

이와 같은 자물쇠는 지금도 다양한 형태로 아시아 전역에서 사용되고 있다. 그 가운데 특히 중국에서는 1세기 초반부터 비교적 최근까지 사용되었다.

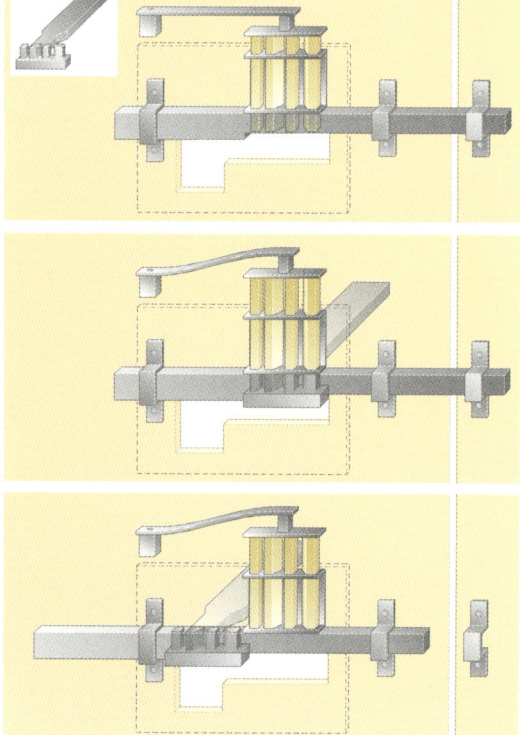

오른쪽 및 위 날름쇠 자물쇠의 작동 원리를 보여주는 모형도.
맨 위: 잠긴다.
가운데: 열쇠를 끼워넣으면 날름쇠가 들어올려지면서 걸쇠가 풀린다.
맨 아래: 열쇠가 걸쇠를 미끄러뜨리면서 자물쇠가 열린다.

맨 오른쪽 영국 웨일스 켄트의 카리언에서 출토된 로마 시대의 지레 자물쇠 구조.

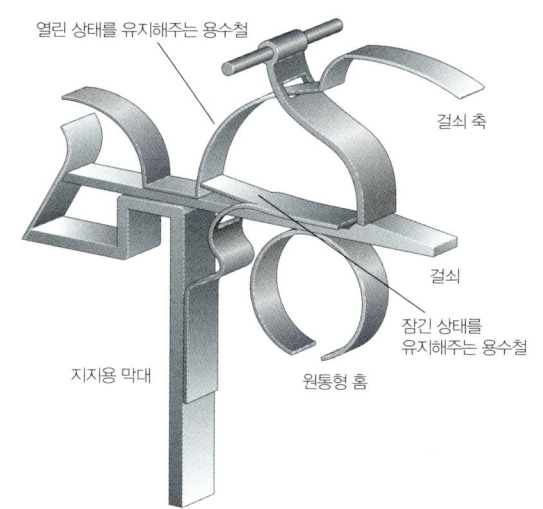

곡물 농업

10,000년 전 예리코의 오아시스 끝자락에서 세상은 영원히 바뀌었다.

브루스 스미스, 1955

20

최소한 300만 년 동안 수렵과 채집만으로 생활하고 난 뒤 인간은 서아시아, 중국, 남아메리카, 뉴기니 등 세계의 서로 다른 지역에서 각기 '농업'을 발명했다. BC 10000년경에 빙하기가 끝나고 나서 1000여 년이 지났을 때의 일이었다. 열대지방에서는 구근과 채소가 먼저 재배되었지만 나머지 지역에서는 야생 풀, 즉 곡물이 재배되었다.

야생 곡물을 재배해 오늘날 우리가 알고 있는 밀, 보리, 호밀, 쌀, 기장을 생산하기까지는 생물학이 개입되었다. 즉 식물의 식량 가치를 높이려면 유전자의 변화가 수반되어야 했다. 하지만 농업의 도입은 사람들의 거주 형태와 사회 조직, 과학기술까지 바꾸어놓았다.

수렵-채집인에서 농부로

서아시아에는 전 세계를 통틀어 곡물 농사 개발의 사례가 가장 많이 발견된다. 흔히 '신석기 혁명'의 요소 가운데 하나로 꼽히지만 사실 농사는 점진적인 과정을 거쳐 발전해왔으며, 빙하기 말기의 환경 변화와도 밀접하게 연관되어 있었다. BC 20000년 농업이 절정에 이르렀을 때도 요르단 계곡의 수렵-채집인들은 야생 밀과 보리를 비롯해 식용 식물을 채집했다.

게다가 곡물을 재배하기 시작했다고 해서 고된 삶을 살아야 했던 수렵-채집인의 짐이 가벼워진 것도 아니었다. 오스트레일리아의 애보리진과 남아프리카의 산족을 연구한 결과, 생계형 농부와 비교해 이들의 하루 노동 시간이 훨씬 짧은 것으로 드러났다. 따라서 곡물 농사의 개발은 정주 공동체에서 집단을 이루어 살고자 하는 인간의 욕구가 차츰차츰 드러난 결과라고 할 수 있다.

서아시아 최초의 정주 공동체는 BC 12500년경에 생겨났다. 강우량의 증가와 온도의 상승에 힘입어 야생 식물과 동물이 풍부해졌고, 덕분에 사람들은 원형 주거지 형태를 띠는 작은 마을을 형성할 수 있었다. 이러한 마을들은 나투피안 공동체로 알려져 있다. 이스라엘의 아인말라하 같은 유적지를 발굴한 결과, 많은 양의 회반죽과 곡물뿐만 아니라 옥수수, 피스타치오, 아몬드를 처리하는 데 사용했던 맷돌(32쪽 참조)이 나왔다. 야생 밀과 보리는 초본을 채집해 해충과 잡초를 없애고 추가로 씨를 뿌려 재배했던 듯하다.

그와 같은 경작 과정을 통해 재배 품종에 생물학상의 변화가 일어나기 시작했을 것이다. 아니면 사람들이 유전자가 돌연변이를 일으킨 일부 식물, 즉 다 자랐을 때 씨앗 머리가 저절로 '부서지지' 않는 식물의 씨앗을 은연중에 우선적으로 모아들였을 수도 있다. 그런 식물의 씨앗을 일부 보관했다가 파종하면서 이와 같은 관행은 더욱 확산되었고, 결국 자생 능력이 없어진 작

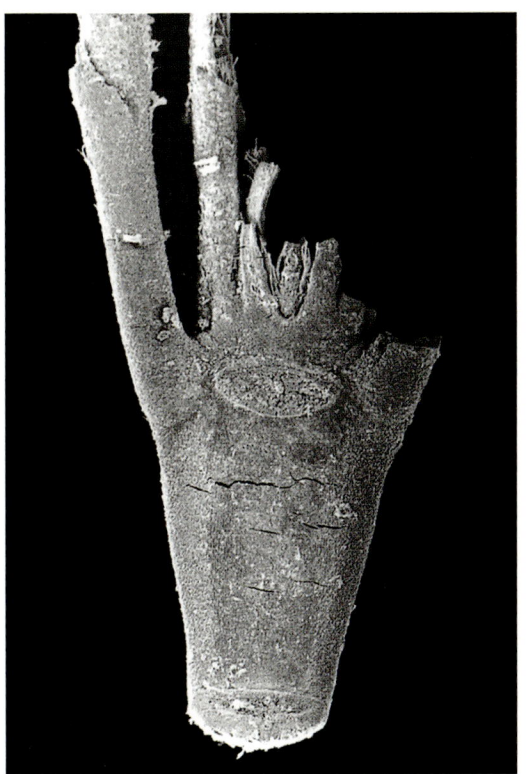

요르단 계곡의 네티브하그두드에서 나온 보리 이삭 잔해. 이런 경우 현미경으로 분석해보면 야생 곡물인지, 아니면 재배한 곡물인지 알 수 있다. 네티브하그두드 유적지에서 발견된 보리는 상당수가 아직도 야생 상태로 남아 있었다.

물을 재배하기에 이르렀다. 아울러 낟알이 크면서 잘 익은 식물이 추려졌다. 그 결과, 수확량이 많기는 하지만 인간의 개입 없이는 생존할 수 없는, 다시 말해 재배를 통해서만 살 수 있는 곡물 품종이 탄생했다.

유적지에서 발굴된 식물 잔해를 현미경으로 조사해 보면 야생 곡물인지 재배한 곡물인지 알 수 있다. 가장 먼저 재배된 것으로 알려진 곡물은 기장이다. 시리아의 아부-후레이라 유적지에서 나온 이 기장의 연대는 BC 11000년으로 거슬러 올라간다. 최초로 밀과 보리를 재배한 흔적은 기장보다 2,000년 뒤 요르단 계곡의 예리코와 텔아스완에서 나왔다.

빙하기가 끝난 직후부터 사람들이 살기 시작한 이들 마을에는 '토기 이전 신석기 A'라는 명칭이 붙어 있다. 이 시기는 곡물 농사로 전환하는 과도기 중 아주 중요한 비중을 차지한다. 예를 들어 연대도 비슷하고 거리도 예리코에서 50킬로미터가량밖에 떨어지지 않은 네티브하그두드 유적지에서 나온 일부 식물의 잔해는, 보리의 경우 경작이 이루어진 뒤에도 상당수가 여전히 야생 상태로 남아 있었다는 점을 보여준다. 덕분에 사람들은 수확해서 비축해둔 잉여 곡물로 1년 내내 생활할 수 있었다. 그 후 BC 8000년에 들어오면 원형 주거지의 형태를 띠기 시작한 예리코와 같은 마을들이 곳곳에 우후죽순으로 생겨났다. 마을에는 장인과 장사꾼들이 거주하는 직사각형 형태의 건물도 들어서 있었다.

최초로 재배된 것으로 알려진 밀은 요르단 계곡에서 나왔지만, 유전학상의 증거로 볼 때 이보다 훨씬 더 북쪽에서 유래했던 듯하다. 근동 지역의 요즘 밀과, 남아 있는 야생 밀의 유전자를 비교 분석한 결과, 터키 남동부의 카라카닥 언덕이 가장 유력한 후보지로 떠올랐다. 최근 들어 이 근처에서 신석기시대 초기의 유적지가 발견되었는데, 괴베클리 테페로 알려진 언덕 꼭대기의 사원이 바로 그곳에 해당한다. 당시의 수렵-채집인들은 정기적으로 이곳에 모여 거대한 돌기둥을 잘라 울타리와 함께 세운 다음, 돌에다 멧돼지·여우·뱀 등을 조각했던 듯하다. 유적지 주변의 야생 밀은 아마도 이 공사에 동원된 사람들을 먹이느라 재배했을 테고, 이는 본격적인 작물 재배로 이어졌을 것이다. 다시 요르단 계곡의 거주지로 돌아온 사람들은 가져온 밀 씨앗을 계곡에 파종해 농부로 변신했던 것으로 추정된다.

쌀의 재배

고고학자들은 쌀 농사의 발명에 대해선 많이 밝혀내지 못했다. 쌀의 재배는 인간의 역사를 통틀어 가장 중요한 사건 중 하나가 분명하다. 그동안 동남아시아에서 쌀 농사의 기원을 찾아온 고고학자들은 지금은 중국 남부의 양쯔 계곡을 지목하고 있다.

쌀을 재배한 최초의 흔적은 연대가 BC 7500년경으로 거슬러 올라가는 펑투샨 유적지에서 나온다. 이곳에서 수렵-채집인들은 정주 생활을 하면서 매년 수확하는 쌀에 의지했다. 하지만 쌀 경작이 언제 시작되었는지는 여전히 불확실하다. 디아오퉁후안 동굴에서 발견된 쌀에서 나온 파이톨리스(pytolith, 식물 세포에서 형성되는 미세한 이산화규소 침전물)는 양쯔 계곡의 주민들이 BC 1200년 무렵에 야생 쌀을 대량으로 채집하고 있었다는 점을 암시한다. 그 결과, 서아시아의 밀과 보리의 경우처럼 쌀에도 생물학상의 변화가 일어났을 것이다.

곡물에 대한 의존도가 높아지면서 서아시아에서는 맷돌(32쪽 참조)이 없어서는 안 될 장비로 떠올랐던 데 비해 중국에서는 토기 그릇이 중요한 비중을 차지했던 듯하다. 서구보다 몇천 년 빠른 BC 10000년에 제작된 이들 토기는 쌀을 끓이는 데 사용했을 확률이 아

BC 14세기 초 이집트 멘나의 무덤에 그려진 벽화. 감독관 2명이 밀을 수확하기 전 작황 상태를 조사하고 있다.

주 높다. 수확한 쌀에서 나온 왕겨는 점토를 갤 때 함께 넣어 사용했다. 펑투샨에서 출토된 토기 파편 안에 불에 그슬린 볏짚과 낟알 잔해가 들어 있었는데, 이로써 쌀의 중요성이 확실히 입증되었다.

신세계의 작물 재배

아메리카에는 작물 재배 거점이 두 군데 있었다. 바로 멕시코 중부와 안데스 산지였다. 이 두 지역에서 재배했던 작물은 서로 종류가 달랐다. 한쪽에서는 옥수수, 콩, 호박을 재배했던 데 비해 다른 쪽에서는 종종 명아주로 불리는 퀴누아(quinua)라는 식물을 재배했다. 하지만 두 곳 모두 아직도 전적으로 이주 생활을 하던 사람들에 의해 작물 재배가 이루어졌다.

옥수수는 테오신트라는 야생 풀에서 진화했는데, 이 풀은 멕시코 시골에 가면 여전히 볼 수 있다. 그중 특히 멕시코 중부의 발사스 강 계곡 기슭에서 자라는 품종이 생화학에서 말하는 현대 옥수수와 비슷하다. 따라서 선사시대 채집인들은 어느 순간부터 계곡에 있던 테오신트를 집중적으로 경작하기 시작했을 것이다. 그리고 이번에도 식량과 씨앗으로 쓸 가장 큰 낟알을 고르는 과정이 반복되면서 새 품종이 생겨났을 것이다.

야생 콩은 중앙아메리카 전역에서 자생한다. 과달라하라 시 주변의 야생 콩 군락은 붉은색, 얼룩덜룩한 색, 자주색 등 수많은 변종 형태로 존재하는 일반적인 재배 콩(Phaseolus vulgaris, 덩굴강낭콩)의 조상으로 확인되었다. 재배 콩은 어느 종을 막론하고 한 가지 점에서 야생 콩과 큰 차이가 있다. 즉 농부가 수확해주지 않을 경우 스스로는 씨앗을 퍼뜨리지 못한다는 점이다. 다른 지역의 식물과 마찬가지로 이 경우 역시, 사람들이 의도에서든 우연에서든 덜 벌어진 꼬투리를 반복적으로 고르면서 재배 콩으로 품종이 바뀌었다.

호박의 원산지가 어디인지는 아직 밝혀지지 않았다. 다만 수많은 변종이 멕시코 전역에서 자생하고 있다는 사실만은 분명하다. 야생 호박은 종에 상관없이 모두 초록색의 작은 열매를 맺는데, 이 가운데 오렌지색의 큰 열매를 맺는 재배 호박의 조상이 분명 있을 것이다.

멕시코의 세 가지 식물의 경우, 재배 연대와 과정에 대한 고고학 증거가 조각조각 흩어진 상태로 남아 있다. 방사성 탄소 연대 측정법으로 측정한 결과, 오악사카 계곡의 구일라 나쿠이츠 동굴에서 나온 식물 잔해가 연대가 가장 오래된 것으로 나타났다. 호박은 BC 7500년에 생물학 상의 변화를 거쳐 재배 종으로 바뀌었고, 테오신트는 BC 4200년에 옥수수로 진화했다. 하지만 최근, 현대 옥수수의 유전자를 분석한 결과, 옥수수의 재배가 이루어진 시기는 BC 7000년으로 추정된다.

퀴누아는 구석기시대 초기부터 안데스 고산 지대에서 식량으로 재배되던 두 가지 식물 중 하나다. 다른 하나는 감자다. 퀴누아는 단백질 함량이 높아 오늘날에도 여전히 재배되고 있다. 재배 밀과 마찬가지로 재배 퀴누아 역시, 스스로는 씨앗을 떨어뜨리지도 못하고 발아 시기를 늦추지도 못한다.

퀴누아에 대한 최초의 증거는 페루 후닌 분지에 있는 파나울라우카 동굴에서 나왔다. 이곳에서 출토된 씨앗들은 연대가 BC 5000년으로 거슬러 올라가는데, 재배 퀴누아처럼 씨앗의 껍질이 얇았다. 이는 발아 시기를 늦추는 능력이 떨어진다는 뜻이다. 파나울라우카 동굴의 주민들은 수천 년에 이르는 사냥 끝에 야생의 조상에서 진화한 야마와 알파카 같은 낙타과 동물

위 논에 벼를 심는 모습. 중국 남서부의 한나라 시대 무덤에서 나온 그림. 쌀 재배는 인간의 역사에서 가장 중요한 사건 중 하나였다.

아래 페루에서 발견된, 은으로 만든 옥수수. 연대는 15세기경. 아메리카에서 옥수수는 중요한 식량 자원으로서 종교적 의미를 띠기도 했다.

을 키우고 있었다.

낙타과 동물은 야생 퀴누아를 먹지만 씨앗은 소화하지 못한다. 이는 씨앗이 손상되지 않은 채로 동물의 장을 통과해 배설물과 함께 배출된다는 뜻이다. 이 경우, 배출 장소는 식물이 원래 자랐던 데서 멀리 떨어진 곳일 때가 많았다. 초기의 목동들이 밤에는 가축을 우리에 집어넣기 시작했다고 가정하면, 퀴누아 줄기는 배설물 틈에서 무럭무럭 자랐을 것이다. 우리의 위치를 바꾸고 울타리를 쳐 방목지에서 무성하게 자라나는 새 줄기들을 보호해주는 것만으로도 꽤 많은 식량을 확보할 수 있었을 테고, 그 결과 정주 공동체가 생겨났을 것이다. 그 후 잡초를 뽑고, 물을 주고, 장소를 옮기는 등의 경작 초기 단계를 거치면서 알게 모르게 유전자의 변화가 일어나기 시작했을 것이다. 야생 상태의 퀴누아는 이런 과정을 거쳐 재배 종으로 바뀌었을 것이다.

안데스에서 재배되었던 또 다른 식물은 16세기 들어 유럽에 소개된 뒤 퀴누아와 달리 세계 역사에서 중요한 역할을 담당하게 된다. 바로 감자였다. 감자에는 야

주요 연대

기장 재배	BC 11000년, 시리아
보리 재배	BC 9000년, 요르단 계곡
밀 재배	BC 9000년, 요르단 계곡/터키 남동부
쌀 재배	BC 7500년, 중국
호박 재배	BC 7500년, 멕시코
감자 재배	BC 5000년대, 안데스
옥수수 재배	BC 4200년, 멕시코

생 종이든 재배 종이든 여러 가지 변종이 있다. 남아메리카의 티티카카 호수 분지에 가면 다양한 품종의 감자가 자생한다. 이는 최초의 재배 감자가 이곳에서 비롯되었다는 의미로 해석될 수 있다.

하지만 호수 분지와 주변 계곡에서 초기의 경작 흔적에 대한 고고학 증거는 아직 발견되지 않았다. 어쩌면 감자 재배는 야마와 알파카와 퀴누아의 연관관계 속에서 파생된 결과일 수도 있다. 하지만 이를 확인하려면 먼저 옥외 주거지부터 발견해야 할 듯싶다.

곡물 창고

곡물 농사는 야생 식물에서 얻을 수 있는 것보다 훨씬 더 많은 양을 공급해주었다는 단순한 의미를 뛰어넘어 사회적·경제적으로 중요한 의미를 지닌다. 다음 해에 파종할 씨앗과 혹독한 겨울에 먹을 식량을 확보하려면 수확에 이어 저장도 필요했다. 그러려면 곡물을 저장할 창고를 지어야 했고, 나아가 저장한 식량을 분배할 배급 체계를 마련해야 했다. 몇몇 개인이 정치 권력을 획득해 곡물에 대한 접근을 통제하면서 소유권 문제가 발생했다.

곡물 농사의 여명기에 그러한 문제들이 떠올랐다는 사실을 뒷받침하는 증거가 최근 들어 나왔다. 한때 시리아의 유프라테스 강 옆에 위치해 있다가 새로운 댐이 건설되면서 지금은 수몰된 예르프 엘 아마르 유적지에서였다. 유적지의 연대는 예리코에 처음 마을이 들어선 시기와 일치하는 BC 10000년 직후다. 게다가 주거지가 둥그런 원의 형태를 띠는 점도 예리코와 비슷하다. 주거지 한복판에는 마을의 식량 창고로 추정되는 대규모 지하 건물(오른쪽 사진 참조)이 조성되어 있다. 창고에 곡물이 전혀 남아 있지 않은 점으로 미루어, 마을을 비우면서 창고도 깨끗이 청소했던 듯하다. 하지만 그 전에 건물 안에서 인간의 두개골과 함께 목이 베인 채 바닥에 널브러진 시신 1구가 발견되었다. 이와 같은 희생 제물은 곡물의 저장과 분배가 일상적인 경제활동의 의미를 훨씬 상회했다는 점을 암시한다. 다시 말해 곡물의 저장과 분배는 공동체의 종교관과 제의와도 밀접하게 연관되어 있었다.

선사시대 초기의 곡물 창고로 보이는 건물은 요르단 남부의 베이다 계곡에서도 발견되었다. 창고의 연대는 BC 8000년경으로 추정된다. 마을 중앙의 돌로 지은 4개의 방은 곡물을 저장하는 데 사용했던 것 같고, 방들 바로 맞은편에는 마을에서 특별히 눈길을 사로잡는 건물이 있었다. 아마도 창고를 관리하는 권한을 가진 사람들이 살았던 건물인 듯하다. 발굴 결과, 이곳의 창고 역시 텅 비어 있었다. 하지만 이집트 파이윰 지역의 67번 '곡물 저장고'에서 뭔가가 발견되었다. 최초의 농경 거주지가 있는 콤 K(Kom K) 지역에서 1킬로미터가량 떨어진 이 유적지의 연대는 BC 5000년경으로 거슬러 올라간다. 발견 당시 원탑 모양의 저장고에는 다량의 밀과 보리가 들어 있었다. 파이윰의 저장고가 거주지에서 왜 그렇게 멀리 떨어져 있었는지는 정확하게 알 수 없다. 아마도 콤 K를 방문하는 사람들에게 창고의 위치를 숨기려고 했던 게 아닐까 싶다.

땅 파는 막대에서 쟁기까지

21

쟁기에 손을 대고 뒤를 돌아보는 자는 하느님 나라에 합당하지 않다.
루카복음 9장 62절

땅 파는 막대[掘棒]는 아마도 인간이 만든 최초의 도구가 아닐까 싶다. 굴봉은 수렵-채집인뿐만 아니라 농부들도 사용했던 다용도 도구였다. 굴봉의 직계 후손은 쟁기다. 쟁기가 등장하면서 이전과는 비교될 수 없을 만큼 생산성이 높아졌다. 굴봉은 말 그대로 땅을 파는 데 사용하는 막대다. 굴봉은 초기 인류가 사용했던 최초의 물건에 속한다. 굴봉은 비교적 최근까지도 대부분의 수렵-채취 사회에서 사용되었으며, 그 용도도 아주 다양했다. 굴봉은 만들기도 쉬웠을 뿐 아니라 아주 먼 곳으로도 운반이 가능했다.

추측건대 굴봉은 최초의 농기구였을 확률이 높다. 초기의 경작은 소규모 지역에 한해 이루어졌기 때문에 굴봉만으로도 충분했다. 괭이와 가래는 많은 점에서 굴봉을 변형한 데 지나지 않았지만 덕분에 집약식 농업이 가능해졌다. 아스텍인과 그들의 선조는 쟁기를 사용하지 않았다. 쟁기를 끌 동물을 확보하지 못했기 때문이다.

농업이 이루어지고 있었다는 점을 보여준다.

그렇다면 쟁기는 왜 개발되었을까? 쟁기가 더 넓은 지역을 경작할 수 있게 해주었다는 데서 그 답을 찾아야 할 듯하다. 쟁기 덕분에 전체적인 생산량이 증가했다. 그 결과 인구도 늘었다.

오늘날 뉴기니에서 경작에 사용되고 있는 땅 파는 막대. 인간이 만든 최초의 도구로 여겨지는 굴봉은 인류가 사용한 최초의 인공물 가운데 하나가 아니었을까 싶다.

쟁기

동물에게 끌게 해 밭에 고랑을 만드는 도구인 쟁기는 농업이 도입되고 나서 얼마 뒤 구대륙에서 모습을 드러냈다. 쟁기가 출현하기 이전의 농업은 이동 경작 방식을 취했던 것으로 추정된다. 즉 소규모 땅을 임시로 사용하다가 한두 계절 뒤에 토지의 비옥도가 떨어지면 다른 곳으로 옮겨 새로 땅을 개간하는 식이었다. 하지만 멕시코의 예에서 알 수 있듯이, 소규모의 영구 정원 경작이 대안으로 등장하기도 했다. 중부 유럽의 가장 오래된 곡물 표본에서 발견된 잡초 성분을 자세히 분석한 결과는 다른 지역에서도 그와 비슷한 방식의

과만 포마의 1599년 책 《계절별 농사일 - 1년 농사: 12월》에 수록된 삽화. 12월은 발쟁기의 도움을 받아 감자와 뿌리식물의 일종인 오카를 심는 달이었다. 멕시코의 아스텍인과 마찬가지로 잉카인도 쟁기가 없었다. 쟁기를 끌 동물이 없었기 때문이다.

95

21 주거와 생활

위 황소를 부리며 쟁기질을 하고 있는 고대 그리스의 농부. BC 6세기경 니코시아-아테네 양식의 잔.

아래 오른쪽 고대의 농부가 따비로 밭을 갈면서 남긴 자국. 덴마크 슈테넨크의 신석기시대 매장지 밑에 있는 지층에서 발견되었다.

아래 멍에를 씌운 황소 2마리와 함께 쟁기질을 하고 있는 에트루리아 농부. 이탈리아 아레초에서 출토된 청동 모형으로, BC 430~BC 400년경의 것으로 짐작된다.

주요 연대	
따비	BC 3000년대, 메소포타미아
따비 자국	BC 3500년, 잉글랜드와 스칸디나비아
쟁기	BC 500년경(추정), 중국

최초의 쟁기는 따비나 극쟁이 형태를 띠었다. 이 간단한 도구는 밭 표면에 홈을 파기는 했지만 땅을 갈아엎지는 못했다. 따비는 갈고리 모양의 굴봉인데, 황소 2마리가 이를 끌었다. 따비는 아마도 하나의 나무토막으로 만들어졌던 듯하다. 그 때문에 날의 마모 속도가 아주 빨랐다. 소는 매우 중요한 동물이었지만 길들이는 데 시간이 많이 걸리고, 또 일을 하지 않을 때도 먹이를 주어야 했다. 밭 역시 장기간의 투자가 필요했다.

철의 발명에 힘입어, 금속 보습이 나오기 전까지 따비는 나무로 만들어졌다. 그래서 현재까지 남아 있는 따비는 아주 드물다. 가장 오래된 따비의 증거는 BC 3000년대의 메소포타미아에서 나온다. 하지만 실제 사례가 아니라 그림문자의 형태로 존재한다. 그 당시 이러한 문자 체계가 막 등장했다는 점을 고려할 때, 따비는 그보다 먼저 존재했을 수도 있다. 유럽의 침수지에서는 BC 2000년 이후의 나무 따비가 더러 출토되어왔다. 그런데 따비가 그보다 먼저 사용되었으리라는 추측을 뒷받침하는 증거가 있다. 간혹 경작된 밭 위에 매장지를 조성하는 경우가 있었는데, 그 밑의 토양에서 따비를 이용해 밭을 간 흔적이 포착되었다. 잉글랜드 남부의 사우스 스트리트에서 발견된 이랑 자국은 연대가 약 BC 3500년으로 거슬러 올라간다. 인도 북부에서도 연대가 BC 2000년대 중반으로 거슬러 올라가는 따비 자국이 발견되었으므로, 따비는 그보다 훨씬 이전에 사용되었던 게 분명하다.

더 넓은 땅을 가는 데 사용되었던 쟁기는 나중에 나왔다. 쟁기 끝에는 땅을 갈아엎는 삽 모양의 보습을 연결했다. 보습은 잡초를 제거해줄 뿐만 아니라 날이 닿는 곳 아래의 자양분까지 토해놓았다. 덕분에 생산성이 크게 증가했다. 쟁기가 개발된 연대는 확실하지 않다. 유럽에서는 기원후에 쟁기가 등장했다. 하지만 중국의 경우에는 한 왕조(BC 206~AD 220년) 때부터 사용했다는 증거가 있는데, 그 이전인 BC 500년에도 쟁기가 있었던 듯하다.

구대륙 문명권 대부분에서는 쟁기 농사가 경제의 근간을 이루었지만 신대륙은 그렇지 않았다. 만약 쟁기가 없었다면 구대륙의 역사는 매우 달라졌을 것이다.

관개

22

나일 강은 농부들이 원하는 기간만큼 휴경지와 농경지를 흠뻑 적셔준다.
물이 천천히 밀려들기 때문에 작은 흙둑으로도 쉽게 물길을 돌릴 수 있다.
그러고 나서 필요하다 싶을 때 둑을 허물면 강물이 다시 밭으로 흘러든다.

디오도루스 시쿨루스, BC 1세기

관개의 개념은 매우 간단하다. 그래서인지 인간이 작물을 재배하기 시작한 이후로 대부분의 기후권에서 관개를 해온 듯하다. 용기에 길어오든, 흐르는 시내에 해자를 둘러쳐 확보하든, 물은 씨앗의 발아 확률뿐만 아니라 옮겨 심은 묘목이나 식물의 가지가 살아남을 가능성을 높여준다. 작물의 생장기에 몇 주 또는 몇 달에 걸쳐 가뭄이 지속되는 환경에선 보조 수원이 상황을 개선해준다. 더구나 1년 내내 가뭄이 이어질 경우에는 수확물의 생명을 구할 수도 있다. 하지만 연중 강우량이 수확을 하기에 충분한 고온 다습하거나 반건조한 환경에서 강우량이 늘 부족하다시피 한 건조지대로까지 농업을 확장하는 과정은 멀고도 험난했다.

비옥한 범람원

서아시아와 동아시아, 페루 해안에 형성되었던 초기 도시 문명은 대부분 건조한 환경에 위치하고 있었다. 여기에는 여러 가지 까닭이 있다. 우선 매년 일정한 시기마다 시내나 강이 범람하는 게 첫째 이유다. 둘째, 해마다 크고 작은 범람원에 쌓이는 신선하고 비옥한 토사를 들 수 있다. 셋째는 생장기의 따뜻한 기후다. 덕분에 식물은 충분한 에너지를 공급받아 하루가 다르게 무럭무럭 자라난다. 이런 요인들이 합쳐진 결과, 비범람원에서 빗물에 의지해 이루어지는 농업보다 더 많은 인구를 먹여 살릴 수 있었다.

이집트와 메소포타미아, 인더스 강 저지대는 대표적인 범람원이다. 해마다 범람하고 나서 쌓이는 신선한 침전물은 이들 지역의 땅에 정기적으로 활력을 불어넣는다. 중부 니제르 강 분지와 중국의 대평야도 그런 경우에 속한다. 농업이 인구 밀집과 기술의 세분화, 교역망으로 대표되는 대규모 도시 문명을 지탱할 수 있었던 건 범람원과 관개가 결합한 덕분이었다.

그렇다면 도시의 성장을 가져온 적절한 물 공급에 필요한 기술은 어떻게 개발했을까? 사람들은 주요 범람원들에서 그러한 수단 없이도 해마다 천연의 범람원을 휩쓰는 물과 에너지의 거대한 움직임을 길들여 5,000년 동안이나 물을 끌어다 썼다.

처음부터 '위대한 발명'이 나왔던 건 아니다. 사람들은 침수의 정도를 최적화하려고 노력하면서 강과 '더불어' 일했다. 홍수가 물러가면서 사람들은 젖은 땅에 씨앗을 뿌리고, 물을 길어와 채마밭이나 과수원을 적셔주었다. 하지만 물을 끌어올리는 최초의 기계 장치는 몇천 년에 걸쳐 진행된 점진적인 변화의 산물이었다. 작물의 경우에도, 오늘날 우리가 생각하듯이 사시사철 물을 대며 한꺼번에 두세 종류를 재배한 것이 아니라, 1년 단위로 주요 작물을 한 종류씩만 심고 수확했다.

예멘에 있는 마리브 제방 유적지. BC 700~AD 580년까지 몇 세기에 걸쳐 조성된 이 제방은, 드물긴 하지만 한번 내리면 급류를 이루는 아라비아 남부의 빗물을 모아 저장하도록 설계되었다. 덕분에 안 그랬으면 사막으로 변했을 광대한 지역에 물을 댈 수 있었다. 보기 드물게 규모가 큰 홍수 때 무너져 내린 후 다시는 복구되지 않았다.

아프리카 사헬 지역의 민족지학 모델을 토대로, BC 4000~BC 5000년대에 나일 범람원에서 이루어진 천연 관개의 초기 단계들을 복원할 수 있다. 세네갈 강과 중부 니제르 강, 샤리로곤 강의 범람원들은 몬순이 불어와 엄청난 양의 비를 뿌리는 늦여름마다 완전히 침수된다. 물이 저절로 빠지는 이들 충적토 분지에서는 물의 유입이나 배출을 그저 자연에 맡겨둔다.

건기가 되면 나일 강은 깊은 수로를 형성한다. 그러다 진흙이 잔뜩 섞인 물의 수위가 점차 홍수 단계까지 높아지면 범람원 위로 흘러 넘치면서 강둑 주변에 토사를 쌓아놓는다. 이렇게 쌓인 토사층은 천연의 제방 역할을 한다. 이런 천연 제방은 범람원의 기복이 심한 분지보다 0.5~2.5미터 정도 높다. 일단 제방이 형성되면 홍수가 아주 심한 경우가 아니고서는 수해를 당할 염려가 없다. 4~6주에 걸쳐 홍수가 분지를 뒤덮고 나면 제방의 틈새나 낮은 곳을 통해 물이 빠진다. 그러고 나서 홍수가 완전히 물러가면 고여 있던 물이 다시 강으로 흘러들면서 신선하고 비옥한 토사와 진흙층을 뒤에 남긴다.

홍수의 규모가 작을 경우, 분지의 일부분만 물에 잠기거나 침수 기간이 충분히 길지 못할 수도 있었다. 이럴 때 확실한 해결책으로 물을 더 많이 수용하는 방법이 있었다. 즉 일부러 제방을 무너뜨렸다가 나중에 터진 틈새를 막아 물을 가두는 방법이었다. 그 다음으로는 진흙 벽을 쌓아 제방을 인위적으로 높임으로써 분지를 구획하는 방법이 있었다. 수로까지 운하를 파서 밭이나 과수원, 그 외 분지의 외곽으로 물을 끌어들이는 방법은 이보다 나중에 나왔다.

'전갈왕'이 대형 괭이로 새로운 관개 수로를 개통하는 모습을 보여주는 이집트의 석퇴. 왕 오른쪽의 남자는 흙을 받아 담을 바구니를 들고 있다. 하단의 물결 무늬 선은 물을 상징한다. 연대는 전왕조기 말인 BC 3100년경.

인공 관개

이집트에서는 BC 3000년대가 천연 관개에서 인공 관개로 이행하는 과도기였다. BC 3100년에 제작된 석퇴의 부조가 이를 뒷받침해준다. 석퇴에는 농경지에 물을 끌어들일 운하의 개통식이 묘사되어 있다. 하지만 고왕국과 중왕국 시기에 들어와서도 여전히 손이나 줄에 매단 양동이로 물을 길어 올려야 했다. 방아두레박은 BC 1350년 무렵 서아시아에서 도입되었고, 항아리를 한꺼번에 여러 개 연결해 동물에게 끌게 하는 장치, 즉 사키야는 BC 3000년 이후에 등장했다(103쪽 참조). 이 가운데 후자에 한해서만 수수 같은 여름 작물에 대규모로 관개할 수 있었다.

나일 범람원은 여러 개의 분지로 쪼개져 있었다. 이는 중앙 정부의 통제를 벗어나 지역 단위로 관개가 이루었다는 것을 의미한다. 메소포타미아에서는 그렇지 않았다. 이 지역의 경우, 늦은 봄이 되면 겨울내 산에서 얼어 있던 물이 녹아 흘러 넘치면서 홍수가 일어났다. 하지만 홍수를 이용한 관개는 생장기를 넘기고 나서야 가능했다. 게다가 이집트에서는 3월이 수확철인데 비해 메소포타미아에서는 6월이 수확철이었다. 티그리스 강은 수심이 너무 깊어 관개를 허용하지 않았다. 이에 비해 유프라테스 강은 범람의 정도가 너무 지나친데다 토사 운반량도 작고 운하도 순식간에 막아버려 관리하기가 여간 까다롭지 않았다. 그 결과, 범람원의 분지들은 제대로 개발되지 못했고, 평야는 염분

정원에 물을 주는 데 사용했던 방아두레박을 묘사한 BC 1240년경의 이집트 벽화. 19왕조 때 데이르 엘 메디나에 조성된 이푸이의 무덤에 그려져 있다.

방아두레박에서 아르키메데스의 스크루펌프까지

두레박은 홈을 판 기둥에 기다란 막대기를 고정시키거나 들보에 묶은 볼품없는 도구다. 막대 한쪽 끝은 진흙 덩어리를 매달아 무겁게 하고, 그 반대쪽에는 기다란 밧줄을 매달아 끝에다 동이를 연결한다. 동이를 물에 담갔다 들어올리면 한동안 흔들리다 평형력에 의해 곧 균형을 잡는다. 그렇게 해서 길어 올린 물은 조그만 도랑에 쏟아붓는다.

두레박은 물동이를 끌어올리는 수고를 덜어주긴 했지만 거리가 1.5미터 이상 떨어질 경우 물을 길어 올릴 수 없었다. 그래서 동이 서너 개를 한꺼번에 매달아 사용하기도 했다. 두레박은 물을 뜨는 속도도 더디고 비효율적이라, 정원에 물을 주거나 조그만 수조에 물을 채우는 데에만 사용했다.

아카드 지역에서 나온 원통 인장(BC 2370~BC 2200년경)을 보면, 두레박이 메소포타미아에서 처음 등장했다는 것을 알 수 있다. 두레박은 아마르나 시기(BC 1346~BC 1334년경)의 이집트 예술에서도 볼 수 있다. 그리스 시대에 이르러 두레박은 이베리아 반도 근처의 지중해 지역으로 확산되었고, 나중에는 유럽 북서부와 중국에 이어 마침내는 스페인령 신대륙으로 건너갔다.

항아리 여러 개를 한꺼번에 연결해 동물에게 끌게 하는 장치는 두레박보다 훨씬 효과적이었다. 이 장치는 서로 맞물린 2개의 커다란 나무 바퀴로 이루어져 있었는데, 그 중 하나는 수평 방향을, 다른 하나는 수직 방향을 가리켰다. 이 장치의 등장으로 3.5~7.5미터 거리에 있는 물을 계속 끌어올릴 수 있었고, 그 결과 하루에 8~10헥타르에 이르는 지역에 물을 댈 수 있었다. 이 장치는 BC 500년에 페르시아 제국에서 발명된 것으로 추정되지만 BC 3세기 초 헬레니즘기의 이집트를 원산지로 꼽기도 한다. 사키야는 아랍 제국 전역으로 확산되었으며, 라틴아메리카에서는 아주 깊은 우물에서도 물을 길어 올릴 수 있는 능력 때문에 중요한 관개 장치로 자리 잡았다.

유명한 수학자 아르키메데스(BC 287~BC 212년)는 발명으로도 명성을 떨쳤다. 그 중에는 전쟁 기계도 포함되어 있었다. 일명 아르키메데스의 스크루펌프는 그가 발명한 새로운 장치 가운데 하나였다. 이 장치는 배에 고인 물을 퍼내기 위해 고안되었는데, 왼쪽 그림에서 보다시피 내부가 나선형으로 감긴 원형관이 회전하면서 물을 퍼 올렸다. '탐부르'라 불린 이와 유사한 장치는 지금도 아랍 제국에서 소규모 관개용으로 사용되고 있다. 하지만 철로 만든 아르키메데스의 스크루는 산업시대가 도래하기 전까지는 생산 단가가 너무 비싸 경제성이 없었다.

서아시아에서 이루어진 또 하나의 위대한 발명은 카나트라는 지하 도수 터널이었다(82쪽 참조). 생활용수뿐만 아니라 경우에 따라 관개용수도 공급했던 이 지하 수로는, 사슬처럼 연결된 우물망을 통해 오아시스가 발원하는 산악지대에서 물을 끌어왔다.

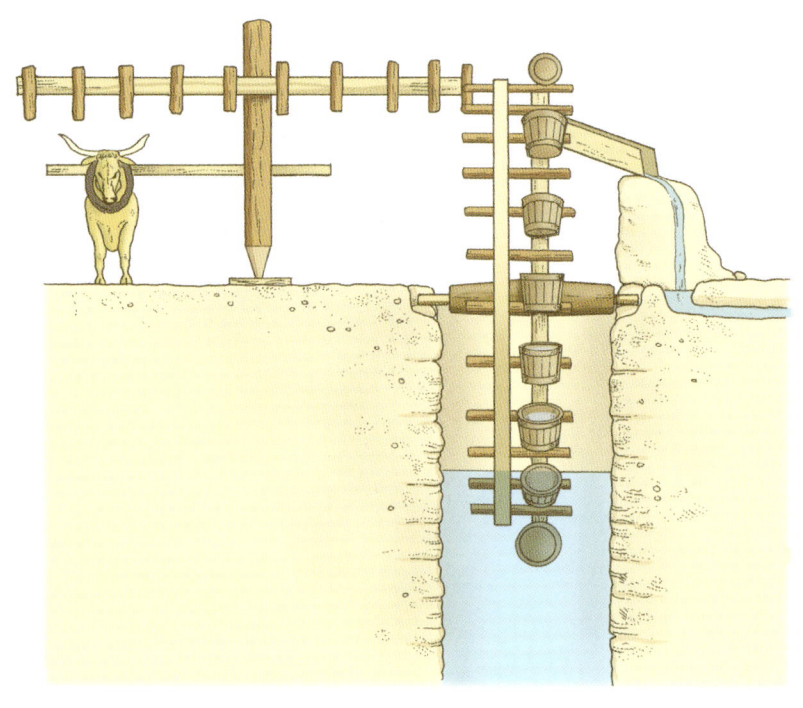

위 사키야는 동물의 힘을 빌려 물을 끌어올리는 장치로, 수직 바퀴와 수평 바퀴로 이루어져 있다
아래 알렉산드리아에서 발견된 로마 시대의 무덤 벽화. 황소 2마리가 사키야를 끄는 모습이 묘사되어 있다. 연대는 2세기

주요 연대	
인공 운하	BC 3000년대, 이집트
방아두레박	BC 2000년대, 메소포타미아
사키야	BC 500년, 페르시아 BC 3세기, 알렉산드리아
아르키메데스의 스크루펌프	BC 3세기, 시칠리아

성분이 쌓여 늪지로 변하기 일쑤였다. BC 4000년 들어 마을들은 유프라테스 강의 물을 끌어들이는 긴 운하를 건설하기 시작했다. 강물을 공급하는 정교한 방사상 운하망도 점차 생겨났다. BC 2000년대로 접어들면서 그와 같은 운하 체계의 저지대를 따라 도시가 형성되었다. 저지대는 유프라테스 강둑에서 멀리 떨어져 있어 홍수 피해를 입을 염려가 없었다. 방사상 운하 체계는 티그리스 강 동쪽의 디얄라 범람원과 카룬 범람원에도 조성되었다.

그 결과, 메소포타미아에서는 인공 관개의 발전이 가속화되었고, 관리가 복잡해지면서 경쟁 관계인 도시 국가들은 서로 협조할 수밖에 없었다. 하지만 거미줄처럼 복잡하게 얽힌 운하 체계는 왕조의 발흥과 몰락에 따라 운명이 엇갈렸다. 운하망의 상당 부분이 방기되어 다시 사막으로 바뀌는 때도 있었다. 한동안 그런 상태로 놔두었다가 나중에 물길의 변화나 주변의 사막화 정도를 고려해 다시 확장하거나 다른 곳에 새로 건설했다. BC 6000년경부터 새로운 형태의 관개가 등장하기 시작했다. 그 결과, 관개 용수를 이용해 나일 범람원의 분지와 같은 혜택을 얻을 수 있는 인공 분지가 생겨났다. 하지만 636년 아랍 세력이 침공해오면서 이 체계 역시 버려지는 신세를 면치 못했다.

메소포타미아 지역의 관개 기술이 거둔 또 하나의 위업은 길이가 275킬로미터에 달하는 운하의 건설이었다. 티그리스 강에서 시작되는 이 운하는 5세기에 건설된 것으로 추정된다. 하지만 메소포타미아의 관개망은 11세기에 들어와 대부분 버려졌고, 1918년 이후까지도 그 상태로 남아 있었다. 한 번도 무너진 적이 없던 이집트의 경쟁자는 이 무렵 이미 산업기로 옮겨가 있었다.

인더스 평야와 중국 대평야의 초기 관개 체계는 아직도 연구 대상으로 남아 있다. 하지만 인더스 강의 범람은 한여름에 이루어지는데다 물의 흐름을 바꾸어놓을 정도로 여파가 크다. 그러다 보니 메소포타미아의 경우처럼 관개 시설이 버려지는 사태가 잦았다. 페루에서는 100~900년대에 소규모 강을 부분적으로 관리했지만 길이가 긴 단일 운하를 운용한 적은 한 번도 없었다.

맷돌과 물방아 그리고 양수기

23

여인이여, 맷돌을 돌리는 손을 쉬게 할지니,
데메테르가 물의 요정들에게 한때 그대가 하던 허드렛일을 맡기지 않았던가.
물의 요정들이 바퀴 테를 타넘으며 바퀴를 돌리니 그 무거운 맷돌이 잘도 돌아가누나.

테살로니카의 안티파트로스, BC 또는 AD 1세기

수천 년 동안 인간은 필수 영양소의 일부를 곡물에 의지해왔다. 하지만 대개의 씨앗은 딱딱하고 껍질에 싸여 있어 먹기 전에 찧든지, 빻든지, 물에 불리든지 해서 손질을 해야 했다. 신석기시대 후기부터 둥그런 분쇄용 돌(32쪽 참조)을 사용해 곡물을 판판한 석판 위에 놓고 부수고 갈았다. 신석기시대에 들어와 작물 재배가 시작되면서(91쪽 참조) 좀더 효율적이면서 특이하게 생긴 맷돌이 개발되었다. 폭이 넓고 옆구리가 판판한 돌을 안장 모양의 경사진 표면에 대고 앞뒤로 밀어 씨앗을 갈도록 되어 있었는데, 이런 종류의 맷돌은 중앙아메리카 지역에서 부드러운 옥수수 알갱이를 처리해 토르티야(납작하게 구운 옥수수 빵: 역주)를 만드는 데 사용되었다. 현무암 같은 단단한 다공질의 화산암은 이러한 맷돌 재료로 안성맞춤이었다.

맷돌의 형태는 씨앗의 흐름을 원활하게 만들어 산출량을 늘리는 쪽으로 진화했다. BC 150년 전까지 지중해 동부 전역에서 사용되었던 '밀어 움직이는 맷돌'은 커다란 직사각형의 분쇄용 돌과 받침대용 돌로 이루어졌는데, 아가리를 통해 곡물을 투입하면 홈을 통해 내용물이 아래쪽 석판에 고이게 되어 있었다.

회전식 맷돌

맷돌의 놀라운 변신은 BC 500~BC 200년에 지중해 세계에 등장한 회전식 맷돌과 함께 시작되었다. 회전식 맷돌은 축력과 수력을 활용하게 해주었을 뿐만 아니라 작업의 편리성과 효율성도 높여주었다. 회전식 맷돌은 받침판 역할을 하는 둥그런 돌(수쇠)과 분쇄용 돌(암쇠)을 축(중쇠)으로 연결해 위쪽에 짤막하게 수직 손잡이를 단 형태를 띠었다. 이를 작동하는 사람은 한쪽 손으로는 중쇠 주변의 구멍이나 주둥이에 곡물을 집어넣으면서 다른 쪽 손으로는 암쇠를 돌렸다. 그러면 틈새 밖으로 갈린 가루가 조금씩 떨어져 나왔다. 두 돌 사이의 공간은 중쇠로 조절할 수 있었기 때문에 입자가 고운 가루에서부터 거친 가루에 이르기까지 원하는 대로 생산할 수 있었다.

BC 200년에 들어와 대형 회전식 맷돌을 돌리는 데 노새가 사용되었다. 이 맷돌은 암쇠가 모래시계처럼 생겼

왼쪽 간단한 형태의 회전식 맷돌. 한쪽 손으로는 중앙의 구멍을 통해 곡물을 집어넣으면서 다른 쪽 손으로는 암쇠를 돌리도록 되어 있었다. 간단하기는 하지만, 회전식 맷돌의 발명은 제분 분야에서 커다란 도약에 해당했다.

아래 마노로 만든 메타테. 온두라스 로스 모키티아에서 출토되었으며, 고전기에서 고전기 후반경의 것으로 보인다. 사진의 맷돌은 의식용이지만 이보다 단순한 형태의 맷돌은 옥수수 알갱이를 갈아 빵 반죽을 만드는 중앙아메리카 가정에서는 반드시 필요한 도구였다.

2세기의 한 석관을 장식하고 있는 로마 시대 부조. 노새가 모래시계처럼 생긴 폼페이의 맷돌을 끄는 모습이 묘사되어 있다.

는데, 윗부분은 곡물을 투입하는 아가리 역할을 했다. 맷돌의 정착으로 구운 빵이 일반화된데다 곡물을 가는 작업이 어느 정도 기계화되면서, 메소포타미아 주변의 도시 주민들은 집에서 직접 빵을 만들기보다 가게에서 사다 먹었다.

물방아

제분의 역사에서 수력의 활용은 또 하나의 커다란 사건이었다. 고대 그리스와 로마의 기술에 관해 언급하는 학자들은 이러한 혁신이 BC 3세기 중엽 이집트의 알렉산드라이아에서 일어났다고 전한다. 최초의 고고학 증거는 연대가 1세기밖에 되지 않는다. 이 장치를 기술한 로마의 건축가의 이름을 따서 때로 '비트루비우스의 방아'라고 불리기도 하는 전형적인 그리스-로마의 물방아는, 수직 수차와 바퀴 가로축의 수평 회전을 세로축의 수직 회전으로 전환해 암쇠를 작동하는 대형 나무 톱니바퀴 장치로 이루어져 있었다.

이 수직 수차에 대한 최초의 문헌 및 고고학 증거는,

바퀴 밑에 있는 물의 흐름에 의해 구동되는 하사식(下射式) 수차와, 바퀴 위에 있는 물의 흐름에 의해 구동되는 상사식(上射式) 수차가 있었다는 사실을 보여준다. 이보다 효율성이 좀더 높은 브레스트식 수차는 물이 바퀴 뒷면을 때리도록 설계되었다. 이보다 간단한 형태로는 수평 수차를 맷돌을 돌리는 축 발치에 직접 연결하는 방아를 들 수 있다. 물방아는 로마 제국 전역

맷돌로 곡식을 찧는 농부의 모습을 묘사한 중국 한 왕조 시대의 청동 모형. 맷돌을 사각형 상자 안에 넣어 막대를 밀었다 당겼다 하면서 작업을 했다.

으로 급속하게 퍼져 나갔고, 2세기나 3세기에 이르면 수로교와 연결된 산업 수준의 제분 설비가 등장했다. 수차 16개를 동시에 수용했던 프로방스 바르베갈의 제분 시설은 그 대표적인 예다. 범선을 제외하면, 고대 세계에서 생명이 없는 동력원을 활용해 기계를 움직인 사례는 수차밖에 없다.

양수기

어느 사회를 막론하고 식수를 확보하고, 동물에게 먹이고, 밭에도 대고, 배수하고, 씻기도 하고, 그 외 수많은 곳에 쓰이는 산업 용수를 공급하려면 어디선가 물을 끌어올려야 한다. 물을 끌어올리는 장치는 BC 3세기에 이집트의 알렉산드리아에서 발명되었다. 구조가 꽤 복잡한 이러한 장치로는 워터-스크루, 칸칸이 구획한 바퀴, 동이 달린 물방아, 밀펌프가 있었다. 이보다 앞서 지중해 세계와 메소포타미아의 주민들은 방아두레박(99쪽 참조)과 세르드에 의존했다. 전자가 도르래와 동이로 이루어진 체계였다면, 후자는 축력에 의해 도르래 위로 물 부대를 들어올려 스스로 알아서 쏟아놓는 체계였다. 이와 같은 고대의 장치들은 당시의 사회 및 자연 환경과 아주 잘 어울렸다.

관개와 배수에 사용되었던 바퀴 체계의 경우, 방수 처리한 쐐기 모양의 칸들이 굴대를 중심으로 바깥쪽을 향해 방사상으로 배열되어 있었다. 이 장치는 바퀴가 돌아가면서 물이 바퀴 테 주변의 구멍을 통해 칸 안으로 들어오게 되어 있었는데, 얼마 후 수위가 높아지면 축 근처의 구멍을 통해 저절로 물이 쏟아졌다. 이러한 바퀴는 사람이 직접 바퀴 테 위에 올라가 발로 밟아 작동하거나, 축력과 사키야라는 톱니바퀴 장치의 힘을 빌려 작동했다. 톱니바퀴 장치를 사용할 경우, 동물이 원을 그리면서 걸으면 수평 톱니바퀴를 지탱하는 수직 굴대가 돌아가게 된다. 수평 톱니바퀴가 위쪽의 수직 톱니바퀴와 정확한 각도로 맞물리면, 칸마다 물을 끌어올리게 되어 있는 바퀴의 축이 돌아간다. 그러고 나면 사키야가 비트루비우스의 수차와 정반대 방향으로 동력을 전달한다.

물을 더 높이 끌어올리기 위해, 무수하게 칸을 지른

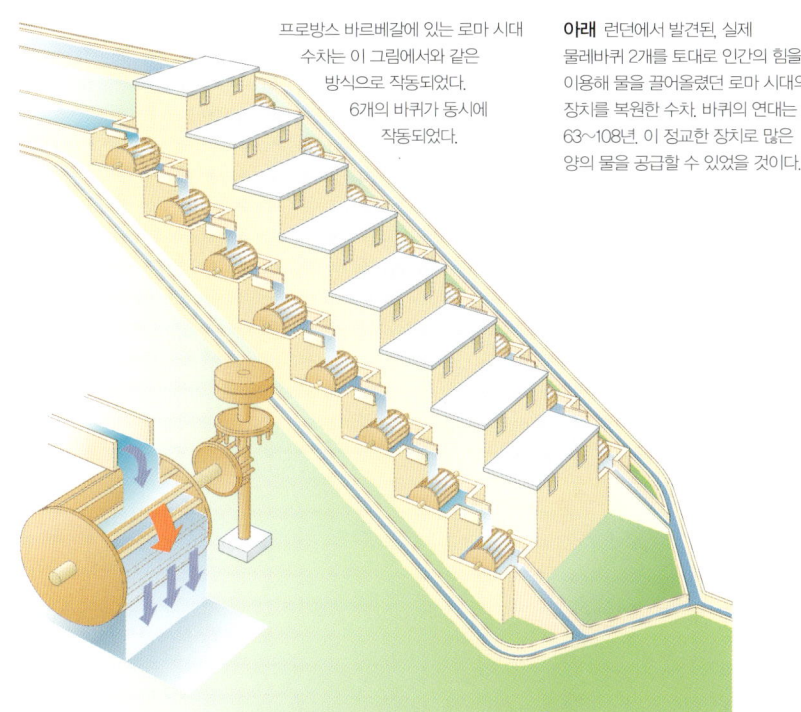

프로방스 바르베갈에 있는 로마 시대 수차는 이 그림에서와 같은 방식으로 작동되었다. 6개의 바퀴가 동시에 작동되었다.

아래 런던에서 발견된, 실제 물레바퀴 2개를 토대로 인간의 힘을 이용해 물을 끌어올렸던 로마 시대의 장치를 복원한 수차. 바퀴의 연대는 63~108년. 이 정교한 장치로 많은 양의 물을 공급할 수 있었을 것이다.

속이 빈 테에 바퀴살을 끼웠다. 바퀴가 돌아가면서 칸 앞쪽 끝에 있는 구멍을 통해 물이 들어왔다가, 칸이 바퀴 꼭대기를 통과하면 들어왔던 구멍을 통해 밖으로 배출되었다. 이러한 바퀴는 사람이 테 위에 올라가 발로 밟아 돌리거나, 사키야로 돌리거나, 테에 고정시킨 물갈퀴로 돌렸다. 이와 같은 바퀴 장치는 물을 높은 곳까지 끌어올릴 수 있어서 도시 목욕탕에 물을 공급하는 가압 송수관과 연결된 고지대의 수로로 물을 끌어올리는 데 사용되었다. 로마 시대 후기에 이르면 칸이 토기 항아리로 대체되었다.

펌프

칸을 구획한 바퀴를 발명한 사람의 이름은 알려지지 않았지만 워터-스크루와 밀펌프를 발명한 사람들의 이름은 현재까지 남아 있다. 워터-스크루는 BC 3세기 중엽 아르키메데스가 개발했다(99쪽 참조). 밀펌프는 이와 비슷한 시기에 알렉산드리아의 크테시비오스가 발명했다. 일명 크테시비오스의 장치는 서로 반대로 작용

주요 연대	
회전식 맷돌	BC 500년 이후, 스페인
수차	BC 2000년대 중반, 이집트
양수기	BC 2000년대, 이집트
밀펌프	BC 2000년대, 이집트

하는 피스톤 2개와 수직 청동 원형관으로 이루어졌다. 피스톤 하나가 위로 올라가면서 아래쪽에 있는 역행 방지판을 통해 원형관 안으로 물을 끌어들이면, 이와 동시에 나머지 피스톤이 밑으로 내려가면서 원형관의 물을 역행 방지판을 통해 수직 관 안으로 끌어들였다. 피스톤은 회전식 손잡이에 의해 계속 이런 식으로 작동하면서 관의 물을 저수지나 수조로 보냈다. 이 독특한 형태의 물 공급 장치는 나중에 소화기로도 활용되었다.

15세기에야 발명된 빨펌프와 달리 밀펌프는 물 속에 설치해야 했다. 로마 제국 시기에 유럽 지역의 장인들은 구멍을 뚫은 나무 원형관에 가느다란 관을 연결해 정교하면서도 저렴한 밀펌프를 제작했다. 이런 펌프를 우물 밑바닥에 설치해 식수를 확보했다.

이 2가지 펌프 장치 덕분에 아주 높은 곳으로 물을 끌어올릴 수 있었을 뿐만 아니라, 우물처럼 깊고 비좁은 공간의 물도 끌어올릴 수 있었다. 동이 달린 물방아는 사키야로 작동하거나 바퀴 축 위에 올려 작동했는데, 밧줄이나 사슬 한 쌍이 금속 용기나 나무 용기, 또는 토기 용기를 운반했다. 줄을 매단 위쪽 축이 돌아가면 용기가 물 속에 잠겼다가 꼭대기의 축 위를 통과하면서 수조에다 물을 쏟아놓았다.

사슬-펌프는 뱃바닥의 물을 퍼내는 데 사용되었다. 중앙에 구멍을 낸 소형 나무 원반을 일정한 간격을 두고 밧줄에 매달아 매듭을 지었다. 밧줄 한쪽 끝은 그냥 두고 다른 한쪽 끝에는 나무 관을 연결해 관 끄트머리를 뱃바닥에 밀어넣었다. 양묘기가 관을 통해 밧줄을 위로 끌어당기면 원반이 하나씩 관으로 들어가면서 앞에 있는 관 위로 물을 밀어냈다.

물을 끌어올리는 장치는 헬레니즘기 이후로 지중해 세계와 근동 전역에서 두루 사용되었다. 양수기는 농업 생산성, 해상 무역, 기술 발전, 공중 위생, 도시 편의 시설에 중요한 기여를 했다.

대형 나무 바퀴로 이루어진 물방아. 가장 큰 나무 바퀴의 경우 지름이 약 20미터가 되며, 1473년 제작되었다. 시리아 하마에 있는 오론테스 강의 물을 끌어올리고 있다. 나무 물갈퀴가 바퀴를 움직이며, 바퀴가 돌면서 상자 안에 들어간 물은 상자가 탑 꼭대기에 이르면 쏟아진다. 배출된 물은 수로를 통해 농경지와 도시로 흘러든다. 비잔틴 시대에 세워진 이 수차는 현존하는 수차 가운데 가장 나이가 많다.

정원

나는 동산과 정원을 마련하고 갖가지 과일 나무를 심었고,
늪을 파서 그 나무들이 우거지게 물을 대었다.

전도서 2장 4~6절

24

이집트 《사자의 서》 속표지. 정원에서 아내와 함께 서 있는 나크트(BC 1350~BC 1300년경)의 모습이 묘사되어 있다. 정원에는 나무로 둘러싸인 직사각형 연못과 부부가 서 있는 곳 뒤로 보이는 종려나무를 비롯해 많은 나무가 보인다.

생명의 나무를 포괄하는 개념, 다시 말해 에덴 동산처럼 갖가지 과일 나무가 있는 정원은 많은 문화권에서 나타난다. BC 3000~BC 2000년대로 거슬러 올라가는 고대 수메르 신화는 슈칼리투다가 그늘을 드리워주는 나무를 심어 그 그늘 아래서 다른 식물들이 자랄 수 있게 했다는 이야기를 전하며 원예가 시작된 계기를 암시한다.

최초의 '정원'은 메소포타미아와 이집트에서 발견된다. 이들 지역은 매우 건조해서 관개 수로망과 양수기(80, 97, 101쪽 참조)에 의지해 강에서 물을 끌어다 밭과 정원에 댔다. 정원은 따로 울타리를 쳐줄 경우 채소와 과일 나무처럼 손길이 많이 필요한 식물을 계속 돌볼 수 있다는 이점에서 비롯되었다. 울타리를 친 정원에 이어 궁전 뜰에도 정원을 조성하려는 시도가 생겨났다. BC 1000년대 초에 이르러 종려나무가 마리(오늘날의 시리아)에 있는 궁전 정원에 그늘을 드리웠다.

이집트의 정원

이집트 4왕조(BC 2575~BC 2540년경)의 무덤 벽에 새겨진 글귀들은 고위 관료들 집에 이미 정원이 있었다는 사실을 보여준다. 무덤의 부조 중에는 조그만 정원을 묘사한 경우도 더러 있다. 18왕조(BC 1535~BC 1292년)의 무덤 벽화들은 그러한 정원을 생생하게 되살린다. 직사각형 울타리 중앙에는

이란 북부 니네베에 있는 아슈르바니팔 왕의 북쪽 궁전에서 출토된 부조. 연대는 BC 645년경으로, 관개 수로로 물을 댔던 궁전 정원이 묘사되어 있다.

갖가지 식물과 나무로 둘러싸인 직사각형 웅덩이가 있었다. 신전의 신성한 구역에는 신에게 공물로 바치기 위해 특별한 식물을 심었다. 몇몇 파라오는 자신의 시신이 묻힐 신전 겸 무덤 앞마당에 나무를 심어 작은 숲을 조성하기도 했다.

18왕조의 여성 통치자 하트셉수트는 푼트 땅에서 향나무를 배로 실어와 자신의 신전 겸 무덤을 꾸몄다. 하트셉수트 여왕의 사위인 투트모세 3세는 군사 원정대를 이끌고 가나안과 시리아를 정복하고 돌아오는 길에 수많은 나무와 꽃을 전리품으로 가져왔다. 이 식물들은 식물원으로 알려진 카르나크의 한 신전에 부조의 형태로 남아 있다. 새로운 품종이 추가되면서 정원에 심을 수 있는 식물의 종류가 다양해졌다. 아울러 식물을 길러 약재로서의 성분을 연구하기도 했는데, 이집트와 아시리아인들은 그 결과를 모아 약전(藥典)을 펴냈다.

아시리아와 바빌론의 정원

BC 11세기에 아시리아 왕 티글라트 필레세르 1세는 군사 원정 중에 수집한 식물로 식물원을 조성했다. 센나케리브(BC 704~BC 681년경)와 같은 후대의 왕들도 니네베에 대규모 정원을 조성했다. 당시의 부조들은 센나케리브가 무척이나 자랑스러워했던 그의 정원을 묘사하고 있다. 또 그는 동물원도 조성했다고 전해진다.

바빌론에서는 네부카드네자르(BC 605~BC 562년경)가 고대 세계의 7대 불가사의 가운데 하나인 가공원(架空園)을 지었다. 가공원의 경우, 진흙 벽으로 테라스를 쌓아올린 다음 그 위로 울창한 숲을 조성해, 밑에서 보면 일대 장관을 이루었다.

고대 페르시아의 정원

나중에 메소포타미아를 정복한 페르시아인들도 사냥과 눈요기를 위해 유원지에 버금가는 정원을 조성하는 관행을 이어 나갔다. 키루스가 BC 6세기 중반에 파사르가다에 조성한 정원은 그 가운데 대표적인 예였다. 알렉산드로스가 페르시아 제국을 대파한 이후 그리스인들은 이와 같은 대규모 정원에 크게 감동받아 역시 똑같은 전통을 이어 나갔다. 그리스인들은 이러한 정원을 일컫는 페르시아 단어 'paradeisoi'를 그대로 사용했는데, 나중에 라틴어(그 후에는 영어)로 번역되면서 'paradise'가 되었다.

폼페이에 있는 로마 시대 저택의 벽화에 묘사된 정원 풍경. 정원 식물로는 장미가 가장 인기가 높았다(장미가 유럽 예술에 처음 등장한 것은 크노소스에서 나온 청동기시대 벽화를 통해서이다). 로마인들은 새로운 식물, 그 중에서도 특히 장미에 관심이 많아 여기저기서 수집해 들였다. 이때부터 장미가 서구에 확산되기 시작했다.

그리스의 정원

그리스의 정원은 주로 작물을 재배하는 데 목적이 있었다. 하지만 신성한 장소와 신전 주변에는 작은 숲과 같은 공공 구역이 조성되었다. 도시 외곽의 숲은 시민들이 모여 운동도 하고, 산책도 하고, 토론도 하는 곳이었다. 그 가운데 아테네의 아카데미와 같은 공원은 철학자들의 본거지가 되었다. 리케이온 학원의 원장 테오프라스투스(BC 371~BC 287년경)는 식물에 대한 책(《식물 탐구》)을 저술했으며, 세상을 뜰 때 자신의 정원을 시민들에게 기증했다. 또 한 명의 철학자 에피쿠로스(BC 341~BC 270년경)는 최초로 도시에 정원을 조성했던 것으로 전해진다. 알렉산드로스가 동방을 정복하면서 페르시아와 이집트의 정원 개념이 도입되었다.

로마의 정원

로마 북쪽에 위치한 로마 제국 초기의 속주 코사(BC 4~BC 3세기)와 폼페이에서도 정원이 발견된다. 여기서 중요한 점은 이들 정원이 도시 안, 그 중에서도 집 뒤에 있었다는 사실이다. 이탈리아와 서구의 정원이 다른 지역과 크게 다른 점은 귀족과 군주뿐만 아니라 중산층도 정원을 소유했다는 데 있다. 그리스에 이어 소아시아까지 정복한 로마인들은 동방의 풍요로움에 점차 영향을 받았다. 그리스의 주랑과 페르시아의 대규모 정원 개념이 도입되면서 수도에 사치스런 저택들이 들어섰다.

BC 2세기에 이르러 집에 기둥으로 둘러싸인 정원을 들이는 것이 유행으로 자리 잡았다. 이런 정원들을 지붕을 덮지 않은 안뜰에 들여 화려하게 꾸몄다. 예를 들어 제단과 성소를 조성하는가 하면, 그리스에서 약탈한 조각상도 가져다 놓았다.

수로교(82쪽 참조)가 건설되면서 관을 통해 도시의 저택과 주택에 물이 공급되었다. 덕분에 물을 이용한 구조물을 설치할 수 있었다. 연못과 분수는 물의 정령에게 바치는 사당뿐만 아니라 정원에도 풍취를 더해주었다. 퍼골라(pergulae, 식물이 기어 뻗을 수 있도록 트인 시렁을 만들어 지붕처럼 올린 정원 산책로나 테라스: 역주)가 등장하면서 산책로에 그늘을 드리워주

왼쪽 피시본에 있는 로마 시대 궁전의 정지한 생울타리. 원래는 땅 속에 파묻혀 있던 것을 고고학자들이 찾아냈다. 대플리니우스는 아우구스티누스의 치세기에 가이우스 마티우스가 가지치기 기술, 즉 토피어리(topiary)를 발명했다고 전한다. 이 말은 조경 원예사를 뜻하는 토피아리우스(topiarius)에서 유래했다.

아래 폼페이에 있는 사치스런 로마 시대 저택의 정원. 주랑을 만들고 퍼골라를 조성해 그 밑에 야외 식당(뒤쪽)과 연못을 들어앉혔다.

었고, 정자와 벤치는 주변의 경치를 감상하며 휴식을 취할 수 있게 해주었다.

고대 중국과 일본의 정원

은(殷) 왕조(BC 1600~BC 1100년경)는 울타리로 둘러싼 사냥터를 조성해 그 안에 의식을 치르는 제단을 설치했다고 전해진다. 그 후 주(周) 왕조(BC 1100~BC 221년경)는 이곳에 동물뿐만 아니라 희귀한 식물도 모아들였다. 진(秦) 왕조(BC 221~BC 207년경) 시대에 들어와 사냥터는 인공 연못을 갖춘 공원으로 탈바꿈하면서 정원 형태를 갖추기 시작했다. 이러한 정원들은 점차 황제의 권력을 나타내는 상징으로 자리 잡았다.

한(漢) 왕조(BC 206~AD 22년)의 황제들은 제국 전역의 갖가지 식물로 공원을 새로 치장했다. 아울러 그들은 영생불사를 상징하는 신화상의 경치를 재현하려는 욕구를 표출하기도 했다. 호숫가에 조성된 '삼신산(三神山)' 개념은 그러한 욕구의 산물이었다. 이러한 신화상의 바위 정원 개념은, 유명한 산들을 축소해 개인 정원 안에 들이는 방법을 통해 제국 전역으로 퍼져 나갔다. 3세기로 오면 개인 정원은 난세를 피해 가는 평화로운 은신처 역할을 했다. 중국의 정원은 후대로 갈수록 있는 그대로의 자연을 표현하는 데 초점을 맞추었다.

주요 연대

궁전 정원	BC 2000년, 시리아
신전 숲	BC 2613년경, 이집트
식물원	BC 1000년경, 아시리아
동물원	BC 7세기, 아시리아
유원지 정원	BC 545년경, 페르시아
정원 공원	BC 220년경, 중국
정지한 생울타리	BC 27년경~AD 14년, 로마
토피어리	BC 2세기, 로마
식물원	1440~1469년, 아스텍

일본의 정원은 중국의 영향을 받기는 했지만 중국보다 규모가 작았다. 5세기에 나온 일본의 연대기에는 연못과 시내가 언급되고 있으며, 612년에는 황후 스이코가 조경 원예사를 고용했다고 전해진다. 중국식 다리와 호수, 바위 조각들을 갖춘 그녀의 남쪽 정원은 자연을 축소해 옮겨놓은 듯했다.

아메리카의 정원

신대륙의 원예는 자체적으로 발전했다. 지면을 높여 조성한 늪지대의 밭(치남파)에서 아스텍인들이 정원용 식물을 육종해 재배했다는 증거가 발견되었다. 베르날 디아스와 같은 스페인 정복자들은 갖가지 약초와 꽃, 향기 나는 나무, 연못, 시내가 가득 들어선 아스텍의 근사한 정원을 기록으로 남겼다. 하층 계급은 정원에 채소와 과일을 길렀다.

남아 있는 자료에 따르면, 15세기에 텍스코코 호 일대를 통치했던 군주 네사우알코요틀이 테스코신코의 신성한 언덕 주변에 웅장한 숲을 조성했다고 한다. 이 정원 형태의 공원에는 연못과 분수를 비롯해 역사적 상징을 새긴 바위가 있었다. 아스텍 황제 모테쿠소마(1440~1469년)는 물로 둘러싸인 공원에서 사냥을 즐겼던 것으로 전해진다. 게다가 그는 우아스테펙에 대규모 식물원을 조성하기도 했다. 그는 자신의 정원에 심으려고, 백성들을 시켜 열대 해안 지역의 식물들을 수집해오도록 했다. 스페인 당국은 그곳에 관리들을 파견해 식물들을 연구하게 했고, 그 결과 새로운 품종의 식물이 유럽에 도입되었다.

멕시코 테오티우아칸의 테판티틀라 신전 벽화. 연대는 400~500년경으로, 물과 꽃피는 나무, 갖가지 식물과 동물로 미루어, 천국의 정원을 묘사한 듯하다. 이곳을 다스리는 최고 여신으로 해석되는 중앙의 인물 뒤로 거대한 나팔꽃이 활짝 피어 있다. 이 벽화에 묘사된 다른 식물들은 약재 성분이 있는 것으로 확인되었다.

가축사육

하느님께서 이렇게 당신의 모습으로 사람을 창조하셨다.
하느님께서는 그들에게 복을 내리며 말씀하셨다.
"자식을 많이 낳고 번성하여 땅을 가득 채우고 지배하여라.
그리고 바다의 물고기와 하늘의 새와 땅을 기어 다니는 온갖 생물을 다스려라."
창세기 1장 27~28절

가축은 농업 경제권 대부분에서 매우 중요한 비중을 차지해왔다. 가축이 제공하는 유용한 산물은 비단 고기만이 아니다. 인간은 죽은 동물로부터는 뼈, 이빨, 뿔, 가죽, 힘줄, 골수, 내장을, 살아 있는 동물로부터는 피와 젖, 배설물, 알, 섬유, 노동력, 수송력을 활용해왔다.

그렇다면 가축의 정의는 무얼까? 이 질문은 흔히 생각하는 것보다 답하기가 까다롭다. '사육'은 '길들이기'와는 분명히 다르다. 동물 개체를 길들일 수는 있지만 이 경우 동물은 행동에서만 야생 상태의 개체와 차이를 보인다. 여러 모로 고려할 때, 야생의 유전자 풀에서 분리되어 나온 동물 집단을 가축으로 정의하는 것이 가장 좋을 듯싶다. 인간은 이러한 집단을 재생산하는 과정에서 (의도적인 취사 선택을 통해) 물리적인 변화를 꾀할 수 있었다.

이 경우 역시 몇 가지 이견이 제기될 수 있는데, 이를테면 정원 연못의 금붕어는 사육된다고 볼 수 있는 데 비해, 길들이기는 했지만 숲 속을 어슬렁거리며 야생 멧돼지와 짝짓기를 하는 돼지는 여전히 야생 상태라고 볼 수 있다. 고고학자들은 '가축'의 기준으로, 야생 유전자 풀에서 분리된 뒤에 발생한 물리적인 변화가 과거의 변화 과정을 추적할 수 있는 단서를 제공하느냐의 여부를 내세운다. 여기서 과거란, 해당 동물에 변화가 일어날 정도로 충분히 사육된 이후를 말한다.

인간의 최초의 친구

이러한 범주에 의거해 최초의 가축으로 정의할 수 있는 동물은 개다. 야생 조상인 늑대와 구분될 정도로 덩치가 작은 동물이 유럽 북서부에 위치한 수렵-채집인의 거주지에서 발견된다. 거주지의 연대는 빙하기가

석회암 박편에 먹을 사용해 그린 포인터 종의 개 그림. 이집트 테베 서쪽에서 출토되었고, 연대는 BC 1305~BC 1080년경이다. 아주 자세하게 묘사되어 있고 사냥에 동원됐던 것으로 보인다.

끝나고 난 직후인 약 11,000년 전으로 거슬러 올라간다. 근동에서는 이보다 훨씬 전에 개 사육이 이루어졌을 확률이 높다. 개는 사냥 활동을 보조하기 위해 사육되었던 것이 분명하다. 이러한 목적을 위해 늑대 개체를 길들였을 테지만, 고고학자들의 기준에서 볼 때 야생 상태의 늑대와 별반 차이가 없었을 것이다. 숲이 유럽 전역을 뒤덮기 시작하면서 인간은 부상당한 동물을 수색할 필요가 생겼을 테고, 그 결과 개의 후각 능력은 더욱 중요해졌을 것이다.

다른 육식동물도 사육되었지만 시기상 농사가 시작된 이후의 일이었다. 곡물 창고는 쥐를 끌어들였고, 그 결과 쥐를 잡을 고양이가 필요해졌다. 최초의 집고양이는 신석기시대 초기의 키프로스에서 발견된다. 이는 키프로스에는 토착 야생 고양이가 없었다는 사실에 근거해 확인된 바다. 따라서 고양이는 인간의 손을 거쳐 이 지역에 들어올 수밖에 없었다.

무리 가축

무리 가축은 농업 체계에서 중요한 일부를 형성한다. 하지만 오늘날 전 세계 어디서나 흔히 볼 수 있는 무리 가축은 원래 제한된 지역에서 등장했다. 밀과 보리를 주로 생산했던 근동 농업권은 양, 염소, 소, 돼지를 사육했는데, 이들 가축은 (쌀에 기반한) 극동과 (수수와 기장에 기반한) 아프리카에 이어 (옥수수에 기반한) 아메리카로 흩어져 나갔다. 최근의 연구 결과, 중국에서는 근동에 농업 체계가 도입되기 이전부터 돼지를 사육했던 것으로 밝혀졌다. 아울러 인도에서는 소를 사육했던 것으로 추정된다. 페루에서는 농업 경제권 중에서 유일하게 덩치 큰 포유동물을 가축으로 사육했다. 바로 야마와 알파카였다. 그런가 하면 일부 농업권에서는 덩치가 작은 포유동물을 사육했다. 멕시코의 주요 가축은 칠면조였다.

가장 먼저 사육된 무리 동물은 염소로 추정된다. 약 10,000년 전경부터 염소 새끼를 도축하기 시작했던 흔적이 포착되기 때문이다. 이러한 추측은 많은 논란을 낳고 있는데, 사냥 방법이 바뀌었다면 도축 방법도 다양해졌을 테고, 또 앞에서 지적한 대로 물리적인 변화가 일어나려면 어느 정도 시간이 필요했을 것이기 때문이다. 염소와 양은 물리적인 변화를 보여주는 최초의 동물로, 이들 종의 원산지인 근동의 농부들을 통해 구대륙 전역으로 수출되었다. 일단 야생 상태에서 벗어나자 양과 염소는 금세 가축화되었다.

돼지는 이러한 방법으로는 사육 여부를 확인하기 어렵다. 야생 돼지의 종이 워낙 많기 때문이다. 일부에서는 초기 유럽의 농부들이 야생 돼지의 후손을 아무 데다 풀어놓고 '반쯤 사육' 했다고 주장한다. 하지만 최근의 연구 결과, 야생 돼지보다 덩치가 작은 명실상부한 집돼지가 분명 있었던 것으로 밝혀졌다. 따라서 그

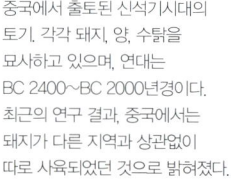

중국에서 출토된 신석기시대의 토기, 각각 돼지, 양, 수탉을 묘사하고 있으며, 연대는 BC 2400~BC 2000년경이다. 최근의 연구 결과, 중국에서는 돼지가 다른 지역과 상관없이 따로 사육되었던 것으로 밝혀졌다.

이집트 드라 아부 엘 나가에 있는 네바문의 무덤에서 나온 벽화 잔해. 연대는 BC 1390년경으로, 네바문이 이동하는 소떼를 점검하는 가운데 서기들이 숫자를 받아 적을 준비를 하고 있다. 초기 사회에서 소는 부와 지위를 가늠하는 척도였다.

야말로 엄격한 통제 아래 야생 돼지와 교배하지 못하게 했을 경우에만 집돼지라고 볼 수 있다.

부산물

포유동물을 사육하게 된 계기는 죽은 동물의 부산물을 계속 확보하고자 하는 욕구에서 비롯되었던 것이 분명하다. 갈수록 인구가 늘어나면서 야생 동물만으로는 부족했을 테고, 그 결과 야생의 동물을 길들여 가축화했을 것이다. 어쨌든, 일단 가축 사육이 이루어지자 살아 있는 동물로부터 여러 가지 부산물을 얻을 수 있었다. 일부에서는 BC 3500년경부터 이러한 부산물이 다양하게 등장하기 시작했다고 주장한다.

운송과 교역이 크게 발전하면서 식량이나 교역품을 가득 실은 마차나 쟁기, 전차를 끄는 데 말이 사용되었다. 말을 사육한 최초의 흔적은 카자흐스탄의 보타이(BC 4000년)에서 발견된다. 현재까지 이곳에서 나온 말 뼈는 수만 마리 분에 해당한다. 대개는 사냥한 말에서 나온 잔해지만 고기와 뼈의 엄청난 무게로 미루어, 이를 주거지로 가져오려면 뭔가 운반 수단이 필요했을 것이다. 이러한 증거와 마구의 흔적은, 말을 사육해 사냥과 사냥한 동물의 운반에 사용했으리라는 추측을 가능케 한다.

가축은 농부들에게 밭을 기름지게 만드는 거름과, 농작물을 운반하는 수단과, 작물만으로는 부족할 경우 이

아래 왼쪽 그림은 연회장으로 끌려가는 소와 양으로, BC 2600~BC 2400년경에 제작된 우르의 전승 기념판에 묘사되어 있다. 인간은 죽은 동물로부터는 고기를, 살아 있는 동물로부터는 BC 2550~BC2400년경 알우바이드의 한 신전에 묘사된 젖 짜는 장면(아래 오른쪽)에서처럼, 우유와 양모 같은 부산물을 얻었다.

주요 연대	
개의 가축화	12,000년 전, 근동
고양이의 가축화	9,000년 전경, 키프로스
염소의 가축화	10,000년 전, 근동
양의 가축화	10,000년 전, 근동
말의 가축화	BC 4000년, 중앙아시아

를 보충하는 낙농 제품과 고기를 제공했다. 인간이 먹을 수 없는 왕겨와 밀짚은 동물의 먹이나 잠자리 역할을 했다. 어떤 의미에서 농부들은 작물과 가축을 통해 경제뿐만 아니라 환경 전체를 길들여왔다. 이 둘의 결합은 어느 한쪽만의 총계를 훨씬 능가했다. 일단 결합이 이루어지자, 구대륙의 농업과 초기 제국의 역사는 가축에 크게 의지하게 되었다.

왼쪽 200~600년경 페루 리마 양식의 그릇으로, 목동이 야마를 2마리씩 짝 지어 몰고 있다.

아래 BC 9세기경의 부조에 묘사된, 끈에 묶여 아시리아 궁전으로 향하는 원숭이들.

동물원과 애완동물

세계 최초의 동물원은 고대 이집트와 메소포타미아의 궁전에 세워졌다. 고고학 증거는 거의 남아 있지 않지만, 수많은 그림과 문헌에 동물원에 대한 기록이 남아 그 문화적 중요성을 강조하고 있다. 동물원은 왕의 특권을 한층 더 높여주고, 광대한 지역을 아우르는 제국의 힘을 과시하는 역할을 담당했을 뿐만 아니라, 초기의 자연사 연구에 기여하기도 했다. 일반인들은 동물원으로 운반되는 동물을 구경할 수는 있었지만 일단 동물원 우리에 갇히면 함부로 접근하지 못했던 듯하다.

동물원의 동물을 묘사한 이집트의 유명한 그림에는 파라오 사후레에게 보내진 시리아산 곰(BC 2450년경)을 비롯해, 배에 실려 여성 통치자 하트셉수트에게 보내진 비비(BC 15세기 중반), 람세스 2세가 전시했던 거대한 코뿔소(BC 13세기)가 묘사되어 있다. 투트모세 3세는 날마다 알을 낳는 동물원의 놀라운 새(BC 15세기)에 대한 자부심이 대단했다. 이집트에서 목격되는 이 최초의 가금은 아마도 인도에서 들여온 것으로 추정된다.

메소포타미아의 왕들도 BC 2000년대부터 동물원을 조성하기 시작했다. BC 9~BC 7세기의 아시리아 왕들은 광대한 제국 전역에서 특이한 동물을 수집해 들이는 데 관심을 기울였다. 당시의 많은 그림들이 원숭이, 코끼리, 박트리아낙타 같은 외국의 동물들로 넘쳐나는 님루드와 니네베의 동물원을 묘사하고 있다. 아시리아 왕 센나케리브가 BC 700년경에 축조한 '비할 데 없이 훌륭한 궁전'에는 놀라운 구경거리가 가득했는데, 그 중에는 세계 최초로 동물들의 천연 거주지를 그대로 본떠 전시한 동물원도 있었다. 그의 비문 내용에 따르면, 우리에 갇히지 않은 동물들은 건강한 상태를 유지하면서 '수많은 새끼를 낳았다.' 말하자면 오늘날과 같은 성공적인 동물원 프로그램이 이미 이때부터 시행되고 있었던 셈이다.

집안에서 애완동물을 기르는 관행은 가축의 사육과 같은 시기에 시작되었다. 고대 근동 지방에서 애완동물, 그 중에서도 특히 개와 고양이를 묘사한 그림과 문헌이 발견된다. 애완동물의 이름으로는 '검둥이'나 '용감한 녀석'이 많았다. BC 14세기의 이집트 황태자 투트모세는 아끼던 고양이가 죽자 장사를 지내고 무덤을 조성해 부장품까지 함께 넣었다. 뿐만 아니라 고대 근동의 문학작품에는 애완동물이 영웅에서부터 익살꾼에 이르기까지 다양한 모습으로 묘사되어 있다.

원숭이, 비비, 곰, 사자, 가젤과 같은 야생동물을 길들이는 경우도 더러 있었다. 부조와 벽화에 보면, 주인을 위해 다양한 묘기를 선보이거나, 따로 마련된 환경에서 신나게 뛰노는 동물들의 모습이 묘사되어 있다. 메소포타미아의 기록은 야생동물을 길들이는 수준이 어느 정도였는지 짐작하게 해준다. 예를 들어 곰을 훈련시켜 사자에게 채찍을 휘두르게 만든 경우도 있었다.

조리

> 인간은 불을 만드는 기술을 발견했고, 그 기술 덕분에 딱딱한 뿌리는 씹을 수 있게, 독이 든 뿌리나 약초는 무해하게 바꿀 수 있었다. 언어를 제외하면, 불의 발견은 역사의 여명기 이전에 이루어진 발견 가운데 가장 중요한 사건이 아닐까 싶다.
>
> 찰스 다윈, 1871

달구어진 숯 위에서 음식을 굽는 인간의 모습을 나타낸 그리스의 토기 인형. 굽기는 가장 기본적인 조리법의 하나다.

조리는, 문화 행위이자 인간을 다른 동물과 구분 짓는 특징의 하나로 간주되어왔다. 조리의 기원에 대해서는 많은 이론(異論)이 존재한다. 대부분의 고고학자는 50,000년 전경부터 조리가 시작되었다고 본다. 하지만 30,000년 전이 더 정확하다고 믿는 학자들도 더러 있다.

생존과 식량 확보는 서로 불가분의 관계에 있다. 식량의 다양화에 힘입어 우리의 조상들은 수많은 혜택을 누렸을 것이다. 상당수의 고기와 식물은 날것으로도 먹을 수 있지만, 조리를 할 경우 유해 성분도 제거되고 맛도 더 좋아질 뿐만 아니라 소화도 잘된다. 조리가 일반화되면서 음식의 풍미와 씹히는 감촉이 달라졌을 테고, 이는 음식 재료의 확대로 이어졌을 것이다.

초기의 증거

불과 음식의 결합은 세계 어디서나 공통으로 나타나는 현상이었다. 이처럼 전 세계 어디서나 나타나는 기본적인 조리법은 과학기술의 제한을 받았다. 기술이 제한된 유목 형태의 생활 양식에서는 부엌에 이렇다 할 주방 기구가 없었다. 바위나 막대, 생가죽, 바구니, 심지어는 짐승의 시체나 조직이 조리 기구와 식기로 사용되었다. 초기의 조리와 관련된 고고학 증거는 화덕과 불에 그을린 뼈·토양·바위의 형태로 발견된다. 연대가 50만~30만 년 전으로 거슬러 올라가는 다양한 유적지에서 음식을 굽는 데 사용했을 것으로 추정되는 화덕이 출토되었다. 논란의 여지가 많긴 하지만, 중국의 저우커우뎬(周口店) 유적지는 그런 곳 가운데 하나다. 프랑스의 테라 아마타 유적지에서도 화덕이 발견되었으며, 역시 프랑스에 있는 메네드레강 유적지에서는 벽화로가 출토되었다.

후대로 내려올수록 조리의 증거는 더욱 구체성을 띠어 논쟁의 소지가 줄어든다. 지브롤터의 밴가드 동굴에서는 100,000~86,000년 전경의 화덕이 발견되었다. 프랑스 도르도뉴 지방의 동굴 유적지에서는 보르도대학교 발굴대가 약 66,000~54,000년 전의 화덕을 발굴했다. 일명 제15호 동굴로 알려진 이 동굴의 화덕은 육류와 생선을 훈제하는 데 사용했던 것으로 추정된다. 동굴에는 네안데르탈인이 거주했다. 스페인 바

중국 레이구둔의 한 무덤에서 출토된 BC 433년경의 청동 세발솥. 집게와 국자도 보인다. 발견 당시 솥에는 아직도 소뼈가 들어 있었고, 솥 밑에는 검댕이 묻어 있었다. 이로 미루어볼 때, 아마도 장례식용 음식을 조리하는 데 사용했던 듯하다.

이스라엘의 단에서 출토된 다양한 종류의 토기 조리 기구. 연대는 BC 10~BC 8세기. 토기 그릇의 등장은 조리법을 완전히 바꾸어 놓았다. 그 결과, 직화를 이용해 다량의 음식을 조리할 수 있었다.

르셀로나 근처의 아브릭 로마니에서는 53,000년 전쯤의 화덕이 발견되었으며, 크로아티아의 자그레브 빈디야 동굴에서도 34,000~28,000년 전쯤 조리를 했다는 확실한 증거가 나왔다. 이들 초기 부엌은 대개 동굴에 위치했지만, 천막과 같은 임시 거주지에서 조리를 했다는 증거도 더러 있다.

조리법과 음식 재료

조리법에는 크게 5가지가 있다. 불꽃이나 숯, 석쇠를 이용하는 직화 구이는 조리법의 근간을 이룬다. 두번째로는 간접적인 열이나 젖은 열을 사용하는 방법을 들 수 있다. 나뭇잎이나 해초, 이끼, 진흙을 이용해 찌는 이 방법은 조리하는 동안 음식을 보호해준다. 세번째는 음식 재료를 물에 담가 끓이는 방법이다. 네번째로는 마른 열로 굽는 방법이 있다. 마지막으로 뜨거운 기름에 담가 튀겨내거나, 그보다 적은 양의 기름을 사용해 살짝 볶는 방법이 있다.

일부 지역에서는 작물 재배와 가축 사육을 통해 식량 공급이 확대·안정되었다(91, 109쪽 참조). 토기 용기와 식량 공급의 확대는 조리법의 발전과 음식의 다양화로 이어졌다.

토기 용기가 도입되면서 조리법은 몰라보게 달라졌다. 최초의 토기로 알려진 일본의 조몬 토기는 표면의 탄화물을 분석한 결과 연대가 BC 14000년으로 거슬러 올라가는데, 표면에 묻은 숯 성분으로 미루어 조리하는 데 사용했을 것으로 추정된다(38쪽 참조). 이란 남서부의 자그로스 산맥 지역에서도 BC 6300년경의 토기가 발견된다. 액체가 들어 있는 토기 용기로 미루어, 불에 달군 돌이 아니라 직화로 조리를 했던 것으로 보인다. 물이나 기름에 담가 조리하는 방법은 발효 음료(116쪽 참조)에서부터 수프에 이르기까지 음식의 종류를 다양화했다.

오븐은 대개 안쪽에 점토를 발라 직화로 열을 가하는 땅 속 구덩이의 형태를 띠었다. 이 경우, 안쪽의 점토에 흡수된 열을 사용해 음식을 구웠던 것으로 보인다. 메소포타미아의 우르 시 주민들은 약 5,000년 전부터 땅 위 오븐을 사용했다. 크기가 커진 오븐은 구울

여전히 빵을 굽는 데 사용되는, 근동의 전통적인 가스 오븐.

수 있는 음식의 양을 늘려주었을 뿐만 아니라, 빵을 전문으로 굽는 사람을 탄생시켰을 것이다.

이후 금속을 조리에 사용하면서 두번째로 큰 도약이 이루어졌다. 초기의 금속 냄비는 깨지기 쉬운데다 무겁고 수명이 짧은 토기 용기에 비해 내구성도 훨씬 뛰어나고 열 전도율도 높았다. 중국 장시(江西)에서 BC 2000~BC 771년경의 금속 조리 기구가 발견되었다. 초기의 청동 냄비는 토기 그릇을 본떠 제작되었는데, 고기를 요리하는 냄비의 경우 형태가 특이했다. 아메리카에서는 유럽인과 조우하고 난 다음에야 금속 냄비가 등장했다.

연료를 구하기 힘든 지역에서도 금속 용기는 중요한 조리 기구였다. 튀기려면 매우 높은 온도의 기름이 필요한데, 금속 용기 안에서 열을 일정하게 유지해주어야만 고온의 기름을 얻을 수 있다. 이 방법은 음식을 빨리 조리할 수 있게 해준다. 뚜껑이 없는 화덕이 사라지고, 금속 냄비와 함께 불을 더 많이 수용할 수 있는 화덕이 모습을 드러냈다. 전 세계의 많은 지역에서 불을 수용할 수 있는 능력이 갈수록 향상되었다. 벽난로, 이동식 화로, 굴뚝이 등장하면서 조리 기구도 금속 용기, 철 석쇠, 쇠꼬챙이 등 그 종류가 다양해졌다.

주요 연대

조리용 화덕	500,000~300,000년 전, 중국(?)과 유럽 100,000~86,000년 전, 지브롤터 34,000~28,000년 전, 크로아티아
조리용 토기 그릇	BC 14000년, 일본
지상 오븐	5,000년 전, 메소포타미아
조리용 금속 그릇	BC 2000~BC 771년, 중국

아래 빵을 굽고 있는 두 여인. 큰 항아리에서 반죽을 한 다음 조그만 점토 용기에 넣어 구웠다. 이집트 테베에 있는 안테포케르의 무덤에서 나온 그림. 연대는 BC 1950년경.

맨 아래 폼페이의 베티의 저택 부엌에 있는 청동 조리 기구. 금속 용기는 토기에 비해 내구성도 뛰어나고 열 전도율도 높아, 조리가 크게 도약하는 또 하나의 계기가 되었다.

27 발효 음료

> 자연이 몸에 가장 좋은 음료인 물을 주지 않기라도 한 듯이,
> 인간이 그처럼 무수한 공을 들이는 분야는 없다.
>
> 대플리니우스, 1세기

오른쪽 세계에서 가장 오래된 포도주 항아리. 나이는 7,400세이란 하지 피루츠테페에서 출토되었다. 발견 당시 항아리 안에는 유기물의 찌꺼기가 남아 있었다.

아래 분자 분석 결과 꿀, 쌀, 과일(포도나 산사나무 열매로 추정)을 섞어 발효시킨 음료를 담았던 신석기시대의 항아리. BC 6000년경의 것으로, 중국 허난성에서 출토되었다.

발효 음료는 인간이 이룬 가장 대단한 발견 가운데 하나다. 구석기시대에 처음 등장한 것으로 추정되는 발효 음료 기술은 신석기시대(BC 8500~BC 4000년경, 아시아)로 들어오면서 제대로 진용을 갖추게 되었다. 설탕을 구할 수 없는 극지방 주민들을 제외하고 인간은 다양한 종류의 재료를 발효시키는 데 놀라운 재능을 보여왔다. 보리, 밀, 옥수수 기장, 수수 같은 곡물을 비롯해 꿀, 포도, 기타 과일, 초콜릿, 용설란, 유카, 타로토란, 선인장, 야자나무 수지 등은 빙산의 일각일 뿐이다.

조건이 딱 들어맞을 경우 설탕은 저절로 알코올로 변한다. 포도, 무화과, 사과, 딸기류를 비롯해 많은 과일이 껍질에 '포도주와 맥주와 빵을 만들 수 있는 효모'를 함유하고 있다. 과일에서 설탕이 풍부한 즙을 추출하고 나면 이들 미생물이 과즙의 당을 먹고 저절로 번식하기 시작한다. 따뜻한 기후일 경우, 하루나 이틀이면 미생물이 충분히 번식한다. 가장 풍부한 천연 설탕 공급원인 꿀(중량의 60~80퍼센트가 설탕이다)에도 이와 같은 종류의 효모가 들어 있다. 꿀 20%, 물 80%의 비율로 희석하면 효모가 꿀을 발효시켜 꿀술이 된다.

본능

설탕과 알코올을 얻으려는 경향은, 잘 익은 과일과 꿀에 쉽게 끌리는 파리에서부터 새, 코끼리에 이르기까지 동물의 세계 어디서나 발견된다. 구석기시대의 인간들이 먹음직스러운 색깔의 달콤한 과일에 이끌려 나무나 돌, 가죽, 섬유로 만든 용기에 과일을 모으는 광경은 쉽게 상상이 간다. 과일이 주렁주렁 열린 나무 밑에서 용기를 받치고 있으면 발효된 과즙이 떨어져 용기 바닥에 고였을 것이다. 이 '포도주'는 금세 동이 났을 테고, 가능하다면 다시 제조되었을 것이다. 하지만 보존에 필요한 지식이나 수단이 부족했기 때문에 음료는 수확기에만 만들어 빨리 마셔야 했다.

발효

신석기시대는 발효 음료 제조라는 엄청난 혁신에 필요한 요소들이 모두 제자리를 잡은 최초의 시기였다. 정착 생활과 더불어 여러 가지 종류의 술이 빚어졌고, 그 결과 수요와 교역이 증가했다. 토기의 발명으로 음료를 뚜껑 있는 항아리에 보관할 수 있게 되었다.

항균 성분에 대한 지식이 늘어나면서 식초로 변하거나 고약한 냄새와 맛을 풍기지 않도록 음료에 약초와 나무진을 추가했다. 화학 분석 결과, 특히 고대 지중해와 중동에서는 포도주에 수천 년 동안 나무진을 사용했던 것으로 밝혀졌다. 그 전까지는 이런 관행이 그리스에만 있는 줄로 알려졌다.

무엇보다도 중요한 점은 신석기시대의 인간들이 식물을 재배하기 시작했다는 사실이다. 그 중에서도 특히 곡물과 과일, 포도나무는 다른 바람직한 특징(예를 들어 높은 당도)과 더불어 음료의 생산량을 늘려주었을 뿐 아니라, 예상 가능한 양까지 가늠할 수 있게 해주었다. 양봉도 이 시기에 시작되었을 확률이 높지만 구체적인 증거는 부족하다.

고대의 음료 제조업자들은 숱한 시행착오 끝에 주변에서 쉽게 구할 수 있는 설탕 성분에 천연 효모가 많이 함유된 포도나 기타 과일을 추가하면 더 쉽고 더 빠르게 발효가 진행된다는 사실을 깨달았다. 아시아 대륙의 양쪽 끝자락, 그러니까 서쪽으로는 메소포타미아 고지대와 카프카스, 터키의 신석기시대 마을과, 동쪽으로는 황허 강과 양쯔 강변의 공동체에서 나온 고고학·식물학·화학 자료는 꿀, 과일, 곡물을 섞어 최초로 발효 음료를 만들었다는 사실을 보여준다. 그러한 혁신이 각기 따로 이루어졌는지는 알 수 없지만, 두 지역 모두 발효된 과즙이나 희석한 꿀을 섞는 방법을 사용했다.

곡물을 발효시킬 때, 곡물에는 천연 효모가 없기 때문에 저절로는 발효가 되지 않는다는 문제가 있다. 게다가 곡물에는 효모가 소화할 수 없는 전분(다당)이 다량으로 함유되어 있다. 고대인들은 마침내 곡물의 다당을 분쇄해 단당으로 바꾸는 법을 터득했다. 예를 들어 근동에서는 보리를 엿기름으로 만들어 이 문제를 해결했고, 중국에서는 곰팡이를 사용해 쌀이나 기타 곡물을 당으로 바꾸었다. 발효 방법에는 2가지가 있었다. 즉 어디선가 효모가 날아와 주정에 내려앉기를 기다리거나(벨기에의 램빅 맥주와 중국의 쌀술은 여전히 이 방법으로 제조된다), 아니면 발효된 과일이나 꿀을 섞어 직접 효모를 배양했다.

고대 메소포타미아의 맥주 여신 닌카시에게 봉헌된 최초의 맥주 제조법에도 나와 있듯이, 직접 효모를 배양할 경우 완제품의 상태를 예측하기가 좀더 쉬웠다. 효모 군체가 형성되고 나면 그 중 일부를 분리해 다른 독에 옮겨 심었다. 포도주 효모는 '자동 선택'(관찰을 토대로 인간이 분리하는 효모)을 통해 맥주 효모와 빵 효모로 진화했다.

효모의 또 다른 이점은 알코올 함량이 부피의 5퍼센트가 되면 바람직하지 못한 풍미와 향뿐만 아니라, 심한 경우 질병까지 유발할 수 있는 유해한 세균을 죽여 없앤다는 데 있다. 세균만 죽일 뿐 효모는 계속 살아남아 당을 발효시키면서 알코올 함량이 5퍼센트의 두 배가 넘는 음료를 만들어낸다. 신석기시대의 비위생적인 음료 제조 환경에서 효모는 점차 지배권을 늘려나갔다.

발효 음료는 갈수록 세분화되었다. 포도주, 보리 맥주, 청주, 꿀술 같은 단일 성분의 음료가 마침내 혼합 음료를 밀어냈다. 보는 사람의 견해에 따라, 세분화된 음료는 더러 문명이나 야만의 상징으로 여겨지기도 했지만, 발효 음료를 만드는 지식과 기술은 중요하게 취급되었다.

권력과 특권

전 세계 어디서나 인간은 본능과 환경의 도움을 받아

위 고대 그리스 향연의 전신인 메소포타미아의 연회 장면. 우르의 왕족 공동묘지에 있는 푸아비 왕비의 무덤에서 나온 BC 2600~BC 2400년의 청금석 원통 인장에 묘사되어 있다. 남녀 주둥이가 넓은 항아리에 빨대를 꽂아 보리 맥주를 마시고 있다. 그 밑에는 고관대작들이 잔을 들고 있다. 주전자 모양의 단지에는 아마도 포도주가 담긴 것으로 추정된다.

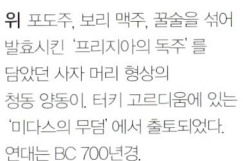

위 포도주, 보리 맥주, 꿀술을 섞어 발효시킨 '프리지아의 독주'를 담았던 사자 머리 형상의 청동 양동이. 터키 고르디온에 있는 '미다스의 무덤'에서 출토되었다. 연대는 BC 700년경.

27 주거와 생활

이집트 아비도스의 우즈의 무덤에 있는 10호 방. 보다시피 포도주 단지가 가득 들어차 있다. 무덤 주인은 왕이며, 연대는 BC 3150년경으로 거슬러 올라간다. 당시 이집트인은 지중해 지역에서 포도주를 수입했다.

이집트 테베의 나크트의 무덤에서 나온, 포도주 담는 장면. 연대는 BC 1400년경으로, 2명의 인부가 수확기의 포도를 따는 가운데 인부 5명이 밧줄을 붙잡고 포도를 밟고 있다. 붉은 포도 원액은 뚜껑에 찌지를 붙인 암포라에 담아 발효시켰다.

주요 연대

의도적인 발효	신석기시대, 메소포타미아와 중국
가장 오래된 포도주 항아리	7,400년 전, 이란
포도주 제조 산업	BC 3000년경, 이집트

발효 음료 제조법을 발견했다. 발효 음료는 거의 예외 없이 각 문화권의 사회 관습, 종교, 조리법, 약전, 경제에서 중요한 역할을 담당했다. 그 점은 오늘날도 마찬가지다. 유대-기독교 전통에서는 포도주를 희생과 생명의 상징으로 보고 중요하게 취급한다. 유라시아산 포도나무가 번성하는 고산 지대에서 시작된 문화권에서도 그랬던 듯하다. 저지대나, 천연 설탕 재료가 덜 풍부한 지역에서는 곡물로 발효 음료를 만들었다. 중국에서는 청주와 기장주가, 유럽 북부에서는 보리와 밀 맥주가, 신대륙에서는 옥수수 맥주가 사회와 종교, 중요한 인간사(출생, 사춘기, 결혼, 군대의 승리, 예배, 죽음)에서 동일한 역할을 담당했다.

어느 한 지역에서 중요한 역할을 담당하면서 경제적 발판을 확보한 발효 음료는 곧이어 다른 문화권으로도 퍼져 나갔다. 새로운 음료가 처음 나오면 교역과 의식 차원의 교환을 통해 사회의 엘리트 집단에 소개된다. 음료와 음료를 마시는 데 사용하는 그릇(종종 값비싼 재료로 만들어졌다)에는 특권이 따라다녔고, 덕분에 이동이 용이했다. 일단 수용되고 나면 다음 단계로 해당 지역에서 자체적인 생산이 시작되었다. 그 결과, 가격도 더 저렴하고 해당 지역 주민들의 기호에도 더 잘 맞는 음료가 좀더 안정적으로 공급되었다.

BC 3000년경 나일 삼각주에 확립되었던 왕족의 포도주 제조 산업도 똑같은 과정을 거쳤다. 이집트의 초기 왕들은 지중해 남부에서 포도주를 수입해 마셨다. 이집트에서는 포도나무가 자생하지 않았기 때문이다. 그 후 파라오들은 유라시아에서 재배 품종을 들여와 옮겨 심는 한편, 지중해의 포도주 제조 기술을 익혀 몇천 년 넘게 지속된 기업을 일으켰다. 이집트에서 포도주 산업은 말할 수 없이 중요한 비중을 차지했는데, 대량 생산이 가능해지면서 사회 전체에 포도주를 공급할 수 있었다. 이집트의 교역망과 외교력은 '근동 포도주 문화'의 확대를 가져왔고, 이러한 과정은 신대륙을 무대로 오늘날까지도 계속되고 있다.

세계의 다른 중요한 발효 음료는 엘리트 계층을 거쳐 지역 생산으로, 이어 대량 수용의 단계로 이어졌다. 중국 청주의 경우, 발명된 지 7,000여 년이 지나 일본 지식층에 도입되었고, 아메리카의 옥수수 맥주와 초콜릿(120쪽 참조)이 퍼져 나가는 데에는 몇천 년이라는 긴 세월이 필요했다.

식료품 보관

> 생선 소스가 악취를 풍길 경우, 그릇의 내용물을 쏟아 월계수와 삼나무로 훈증한 다음
> 냄새를 빼고 다시 그릇에 부으면 된다.
> 아피키우스, 상한 생선 소스를 되살리는 요령, 1세기

28

고대에는 눈, 얼음, 연기, 바람을 이용해 음식을 보관했다. 빙하기 후기의 사람들은 영구 동토층에 음식을 저장했다. 빙하기 후기인 BC 14000년경 우크라이나 메츠히리치의 사냥꾼들은 얼어붙은 툰드라 지대에 깊은 구덩이를 파서 매머드 고기와 기타 음식을 보관했다. 시리아 남동부에 위치했던 마리의 군주 짐리린은 BC 1700년 유프라테스 강 근처에 얼음집〔氷庫〕을 지었다.

빙고 기술은 BC 7세기 중국에서 확립되었다. 중국 산시성(山西省) 양취안(陽泉)에 있었던, 수문을 단 얕은 구덩이는 냉장고로 사용됐는데, 물이 넘치면 근처의 강으로 빠져나가도록 설계했다. 중국의 시황제는 지하 17.3미터에 거대한 토기 단지들을 파묻어 빙고를 조성했다. 아스텍의 수도 테노치티틀란의 거대한 시장에선 근처의 봉우리에서 활차에 실어 운반해온 얼음을 팔았다.

햇볕과 바람에 고기를 건조하는 기술은 흔하게 발견된다. 고대 북아메리카의 평원 인디언들은 사냥한 장소에서 바람을 이용해 고기의 대부분을 말린 다음 거기에 지방을 부수어 넣어 육포를 만들었다.

건조법과 훈제법도 빙하기 후기로 거슬러 올라간다. 이집트의 부조를 보면, 생선을 나비꼴로 펴서 햇볕에 말리는 모습과, 가금류를 매달아 건조하는 모습이 나온다. 염장법은 로마 시대에 확립된 보존 기술이다. 로마인들은 바위소금과 바닷소금을 사용했는데, 토기 그릇에 바닷물을 담아 증발시키거나, 로마 근처의 티베르 강 어귀에 있는 염류 평원에서 바닷물을 증발시켜 소금을 얻기도 했다.

주요 연대	
영구 동토층을 이용한 식품 저장	14,000년 전, 우크라이나
빙고	BC 1700년, 시리아
빙고	BC 7세기, 중국

아래 왼쪽 이집트 테베에 있는 나크트의 무덤에서 나온 그림. 연대는 BC 1400년경으로, 남자 2명이 새의 깃털을 뽑아 깨끗하게 손질한 뒤 공중에 매달아 건조하고 있다.

아래 로마인들은 올리브와 생선 소스(매우 인기가 높았다) 같은 다양한 종류의 식료품을 토기 암포라에 다량으로 보관해 운반했다. 사진은 폼페이의 키타리스트의 저택에서 나온 암포라다.

아이스크림

아이스크림은 과일즙이나 딸기즙에 설탕과 차가운 물을 섞어 컵이나 토기 그릇에 담아 완전히 얼리거나 반쯤 얼린 후식 겸 음료에서 출발했다. BC 4세기에 알렉산드로스 대왕은 꿀과 과즙을 섞은 눈과 얼음을 특히 좋아했다고 전해진다. 중국인들은 BC 7세기에 물과 우유를 섞어 오늘날의 빙과와 비슷한 아이스크림 형태를 처음으로 개발했던 것으로 보인다. 네로 같은 로마 황제들은 얼음에 재운 과일과 과즙을 즐겨 먹었다. 얼음은 근처의 산에서 가져와 격리된 구덩이에 저장했다. 16세기에 이르러 빙과 형태는 아이스크림으로 발전했다.

29 초콜릿과 차

> 오, 성스런 초콜릿이여!
> 사람을 무릎 꿇게 만들고, 두 손 모아 기도하게 만들고,
> 마실 때마다 천국에 이른 듯한 느낌이 들게 하누나.
>
> 마르코 안토니오 오레야나, 18세기

오른쪽 카카오 꼬투리와 콩. 카카오 콩이 초콜릿 고유의 풍미를 제대로 내려면 발효, 까부르기, 찧기 같은 복잡한 과정을 거쳐야 한다.

아래 1200~1521년경 돌로 조각한 아스텍의 인물상. 상인으로 추정되는 조각상은 카카오 꼬투리를 들고 있다. 아스텍 중심부에서는 카카오나무가 자라지 않았기 때문에 콩을 수입해야 했다.

세계 3대 비알코올 강장 음료(차, 커피, 초콜릿) 가운데에서도 초콜릿은 가장 역사가 깊다. 초콜릿의 역사는 적어도 26세기 이상 되며, 초콜릿의 재료는 중앙아메리카와 남아메리카의 열대 우림에서 자라는 관목인 카카오 열매다.

초콜릿의 제조 단계는 어디서나 대체로 비슷하다. 1) 알이 굵은 씨앗 꼬투리를 수확한다. 2) 카카오 콩을 넓게 흩뿌려 발효시킨다. 콩이 발효되면 씨앗을 감싸고 있는 과육이 알코올로 변하면서 빠져나온다. 3) 콩을 깨끗이 씻은 다음 볶는다. 4) 콩을 까부려 불필요한 껍질을 제거한다. 5) 열을 가해 콩을 찧는다. 콩이 발효되기 전에 까부려 찧을 경우, 500가지가 넘는 화학 성분을 함유한 이 고도로 복잡한 물질의 초콜릿 풍미가 제대로 살아나지 않는다.

진짜 수수께끼는 이처럼 복잡한 제조 과정이 언제, 어디서, 어떻게 처음 발견되었느냐 하는 점이다. 첫번째 질문에는 대답할 수 없지만 나머지의 경우는 정황 증거로 보아, BC 1500~BC 400년까지 멕시코 만 연안에서 번성했던 올멕 문명을 지목할 수 있다. 초콜릿은 올멕 문화권에서 그들의 문화 전통을 이어받은 멕시코 남동부와 중앙아메리카의 전고전기 마야로 확산된 듯하다. 마야인들이 BC 600년부터 초콜릿을 음용했다는 확실한 증거가 있다. 벨리즈의 한 유적지에서 나온, 주전자 모양의 항아리에 남아 있는 찌꺼기 성분을 분석한 결과, 초콜릿 고유의 알칼리성 자극제인 테오브로민이 검출되었다.

고전기의 마야 문명(205~900년)에는 초콜릿이 지배 계층 사이에서 광범위하게 음료로 사용되었다는 고고학 증거와 그림 증거가 풍부하다. 초콜릿 콩을 맷돌에 갈면 오늘날의 제조업자들이 '코코아 원액'이라고 부르는 걸쭉한 반죽 상태가 되는데, 여기에 물과 때론 바닐라와 칠리 같은 방향(芳香) 물질을 섞었다. 그런 다음 수저로 떠서 충분히 거품을 냈다. 거품을 많이 내기 위해 깊숙한 원통형 그릇에 담긴 음료를 다른 그릇에 옮겨 붓는 방법을 사용했을 것이다. 이렇게 해서 만든 음료는 조롱박에 퍼서 단숨에 들이켰을 것이다.

음료는 외교 사절 접대나 조공 접수, 지배층의 결혼식과 같은 공식 석상에서 마셨던 듯하다. 초콜릿을 마시는 장면과, 제작자와 후원자(그릇 주인)의 이름을 그려넣어 아름답게 장식한 토기 용기는 그 자체로 인기가 높은 물품이었다.

1300년경 북서부의 고향에서 멕시코 중부에 처음 도착할 당시 아스텍인들은 반(半)야만 상태였지만 곧이어 그곳의 초기 문명으로부터 높은 수준의 문화를 흡수해 들였다. 그 중 하나가 초콜릿이었다. 하지만 카카오나무는 서리가 없는 환경에서 자라기 때문

고전기의 마야 꽃병에 묘사된 궁전 장면. 중앙의 보좌에 앉아 있는 왕이 거품이 넘치는 초콜릿 잔 위로 손을 가져가고 있다.

에 아스텍인들은 중앙아메리카의 저지대에서 콩을 수입해야 했다. 1519년 스페인 세력이 아스텍 제국을 침략할 당시까지 초콜릿은 왕족과 귀족, 상인과 전사 계층에서는 널리 음용되었지만 서민들에게는 금지되었다.

유카탄의 아스텍인과 마야인들 사이에서는 카카오 콩 자체가 높은 금전 가치를 지니고 있어 잔돈으로 사용되는가 하면, 관리들 봉급으로도 지급했다. 처음에 스페인 정복자들은 초콜릿 맛을 역겨워했다. 하지만 (구대륙에서 재배하는) 사탕수수를 첨가해 유럽인의 기호에 맞게 만들어, 상온이 아니라 뜨겁게 데워 마시면서부터 '초콜릿 중독자'가 되었다.

16세기 말에 이르러 초콜릿 음료는 스페인 궁정으로 건너갔고, 거기서 유럽 전역으로 확산되어 나갔다. 18세기 말 프랑스혁명이 일어날 때까지 유럽의 가톨릭 국가들에서 초콜릿은 귀족과 고위 성직자의 특권으로 남아 있었다.

1828년 네덜란드 제과업자 코엔라트 반 호텐이 초콜릿 반죽에서 지방 성분인 '코코아 버터'를 제거하는 방법을 알아내 특허를 받았다. 그 결과, 초콜릿 분말을 얻을 수 있었는데, 이를 막대 모양의 고형 초콜릿으로 만들거나, 코팅 재료로 사용하거나, 물에 타

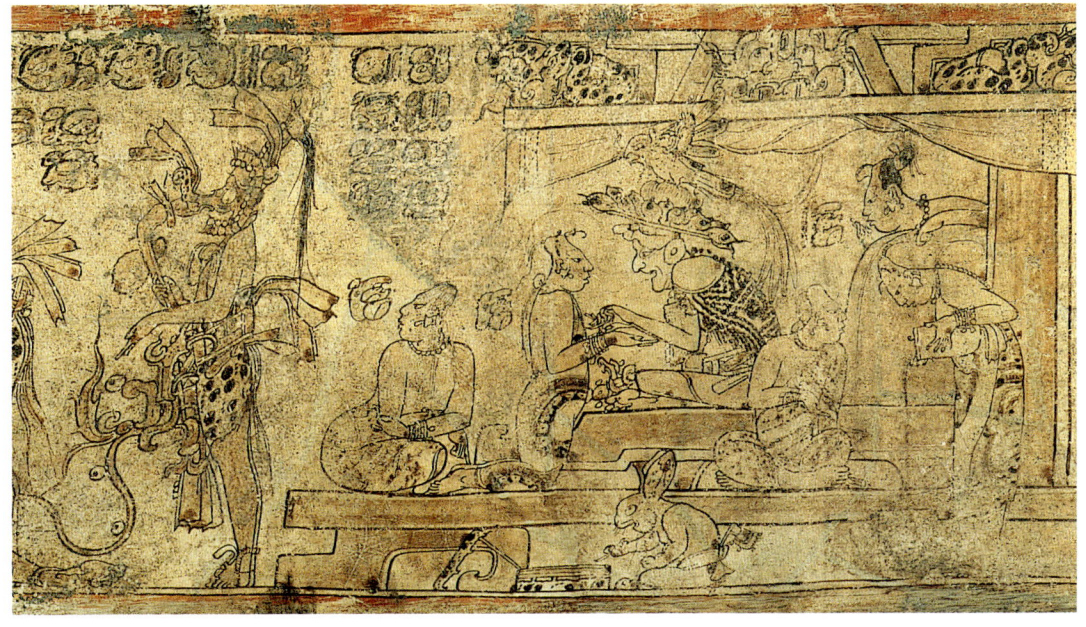

프린스턴 꽃병(고전기 마야, 8세기)에 묘사된 궁정 풍경. 한 여성이 그릇에서 또 다른 그릇으로 초콜릿을 쏟아 붓고 있다. 초기에는 이런 방법으로 거품을 내서 마셨다.

위 마야 꽃병. 2명의 남자가 중앙 오른쪽에 보이는 카카오 나무에서 꼬투리를 따고 있다. 왼쪽에서는 불 위에 올려놓고 카카오 열매를 볶는 가운데, 중앙의 남자는 맷돌로 콩을 갈고 있는 듯하다.

오른쪽 '카카오'에 해당하는 마야 상형문자.

다음 쪽 아래 부분 도금한 은제 차 바구니. 연대는 당나라 때인 9세기. 부풍(扶風)에 있는 법문사(法門寺)에서 나왔다. 차를 마시는 의식인 다도(茶道)는 당 왕조 시기에 개발되어 불교 승려들에 의해 일본으로 건너간 것으로 추정된다.

서 초콜릿의 먼 친척인 '코코아'로 마실 수 있었다.

곧이어 영국의 캐드버리즈와 프리즈 같은 제과업체의 손에서 초콜릿과 코코아 분말은 크게 수지맞는 사업으로 자리 잡았다. 스위스에서 밀크 초콜릿이 발명되면서 귀족의 음료였던 초콜릿은 한 단계 더 나아가 대중 음식으로 탈바꿈했다.

차

차는 중국이 원산지인 동백나무 잎사귀와 싹을 우려낸 물이다. 차나무는 5년 단위로 수확하는데, 첫 수확 후 25년 동안 찻잎을 생산한다. 차의 화학 성분은 초콜릿보다 훨씬 간단하다. 차가 지닌 자극 효과는 카페인 때문이지만 차에는 타닌산도 다량 함유되어 있다.

음료로서의 차의 기원은 모호해서 역사보다는 신화에 가깝다. 다소 출처가 의심스러운 한 이야기에 따르면, 약 5,000년 전 중국의 한 황제가 근처에서 자라는 야생 차나무 잎을 끓는 물에 집어넣었다가 차의 장점을 발견하게 되었다고 한다. 좀더 믿을 만한 역사 자료로 볼 때, 차는 한나라(BC 206~AD 220년) 때 중국 남서부의 쓰촨성(四川省)에서 최초로 모습을 드러낸 듯하다. 이곳을 기점으로 차는 중국의 나머지 지역으로 점차 확산되었다. 북쪽 지역은 도래 시기가 훨씬 느려 당(唐) 왕조(618~907년)에 이르러서야 등장했다.

당 왕조기는 혁신과 절충주의의 시대로서, 수많은 외국 문물이 도입되었다. 음료로 마시는 차는 여러 가지 형태를 띠었다. 말린 찻잎을 천연 상태 그대로나 입방체나 가루로 만들어 팔았는데, 생강과 귤 껍질 같은 다양한 물질을 이용해 향을 추가하기도 했다.

오늘날의 차 애호가들이 들으면 손사래를 치겠지만, 당나라의 차 중독자들은 차에 덩어리진 크림을 곁들여 마시기도 했다. 차를 마시는 의식이 최초로 개발된 시기도 당나라 때였다. 차 문화는 불교 승려들에 의해 일본으로 건너갔다.

중국의 차에는 5가지 종류가 있다.
- 발효시키지 않은 잎을 말린 녹차. 최상품의 녹차는 말 그대로 초록색을 띠는데, 황제의 궁전에서 인기

주요 연대	
초콜릿 제조	BC 1500~BC 400년, 멕시코
최초의 초콜릿 찌끼	BC 600년, 벨리즈
차	BC 206~AD 220년, 중국 남서부

가 높았다.
- 발효시킨 잎을 볶은 홍차. 차 문화가 유럽으로 확산된 이후 서양인들이 즐겨 마시는 차다.
- 일부만 발효시킨 우롱차.
- 비중국계의 소수 민족과 몽골과 티베트(이들 지역에서는 차를 국 대신 마시기도 한다) 같은 아시아 내륙 지방, 나아가 러시아에 수출하기 위해 생산하는 벽돌 모양의 전차.
- 재스민, 치자, 목련과 같은 꽃으로 향기를 낸 향차.

중국에서 시작된 차 경작은 일본, 자바, 인도, 스리랑카로 확산되었다. 유럽에서는 17세기 초 네덜란드 동인도회사가 차를 소개하면서 차 음용이 일반화되었다. 처음에는 차의 값이 비쌌기 때문에 초콜릿과 커피와 경쟁하다 마침내 우위를 점한 건 18세기에 들어와서였다.

비알코올 강장 음료로 가장 마지막에 발명된 커피는 10세기 아랍권에서 처음 등장해, 이 장의 범위를 벗어난다.

위 스리랑카의 차 농장에서 차를 따는 모습. 차나무는 중국이 원산지이며, 이곳에서 전 세계 다른 지역으로 확산되었다. 차를 마시게 된 기원은 신화에 둘러싸여 있지만 한나라 시대에 중국 남서부에서 시작된 듯하다.

껌

천연 고무와 라텍스를 심심풀이 겸 위생 목적으로 씹는 관행은 오래전부터 많은 문화권에서 있어왔다. 예를 들어 아스텍의 아녀자들은 숨결을 향기롭게 하고 치아를 깨끗하게 가꾸기 위해 멕시코 만 연안에서 나는 천연 역청을 씹었다. 중앙아메리카의 마야인도 열대 우림 지역의 교목인 사포딜라에서 추출한 라텍스, 즉 치클을 씹었던 듯하다.

근대에 들어와 껌을 씹는 관행은 1860년대에 뉴욕 주 스테튼아일랜드에서 시작되었다. 사연인즉, 토머스 애덤스라는 젊은 사진사가 고무를 만드는 데 사용했던 헤베아 브라실리엔시스를 대체할 값싼 재료를 찾아 나섰던 게 계기가 되었다. 역사의 우연인지, 알라모를 통치하다 추방당한 멕시코의 군주 안토니오 로페스 데 산타 안나도 애덤스의 하숙집에 기거하고 있었다. 그는 고향 땅의 치클을 애덤스에게 소개해주었다. 애덤스는 라텍스로 고무를 만드는 데에는 실패했지만 씹는 감촉이 좋다는 걸 발견하고 동네 약국에 향을 가미하지 않은 껌을 납품하기 시작했다. 제품은 그 즉시 커다란 성공을 거두었다.

설탕과 옥수수 시럽을 섞어 방향 성분을 추가한 건 그 후였다. 납작한 막대 모양의 껌을 종이로 포장한 오늘날의 껌은 18세기 말에 등장해 미국 대중을 사로잡았다.

30 마약과 최면제

나무 막대를 꼭대기에서 만나게 해 그 뼈대 위에 양모 천을 씌운다. 이런 천막 안에다 접시 위에
달구어진 돌을 올려놓는다. 그런 다음 대마 씨앗을 구해 천막 안으로 기어 들어가 달구어진 돌 위에
던진다. 그러면 순식간에 연기가 피어오르며 그리스 전역의 어떤 목욕탕과도 견줄 수 없는 증기가 뿜어져 나온다.
스카타이 부족 사람들은 이런 방법으로 한바탕 신나게 웃고 떠들어댄다.

헤로도토스, BC 5세기

아편을 피우는 데 사용했던 것으로 추정되는 상아 파이프. 키프로스 키티움에서 출토되었다. 연대는 BC 1220~BC 1190년경. 다음 쪽 아래의 그릇과 함께 출토되었다.

오른쪽 크레타 가지에서 출토된 미노아 문명 후기의 대형 토기 여신상. 머리를 양귀비 꼬투리로 장식하고 있다. BC 13세기경의 것으로, 오늘날 아편을 추출하는 방식과 마찬가지로 이 당시에도 양귀비 열매에 흠집을 내서 그 즙을 받아 사용했던 듯하다.

아래 이집트에서 출토된 청동기시대 후기의 키프로스산 토기. 양귀비 꼬투리 모양을 하고 있다.

정신을 몽롱하게 하는 마약은 종종 현대의 혁신으로 인식되지만, LSD와 헤로인 같은 향정신성 화학 물질의 기원은 저 먼 선사시대로 거슬러 올라간다. 향정신성 성분을 지니는 많은 식물들이 오래 전부터 비단 기분을 전환하는 용도뿐만 아니라 의약품과 독으로도 사용되어 왔다. 아마도 사람들은 쾌락을 위해 마약을 사용해온 듯하지만, 선사시대와 고대에서 마약은 대개 종교와 관련되어 있었다.

향정신성 식물은 사용자의 의식 상태를 바꾸어, 신과 정령과 죽은 자들의 세계로 들어간 듯한 착각을 불러일으킨다. 그 결과 야기된 환각은 정신의 행복뿐만 아니라 때론 육체의 행복을 위해서도 아주 중요한 가치를 지니는 것으로 여겨졌다. 이러한 식물은 주로 제의가 이루어지는 상황에서 사용되었다. 샤먼과 사제들은 비밀리에 식물을 준비해 언제, 누구한테 먹일지를 결정했다.

선사시대와 고대의 마약 사용에 관한 지식은 문자로 기록된 경우가 전혀 없어 크게 3가지 종류의 증거에 의존한다. 첫째, 무덤과 기타 고고학 유적지에서 나온 식물 잔해. 둘째, 향정신성 물질이 남아 있거나, (관처럼) 마약을 복용하는 데 사용했던 것이 분명한 유물. 셋째, 정신을 몽롱하게 하는 식물을 묘사한 예술작품.

유라시아의 아편 숭배

아편의 원료인 양귀비는 BC 5000년대에 신석기시대 농부들에 의해 지중해 서부의 어디쯤에서 최초로 재배되었다. 씨앗은 요리에 사용했을 테지만, 양귀비의 최면제 성분은 약재와 의식용으로 쓰였던 듯하며, 석기시대 이후부터 장례식과 연관되었다. 연대가 BC 4200년경으로 거슬러 올라가는 스페인 그라나다 해안 근처의 알부뇰 동굴과 같은 신석기시대의 매장터에서 양귀비 씨앗 꼬투리가 다량으로 발견되었다.

청동기시대에 들어오면 전 세계를 무대로 아편 교역이 번성했던 듯하다. 이집트에서 출토된, 양귀비 씨앗 꼬투리 모양의 키프로스산 토기가 이를 뒷받침한다. 연대가 신왕국 18왕조(BC 1539~BC

왼쪽 그리스 미케네에서 출토된 BC 15세기의 황금 반지. 왼쪽에 앉아 있는 인물은 여신으로 추정되는데, 양귀비 꼬투리 3개를 들고 있다.

했던 그릇으로 확인되었고, 다른 하나는 아편 흡입관으로 확인되었다. 크레타 가지의 미노아 문명 후기의 유적지에서도 양귀비 꼬투리로 머리를 치장한 토기 여신상이 발견되었다. 여신상의 연대는 BC 13세기로 거슬러 올라간다. 이와 비슷한 시기의 미케네 인장 반지는 양귀비 꼬투리로 보이는 것을 들고 있는 여신을 묘사하고 있다. 이러한 연관관계는 훗날 고대 그리스인들이 만들어낸 페르세포네의 모습에서도 나타난다.

지중해에서 아편 숭배가 번성하던 무렵에 멀리 중앙아시아의 부족들 사이에서도 아편은 종교생활의 중요한 일부를 차지했다. 러시아 학자들은 투르크메니스탄의 사막 지대에 있는 고대 사원과 요새에서 아편·마리화나·에페드라(암페타민과 비슷한 성분을 지닌 식물) 잔해와, 이를 흡입하는 데 사용했던 것으로 보이는 유물을 발견했다. 이들 건물 내의 성소는 마약을 준비하는 장소로 사용되었다. 발굴 결과, 사제들이 준비한 마약은 종교 의식에 참여한 주민 모두를 취하게 할 정도의 양이었던 것으로 추정되었다.

1292년경)로 거슬러 올라가는 자료는 대부분, 파라오 아케나텐이 세운 단명한 도시 아마르나에서 발견되었다. 고대 이집트의 의학서들은 아편의 통증 경감 효과를 기술하고 있으며, 그 후에 나온 그리스와 로마의 의학서들 또한 통증을 누그러뜨리는 약재로 아편을 으뜸으로 치고 있다.

또한 아편은 제의용으로도 사용되어왔다. 키프로스의 키티움 유적지에서 나온 유물 중 연대가 BC 1220~BC 1190년경으로 거슬러 올라가는 상아 제품이 포함되어 있다. 그 중 원통형 단지는 아편을 피우는 데 사용

고대 문화권의 마리화나

아시아의 광활한 초원 지대에서는 마리화나가 가장 중요한 마약성 식물이었다. 대마는 매우 질긴 섬유 때문에 선사시대부터 새끼줄 기술의 근간을 이루었지만, 황홀경에 이르게 하는 최면 효과 때문에도 중요하게 취급되었다.

선사시대 초원 지대의 쿠르간 문화는 서쪽으로 이동하면서 마리화나 숭배 의식도 함께 가져갔다. 루마니아에서 BC 2000년대 후반의 쿠르간 무덤이 발견되었는데, 고고학자들이 무덤 안에서 '파이프-컵'으로 알려진 특이한 토기 용기를 발견했다. 용기를 분석한 결과, 탄화(炭化)한 마리화나 씨앗 성분이 검출되었다. 초기 청동기시대의 카프카스 북부에서 출토된 '파이프-컵'에

왼쪽 키프로스 키티움에서 출토된 BC 1220~BC 1190년경의 원통형 상아 그릇. 아편을 피우는 용도로 사용했던 듯하다. 앞 쪽 위의 파이프와 함께 발견되었다.

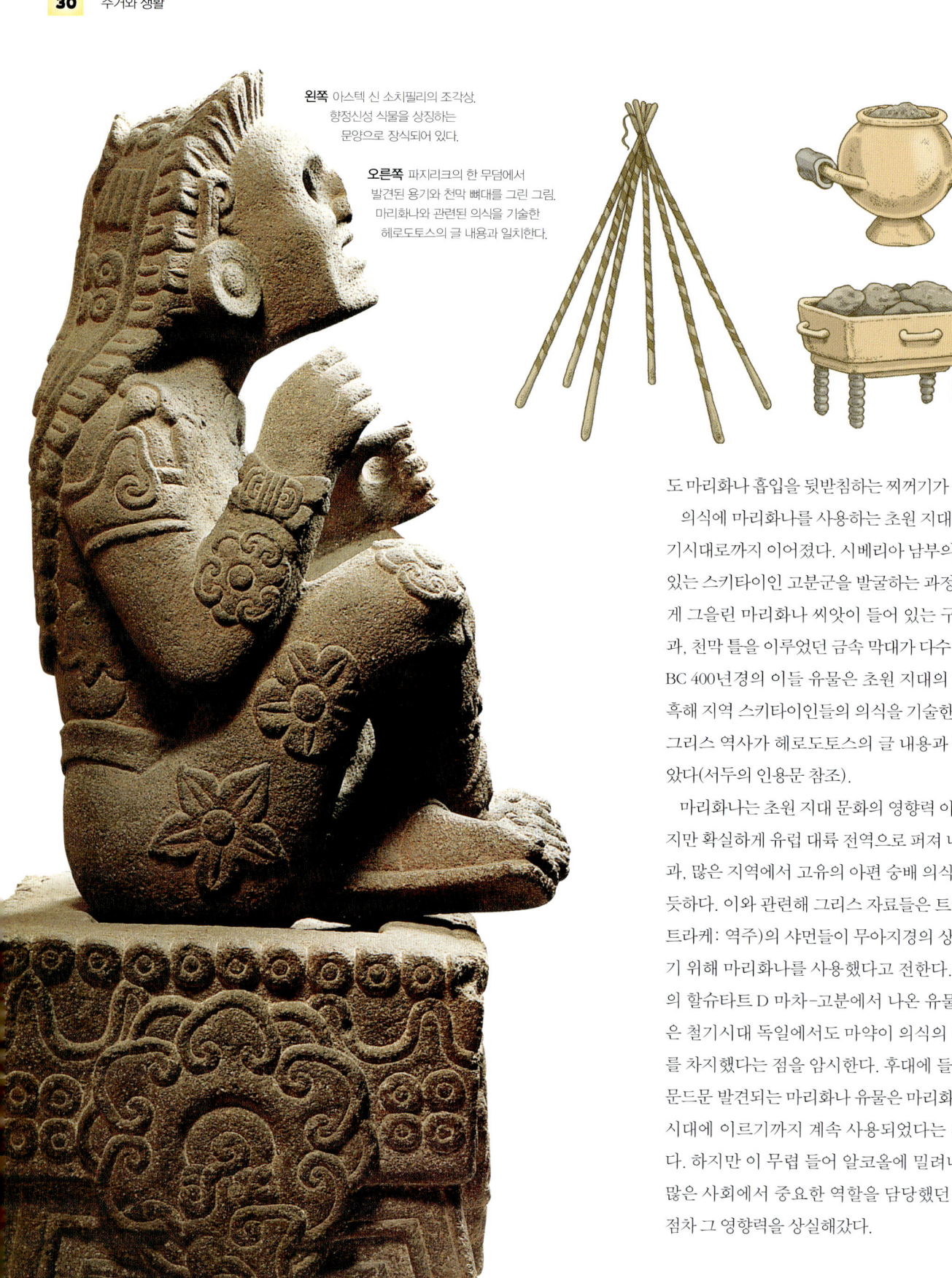

왼쪽 아스텍 신 소치필리의 조각상. 향정신성 식물을 상징하는 문양으로 장식되어 있다.

오른쪽 파지리크의 한 무덤에서 발견된 용기와 천막 뼈대를 그린 그림. 마리화나와 관련된 의식을 기술한 헤로도토스의 글 내용과 일치한다.

도 마리화나 흡입을 뒷받침하는 찌꺼기가 들어 있었다.

의식에 마리화나를 사용하는 초원 지대의 관행은 철기시대로까지 이어졌다. 시베리아 남부의 파지리크에 있는 스키타이인 고분군을 발굴하는 과정에서 시커멓게 그을린 마리화나 씨앗이 들어 있는 구리 그릇 2점과, 천막 틀을 이루었던 금속 막대가 다수 출토되었다. BC 400년경의 이들 유물은 초원 지대의 반대쪽 끝인 흑해 지역 스키타이인들의 의식을 기술한 BC 5세기의 그리스 역사가 헤로도토스의 글 내용과 놀랍도록 닮았다(서두의 인용문 참조).

마리화나는 초원 지대 문화의 영향력 아래에서 더디지만 확실하게 유럽 대륙 전역으로 퍼져 나갔다. 그 결과, 많은 지역에서 고유의 아편 숭배 의식이 밀려났던 듯하다. 이와 관련해 그리스 자료들은 트라키아(또는 트라케: 역주)의 샤먼들이 무아지경의 상태에 도달하기 위해 마리화나를 사용했다고 전한다. 호치도르프의 할슈타트 D 마차-고분에서 나온 유물(BC 500년)은 철기시대 독일에서도 마약이 의식의 중요한 일부를 차지했다는 점을 암시한다. 후대에 들어와서도 드문드문 발견되는 마리화나 유물은 마리화나가 바이킹 시대에 이르기까지 계속 사용되었다는 것을 보여준다. 하지만 이 무렵 들어 알코올에 밀려나면서, 한때 많은 사회에서 중요한 역할을 담당했던 마리화나는 점차 그 영향력을 상실해갔다.

아메리카의 신성한 환각제

아스텍인들은 다양한 종류의 향정신성 식물을 사용했는데 지배 계층과 샤먼이 마약의 소비를 관리했다. 아스텍 신의 하나인 '꽃의 왕자' 소치필리는, 신성한 환각제와 버섯, 나팔꽃, 담배와 같은 아스텍의 마약성 식물이 야기하는 황홀경을 상징한다. 이와 같은 의식용 마약 가운데 가장 중요한 식물은 환각 성분이 있는 버섯이었다. 아스텍인들은 이러한 버섯 종류에 '신들의 살'을 뜻하는 테오나나카틀이라는 이름을 붙였다. 명칭에서 알 수 있듯이 아스텍인들은 버섯을 신성하게 여겼다.

환각성 알칼로이드 메스칼린이 들어 있는 선인장은 북아메리카와 남아메리카에서 수천 년 동안 사용되어 왔다. 페요테 선인장이 자생하는 텍사스와 멕시코의 사막 지역에 위치한 암벽 주거지에서 4,000~3,000년 전경의 선사시대 예술이 발견되었다. 거기에 보면 선인장뿐만 아니라 오늘날까지도 지속되고 있는, 우이촐족과 선인장의 연관관계를 상징하는 사슴 뿔이 묘사되어 있다. 이는 페요테 숭배 관행의 뿌리가 얼마나 깊은지를 보여준다.

마찬가지로, 안데스 지역에서도 산페드로 선인장 사용이 문화 깊숙이 뿌리내려 있다. 이곳에서 발견된 수많은 유물들은 이 선인장이 거의 3,500년 넘게 위세를 떨쳐왔음을 보여준다. 연대가 BC 1300년경으로 거슬러 올라가는 페루 고원 지대의 차빈 데 우안타르 신전 부조에 보면, 선인장을 들고 있는 신화상의 인물이 묘사되어 있다.

역시 차빈 문화권에 속하는 장식용 토기는 샤먼과 연관된 동물인 재규어가 산페드로 선인장 군락에서 뛰쳐나오는 모습을 묘사하고 있다. 안데스 지역의 샤먼들 사이에 선인장 숭배는 오늘날까지 이어지고 있다. 이들 샤먼은 비록 기독교로 개종하긴 했지만 선인장에 환각과 치유 성분이 들어 있다는 믿음을 고집스럽게 고수하고 있다.

간단하게 요약하면, 구대륙의 경우 선사시대와 고대 유라시아의 수많은 문화권에서 최면제, 환각제, 기타 마약 사용이 깊이 뿌리내리면서 의식 및 종교 생활과

> **주요 연대**
>
> | | |
> |---|---|
> | 양귀비 재배 | BC 5000년대, 메소포타미아 서부 |
> | 마리화나 '파이프-컵' | BC 2000년대, 중앙아시아 |
> | 페요테 선인장 그림 | 4,000~3,000년 전, 텍사스와 멕시코 |
> | 산페드로 선인장 그림 | BC 1300년, 페루 |
> | 아편 흡입용 그릇 | BC 1220~BC 1190년경, 키프로스 |

밀접하게 관련을 맺었다고 볼 수 있다.

신대륙의 경우에도, 고대부터 샤먼과 특권층을 중심으로 향정신성 마약이 널리 사용되었다고 볼 수 있다. 그러한 현상은 알코올 보급이 한참 뒤에야 이루어진 아메리카에서 훨씬 더 뚜렷하게 나타난다. 그 결과, 신대륙은 선사시대부터 오늘날까지 마약 상용 관행과 관련해 풍부한 역사 및 민족지 정보를 지니게 되었다.

페루 차빈 데 우안타르 신전의 부조. 산페드로 선인장을 들고 있는 신화상의 인물이 묘사되어 있다. 환각제 성분이 들어 있는 이 선인장은 아마도 샤먼 의식과 연관되었던 듯하다.

교통수단

사람들은 사냥감이나 식용 식물을 찾아 나서든, 새로운 사냥 구역을 알아보러 다니든, 친척을 방문하든 늘 발로 이동해 다녔다. 많은 집단들이, 외출했다 하루 만에 돌아올 수 있는 거리를 기본적으로 고려해 집을 지었다. 등에 짊어질 수 있는 양만 운반했고, 여행 거리도 짧아 도구들은 죄다 가벼웠으며, 사냥을 하고 나면 바로 동물을 도축했다.

눈이 많이 내리는 지역에서 최초의 혁신이 일어났다. 겨울철이 되면 무릎까지 푹푹 빠지는 눈을 헤치고 사냥을 해야 하는 주민들은 설상화와 짐 썰매에 이어 땅 위를 미끄러지듯이 달리는 활차와 스키, 나아가 스케이트를 발명했다. 바퀴, 달구지, 배와 같은 초기 문명의 산물은, 짐을 등에 짊어지고 다녀야 하는 고통으로부터 인간을 해방시켰다. 끌 동물이 없어 바퀴라는 운송 체계를 개발하지 못했던 마야와 아스텍 문명의 입장에서는 짐의 횡포가 특히 심했다.

말의 가축화는 전쟁뿐만 아니라 이동과 운송 분야에서도 혁명을 일으켰다. 하지만 바퀴 달린 수레가 최대의 효과를 발휘하려면 편평하고 건조한 지면이 필요했다. 구불구불한 오솔길이 마을과 마을을, 마을과 도시를 연결했다. 그 가운데 많은 길이 썰매가 지나가기에 무리가 없을 만큼 충분히 넓었지만, 바퀴 달린 짐차의 경우에는 진창을 만나면 오도 가도 못하기 일쑤였다. 시내와 강을 건널 수 있는 돌이나 나무 다리, 아니면 최소한 얕은 여울이 필요했다. 이리하여 오솔길은 폭도 넓어지고 더 정교해졌다. 화살이 활시위를 떠나면 이쪽 끝에서 저쪽 끝까지 경치를 가로질러 곧장 날아가는 로마의 도로망은 그 절정을 이루었다.

로마인들은 통치 수단의 일환으로, 제국 전역에 군대를 신속하게 이동시키기 위한 도로를 설계하고 건설했다. 안데스 산맥의 잉카인들도 지구상에서 가장 험준한 편에 속하는 지역을 가로지르는 지그재그형

황소가 끄는 짐수레를 묘사한 중국 한나라 시대 토기 모형.
바퀴 달린 수레가 발명되면서 예전과는 비교가 되지 않는 먼 거리까지 훨씬 많은 짐을 운반할 수 있었다.

도로망을 건설했다. 잉카인의 도로 체계는, 해안가의 리마에서 고원 지대에 위치한 쿠스코로 파견된 전령이 말보다 빨리 도착할 정도로 효과적이었다. 건조 지대에서는 사막을 횡단하며 며칠씩 버티는 낙타가 말보다 훨씬 더 효율적인 운송수단이었다. 하지만 그 효과를 제대로 발휘하려면, 낙타를 자유자재로 부리면서 무거운 짐도 거뜬히 올릴 수 있는 특수한 안장이 먼저 개발되어야 했다.

사람들은 통나무배와 나무 등치로 만든 뗏목으로 강과 호수를 비롯해 폭이 그리 넓지 않은 물을 건넜다. 속을 파낸 카누는 그 후에 등장했다. 이는 가장 오래된 배의 형태로, 일부 지역에서는 오늘날까지도 여전히 사용되고 있다. 거대한 삼나무가 많이 자라는 북아메리카 태평양 북서부 해안의 경우에는 카누의 크기가 아주 컸다. 물 근처에 사는 사람들은 독창성과 순발력을 발휘해 통나무로 간단한 카누나 가죽배를 개발했고, 이는 결국 원양을 항해하는 선박의 개발로 이어졌다. 이집트와 메소포타미아 사람들은 강에서 사용하는 대규모 선박을 최초로 건조했다. 그들은 돛을 발명했을 뿐만 아니라, 아무리 큰 배도 앞으로 밀고 조종할 수 있는, 정교한 형태의 노와 키를 개발했다.

믿을 만한 기상 예보도 없이 제한된 항해 능력에만 의지해야 했던 고대 세계에서 항해는 위험한 모험이었다. 태평양 군도의 주민들은 현외 장치가 달린 마상이를 개발해 항해술을 한 차원 높게 끌어올렸다. 노련한 선장은 수평선을 주시하면서 위급 상황에 사용할 돌닻을 챙겼다. 항해를 하려면 해당 지역에 대한 정보와 더불어 바람과 해류의 흐름을 정확하게 꿰뚫고 있어야 했다. 항해 기술은 세대에서 세대로 전해졌다.

밤이 되면 선장은 별을 좌표 삼아 배를 몰았다. 예수가 등장할 시기에 즈음해 인도양의 계절풍을 발견하기까지 대부분의 원양 항해는 육지에서 얼마 떨어지지 않은 갑에서 갑으로, 항구에서 항구까지로 국한되었다. 선박들은 계절풍에 의지해 1년 단위로 인도를 오갔다. 로마인들은 생활을 대규모 상선단에 기대야 했고, 그 결과 등대를 개발했다. 등대는 배가 밤에도 연안을 벗어나지 않고 항해하거나, 알렉산드리아처럼 앞바다에서 멀리 떨어진 항구를 놓치지 않게 해주었다.

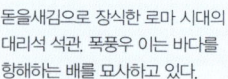

돋을새김으로 장식한 로마 시대의 대리석 석관. 폭풍우 이는 바다를 항해하는 배를 묘사하고 있다.

스키, 설상화, 터보건 그리고 스케이트

31

늪지와 황무지가 딱딱하게 굳고, 호수가 꽁꽁 얼어붙고, 온 땅이 눈으로 뒤덮이는 추운 겨울철이 되면,
사람을 잡아먹는 설인 웬디고가 눈신을 신고 나타나 눈 위를 미끄러지듯 질주하면서 가는 곳마다 추위와 공포를 퍼뜨린다.

에드워드 디 토머스 드러몬드, 1916

이들 4가지 발명은 공통점이 있으면서도 분명히 다른 점도 있다. 모두 북반구에서 겨울에 이동 수단으로 사용된다. 하지만 스키와 설상화와 스케이트가 눈이나 얼음 위에서의 이동을 보조할 수 있게 설계한 신발이라면, 사람이나 물건을 운반하는 터보건은 동물이나 누군가가 뒤에서 끌게 되어 있다. 기원도 각기 다르다. 스키는 구대륙에서 발명된 것이 확실해 보이는 데 비해 설상화는 신대륙의 발명품이다.

아울러 이 4가지 발명품은 주로 썩는 재료로 만들어진다. 스키와 터보건은 재질이 대개 나무다. 설상화는 나무 틀에 끈을 격자꼴로 얽어맨 형태를 띤다. 따라서 현재까지 남아 있는 예가 아주 드물다. 최초의 기록으로 볼 때, 스케이트를 제외하고 나머지는 완전히 개발되었던 듯하다. 충적세(10,000년 전)보다 앞서는 기록은 없지만 북반구의 환경으로 미루어 빙하기에 등장한 것으로 추정된다.

스키

민족지 자료로 볼 때 스키는 스칸디나비아 북부부터 일본의 아이누족까지 유라시아 전역에서 나타난다. 하지만 신대륙의 기록에는 스키가 나오지 않는다. 이 장에서 언급하는 4가지 발명 중 고고학 기록이 가장 확실하게 남아 있는 경우는 스키다. 하지만 주로 유럽에 한정되어 있다. 고고학자 그레이엄 클라크는 노르웨이 남부부터 핀란드 중부까지 스키의 흔적이 발견된 보레알기(간빙기의 하나로 약 9,500~7,500년 전: 역주)의 스칸디나비아 숲 유적지를 조사해 기록으로 남겼는데, 그 연대가 길게는 10,000년 전부터 짧게는 철기시대까지 내려온다.

K. B. 위클런드의 연구 결과에 따르면, 스키에는 2종류가 있었다. 그 중 '남쪽' 양식은 틀 양옆을 높여 그 사이에 발을 끼우게 되어 있었던 데 비해, '극지' 또는 '북쪽' 양식은 생가죽 끈으로 발을 고정하게 되어 있었다. 핀란드 남부의 리히메키에서 출토된 구석기시대의 유물로 판단하건대, 전자는 평평 내리는 함박눈을 고려해 길이가 짧고 폭이 넓었다. 반면 후자는 딱딱한 싸락눈에 맞추어 길이가 길고 폭이 좁았다. 민족지 정보에 따르면, 이러한 북쪽 양식은 유라시아 북부 전역에서 발견된다. 스웨덴 북부의 칼브트레스크에서 BC 3000년경의 고고학 기록이 발견되었다. 이 밖에도 BC 2000~BC 1000년경의 노르웨이의 사례와 더불어, 스웨덴과 러시아의 카렐리아에서 스키를 묘사한 암각화가 나왔다.

스칸디나비아에 사람들이 살기 시작한 시기는 석기시대 후기인 듯하다. 하지만 최근의 발굴 결과, 이곳에 인간이 출현한 시기는 보레알기로 올라간다. 북유럽에서 소나무와 개암나무 숲의 시기로 일컬어지는 보레알기는 대략 BC 5500년경에 끝난다. 1960년대 초반

사람들이 스키를 타는 모습을 묘사한 암각화 2점. 그 중 스키를 타고 사냥하는 모습을 묘사한 암각화(왼쪽)는 카렐리아에서 발견되었으며, 연대는 석기시대 후기로 거슬러 올라간다. 오른쪽 그림은 철기시대의 것으로, 노르웨이에서 발견되었다.

오른쪽 설상화의 종류(왼쪽부터): 둥그스름한 틀에 끈을 얽어맨 설상화, 여성용 설상화, 끝이 뾰족한 설상화 (앞코를 위로 젖혔다).

러시아 북서부의 비스 1유적지에서 BC 7000 ~ BC 6000년경의 스키 잔해가 발견되었다. 이들은 앞쪽이 위로 젖혀진 전형적인 형태를 갖추고 있으며, 일부에는 장식도 되어 있다. 비스와 카렐리아의 올레니 오스트로프에서 나온 스키의 일부는 말코손바닥사슴 머리로 추정되는 문양으로 장식되어 있는데, 이는 북유럽의 이 지역에서 도상(圖像) 주제로 자주 등장했다.

좀더 최근의 예와 비교할 때 초기의 스키는 상대적으로 길이가 짧고 폭이 넓다. 즉 길이가 대개 1.5~1.7미터, 폭은 15~20센티미터 안팎이다. 스키는 철기시대에 이르러 왼쪽과 오른쪽의 크기가 달라진다. 왼쪽은 길이가 3~3.5미터로 길어졌고, 지치는 역할을 했다. 오른쪽은 그보다 짧은 1~2미터였고 차는 역할을 했다. 막대는 하나만 사용했다. 스칸디나비아의 스키는 갈수록 형태와 길이가 다양해지고 길어졌으며, 대개 소나무나 가문비나무로 만들어졌다. 노르웨이와 카렐리아에서는 이런 종류의 스키를 19세기까지 사용했다.

설상화

북아메리카에서는 스키가 아니라 설상화를 사용했다.

퀘벡의 알공킨 인디언이 사용하던 아타파스칸 양식의 설상화. 푹푹 빠지는 함박눈을 고려해 폭이 아주 넓다.

설상화는 콜럼버스 이전의 북아메리카 지역 어디서나 발견된다. 설상화 역시 보레알기에 등장했는데, 터보건과 마찬가지로 북극이 아니라 북극 주변의 숲에서 사용되었다. 민족지 연구 결과에 따르면, 설상화는 시베리아 북동부의 추크지족과 야쿠트족 사이에서도 발견되지만 그보다 더 서쪽으로는 확산되지 않았다.

설상화의 틀은 신축성이 좋은 물푸레나무로 만들었다. 지역에 따라 틀 안쪽에는 무스나 순록의 생가죽으로 가공한 끈을 얽어맸다. 설상화는 대개 발목까지 오는 모카신의 형태를 띠었다. 현재 나무 틀이나 내부 구조가 전혀 남아 있지 않아, 고대의 설상화가 어떻게 생겼는지는 알 수 없다.

설상화는 문화적·실질적 요소가 결합되면서 그 형태가 상당히 다양해졌다. 기본 형태는 원형에 가까웠는데, 이는 깊이 쌓인 눈 속에서 효율성을 극대화하기 위해서였다. 더러 '곰발'로 불리기도 했던 설상화는 북아메리카 북동부와 북중부의 알공킨 인디언들 사이에서 사용되었다. 북동부 지역에서는 '제비꼬리' 형태가 알려져 있기도 하다. 북서부의 아타파스칸 인디언들 사이에서는 폭이 더 좁고 길이가 훨씬 더 길며 더러 끝이 뾰족한 형태가 발견된다. 이러한 형태의 설상화는 달리기를 비롯해 신속하게 이동하는 데 효율적이다.

스키와 마찬가지로 설상화도, 편평한 나무판에 가죽 끈으로 발을 고정하게 되어 있었던 것으로 추정된다. 하지만 설상화가 스키 단계로까지 발전한 것 같지는 않다. 이는 설상화가 극지 주변에 거주하던 미지의 선

스키, 설상화, 터보건 그리고 스케이트 **31**

왼쪽 1900년 초 퀘벡의 휴런 인디언이 만든 터보건. 앞쪽에 멜빵처럼 생긴 끈이 부착되어 있다.

주요 연대	
스키	BC 6000년대 후반~BC 5000년대, 러시아
설상화	콜럼버스 이전의 북아메리카
터보건	콜럼버스 이전의 북아메리카
스케이트	9세기, 스웨덴

북서부 해안과 같은 지역으로 확산되어 나갔던 듯하다. 유럽에는 터보건과 관련한 증거가 없는 점으로 미루어, 북아메리카와 조우한 1500년경 이후에도 도입되지 않았던 듯하다.

스케이트

스케이트는 얼음 위에서의 개인 교통수단이다. 북유럽에서 기원한 것이 확실해 보이지만 뚜렷한 증거는 없고, 비교적 아주 최근에 와서야 등장했다.

스케이트에 대한 최초의 기록은 9세기의 스웨덴에서 발견된다. 이때는 활주부가 뼈로 되어 있었다. 나무와 상아로 제작한 활주부는 14세기에 등장했으며, 순전히 상아로만 제작한 활주부는 17세기에 들어와 발견된다. 런던에서 뼈로 된 활주부가 썰매를 연상시키는 로마 시대 후기의 샌들이 발견되었는데, 아마도 스케이트의 전신이 아닌가 싶다.

각자로부터 유래했을 가능성을 암시한다.

터보건

터보건은 부력 원리를 이용해 눈이나 얼음 위를 미끄러져 달리는 장치라기보다, 스키나 설상화를 착용한 사람이나 개가 끈다는 점에서 나머지 발명과는 차이가 있다. 터보건이라는 명칭은 알공킨어에서 유래했는데, 이는 이 장치가 북아메리카에서 유래했다는 점을 강력하게 뒷받침한다.

터보건은 단단하고 편평한 나무 판자와 끈으로 이루어져 있다. 앞쪽은 스키의 경우처럼 부드럽게 나가도록 열이나 증기를 이용해 둥글렸다. 민족지 자료에 따르면, 터보건은 북극보다는 북극 주변 지역, 그러니까 알공킨어를 사용하는 집단에서 발견된다. 남아 있는 증거로 보아, 터보건은 콜럼버스 이후 북극 주변에서

개가 끄는 크리족 고유의 터보건. 채핀 목사가 1920년대 또는 1930년대에 캐나다 매니토바의 아일랜드 호와 샌디 호 지역에서 찍은 사진.

133

32 바퀴와 수레

바퀴는 선사시대 목수들이 거둔 최고의 업적이었다. 바퀴는 현대 기계공학의 어머니로서 운송에 적용돼,
썰매에 이어 수레, 나아가 기관차와 자동차의 직계 조상인 마차로 변신했다.

고든 차일드, 1936

이라크 우루크에서 나온 BC 3000년경의 그림문자. 썰매와 초기의 바퀴 달린 수레를 묘사하고 있다. 바퀴의 발명을 보여주는 최초의 증거 가운데 하나다.

만화에서는 진취적인 혈거인들이 거대한 돌바퀴를 새기는 모습을 즐겨 묘사하지만, 바퀴의 발명은 훨씬 나중인 BC 3000년대로 내려온다. 당시 유라시아는 석기 중심의 기술을 내던지고 청동에 의존하는 시대로 이행하고 있었다. 바퀴가 정확히 어디서 발명되었는지는 확실치 않다. 다만 바퀴는 인간의 역사에서 적어도 두 번 발명된 듯하다고 말할 수 있을 뿐이다. 그러니까 남부의 메소포타미아와 북부의 다뉴브 강 사이에 위치한 중간 지역에서 먼저, 이와는 별도로 훨씬 이후인 BC 200년경~AD 220년에 중앙아메리카에서 등장했다. 구대륙의 경우, 가장 오래된 바퀴의 증거는 3가지 형태로 존재한다. 즉 바퀴를 묘사한 그림과 바퀴 달린 수레를 묘사한 점토 모형, 그리고 실제로 남아 있는 바퀴 잔해를 통해서이다.

썰매에서 짐수레로

고고학 증거는 거의 없지만 깊이 생각해보면 짐수레의 조상은 썰매가 아니었을까 싶다. 알다시피 썰매는 마찰을 최소화해 무거운 짐을 끌 수 있도록, 폭이 좁은 활주부 위에 낮고 편평한 나무판을 얹은 장치다. 썰매는 분명히 눈 위에서 사용했지만(131쪽 참조) 평지에서도 사용이 가능했다. 따라서 스톤헨지를 세울 때처럼 커다란 돌을 끌어 운반하는 데 쓰였을 확률이 높다. 실험 고고학에서는, 썰매를 사용할 경우 무거운 짐을 끄는 인부의 능력이 두 배로 커진다고 주장한다.

나아가 썰매 밑에다 굴림대 역할을 하는 통나무를 2~3개 두면 마찰을 줄일 수 있었다. 그 후 썰매 굴림대를 계속 대체하는 과정에서 점차 진보했을 것이다. 아직은 그렇게 많은 짐을 운반할 수 없었지만 개념상으로 중요한 도약이 이루어졌다. 즉 굴림대를 계속 대체하기보다 대못으로 고정할 경우 썰매 밑에 '붙잡아 둘' 수 있다는 생각을 하게 될 것이다. 그 결과, 최초의 짐수레인 축 겸 바퀴 체계가 등장했을 것이다. 메소포타미아 남부의 우루크에서 썰매와, 굴림대 또는 바퀴

우르의 전승 기념판에 묘사된 전투용 마차. 연대는 BC 2000년대 중반. 아직 속을 파지 않은, 당시의 바퀴 구조를 정확하게 알 수 있다.

4개를 단 썰매 몸체로 보이는 장치를 묘사한 그림문자(BC 3200~BC 3100년경)가 나왔다. 전왕조기(BC 3000~BC 2300년)로 내려오면 바퀴에 대한 증거는 그림뿐만 아니라 모형을 통해 훨씬 더 풍부해진다.

고고학 증거

가장 눈에 띄는 증거는 키시의 공동묘지와 우르에 있는 왕족의 고분군에서 나온 실제 짐수레 잔해다. BC 2600~BC 2400년경의 이들 유물을 통해, 말 2마리가 나란히 끄는 최초의 마차는 1~2명이 겨우 탈 수 있을 정도로 폭이 좁았다는 사실을 알 수 있다. (간단한 구조의) 회전식 축은 더 일찍 등장했을 테지만 전왕조기 무렵에 이미 고정 축을 사용해 바퀴가 자유자재로 돌아가게 했다는 증거가 있다. 수레는 특별히 무거운 짐을 운반할 때는 소가, 그렇지 않을 때는 당나귀가 끌었다. 말의 견인력이 진정으로 효과를 발휘하려면 살바퀴와 전차(196쪽 참조)가 발명될 때까지 기다려야 했다. 메소포타미아의 증거는, 수레가 전투에서뿐만 아니라 왕족의 장례식에서 관을 운반하는 데도 사용되었다는 사실을 암시한다.

학계에서는 메소포타미아에서 수레가 처음 등장한 이후 다른 지역으로 확산되어 나가면서 황소 1~2마리가 끄는 쟁기를 비롯해 다양한 견인 장치들이 생겨났다고 보고 있다. 하지만 유럽 동부 지역에서 메소포타미아보다 앞서 수레가 사용되었다는 증거가 포착된다. 예를 들어 폴란드의 한 신석기시대 유적지에서 BC 3450~BC 3100년경의 토기 항아리가 나왔는데, 거기에 바퀴가 4개 달린 수레(중앙에 있는 수레는 바퀴가 5개 달려 있다)로 보이는 장치가 5대 묘사되어 있다. 그리고 수레에는 각각 V자 모양의 멍에가 부착되어 있다.

헝가리에서도 바퀴 달린 수레 4대가 점토 모형의 형태로 발견되었다. 이 모형의 연대는 BC 3600~BC 2800년경으로 거슬러 올라간다. 스위스와 슬로베니아에서는 이와 비슷한 시기(BC 3400~BC 3000년)의 실제 나무 바퀴 잔해가 나왔다. 가장 눈길을 사로잡는 증거는 카프카스 북쪽 지역에서 발견된다. BC 3500~BC 3000년경 노보티토로프카 문화권의 무덤 500기 가운데 90기에서 실제 수레 잔해가 출토되었다. 이와 이웃한 초원 지대 맞은편의 문화권에서도 아주 다양한 종류의 수레 잔해가 나오고 있다.

어느 지역에서 먼저 발명되었든지 간에 수레는 중부 지역 전역으로 급속하게 확산되었던 듯하다. 이 지역의 다양한 언어들 사이에서 바퀴나 수레에 해당하는 단어가 거의 일치한다는 사실이 이를 뒷받침한다. 예를 들어 수메르어로는 girgir, 히브리어로는 galgal, 그루지야어로는 gorgal, 원시 인도-유럽어로는 kel-kel-이다. 이러한 사실은 바퀴 기술과 바퀴에 해당하는 단어가 급속하게 확산되었으리라는 점을 암시한다. 그 후 BC 2000년대 들어 수레는 이들 중부 지역에서 인도를 거쳐, BC 1000년경에 이르러서는 동쪽 끝인 중국과 중앙아시아의 접경 지대까지 퍼져 나갔다. 이때는 이미 수레가, BC 1200년경 중국에서 처음 등장한 전차에 밀려난 상태였다('바퀴'에 해당하는 만주어 gulu와 광둥어 gukluk 역시 유라시아 지역의 다른 언어권과 연계되어 있을지도 모른다).

바퀴 기술

최초의 수레는 2륜 수레보다 4륜 마차의 형태를 띠는 경우가 많다. 바퀴의 숫자와 형태는 해당 사회의 환경에 따라 달라질 수도 있겠지만 마차는 주로 장례식용으로 각광받았다. 바퀴에는 하나로 된 원통형 바퀴나 세 부분으로 이루어진 바퀴가 있다. 둥그런 나무 둥치

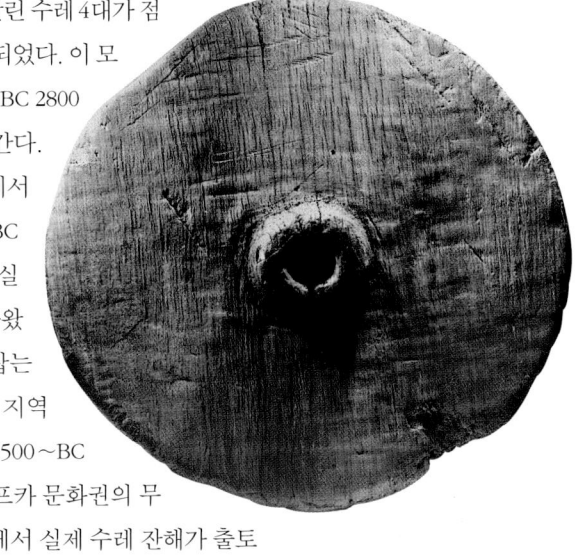

위 네덜란드 데 에세에서 출토된 BC 2000년대 중반의 나무 바퀴통.

왼쪽 최근 슬로베니아의 류블랴나 습지대에서 발견된 나무 바퀴. 5,100~5,350년 전쯤의 것으로, 반지름과 두께가 각각 70센티미터와 5센티미터인 나무판 2개로 만들었다. 중앙에 나 있는 사각형 모양의 축 구멍은 바퀴와 축이 동시에 돌아갔다는 점을 보여준다.

위 그루지야 트리알레티에서 나온 BC 1000년경의 수레 잔해. 나무 판자 3개를 이어 붙여 만든 대형 바퀴의 지름은 1.15미터다.

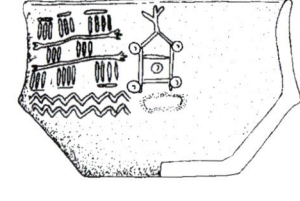

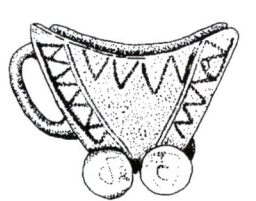

위 폴란드의 신석기시대 유적지에서 나온 토기에 묘사된 바퀴 달린 수레와, 헝가리에서 출토된 수레처럼 생긴 토기. 연대는 BC 2000년대 초.

다음 쪽 위 베라크루스의 레모하다스에서 출토된 바퀴 달린 장난감. 고전기의 것으로 사슴 또는 개 형상을 하고 있다. 바퀴는 중앙아메리카에서도 발명되었지만 사진에서와 같은 장난감으로만 남아 있을 뿐이다.

를 얇게 잘라 바퀴로 사용하는 것이 가장 자연스러운 기술로 보이지만 이는 현실적으로 불가능했다. 청동기 시대 초기만 해도 커다란 금속 톱이 아직 나오지 않았기 때문이다. 그 결과, 바퀴는 부서지기 쉬운 아주 불안정한 형태를 취할 수밖에 없었다. 이 시기의 유적지에서 발굴된 원통형 바퀴를 보면, 몸통 둘레대로 자른 판자 여러 개를 겹쳐 쐐기로 고정한 다음 원 모양으로 깎아냈다는 것을 알 수 있다. 둘레가 적당한 나무를 구하지 못할 경우에는 나무 조각 3개를 장부로 연결해 사용했다. 그 결과, 수레는 무게가 670~700킬로그램에 달했을 테고, 황소 2마리가 하루에 끌고 갈 수 있는 거리는 고작 3.2킬로미터에 불과했을 것이다. 속을 파낸 살바퀴는 기원전 시대가 거의 끝날 무렵에 이르러서야 널리 쓰이게 되었다.

수레의 발명이나 도입은 복잡한 의미를 지닌다. 수레는 물건과 땔감과 식솔을 운반하는 수단으로 기능했을 뿐만 아니라, 목공술과 도로 건설 기술과 같은 부수 기술의 발전에도 기여했다. 아울러 교역 체계도 크게 확장했다. 하지만 수레의 소유권과 용도를 확실하게 파악하기는 어렵다. 다만 민족지 증거로 보면, 비수레권 사회에 수레가 도입될 때 공동 자산의 성격을 띠면서 끊임없이 의사 결정 과정을 거쳐 사용한 듯하다.

놀랍게도 메소포타미아와 유럽 모두, 수레를 장례식용으로 사용했다는 증거가 여기저기서 발견된다. 수레를 제작하려면 공을 꽤 많이 들여야 했는데, BC 3000년대 후반과 2000년대 초에 의식용 수레가 광범위하게 사용되었던 듯하다. 아마도 종교적인 목적이 수레를 유지하는 데 드는 부담보다 중요했던 것 같다. 아니면 사용 기간이 워낙 짧다 보니 무덤에 부장할 의식용의 '일회성 수레'는 대충 만들었을지도 모른다.

신대륙의 바퀴

신대륙의 바퀴 증거는 구대륙에 비해 훨씬 더 나중으

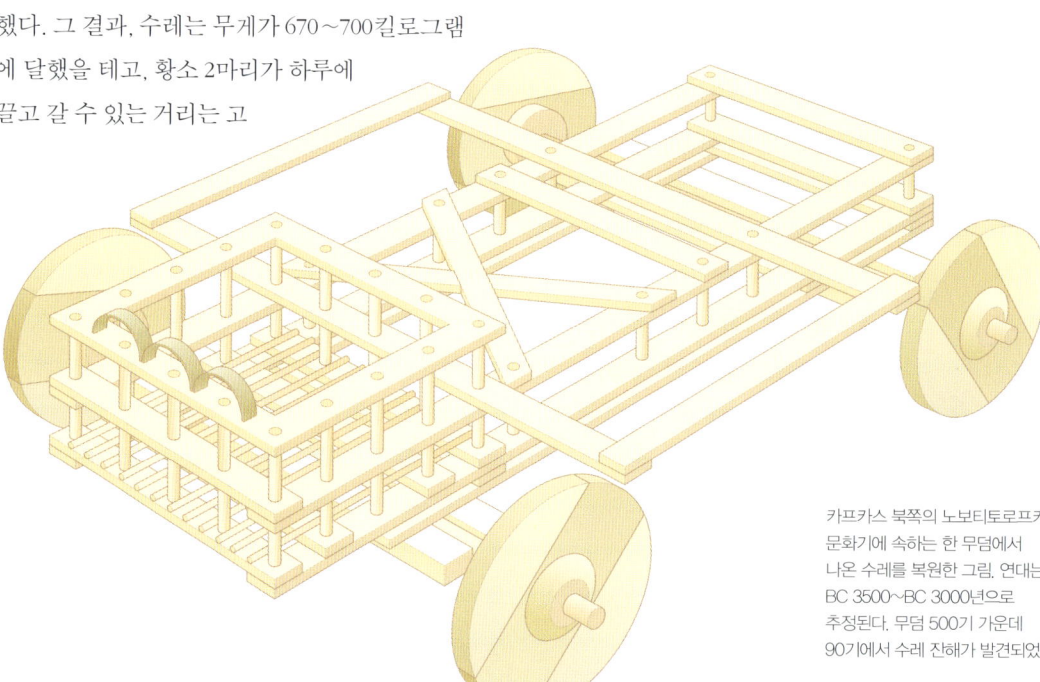

카프카스 북쪽의 노보티토로프카 문화기에 속하는 한 무덤에서 나온 수레를 복원한 그림. 연대는 BC 3500~BC 3000년으로 추정된다. 무덤 500기 가운데 90기에서 수레 잔해가 발견되었다.

바퀴와 수레

주요 연대

썰매/굴림대에 해당하는 그림문자	BC 3200~BC 3100년경, 메소포타미아
최초의 바퀴	BC 3500~BC 3000년경, 스위스와 슬로베니아
모형 수레	BC 3600~BC 2800년경, 헝가리
수레	BC 2600~BC 2500년경, 메소포타미아
바퀴 달린 모형	BC 200~BC 200년경, 엘살바도르와 멕시코

외바퀴 손수레

바퀴 달린 수레와 전차의 발상지는 유럽과 서아시아로 추정된다. 하지만 외바퀴 손수레는 사정이 다르다. 중국인들은 외바퀴 손수레를 발명했을 뿐만 아니라, 끊임없는 실험을 통해 엄청나게 다양한 형태의 외바퀴 손수레를 선보였다. 중국의 고전은 '나무 황소' 또는 '미끄러지는 말'로 불렸던 이 장치의 발명을 3세기의 장군이자 발명가(마법사)인 제갈량의 공으로 돌린다. 5세기의 한 자료에 따르면 '나무 황소'를 사용할 경우 한 사람이 길이 6미터가 넘는 짐을 운반할 수 있는 반면, 맨몸으로는 길이 1.6미터의 짐밖에 운반하지 못한다고 적고 있다. 그보다 나중에 나온 자료는 '나무 황소' 앞쪽에 굴대를 설치해 이를 잡고 끌었다고 전하면서 명실상부한 외바퀴 손수레의 개발을 암시한다. BC 1200년경에 중국에서 등장한 전차가, 한 손으로 끄는 수레(인력거와 다르다)에 이어 외바퀴 손수레로 변신했을 가능성이 높다. 외바퀴 손수레는 처음에는 굴대를 끌게 되어 있었다가 나중에 굴대의 위치를 뒤로 옮기면서 당기는 구조로 바뀌었다('미끄러지는 말').

하지만 문헌 및 고고학 증거로는 외바퀴 손수레가 제갈량보다 적어도 몇 세기 이전에 등장한 것 같다. 유럽에서는 중국보다 1,000년 정도나 늦은 1200년경에 성과 성당을 지으면서 돌을 끌어당기는 데 외바퀴 손수레를 사용하기 시작했다.

중국인들은 수세기 넘게 다양한 형태의 외바퀴 손수레를 생산해왔다. 위의 사진은 후한 시대(25~220년)의 벽돌에 묘사된 외바퀴 손수레의 모습이다. 전형적인 외바퀴 손수레는 중앙의 커다란 바퀴와, 틀의 보호를 받는 상층부로 이루어져 있다. 바퀴는 수레 중앙 밑에 오도록 해서 축 위쪽에 실리는 무게로 무거운 짐을 밀어 움직이게 했다. 이와 달리 유럽의 외바퀴 손수레는 축이 앞바퀴와 미는 사람의 팔 사이에 위치한다. 중국의 외바퀴 손수레는 전장에서 도로 사정이 열악한 곳이나 산악 지대에 물자를 보급하는 용도로 종종 사용되었다(외바퀴 손수레로 1년에 보급할 수 있는 식량은 1인당 약 152킬로그램이었다). 이 밖에 밤에 야영할 때 근처에 세워두어 임시 방어선으로 활용하기도 했다.

외바퀴 손수레는 승객을 실어 나르는 데에도 사용되었다. 문헌에 나오는 최초의 외바퀴 손수레는 2세기의 '활차 손수레'인데, 혼자 사는 친척을 태우거나 때로 시신을 운반하는 데 쓰였다. 오늘날 중국의 외바퀴 손수레는 최대 6명까지 태울 수 있다.

중국인들은 손수레의 견인력에서도 몇 가지 진보를 일구어냈다. 문헌상의 증거로 미루어, 소나 말이 끄는 외바퀴 손수레도 있었던 듯하다. 하지만 가장 눈에 띄는 진보는 16세기에 이루어졌다. 즉 지형과 바람의 조건이 맞는 곳에서는 높이가 1.5~1.8미터에 이르는 돛을 추가해 사용하기도 했다.

로 내려오는데도 확실하지가 않다. 신대륙의 바퀴는 엘살바도르와 멕시코에서 나온 모형으로만 존재한다. 이들 모형의 연대는 전고전기 후기인 BC 200~AD 200년경에서부터 스페인 정복 때까지 이어진다. 모형은 실제 수레가 아니라 개나 사슴, 악어 같은 동물 장난감을 움직이는 일종의 활차 형태를 띤다. 그러니까 동물 다리 밑에 나무 굴림대 2개를 달아 점토 원반 바퀴를 지탱하는 구조로 되어 있다. 중앙아메리카에 장난감 수레가 있다는 실제 증거는 없다. 마찬가지로, 그런 물건이 실제로 존재했다는 정황 증거 또한 없다. 이 지역의 경우, 썰매에서 굴림대에 이어 마침내 바퀴로 진화했다고 보기는 어렵고, 회전 운동을 하는 어떤 장치에서부터 바퀴를 단 소형 장난감의 개념으로 도약한 듯하다.

신대륙에는 끌 동물이 없어서 바퀴를 개발하지 못했다는 주장이 종종 제기된다. 하지만 이러한 설명만으로는 미진한 감이 있다. 중국에서 나온, 인간이 끄는 외바퀴 손수레는 6명의 승객을 태울 수 있기 때문이다. 게다가 멕시코의 경우, 많은 지역의 지형이 바퀴 달린 수레가 다니기에 편리하게 되어 있었다. 하지만 중국의 외바퀴 손수레는 말이 끄는 살바퀴보다 나중에 등장했다. 이러한 경험 없이 인간이 끄는 가벼운 수레 개념이 어느 날 갑자기 나왔을 가능성은 매우 희박하다. 이는 중앙아메리카에도 해당되는 이야기다.

말과 마구

말이여! 말이여! 나의 왕국은 말의 것이로세.

셰익스피어의 『리처드 3세』 7장 중에서, 1591년

말은 5,000만~6,000만 년 전 덩치가 개만한 북아메리카의 에오히푸스(Eohipus)에서 진화했다. 에오히푸스는 오늘날의 베링 해협을 건너 시베리아로 이주했고, 거기서 아시아, 아프리카, 유럽으로 퍼져 나갔다. 에오히푸스는 북아메리카에서 약 BC 10000년경에 멸종한 뒤로 15세기 말에 이르러서야 유럽인의 도래와 더불어 다시 등장했다. 말의 도움에 힘입어 인간은 군사 원정에 나설 수 있었지만 당나귀도 한몫 단단히 했다. 야생 말의 조상에는 3종류가 있었다. 오래전에 멸종한 에쿠우스 페루스 스테노니스와 에쿠우스 페루스 그멜리니, 그리고 야생 상태로는 1969년 몽골에서 마지막으로 목격된 에쿠우스 페루스 프루제발스키다. 이 가운데 프르제발스키는 현재 동물원에서 교배되면서 다시 야생으로 돌려보내지고 있다.

가축화와 품종 개량

과학자들이 미토콘드리아의 DNA를 분석한 결과, 말은 서로 다른 몇몇 지역에서 사육된 것으로 밝혀졌다. 최초의 가축화는 BC 4000년경 유라시아의 초원 지대에서 이루어진 듯하다. 우크라이나의 데레이프카나 카자흐스탄의 보타이 같은 신석기시대 후기와 청동기시대 초기의 유적지에서 말의 잔해가 발견되지만 가축화의 여부는 확실히 알 수 없다. 하지만 사냥과 같은 실용적인 목적에 말을 사용했던 듯하다.

오늘날의 이라크에 해당하는 기르수와 디얄라에서 야생 당나귀와 당나귀, 노새, 말 몇 마리에 관한 BC 2300년경의 기록이 나왔다. 드물긴 하지만 메소포타미아에서도 우르 3기(BC 2100년경)에 해당하는 기록으로, 말의 숫자가 점점 증가했다는 것을 알 수 있다. BC 1000년대 초반에 이르면 승마에 대한 기록이 문헌과 그림의 형태로 여기저기 등장한다.

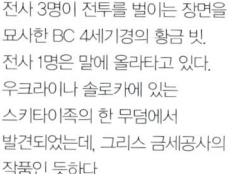

전사 3명이 전투를 벌이는 장면을 묘사한 BC 4세기경의 황금 빗. 전사 1명은 말에 올라타고 있다. 우크라이나 솔로카에 있는 스키타이족의 한 무덤에서 발견되었는데, 그리스 금세공사의 작품인 듯하다.

이집트, 시리아, 미탄니, 하투사스, 아시리아, 우라르투, 페르시아의 군사 기록을 토대로 불완전하나마 지도를 그릴 수 있다. 이 지역들은 대개 고대부터 질 좋은 말을 생산해왔고, 일부는 근대에 들어와서까지도 그랬다. 시리아는 매우 중요한 말 생산지였다. BC 1458년경 메기도 전투에서 이집트가 대승을 거둔 후 투트모세 3세는 암말 2,041마리, 새끼 말 191마리, 종마 6마리를 끌고 귀환했다. 암말은 모두 임신한 상태였다. 시리아는 로마 제국, 십자군, 맘루크 제국, 오토만 제국에 계속해서 질 좋은 말을 공급했다.

투르크메니스탄, 우즈베키스탄, 박트리아, 카자흐스탄, 페르가나를 아우르는 투란 평원은 BC 1000년 들어 질 좋은 말을 대량으로 생산했다. 알렉산드로스 대왕은 박트리아에서 군마를 확보했다. 중국 한나라 황제 무제(武帝)는 페르가나에서 말을 조달했다. 투란 평원은 오늘날까지도 흔히 투르코만 말로 알려진 질 좋은 말을 생산하고 있다.

그리스와 로마의 문헌에는 메디아산, 페르시아산, 아르메니아산, 카파도키아산, 시리아산 말이 꾸준히 생산되었다고 전한다. 이 밖에 나중에는 갈리아와 독일을 비롯해 테살리아, 트라케, 시칠리아에서도 말을 생산했다. 스키타이족(BC 700년경)에서부터 아바르족(6세기)에 이르기까지 유목 민족이 정착촌을 연달아 침략하면서 말의 품종이 서로 뒤섞여 다양해졌다. (유스티누스에 따르면) 마케도니아의 필리포스는 스키타이족으로부터 '고귀한 암말'을 20,000마리 사들였다. BC 4세기의 크세노폰과 4세기의 펠라고니우스는 질 좋은 말의 특성을 기술했다. 그리스인과 로마인이 이상적으로 여겼던 말의 체격 조건은 현대의 조건과도 거의 일치한다.

고대 세계의 말은 덩치가 당나귀에 가까웠던 것으로 보인다. 키가 대개 14.2뼘(1뼘은 보통 10센티미터 내외) 안팎이었던 듯하다. 전투에서 기동성을 발휘하려면 키와 체격이 적당해야 했다. 덩치 큰 말의 사례는 여러 군데 남아 있다. BC 1675년경 수단 부헨의 삼림 지대에서 발굴된 말은 키가 14.3~15뼘, 아케메네스 왕조기의 한 말은 키가 16뼘이었다. 유라시아 초원 지대의 고분군에서는 키가 14.3~15뼘인 말들이 나왔다. 로마 제국 시기에도 키가 이와 비슷한 말이 드물지 않았다. 아시리아의 기록은 이집트와 카파도키아산, 이란산 말이 '크고 힘이 세다'고 전한다. 연구 결과, 키가 14~14.2뼘만 되면 충분히 사람을 태울 수 있는 것으로 밝혀졌다.

고대 페르시아의 페르세폴리스로 들어오는 조공 행렬을 묘사한 BC 5세기경의 부조에 묘사된 말의 세부 모습. 조각가는 굴레, 재갈, 고삐의 묘사에 크게 신경썼다.

통제 장치

말을 통제하는 장치는 소의 코를 뚫어 끼우는 고리에서 유래했다. 오늘날 수의사들이 사용하는 코 비트는 기구와 흡사한 이러한 장치는 말에 고통을 주어 뇌에서 엔돌핀이 나오게 함으로써 말을 통제했다. 초원 지대 초기의 증거를 통해 밧줄이나 생가죽으로 만든 재갈로 말을 통제한 걸 알 수 있지만 현재는 사슴 뿔로 만든 뺨 씌우개만 남아 있다. 현존하는 최초의 금속 재갈은 근동에서 발견되었다. 이 유물의 연대는 BC 15세기이지만 BC 17세기에도 재갈이 있었던 듯하다.

초기의 통제 장치는 입술, 주둥이, 혀와 입천장에 직

오른쪽 뉴스테드 재갈. 기수가 말의 어깨 위로 손을 들어올리면 고삐 줄과 코굴레 가죽끈이 심한 압박을 가하게 되어 있다. 고대의 기병이 상체와 허벅지를 보호하기 위해 방패를 사용할 경우 같은 효과를 냈을 것이다.

아래 에우프로니오스가 만든 BC 510년경의 그리스 잔. 말과 기수의 모습을 묘사하고 있다.

접 작용했는데, 이음쇠로 연결한 막대 형태의 재갈부터, 말이 측면 압력에 저항할 경우 입의 바깥쪽 피부 조직을 찌르도록 가시를 박은 원반 형태의 뺨 씌우개까지 그 종류가 매우 다양했다. 입에 물리는 부분도 종류가 다양해, 날카로운 금속 타래가 있는가 하면, 예리한 사각형 모양, 회전식 금속 원반이나 끄트머리가 '열쇠'처럼 생긴 형태도 있었다. U자형 쇠붙이를 장착한 경우에는 혀를 조이면서 입천장에 압력을 가했다.

종마 같은 사나운 말에는 대개 입마개를 씌워 서로, 또는 다루는 사람을 물지 못하게 했다. 입마개는 말이 입을 앙다물어 재갈이 아무 소용이 없어지는 사태를 막는 역할도 했다. 초기의 입마개는 바구니 모양으로 얽어 씌우는 형태였고, 후대로 내려오면 코 전체를 감싸되 구멍을 뚫어 호흡이 쉽도록 했다. 재갈과 함께 사용했던 금속 굴레는 말이 입을 벌리지 못하도록 했는데, 굴레는 아시리아 시기에 목격되지만 파르티아 시대와 로마 시대에 들어와 널리 사용되었다.

고삐는 고대 후기에야 등장했다. 고삐는 입 아래 경골에 매는 줄을 통해 극심한 고통을 야기할 수 있다. 간접 고삐도 사용되었다. 사슬이나 방망이 형태를 띠었던 고대의 간접 고삐는 턱을 누르고 목을 조였다.

마구, 안장, 등자

전투마(196쪽 참조)에도 황소처럼 멍에를 씌웠는데, 말의 경우 이는 비효율적인 장치였다. 속도를 낼 때는 특히 더 그랬다. 목과 어깨의 근육과 신경에 손상이 갈 수 있고, 그 결과 자주 발을 절게 되기 때문이다. 이런 점을 개선해 어깨 앞쪽에 멍에 안장을 씌워 견인력을 보강했다. 멍에에는 고삐 꿸 고리를 부착해 고삐 줄이 질질 끌리지 않도록 하는 한편, 따로 힘을 가하지 않고도 재갈에 주어지는 압력이 증가하도록 했다.

아시리아의 부조에는 안장 옷을 걸친 말이 묘사돼 있다. 크세노폰은 이 '옷'이 기수에게 안전한 자리를 제공하고, 말의 피부가 까지는 현상을 예방하고, 복부를 보호해준다고 기술했다. 파지리크의 고분군에서 BC 5~BC 3세기경의 안장 여러 점이 발견되었다. 속을 채운 딱딱한 방석 2개로 된 이 안장은 앞쪽과 뒤쪽에 각각 활처럼 생긴 턱이 있고 등받이는 펠트로 만들었다. 방석과 방석 사이는 나무로 연결해 틈새가 벌어지는 현상을 막는 한편, 말의 어깨와 등뼈를 보호했다. BC 4세기의 스키타이 유물 가운데서도 안장이 발견된다.

중국인들은 진나라 때 앞뒤 일체형 안장을 사용했다. 파르티아와 로마의 기병들은 앞쪽과 뒤쪽에 뿔을 댄 안장을 사용했다. 디오클레티아누스의 《가격에 대한 포고령》(301년)에 안장 가격이 나와 있는데, 패드 안장은 100~250데나리온, 군인용 안장은 500데나리온이었다. 등자가 기본 마구로 정착하기까지는 오랜 세월이 걸렸다. 최초의 등자 고리는 BC 2세기 인도 산치의 조

오른쪽 루리스탄(오늘날의 이란 서부)에서 출토된 정교한 장식의 청동 재갈. 연대는 BC 10세기로, 뺨 씌우개가 말의 입 바깥쪽의 말랑말랑한 피부 조직에 상당한 측면 압력을 가했다.

주요 연대	
금속 재갈	BC 15세기, 근동
말 갑옷	BC 15세기, 메소포타미아
안장	BC 5~BC 3세기, 중앙아시아
등자 고리	BC 2세기, 인도

각에서 발견된다. 중국에서는 302년에 등자를 사용했고, 시베리아와 알타이 산맥의 유목 부족들도 5세기에 이르러 등자를 개발해 사용했다. 하지만 6세기에 등자를 비잔틴 제국에 소개한 부족은 아바르족이었다. 그 후 등자는 페르시아와 아랍 제국으로 퍼져 나갔다.

말 보호구

군마용 갑옷은 몇 세기에 걸쳐 진화했다. 누주(오늘날의 이란 키르쿠크)에서 나온 BC 15세기의 설형문자 점토판에 보면, 여러 겹으로 이루어진 군마용 갑옷이 묘사되어 있다. 이 경우, 갈기에는 가죽 덮개를 씌웠고 몸통은 금속 미늘로 온통 뒤덮인 갑옷을 입혀 보호했다. 말 머리와 목덜미도 동일한 방식으로 보호했다. 이집트와 아시리아의 부조들은 마의(馬衣)로 몸 전체를 감싼 말의 모습을 묘사하고 있다. 아케메네스 왕조기의 페르시아에서는 전차를 끄는 말과 기병대용 말을 똑같이 보호했으며, 크세노폰은 페르시아 기병대의 말 갑옷을 고안했을 뿐만 아니라, 그리스 중기병대에 필요한 말 방호구 목록을 작성하기도 했다. 말은 머리 보호구와 가슴받이를 착용했다. 기수와 말의 몸통 일부를 보호했던 넓적다리 보호대는 '옷' 안장과 연결되었다. 프리지아의 다스킬레이온에서 나온 석관에 이러한 넓적다리 보호대가 묘사되어 있다.

셀레우코스, 파르티아, 아르메니아, 사르마티아에 이어 로마 제국에서도 말을 보호했다. 아리아노스는 하드리아누스 황제의 통치기에 머리 보호대와 미늘 갑옷으로 무장한 기마대 말에 대해 기록했다. 시리아의 두라에우로포스에서 3세기의 말 갑옷 2점이 거의 완벽한 상태로 발견되었고, 로마 제국 후기의 《노티티아 디그니타툼》(고대 로마의 민간·군사 관직 명부: 역주)에도 군마용 갑옷이 기술되어 있다. 동방의 군대들은 19세기까지 말에 갑옷을 입혔다. 서구에서는 중세시대 들어 기사용 갑옷과 함께 군마용 갑옷이 다시 등장했다.

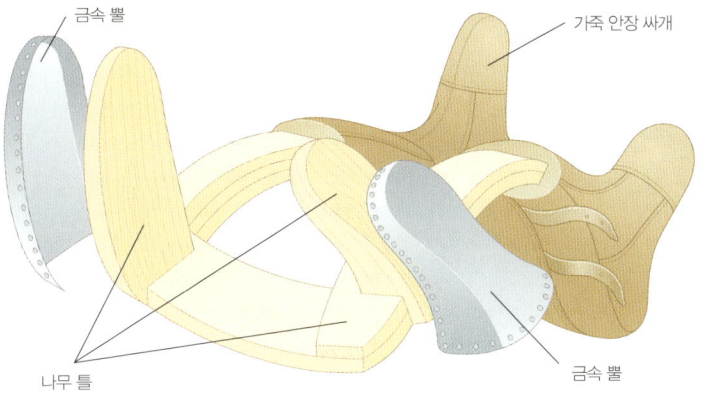

맨 위 로마 시대의 뿔 달린 대형 안장을 시험 삼아 걸치고 있는 아라비아산 종마. 뿔은 기수와 말의 밀착도를 높여주었다.

위 뿔이 4개 달린 로마 시대의 안장을 그린 그림.

왼쪽 잉글랜드 북쪽 빈도랜더에서 나온 사례를 토대로 복원한 로마 시대의 말 머리 보호대. 연대는 1세기 후반 또는 2세기 초.

오솔길과 도로

내 경우에는 특별히 어딜 가기 위해서가 아니라 무작정 떠나기 위해 여행한다.
나는 여행 그 자체를 즐긴다. 어딘가로 이동하는 것이 내 최대의 관심사다.

로버트 루이스 스티븐슨, 1878

선사시대의 인구 이동은 우리가 생각하는 규모를 훨씬 상회했을지도 모른다. 고고학 기록으로는 선사시대의 도로 상태를 확인하기가 어렵다. 하지만 적어도 BC 3000년대의 토탄층 지역에 사람들은 나무로 소로를 건설했다. 주로 침수지 환경에서 거의 원형 상태로 보존된 이런 종류의 소로가 더러 발견된다.

침수지는 아니지만 독일 북부와 그와 인접한 네덜란드 동부, 잉글랜드 남서부의 습지대 그리고 아일랜드 내륙 지방에서도 선사시대의 소로가 많이 나타난다. 이들 소로는 크기와 건설 방법에서 다양한 차이를 보인다. 물론 해당 지역의 환경 조건도 중요했지만 소로의 용도는 더욱더 중요했다. 잉글랜드 남서부의 이른바 스위트 트랙이 최초의 소로로 알려져 있는데, 나무를 분석한 결과 연대가 정확히 BC 3807년으로 나왔다. 가장 오래되었을 뿐만 아니라 특이하기도 한 이 소로는, 늪지 수면 위로 목재를 나란히 이어 걸쳐놓은, 길이 1,800미터의 기다란 나무 판자인 셈이다.

나뭇가지를 늪지 수면 위에 길게 이어 걸친 형태가 가장 흔하다. BC 2000대 이후로는 통나무를 연결하거나, 쪼갠 나무 판자를 이어 붙여 울타리를 두른 소로도 등장했다. 소로는 다들 비교적 간단한 형태를 띤다.

BC 3000년대 후반에 규모도 커지고 건축 기술도 몰라보게 정교해진 소로가 모습을 드러냈다. 주로 기다란 나무로 기초를 다지고 나서 그 위에 통나무나 나무 판자를 가로로 깔았다. 독일과 네덜란드의 소로들에서 발견되는 바퀴 자국은, 이들 소로가 주로 운송 수단용으로 사용되었다는 것을 보여준다. 영국과 아일랜드에서도 BC 2000~BC 1000년경의 이와 비슷한 규모의 소로가 발견되지만 용도는 확실치 않다. 이 지역에 바퀴가 도입된 시기는 BC 10세기 또는 BC 900년대 이후이기 때문이다.

운송 수단을 제어하는 장치가 발전하면서 폭이 좁은 소로가 건설되었다. 나아가 황소를 말로 대체하면서 이동 속도도 빨라졌다. 이는 지면이 편평한 소로 건설에 더욱 관심을 기울였다는 의미로 해석될 수 있다.

BC 8세기 들어 독일의 올덴부르크 지역에 아주 정교한 과학기술이 돋보이는 소로가 건설되었다. 이런 소로는 신경 써서 자른 참나무 판자의 윗부분과 아랫부분에 홈을 파서 수직 목재를 빈틈없이 끼워 맞춘 형태

잉글랜드 남부의 복원한 스위트 트랙 구간. 나이테 연대를 분석한 결과 BC 3807년으로 거슬러 올라가는 이 소로는 현재까지 최초로 알려져 있다. 늪지 수면 위로 목재 기둥을 걸쳐 널빤지를 지탱했다.

를 취한다. 이와 같은 소로는 전문 도로 건축가들의 작품으로 여겨진다. 38킬로미터 단위로 건설된 참나무 판자 소로는 도로 건설이 대규모이면서 상당히 조직적으로 이루어졌다는 점을 보여준다.

후대인 철기시대로 들어오면 가로 폭이 4미터에 이르는 대형 참나무 판자를 이어 걸쳐 건설한 대규모 소로가 등장한다. 기술력은 다소 떨어지나 눈에 확 띄는 이런 소로는 주로 독일 북부에서 발견되지만 거기서 서쪽으로 한참 떨어진 아일랜드 콜리어의 습지에서도 1건 발견된다. 이와 같은 구조물은 규모와 건축 방법이 놀라울 정도로 유사한데, 가장 놀라운 점은 나이테의 연대를 분석한 결과 아일랜드의 경우와 독일의 가장 큰 사례 3건이 몇십 년 정도의 편차만 보일 뿐 BC 1세기 중반에 건설되었다는 사실이다.

어느 모로 보나 마치 이동로로 건설된 이들 소로는 진정한 의미에서의 '도로'로, 이 무렵 들어 지역 운송망이 확대되었다는 점을 입증하는 사례로 여겨진다. 독일의 한 소로는 철광석을 수송하는 도로 체계의 일부였을 확률이 높다는 주장이 제기되어왔다. 이러한 대규모 소로의 건설은 대규모 인구가 강력한 중앙 집권형 정부의 지도 아래 공조 체계를 이뤘기에 가능했던 일로 여겨진다. 아일랜드의 사례는 독일 북부와의 연계를 강하게 시사하지만 이를 뒷받침할 만한 증거는 아직까지 나오지 않았다.

도로

지금껏 살펴보았듯이 도로는 바퀴 달린 교통수단, 그중에서도 특히 마차의 발명에 따라 개발된 결과다. 편평하면서 물이 잘 빠지고, 가능한 한 견고하며, 쉽게 속도를 낼 수 있는 도로가 필요했다. 그러한 도로를 건설하려면 엄청난 노력이 들었다. 소로와 달리 평탄한 도로는 경로를 비틀어 비좁은 계곡을 우회할 수도 없고, 여울을 건널 수도 없고, 울창한 삼림 지대를 통과할 수도 없었기 때문이다. 도로는 주변 지형을 개조해야 해서 건설하려면 대규모 인력이 동원되었다.

최초의 도로는 5,000년 전 메소포타미아를 가로질러 건설되었다. 이 도로는 수메르의 도시들을 지중해

연안과 고원 지대로 연결하는 역할을 했다. 도로를 따라 짐을 잔뜩 실은 당나귀 대상이 이들 지역을 오갔다. 도로 자체는 현재 남아 있지 않지만 위성 사진술을 통해 위치를 추적한 결과, 그 주변의 초목이 발육 부진 현상을 보이는 모습이 포착되었다. 이집트의 시나이 사막을 가로지르는 도로들은 많은 경우 대상의 행렬이 오가던 도로로, 현재는 소실되고 없지만 몇 세기 동안 사용되었다. 이런 도로들에 대한 지식은 대상의 가족을 통해 세대에서 세대로 이어졌다.

도로의 종류는 각양각색이었으며, 전차나 짐수레의 소통에 목적이 있었던 미케네의 경우처럼 대부분 교

위 박물관에 전시되어 있는 고대의 콜리어 소로. 이 아일랜드의 소로는 건설 방법과 연대(BC 1세기)가 독일의 사례와 매우 유사하다. 바퀴 달린 교통수단을 수송하는 용도로 쓰였다.

아래 시리아의 텔 브라크에서 방사선으로 뻗어 나간 도로망. 코로나 위성으로 촬영했다.

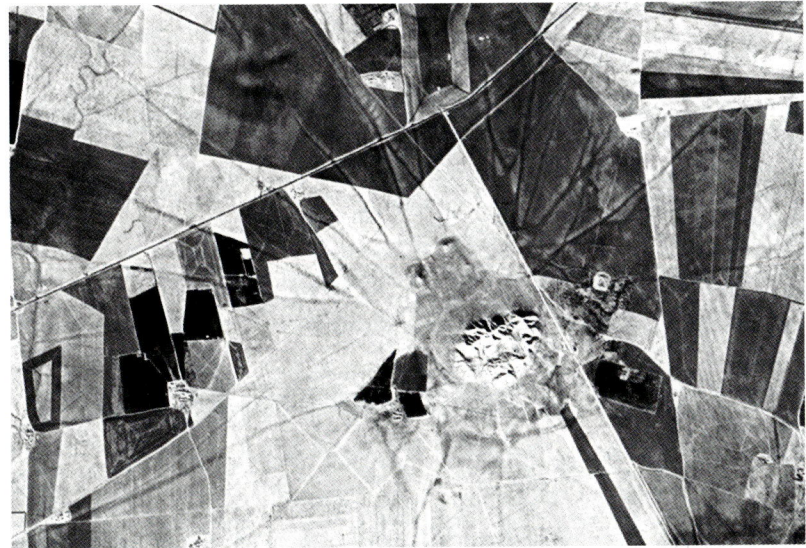

위 오스티아에 있는 로마 시대의 도로. 로마인들은 제국 전체를 다스릴 수 있는 거대한 도로망을 건설했다.

아래 소로와 도로로 이루어진 망을 통해 대상의 행렬을 실어 날랐던 비단길은 동방과 서방을 연결했던 거대한 무역로의 하나였다.

맨 아래 중국 신장 자치구 가우창(高昌)에 있는 당 왕조기의 도시 유적. 비단길을 따라 세워졌던 정착촌 가운데 하나였다.

통을 원활히 하기 위해 건설되었다. 고대 그리스의 경우, 지역 도로망은 채석장과 도시를 연결했던 데 비해, 불의 행렬이 지나는 길은 델포이의 신탁소로 이어져 신성한 도로를 형성했다. 정치 권력을 상징하기도 하면서, 국가의 영토 확장에 따라 말 그대로 두 지점을 연결하는 수단으로 기능했던 도로들도 있었다. 아케메네스 제국의 왕도가 그런 예 가운데 하나인데, 총 연장 길이가 2,500킬로미터를 자랑하면서 수사와 사르디스, 페르세폴리스를 연결했다. 이 도로는 수명은 짧았던 듯하지만 휴게소를 갖추고 있었다.

도로를 건설하려면, 징발을 하든 돈을 주든 노예를 동원하든, 많은 수의 인부가 필요했다. 특히 로마인들은 대규모 인구를 동원해 거대한 도로망을 건설함으로써 제국의 얼굴을 바꾸어놓았다. 로마 남부를 관통하는 아피아가도의 첫번째 구간은 BC 312년에 완공되었다. 여기에 적용된 과학기술은 아마도 에트루리아인의 사례를 본뜬 듯하다. BC 1세기에 이르러 로마의 도로 건설 전문가들은 제국 전역을 연결하는 거대한 도로망을 개발해 이정표로 마무리를 했다.

초기의 황제들은 총 연장 길이 85,000킬로미터여에 걸쳐 제국의 외곽으로 이어지는 거대한 고속도로망을 건설했다. 클라우디우스 황제는 43년 브리튼 원정을 성공리에 마치고 알프스 산맥을 가로질러 갈리아를 관통하는 도로를 완성해 귀환을 축하했다. 활을 쏘면 화살이 이쪽 끝에서 저쪽 끝까지 막힘 없이 날아갈 정도로 일직선을 이루었던 로마의 도로는 군대를 먼 곳까지 신속하게 이동시킬 수 있는 효과적인 수단이었다.

로마의 도로는 오늘날까지 남아, 현대 도로망의 일부로 편입되어 있다. 이는 로마의 도로 설계와 건설이 규격화된 기준에 따라 이루어졌다는 사실을 보여주는 증거다. 이러한 기술은 에트루리아, 이집트, 그 외 다른 지역에서 비롯되었다. 먼저 약 12미터의 간격을 두고 구덩이 2개를 판 다음 흙을 사용해, 배수 처리를 한 도로의 핵을 약 0.9미터 두께로 쌓아 올렸다. 구체적인 건설 방법은 지역에 따라 달랐지만 많은 경우 도로는 여러 층으로 이루어졌다. 토대를 세우고 나면 0.6미터 두께의 배수용 돌담과 22센티미터 두께의 콘크리트층을 조성했다. 거기에 다시 콘크리트로 굳힌 30센티미터 두께의 자갈과 모래층을 깐 다음, 그 위에 자갈이나 돌멩이, 때로 석판을 압축한 층을 올렸다. 그러고 나서 연석을 깔아 마무리를 했다. 도로의 폭은 상당히 다양했다. 저 유명한 아피아가도는 폭이 약 11미터였는데, 양 방향 모두 일방 통행 체계로 운영되었던 중앙 구간의 2차선 도로는 폭이 각각 4.5미터였다.

서구의 경우와 마찬가지로 중국의 도로도, 날로 확장하는 제국의 영토를 효과적으로 통제하기 위한 수단으로 고대부터 생겨났다. 진시황은 BC 3세기 후반에 최초로 광범위한 도로망을 구축했다. 그 후 AD 초기 시대에 이르면, 중국은 동방과 서방을 연결하며 대상의 행렬이 끊이지 않았던 비단길이라는 도로망의 거점이 된다.

남아메리카 안데스 지역의 군주들도 팽창하는 국가들을 연결하는 효율적인 도로망의 필요성을 잘 알고 있었다. 1200년 치무 왕국의 왕들은 몸을 움직일 수 있는 성인들에게 세금 차원에서 1년 중 일정 기간을 나라의 공공 사업에 노동력을 제공해야 한다는 법령을 제정했다. 1460년대에 치무 왕국을 정복한 잉카인들은 이 무렵 이미 세계에서 가장 험준한 축에 속하는 고원 지대와 연안 지대를 잇는 복잡한 도로망을 건설했다. 휴게소까지 갖춘 잉카인의 도로망은 발 빠르기로 유명한 잉카의 전령뿐만 아니라, 교역품과 조공을 잔뜩 실은 야마 대상을 실어 나르기에 충분할 만큼 폭이 넓었다.

주요 연대

소로	BC 3000년대, 북부 유럽
대상용 도로	5,000년 전, 메소포타미아
아피아 가도	BC 312년, 이탈리아
도로망	BC 2세기 후반, 중국
널빤지 도로	BC 1세기 후반, 아일랜드와 독일
도로망	1460년대, 안데스 지역

깊은 계곡과 험준한 산봉우리, 물살이 센 강을 가로지르며 총 연장 길이 25,000킬로미터에 걸쳐 조성된 잉카의 도로망. 이들 도로는 황제의 사절단과 군대, 야마 대상, 제국의 끝에서 끝으로 전갈을 전했던 전령들이 사용했다. 이 구불구불한 구간은 마추픽추로 이어진다.

다리와 운하

많은 다리가 우리에게 아름다운 자연을 감상할 수 있는 장소를 제공해준다.
이와 마찬가지로 다리는 인간의 삶과 노력을 엿볼 수 있는 곳이기도 하다.

F. W. 로빈스, 1948

오른쪽 아폴로도로스가 104년경 트라야누스를 위해 목재 아치로 다뉴브 강에 설치한 대형 다리. 트라야누스 기념주에 묘사된 장면이다.

아래 오스트레일리아 퀸슬랜드의 모펏 해안에 있는 천연 돌다리.

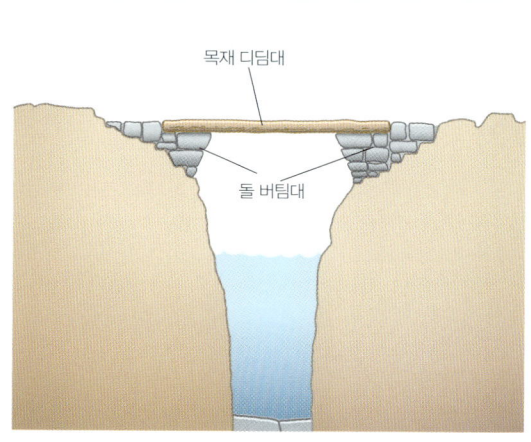

아래 오른쪽 BC 13세기에 히타이트의 수도 하투사스 주변의 성곽을 연결하기 위해 건설했던 다리 모형도. 여기서 돌더미는 계곡을 건너는 길의 일부이기도 하면서 목재 디딤대를 지탱하는 역할을 한다.

다리는 자연에서 유래했다. 쓰러져 시내에 걸쳐진 나무, 골짜기 너머로 드리운 덩굴, 틈새를 메운 석판이 다리의 기원이었다. 돌처럼 수명이 긴 물질도 없다. 현존하는 가장 오래된 다리도 재질이 돌이다.

목재 다리

하지만 최초의 인공 다리는 아마 목재로 지어졌던 듯하다. BC 605년 이전 나보폴라사르 왕이 바빌론의 유프라테스 강을 가로지르는 길이 115미터의 다리를 세웠다고 알려져 있다. 그보다 훨씬 이전인 BC 13세기경 소아시아에 있는 히타이트의 수도 하투사스에서도 도시 주변의 성곽을 잇는 다리가 건설되었다. 이 다리는 양쪽 간격을 줄이려고 자연석으로 쌓아 올린 돌 버팀대 위에 전장(全長) 약 6.7미터의 목재를 얹었다. 이러한 기술은 목재 버팀대와 함께 초기의 다리들에서 널리 사용되었다. 힌두쿠시의 다리는 4겹으로 쌓아 올린 통나무 버팀대가 전장의 약 4분의 1지점까지 튀어나와 있었다. 이러한 다리를, 버팀대의 명칭을 따라 외팔보식 다리라고 부른다. 4세기경 중국에서도 이런 종류의 다리가 발견된다.

로마인들은 목조 다리를 많이 건설했다. BC 600년경에 처음 세워져 BC 510년 호라티우스가 보수한 로마의 폰스수블리키우스도 그 중 하나였다. 로마의 트라야스 기념주(113년)와 마르쿠스 아우렐리우스 기념주(193년)에 새겨진 부조에 보면 통나무 형교가 적어도 13곳이나 묘사되어 있다. 그 중 하나는 경간(徑間, 건물이나 교량 따위의 기둥과 기둥 사이의 거리 : 역주)이 6군데인데, 사선형 지주와 크로스헤드, 목재 들보 한 쌍이 목재 구조물을 떠받치고 있다. 수평 교각과 수직 목재 들보 위에 난간을 설치한 경우도 있다. 가장 눈길을 사로잡는 사례는 아폴로도루스가 104년 트라야누스를 위해 다뉴브 강에 가설했던 다리이다. 이 다리는 길이가 각각 32미터가량의 아치형 경간이 6군데에 설치되어 있었다.

부교(浮橋) 건설도 강을 건너는 또 다른 방법이었다. 아시리아인들은 이미 BC 700년에 부교를 세웠다. BC 480년 크세르크세스는 부교를 2군데에 설치해 헬레스폰트 해협을 건넜으며, 알렉산드로스는 BC 320년경 거대한 부교를 이용해 인더스 강을 건넜다.

현수교

미얀마, 자바, 페루 같은 나라에서는 대나무와 덩굴식물을 이용해 현수교(懸垂橋)를 세웠는데, 가장 중요한 발전은 중국에서 이루어졌다. 현수교는 난간 구실을 하는 대나무 밧줄 2개와, 덩굴식물을 사이사이 V자 모양으로 땋은 바닥용 밧줄로 된 형태가 가장 단순하다. 아삼과 티베트를 연결했던 현수교는 전장이 240미터가 넘었던 것으로 기록되어 있다.

후대로 오면 현수교는 교각용 밧줄 6개가 대나무 판자로 만든 수평 들보를 지탱했다. 들보는 댓조각을 엮어 만든 손잡이용 밧줄과 연결되었다. 현수교는 대개 경간이 1곳밖에 없지만 콴시엔에 세워졌던 안란 다리는 길이 60미터의 경간이 6군데에 있었으며, 총 연장 길이는 320미터였다. 이 현수교가 처음 지어진 연대는

로마의 티베르 강에 놓였던 초기의 다리 10곳 가운데 하나인 파브리키우스 다리. BC 62년에 건설된 이 다리의 아치 윗부분에 건축가 파브리키우스의 이름이 새겨져 있다. 중앙의 교대 위로 보이는 아치는 홍수 대비용이다.

크레타의 크노소스에 있었던 최초의 석조 다리. 연대는 BC 1900년경. 아래쪽 구조는 아직도 남아 있다. 위쪽 구조는 원시적이긴 하지만 내쌓기 공법의 아치 형태를 띠고 있었다.

BC 2세기로 추정된다. 중국인들은 1세기경부터 무거운 석조 교대와 함께 쇠사슬도 사용했다. 밧줄을 매다는 편평한 교각은 약 1420년부터 등장했다.

석조 다리

돌다리는 연대를 추적하기는 어렵지만 많은 나라에 있었다. BC 1900년경 크레타 섬의 크노소스 궁전에 있던 다리가 가장 오래된 예로, 내쌓기 공법의 아치(70쪽 참조) 여러 개로 이루어졌다.

로마인들은 전형적인 아치를 사용했다. 님에 물을 공급하기 위해 프랑스 남부에 건설한 퐁 뒤 가르(83쪽 참조)는 훌륭한 예다. BC 18년경에 완공된 이 다리는 반원형 아치와 방사상 이음매, 임시 목재 골조를 지탱하기 위해 바깥쪽으로 돌출시킨 돌, 3층을 이루는 아치가 특징이다. 현존하는 최초의 로마 다리는 로마 근처에 있는 폰테 디 노나다. BC 173년경에 착공된 후 나중에 더 큰 다리의 일부로 편입되었다.

아오스타 근처에 있는 성마르틴 다리의 경우, 가장 넓은 경간이 로마 최대인 35.6미터였다. 이 아치는 정확한 반구형이 아니라 약 144도의 각도를 유지한다. 따라서 호에 가깝다고 할 수 있다. 로마 시대의 호형 아치는 스페인의 알코네타와 터키의 리미라에서 현저하게 눈에 띈다.

중국의 대형 다리로는 605년경에 지어진 안치교를 들 수 있다. 37미터 길이의 호형 아치인 이 다리는 위쪽 공간이 트여 있다.

운하

최초의 인공 수로는 관개 또는 배수의 목적에서 지어졌다. 이집트의 전승(99쪽 참조)에 따르면, BC 3100년

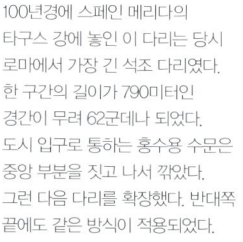

100년경에 스페인 메리다의 타구스 강에 놓인 이 다리는 당시 로마에서 가장 긴 석조 다리였다. 한 구간의 길이가 790미터인 경간이 무려 62군데나 되었다. 도시 입구로 통하는 홍수용 수문은 중앙 부분을 짓고 나서 깎았다. 그런 다음 다리를 확장했다. 반대쪽 끝에도 같은 방식이 적용되었다.

경 메네스 왕이 나일 강의 물을 새로운 수도 멤피스로 끌어들이기 위해 운하를 건설했다고 한다. 중왕국 시기에 이르면 거대한 관개 체계가 세워졌다. 메소포타미아에도 유프라테스 강과 티그리스 강의 물을 끌어들이는 운하가 생겨났다.

이러한 초기의 수로들은 선박의 교통로로도 사용되었던 듯하다. BC 4세기 중반 헤로도토스는 파라오 네코 2세와 페르시아 군주 다리우스의 치적을 기록했다. 수에즈 운하의 전신인 이 운하는 이 당시부터 수송용 운하가 있었을 가능성을 보여준다.

초기의 운하는 해수면에 가까웠지만, 중국인들은 BC 1세기 들어 물의 흐름을 조절하는 수문을 개발했다. 물길을 가로막는 장벽의 일부를 제거하면 그 틈새를 통해 배가 하류로 내려가거나 상류로 거슬러 올라갈 수 있었다. 이러한 초기의 수문은 물을 낭비하는 경향이 있었다. 그래서 중국의 기술자들은 배를 이쪽 수위에서 저쪽 수위로 끌어당길 수 있는 선가(船架)를 세웠다.

초기의 대규모 운하는 중국의 대운하였다. 기존의 수로망을 토대로 605년에 착공해 1327년에 완공한 대운하는 총 연장 길이가 장장 1,700킬로미터로, 베이징에서부터 상하이, 저장성(浙江省)의 항저우(杭州)까지 연결되었다. 황허 강과 화이 계곡을 잇는 운하의 첫번째 구간은 완공 연대가 최소한 BC 4세기로 추정된다. 운하는 처음에는 관개 체계로 출발했을 확률이 높지만 곧이어 장거리 수송용으로 사용되었다. 983년 대운하 공사에 동원된 한 기술자가 최초로 1번에 하나씩 열게 되어 있는 한 쌍의 울타리 수문 체계를 고안해냈다. 배가 충분히 다닐 수 있는 길이의 울이나 웅덩이를 에워싸는 이러한 울타리 수문 덕분에, 물 공급만 제대로 해줄 경우 상류로든 하류로든 이동이 순조로웠다. 대운하의 수위는 결국 해수면보다 약 42미터가 높아졌다. 네덜란드에서도 1065년부터 이와 동일한 수문을 사용하기 시작했다.

주요 연대	
내쌓기 방식의 아치형 석조 다리	BC 1900년경, 크레타
목재 다리	BC 13세기, 터키
부교	BC 700년, 아시리아
폰즈 수블리키우스	BC 600년, 로마
수문	BC 1세기, 중국

대운하의 쉬저우(徐州) 구간. 대운하는 처음에는 관개용으로 출발했겠지만 곧이어 중요한 운송망으로 자리 잡았고, 결국에는 총 연장 길이가 1,700여 킬로미터에 달했다. 983년 대운하의 이쪽 구간에 최초의 울타리 수문이 세워졌다.

낙타와 낙타 안장

햄릿: 저기 낙타처럼 생긴 구름이 보이오?
폴로니우스: 정말 낙타처럼 생겼군요.

셰익스피어, 《햄릿》 3막 2장

위 4~5세기경 중국 위(魏) 왕조기의 양탄자를 짊어진 낙타와 낙타 주인.

아래 안장을 얹은 단봉낙타. 3세기의 것으로, 시리아의 팔미라에서 출토된 부조에 묘사되어 있다. 팔미라는 대상 무역로에 중요한 비중을 차지하는 도시였다.

낙타는 까다로운 성격에도 불구하고 짐을 싣고 사막을 여행하기에 안성맞춤인 동물이다. 낙타는 땀을 분비하지 않고도 단 하루 만에 체온을 정상보다 6도나 더 올릴 수 있다. 뿐만 아니라 효율적인 신장 체계를 통해 48시간 동안 물을 저장해두었다가 신체 조직에 공급한다.

쌍봉낙타 또는 박트리아낙타는 이란 북동부와 투르크메니아 접경 지대에서 가축화된 듯하다. 테헤란 남부의 시알크에서 쌍봉낙타를 묘사한 토기 파편이 나왔다. 유물의 연대는 BC 3000~BC 2500년으로 추정되지만 아무래도 야생 상태로 보인다. 다른 유적지에서도 BC 2500~BC 1600년경이다. 낙타 뼈와 낙타가 끄는 짐수레를 묘사한 토기 모형이 출토되었다. 이란 동부의 시스탄 지역에서는 낙타 배설물과 털을 섞어 만든 같은 시기의 토기 항아리가 발견되었다.

낙타 사육은 적어도 4,000년 전 아라비아와 그 주변 지역에서 각기 따로 이루어진 듯하다. BC 1500년 이전에는 낙타가 귀했던 것 같지만 그 후 박트리아낙타가 널리 보급되었다. 이라크 북부의 저 유명한 발라와트 청동 문에 등장한 데서 짐작할 수 있듯이, 낙타는 아시리아에도 잘 알려져 있었다. 1세기 이후 쌍봉낙타는 비단길을 오가는 중요한 운송 수단으로 자리 잡았다. 하지만 아라비아의 경우처럼, 없어서는 안 될 생존 수단으로까지 취급되지는 않았다.

단봉낙타 또는 아라비아낙타는 BC 2500년 이전에 아라비아 남부에서 처음 사육되었던 듯하다. 하지만 낙타가 널리 사용되기까지는 그 후 10세기가 넘는 세월이 걸렸다. 그렇다면 낙타가 사막 여행에 곧바로 혁명을 가져오지 못했던 이유는 무엇일까? 문제는 안장이었다. 안장은 낙타 주인이 몇 세기 동안 고민한 끝에 발명한 창의력의 산물이었다.

안장

아라비아 최초의 낙타 안장은 엉덩이 쪽에 걸치게 되어 있었다. 그래서 타는 사람은 막대를 사용해 안장을 조종해야 했다. 이는 낙타의 아주 중요한 장점, 즉 낙타 등이 제공하는 높은 시야를 제대로 활용하지 못했다는 뜻이다. 그럼에도 단봉낙타는 BC 1200년부터 이스라엘로 향을 운반하는 데 사용되었다.

BC 500~BC 100년경 아라비아 북부에서 안장이 개발되면서 획기적인 돌파구가 마련되었다. 낙타의 혹 위쪽에 얹는 아치형의 딱딱한 의자 덕분에 타는 사람은 낙타 등에서 균형을 유지할 수 있었다. 짐도 안장에 가로로 걸칠 수 있었다. 더욱 중요한 점은 낙타 등 위에서 칼이나 검을 휘두를 수 있다는 사실이었다.

북아라비아의 안장은 군사 목적에 사용되면서 아시

주요 연대	
낙타의 가축화	BC 3000~BC 2500년, 이란과 투르크메니아
	BC 2500년 이전, 아라비아 남부

니네베에 있는 아슈르바니팔의 북쪽 궁전에서 출토된 부조의 세부 모습. BC 645년경의 것으로, 아시리아 기병대가 낙타 등에 올라탄 아랍 부족을 추적하는 광경을 묘사하고 있다. 아랍인들은 장거리 여행과 신속한 이동에 단봉낙타를 사용했다.

아 남서부의 상권 및 정치권의 판도에 지대한 영향을 미쳤다. 처음에 유향 교역에서 나오는 짭짤한 수익은 구매자가 모두 챙겼다. 다시 말해 낙타 주인은 별 볼 일 없었다. 하지만 이제 낙타 주인은 힘이 생겼고, 그 결과 수익이 그쪽으로 흘러갔다. BC 312년 이전 요르단 사막에 건설되었던 도시 페트라는 거대한 규모를 자랑하는 최초의 대상 도시였다. 아시아 남서부에서 바퀴 달린 수레가 몇 세기 동안이나 자취를 감춘 데에는 그럴 만한 이유가 있었다. 즉 안장을 얹은 낙타가 수레보다 훨씬 효과적이었기 때문이다.

BC 7~BC 6세기경 아시리아에 이어 페르시아의 침공과 더불어 무수한 낙타가 이집트 땅에 들어왔다. BC 2~BC 1세기의 이집트 기록은 낙타 대상이 홍해에서 상이집트까지 800킬로미터를 여행했다고 전한다. 아라비아인들은 이 안장의 위력에 힘입어 홍해와 나일 지역을 연결하는 수지 맞는 교역로를 장악했다. BC 539년 이집트의 교역로를 기점으로 남쪽, 그러니까 에티오피아 고원 지대와 홍해가 만나는 길목에 메로에(지금의 수단)라는 도시가 세워졌다. 메로에를 거점 삼아 사하라 서쪽으로 낙타용 소로가 넓게 펼쳐졌다.

로마 장군 카이사르가 BC 1세기에 누미디아 왕으로부터 22마리를 징발할 당시까지도 낙타는 북아프리카에서 귀한 동물이었다. 그 후 3세기에 걸쳐 낙타 숫자는, 로마인들이 트리폴리타니아(지금의 리비아)의 렙티스마그나에 4,000마리를 요구할 정도로 계속 증가했다. 하지만 로마인들은 사막 여행이 아니라, 수레를 끌거나 군사용 방호물을 설치하는 데 낙타를 사용했다. 로마인들에게는 사막 여행에 필요한 안장이 없었다.

역사의 기폭제

장거리 사막 여행에는 다른 형태의 안장이 필요했다. 즉 짐도 실을 수 있고, 장거리 여행을 견디면서 간편하게 조종할 수 있어야 했다. 사하라 안장은 낙타의 양어깨에 걸치게 되어 있어, 타는 사람이 막대나 발끝으로 조종할 수 있었다. 이러한 안장은 로마 기병대나, 그 밖의 적과 맞부딪칠 염려가 없는 사막 지대에서 다양하게 개발되었다.

사하라 안장이 등장하면서 낙타의 활용도는 정점에 달했다. 사하라 안장은 몇 세기에 걸쳐 사막을 가로지르며 평화롭게 짐을 운반했다. 그 후 7세기에 들어와 아랍 군대는 북아라비아의 군사용 안장을 사막에 도입했다. 이 무렵 낙타는 '사막의 배', 즉 사하라의 수지 맞는 암염 교역에서 없어서는 안 될 존재가 되어 있었다. 그 때문에 서아프리카에서 낙타는 족장들이 동일한 무게의 금을 주고 구입할 정도로 귀하게 대접받았다. 독특한 형태를 취하는 이 지역의 낙타 안장은 아프리카의 역사를 뒤흔든 커다란 기폭제가 되었다.

오늘날 튀니지의 베르베르족이 사용하는 낙타 안장. 이 안장의 발명으로 장시간 소요되는 사하라 사막 여행 길이 뚫렸다.

뗏목과 통나무배

다양한 문화권에서 살아가는 사람들이 수많은 장치에 기대 강과 호수와 바다로 나간다.

제임스 호넬, 1946

네덜란드 페세에서 출토된 세계 최초의 배. 연대는 BC 7200년경. 소나무의 속을 파서 만든 이 배는 길이가 3미터, 폭은 44센티미터다.

농부에 앞서 뱃사람이 있었고, 짐수레를 발명하기 전에 배를 만들었다. 과학적인 연대 측정법에 따르면, 오스트레일리아에 처음 인간이 거주한 시기는 BC 40000년 이전이다(어쩌면 60000년 이전일 수도 있다). 이들 초기의 이주민은 해상 교통수단을 이용해 아시아 남동부 내륙 지방에서 다도해를 거쳐 오스트레일리아 섬 본토에 다다랐을 것으로 추정된다. 호수와 강에서 최초로 수상 교통수단을 사용한 시기는 대략 BC 60000년 이전으로 추정된다.

초기의 수상 교통수단에 관한 증거는 대개 이집트와 지중해 동부, 또는 유럽에서 나온다. 최초로 발굴된 통나무배는 연대가 BC 7200년경이며, 현존하는 최초의 뗏목은 연대가 2세기다. 지금까지 발굴된 초기의 선박은 대부분 통나무배나 판자배(156쪽 참조)의 형태를 띤다.

최초의 선박이라고 할 수 있는 뗏목과 통나무배는 세계의 서로 다른 지역에서 필요와 환경에 따라, 구할 수 있는 재료에 따라, 그 지역에 거주하는 사람들의 창의력과 과학기술 수준에 따라 각기 따로 발명되었던 듯하다.

15~19세기의 유럽인들은 아메리카 원주민들이 다양한 종류의 수상 교통수단을 각기 따로 개발했다는데 주목했다. 서부 해안과 동부 해안에서 각각 통나무 뗏목이 발견되었으며, 가죽배 또한 북아메리카와 남아메리카에서 모두 발견되었다. 이러한 풍경은, 인간의 정착기 초기에 다른 대륙에서도 비슷한 상황이 전개되었으리라는 것을 짐작하게 해준다.

부구

부구(浮具)는 물에서 직접 사람을 지탱해주는 개인용 보조 장치로 최근까지도 널리 사용되고 있다. BC 9세기의 아시리아 부조들을 보면, 밀봉한 항아리와 생가죽 부구의 도움을 받아 강을 건너는 사람들의 모습이 묘사되어 있다. 17~18세기에 오스트레일리아와 태즈메이니아 주민들은 통나무 부구를 사용해 강 저편의 섬들로 건너갔다. 19세기 들어 하와이와 이스터 섬 주민들은 판자(서프 보드의 전신)를 사용했다.

아메리카에서는 한데 엮은 호리병박을 부구로 사용했다. 가벼운 나무 틀로 연결한 생가죽 부구나, 구멍을 메운 항아리는 더욱 광범위하게 나타난다. 생가죽 부구는 BC 7세기의 메소포타미아 부조들에 묘사되었고, BC/AD 1세기 들어서는 중국에서도 강을 건너는 데 이런 부구를 사용했다. BC 6세기의 에트루리아 보석에 등장하는 항아리 부구는 중세시기의 중국과 17세기의 인도에서도 발견된다.

통나무 뗏목

라인 강에서 발견된 통나무 뗏목 2점은 연대가 2세기로 거슬러 올라간다. 이보다 2세기 먼저 카이사르는 켈트족이 통나무 뗏목을 사용해 갈리아의 강들을 건너 다닌다는 사실에 주목했다. 통나무 뗏목은 훨씬 이전부터 광범위하게 사용되었던 듯하다. BC 7세기의 메소포타미아 부조에 보면 간단한 형태의 통나무 뗏목이 묘사되어 있다. BC 5세기의 중국인들도 통나무 뗏목을 사용했으며, 12~13세기에는 돛을 단 통나무 뗏목이 대만과 푸젠성(福建省)에 등장했다.

돛을 단 통나무 뗏목, 즉 돛단배는 1세기에 인도 남부의 코로만델 해안과 트라방코르 왕국을 오가는 데 사용되었다. 페루의 무덤들에서 출토되는 측판은 이미 BC 300년(165쪽 참조), 또는 그보다 훨씬 이전에 돛단배가 사용됐다는 점을 암시한다.

오세아니아의 원양용 뗏목은 16세기에 처음 목격되었다. BC 1세기 후반~AD 1세기 후반 오세아니아에 정착한 사람들은 바로 이러한 돛단배를 타고 바다를 건넜을 것으로 추정된다.

유럽인들이 오스트레일리아에 도착해 목격한 단순한 뗏목은, BC 40000년이나 그 이전에 처음 이곳에 정착한 주민들이 의지해 바다를 건너는 데에는 아무래도 무리였을 듯하나, 대나무로 만든 뗏목을 타고 바다를 건너왔을 것이라는 견해가 일반적이다.

식물 다발과 나무 껍질로 만든 배

장대를 한데 묶어 만든 뗏목은 인도 동부, 우간다, 나일 강 상류 지역에서 오늘날에도 여전히 사용된다. 19세기 들어 유럽인들은 태즈메이니아 주민들이 나무 껍질이나 갈대 같은 재료를 한데 엮어 뗏목을 만든다는 데 주목했다. 이러한 뗏목에는 편평한 형태도 있었고, 배처럼 생긴 형태도 있었다.

BC 3500년경의 이집트 토기와 아마 조각에 묘사된 그림은 갈대를 엮어 만든 뗏목으로 추정된다. 후대로 오면, 배 모양의 뗏목을 나룻배처럼 사용하면서 물고

위 성채를 공격하기 위해 생가죽 부구에 의지해 강을 건너는 저 병사들. 이라크 님루드에 있는 아슈르바니팔의 북서쪽 궁에서 출토된 부조. 연대는 BC 883~BC 859년경.

아래 옛날 방식대로 복원한 만테뇨나무로 만든 에콰아도르의 원양용 뗏목.

기나 들새를 잡고, 전투를 하고, 사냥에 나서는 모습이 묘사되어 있다. 메소포타미아의 경우, 이러한 배에 대한 최초의 증거는 우루크에서 나온 BC 3000년대 후반의 수메르 그림문자다.

아시아 남부의 경우에는 모헨조다로에서 나온 BC 2000년경의 토기 부적과 인장에 이러한 뗏목이 묘사되어 있다. 대플리니우스는 1세기에 인도 사람들이 식물 재료를 엮어 만든 뗏목을 타고 동쪽 해안의 갠지스 강에서 스리랑카까지 항해한다고 기록했다. 초기의 유럽에는 그러한 뗏목이 있었다는 증거가 없다. 하지만 나중으로 내려오면 코르푸·사르디니아·모로코 해안에서 이런 종류의 배를 사용했다. 헝가리와 아일랜드의 호수 지방에서는 이보다 먼저 광범위하게 사용되었던 것으로 보인다.

아메리카에서는 연대가 BC 후반에서 AD 초반으로 거슬러 올라가는 칠레의 갈대 배가 최초에 속한다.

갈대 배를 만드는 방법은 다음과 같다. 먼저 갈대 다발을 바구니 짜듯이 한데 엮어 역청으로 방수 처리를 한다. 그런 다음 가벼운 나무를 끼워 틀을 잡는다. 17세기 중반 유럽인들은 이라크에서 이와 비슷하게 생긴 배를 목격했다. 스트라보는 이보다 1,600년 전 이러한 배를 언급했으며, BC 2300년경의 메소포타미아 기록에도 갈대 배로 추정되는 배가 등장한다.

최근 들어 터키(유프라테스 강 근처), 쿠웨이트, 오만의 유적지에서 바구니 짜듯이 엮은 갈대 다발 자국이 찍힌 역청 조각이 출토되었다. 이들 유물은 갈대 배의 잔해로 보인다. 쿠웨이트의 아스-사비야에서 발굴된 BC 5000~BC 2000년경의 유물이 최초이다.

16~18세기에 유럽의 탐험가들은 아메리카 대륙의 세 지역, 즉 북아메리카 북부, 가이아나와 브라질의 강 지역, 칠레 남부 해안에서 나무 껍질 배를 발견했다. 19세기에 오스트레일리아 주민들은 강과 연안에서 나무 껍질 배를 사용하고 있었다. 아시아 남동부, 중국 북동부, 시베리아, 아프리카 동부에서도 이러한 종류의 배가 발견되는데, 사용 시기가 오스트레일리아보다 빨랐던 듯하다.

가죽배

가죽배는 나무나 대나무, 고래 뼈(시베리아)로 틀을 만든 다음 방수 처리한 생가죽을 씌우는 형태를 취한다. 배는 대개 원형(호수와 강용)이거나 '배 모양'을 띤다. 북극 주변 지역의 카약은 기다란 창끝처럼 생겼다.

에리두에서 나온 BC 4000년대의 메소포타미아 토기 모형의 경우, 가죽배인지 아닌지를 놓고 의견이 분분하다. 하지만 BC 700년경의 돌 부조는 분명히 둥그런 가죽배를 묘사하고 있다.

고대 작가들은 이탈리아의 이베리아와 포 계곡에서 가죽배를 사용했다고 전한다. 유럽 북서부의 경우, 웨일스와 아일랜드에서 배 모양의 가죽배가 오늘날까지도 사용되고 있다. 아울러 BC 1세기로 거슬러 올라가면, 강에서뿐만 아니라 바다에서도 가죽배를 사용했다는 기록이 있다. 알래스카와 알류산 열도에서 노를 갖춘 가죽배의 상아 모형과 틀의 잔해가 발견되었다. 이들 유물로 미루어, 이 지역에서도 최소한 BC/AD 1세기경부터 가죽배를 사용했던 듯하다. 북아메리카와 남아메리카에서도 유럽인들이 처음 도착했을 당시 호수와 강에서 가죽배를 사용하고 있었다. 시베리아 동부에서부터 그린란드 서부에 이르는 북극권에서도 가

아래 갈대 다발을 배 모양으로 한데 엮어 만든 배. 이집트 사카라에 있는 프타호텝의 무덤에서 출토되었다. 연대는 BC 2400년경.

죽배를 사용했다. 4세기의 중국 문헌에서도 가죽배를 언급하고 있으며, 인도 남부에서도 14세기에 가죽배를 사용했다는 기록이 나타난다.

바구니배

원형이나 타원형의 바구니배는 잘게 쪼갠 대나무 껍질을 촘촘하게 엮어 송진과 코코넛 기름으로 방수 처리를 해서 만든다. 그런 다음 속에다 대나무를 끼워넣어 틀을 잡아준다. 발굴된 사례는 아직 없지만 자바 동부에서 최근까지 사용되었으며, 베트남에서는 19세기 초부터 현재까지 계속 사용되고 있다.

통나무배

통나무배는 먼저 통나무 속을 파낸 다음 겉을 손질해 만든다. 아메리카 여러 곳에서 발견되는 경우처럼, 원재료인 통나무의 폭이 충분히 넓지 않으면 배의 안정성이 떨어진다. 하지만 배의 양옆에 현외 장치를 덧대거나, 통나무 2개를 길게 연결하는 방법으로 폭을 늘릴 수 있다. 그럴 경우 바다에서 사용해도 될 만큼 배의 안정성이 증가한다. 여기에 돛을 달 수도 있다. 배의 양옆에 판자(뱃전판)를 추가하면 더 많은 인원과 짐을 실을 수 있다. 아마도 이러한 과정을 통해 판자배가 처음 개발되지 않았나 싶다.

통나무배는 유럽, 북아메리카, 중국, 스리랑카 등지에서 발굴되어왔다. 네덜란드 페세에서 발굴된 최초의 통나무배는 연대가 BC 7200년경으로 거슬러 올라가며, 프랑스의 센 강에서 발견된 배는 연대가 BC 6900년경으로 추정된다. 보수 학자들은 추가 능력과 안정성을 갖춘 유럽의 초기 통나무배들을 예로 들면서, BC 3000~BC 2000년대부터 뱃전판이 등장했을 가능성이 높으며, BC 300년에 이르러서는 확실히 뱃전판을 사용했다고 주장한다. 반면 폭 확장은 1~3세기에 와서야 이루어졌을 가능성이 크다고 본다. 통나무 2개를 이어 붙인 배는 BC 1000년대, 좀더 확실히는 BC 300년경부터 나온 듯하다. BC 1세기에 이르러 켈트족이 강에서 이런 배를 사용했다는 점은 분명하다.

스리랑카에서 발굴된 BC 5세기의 통나무배는 아마도 현외 장치를 부착했던 듯하다. 사라와크의 경우를 보면 BC 1세기 이후의 통나무배들은 관으로도 사용되었다. 중국 최초의 통나무배는 연대가 BC 4250년경으로 거슬러 올라간다. 일본에서는 그보다 약간 늦은 BC 3500년경부터 통나무배를 사용했다.

아메리카에서 발굴된 통나무배는 강과 호수에서 사용했기 때문에 형태가 간단하다. 플로리다에서 출토된 통나무배가 가장 오래되었는데, 연대가 BC 5120년경으로 거슬러 올라간다. 유럽의 식민 세력이 도래할 무렵에는 동부 해안(온두라스-카리브 해)과 서부 해안(브리티시컬럼비아-워싱턴 주) 양쪽에서 대형 원양용 통나무배를 사용했다. 그 가운데에는 돛을 단 경우도 더러 있었고, 노를 갖춘 경우는 흔히 목격되었다. 통나무배는 알래스카, 브라질, 가이아나, 티에라델푸에고에 이어 북아메리카 서부 해안의 눗카족 거주 지역으로 확산되었다. 콜롬비아와 칠레의 통나무배에는 안정성을 높여주는 통나무가 추가로 부착되어 있었다.

주요 연대

원양용 배	BC 40000년 이전, 동남아시아와 인도네시아
통나무배	BC 7200년경, 네덜란드
통나무 뗏목	BC 7세기, 메소포타미아

앞 쪽 위 및 가운데 한쪽 면에는 갈대 흔적이 있고, 다른 한쪽 면에는 조개삿갓이 붙어 있는 BC 5000년경의 역청 잔해. 쿠웨이트 아스-사비아에서 출토된 이 유물은 인간이 배를 만들어 사용했다는 가장 오래된 증거 가운데 하나에 속한다. 같은 유적지에서 나온 모형 배는 이 당시의 배 모습을 짐작하게 해준다. 즉 높은 이물과 고물로 미루어, 아마도 갈대 다발을 엮어 만들었던 것으로 추정된다.

베트남에서는 요즘도 낚시용으로 바구니배를 사용한다. 안쪽의 틀은 대나무로 만들었다.

38 판자배와 선박

**15세기와 16세기에 들어와 이루어진
유럽인의 세계 탐험과 국제 무역의 발전은
아마도 최초로 뼈대를 갖춘 선박의 발명 덕분이 아닌가 싶다.**

배질 그린힐, 1976

위 20세기에 복원한 캘리포니아 인디언 추마시족의 헬렉. 판자를 박음질해 만든 이 배는 토몰로도 알려져 있다. 양날 노가 인상적이다.

오스트레일리아를 제외하고 일찍부터 모든 대륙에서 등장했던 판자배는 건조 방법이 매우 다양하고, 크기를 키우면 선박이 될 수도 있는 유일한 수상 교통수단이다. 돛(159쪽 참조)을 장착하면서 판자배는 원양 항해와 교역에 지대한 영향을 미쳤으며, 전 세계의 지리와 해양 지식을 높이 끌어올렸다.

판자배는, 아메리카에서는 나무 껍질로 만든 배, 이집트에서는 갈대배, 중국에서는 통나무 뗏목, 대서양 연안 유럽에서는 생가죽배, 스칸디나비아에서는 통나무배에서 출발했던 듯하다. 아메리카의 판자배는 서로 떨어진 두 지역, 즉 로스앤젤레스 북쪽의 산타바르바라 운하 지역과 칠레의 크로노스 군도 주변에서 목격된다. 이 판자배들은 외부의 자극 없이 각기 따로 발명되었다.

판자배가 최초로 등장한 곳은 이집트로 추정된다. 재조립했을 때의 길이가 45.4미터로 측정된 이 배는 파라오 쿠푸의 대피라미드 근처 구덩이에 묻혀 있었다. 연대는 BC 2550년경으로 거슬러 올라간다. 배의 크기와 복잡한 구조는 이집트인들이 상당히 오래전부터 판자배 건조 기술

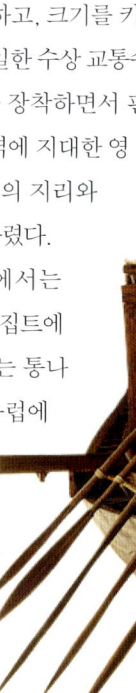

오른쪽 세계에서 가장 오래된 판자배. 연대는 BC 2550년경. 기자에 있는 쿠푸의 대피라미드 근처 구덩이에서 해체된 채로 노와 함께 발견되었다. 발굴 후 재조립했는데, 지금은 그 구덩이 위에 지은 박물관에 전시되어 있다.

을 보유했으리라는 점을 보여준다. 실제로 아비도스의 몇몇 무덤에서는 BC 3000년경의 판자배 잔해가 여러 점 출토되었다. 배의 길이는 최고 23미터에 달했다.

그 다음으로 오래된 판자배는 영국의 도버, 험버 강과 세번 강 어귀에서 발굴되었다. 쿠푸 왕의 판자배와 그 이후의 이집트 판자배들은 먼저 장부와 장붓구멍으로 판자를 단단히 조인 다음 밧줄로 박음질을 해서 한번 더 조여주었다. 이에 비해 영국의 경우는 밧줄 2가닥으로만 조였다. 그 가운데 BC 2000~BC 1200년경의 초기의 사례는 하나하나 매듭을 짓는 방법을, BC 1100~BC 800년의 후기의 사례는 박음질을 하는 방법을 사용했다. 덴마크에서도 연대가 4세기로 추정되는 판자배가 발견되었다.

판자 우선 방식과 틀 우선 방식

판자배는 판자와 판자를 고정해 선체를 형성한 다음 그 안에 틀을 삽입해 만들었다. '판자 우선' 방식은 초기에 널리 사용되었던 듯하다. 그 후 선체용 틀을 만들고 나서 못을 사용해 판자를 고정하는 방법이 등장했다. 건지 섬과 템스 강 어귀, 세번 강 어귀에서 발굴된 2세기와 3세기의 로마 시대 켈트족 선박이 최초의 사례에 해당한다. '틀 우선' 방식으로 건조된 선박은 지중해 중부와 동부에서 발견된다. 연대는 7세기다.

지중해의 대다수 지역과 대서양 연안의 유럽에서는 틀 우선 방식이 판자 우선 방식을 점차 밀어냈다. 이는 15~16세기에 전 세계 바다를 누볐던 탐험용 선박의 개발로 이어졌고, 그 결과 유럽의 문화와 과학기술은 커다란 변화를 겪었다. 15세기 초 중국의 해군 제독 정화(鄭和)는 인도양을 거쳐 멀리 서쪽으로는 아라비아까지, 동쪽으로는 아프리카 동해안까지 항해했다. 상하이 근처에서 연대가 BC 200~AD 200년경으로 추정되는 중국 최초의 판자배가 발굴되었다.

이음쇠로 연결하기와 꿰매 박기

지중해 최초의 판자배는 잠금장치가 되어 있는 장부와 장붓구멍으로 판자를 고정시켰다. 잠금장치가 되어 있지 않았던 이집트의 경우에 비해 한 단계 발전한

셈이다. 터키 남서부 해안의 울루부룬과 겔리도냐에서 연대가 각각 BC 1300년경과 BC 1200년으로 거슬러 올라가는 선박 2척이 발굴되었다. 이들 선박은 지중해에서 건조된 것으로 추정된다. 잠금장치가 되어 있는 이음쇠는 이후 1,500년 동안 지중해 지역에서 널리 사용되었는데, 아무래도 페니키아인들이 발명한 듯하다. 지중해 지역에서는 꿰맨 판자배도 발견된다. 최초의 사례는 BC 600년경에 제작되었을 것으로 추정되지만 이런 형태의 배는 BC 2000년대부터 사용된 듯하다.

남아시아에서 발견된 최초의 판자배는 연대가 4세기로 내려온다. 이 경우, 판자와 판자는 매듭을 지은 밧줄

맨 위 페리비에서 출토된, 판자를 꿰매 만든 청동기 3기의 배. 사진은 잉글랜드 북부의 험버 강 어귀 진창에서 발견했을 당시의 모습이다.

위 페리비에서 맨 처음 발견된 배를 10분의 1로 축소해 복원한 모형. 검게 칠한 부분은 발굴 당시의 잔류물을 나타낸다.

오른쪽 BC 1000년대 중반에서 AD 1000년대 후반까지 지중해 지역 선박에서 판자와 판자를 고정할 때 사용하던 장부와 장붓구멍. 잠금장치가 되어 있다.

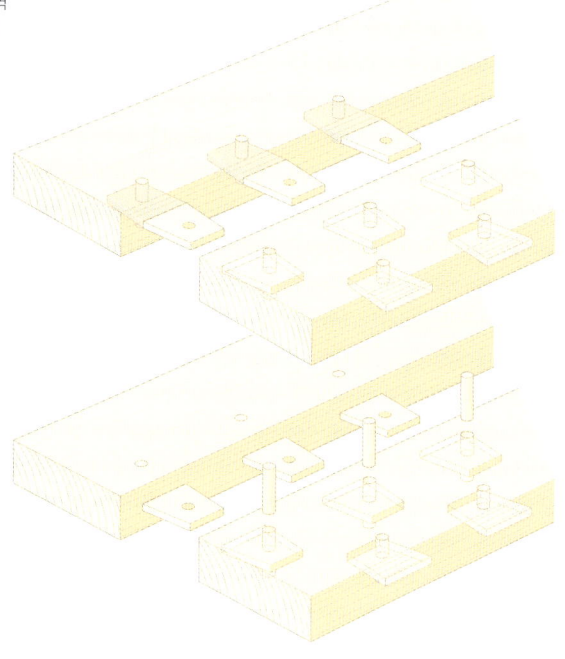

주요 연대	
판자배	BC 3000년경, 이집트
꿰맨 판자배	BC 2000~BC 1200년, 잉글랜드
잠금장치가 된 나무 죔쇠	BC 1300년경, 지중해
틀 우선 방식	2~3세기, 영국

6세기 들어 보르네오 원주민들이 건너와 정착했던 마다가스카르에서도 동일한 구조의 배가 발견된다.

유럽 탐험가들의 초기 기록을 보면, 오세아니아에서는 한 곳에만 현외 장치를 설치한 배가 등장한다. 현외 장치는 멜라네시아 서부에서 발명된 후 동쪽과 서쪽으로 확산된 듯하다. 이 지역에 처음 발을 디딘 유럽인들은 현외 장치를 하나만 단 마상이 외에도, 기본 구조가 통나무배와 유사한 배와, 통나무 2개를 이어 붙여 만든 배를 목격했다.

연대가 BC 2000년경으로 추정되는 모헨조다로의 토기 파편에 보면 판자배로 보이는 배가 그려져 있다.

맨 오른쪽 인도 바르투에서 출토된 조각. 아시아 남부에서 판자배를 묘사한 최초의 사례로, 연대는 BC 2세기경이다.

과 나무못(나무 장부)으로 고정했다. 나무못으로 고정하는 기술은 이후 이 지역에서 널리 확산되었다. 8세기와 9세기의 자바 부조에 보면 현외 장치를 2군데에 설치한 판자배가 등장한다. 16세기의 유럽인들은 이러한 구조를 동남아시아 선박의 특징으로 꼽았다. 5세기와

그렇지 않을 경우, 바르투에서 나온 BC 2세기의 조각이 판자배를 묘사한 인도 최초의 기록에 해당한다. 조각의 판자배는 열장 이음 방식의 이중 나무 꺾쇠로 고정했는데, 장부를 이처럼 빨리 사용한 사례는 다른 곳에서는 찾아보기 어렵다. 박음질 처리를 한 판자배는 비교적 최근인 16세기 들어 인도 남부의 서해안과 동해안에서 공통으로 발견된다.

오른쪽 1962년 런던 블랙프라이어스에 위치한 템스 강변에서 2세기 중반 켈트족의 배를 발굴하는 모습. 참나무 판자는 커다란 쇠못으로 고정되어 있었다. 이 배는 '틀 우선' 방식으로 건조된 최초의 사례로 알려져 있다.

범선

인간이 만든 장치 가운데, 바다 위를 질주하는 범선처럼 장관을 연출하는 경우는 거의 찾아보기 힘들다.
배질 그린힐, 1962

돛은 오스트레일리아를 제외한 전 대륙에서 일찍부터 뗏목이나 배에 사용되어 왔다. 돛의 개발이 절정에 달한 건 판자배와 선박과 연계해 사용하기 시작하면서부터다. 근 5,000년 가까이 범선은 전쟁, 운송, 탐험, 교역의 최전선에서 활약했다. 범선은 오늘날에도 여전히 상업용으로 사용되고 있다.

돛의 종류

북아메리카 인디언들은 이따금 잎이 무성한 나뭇가지를 높이 치켜 올리거나, 담요나 생가죽, 나무 껍질 등을 노에 붙들어 매는 방법으로, 바람을 추진력 삼아 배를 전진시켰다. 돛을 사용하면 대개 배에 그 증거가 남는다. 특별한 장비를 갖추고 선체에 고정시킨 삭구로 지탱되는 돛대와 돛 관련 용구가 그 증거다. 바람을 가르거나 바람 속으로 진입할 의향이 없을 경우에는 단순한 형태의 범장(帆檣)을 사용해도 상관없다. 균형판과 측판(165쪽 참조)도 돛을 사용했다는 징표다.

(선체 앞부분과 직각을 이룬다고 해서) 일명 '가로돛'으로 알려진 직사각형돛이 널리 사용되었다. 이 가로돛은 현재까지 알려진 가장 오래된 돛에 속한다. 배의 세로축과 거의 평행을 이루는 돛은 나중에 나왔으며 일부 지역에서만 사용한 듯하다. 지중해 동부와 인도양에서는 대삼각돛이, 동남아시아에서는 비스듬하게 기울인 직사각형돛이 발견된다. 중국인들은 옆으로 퍼진 러그돛(상단보다 하단이 긴 네모꼴의 세로돛: 역주)을 선호했다. 오세아니아에서는 '집게발처럼 생긴' 돛을 사용했으며, 아메리카 원주민들은 자기네만의 고유한 돛을 개발해 사용했다.

범선의 능력은 바람을 가르며 항해할 수 있는지, 또 각도를 일정하게 유지하면서 바람 속으로 진입할 수 있는지의 여부에 따라 판가름 난다. 도상학 증거로 미루어, BC 1세기경에 바람을 가르며 항해할 수 있는 선박이 이집트에서 등장한 듯하다. 얼마 안 되는 증거로 보건대, 배가 바람 속으로 진입할 수 있는 각도는 20도를 넘지 않았던 것 같다. 배가 바람에 더 가까이 접근해 항해하기 위해서는 새로운 물질의 등장과 속도를 겨루는 환경이 먼저 마련되어야 했다.

돛은 나무보다 훨씬 더 빨리 썩어서 현재 남아 있는 사례는 딱 2건밖에 없다. 하나는 아마포 조각과 원래는 돛을 묶는 용도였지만 돛대 줄에 재활용된 나무 고리다. BC 2세기경의 것으로, 이집트에서 발견되었다. 또 하나는 대나무 활대와 돗자리돛 잔해다. 12~13세기경의 이 유물은 중국에서 발견되었다.

돛에 대한 묘사는 이집트의 왕조 시대 이전까지 올라간다. BC 3100년경의 항아리에서 가로돛을 단 장대 돛대가 묘사되어 있는데, 현존하는 기록 가운데 가장 오래되었다. BC 2000년대 후반의 메소포타미아 기록

위 미노아의 인장에 묘사되어 있는 BC 2000년경 지중해 지방의 돛. 이 방면의 증거로는 최초에 속한대(위). 미노아인들은 탁월한 해양 민족답게 에게 해 주변 지역과 이집트를 상대로 광범위한 교역 활동을 펼쳤다.

왼쪽 돛을 묘사한 최초의 사례. 이집트 나카타에서 출토된 BC 3100년경의 항아리에 그려져 있다. 배가 무슨 종류인지는 정확히 알 수 없다.

위 키프로스 연안의 키레니아에서 발견된 난파선을 토대로 복원한 범선. 연대는 BC 300년경. 돛대가 선체 앞쪽에 있다. 돛은 대삼각범을 사용했던 듯하다.

에도 돛에 관한 내용이 나온다. 더 확실한 증거는 바레인에서 나온 BC 2000년경의 인장 2점에서 발견되는데, 선체 중앙에 돛대가 설치된 선박이 묘사되어 있다.

미노아 인장에도 BC 2000년경 동부 지중해 지역에서 등장했던 범선이 새겨져 있다. 가로돛은 BC 2세기까지 지중해 도상학의 주제로 계속 군림했다. 이 무렵부터 세로돛에 대한 묘사도 눈에 띈다. 세로돛의 일종인 대삼각범에 대한 묘사는 BC 2세기부터 나타난다. 키프로스 연안의 키레니아에서 발견된 BC 300년경의 선박은 돛대가 선체 앞쪽에 세워져 있었는데, 아마도 대삼각범을 장착했던 듯하다.

세계의 범선

BC 6세기 이후 지중해의 선박은 두 대박이로 묘사된다. 현재까지 나온 초기의 증거 가운데 그보다 많은 돛대를 갖춘 선박은 보이지 않는다. 두 대박이 범선에 대한 묘사나 기록은 2세기의 인도에 이어 그보다 후대의 중국과 아라비아, 12~14세기의 유럽 북부에서도 발견된다. 유럽 탐험가들이 목격한 바에 따르면, 남아메리카의 통나무 뗏목과 통나무 2개를 길게 이어 붙인 오세아니아의 배에도 돛대가 2군데 설치되어 있었다.

《바다의 끝》이라는 4세기의 시집에 수록된 BC 6세기의 항해기는 브르타뉴 선원들이 아일랜드로 항해했던 방법 2가지가 기술되어 있다. 유럽 북서부 지역에서 돛을 묘사한 최초의 유물 증거는 아일랜드의 브로이터에서 나온 황금 모형 배다. 유물의 연대는 BC 1세기로 거슬러 올라가며, 같은 시기에 카이사르도 브르타뉴의 범선에 대해 언급한다. 아일랜드의 황금 모형 배는 돛대가 선체 중앙에 있다. 그 점에서는 잉글랜드 동부에서 발견된 1세기의 동전도 마찬가지다. 둘 다 가로돛을 장착했던 듯하다.

반면 잉글랜드의 세번 강과 템스 강 어귀, 건지 섬에서 발굴된 2~3세기의 로마노-켈트족 선박 3척은 돛대가 선체 앞쪽에 설치되어 있었다. 라인란트의 켈트족이 1세기에 족장 블루수스를 기려 조성한 기념물(164쪽 참조)에 묘사된 배도 돛대가 선체 앞쪽에 설치되어 있다. 이 경우, 세로돛의 일종인 러그돛을 사용했던 듯하다. 만약 그렇다면 지중해 세계 밖에서 세로돛을 묘사한 최초의 사례인 셈이다.

남아시아의 경우에는 모헨조다로의 하라파에서 출토된 BC 2000년경의 토기 잔해가 돛과 관련한 최초의 증거다. 동남아시아에서는 3세기의 문헌에 범선에 대한 기록이 나온다. 중국의 경우에는 돛에 대한 증거가 다소 불분명하다. 중국에서 돛이 등장한 시기는 BC 1200년 이전에서 BC 300년 사이로 추정된다. 가장 확

범선 **39**

왼쪽 나폴리 만에 있는 미세눔의 한 예배당에서 발견된 2세기 후반의 부조. 일명 오네라리아로 알려진 로마의 상선 모습이다.

주요 연대

돛의 묘사	BC 3100년경, 이집트
두대박이 범선	BC 6세기, 지중해
현존하는 최초의 돛	BC 2세기, 이집트

실한 증거는 AD 100년경에 나온 한 사전인데, 거기에 보면 돗자리돛이 언급되어 있다. 오세아니아와 아메리카에서 돛이 처음 등장한 시기는 16세기다.

돛의 기원

지금까지 살펴본 연대를 종합해보면, 돛은 이집트에서 맨 처음 등장해 북서쪽(지중해, 대서양 연안의 유럽, 발트 해)과 남동쪽(아라비아, 인도양, 중국해)으로 확산되어간 듯하다. 바퀴처럼 돛도 발전 경로가 분명하다. 하지만 돛의 기원이 이집트에만 국한되진 않는다. 유럽인들은 북극권부터 브라질과 페루까지 돛을 장착한 다양한 종류의 뗏목과 배를 목격했다.

몇몇 지역에서 각기 다른 시기에 돛이라는 개념이 생겨났고, 그 후 발전과 혁신을 거듭하며 주변으로 확산됐던 것으로 보인다. 그리고 그 과정에서 서로 다른 형태의 범장이 개발되었을 것이다. 여기서 몇몇 지역이란 지중해와 인도양, 동남아시아, 오세아니아, 중국, 아메리카(최소한 2곳 이상)를 이른다.

왼쪽 유럽 북서부에서 돛을 묘사한 최초의 유물 증거. 아일랜드 브로이터에서 발견된 BC 1세기의 이 황금 모형 배는 아마도 가죽배를 표현한 듯하다. 돛대와 노 14개, 키 역할을 하는 노 1개가 보인다. 선체 내부에는 쇠스랑처럼 생긴 장대 2개도 있다.

161

… 40

짧은 노, 장대 그리고 긴 노

선체 밖으로 삐죽이 나오는 노나 장대가 없다면 배는 물살을 가르며 이동할 수 없다.
영국 해군 사령관 에릭 매킨, 1983

해류나 강의 조류를 추진력 삼아 배를 움직이는 모습은 오늘날 전 세계에서 목격된다. 초기에도 그랬던 듯하지만, 조종 장치를 제외하고는 배에 아무런 증거도 남아 있지 않아 이를 입증하기는 어렵다. 배 자체에는 노나 장대를 이용해 선박을 추진했다는 증거가 하나도 남아 있지 않지만 특이한 구멍이 더러 발견된다. 노를 움직이려면 추진력이 필요한데, 특별히 고안한 장치를 사용해 배를 견인했을 수도 있고, 아니면 주변의 지형지물을 활용했을 수도 있다.

중국에서는 밟아 돌리게 되어 있는 외륜을 추진기로 사용했는데, 다른 지역에서는 거의 알려져 있지 않다. 외륜은 10세기 이전에 발명되었던 것으로 보인다. 12~13세기의 그림을 보면, 양쪽에 2~22개의 외륜을 장착한 배가 강을 오가는 모습이 묘사되어 있다.

짧은 노와 장대

최초의 짧은 노는 BC 7500년쯤의 것으로 독일과 영국에서 발견된다. 덴마크에서는 BC 5500년 이후, 중국에서는 BC 4000년대 이후부터 노가 등장한다. 발굴된 노의 길이로 보아, 대부분 앉거나 무릎을 꿇은 상태에서 노를 작동했던 듯하지만, 더러는 선 자세에서 노를 움직이기도 했던 듯하다.

노를 사용하는 모습을 묘사한 최초의 예는 이집트에서는 BC 3000년대, 아라비아에서는 BC 2000년대 후반, 인도에서는 BC 1000년대로 거슬러 올라간다. 오스트레일리아, 오세아니아, 아메리카의 경우, 이 지역에 처음 발을 내디뎠던 유럽인을 통해 노의 존재가 확인된다. 아메리카의 카약과 판자를 꿰매 만든 배, 소형 뗏목은 양날 노로 추진되었다(156쪽 참조).

갈퀴 달린 장대는 BC 3200년경 메소포타미아의 원통형 인장과, BC 2000~BC 1000년대의 이집트 회화에 등장한다. 유럽 최초의 증거는 160~161쪽의 황금

이집트 테베에 있는 메케트레의 무덤에서 출토된 모형 배. 12왕조 초기인 BC 1985년경의 것으로, 고물에 중앙 키와 '앉아서 당기게 되어 있는' 노가 장착되어 있다. 이물 쪽에 있는 사람은 측연추를 잡고 있는 듯하다.

40 짧은 노, 장대 그리고 긴 노

왼쪽 덴마크 이외르트스프링에서 출토된 BC 4세기의 노와 노 잔해. 판자를 꿰매 이은 배도 함께 발견되었다.

모형 배와 같은 시기에 라인 지역에서 발굴된 장대 끝부분의 형태를 취한다. 벨기에에서 출토된 1~2세기의 선박과, 중국 광저우(廣州)에서 출토된 1세기의 모형 배에서도 장대의 흔적이 발견된다. 유럽인이 최초로 도래할 당시, 오세아니와 아메리카에서도 장대를 사용하고 있었다.

노젓기

사공은 서거나 앉은 자세에서 당기고 밀면서 노를 젓는다. BC 3000년대 후반의 이집트 기록에, 앉은 자세로 밧줄 고리에 끼워 작동하게 되어 있는 노를 젓는 사공의 모습이 묘사되어 있다. 에게 해의 테라 섬에서 발굴된 BC 1세기 중반의 프레스코화에도 동일한 방식으로 노를 젓는 사공의 모습이 등장한다. 호메로스는 노를 가죽 고리에 끼운 다음 나무못에 걸쳐 움직였다고 전한다. BC 9세기의 메소포타미아와 페니키아 기록에 보면 4가지 유형의 노 젓기 방식, 즉 서서 미는 자세, 서서 당기는 자세, 앉아서 당기는 자세 그리고 앉아서 미는 자세가 나온다. 선 자세에서 노를 미는 사공의 모습은 호르사바드에 있는 사르곤 왕의 궁전에서 출토된 부조에서도 나타난다.

오스트리아 뒤른베르크에서 BC 5세기의 모형 노 2점과 함께 모형 배가 발굴되었다. 중국에서도 노를 완

아래 호르사바드에 있는 사르곤 2세(재위 BC 721~BC 705년)의 궁전에서 나온 부조의 세부 모습. 사공들이 노를 저어 삼목으로 보이는 목재를 운반하고 있다. 여기서는 '서서 미는 자세'로 노를 젓고 있다.

163

비한 BC 1세기의 나무 모형 배가 나왔다. 유럽인과 처음 조우할 당시의 북아메리카에서도 원양용 생가죽배의 경우 뼈로 만든 놋좆에 걸치거나, 가죽 고리에 끼워 작동하는 노를 사용했다.

선체 고물 양쪽에 홈을 파서 한쪽에 하나씩 노를 끼워 작동하는 쌍노 기술은 오늘날 전 세계에서 널리 사용된다. 양쪽 노가 동시에 움직이는 이 기술은 기록상 17세기의 중국에서 완성되었지만, BC/AD 1세기의 벽돌에 보면 이 비슷한 노로 보이는 쌍노가 나온다.

BC 2000년대 후반의 메소포타미아 기록과 BC 7세기 초반의 메소포타미아 조각을 보면, 강둑에서 배를 견인하는 모습과 사람이 물에 들어가 갈대 배를 견인하는 모습이 각각 묘사되어 있다. 아메리카의 소형 가죽배와 호리병박을 엮어 만든 뗏목도 이런 방식으로 추진되었다. 또 BC 1000년대 중반의 이집트 부조에는 노 30개를 장착한 배들이 오벨리스크 2개를 실은 대형 선박을 하류로 견인하는 장면이 묘사되어 있다.

주요 연대	
노	BC 7500년경, 독일
장대	BC 3200년경, 메소포타미아
노젓기	BC 2000년대 중반, 이집트
견인	BC 2000년대 후반, 메소포타미아
조타용 노	BC 3000년대?, 이집트
측면 키	BC 2000년대 중반, 이집트
중앙 키	BC 2000년대 후반, 이집트

켈트족 족장 블루수스를 기려 1세기에 라인란트에 조성된 기념물. 고물에서 키잡이가 축에 얹은 조종용 노를 붙잡고 있다. 그 옆의 선원 2명은 노를 당겨 젓고 있다. 이물에 있는 네번째 선원은 배의 조종을 보조하고 있는 듯하다. 선체 앞쪽에 견인할 때 사용했던 것으로 추정되는 돛대가 설치되어 있다. 하지만 밧줄은 보이지 않는다.

왼쪽 테베의 메디넷하부 신전 부조를 옮겨 그린 그림. 파라오 람세스 3세의 지휘 아래 해양 민족과 해상 전투를 벌이는 이집트 군대의 모습이다. 해양 민족은 측면 노 한 쌍을 이용해 배를 조종하고 있다.

아래 아메리카에서 조종 보조 장치로 사용되었던 기다란 나무 판자. 연대는 BC 300년경이며, 페루의 잉카 유적지에서 출토되었다.

조종 장치

조종 장치는 노나 장대로 배를 움직이게 되면서 추진력을 높이기 위해 나온 듯하다. 조종 장치는 고물에 설치한 축에 걸쳐 사용하는 조타용 노에서부터 역시 고물에서 사용하는 회전식 측면 키, 중앙선의 고물 쪽에서 사용하는 중앙 키에 이르기까지 종류가 다양하다.

조타용 노는 BC 3000년대의 이집트 아마포 조각에서 보이는데, 최초의 확실한 묘사는 BC 2000년대 중반에 나온다. 모헨조다로에서 나온 BC 2000년경의 인장과 점토를 구워 만든 부적에 조타용 노 한 벌이 등장한다. 조타용 노는 지금도 남아시아에서 사용되고 있다.

아크로티리에서 출토된 놀랍도록 세밀한 프레스코화(200쪽 참조)에도 조타용 노가 등장한다. 이 밖에 라인란트의 조형물과 네덜란드의 한 제단에서도 조타용 노를 묘사하고 있다. 유물의 연대는 둘 다 1세기다. AD 초기의 조타용 노는 저지대 3국과 스위스에서 꾸준히 발굴되어왔다. 중국 창사(長沙)에서 출토된, 같은 시기의 모형 배에도, 고물에 홈을 파서 축으로 연결한 조타용 노가 묘사되어 있다. 아메리카에서는 우미악에 사용했던 조타용 노를 제외하면 나머지 조종 장치는 추진 수단이나 측판의 보조 장치로 사용했던 듯하다.

키

이집트의 경우, BC 2550년경의 쿠푸 왕의 배(156쪽 참조)와, 다슈르에서 출토된 BC 1850년경의 배의 고물에 각각 측면 키가 설치되어 있다. BC 1000년대 후반의 부조에도 측면 키 2개를 장착한 (에게 해나 지중해의) '해양 민족들'의 배가 등장한다. 지중해 지역에서는 이러한 조종 방법이 수천 년 동안 사용되었다.

브리튼족 왕 쿠노벨리누스 치세기에 발행된 BC 1세기의 동전 2점에도 측면 키로 보이는 장치를 단 배가 새겨져 있다. 스칸디나비아 남부에서 발굴된 4세기의 배들에도 측면 키가 설치되어 있다. 선미 우현의 키는 중세로 들어와 바이킹 선박의 특징으로 자리 잡았다. 인도의 경우, 안드라에서 출토된 2세기의 동전과 6~7세기의 아잔타 동굴벽화에, 조타용 노라기보다 측면 키로 보이는 장치가 등장한다.

고물에 기둥을 설치해 그 위쪽에 걸친 중앙 키는 BC 2000년대 후반의 이집트 무덤에서 나온 모형에서 발견된다. 손잡이까지 달린 중앙 키는 갈수록 일반화되었지만 측면 키를 밀어냈던 것 같지는 않다. 지중해 지방에서도 중앙 키는 그다지 영향력을 행사하지 못한 듯하다. 중국 남부 광저우에서 출토된 모형 토기 배의 경우에는 중앙 키를 고물 밑에 부착하고 있다. 중국에서는 이와 같은 배치 방법이 널리 사용되었다.

41 항해술, 항구, 등대

내가 궁금한 건 어떻게 큰 배가 별 하나에 의지해 길을 찾을 수 있을까 하는 점이다.

존 매스필드, 1900

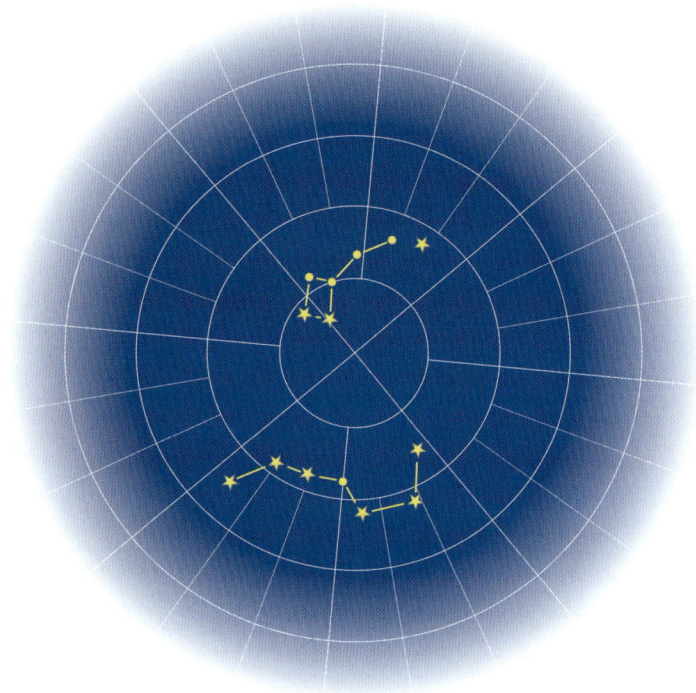

위 BC 1000년경 북반구의 밤하늘 모습은 아마 이랬을 것이다. 작은곰자리(위, 그 오른쪽은 북극성)와 북극성의 위치를 비교해 보여주고 있다. 이 당시에는 사진에서 보다시피 오늘날에 비해 북극성이 천구극에서 멀리 떨어져 있었다.

위 오른쪽 천구극(우주의 고정된 점. 사진에서 위쪽 중앙)의 위치를 계산하려면 세심한 주의가 필요했다.

초창기의 항해에서 선원들은 육지가 보이는지에 줄곧 신경을 썼을 것이다. 그런 항해에서는 자연 지물을 기준 삼아 계속 배의 위치를 추측했을 것이다. 항로상에 나타나는 육상 지물과 해상 지물의 위치는 주입식 암기를 통해 도선사에게서 견습 선원으로 전해졌다. 구두로 전해지는 그러한 설명은 그 후 고대 세계의 항해 지침에 이어, 중세에는 지중해와 대서양 연안의 유럽에서 펴낸 항해 교본에 수록되었다. BC 2000년대의 이집트 그림 자료에 측연봉을 사용하는 모습이 묘사되어 있다. 측연추는 BC 2000년경의 이집트 모형 배(162쪽 참조)에 등장한다. 최초의 납추는 BC 500년대에 지중해 지역에서 나왔는데, 납추 사용법을 적은 기록도 함께 발견되었다(169쪽 보조 설명란 참조).

아무런 장치 없이 나선 항해

BC 1000년대 중반 남태평양과 인도양의 선원들은 망망대해로 나갔다. 항해 도구도 없이 어떻게 그런 일이 가능했을까? 이러한 추측 항법은 유럽인이 남태평양에 처음 발을 들여놓을 때까지 계속 사용되었다. 18세기 후반 제임스 쿡 선장은 오세아니아 선원들의 정확성을 이처럼 기록했다. "이러한 항해에선 낮에는 태양이, 밤에는 별들이 그들의 길잡이다. 날이 흐려 해나 별이 잘 보이지 않을 때엔 뱃전에 부딪히는 바람과 파도의 방향에 의지해 항로를 다시 잡는다."

항해자가 태양, 별, 별자리, 바람, 파도, 이동 중인 철새 떼와 같은 가시 지표를 사용해 방향을 가늠한다는 점에서, 이러한 형태의 항해를 '친환경' 항해라고 부른다. 시간을 측정할 때는 시시각각 변하는 태양의 각도와 극지방 별들의 위치를 기준으로 삼는다. 간접적이긴 하지만 호메로스의 《오디세이아》와 《성 브렌던의 생애》와 같은 중세 문헌에 이와 같은 항해 방법이 나온다. 남유럽에서는 적어도 호메로스의 시대까지 큰곰자리를 기준으로 천구의 북극 위치를 파악했다. 그 후 페니키아인들은 작은곰자리가 좀더 정확한 위치를 알려준다는 데 주목했다. 별의 고도를 계산할 때는 뼘을 단위로 사용했을 듯하지만 이를 입증하기는 불가능하다. 친환경 항해법은 항해 장비가 도입되기 시작한 1000년대 후반까지 널리 사용되었던 듯하다.

과학적인 항해

고대 그리스인들은 그노몬(수직 막대)을 사용해 정오의 태양이 드리우는 그림자 크기로 위도를 계산했다. 이 방법은 바다에선 쓸모 없었을 것 같지만, 1세기에 돛대를 기준 삼아 별의 고도를 측정한 흔적이 포착된다. 인도양의 아랍인들은 9세기에 항해 도구로 '장대'를 최초로 사용한 것 같다. 이 장대는 나중에 나무 판자와 매듭을 지은 끈으로 된 카말로 발전했다. 덕분에 별의 고도 계산이 가능해졌다. 이 기술은 그리스의 학문과 관행을 받아들인 페르시아의 지식에 근거한 듯하다.

AD 초기부터 북극성에 의지해 배를 몰았던 중국인들은 1100년경 처음으로 해양 나침반을 사용했다. 해양 나침반은 1세기쯤 뒤 지중해와 아랍 세계에도 등장했다. 모래시계는 이보다 나중에 나왔다. 지중해의 선원들은 12세기 후반부터 시간(즉 거리와 속도)을 재는 데 모래시계를 사용했다. 그 뒤를 이어 1250년경 해도가 등장했다. 아랍과 중국의 선원들은 14세기에 처음으로 해도를 사용했다. 제노바와 이베리아의 선원들은 15세기 초에 들어와서야 해양 아스트롤라베와 4분의로 별의 고도를 측정하기 시작했다.

1492년에 콜럼버스가 유럽에서 대서양을 건너 아메리카에 당도했다. 이 무렵 중국과 아랍, 유럽의 선원들은 해도와 과학적인 도표, 다양한 종류의 항해 도구를 갖추고 있었다. 덕분에 원양 항해가 가능했다. 사실 이러한 15세기의 기술은 20세기 후반 들어 위성 항법 장

위 남태평양에서 배의 장비를 이용해 별들(중앙이 북극성, 오른쪽이 작은곰자리)의 위치를 찾아 항로를 결정하는 모습을 보여주는 그림. 1세기에 이르러 돛대를 기준 삼아 별의 고도를 측정했던 것 같다.

왼쪽 위도를 측정하기 위해 카말을 사용해 별의 고도를 재는 모습. 스리랑카와 인도 동해안의 항구에서는 일정한 간격으로 매듭을 지은 이런 줄을 사용했다.

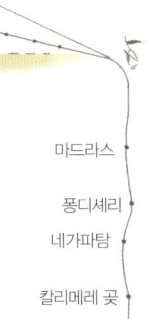

위 말을 운반하는 배들로 분주한 항구의 모습. 연대는 2세기경으로 트라야누스 기념주에 묘사되어 있다.

아래 배와 등대를 새겨놓은 로마 시대의 석판. 연대는 3세기.

치가 나오기 전까지 세대에서 세대로 이어졌다. 도구를 사용하는 항해를 발명한 지역이 딱히 어디라고 꼬집어 말할 수는 없다. 중국인도, 아랍인도, 유럽인도 각기 한몫을 담당했기 때문이다.

항구

1세기의 《에리트라에 인근 바다에서의 항해 지침》에 보면, 홍해와 아라비아 해의 천연 항구에 위치한 도선장이 언급되어 있다. 그러한 위치 정보는 이미 몇천 년 전부터 세계 곳곳에서 사용되고 있었을 것이다. 배가 도선장에 이르면 닻을 내려 계류용 기둥에 묶거나 해변으로 끌어올렸다. 그리고 경우에 따라선, 배를 끌어올리는 작업을 돕고 배의 앞뒤로 물자와 동물의 이동을 원활하게 해주는 편의 시설이 있었다. 도선장과 관련한 정보 중에는 가벼운 재질의 목재로 만든 깔판도 포함되어 있다. 잉글랜드 북부의 노스페리비와 만나는 험버 강 어귀의 모래톱에 못으로 고정해놓은 나무 깔판이 그런 예다. 깔판의 연대는 BC 1000년대 초반으로 거슬러 올라간다. 그런가 하면 잉글랜드 남부의 크라이스트처치 항에서는 BC 500년에 자갈을 사용해 동일한 효과를 보았다.

BC 9~BC 8세기의 지중해 동부 해안에서는 해변의 사주와 섬에 돌 구조물을 지어 천연 항구를 보호했다. 비슷한 시기에 에게 해의 섬 델로스에서도 잡석을 쌓은 다음 그 위에 다듬은 돌을 얹어 방파제를 건설했다. 이러한 최초의 시도는 부두와 잔교, 화물 운반 시설, 물류 창고, 조선소, 식량 창고, 수도 시설을 갖춘, 그리스와 로마의 복잡한 항구 체계로 이어졌다.

이집트의 알렉산드리아에도 BC 3세기에 그와 같은 복잡한 항구가 건설되었다. 나일 강의 서쪽 끝 지류의 바로 서쪽에는 파라오의 섬으로 연결되는 방죽길이 조성되었고, 그 결과 항구 2곳이 생겨났다. 마레오티스 호수에 건설된 세번째 항구는 나일 강으로 이어지는 남쪽 관문이었다.

전술한 항해 지침에는 450해리(1해리는 1,852미터: 역주)에 걸쳐 뻗어 있는 인도 남서부 해안의 항구 13곳이 나와 있다. 모두 도선장에 관한 내용인 듯한데, 거기에는 몇 세기 후 뭄바이 항으로 변신한 칼리에나도 포함되어 있었다.

중국 남동부 해안의 푸저우에는 BC 7~BC 5세기에 배를 짓는 '공장'이 들어섰다고 전해진다. 중국 남부의 광저우에서는 선가를 갖춘 BC 3세기의 조선소가 발굴되었는데, 아마도 항구의 전신인 듯하다. 닝보(寧波)의 선창과 조선소 유적과 중국의 '국립 조선소'를 언급한 송(宋) 왕조의 기록을 통해, 중세시대부터 일정한 규모의 정식 항구가 존재했다는 것을 알 수 있다.

등대

트로이 점령 당시 아킬레우스에게 죽임을 당한 메노이티오스와 안틸로코스는 갑 위에 있는 언덕 밑에 묻혔다. 적어도 호메로스에 따르면, 그런 인공 지형물이 지어졌던 모양이다. 호메로스는 수천 년 동안 선박을 항구로 안내했을 임시 횃불에 대해서도 언급한다. 16세기의 마야인도 중앙아메리카 유카탄 해안의 성소와 감시탑에서 횃불을 사용했던 듯하다.

조명 시설을 갖춘 최초의 이정표는 BC 3세기 중반 파로스 섬의 알렉산드리아 항 입구에 세워졌다. 나일 강의 서쪽 끝 지류에서 가까운 이 파라오의 등대는 고대 세계의 7대 불가사의 가운데 하나일 정도로 유명했다. '등대'를 뜻하는 파로스가 이탈리아어, 그리스어, 프랑스어로 편입된 것도 이때였다.

클라우디우스 황제는 50년 로마의 오스티아 항구에 등대를 건설했다. 이러한 선례는 다른 황제들에게도 이어져, 서로마 제국이 몰락하는 시기에 이르면 지중해와 흑해 연안에만 등대가 30군데나 들어서 있었다. 이 밖에 스페인 북서부의 라코루냐, 프랑스 북서부의 불로뉴, 브리튼 남동부의 도버(2곳) 등 대서양 연안에서도 로마 시대 등대가 발견되었다. 시기상으로 늦긴 하지만 아랍인과 인도인들도 인도양 주변의 눈에 잘 띄는 곳에 등대를 설치했다. 중국인들 역시 자국 해안에 등대를 세웠다.

주요 연대

친환경 항해	BC 1000년대 중반, 남태평양, 지중해 동부, 인도양
측연봉	BC 2000년대, 이집트
측연추	BC 2000년경, 이집트
대규모 항구	BC 3세기, 이집트
등대	BC 2세기 중반, 이집트

측연추

나침반이 발명되기 전 가장 중요한 항해 도구였던 측연추는 수심과 해저의 상태를 파악하는 데 사용되었다. 측연추가 제공하는 정보를 토대로 선원들은 강어귀까지의 거리나 모래톱의 위치, 그 외 알려지지 않은 물밑 상황을 판단했다. 그리스나 로마의 전형적인 추는 종 모양에 무게가 약 5킬로그램이었고, 위쪽에 줄을 매다는 구멍이 뚫려 있었다. 밑부분은 속을 비워 동물 지방을 채웠는데, 추를 물 속으로 던졌다 끌어 올리면 해저의 상태를 알려주는 토사나 조가비 잔해가 거기에 들러붙어 있었다. 선원들은 뱃머리를 바라보고 서서 뱃전 앞쪽을 향해 추를 던진 다음 추가 바닥에 닿을 때까지 기다렸다.

수심은 배가 추 위로 지나가면서 추가 수직 상태가 되면 밧줄 매듭의 개수나 밧줄에 매단 부표로 측정했다. 그런 다음 추를 끌어당겨 동물 지방에 붙어온 해저 물질을 확인했다. 납 측연추는 BC 5세기에 발명된 듯하지만, 돌 측연추는 그보다 훨씬 이전부터 사용된 듯 보인다.

사냥, 전쟁 그리고 스포츠

사냥은 인류와 나이가 같다. 인간은 250만 년 넘게 포식자로 살아왔다. 처음에는 청소부에 불과했다가 사냥꾼으로 변신한 원시 인류는, 동료 포식자들을 급습해 죽이고, 사슴을 추격하고, 곤봉과 돌을 사용해 무리에서 뒤처진 사냥감을 때려눕혔다. 나무창은 적어도 50만 년 전, 아니면 그보다 훨씬 더 전부터 사용돼왔다. 사냥꾼에게는 소리 없이, 거의 만질 수 있을 정도로 사냥감에 최대한 가까이 다가가는 접근 기술이 필요했다. 생존과 직결되는 사냥의 성패는 동물의 습성과 움직임을 얼마나 잘 알고 있느냐에 따라 좌우되었다. 희생물이 무기력할 경우 성공 확률이 매우 높아, 사람들은 사냥감이 자주 다니는 길목에 구덩이를 파기도 하고, 풀과 나뭇가지로 덫을 만들어 설치하기도 했다.

적어도 20,000년 전에 이르러 던지는 막대, 즉 단창이 개발되면서 사냥용 무기는 상당히 정교해졌다. 덕분에 창의 사정 거리도 늘어나고 속도 또한 빨라졌다. 그 후 빙하기 후기에 들어와 활과 화살이 등장했다. 무기를 휴대하게 되면서 죽이거나 상처를 입힐 수 있는 동물이 몰라보게 많아졌다. 노련한 사냥꾼은 단 몇 초만에 끝에 독을 바른 화살을 몇 대씩 날릴 수 있었다.

전쟁도 인류의 역사만큼 오래되었다. 몇천 년 동안 전쟁은 사람들을 때이른 죽음으로 몰고 가면서 개인과 개인, 집단과 집단을 반목하게 만들었다. 영토와 식량, 여자나 특권을 둘러싸고 분쟁이 일어났다. 사냥 무기가 곧 전쟁 무기였다. 장기전에는 창이, 일대일의 육탄전에는 간단한 칼과 단도가 사용되었다.

문명의 형성과 더불어 전쟁 무기는 더욱 전문성을 띠었다. 구리와 청동에 이어 마침내 철을 활용하기 시작

옆구리에 칼을 차고 활을 쏘는 전사를 묘사한 아시리아 부조의 세부 모습. 그 옆에는 또 1명의 전사가 방패로 동료와 자신을 보호하고 있다. BC 9세기경의 것으로 이라크 님루드에 있는 아슈르바니팔 왕의 북서쪽 궁에서 출토되었다.

사냥, 전쟁 그리고 스포츠

하면서 단도와 검과 단창은 이전보다 훨씬 견고해졌다. 망치질을 가한 금속은 내구성도 뛰어나, 갑옷이나 투구와 방패 재료로 그만이었다. 여기에 가죽이나 청동판, 철판, 기타 재료를 함께 사용할 경우, 기동성을 확보하는 한편 화살이나 기타 무기를 웬만큼 막을 수 있었다.

최초의 상비군과 도시는 동시에 생겨났다. 도시마다 높이 쌓은 성벽을 둘러쳐 방어에 만전을 기했다. 무기가 갈수록 정교해지고, 공성 기술이 점점 대담무쌍해지면서 교두보와 탑, 깊이 판 해자, 높은 누벽으로 도시는 더욱더 요새화되었다. 요새화된 도시는 난공불락이었는데, 이를 입증이라도 하듯이 상이집트에 있는 파라오 멘투호테프의 무덤 겸 신전 근처에서, BC 2010년경 일어난 포위 공격 도중 적의 화살에 맞아 희생당한 수십 명의 병사들의 시신이 발굴되었다.

전차의 발명과 말의 가축화는 고대의 전장에 새로운 종류의 기동력을 선사했다. 말이 끄는 전차에 타고 백성과 군대 앞에서 행진하는 군주와 통치자들의 모습은 장엄하기 그지없었다. 전차는 야외에서 벌어지는 전투에서도 효과적이었다. 궁수가 올라설 수 있는 단을 제공해 전투 상황을 좀더 잘 파악할 수 있게 해주었고, 쉴 새 없이 날아드는 창으로부터 보호막을 형성해주었기 때문이다. 기병대는 훨씬 더 혁신적인 결과를 가져다주었다. 뛰어난 기동력은 물론이고, 야외 전투의 경우 대규모 보병의 공격 앞에서도 전략상의 우위를 확보할 수 있게 해주었기 때문이다. 그리고 무엇보다도 속도를 제공했다. 속도는 전광석화처럼 급습했다가 안전하게 퇴각할 수 있는 능력을 의미했다. 용맹하다 못해 무신경한 보병 군단과 마찬가지로, 기병대는 로마의 빼놓을 수 없는 전쟁 기계 가운데 하나였다.

언제부터 해군이 등장했는지는 알 수 없다. 이집트의 파라오들은 군대와 함께 정기적으로 배를 타고 나일 강을 오르내리며 이집트뿐만 아니라 누비아 깊숙이까지 들어갔다. 최초의 군선은 궁수용의 높은 기단에 불과했으며, 근거리 전투에만 사용되었다. 하지만 BC 400년대 이후부터 해상 전투가 정착되었다. 범선이 순풍일 때만 효과를 발휘하는 지역에선 잘 훈련된 노잡이들이 전쟁의 성패를 가름했다. 그들 중 상당수는 노예였다. 지중해 지역에서 노예제의 등장과 갤리선의 사용은 서로 밀접하게 맞물려 있었다.

전쟁과 스포츠는 늘 동반자 관계를 맺어왔다. 둘 다 민첩하고, 공격적이고, 강인하고, 노련한 사수가 유리한 고지를 점한다는 점에서 그렇다. 전쟁에도 팀워크가 필요하듯이 스포츠도 팀워크를 필요로 할 때가 많다. 주먹구구식으로 이루어지던 초창기의 경합은 조직화된 행사로 바뀌었다. 국제적인 경쟁의 장인 올림픽이 BC 776년 그리스에서 처음으로 개막되었다. 스포츠는 그 저류에 제의의 성격이 짙게 깔려 있기도 했다. 특히 중앙아메리카에서는 신화의 내용을 재연한 종교 의식 차원의 구기 경기가 열렸는데, 패자는 종종 신들에게 제물로 바쳐졌다. 두뇌 게임 역시 중요했다. 나무판 위에서 묵묵히 이루어지는 전략 싸움은 체스의 전신이었다.

중앙아메리카에서 행해지던 구기 경기에 출전한 4명의 선수. 다들 정교한 보호 장비를 착용하고 있다. 600~800년의 마야 항아리에 묘사된 장면으로, 손이나 발로 딱딱한 고무공을 건드리면 규칙 위반이었다. 중앙의 인물은 무릎을 꿇은 채 멍에처럼 생긴 도구로 공을 칠 준비를 하고 있다. 이 구기 경기는 대단히 중요한 상징성을 띠고 있었는데, 패자는 더러 목숨을 잃기도 했다.

동물 덫과 물고기 덫 그리고 그물

42

> 수풀을 샅샅이 뒤져도 새가 보이지 않자 사냥꾼은 가만히 앉아 덫을 단단히 그러쥔다.
>
> 옥스퍼드 백작 에드워드 디 비어, 1573

덫과 그물은 사냥과 낚시를 보조하는 소중한 도구다. 덕분에 사람들은 그런 도구가 없었을 때보다 훨씬 많은 동물과 물고기를 잡을 수 있었다. 덫은 단순한 형태도 있고, 창의력이 돋보이는 대형 덫도 있다. 사냥꾼과 어부들은 오랫동안 덫을 사용해왔다.

육상동물용 덫은 2종류다. 그 중 하나는 동물을 우리나 울타리 안으로 몰아넣는 방식으로, 그러고 나면 훨씬 죽이기가 쉽다. 이런 방식은 겨우 몇 마리를 잡는 데 그칠 수도 있고 많은 동물을 잡을 수도 있다. 북아메리카의 평원 인디언들은 수백 마리의 들소 떼를 뒤에서부터 공략해 양쪽에 쌓은 원뿔형 돌무더기 사이로 몰아넣어 계곡 위로 내몰았다. 앨버타의 한 유적지를 발굴한 결과, 적어도 6,000년 전 이러한 사냥법이 사용됐던 것으로 드러났다. 초창기에 근동을 여행했던 사람들은 수백 마리의 가젤 떼를 직경 100미터가 넘는 울타리 안으로 몰아넣었다고 전한다. 우리에서부터 양쪽으로 갈라져 나온 돌담이 1킬로미터여에 걸쳐 깔때기 모양을 이루며 동물들을 내모는 길 역할을 했다. 돌을 쌓아 만든 이런 덫은 그 역사가 수천 년은 될 듯하다.

또 다른 형태로는 동물을 몰 필요 없이 가만히 앉아서 기다리는 올가미가 있다. 주로 모피동물을 한 마리씩 잡는 데 사용되었으며, 빙하기의 구석기시대 후기 유럽인들은 힘줄로 만든 끈을 올가미로 사용했다.

물고기 덫과 그물

물고기 덫은 상황과 종류에 따라 형태가 퍽 다양하다. 조수간만의 차이가 큰 지역에서는 밀물 때면 완전히 잠기는 돌담을 쌓아 그 너머로 물고기가 넘어도 오게 해서 물고기를 잡는다. 고대 세계에 이러한 덫이 있었는지는 알 길이 없지만, 만약 있었다면 그 규모가 아주 방대했을 것으로 추정된다. 조수간만의 차가 그리 크지 않은 지역에서는 해안선과 수직을 이루는 울타리를 쌓는데, 바깥쪽 끝에 물고기를 잡는 방이 따로 마련되어 있다. 이 경우 물고기는 울타리를 따라 깊은 물 쪽으로 헤엄치다가 방으로 들어온다. 덴마크에서 발견된 이러한 중석기시대 유적은 연대가 BC 4000년 이전이다.

상대적으로 비좁은 강 유역에서는 주로 연어와 같은

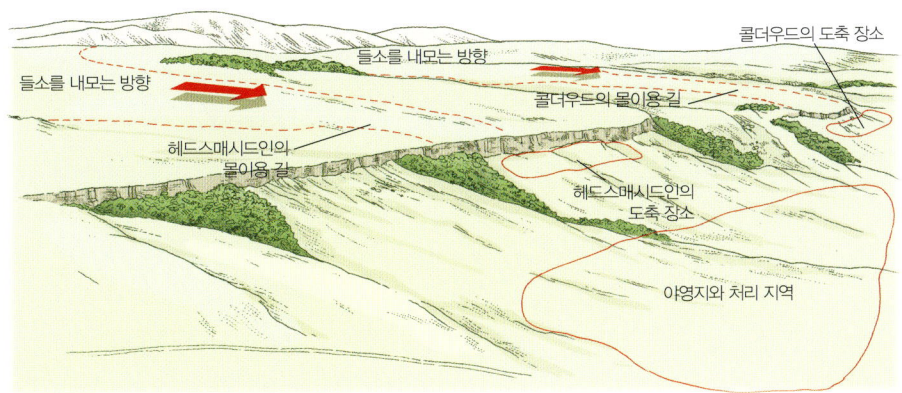

초기의 사냥꾼들은 동물 떼를 계곡 위로 몰아 죽였다. 앨버타의 헤드스매시드인과 콜더우드는 약 6,000년 전 이러한 방법으로 들소를 몰아 사냥했던 장소다 (아래 왼쪽). 전술한 유적지에서 발견된 수천 마리의 들소 두개골. 몇 세기 넘게 쌓인 결과다.

위 배를 타고 커다란 그물을 끌어당기며 물고기를 잡는 어부들. 튀니지 반자르트 근처의 시디아브달라에서 출토된 로마 시대 모자이크. 연대는 4세기.

오른쪽 니네베에 있는 아슈르바니팔 왕의 북쪽 궁전에서 출토된 부조. 연대는 BC 645년경. 사슴 떼의 모습을 묘사하고 있다. 도주로에 그물을 둘러치는 장면이다.

주요 연대

몰이식 사냥법	구석기시대
올가미	구석기시대 후기, 유럽
어살	중석기시대, 스칸디나비아
그물	중석기시대, 러시아
물고기 덫	BC 4000년 이전, 덴마크

회귀성 물고기를 잡는 덫을 설치한다. 이러한 덫으로는, 강에 걸쳐놓는 바구니 형태의 어살이 대표적인데, 안에 물고기가 들면 어살 틈새로 작살을 집어넣어 물고기를 잡는다. 최근 들어 브리티시컬럼비아 남서 해안의 인디언 거주 지역과 알래스카 남동부에서 이러한 종류의 연어 덫이 다양하게 발견되었다. 높은 기술 수준으로 미루어, 오래전부터 이 방법을 사용했을 것으로 보인다. 스칸디나비아의 중석기 유적지(27쪽 참조)에서는 폭이 좁은 개울용 어살이 발견되어왔다.

그물은 순전히 끈으로만 만든다. 이 경우 공중으로 던져 헤엄치는 물고기를 잡거나, 아니면 장벽처럼 둘러치는 방법으로 물고기를 가두어 작살로 잡거나, 손그물을 사용해 물고기를 물 밖으로 내던지기도 한다. 러시아 북부 카렐리아의 안트레아에서 길이가 약 30미터가량 되는 중석기시대 그물이 발견되었다. 그물은 라임나무 인피로 만들어졌는데, 그물 위쪽에는 자작나무 껍질로 만든 찌가, 아래쪽에는 돌로 만든 추가 달려 있었다. 페루에서 나온 유물은, 면화로 만든 그물이 수천 년 전부터 사용되었다는 사실을 보여준다.

하지만 이들 유물을 최초의 사례라고 보기는 어렵다. 그물과 덫 대부분이, 예외적인 상황이 아니고선 썩어 없어지는 유기 재료로 만들어졌기 때문이다. 빙하기 시대의 덫은 현재 하나도 남아 있지 않다. 이 때문에 일부에서는 빙하기 이후에야 물고기를 잡기 시작했다고 주장하기도 한다. 반면 또 다른 일각에서는, 구석기시대부터 유럽의 수렵-채집인들이 이러한 도구를 사용했으리라고 본다. 하지만 안타깝게도 (가장 유력한 후보지인) 빙하기시대의 해안이 빙하가 녹으면서 전 세계적으로 물이 넘쳐나는 바람에 오늘날의 해수면보다 훨씬 밑에 위치하는 바람에 증거 확인이 불가능하다.

빙하기 사람들이 실제로 그러한 도구를 사용했다면 이는 중요한 의미를 지닌다. 그물과 물고기 덫은 하루에 먹을 수 있는 양보다 더 많은 물고기를 잡게 해주었을 것이다. 남는 물고기는 대개 저장했을 텐데, 이는 2가지 결과를 낳았으리라 추정된다. 우선 이주식 생활과 대형 식품 저장고는 서로 어울리지 않는다. 사람들은 저장고를 쉽게 옮길 수 없었으므로 어딘가에 내려놓고 지켜야 했을 것이다.

수렵-어부들은 어느 한 곳에 저장고를 부려놓고 몇 달씩 거주하거나, 아니면 1년 내내 같은 곳에 정착해 살았을 것이다. 둘째, 그러한 저장고는 집단 전체가 아니라 가족이나 개인 소유였을 것이다. 그러다 보니 부유층이 생겨났을 테고, 이는 사회의 불평등으로 이어졌을 것이다. 정주 생활과 사회의 위계질서는 비교적 최근의 특징으로 간주된다. 하지만 구석기시대 후기에 물고기 덫이 등장했다면 신분의 분화는 훨씬 더 이전으로 거슬러 올라갈 수도 있다.

던지는 창, 부메랑, 활과 화살

43

> 불타는 듯 눈부신 나의 황금 활을 주오,
> 내 욕망의 화살을 다오,
> 나의 창을 주오, 오 구름이 펼쳐지누나!
> 내 불의 전차를 다오.
>
> 윌리엄 블레이크, 1804~1818

우리의 친척뻘인 원숭이가 뭔가를 자주 집어 던지듯이, 우리의 먼 조상인 원시 인류도 그랬을 것이다. 하지만 현생 인류는 무작정 집어 던지기보다 물건을 쏘아 날리는 방법을 개발했다. 그 결과, 다양한 종류의 사냥감을 쉽게 잡을 수 있었을뿐더러, 인간끼리 서로 죽이는 능력도 발전을 거듭했다.

던지는 창은 던지는 사람의 팔 길이를 효과적으로 늘려주어 창에 더 큰 힘을 싣게 해준다. 손잡이 한쪽 끝에 고리를 만들어 창대 구멍에 끼우게 되어 있는 이 간단한 장비는 정확성은 숙련도에 따라 다르지만, 창의 사정 거리를 4배로 늘려준다.

던지는 창은 대개 나무로 만들어져 고고학 증거가 거의 없지만 다른 재료, 특히 사슴 뿔로 만든 경우는 잘 보존되어 있다.

던지는 창은 후대로 내려올수록 전 세계의 수렵-채집인들 사이에서 널리 사용되었다. 이를 토대로, 던지는 창은 고대의 발명이며, 최초의 현생 인류와 함께 전 세계로 확산되었을 것이라는 추측을 해볼 수 있다. 현존하는 가장 오래된 예는 구석기시대 후기의 프랑스 동굴에서 나왔다. 당시 이 지역의 주요 사냥감은 순록과 야생 말이었다. 사람들은 사냥감의 이주철인 가을에 사냥을 하고 나면 고기를 저장했다가 춥고 긴 겨울을 버텼다.

더러는 실물과 똑같은 동물과 새 조각으로 아름답게 장식했다는 사실에서, 이러한 도구가 얼마나 중요하게 취급되었는지 쉽게 짐작할 수 있다. 이런 경우에는 실제로 사용하기 위해서가 아니라 순전히 과시용으로 제작했을 확률이 높다. 던지는 창은 세계의 각기 다른 지역에서 오래전부터 등장했던 듯하다. 예를 들어 오스트레일리아의 암각화에서도 자주 눈에 띈다. 하지만 암각화의 연대를 추적하기는 어렵다.

부메랑

부메랑도 사냥 무기이긴 하지만 완전히 다른 원리로 작동된다. 끝이 살짝 구부러진 막대 형태를 하고 있는 부메랑은, 마치 새가 날 듯이 빙글빙글 빠르게 회전하면서 꽤 멀리까지 날아간다. 어떤 경우에는 던진 사람에게 되돌아오기도 하는데, 여기에 맞으면 목숨을 잃

왼쪽 프랑스 마스다질에서 출토된 구석기시대 후기의 던지는 창. 연대는 17,000년 전에서 13,000년 전으로, 사슴 뿔을 깎아 야생 염소 새끼와 햇대에 앉은 새 2마리를 표현하고 있다. 그 중 새 1마리가 창을 연결하는 고리 역할을 하고 있다. 이처럼 아름답게 장식한 경우는 실제로 사용하기 위해서라기보다 과시하기 위해 만들었을 확률이 높다.

아래 던지는 창은 팔의 길이를 확장해 창의 사정 거리를 최대 4배까지 늘려준다.

위 오스트레일리아 애보리진이 부메랑을 날리고 있다. 부메랑은 제대로 던질 경우, 날개 효과를 내면서 꽤 멀리까지 날아가며, 때로 던진 사람에게 되돌아오기도 한다.

오른쪽 부메랑을 던질 때의 정확한 손 자세. 오스트레일리아에서 발견된 암각화를 토대로 20세기 중반에 재연한 실험 장면이다.

을 정도로 그 충격이 강하다. 부메랑은 주로 오스트레일리아에서 발견된다. 간혹 세계의 다른 지역에서도 부메랑으로 보이는 나무 도구가 나왔다는 주장이 제기되어왔지만, 대개는 (날개 원리와 상관없이) 그저 던지는 막대기이거나, 인간의 손을 거친 적이 없는 자연 상태의 나무 조각일 확률이 높다.

부메랑은 재질이 나무라 고고학 증거가 거의 남아 있지 않다. 그 때문에 부메랑의 역사 또한 불완전하다. 오스트레일리아 와이리 습지에서 되돌아오는 부메랑이 몇 점 출토되었다. 유물의 연대는 10,000년 전으로 거슬러 올라가는데, 현재로서는 세계에서 가장 오래된 부메랑이다.

활과 화살

잘 알다시피 활과 화살은 화기가 나오기 이전의 무기 체계다. 활과 화살은 사냥 부족과 농경 부족 사이에서 널리 사용되었을 뿐만 아니라, 고대 세계의 군대에서도 중요한 비중을 차지했다. 기본적으로 활은 시위를 당길 경우 발생하는 에너지를 저장하는 일종의 용수철이다. 시위를 놓을 경우 이 에너지는 화살에 전달된다. 유럽에서 출토된 선사시대 활은 신축성이 좋은 느릅나무로 만들어졌다. 후대로 오면 주목이 활의 재료로 각광을 받았다. 주목의 경우, 변재(邊材)는 당기는 힘을 잘 견디고, 심재(心材)는 수축하는 힘을 잘 견딘다. 변재와 심재의 서로 다른 특징을 이용하면 아주 강력한 활을 얻을 수 있다.

통념과 달리 수렵-채집인이 모두 활과 화살을 사용했던 건 아니다. 예를 들어 오스트레일리아의 애보리진이 그랬다. 하지만 북쪽의 토러스 해협 제도 주민들과 접촉한 경우는 예외였던 듯하다. 화살은 막대 끝에 돌이나 금속 대가리를 붙이거나, 아니면 끝을 뾰족하게 깎아 만들었다. 화살을 모피동물에 사용할 경우에는 모피가 손상되면 안 되기 때문에 살을 꿰뚫기보다 그저 기절만 시키도록 무딘 촉을 달았다.

부메랑과 던지는 창과 마찬가지로 활과 화살 역시 대개 썩기 쉬운 유기 재료로 만들어져 고고학 증거가 별로 남아 있지 않다. 궁술과 관련된 유럽 최초의 증거는 스페인에서 나왔다. 돌 화살촉으로 추정되는 유물의 연대는 솔루트레안 문화기에 해당하는 18,000~20,000년 전이다. 하지만 활은 이보다 훨씬 오래되었을 확률이 높다. 남아프리카의 하위슨스 푸어트 문화권에서 화살촉과 미늘로 보이는 소형 도구가 여러 점 출토되었다. 입증된 바는 없지만 이들 도구가 화살의 일부라면 궁술의 기원은 60,000~70,000년 전으로 올라간다.

누가 보아도 확실한 화살은 독일 북부에서 출토되었다. 연대는 구석기시대 후기인 12,000년이다. 최초의 실제 활은 덴마크에서 발견되었는데, 연대는 1,000년 정도 늦은 중석기시대 초기다. 이 두 가지 유물 사이에는 흥미로운 차이가 있다. 즉 구석기시대 후기의 화살은 묵직하다. 이는 순록의 몸통을 꿰뚫어 죽이기 위해서다. 반면 중석기시대의 활은 이보다 가볍다. 아마도 덩치가 다양한 동물에 두루 사용할 목적에서 그렇게 된 듯한데, 예를 들어 덴마크 프렐레루프에서 나온 오록스(어깨 높이가 최고 1.8미터에 달하는 야생소)의 두개골에는 화살 자국이 9군데나 뚫려 있었다. 하지만 그러고서도 오록스는 사냥꾼의 손길을 벗어나 달아났던 듯하다. 중석기시대의 사냥꾼은 매우 노련했지만 그들의 정주지에서 발견된 동물 뼈를 분석해보면 처음에 입은 상처가 치유된 경우가 많다. 이는 동물들이 화살을 맞고도 달아났다는 증거로 해석될 수 있다.

사냥꾼들은 활을 전쟁용으로도 사용했다. 수단의 제벨 사바나 지대에 있는 10,000년 전쯤의 공동묘지에서 58구의 유해가 발견되었는데, 그 중 약 3분의 1에 두개골을 화살에 관통당한 흔적이 있었다. 농경 사회가 확립되고 나서도 활은 계속 사냥과 전쟁에 쓰였다. 시위를 당겼을 때와 놓았을 때의 받는 힘을 각각 최대로 발휘하도록 설계된 복합 활이 등장했다. 위에서 살펴본 주목 활은 그 위력이 특히 대단했다. BC 16세기 이후 궁전에 딸린 공방에서 대량 생산이 가능해지면서 주목 활이 대세를 이루었다.

이집트에서는 갑옷을 착용하고 전차에 올라탄 병사들이 활을 사용했다(182, 196쪽 참조). 히타이트인들은 전차 중심의 기동력과 불화살을 결합함으로써 '복합 무기로 무장한' 군대를 최초로 창설했다. 후대로 오면, 스키타이족과 같은 북방 초원 지대의 유목 민족도 말 등에서 복합 활을 사용했다. 이들 군대는 칭기즈 칸의 시대와 그 이후까지 계속 승승장구했다.

단순히 던지는 차원을 뛰어넘어 인간의 활동 범위를 확장해주었던 투척용 무기류는 초기 인류가 거둔 과학기술의 승리 가운데 하나였다. 그 결과, 현생 인류는 2가지 점에서 다른 원인보다 우위를 점할 수 있었다. 첫째, 사냥에서 두각을 나타냈다. 둘째, 필요할 경우 다른 원인을 효과적으로 살상했다.

주요 연대

던지는 창	구석기시대 후반, 프랑스
화살촉으로 보이는 유물	60,000~70,000년 전, 남아프리카
돌 화살촉	18,000~20,000년 전, 스페인
화살	12,000년 전, 독일
활	10,000년 전, 덴마크
부메랑	10,000년 전, 오스트레일리아

왼쪽 덴마크 홀메가르트에서 출토된 BC 8000~BC 7000년경의 느릅나무 활. 세계 최초의 활로 추정된다.

아래 니네베에서 출토된 아시리아의 부조.

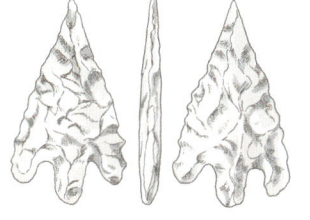

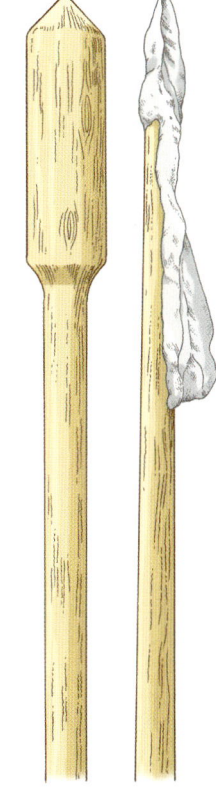

오른쪽 덴마크 홀메가르트 IV에서 출토된, 대가리가 나사처럼 생긴 화살. 모피동물을 잡을 때 가죽을 손상하지 않도록 기절시키는 용도로 사용한 듯하다. 그 옆은 스웨덴에서 출토된 화살촉으로 부싯돌을 부착했다.

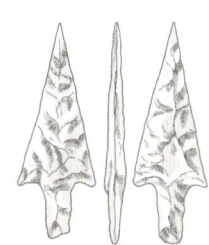

아래 니네베에서 출토된 BC 7세기의 아시리아 부조. 방패를 앞세우고 궁수와 투석 전사들이 전진하고 있다.

44

검, 단도, 전쟁용 창

검의 역사는 곧 인류의 역사다.

리처드 버튼, 1884

오른쪽 뱀의 형상으로 깎은 뼈 손잡이와 부싯돌 날로 이루어진 이 단도는, BC 5세기 중반의 것으로 터키 차탈휘위크에서 발견되었다. 유기 재료인데도 아직까지 남아 있다는 점에서 드문 사례로 꼽힌다.

검과 단도, 전쟁용 창의 기원은 최초의 석기로 거슬러 올라간다. 최고의 기량을 자랑하는 장인의 손끝에서 탄생한 일본의 가타나(사무라이가 사용하던 긴 검)나 중세시대의 우아하고 날렵한 검의 기원은 원시 인류가 사용하던 끝이 날카로운 돌멩이에서 비롯되었다. 수천 년 동안 원시 인류와 그 이후의 인간은 돌에서 격지를 떼어내 가는 방법으로 원하는 모양의 석기를 제작하는 법을 터득했다. 정주 생활과 더불어 잉여 식량과 물자를 확보하게 되면서 인간은 외부 세력으로부터 자신들의 땅을 지켜야 했고, 그 과정에서 무기 기술이 몰라보게 발전했다.

돌 도구와 돌 무기

돌 창촉을 사냥용 따로, 전쟁용 따로 구분하기란 불가능하다. 대상이 인간이든 동물이든, 사용 방법이 동일했을 것이기 때문이다. 최초의 돌칼 역시 다목적 도구였다. 실용성이 높은 돌칼을 만드는 데에는 고도의 솜씨가 필요했으며, 금속 기술이 등장하고 나서도 금속이 아니라 더러 돌로 칼을 제작하기도 했다. BC 2~BC 1세기경의 아주 정교하게 만들어진 검과 단도가 덴마크에서 발견되었다.

두 가지 물질을 결합해 하나의 도구로 만들어내는 합성 기술의 등장과 더불어 전쟁 무기도 한 차원 높게 발전했다. 최초의 칼은 아마도 간단한 돌날 형태를 취했겠지만, 여기에 자루나 손잡이를 추가하면서 명실상부한 칼, 창, 검의 개발이 시작되었다. 하지만 자루와 손잡이는 썩기 쉬운 유기 재료로 만들어져서 현재 거의 남아 있지 않다. 그 가운데 터키의 차탈휘위크에서 발굴된, 손잡이 달린 정교한 단도는 아주 드문 예에 속한다. BC 5세기경 제작된 이 단도에는 뼈를 깎아 만든 뱀 형상의 손잡이가 달려 있다.

구리나 철을 제련하는 기술이 없었던 멕시코의 아스텍인들은 그에 못지않게 효과적인 대안을 개발했다. 끝에다 가공한 흑요석을 부착한 길이 1미터가량의 목검이 거기에 해당했다. 아스텍어로 마쿠아우이틀이라 불리는 이 무기는 16세기 초반 스페인 정복자들과 맞

오른쪽 아스텍의 고사본에 수록된 독수리 전사의 모습. 보호 기능을 갖춘 천연 재질의 갑옷을 착용하고, 깃털을 엮어 만든 방패(실제 사례는 184쪽 참조)와, 가장자리를 흑요석으로 처리한 검을 들고 있다.

서 싸우는 과정에서 가공할 힘을 발휘했다. 아스텍인들은 날이 넓은 창 끝에도 흑요석을 사용했다. 흑요석 창날은 단번에 상대를 썩썩 베어낼 정도로 위력이 대단했다. 스페인 정복자들은 아스텍인들이 일상에서도 흑요석 날을 사용했다고 전한다. 예를 들어 흑요석 날은 스페인 병사들이 원주민의 관행을 따라 면도할 때 사용할 정도로 날카로웠다.

창

아마도 기다란 돌날이 단도나 창촉으로 사용되었을 것이다. 어떠한 방법으로 그런 도구를 손에 넣었는지, 또 그런 도구에 자루나 손잡이가 달려 있었는지에 대해선 정확하게 알 수 없다. 다만 창이 사냥 도구였다는 점을 감안하면 검에서 유래했을 확률이 높다. 가장 기본적인 형태의 창은 칼날에 기다란 손잡이를 달았다. 사냥꾼이나 전사가 멀리 떨어진 표적물을 맞출 수 있다는 것이 이런 도구의 장점이었다. 다시 말해 어느 정도 안전 거리를 확보해준다는 뜻이다. 하지만 창은 육탄전에는 적합하지 않다. 즉 창은 대규모 병력이 함께 움직일 때 가장 큰 효력을 발휘한다.

메소포타미아의 텔로에서 발굴된 독수리 모양의 석비(BC 2500년경, 185쪽 참조)에, 창과 커다란 직사각형 방패를 이용해 밀집 형태의 방진을 형성하는 병사들의 모습이 묘사되어 있다. 석비에는 양손에 각각 도끼와 짧은 창으로 가볍게 무장한 군대의 모습도 나와 있다. 이는 BC 2000년대 중반의 메소포타미아 군대의 경우 적어도 두 가지 방식으로 창을 사용했다는 점을 보여준다.

이집트 메세티의 무덤에서 출토된 중왕국기의 모형 보병 군단. 역시 기다란 창과 생가죽 방패로 무장한 채 방진을 형성하고 있다.

오른쪽 독일 마인츠에서 출토된 로마 시대 부조. 2명의 병사를 묘사하고 있는데, 앞쪽의 병사는 방패(스쿠툼)와 검(글라디우스)을 들고 있고, 뒤쪽의 병사는 던지는 창(필룸)을 들고 있다.

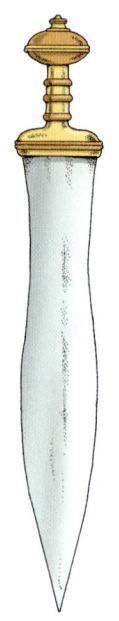

위 마인츠 양식의 글라디우스를 그린 그림. 글라디우스는 1세기의 로마 보병들이 사용하던 검이다.

다음 쪽 위 왼쪽 로마의 스파타를 그린 그림과, 스코틀랜드 뉴스테드에서 발굴된 같은 양식의 실제 검날. 스파타는 기병대에서 사용하던 칼로, 글라디우스보다 길이가 길고 날렵해, 말 등에서 더 길게 내뻗을 수 있었다.

단도와 검

끝이 날카로운 형태의 무기는 검의 도래와 함께 변화를 겪었다. 기준이 다소 들쭉날쭉하긴 하지만 학자들은 날의 길이를 통해 단도와 검을 구분한다. 길이를 기준으로 구분하는 건 다소 부정확할뿐더러 무기의 서로 다른 사용 방법을 고려하지 않는다는 한계가 있다. 검은 창에 비해 길이가 짧아서 백병전에 적합하지만, 단도보다는 길이가 길어서 적과의 거리를 일정 정도 유지해야 강력한 효과를 거둘 수 있다.

초기의 단도는 기다란 돌날에 자루나 손잡이를 단 형태를 띠는데, 몇 세기 동안 그 상태를 유지했다. 중기 청동기시대에 등장한 근동(BC 2200~BC 1600년경)과 유럽(BC 1100~BC 900년경)의 날렵하고 가느다란 칼은 돌진해 찌르는 데에만 사용되었다. 나사 몇 개로 손잡이를 날에 고정하는 방법으로는, 버티는 힘이 상대적으로 약해 장기 돌격전에 사용하기에는 아무래도 무리였기 때문이다. 날과 손잡이를 하나로 주조해내는 기술이 개발되면서 비약적인 발전이 이루어졌다. 이런 식으로 제작된 검은 잘 부러지지도 않고, 앞으로 돌진해 베는 데에도 적격이었다.

BC 1000년대 말에 이르러 청동의 사용이 줄면서, 대신 철 기술이 중요해졌다. 그리스에서는 BC 9세기부터 청동 검이 밀려나고 철이 그 자리를 대체하기 시작했다. 이 무렵 지중해 동부 일대에서는 창에 크게 의존했던 데 비해 그리스의 스파르타에서는 드물게 검을 주요 무기로 사용했다. 고대 그리스의 호플리테스(밀집 대형 전투를 담당했던 고대 그리스의 중장보병: 역주)가 사용하던 검은 양식 면에서는 청동기시대 후기의 검과 매우 유사했지만 재질은 철이었다. 호플리테스 검은 여러 번 두드려 펴고 버린 고탄소 성분의 강철과, 탄성이 강하고 무른 연철을 섞어 얻은, 균일하고

오른쪽 전사들의 행렬을 묘사한 BC 13세기의 미케네 항아리. 창과 둥근 방패로 무장한 병사들이 대오를 갖추고 있다.

내구성이 강한 철로 만들었다. 그런 철로 만든 검은 계속 사용해도 끝이 날카로웠을 뿐만 아니라, 견고하고 유연성이 높아서 휘거나 부러지는 법이 없었다.

그리스 양식의 검은 수세기 동안 유럽 전역과 지중해 지역에서 널리 사용되었지만, 갈수록 지역의 특색을 반영한 다양한 형태로 대체되었다. 그 가운데 글라디우스 히스파니엔시스라는 검이 특히 각광을 받았는데, 1차 포에니 전쟁(BC 264~BC 241년경)이 발발할 무렵 로마인들도 실용성이 높은 이 짧은 '스페인 검'을 받아들였던 듯하다. 그리스 역사가 폴리비오스는 BC 150년경 로마 군대에서 사용했던 '스페인 검'에 대해 언급한다. 하지만 로마 초기의 원형이든, 그 후의 발전된 형태든 확실한 예는 남아 있지 않다.

고대 중국에서는 은 왕조(BC 1600~BC 1100년 경) 후기에 들어와 길이가 짧고 끝이 약간 휘어진 전투용 홑날 칼(시아오)이 등장했는데, 손잡이 끝부분이 동물 머리 모양으로 처리되어 있었다. 은 왕조와 주 왕조(BC 1100~BC 221년경)에서는 고리 손잡이가 달린 칼도 사용했다. 이 칼은 나중에 한 왕조(BC 206~AD 220년경)의 고리 손잡이가 달린 검으로 발전했다.

지안이라는 직선 형태의 초기 쌍날 검은 나뭇잎처럼 생긴 청동 날과 둥그런 손잡이가 특징이었다. 이러한 양식의 검은 BC 8세기경부터 기병대에서 널리 사용되었다. 그 후 형태상의 다양한 변화와 더불어 점차 길이가 길어지다 결국 청동에서 철로 재료가 바뀌었다.

무기 개발에는 처음부터 활발한 투자가 이루어졌다. 지난 몇천 년 동안 검은 용맹과 권위의 상징으로 자리잡아왔다. 예를 들어 영국의 경우만 봐도 기사 작위를 수여하면서 검으로 어깨를 두드린다. 많은 문화권과 지역에서 전사가 죽으면 생전에 그가 사용하던 무기와 갑옷을 함께 묻었으며, 일부 문화권에서는 검과 단도가 숭배의 대상이었다. 뿐만 아니라 일본의 가타나와 동남아시아의 크리스처럼, 검 그 자체에 '영혼'이 깃들여 있다고 여겨질 때도 많았다.

> **주요 연대**
>
> 손잡이 달린 부싯돌 단도   BC 5000년대, 터키
> 청동 검   청동기 시대 중기, 근동과 유럽
> 끝이 휘어진 칼   BC 11세기경?, 중국
> 철검   BC 9세기, 그리스
> '스페인 검'   BC 3세기, 로마 제국

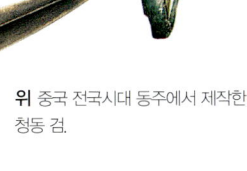

위 중국 전국시대 동주에서 제작한 청동 검.

왼쪽 금속 무기와 그에 못지 않게 정교함을 자랑하는 돌칼. 둘 다 덴마크에서 출토되었으며, 연대는 BC 1000년대이다. 재질은 각각 금속이고 돌이다. 돌칼의 경우, 핵은 나무로 만들었던 듯하다. 흑요석으로 마무리 처리를 한 아스텍의 검(178쪽 참조)과 비슷한 원리로 제작되었다.

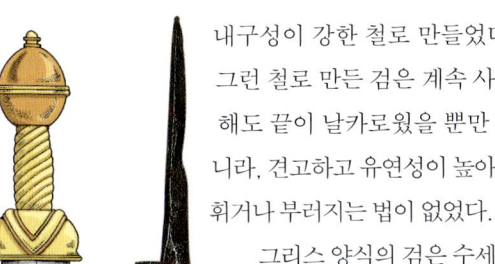

45 갑옷, 투구, 방패

블레셋 진영에서 골리앗이라는 갓 출신 투사가 하나 나섰다.
그는 머리에 청동 투구를 쓰고 비늘 갑옷을 입었는데,
그 갑옷의 무게는 청동 5,000세켈이나 나갔다.
다리에는 청동으로 만든 정강이 가리개를 차고, 어깨에는 청동으로 만든 창을 메고 있었다.

사무엘기 상권 17장 4~6절

인류 역사가 시작된 이래, 각기 다른 집단들 간에 성능이 더 좋은 무기를 개발하는 경쟁이 줄곧 이어져왔다. 갑옷은 그러한 무기 경쟁이 대응책으로 개발되었다. 갑옷이 정확히 언제 처음 발명되었는지는 알 수 없지만, 일정한 보호 기능을 갖추었다는 점만큼은 분명하다.

자연에서도, 거북 등딱지나 뱀 비늘, 딱정벌레의 딱딱한 키틴질 껍질 같은, 일종의 갑옷을 쉽게 발견할 수 있다. 하지만 초기 인간이 동물이나 동료 인간들이 가하는 위해를 막을 목적으로 특별히 고안한 의복을 언제부터 착용하기 시작했는지는 알려져 있지 않다. 다만 분명한 점은 최초의 갑옷이 유기 재료로 만들어졌다는 사실이다. 그래서 안타깝게도 거의 남아 있지 않다. 그러므로 초기의 갑옷에 대한 지식은 그림 자료와 고대의 문헌에 근거할 수밖에 없는데, BC 2000년대 중반에 제작된 메소포타미아 우르의 전승 기념판에서 최초라 볼 수 있는 갑옷이 등장한다. 거기에 보면, 병사들이 가죽으로 만든 듯한 두꺼운 망토를 걸치고 있는 모습이 묘사되어 있는데, 목 부분이 꽉 조여져 있고 원이나 원반으로 장식되어 있다. 매우 간단하긴 하지만 이러한 망토는 어느 정도 자상을 막아주지 않았을까 싶다. 안에 두꺼운 심을 덧대거나 두꺼운 재질로 만든 이런 종류의 갑옷은, 날아오는 주먹의 힘을 흡수하는 데에도 도움이 되었을 것이다.

중국의 갑옷도 처음에는 유기 재료로 만들었다. 안양(安陽)의 1004호 고분에서 출토된 중국 최초의 갑옷은 연대가 은 왕조(BC 1600~BC 1100년경)로 거슬러 올라간다. 하지만 가죽 가슴받이가 썩으면서 땅에 남긴 노란색, 검은색, 빨간색, 흰색 염료 외에는 거의 잔해가 남아 있지 않았다. 그 후 후베이성(湖北省)에서 아주 중요한 발견이 있었는데, 다름 아니라 443년경의 옻칠한

왼쪽 BC 4~BC 3세기의 스키타이족 전사가 입었던 갑옷을 그대로 복원한 갑옷.

오른쪽 아마포에 생가죽 비늘을 달아 만든 조끼형 갑옷. 이집트 투탕카멘 왕릉에서 출토되었다. 연대는 BC 1322년경이다.

> **왼쪽** 그리스 덴드라에서 출토된 청동판 갑옷. 멧돼지 엄니로 만든 BC 1500년경의 투구도 함께 발견되었다. 전투용보다는 행진용으로 사용했던 듯하다. 가죽으로 만든 실제 갑옷을 본떠 제작했을 것으로 추정된다.

가죽 갑옷 12점이 나온 것이다. 이들 갑옷은 무수한 작은 가죽 조각을 엮는 방식으로 만들어졌다. 중국 갑옷의 전신인 이러한 양식은 약간의 변화만 거쳤을 뿐 이후 2,000년 동안 계속 이어졌다. 세계의 수많은 지역에서도 서로 시기만 다를 뿐 이와 유사한 형태의 갑옷이 발견되었다. 블레셋(즉 팔레스타인: 역주)의 족장 골리앗이 입었다는 비늘 갑옷도 중국의 갑옷과 별로 다르지 않았을 것이다. 근동의 청동기시대 후기(BC 1600~BC 1150년경)에 활동했던 군 장교들은 이처럼 작은 가죽 조각이나 청동 비늘로 만든 갑옷을 착용했다. 간단한 조끼 형태의 갑옷에도 비늘이 1,500개 이상 들어갔다. 비늘은 물고기나 파충류의 비늘처럼 서로 포개지게 일렬로 나란히 엮은 다음, 가죽이나 여러 겹의 아마포로 만든 옷에 부착했다. 투탕카멘의 무덤에서 그런 방식으로 제작한 비늘 갑옷(BC 1322년경)이 발견되었는데, 아마포로 만든 옷에 수천 개의 작은 생가죽(무두질하지 않은 가죽) 비늘이 달려 있었다. 이라크 키르쿠크 근처의 후기 청동기시대 유적지 누주에서 나온 문헌에 보면, 당시에 착용했던 다양한 형태의 비늘 갑옷이 언급되어 있다. 그 가운데 일부는 청동 비늘과 가죽 비늘을 동시에 사용하기도 했다.

그리스 덴드라 유적지에서 나온 청동판 갑옷은 이런 사례로는 아마 최초가 아닐까 싶다. 이 갑옷은 금속판을 가공하는 당시의 기술이, 15세기와 16세기 중세 유럽의 갑옷 기술과 맞먹는다는 점을 보여준다. 하지만 보병전에선 그다지 실용적이지 않았을 것으로 보아 아마도 행진용 갑옷이었던 듯하다. 이 청동판 갑옷은 당시 널리 사용되던 가죽 갑옷과 견주어 전혀 손색이 없다.

초기의 금속 갑옷의 또 다른 형태는 쇠고리를 한 번에 4개씩 엮어 만든 사슬 갑옷이다. 사슬 갑옷은 종종 로마인의 발명으로 간주되지만, BC 2세기경 서유럽의 갈리아 지방에서 처음 등장했을 가능성이 높다. 로마 군대가 이 기술을 도입한 이후, 사슬 갑옷은 로마 제국 전역으로 확산되었다.

16세기 신대륙의 아스텍 전사들은 주로, 두껍게 누빈 면이나 두꺼운 양모와 같은 유기 재료로 만든 갑옷을 착용했다. 재료에 따라 각기 명칭이 달랐던 이러한 갑옷은, 흑요석으로 마감 처리한 위력적인 목검뿐만 아니라 화살과 던지는 창으로부터도 충분히 병사들을 보호해주었다.

투구

최초의 투구 역시 유기 재료를 사용했던 듯하다. 잘 만들어진 금속 투구가 등장한 시기는 BC 2500년경이다. 메소포타미아 우르에서 나온 투구 6점이 바로 거기에 해당한다. 발굴 당시 이들 투구는 왕과 무덤까지 동행한 경비병의 머리에 여전히 씌워진 채로 있었다. 같은 무덤에서 출토된 우르의 전승 기념판에도 이와 비슷해 보이는 투구가 묘사되어 있다. 이 경우 재질이 금속이라는 점만 다를 뿐, 형태는 당시의 가죽 투구와 매우 비슷하

부분적으로 비늘을 단 갑옷을 착용한 병사. BC 210년 중국의 진시황릉을 지키던 병마용의 하나다.

45 사냥, 전쟁 그리고 스포츠

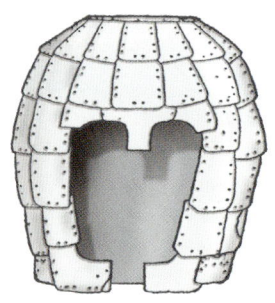

위 중국 허베이성 이시엔에서 출토된 투구를 그린 그림. 전국시대 (BC 475년경~BC 221년경) 중국에서 발견된 최초의 철판 투구다.

아래 쿨루스 양식의 로마 시대 투구를 그린 그림. 연대는 1세기 초. 넓적한 뺨가리개와 뒷목 보호대가 몬테포르티노 양식과 비슷하다. 앞쪽의 테는 날아오는 공격을 피하는 용도였다.

위 오른쪽 구리 투구를 쓰고 있는 이 해골은 이라크 우르의 지하 매장터에서 발견되었다. 무덤까지 왕을 호송한 6명의 병사 중 1명의 두개골이다. 이로써 BC 2000년대 중반에 금속 방호구가 사용되었다는 점이 입증된 셈이지만 금속 갑옷은 나오지 않았다.

오른쪽 1500년경 아스텍의 깃털 방패. 코요테로 보이는 동물을 묘사하고 있다. 동물 앞쪽에는 아스텍에서 전쟁을 상징하는 물과 불이 함께 표현되어 있다.

다. 간단한 형태의 가죽 투구는 보호 기능이 부족했을 수도 있지만 아예 착용하지 않은 것보다는 분명 나았다.

우르의 지하 무덤에서 나온 금속 투구는 바야흐로 금속 갑옷의 개발을 알리는 신호탄으로 해석할 수 있다. 이 매장터에는 60여 구의 시신과 함께 전차, 무기, 다양한 종류의 보석류와 일상 용품도 묻혀 있었다. 당시 메소포타미아에서 금속 투구 외에도 금속 갑옷을 사용했다면 이러한 풍부한 부장품 틈에 섞여 있었을 것이 분명하다. 이런 점으로 미루어, 메소포타미아에서 신체 방호에 금속을 사용하기 시작한 시기는 BC 2500년경부터인 듯하다.

유기 재료로 만든 초기의 투구로는 청동기시대 후기의 미케네에서 사용하던 멧돼지 엄니 투구도 있다. 연대가 BC 1250년경으로 거슬러 올라가는 이런 투구는 가죽 모자에 멧돼지 엄니를 붙여 방호 기능을 보강했던 듯하다. 고대 중국에서는 박막(薄膜) 구조의 투구도 사용했다. 허베이 성 이시엔(易縣)에서 전국시대(BC 475~BC 221년)의 철판 투구가 출토되었는데, 그 전에도 금속 투구가 있었을 것으로 추정된다.

형태가 매우 다양한 로마의 투구는 초기의 유럽 투구에서 발전했다. BC 3세기와 2세기의 전형적인 몬테포르티노 양식의 투구는 기본적으로 둥근 형태에 꼭대기가 뾰족하게 장식되어 있고, 뺨가리개가 있다. 크노소스 궁에서 출토된 미노아 양식의 투구도 이와 매우 유사한데, 연대는 몬테포르니노 투구보다 훨씬 빠른 BC 1400년경으로 거슬러 올라간다.

방패

방패는 방호구를 개발하는 첫 단계로서, 갑옷보다 먼저 나왔던 듯하다. 최초의 방패가 정확히 언제 만들어

졌는지는 거의 확인이 불가능하지만, 공격을 피하기 위해 손에 잡히는 물건을 맨 처음 사용했던 것이 방패의 기원일 확률이 높다. 초기의 사냥꾼은 어떤 동물의 가죽이 더 질긴지를 재빨리 파악하고는 생가죽에 나무 틀을 끼워 팽팽하게 잡아 늘였을 것이다.

고대 세계의 병사들은 대부분, 갑옷은 둘째치고 투구조차 착용하지 않았지만 머리끝부터 발끝까지 온몸을 가리는 대형 방패를 가지고 다녔다. 거기다 정강이받이 한 쌍이 무릎 아래를 보호해주었다(180쪽 참조). 이러한 방법은 고대 그리스의 호플리테스뿐만 아니라, 중국 진나라의 보병(BC 2세기경)과 아스텍의 병사들(16세기경) 사이에서도 널리 사용되었다. 사실 각기 다른 시기에 수많은 군대 조직에서 이와 같은 방법을 사용했다고 보아도 무방할 듯하다. 방패는 착용자의 몸에 맞게 만들어야 하는 갑옷에 비해, 제작 방법도 훨씬 쉽고 비용도 저렴했을 것이다. 한쪽 손은 자유롭게 사용할 수 있는 임무를 수행할 경우에는 방패가 실질적인 보호 수단으로 기능했을 테지만, 양손을 모

BC 2500년경 텔로에서 출토된 독수리 석비. 석비에는 라가시의 에안나툼 왕이 갑옷을 입은 병사들을 지휘하는 모습이 묘사되어 있다. 병사들은 각기 창과 직사각형의 대형 방패를 들고 있다. 보다시피 병사들은 방패를 나란히 붙인 채 전진하고 있는데, 초기의 전투에서는 이런 식으로 방패 벽을 형성해 싸웠다.

45 사냥, 전쟁 그리고 스포츠

위 트라야누스의 기념주에 묘사된 2세기경의 전투 장면. 용병 부대와 합세한 로마 군대가 다키아인들을 공격하기 위해 방패를 들고 전진하고 있다.

오른쪽 베를린 화가(畫家)에서 제작한 그리스의 적회식 도자기. 투구와 커다란 원형 방패를 제외하고는 거의 보호 장비를 갖추지 않은 그리스의 중보병을 묘사하고 있다. 고대 세계에서는 상당수의 병사가 이런 차림으로 전투에 나섰을 것이다.

주요 연대	
갑옷	BC 2000년대, 메소포타미아
투구	BC 2500년경, 메소포타미아
갑옷	BC 1700~BC 1045년경, 중국
청동판 갑옷	BC 1500년경, 그리스
멧돼지 엄니 투구	BC 1500년경, 그리스
철 투구	BC 475~BC 221년경, 중국
사슬 갑옷	BC 3세기, 서유럽

다. 갑옷은 제작 방법도 까다롭고 비용도 많이 들어 부유한 엘리트 계층에서만 사용되었고, 일반 병사들은 투구와 방패에 의지했다.

두 써야 하는 임무일 경우에는 갑옷이 유리했다.

방패의 형태는 싸움의 양상에 따라 어느 정도 영향을 받았을 것이다. 예를 들어 신속하게 전개되는 보병전이나 소규모 전투에서는 빠르게 대응할 수 있는 작은 방패가 유리했을 것이다. 반면 방진(方陣)을 형성하고 싸우는 중장보병전에서는 직사각형의 대형 방패를 일렬로 늘어 세워 방어선을 구축하는 것이 최선의 보호책이었을 것이다. 후자의 전술은 BC 2500년경에 제작된 독수리 석비에 등장한다. 석비에는 일단의 병사가 창을 사용할 공간만을 남겨둔 채 직사각형의 대형 방패를 다닥다닥 붙여 들고 있는 모습이 묘사되어 있다.

갑옷, 투구, 방패의 정확한 기원은 확실하지 않다. 선사시대의 어느 시기쯤에 인간은 몸을 보호할 필요가 있다는 데 주목했다. 이리하여 먼저 방패가 나왔고, 그 후 양손을 자유롭게 사용할 수 있는 갑옷이 등장했

요새

> 이방인: 이곳이 옛날 브리튼 군대의 야영지 같은데, 어떻게 생각하십니까?
> 폴리엇 박사 : 로마군입니다, 선생. 분명히 로마군이 주둔했던 곳입니다.
> 목책을 두른 보루가 그 증거잖습니까. 그리고 야영지가 아니라 요새나 감시 초소였습니다.
>
> 로버트 베이지, 1796

46

최초의 방호물은 인간이 아니라 맹수들의 공격을 피하는 데 목적이 있었다. 아마도 이글거리며 타오르는 모닥불과 횃불, 위협적인 고함 소리를 곁들여 가시덤불로 만든 조악한 형태의 울타리를 동굴 입구나 야영지에 세워두었을 것이다. 인간은 소나 염소, 양을 치기 시작하면서 튼튼한 우리와 가시덤불 울타리를 올려 맹수와 소도둑으로부터 가축을 보호했다.

활과 화살(175쪽 참조) 같은 무기가 개발되면서 상황은 완전히 달라졌다. 활과 화살은 먼 거리에서도 목표물을 쓰러뜨릴 수 있게 해주었다. 그 결과, 마을마다 요새가 필요해졌다. 아마도 처음에는 나무 말뚝 울타리에 불과했겠지만 나중에는 궁수보다 유리한 고지를 점하기 위해 해자와 누벽을 추가했다.

최초의 요새는 BC 8000년경 예리코 시에 세워졌는데, 도시를 에워싼 돌담과, 중앙에 나선형 계단을 갖춘 석조 감시탑, 그리고 암벽을 깎아 조성한 해자로 이루어져 있었다. 높이 쌓은 담과 깊이 판 해자는 공격자들이 근접하지 못하게 막아주었다. 요새를 지은 목적이 적의 공격을 막기 위해서였는지, 홍수를 피하기 위해서였는지를 두고 의견이 분분하지만, 감시탑의 존재로 미루어 아무래도 군사용 목적이 컸던 듯하다.

지중해 동부의 문명권에서는 상비군과 함께 이보다 좀더 정교한 요새를 개발했다. 수메르의 도시 국가들도 상비군 창설과 요새 건설을 놓고 서로 경쟁을 벌였다. BC 2000년대에 이르면 어딜 가나 진흙 벽돌로 지은 요새를 갖춘 도시를 볼 수 있었다. 정교한 공성기가

BC 8000년경으로 거슬러 올라가는 예리코의 돌담과 탑. 현재까지 알려진 세계 최초의 요새 도시다.

오른쪽 이집트 중왕국기에 조성된 부헨 요새. 공성기와 궁수의 공격에 대비해 정교한 요새 기술을 동원했다.

아래 독일 고고학자 로베르트 콜데바이가 복원한, 바빌론의 이슈타르 대문. 초기의 메소포타미아 도시들은 거대한 진흙 벽돌 요새를 세워 스스로를 보호했다.

등장하기 전까지 이런 도시들은 아무리 포위 공격을 해도 끄떡없는 난공불락의 장벽이었다.

이집트의 요새

벽을 둘러친 도시와 요새는 공격에 나선 보병들에게 죽음을 안겨주었다. 이집트 파라오 멘투호테프(재위 BC 2010~BC 1960년)의 무덤 근처에 60여 구의 병사 시신이 묻혀 있었는데, 거의 모두가 위에서 날아온 화살에 맞아 죽은 것으로 밝혀졌다. 화살은 이들이 공격하고 있던 요새에서 날아온 것으로 추정된다.

이집트 왕들은 요새에 관심이 많았다. 중왕국의 파라오 센워스레트 3세(재위 BC 1836~BC 1818년경)는 나일 강의 제1폭포 위쪽에 일련의 요새를 지어 나일 교역로의 방어 능력을 강화했다. 그 가운데 가장 눈길을 끄는 사례는 제2폭포 옆 전략상의 요충지에 지은 부헨 요새였다. 거대한 진흙 벽돌 구조물 형태였던 이 요새는 유럽의 중세시대 성 못지않게 정교한 방어 기능을 자랑했다. 이 무렵부터 이집트 군대의 건축가들은 공성기(192쪽 참조)에 의한 피해를 염두에 두었다.

부헨 요새는 앞으로는 강을 마주보면서 높이와 두께가 각각 8.5미터와 3.9미터에 이르는 거대한 진흙 벽돌 담으로 둘러싸여 있었다. 그리고 담 곳곳에는 망루가 설치되어 있었다. 각각 망루와 도개교를 갖춘 채 평행을 이루는 이중 성벽이 사막의 측면 입구를 지켰다. 그 결과, 공격자는 양쪽에서 날아오는 화살에 노출될 수밖에 없었다. 소형 감시탑과 궁수용 총안(銃眼)을 갖춘 성벽 아래쪽은 난간을 설치한 누벽과 해자가 지켰다. 부헨은 말 그대로 난공불락이었다. 왕의 건축가들은 여기서 한 걸음 더 나아가, 강가의 암벽 지대에 작은 요새들을 세워, 갈수록 정교해지는 공성기의 공격에 대비했다. 즐비하게 늘어선 감시탑은 초기 경보 체계 역할을 했다.

군소 도시의 요새화

요새를 갖춘 군소 도시가 청동기시대 초기에 지중해 동부 지역에서 모습을 드러내기 시작했다. 이 지역 문명권에선 청동기시대 후기인 BC 1000년대 중후반 요새 건설을 놓고 치열하게 경쟁했다. 그리스 남부의 미케네 군주들은 커다란 옥석을 깎아 난공불락의 성채를 지었다. 그 규모가 어찌나 방대했던지, 후대로 오면 외눈박이 거인족 키클롭스가 성채를 지었다는 전설이 생겨날 정도였다.

100여 곳 넘게 남아 있는 미케네의 성채에는 정문과 그보다 작은 뒷문이 있었다. 수풀로 가려진 뒷문은 적을 기습 공격할 때 사용했다. 미케네인들은 성채를 시내 옆에 짓거나, 시내까지 땅굴을 파는 방법(80쪽 참조) 등으로 수원을 보호하는 데에도 열심히 노력했다.

현재의 터키에 해당하는 에게 해 지역의 히타이트인들도 거석 쌓기 방식으로 거대한 성채를 지었다. 성채는 사실 이들이 발명했을 가능성이 높다. 그 자체로 거대한 성채였던 히타이트의 수도 보아즈쾨이가 그런 추측을 뒷받침해준다. 미케네인과 히타이트인 모두, 주로 적군의 화살 공격에 신경을 썼다. 이 두 지역의 요새가 정면 공격이 사실상 불가능하도록 세로로 길게 늘어선 직선 형태를 유지했던 이유는 그 때문이다. BC 6~BC 5세기 들어 외장을 돌로 마무리하거나, 안에 잡석을 채운 진흙 벽돌로 지은 방대한 성벽이 등장했다. 그 가운데 고대 아테테의 유명한 성벽은 BC 461~BC 456년에 세워졌다. 4세기에 이르자 건축가들은 공성전에 점차 관심을 기울이기 시작했고, 그 결과 성벽을 여러 구역으로 나누어 그 안에 구불구불한 통로를 들어앉히는 방법으로써 방어 기능을 보완했다. 진흙 벽돌 벽만으로는 공성 망치를 견뎌내지 못했기 때문이다. 성벽은 점차 두꺼워졌고, 망루의 숫자도 늘어났다. 망루에는 대포와 쇠뇌도 갖추었다. 방어의 성공 여부는 공격해오는 적군과 쇠뇌가 가까이 접근하지 못하게 막아주는 해자와 누벽에 달려 있었다.

아래 청동기시대의 미케네 성채. 거석을 쌓아 만든 거대한 성벽이 보인다. 이처럼 거석이 많다 보니, 옛날 사람들은 신화상의 거인족 키클롭스가 아니고서는 도저히 성채를 지을 수 없었을 것이라고 생각했다.

로마의 요새

로마인들은 에트루리아인과 그리스인으로부터 빌려온 생각을 토대로, 고도로 세련된 요새를 개발했다. 로마인들은 전략상의 위치를 최대한 활용하면서 경우에 따라서는 새로 짓기보다 점령한 도시의 기존 요새를 보강해 사용하기도 했다. 새로운 요새 공사는 로마 군단이 갈리아와 브리튼으로 원정을 나갔다 올 때 주로 이루어졌다. 이들 지역에서 로마인들은 메이든 성처럼 여러 개의 누벽과 깊은 해자, 철통같이 방어한 입구, 쇠뇌와 투석기의 공격에도 끄떡없는 견고한 울타리를 갖춘 언덕 요새를 접했다.

영국 북부에 있는 하드리아누스의 성벽은 로마의 변경 요새를 통틀어 가장 유명하다. 이곳 총독이었던 아울루스 플라토리우스 네포스가 하드리아누스의 지시에 따라 122~126년에 세운 이 요새는, 폰즈 아엘리우스(오늘날의 타인 강변 뉴캐슬)부터 북해와 컴브리아 해안까지 장장 193킬로미터에 걸쳐 뻗어 있었다. 꼭대기에 병사 2명이 나란히 걸을 수 있을 정도의 공간까지 확보했던 이 성벽은 마치 고가 고속도로를 방불했다. 이 밖에도 양쪽에 조성한, 너비 9미터의 해자를 비롯해, 1로마마일(1로마마일은 1,480미터) 단위로 방어 시설을 갖춘 출입구, 도로를 사이에 둔 성벽 뒤의 수비대 요새가 성벽을 더욱 철통같이 만들었다.

3세기 이후 로마의 요새는 대개 두껍고 높은 담으로 이루어졌는데, 여기에 망루, 작은 출입구, 대규모 해자 등이 추가되었다.

중국과 만리장성

중국의 군사 전략가들이 기울인 엄청난 노력에 비하면 로마인의 노력은 아무것도 아니었다. 직사각형 모양의 방어용 울타리가 처음 등장한 시기는 춘추시대인 BC 2700~BC 2000년이다. 당시의 건축가들은 '흙을 다져 굳히는' 특이한 건축 방법을 사용했다. 먼저 토양이 무른 지층을 골라 목재를 두 줄로 길게 나란히 쌓고 그 사이에 흙을 10~15센티미터 두께로 쏟아 부었다. 그러고 나서 기다란 나무 막대로 흙을 눌러 다졌다. 한 층이 끝나면 또 다른 층을 눌러 다졌고, 원하는

위 철기시대에 세워진 언덕 요새인 잉글랜드 도싯의 메이든 성. BC 250년경 완공되었다.

아래 히타이트의 수도였던 터키 보아즈쾨이의 거대한 요새 입구. 출입구를 지키고 선 사자가 눈길을 끈다.

주요 연대

돌담과 감시탑	BC 8000년경, 예리코
성벽을 두른 도시	BC 2000년대, 메소포타미아
거석을 쌓아 만든 요새	BC 13세기, 그리스

높이에 이를 때까지 이 과정을 반복했다. 장성의 일부 구간은 폭이 10.6미터에 달했는데, 입구 양쪽에 직사각형의 망루를 설치했다.

중국의 요새 건설에는 수천 명까지는 아니더라도 보통 수백 명씩 동원되었다. BC 1500년 정저우(鄭州)에 세워졌던 은나라의 요새는 7.25킬로미터의 길이를 자랑했다. 후대로 올수록 요새는 규모가 더욱 방대해졌다. 한나라 수도 장안(長安)에 있던 요새는 폭이 16미터나 되었고, 6×7.6킬로미터의 지역을 에워싸고 있었다. 게다가 거대한 직사각형의 망루 양쪽에는 커다란 출입구가 각각 3곳이나 있었다.

중국의 만리장성은 현재 총 연장 길이가 10,000여 킬로미터에 달한다. 최초의 확장 공사는 전국시대(BC 475~BC 221년)에 이루어졌다. 그 후 진나라의 황제들(BC 221~BC 207년)이 국경을 침범해오는 오랑캐로부터 영토를 지키기 위해 기존의 요새를 보강하고 확장해 성벽을 쌓았다. 이 공사를 위해 병사 30,000여 명과 농민 500,000명이 징발되었다. 그 후 한무제가 고비 사막 너머로 480킬로미터를 더 확장해 비단길의 연장 길이를 늘렸다. 그리고 나서 다시 명(明) 왕조 황제들이 장성을 재정비했다. 오늘날 남아 있는 만리장성은 이때의 모습을 유지하고 있다. 돌과 벽돌과 눌러 다진 흙으로 장성을 짓는 데 몇 세대에 걸쳐 수백만 명의 노동력이 들어갔다.

위 잉글랜드 북부에 있는 하드리아누스의 성벽. 그 가운데 '카드 패처럼 생긴' 이 요새는 하우스스테즈 구간으로, 로마의 전형적인 요새의 모습을 보여준다.

아래 언덕 지대를 뱀처럼 구불구불 가로지르는 중국의 만리장성. 명나라 황제들이 복구한 구간이다. 꼭대기에 널찍한 보도와 총안을 뚫은 흉벽이 보인다.

47

공성기, 쇠뇌, 격발식 활

모든 군대의 장비가 건축의 걸작이었지만 그 중에서도 10군단의 장비는 단연 으뜸이었다.
강력한 장전기와 거대한 투석기는 돌격대뿐만 아니라 전사들까지 벽으로 밀어붙였다.

요세푸스, 1세기

위 티글라스 필레세르 3세 (재위 BC 745~BC 727년)의 군사 원정을 묘사한 것으로 보이는 도시 포위 장면. 님루드 궁에서 나온 부조. 공성 사다리를 사용하는 모습이 보인다.

공성전은 불과 일반적인 공성 무기를 사용하는 아주 간단한 기술과, 복잡한 공성기를 사용하는 기술로 나눌 수 있다. 복잡한 공성기를 사용하려면 조직화된 군대가 필요했다. 복잡한 공성기는 간단한 공성기에 비해 실례를 비교적 풍부하게 남겨놓았다.

초기의 공성술은 성벽 공격과 직결되었다. 성벽을 오르려면 손이나 밧줄, 공성 사다리, 또는 공성 탑이 필요했다. 근동과 메소포타미아에서는 일찍부터 이 모든 기술을 사용했던 것 같다. 아시리아의 부조는 공성 탑을 사용해 도시를 공략하는 모습을 보여준다. 샬마네세르 3세의 군사 원정(BC 9세기 중반)은 그 중 대표적인 사례다. 벽을 깨뜨리기 위해 특별히 고안된 장비도 있었다. 공성 망치는 BC 2000년부터 사용했던 듯하다. 이집트 벽화(BC 1900년경)는 장대나 공성 망치로 성벽과 정문을 파괴하는 병사들의 모습을 묘사하고 있다. 이집트 벽화와 아시리아 부조에 보면, 공성 망치뿐만 아니라 공성 방패(성벽 파괴에 나선 토목 공병을 보호하는 방패)도 나온다.

공성술의 탄생은 문명의 발생, 더욱 중요하게는 요새의 개발(187쪽 참조)과 밀접하게 관련되어 있다. 구체적인 증거가 거의 남아 있지 않아 언제부터 공성술이 생겨났는지 확실히 알 수는 없지만 어림잡아 신석기시대부터 공성술을 사용했던 듯하다. 공

요새를 공략하는 데 비단 이러한 장비만 사용했던 건

아니다. 바빌로니아 사람들은 적의 성벽을 부수기 위해 흙으로 대형 경사로를 건설했고, 이스라엘 마사다에 남아 있는 로마의 공성용 경사로는 오늘날까지도 보는 이를 압도한다. 공성의 주요 목표는 적의 요새를 봉쇄해 보급과 지원을 차단하는 데 있었다. 로마인들은 공성전에서 벽으로 상대방 요새를 에워싸는 전술을 자주 사용했다. 마사다(72~73년)뿐만 아니라 누만티아(BC 133년)와 알레시아(BC 52년)도 유명한 사례다.

쇠뇌

《성경》에는 웃시야의 통치기(BC 800년경) 때부터 쇠뇌를 사용했다고 나온다. 쇠뇌를 확실히 언급한 최초의 기록은 BC 400년경으로 거슬러 올라간다. 거기에 보면 시칠리아 시라쿠사의 전제 군주 디오니시오스가 쇠뇌 시대를 열었다고 기록되어 있다. 초기의 쇠뇌는 형태가 활과 비슷했고, 화살을 장전해 쏘았던 듯하다. 그 후 마케도니아의 필리포스(재위 BC 360~BC 336년)의 통치 아래 염력을 활용하는 쇠뇌가 개발되었다. 그 결과, 쇠뇌는 이전보다 훨씬 위력이 세졌다. 방어하는 쪽에서도 쇠뇌를 사용했다. 그러한 최초의 사례는 BC 340년 페린토스에서 나온다. 알렉산드로스 대왕의 지휘 아래 쇠뇌 사용이 강화되었고, 이때부터 화살뿐만 아니라 돌도 장전해 쏘기 시작했다.

쇠뇌는 해전에서도 사용되기 시작했으며, 공성 탑에도 장착되었다. 때로 동물 시체와 살아 있는 뱀, 또는 불 같은 발화물이 쇠뇌의 장전물로 사용되기도 했다. 심지어 역병 희생자가 장전물로 쓰이기도 했는데, 이는 최초의 세균전이었던 셈이다. 그리스 작가 디오도로스는 디오니시오스가 도시를 포위 공격하면서 맨 처음 쇠뇌를 사용했다고 기술했지만, 포대 교본을 쓰면서 쇠뇌 제작을 언급한 사람은 알렉산드리아의 헤론이었다.

그리스인과 로마인은 영토를 확장하는 과정에서 쇠뇌를 광범위하게 사용했다. 쇠뇌의 일종인 투석기는 대형 격발식 활처럼 생겼는데, 화살과 돌을 460미터 높이까지 쏘아 보낼 수 있었다. 이후 로마 군대에서 투석기는 공성전과 야전의 중요한 장비로 자리 잡았다. 투석기는 활보다는 새총의 원리에 의거해 돌을 쏘아

위 님루드에 있는 아슈르바니팔 왕의 북서쪽 궁에서 나온 BC 9세기의 부조. 공성 망치를 사용해 요새를 부수는 장면이 묘사되어 있다. 그 뒤로 궁수들을 태운 공성 탑이 보인다.

왼쪽 그리스의 대형 공성 탑을 복원한 그림. 안에 쇠뇌가 있다.

앞 쪽 아래 베니하산에 있는 케티의 무덤에서 나온 BC 1900년경의 벽화. 포위된 도시를 보여주고 있다. 병사 3명이 방패의 보호를 받으며 공성 망치를 사용하는 모습에 주목하라.

47 사냥, 전쟁 그리고 스포츠

오른쪽 현대에 들어와 복원한 로마의 소형 투석기. 격발식 활을 확대해놓은 듯한 이 투석기는 화살을 엄청난 속도로 먼 거리까지 정확하게 쏘아 보냈다.

아래 현대에 들어와 복원한 로마의 쇠뇌. 난폭한 발길질 때문에 '야생 당나귀'로 불리기도 했다.

안타깝게도 알려진 바가 거의 없다. 중국의 쇠뇌는 아마도 중세시대의 쇠뇌처럼 평형추의 원리를 활용했던 듯하다. 고대의 쇠뇌와 공성기는 대단한 위력과 정확성을 자랑했을 뿐만 아니라, 포위당한 쪽에 심리적인 타격을 가함으로써 실제보다 더 큰 효과를 냈다.

격발식 활

전통적인 의미에서의 활과 화살은 신석기시대부터 사용되어왔다(175쪽 참조). 하지만 격발식 활은 그 후에 개발된 것 같다. 격발식 활이 언제 처음 등장했는지는 확실치 않다. BC 5세기에 중국에서 처음 모습을 드러냈을 확률이 높지만, 중국 최초의 사서에는 BC 341년의 마릉 전투에서 격발식 활을 사용했다는 기록이 있다. 중국 최초의 격발식 활에 대한 고고학 증거는 연대가 BC 228년으로 거슬러 올라간다. 자물쇠 원리를 사용했던 이 활은 전국시대 한 왕의 무덤에서 발견되었다.

역사 기록에 따르면, 일본인들도 6~7세기경 오유미라는 격발식 활을 사용했다고 나오는데, 매우 한정된 상황에서만 사용했다. 일본의 격발식 활은 중국에서 건너간 것으로 여겨진다. 격발식 활은 형태가 여러 가지 있었지만 일본 문헌에는 그 중 2가지가 주로 등장한다. 50명 인원의 부대에서 사용했다는 점으로 미루어, 일본의 격발식 활은 2명 이상이 작동해야 하는 중무기였던 것으로 추정된다. 일본에서는 오유미가 일찍부터 등장했지만 공성전에 사용된 건 11세기 중반의 '1차 9년 전쟁'에서였다.

격발식 활은 일반 활에 비해 2가지 큰 장점이 있다. 첫째, 궁수보다 훨씬 더 긴 시간 동안 활을 당길 수 있다. 둘째, 위력이 더 세기 때문에 사출물(射出物)에 실리는 힘이 일반 활과는 비교가 되지 않는다. 이 밖에도 격발식 활은 긴 활에 비해 적은 시간을 훈련받고도 중단거리에서의 명중률이 높았다. 일반 활의 경우에는 위력이 궁수의 힘에 좌우되지만, 격발식 활은 기계 장치가 활을 당기기 때문에 궁수의 힘보다 그 위력이 훨

보냈다. 투석기가 언제 처음 개발되었는지는 확실히 알 수 없지만, 암미아누스의 증언(380년경)대로 로마인들이 사용했다는 점만큼은 분명하다.

중국에서도 1000년대에 쇠뇌를 개발해 사용했지만

씬 막강하다. 하지만 격발식 활은 손으로 당기는 일반 활에 비해 작동 속도가 너무 느리다는 단점이 있다. 특히 나중에 아주 무거운 격발식 활을 사용하면서부터는 줄을 당기는 데 복잡한 기계 장치의 도움을 받아야 했기 때문에 그러한 단점이 더욱 심해졌다.

최초의 격발식 활은 쇠뇌를 약간 축소해놓은 듯한 형태였다. 그렇다면 병사 1명이 조작할 수 있는 휴대용 격발식 활을 제작하기도 그리 어렵지 않았을 듯하다. 들고 다니는 격발식 활은 로마의 문헌에서 맨 처음 등장한다. 베게티우스는 《로마의 군제》라는 군사 논문집에서, 로마 군대가 4세기부터 휴대용 격발식 활을 사용했다고 증언한다. 꼬챙이(격발식 활의 '활' 부분)의 힘이 갈수록 세지면서, 줄을 당기고 또 당긴 다음 한동안 그 상태를 유지하는 다양한 기계 장치의 개발이 필요했다.

지중해에서 최초로 줄을 당기는 보조 장치를 장착한 격발식 활은 고대 그리스의 일명 '배불뚝이 활' 이었다. 하지만 이 역시 공성 무기로 기술되어 있어, 고대 그리스의 쇠뇌와 격발식 활을 확연히 구분하기는 어렵다. 이런 종류의 활에는 일련의 깔쭉톱니바퀴가 장치되어 있었는데, 톱니바퀴는 궁수가 줄을 당기기 위해 활에 체중을 싣는 동안 계속 줄을 당기는 역할을 했다.

나중에 나온 격발식 활은 구조가 더 간단했다. 즉 활 앞쪽에 등자를 부착해, 궁수가 줄을 당기는 동안 그 안에 발을 집어넣게 되어 있었다. 발 등자는 효과적이긴 했지만 격발식 활의 위력이 점차 증가하면서 결국 다른 장치를 개발해야 했다. '염소 발' 지레와 래크피니언 톱니바퀴 체계도 그 중 하나였다.

최초의 격발식 활은 열십자 홈에 의지해 계속 시위가 당겨진 상태를 유지했던 듯하다. 활을 쏘려면 손으로 홈에서 줄을 떼어내야 했다. 마침내 기다란 방아쇠에 부착한 작은 나무못을 이용해 홈에서 줄을 격리하는 장치가 개발되었다. 12세기 말에 접어들어 톱니 모양의 실린더와 걸쇠 체계가 고안되었다. 이 장치 덕분에 격발식 활의 효율성이 몰라보게 향상되었다.

주요 연대

공성 망치	BC 1900년, 이집트
공성용 경사로	BC 1000년 이전, 바빌로니아
쇠뇌	BC 400년경, 시칠리아
요새 포위 전술	BC 2세기, 로마
격발식 활	BC 5세기, 중국
'야생 당나귀'(쇠뇌)	4세기, 로마

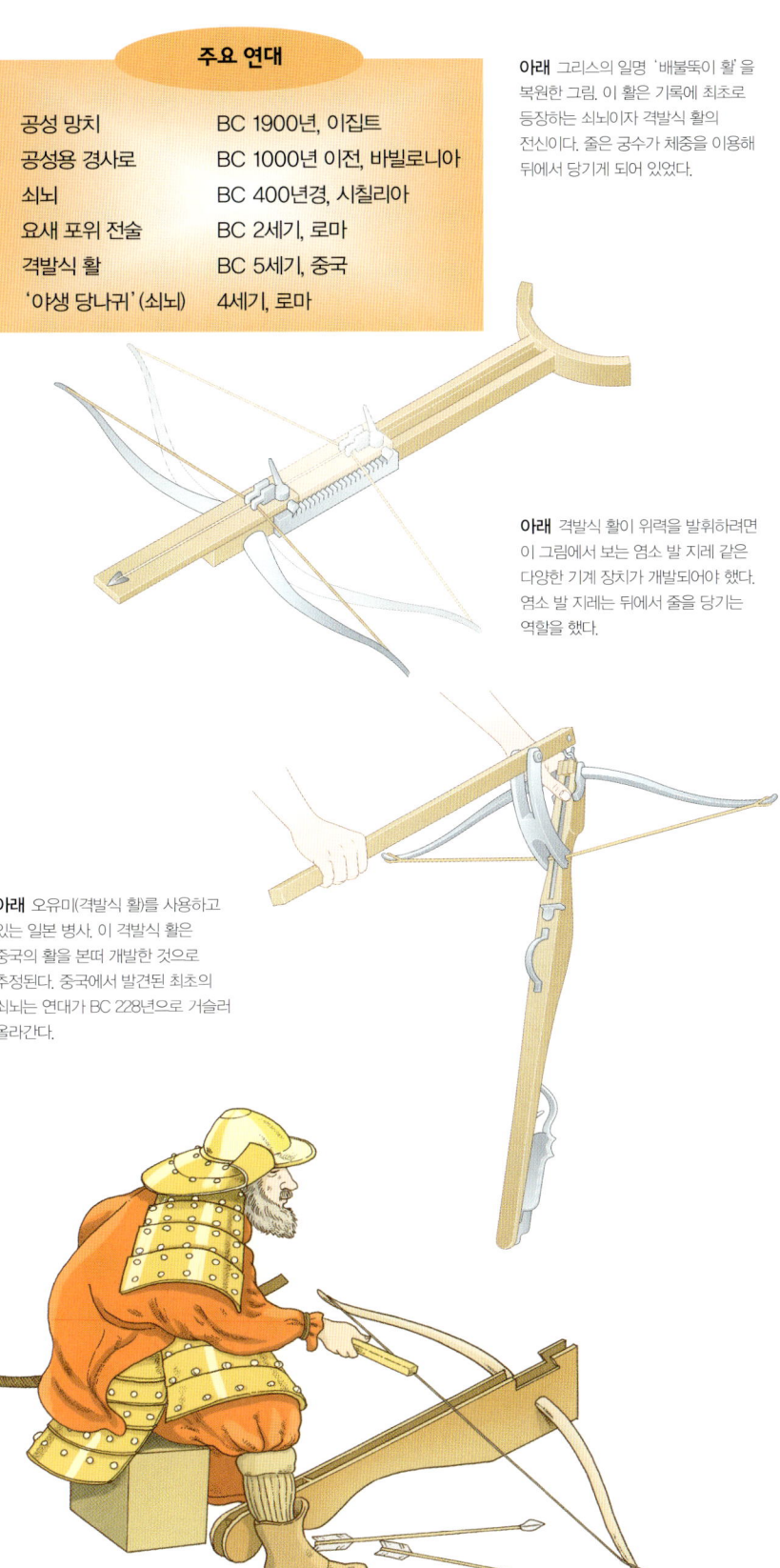

아래 그리스의 일명 '배불뚝이 활'을 복원한 그림. 이 활은 기록에 최초로 등장하는 쇠뇌이자 격발식 활의 전신이다. 줄은 궁수가 체중을 이용해 뒤에서 당기게 되어 있었다.

아래 격발식 활이 위력을 발휘하려면 이 그림에서 보는 염소 발 지레 같은 다양한 기계 장치가 개발되어야 했다. 염소 발 지레는 뒤에서 줄을 당기는 역할을 했다.

아래 오유미(격발식 활)를 사용하고 있는 일본 병사. 이 격발식 활은 중국의 활을 본떠 개발한 것으로 추정된다. 중국에서 발견된 최초의 쇠뇌는 연대가 BC 228년으로 거슬러 올라간다.

48 전차와 기병대

위대한 아킬레우스가 분을 이기지 못하고 미쳐 날뛰자 그의 종마들이 날카로운 발굽으로 방패와 시체들을
밟아 뭉갰고, 전차 바퀴가 사방으로 피를 튀겨냈다. 전차 손잡이와 차체에도 피가 흥건했고,
전차 바퀴가 요동치며 굴러갈 때마다 종마 발굽에서 피보라가 일었다······.

호메로스, BC 8세기

위 우르의 전승 기념판에 묘사된, 야생 당나귀 4마리가 끄는 전투용 수레 행렬(BC 2600~BC 2400년경으로 추정된다).

아래 말 2마리가 끄는 이집트의 경전차. 우세르하트의 무덤에서 나온 사냥 장면으로, 연대는 BC 15세기경이다.

BC 2000년대 초반에 처음 등장한 전투용 수레는 속이 막힌 원통형 바퀴를 사용했다. 우르의 전승 기념판에 묘사되어 있는 그러한 수레는 야생 당나귀 4마리가 끌었다. 그로부터 1,000년 후 살바퀴로 굴러가는 전차가 전투용 수레를 대체했다. 덩치도 더 크고 힘도 더 세면서 성질도 더 온순한 말이 점차 야생 당나귀를 밀어냈다. 전차는 이집트, 근동, 아시아, 아나톨리아, 우라투, 이란에서 사용되었다. 중국에서 최초로 전차가 등장한 시기는 은나라 왕 무정(武丁)의 치세기인 BC 12세기 초였다. 아나톨리아 왕 아니타스(BC 1750년경)는 40대를, 하투실리스 1세(재위 BC 1650~BC 1620년)는 80대를 보유하고 있었다. 그 후 BC 1285년경의 카데시 전투에서 무와탈리스 2세가 2,500대의 전차를 지휘했다.

다양한 형태의 전차

전차는 끊임없이 발전했다. 이집트의 가벼운 전차는 뒤쪽에 축이 있어 급회전이 쉬웠다. 살이 4개, 6개, 8개 있는 바퀴가 등장했는데, 그 중 살 6개짜리 바퀴가 각광을 받았다. 몇몇 파라오는 살 8개짜리 바퀴를 사용하기도 했는데, 대개는 6개였다. 전차는 황소가 메는 멍에와 비슷한 멍에를 멘 말이 끌었다.

처음에는 마부 겸 전사가 전차에 탑승했다. 히타이트와 아시리아의 군대에서는 승무원이 3명으로 늘어났다. 끊임없이 전차를 개발했던 아시리아인들은 결국 4명이 탑승할 수 있는, 바퀴살 8개의 대형 전차를 선보였다. 아슈르바니팔 3세(재위 BC 883~BC 859년)는 말 3마리가 끄는 전차를 개발했다. 그 중 2마리 말에는 멍에를 씌웠고, 세번째 말은 나머지 말이 지치거나 부상을 당했을 때 교체하기 위한 여분용이었다. 살마네세르 3세(재위 BC 858~BC 824년)는 말의 숫자를 다시 2마리로 바꾸었다. 말 4마리가 끄는 전차는 사르곤 2세(재위 BC 721~BC 705년)의 치세기에 처음 등장했다. 페르시아와 중국에서도 말 4마리가 끄는 전차를 사용했다.

전차와 기병대

토기 말 4마리와 전차 전사 1명이 배치된 청동 전차 2대. BC 221년에 사망한 중국 최초의 황제 진시황의 무덤 근처에 있는 구덩이에서 발견되었다. 마구는 말의 품종에 따라 금, 은, 동으로 재질이 다양하게 나타난다.

전장에서의 전차

전차에서는 활과 화살, 창, 검, 방패 등 장거리용 무기와 단거리용 무기가 모두 사용되었다. 하지만 전차를 이용해 정면 충돌 전술을 구사했다고 생각하면 오산이다. 전차는 주로 이동식 발사대로 기능했을 뿐, 정면 공격에 나서기에는 말이나 차량이나 부상과 전복의 위험이 너무 컸다. 전차의 임무는 위협을 가하고, 전사를 실어 나르고, 측면을 교란하고 방어하는 데 있었다. 전차를 끄는 말이 가슴이나 머리가 아니라 하나같이 옆구리에 부상을 당했다는 점이 이를 입증해준다.

시리아의 알랄라흐에서 나온 BC 15세기의 문서에 전차 군단의 기본 구조가 나와 있다. 인구 통계는 전차 전사를 공급하는 마을과 전차를 소유한 주민, 말을 소유한 주민 명단을 자세히 기록하고 있다. 알랄라흐에는 전차를 제작하는 공방이 여러 군데 있었다.

문헌

전차와 기병대의 훈련 내용을 기록한 중요한 문헌이 현존한다. 히타이트에 고용되었던 미탄니의 키쿨리가 쓴 논문에는 184일에 걸쳐 전차용 말을 조련하는 과정이 자세히 기술되어 있다. 기병대의 훈련 과정은 크세노폰의 책 《승마술에 대하여》와 《기병 장교》에 기록되어 있다.

기병대

기병대는 고대 군대의 기동성을 끌어올렸다. 최초의 기병대는 아시리아의 투쿨티니누르타 2세

옥수스의 보물 창고에서 나온 모형 전차. 연대는 BC 4~BC 5세기로, 전차에 타고 있는 두 인물은 페르시아 아케메네스 제국의 메디아인 복장을 하고 있다. 말 4마리가 끄는 전차의 바퀴는 살이 8개다.

위 니네베의 북쪽 궁에서 출토된 아시리아 부조 아슈르바니팔 왕이 사냥하는 장면을 묘사하고 있다. 조각가의 솜씨가 상당히 훌륭하다. 말의 체격과 신체 부위의 비율이 매우 정확하며, 굴레와 안장도 아주 자세하고 생생하게 표현되어 있다.

오른쪽 중국 셴양(咸陽) 양기만한묘(楊家鸞美墓)에 있는 한나라 왕의 무덤에서 나온 3,000점이 넘는 모형 기병과 보병. 연대는 BC 179~BC 141년경. 당시 기병대의 군장과 전투 대형이 생생하게 묘사되어 있다.

(재위 BC 890~BC 884년) 치하에서 창설된 것으로 알려져 있다. 하지만 말과 기수는 적어도 이집트의 투트모세 4세(재위 BC 1400~BC 1390년) 시대부터 심심찮게 등장했다. 주로 대신과 정찰병이 말에 올라탔을 테지만, 이집트의 부조들은 말을 타고 전투에 나선 기수의 모습을 보여준다. 누주(지금의 키르쿠크)에서 나온 BC 15세기의 점토판은 군대 차원의 기마를 기록하고 있다. 시리아에서 나온 BC 12세기의 기념판에는 가나안 기병대의 행렬이 묘사되어 있다. 가나안 기수는, 전투 장면을 묘사한 이집트 카르나크의 부조(BC 13세기)에도 등장한다.

아시리아의 부조는 기병대의 모습을 가장 잘 보여준다. 처음에는 무기를 휘두르는 기병과 말을 모는 기병이 동시에 말 1마리에 올라탔다. 이 단계에서 기수의 자세는 여전히 불안정했다. 그 후 사르곤 2세의 통치기에 이르러 기마술이 발전하면서 기수들은 좀더 안정된 자세로 각기 따로 말에 올라탔다. 아슈르바니팔 왕(재위 BC 668~BC 627년)의 궁전에서 나온 부조는 기수의 장비와 마갑, 균형이 잘 잡힌 기마 자세를 아주 생생하게 보여준다.

페르시아의 아케메네스 왕조(재위 BC 560~BC 330년)는 갑옷으로 무장한 말과 사람으로 새로운 차원의 중기병대를 꾸렸다. 최정예 기병대에는 하마단 남쪽의 니사야 고원에서 자라는, 머리가 양을 닮은 덩치 큰 말이 지급되었다. 페르시아의 총독들은 뛰어난 말과 기병들을 공급했다. 크세르크세스의 사령관 마르도니우스는 BC 479년 플라타이아이 전투를 치른 후 테살리아와 마케도니아에서 겨울을 났다. 그가 이끄는 기병대는 이란, 사카, 인도, 박트리아 출신의 군인들로 구성되어 있었다. 플라타이아이 전투에서 이긴 그리스인들을 통해 말의 유산은 계속 이어졌다.

마케도니아의 필리포스(재위 BC 360~BC 336년)는 기병대의 전투 능력을 높은 수준으로 끌어올렸다. 그의 아들 알렉산드로스 대왕(재위 BC 336~BC 323년)은 기병대를 적극 활용해, 전투의 선봉대로서뿐만 아니라 퇴각하는 적을 맹렬하게 추격하는 데에도 투입했다. 다리우스 3세는 그 대표적인 피해자였다. 알렉산드로스는 테살리아, 마케도니아, 그리스, 파이오니아에서 군마를 징발했다. 나중에 그는 페르시아 총독 관구에서도 니사야산 말과 기병을 소집했다. 셀레우코스 왕조와 파르티아 왕조 역시 기병대를 널리 활용했지만, 로마 제국에 이르러 보병이 다시 전면에 나섰다.

로마의 기병대

로마의 기병대는 BC 753년 로마를 세웠다는 전설상의 인물 로물루스의 시대에서부터 시작해, 유스티니아누스(재위 527~565년)의 통치기 말기, 마우리키우스(재위 582~602년), 헤라클리우스(재위 610~640년)의 시대로 이어진다. 리비우스는 이 가운데 로물루스의 시대에서 타르퀴니우스의 시대까지 3세기 동안의 초기 기병대 역사만 다루고 있다. BC 216년 칸나이 전투에서 기병대를 앞세운 한니발에게 대패하자 로마인들은 기병대를 증강하기로 의견을 모았다. 기병 출신이자 비망록의 아버지인 카이사르는 로마와 동맹 부족의 기병대를 효과적으로 활용했지만, 기병대가 본격적으로 확충되기 시작한 건 아우구스티누스(재위 BC 27~AD 14년)의 치세기에 들어와서였다.

이 시기에 들어 단지 말만 들여오던 체제에서 기병도 함께 들여오는 체제로 바뀌었다. 로마 제국 후기에 이르면, 사르마티아인과 켈트족을 비롯해 트라케, 스페인, 갈리아, 시리아 등지에서 뛰어난 기병대를 공급받았다. 결국 고트족과 기타 기마 부족의 빈번한 침입이, 확장일로에 있던 제국의 국경선에 구멍을 뚫어놓았다. 디오클레티아누스(재위 284~305년)의 통치기에 기병대는 훨씬 더 중요한 역할을 맡았다. 제국의 거점마다 강력한 기병대 분대를 주둔시켜, 지역에서 일어나는 크고 작은 소란 사태가 대규모 반란으로 발전하기 전에 신속하게 진압했다.

동양에서도 기병대는 중요한 군사력이었지만 서구에 비해 등장 시기가 늦었다. 어쨌든 말은 대략 4,000년 넘게 전투에 동원되었다.

주요 연대	
전투용 수레	BC 2000년대, 메소포타미아
전차	BC 16세기, 이집트
기마용 말	BC 14세기, 이집트
전차	BC 12세기, 중국
기병대	BC 9세기, 아시리아

벌거벗은 채 쓰러진 적을 짓밟고 있는 로마의 기병. 1세기 후반 잉글랜드 콜체스터에서 출토된 묘비에 묘사된 장면이다. 기병은 비늘 갑옷을 입고 있으며, 등자 없이 말에 올라타고 있다.

갤리선과 전함

49

키잡이, 선장, 부사관, 사관, 배목수와 함께
도시에 힘을 부여하는 사람은 노 젓는 사람들이다.

크세노폰, BC 425년경

고대 지중해 세계에서 노로 추진되는 선박인 갤리선은 어디서나 흔히 볼 수 있었다. 돛에 의지하기에는 바람이 제멋대로 불었기 때문이다. 지중해 세계 밖에서는 소형 선박과 내륙의 수로에서만 노를 사용했다. 최초의 전함은 대형 카누처럼 외륜을 사용한 듯하지만, BC 2000년대 들어 적어도 이집트에서는 고물 쪽을 마주보고 앉은 승무원들이 측면에 부착된 노를 잡아당기는 방식으로 추진되는 배가 등장했다.

1단 노 갤리선

크레타와 에게 해의 미노아 문화권에서는 BC 1000년대로 접어들 때까지 외륜과 노가 공존했지만, BC 1000년대 후반 미케네 시대에 들어오면 노로 추진되는 배(보조 추진 장치로는 돛을 사용했다)가 일반화되었다. 이러한 선박은 1단 노 체제를 갖추었던 듯하다. 필로스 궁에서 나온 서판 증거로 미루어, 노잡이는 평균 30명이었던 것으로 보인다. BC 8세기의 기하학 양식의 채색 항아리와 호메로스의 서사시 내용으로 볼 때 배의 크기는 아주 다양했으며, 20~40개 또는 50개의 노로 추진되었던 듯하다.

이러한 배는 국가 소유보다 개인 소유인 경우가 많았으며, 주로 상선이나 군선(둘이 완전히 분리되었던 것 같지는 않다)으로 쓰였던 것 같다. 이들 선박은 해적으로부터 스스로를 보호하거나, 군주의 요구가 있을 경우 전함으로 전환하기 위해 아마도 무장한 승무원을 태우고 다녔던 듯하다. 하지만 해상 전투보다는 주로

청동기시대 에게 해의 선박 행렬. 노잡이들이 배 옆쪽으로 몸을 수그려 노를 젓고 있다. 티래(또는 산토리니)에서 나온 미니어처 프레스코. 연대는 BC 1000년대 중반.

육상 전투에 전사를 실어 나르는 것이 이들 선박의 주요 임무였던 듯하다. BC 5세기에 활동했던 역사가 투키디데스는 과거에 이런 배들로 구성된 군대가 싸움 실력만큼이나 노 젓는 실력도 뛰어났다고 전한다.

펜테콘토르

1단 노 갤리선(트리아콘토르)에서는 약 30개의 노를 사용했지만, 8세기 들어 50개의 노를 사용하는 대형 갤리선(펜테콘토르)이 등장했다. 이제 노는 위아래 2단으로 나누어졌다. 윗줄 노는 전처럼 요판(腰板) 위쪽에 장착했는데, 이 경우 노잡이들은 배의 중앙 대들보 위에 앉아 젓게 되어 있었다. 아랫줄 노의 경우에는 선창에 앉아 선체에 뚫린 구멍을 통해 젓게 되어 있었다. 이러한 배치로, 초기의 1단 노 갤리선보다 훨씬 더 많은 노를 선체에 장치할 수 있었다. 이는 선체의 길이가 대폭 짧아져 물이 들이치는 공간이 그만큼 줄어들었다는 의미이다. 그 결과, 배는 전보다 속도도 훨씬 빨라지고 조종하기도 쉬워졌을 것이다. 다시 말해 선박의 수송 능력보다 전투 능력, 특히 충돌에 견디는 힘이 중요해지기 시작했다는 얘기다. 바야흐로 전운과 해적의 시대가 열린 셈이었다.

사모스 섬에서 BC 650년경의 둘레 24미터, 길이 4미터의 타원형 토기 대좌 2점이 발견되었는데, 아마도 헤라 여신의 성소에 봉헌된 갤리선을 받치는 용도로 쓰인 것 같다. BC 6세기 후반의 채색 항아리들을 보면, 갤리선의 길이가 점점 길어지면서 노의 숫자도 많아졌다는 사실을 짐작할 수 있다. 노가 100개가 넘을 때도 있었던 듯하지만 그러한 선박에도 여전히 펜테콘토르라는 용어를 사용했다.

트라이림

2단 노 펜테콘토르는 BC 8~BC 6세기 말까지 주력 전함으로 계속 남아 있었던 듯하다. BC 6세기 말에 이르러 누가 보아도 이견이 없는, 아주 중요한 기술상의 발전이 이루어졌다. 다름 아니라 3단 노 갤리선인 트라이림이 개발된 것이다. 3단 노는 펜테콘토르 말고도 케르코로이로 알려진 이집트의 대형 상선에도 추가되었던 듯하다. BC 5세기 후반에 등장한 그리스의 트라이림에서는 맨 윗줄의 노를 현외 장치를 통해 작동하도록 되어 있었다. 덕분에 선체의 폭을 줄일 수 있었지만 현외 장치가 언제 어디서 발명되었는지, 나아가 이

위 BC 6세기경 그리스의 흑회식 도자기. 노로 추진되는 갤리선이 그려져 있다.

헬레니즘 양식의 모형 석고 전함. 연대는 BC 4세기로, 난간에는 전사용 방패가 부착되어 있고, 고물에는 키잡이가 서 있다.

3단 노로 추진되는 트라이림은 BC 480년 살라미스 해전에서 페르시아군을 대파한 그리스 해군력의 핵심을 이루었다. 이후 아테네인들은 트라이림 함대를 토대로 해양 제국을 건설했다. 사진 오른쪽의 그림은 3단 노의 배치 구조를 보여준다. 맨 윗줄의 노는 현외 장치를 통해 저었던 데 비해, 맨 아래쪽 줄의 노는 선체에 뚫은 구멍을 통해 작동했다. 트라이림은 노뿐만 아니라 돛도 사용했다.

오른쪽 및 아래 트라이림은 난파선이 1척도 발견되지 않았다. 하지만 그리스의 계선소 잔해와 문헌, 예술 작품에 나와 있는 증거를 토대로 올림피아스 호를 복원했다. 해상에서의 실험을 통해 올림피아 호는 3단 노 체계가 얼마나 효과적인지를 입증해 보였다.

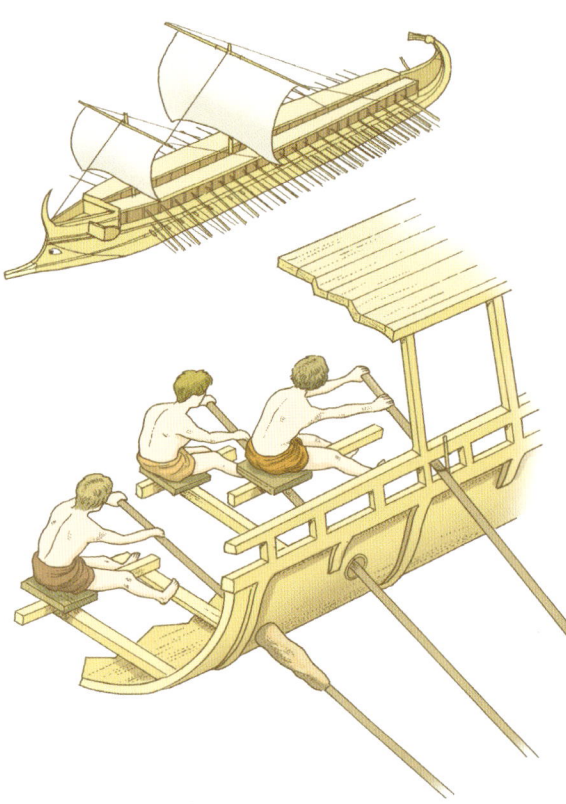

집트와 페니키아의 트라이림도 현외 장치를 사용했는지는 확실치 않다. 현외 장치의 유무를 떠나, 170개의 노로 추진되는 대형 펜테콘토르는 속도가 훨씬 빨라졌을 뿐만 아니라 파괴력도 세졌다.

투키디데스는 그리스 세계에 트라이림을 소개한 인물로 BC 8세기 후반 코린트의 배목수 아메이노클레스를 꼽는다. 하지만 최근의 연구 결과에 따르면, 트라이림은 페르시아 제국과 앙숙 관계였던 이집트인이나 페니키아인이 BC 6세기 말에 발명했을 확률이 높다.

BC 483~BC 482년 아테네인들은 운 좋게도 자국 영토에서 은광을 발견해 거기서 나온 수익으로 값비싼 트라이림을 200척이나 건조했다. 이 함대는 BC 480년 살라미스 해전에서 페르시아군을 대파한 그리스 해군력의 핵심을 이루었다. 그 후 아테네인들은 트라이림 함대의 위력을 앞세워 에게 해에 해양 제국을 건설했다.

선체에 구멍이 뚫려도 어느 정도 부력을 유지했던 화물선과 달리 트라이림은 난파선이 온전히 남아 있는 경우가 없다. 그 때문에 트라이림에 대한 지식은 미미했으나, 1980년대 중반 추진된 '올림피아스' 프로젝트로 정보가 상당히 늘어났다. 고대의 그림, 명문, 문헌, 피레에프스의 제아 항에 남아 있는 창고(BC 4세기에 아테네 트라이림 함대가 계선소로 사용했던 이 창고는 길이 40여 미터, 폭 6미터였던 것으로 추정된다) 잔해를 토대로 실물 크기의 트라이림이 복원되었다. 입수한 모든 자료에 해군의 건축 원리를 적용한 결과, '떠다니는 가설'인 올림피아스호의 설계도가 나왔다.

1987년부터 1994년까지 다섯 계절에 걸쳐 이루어진 해상 실험을 통해 3단 노 체계가 완성되었다. 3단 노는 속도도 빠르고(노를 모두 내릴 경우 9노트에 육박했다) 조종하기도 매우 용이한 것으로 입증되었다. 현재 올림피아스 호는 당시의 그리스 트라이림과 대체로 일치하는 것으로 받아들여지고 있다.

4단, 5단, 다단 노 갤리선

갤리선 설계에서 마지막으로 중요한 기술은 BC 4세기 초에 개발되었던 듯하다. 시칠리아의 시라쿠사에서 노 하나에 1명 이상의 인원이 배치된 배가 처음으로

BC 5세기 말 이른바 르노르망 부조에 묘사된 트라이림의 가운데 부분. 아테네의 아크로폴리스에서 발견되었다. 차일 밑에 앉아 현외 장치를 통해 노를 젓는 맨 윗줄 노잡이들의 모습이 보인다. 중앙의 굴대와 맨 아래쪽 줄의 노도 보인다.

등장했다. 펜테레이로 알려진 5단 노 갤리선은 맨 윗줄은 노 하나에 2명, 가운데 줄 역시 노 하나에 2명, 맨 아래 줄은 노 하나에 1명이 배치된 3단 노 선박이었다. 따라서 노를 젓는 인원을 모두 합치면 300명가량 되었다. 5단 노 갤리선은 3단 노 갤리선에 비해 그렇게 빠르지는 않았지만 육상 전투를 위해 새로 개발된 쇠뇌뿐 아니라 훨씬 더 많은 군대를 수송할 수 있었다. 이 시기부터 승선 전술이 사용되기 시작하면서 충돌 전술이 점차 사라졌다. 그러고 나서 몇 년 후 시라쿠사인들은 6단 노 갤리선을 개발했고, 카르타고인들은 그보다 작은 4단 노 갤리선을 개발했다.

BC 4세기 말부터 트라이림은 더 이상 주력 전함이 아니었다. 몇몇 도시들은 급습용 소형 갤리선 제작에 나섰지만 큰 나라들의 경우에는 선박이 점차 대형화되는 추세를 보였다. 즉 노 하나에 갈수록 많은 인원을 배치해 수송 능력을 증강함으로써 군대, 포, 공성 탑을 실어 날랐다. 해안 도시를 포위하거나, 항구의 방어선을 돌파할 때는 훨씬 더 큰 선박이 건조되었다. 이집트의 프톨레마이오스 4세(재위 BC 221~BC 204년)는 대형 선박 40척을 20척씩 묶어 거대한 뗏목을 만들어, 그와 같은 경쟁에서 무모함을 여실히 드러내 보였다.

로마의 함대

BC 2세기 후반에 이르러 로마인들이 지중해 세계를 정복하면서, 괴물 같은 다단 노 갤리선은 폐물로 전락

49 사냥, 전쟁 그리고 스포츠

오른쪽 노로 추진되는 전함들이 벌이는 해전. 1세기 폼페이의 베티의 저택에 있는 벽화에 묘사된 장면이다. 병사들이 방패를 들고 배에 타고 있는 모습이 보인다.

했다. 로마는 제1차 포에니전쟁(BC 264~BC 241년) 때 난파당한 카르타고의 5단 노 갤리선을 본떠 최초의 함대를 건립했다. 이후에도 주로 5단 노 갤리선에 의지했지만 대형 선박도 함께 사용했다. 1세기 들어 제국의 함대는 소형 2단 노 갤리선 2척과 더불어 5단 노, 4단 노, 3단 노 선박으로 구성되었다. 로마 시대의 그림에는 대형 선박의 갑판 위쪽에 앉아, 측면에서부터 불쑥 튀어나온 노 상자를 통해 노를 젓는 사람들이 보인다. 트라이림은 324년의 한 내전에서 마지막으로 사용된 후 자취를 감추었다. 5세기의 작가 조시무스는 자신의 시대에 이르러 3단 노 갤리선의 비밀이 망각 속으로 사라졌다고 전한다.

주요 연대

펜테콘토르	BC 8세기, 그리스
트라이림	BC 6세기, 이집트 또는 페니키아
5단 노 갤리선	BC 4세기, 시칠리아

아래 군대를 수송하는 로마 전함. 이집트 프라이네스테에서 출토된 BC 1세기 중반의 부조. 이물의 공성 탑에 주목하라.

구기 경기와
경쟁이 치열한 스포츠

50

다들 돌 고리에 공을 집어넣은 남자 주위를 에워쌌다. 사람들은 그의 위업을 치하하면서 칭찬의 노래를 부르는가 하면, 그를 얼싸안고 춤을 추었다. 그에게는 매우 희귀한 깃털이나, 망토와 허리에 두르는 천 같은 귀중한 물건이 상으로 주어졌다. 하지만 그가 가장 소중하게 여기는 상은 명예였다. 그에게 명예는 곧 막대한 부를 의미했다. 그는 많은 이들을 물리치고 전투에서 이긴 남자로 널리 칭송받았다.

디에고 두란, 16세기

스페인 수사 디에고 두란이 쓴 위의 글은 시간을 초월해 요즘에도 해당된다. 여기서의 축하 의식은 오늘날의 축구 경기에서 팀에 승리를 안겨준 스타 스트라이커에게 열광하는 군중을 떠올리게 한다. 승자에게 주어지는 명예와 물질적인 보상은, 고대 그리스의 경기에서 승자에게 돌아갔던 찬사와 상당한 양의 올리브유와 옷이나 현금을 고스란히 옮겨온 듯하다.

사실 두란은 신대륙 문명권에서만 행해졌던 독특한 형태의 구기 경기를 기술하고 있다. 따라서 어느 날 오후 멕시코 구기장에서 치러졌던 경기를 묘사한 그의 글이 전혀 낯설지 않은 건 스포츠가 인간의 보편적인 활동이라는 점을 다시금 확인시켜준다. 스포츠는 각기 다른 지역에서 각기 다른 시기에 등장했지만 외양은 이처럼 전 세계 어디서나 동일하다. 아울러 두란의 글에는 스포츠를 놀이나 여가 활동과는 다른 의미로 받아들이는 일반인의 시각이 반영되어 있다. 스포츠는 육체적 힘을 발휘해야 한다. 하지만 무엇보다도 스포츠는 승자와 패자를 가르는 일련의 규칙이 지배하는 경쟁의 장이다.

스포츠의 기원을 고고학의 입장에서 추적하기란 상당히 어렵다. 선사시대부터 달리기나 창던지기, 바위 던져 올리기처럼, 훈련이나 사전 준비가 거의 필요 없는 아주 간단한 형태의 스포츠가 있었을 법하지만 거의 흔적이 남아 있지 않다. 따라서 구석기시대에 스포츠가 존재했는지를 둘러싸고 믿을 만한 증거가 현재까지 발견되지 않고 있는 건 당연한 일이다. 하지만 그동안의 연구 결과는 수렵-채집인이 공동체 활동의 일환으로 다른 무리의 사람들과 모여 여가 활동을 즐겼을 가능성을 보여준다. 이와 관련해 통나무 경주, 레슬링, 나무 오르기 등 19~20세기의 원시 부족 사회에서 이루어지던 경합을 다룬 민족지 연구 사례는 구석기시대의 스포츠를 짐작하는 데 많은 도움이 된다.

구대륙의 스포츠

경쟁이 치열한 스포츠에 대한 최초의 뚜렷한 증거는 메소포타미아에서 나온다. 짤막한 규칙 설명과 더불어 레슬링 경기와 권투 경기 장면을 묘사한 BC 2000년대 초반의 설형문자 점토판이 아직까지 남아 있다.

이집트의 신전과 무덤 벽에서는 이보다 훨씬 더 명

운동의 이상을 의인화한 〈원반 던지는 사람〉. 미론이 제작한 그리스 청동상을 복제한 로마 대리석상. 이 조각상은 원래 BC 5세기에 열렸던 그리스의 올림픽 대회에서 5종 경기에 승리한 사람을 기리기 위해 제작되었던 듯하다.

구기 경기를 펼치고 있는 여성 곡예사들. 2명은 공을 앞뒤로 던지고 있고, 그 뒤로 또 다른 2명이 각각 엎드린 자세를 취하고 있다. 이 매력적인 그림은 이집트 베니하산에 있는 바크트의 무덤에 그려진 벽화로, 연대는 BC 1970년경이다.

소년 2명이 권투 경기를 벌이고 있다. 티레(산토리니)에서 나온 BC 1000년대 중반의 벽화에 묘사된 장면이다. 장갑 한 짝과 벨트를 착용하고 있으며, 머리는 길게 늘어뜨린 타래를 제외하고는 모두 밀었다.

확하고 풍부한 증거가 나온다. 예를 들어 체조, 곡예, 춤과 함께 활쏘기가 스포츠 겸 여가 활동으로 등장한다. 이 밖에 수영하는 소녀들의 모습을 표현한 우아한 조각상도 있다. 연대가 BC 2000년경인 베니하산의 벽화에는 저글링으로 보이는 공놀이를 하고 있는 젊은 여성들의 모습이 묘사되어 있다. 공의 경우, 색깔을 입힌 가죽 조각을 한데 꿰매 속에다 지푸라기를 채워넣은 실제 사례가 수많은 무덤에서 발견되었다.

레슬링도 이집트에서 인기 높은 스포츠 가운데 하나였다. 역시 베니하산의 벽화에 보면, 다양한 체급의 참가자들이 서로 집어 던지고 잡아당기는 모습이 묘사되어 있는데, 지금의 레슬링 시합 장면과 놀랍도록 유사하다. '막대 싸움'은 이집트만의 독특한 스포츠였다. 2명이 한 손에는 짧은 막대를, 다른 쪽 팔뚝에는 종종 보호대를 착용하고 경기를 펼쳤다. 막대 싸움은 적어도 18세기까지 나일 지방에 남아 있었고, 수단의 누바족 사회에서는 현재까지도 행해지고 있다.

메소포타미아처럼 이집트에서도 준군사 활동의 성격을 띠는 경쟁적인 스포츠가 권장되었다. 아마도 군 엘리트를 양성하려는 목적에서였던 듯한데, 보통 사람들이 스포츠나 팀 경기를 했다는 기록은 거의 없다.

에게 해의 청동기시대 유적지에서 권투 경기 장면을 묘사한 조각 작품이 여러 점 출토되었다. 경기 참가자들은 종아리를 덮는 장화와 투구를 비롯해 다양한 보호 장비를 갖춘 모습으로 묘사되어 있다. 초기 지중해 세계에서 가장 유명한 그림 가운데 하나는 미노아의 '황소 뛰어넘기'다. 이와 관련한 장면은 청동 제품과 인장에도 묘사되어 있지만 크노소스 궁전의 벽화가 가장 유명하다. 하지만 이러한 동작이 무엇을 의미하는지는 분명치 않다. 전설에 나오는 종교 의식의 일부일 수도 있고, 스포츠 경기를 겸한 제의일 수도 있다. 황소 뛰어넘기는 그리스 본토에서도 행해졌던 듯하다. 대개의 학자들은 이를 스포츠라기보다 일종의 서커스 공연으로 해석하는데, 사냥에서 그 기원을 찾는다. 즉 오늘날에도 지중해 국가들에서 행해지는 투우의 전신으로 보는 견해가 일반적이다. 결론적으로 이 당시에 탁월한 개인의 위업을 축하하기 위해 조직된 대중 경기가 열렸다는 증거는 거의 없다. 경쟁적인 스포츠가 제도로 정착하는 데는 그리스인들의 공이 컸다.

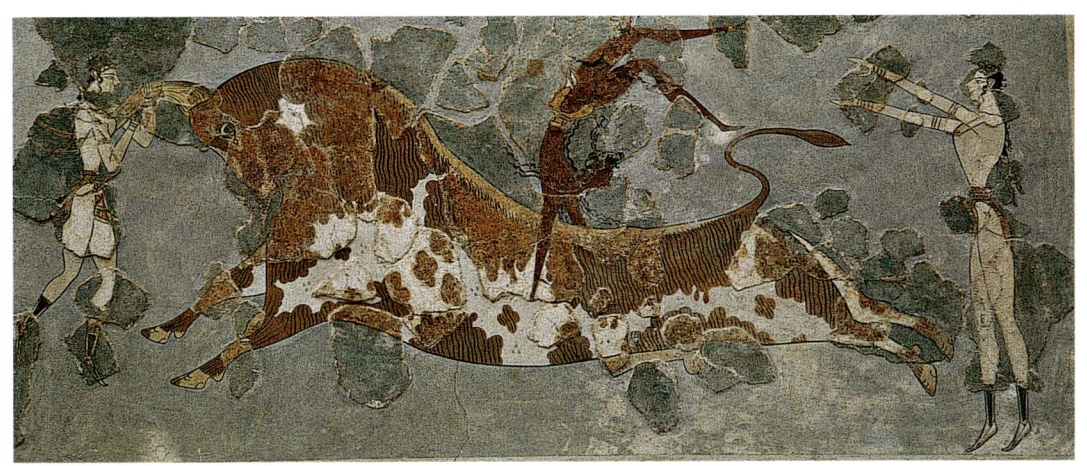

크레타 크노소스 궁전에서 나온 유명한 벽화. 황소 뛰어넘기를 묘사하고 있으며, 연대는 BC 1500년경이다. 청동기시대에게 해 지역에서는 젊은이들이 이 위험한 활동에 몰두하는 모습이 수없이 등장하지만, 그와 같은 활동이 종교 행사였는지 스포츠였는지는 불명확하다.

그리스의 스포츠와 올림픽 대회

청동기시대의 미케네인들은 장례식을 겸해 운동 경기를 개최했던 듯하다. 이러한 의식에서 올림픽 대회가 유래한 것으로 추정된다. 올림픽은 신들의 아버지인 제우스를 기리는 종교 축제의 일환으로 시작되었다.

제1회 올림픽은 BC 776년에 열렸다. 엘리스의 코로이보이스는 이때 200미터 단거리 경주인 스테이드에서 이겨 최초의 올림픽 우승자로 기록됐다. 스테이드는 원래 올림피아의 스타디온(트랙:역주) 길이를 나타냈는데, 당시엔 스테이드라는 경주밖에 없었던 듯하다. 하지만 올림피아 성역 일대는 빠르게 개발되었고, 경기 종목도 늘어났다. BC 5세기에 이르면 나흘에 걸쳐 400미터 경주, 장거리 경주, 레슬링, 권투, 판크라티온(일종의 격투기), 전차 경주, 5종 경기(달리기, 멀리뛰기, 레슬링, 원반 던지기, 창 던지기)가 진행되었다.

요즈음 올림픽 대회에서 중요하게 취급되는 경기는 고대 올림픽에서는 찾아볼 수 없었다. 마라톤도, 수영 종목도, 구기 종목도, 팀 스포츠도, 여성 참가자도 없었다. 하지만 계절별로 열렸던 당시의 경기들은 나름대로 경쟁이 치열했다.

그림과 문헌의 형태로 광범위하게 남아 있는 기록은 스포츠에 대한 그리스인들의 뜨거운 열정을 보여준다. 서정시인들은 스포츠 영웅을 기리는 시를 써댔고, 수많은 예술작품에서는 성공한 운동선수의 완벽한 육체와 고결한 정신, 도덕성을 찬미했다. 하지만 운동선수의 이기적인 태도와 지나친 경쟁심을 보여주는 기록도 있다. 찬사는 승자에게만 쏟아졌을 뿐, 차점자는 아무도 인정해주지 않았다. 적어도 이론상으로는 사회 모든 계층에서 스포츠를 향유했다. 밀레투스의 염소지기 폴림네스토르가 BC 596년에 열린 올림픽 단거리 경기에서 우승했다는 사실이 이를 뒷받침해준다. BC 460년에는 목동 아메시오스가 레슬링 종목에서 우승했다.

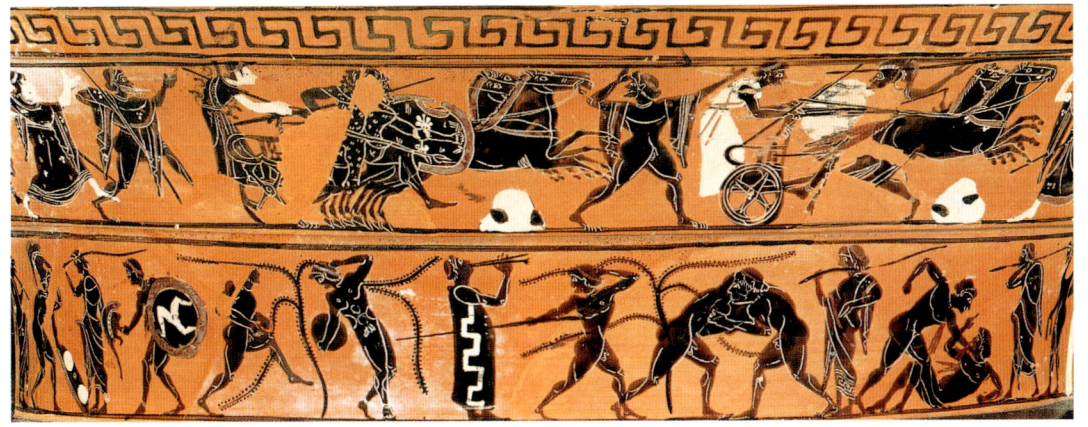

전쟁과 스포츠는 서로 밀접한 관계를 맺어왔다. BC 6세기 후반의 아티카의 이 흑회식 도자기에서 윗부분은 전차에 탄 신들과 거인들 간의 전투를 묘사하고 있고, 아랫부분에는 레슬링 선수를 비롯한 운동선수들이 트레이너의 지도 아래 연습하는 장면이 묘사되어 있다.

세월이 흐르면서 고대 올림픽 대회는 원래 가지고 있던 종교적 의미를 많이 상실해갔다. 대회는 갈수록 경쟁을 위한 경쟁으로 흘렀고, 지역을 대표하는 스포츠 스타에게는 물질적인 후원과 보상이 쇄도했다.

그리스의 도시를 통틀어 유독 스파르타만이 스포츠를 바라보는 시각이 달랐다. 스파르타는 전투 훈련의 일환으로, 폭력성이 강한 독특한 형태의 팀 스포츠를 개발했다. 신생 국가 시절 끊임없이 전쟁에 발을 담갔던 또 다른 사회 로마도, 그리스의 올림픽 대회를 퇴폐적이라고 여기고 스파르타의 선례를 따랐다.

그 외 지역의 스포츠

초기의 인더스 계곡과 인도 아대륙에서 스포츠가 개발되었다는 증거는 많지 않다. 모헨조다로와 하라파에서 투우와 곡예 장면이 묘사된 BC 2000년대의 인장이 출토되었다. 이들 유물은 크레타의 미노아 문화권에서 나온 유물과 종종 비교된다. BC 500년경의 베다 문학에 권투와 레슬링이 처음으로 언급되는데, 실제로는 그 이전부터 존재했던 듯하다. 헬레니즘 시대에 서구 세력이 침범하면서 지금의 파키스탄과 인도 북부에 전차 경주와 창던지기와 같은 스포츠가 도입되었다. 하지만 대중 경기 개념은 포함되지 않았던 듯하다.

폴로는 중앙아시아 고원 지대에서 처음 등장한 후 AD 초기에 페르시아, 인도 북부, 중국으로 확산된 것 같다. 폴로의 기원은 사냥에서 찾을 수 있는데, 오늘날 사용하는 나무 타구봉은 사냥감을 추적할 때 사용하던 곤봉에서 유래했다. 중국에서는 주 왕조(BC 1100~BC 221년경)에 이르러 활쏘기 시합이 정착되었다. 그리스의 판크라티온과 매우 흡사하면서 장갑 없이 경기하는 일종의 권투가 중국에 등장한 건 BC 600년이었다. 불교 승들은 절을 지키기 위해 이 스포츠를 열심히 받아들였던 것으로 전해진다.

중국의 초기 스포츠 발전사에서 가장 흥미로운 점은 다양한 형태의 축구가 등장했다는 사실이다. 축구는 적어도 BC 300년에 생겨났지만 규칙에 대해선 잘 알려져 있지 않다. 두 팀이 공을 차고 심지어 드리블까지 하면서 자웅을 겨루었지만 골대는 하나밖에 없었다. 골대는 형태가 다양했는데, 높이 9미터의 기둥 사이에 비단 끈을 얽어매 만들었다. 경기에 이기려면 골대 위로 공을 넘겨 땅에 파놓은 구멍에 가까운 그물 쪽에 떨어지게 해야 했다. 최초의 중국 축구공은 가죽에 머리카락을 채워넣어 만들었는데, 나중에는 머리카락 대신 공기를 주입했다. 콜럼버스 이전의 아메리카에서는 천연 재료인 고무로 만든 공을 사용했다. 아메리카에서 처음 등장한 고무공은 이후 전 세계 스포츠에 혁명을 가져왔다.

신대륙의 구기 경기

민족지 연구에 따르면, 북아메리카와 남아메리카의 원주민들 사이에서 다양한 종류의 전통 스포츠가 행해졌다. 이 지역의 고대 스포츠로는 달리기, 통나무 나르기, 활쏘기, 줄다리기, 레슬링을 꼽을 수 있다. 하지만 우리의 지식 범위가 제한되어 있어 그렇지, 이는 빙산의 일각일 뿐이다. 이들 스포츠의 역사는 몇천 년 전으로 거슬러 올라갈 수도 있다.

세계 최초의 팀 경기일 가능성이 높은 아메리카의 구기 경기는 BC 2000년경이나 그 이전에 중앙아메리카에서 등장했던 듯하다. 그 후 남쪽으로는 카리브 해, 북쪽으로는 현재 미국의 남부 지역으로 퍼져 나갔다. 중앙아메리카에 최초로 문명다운 문명을 꽃피운 올멕인들은 멕시코 만 연안의 고향 땅에서 처음 이 경기를 시작했다. 최근 들어 이 일대의 침수지에서 고무를 끓여서 굳힌 고대의 공이 잘 보존된 채로 발견되었다.

경기장의 구조는 지역에 따라 편차를 보였지만 아스텍 시기에 이르러 너비 8~10미터에 길이 40미터의 벽 2개를 나란히 세운 경기장이 등장했다. 벽과 벽 사이의 공간은 틔워두었는데, 양쪽 끝을 막아 경기장은 I자 형태를 띠었다. 경기 규칙을 둘러싸고는 아직까지도 미심쩍은 부분이 있지만, 스페인 연대기 편찬자들이 기록한 바에 따르면 4명씩 구성된 2팀이 경기를 펼쳤

여성 주자의 모습을 묘사한 BC 500년경의 스파르타의 청동 조각상. 여성들도 헤라 여신을 기려 올림피아에서 열렸던 여성만의 특별 제전에 참가해 기량을 겨루었다.

다. 엉덩이나 허벅지, 팔뚝으로 공을 쳐서 벽에 맞아 되튀어오르게 하는 방법으로 공이 계속 공중에 떠 있도록 하는 것이 경기 규칙이었다. 손발의 사용은 금지되었고, 공이 땅에 닿아서도 안 되었다. 지름이 10~15센티미터가량 되었던 공은 상당히 딱딱했다. 그 때문에 부상이 흔했고, 이를 막기 위해 선수들은 장갑, 무릎과 팔뚝 보호대, 엉덩이와 허리 보호대 같은 방호 장비를 착용했다. 스페인 정복기에 들어서 경기장 벽에 지름이 공과 비슷한 돌 고리가 부착되었다. 누구든 그 고리에 먼저 공을 집어넣는 사람이 그날의 승자였다. 하지만 그러한 위업을 달성하기란 매우 어려웠다. 공이 고리에 스치거나, 상대방 진영으로 공을 날려보낸 경우에도 점수를 얻었던 듯하다.

선수들의 기량은 천차만별이었다. 경기는 고도의 훈련을 받은 선수들과, 결과를 놓고 내기를 건 군중이 뽑은 일반인 사이에서 치러졌다. 피를 튀기며 역전을 거듭하는 경기는 마치 로마의 검투사 시합을 방불했다. 패자는 종종 경기장 근처의 '해골 걸이'에 머리를 꿰찔리는 끔찍한 결과를 맞이했고, 패자가 내쏟은 피는 신들의 음식으로 바쳐졌다. 대부분의 구대륙 사회에서는 스포츠가 흥미 위주로 치우쳤던 데 비해, 중앙아메리카에서 구기 경기는 신성한 의미를 지니고 있었다. 예를 들어 고대 마야인들은 경기장을 일상 세계와 초자연의 세계를 이어주는 마법의 문지방으로 여겼던 듯하다. 그런 만큼 구기 경기장은 도시 한복판에 있었

주요 연대

레슬링/권투	BC 2000년대, 메소포타미아
저글링	BC 2000년, 이집트
구기 경기	BC 2000년, 중앙아메리카
황소 뛰어넘기	BC 1000년대, 크레타
올림픽 대회	BC 776년, 그리스
폴로	BC 600년경, 중앙아시아
축구	BC 300년, 중국

고, 여기서 왕과 사제들은 신화의 장면, 즉 인간의 조상과 지하 세계의 주인들이 벌였던 싸움을 재연하는 의식에 참가했다. 아메리카의 구기 경기에는 우주 전쟁과 인간의 기원을 암시하는 상징적 의미가 담겨 있었다.

아래 멕시코 소치칼코에 있는 구기 경기장. 중앙아메리카의 구기 경기가 벌어지던 곳이다. 돌 고리는 원래 벽 위쪽에 부착되어 있었다. 손이나 발을 사용하지 않고 무거운 고무공을 고리에 먼저 집어넣는 쪽이 이겼다.

맨 아래 구경꾼들이 지켜보는 가운데 커다란 고무공을 사이에 놓고 마주보고 있는 두 팀. 600~900년경 과테말라에서 출토된 마야 고전기 후기의 항아리에 묘사된 장면이다.

51 보드게임

> 아, 내 손가락 마디 뼈,
> 내 손가락 마디 뼈.
> **바빌론 서판, BC 500년**

BC 500년경 학교 교재로 사용되었던 바빌론의 설형문자 서판에서 발췌한 위의 인용문은 『노름꾼의 한탄』이라는 문학작품의 일부인 듯하다. 노름꾼은 결국은 지고 만 내기에서 말의 이동 방향을 결정하기 위해 손가락 마디 뼈를 사용했다.

아주 넓은 의미의 게임은 인류의 역사만큼이나 오래되었다. 고대든 현대든, 번성한 사회를 보면 대개, 일정한 규칙을 정해놓은 판 위에서 말을 움직이는 보드 게임이 어떤 형태로든 존재한다. 따라서 보드 게임은 인간 사회를 정의하는 요소 가운데 하나라고 볼 수 있다. 예나 지금이나 오락을 제공하는 게 보드 게임의 주요 기능이다.

이런 이유로 보드 게임을 '발명'의 범주에 넣기는 어렵다. 게다가 보드 게임이 등장하게 된 배경도 상당히 모호하다. 보드 게임의 기원은 일정한 방향으로 움직이는 말을 사용했던 점(占)이나 제의와 관련이 있는 듯하다.

보드 게임과 관련한 최초의 고고학 증거는 중동의 신석기시대인 BC 7000년경에 나온다. 이 시기에 이르러 중동에서는 막 정착촌이 형성되면서 구성원들끼리 서로 책임을 나누어졌지만 문자나 토기는 아직 등장하지 않았다. 아마도 보드 게임은 남는 시간을 활용하려는 욕구에서 비롯되었던 듯하다.

중동 지역에서 나온 최초의 보드 게임 판은 한마디로 수수께끼다. 일정한 간격으로 뚫은 구멍이 2줄 내지 3줄로 늘어서 있는 석판이, 요르단의 베이다와 아인 가잘, 시나이 반도의 와디 트베이크, 시리아의 엘 콤, 이란 남서부의 샤가 세피드에서 발견되었다. 이보다 늦게 이스라엘 남부의 아라드 유적지 같은 경우에는 이웃한 주택들에서 수많은 석판이 나왔다. 물론 문자 체계가 없었기 때문에 석판의 용도를 확인할 길은 없지만 일부 학자들은 이를 만칼라라는 게임의 원조로 보고 있다. 만칼라는 2명의 선수가 씨앗을 흩뿌려 2줄에서 4줄 간격으로 파인 홈 안에 집어넣는 게임이다. 이런 규칙은 만칼라가 풍년을 기원하는 의식에서 기원했으리라는 추측을 가능케 한다.

경주 게임에서 체스까지

그러고 나서 고고학 기록은 4,000년 넘게 완전히 공백 상태로 남아 있다. 1000년대에 체스가 도입되기까지 등장하는 게임은 모두 경주 게임이다. 경주 게임에서는 주사위가 중요한 역할을 한다. 그 가운데 '20개의 사각형'이라는 2인 게임은 아마도 BC 2600년경 인도에서 처음 등장한 듯한데, 그 후 이란을 거쳐 중동에 이른 데 이어, 놀라운 파급력으로 대략 2,500년에 걸쳐 이집트, 메소포타미아, 이란, 이스라엘, 요르단, 레바논, 터키, 심지어는 크레타까지 퍼져나갔다.

또, '구멍 58개'로 불리는 게임도 있었는데, 인기가 그리 오래 지속되진 않았다. 홈을 따라 나무못을 움직

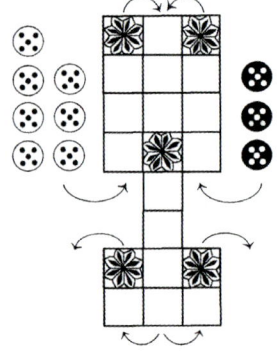

아래 우르의 왕족들이 하던 게임에서 말이 이동했던 경로를 보여주는 그림. 말이 장미꽃 모양 칸에 오면 한 번 더 굴렸던 듯하며, 교전은 중앙의 통로를 따라 진행되었다.

아래 우르의 '로열 게임'은 연대가 BC 2600~BC 2400년경으로 거슬러 올라간다. 자개, 돌, 청금석으로 만든 이 판은 그 중 '20개의 사각형'이라는 게임에 사용되었다.

보드 게임 **51**

주요 연대	
게임 판	BC 7000년, 중동
세네트	BC 3000년경, 이집트
'20개의 사각형'	BC 2600년경, 인도
규칙 설명서	BC 177년, 바빌로니아
체스	1000년대, 인도

왼쪽 BC 14세기경 세네트 게임에 사용했던 판과 말. 고대 이집트에서 가장 인기가 높았던 게임인 세네트는 전왕조기부터 등장했다. 당시의 무덤 벽화에 보면, 세네트 게임을 하는 사람들의 모습이 종종 묘사되어 있다.

아래 로마 시대의 게임인 '20개의 선'에 사용했던 판과 말. 사진은 현대에 들어와 복원한 모습이다. 이 게임은 서양 주사위 놀이의 전신으로 추정된다.

이는 방식으로 진행되었던 이 게임은 간혹 18세기의 크리비지(2~4인이 하는 카드 게임: 역주)라는 게임의 친척뻘로 여겨지지만 그렇지는 않은 것 같다. 이와 달리 3×10스퀘어(1스퀘어는 100제곱피트: 역주)의 판에서 이루어지던 이집트의 '국민 게임' 세네트는 3,000여 년 동안 장수하면서, 단순한 게임의 차원을 넘어 종교적 의미를 띠기에 이르렀지만 이집트에만 한정되었다.

창의력이 남다른 어느 인도인이 발명했다고 알려진 체스는 인도는 물론 국제 무대로까지 진출했다. 8×8 보드(1보드는 너비 4.5인치 이상, 두께 2.5인치 이하: 역주)의 판에서 펼쳐지는 체스는 수습 기사들에게 전쟁 기술을 가르치려는 목적에서 개발됐다고 전해진다.

상업성과는 거리가 멀었던 초기의 게임이 '발명' 된 경로는 역사에서 지워졌지만 보드 게임의 진화 과정은 점차 명료해지고 있다. 최근 들어 보드 게임의 발전 과정을 짐작할 수 있는 가계도가 잇달아 나오고 있다. 예를 들어 전 세계에서 가장 유명한 서양 주사위 놀이는 '20개의 선' 이라는 로마의 2줄 주사위 놀이의 후예가 확실하다.

물론 초기의 게임이 발전하게 된 데에는 몇몇 개인의 입김이 크게 작용했겠지만 그들은 영원히 익명인 채로 남아 있어야 할 듯하다. 그 가운데 바빌로니아의 학자이자 서기인 이티 마르두크 발투는 예외다. 그는 BC

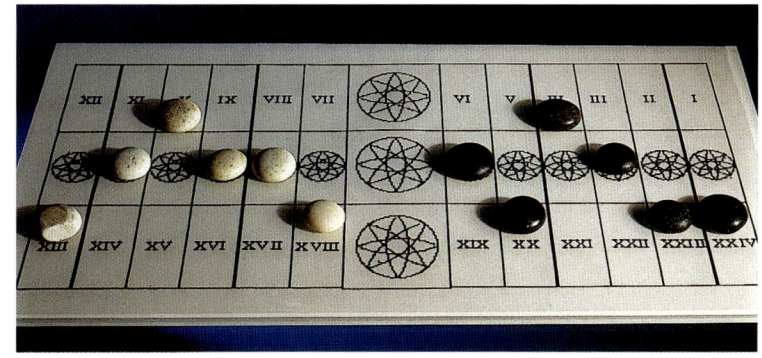

177년 설형문자 서판에 '20개의 사각형' 이라는 게임 규칙을 요약해놓았다. 그 내용은 당장 판을 벌일 수 있을 만큼 상당히 구체적이다. 이름을 알 수 없는 초기의 게임 개발자들 반대편에, 1946년 자기 집 주차장에서 '스크래블' 을 완성한 앨프레드 버츠와, 나중에 모노폴리라는 이름으로 전 세계를 열광시킨 '퀘이커 랜드 로즈 게임' 으로 1903년 특허를 낸 매기가 서 있다.

아래 류보를 두고 있는 인형. 한나라 시대의 무덤에서 출토되었다. 류보의 규칙은 여전히 오리무중이다.

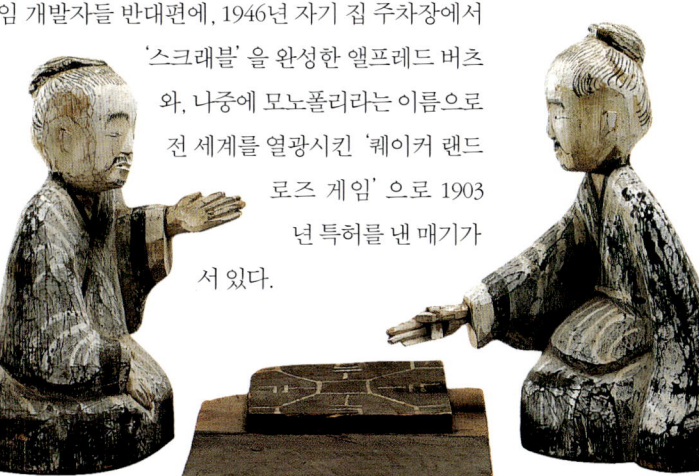

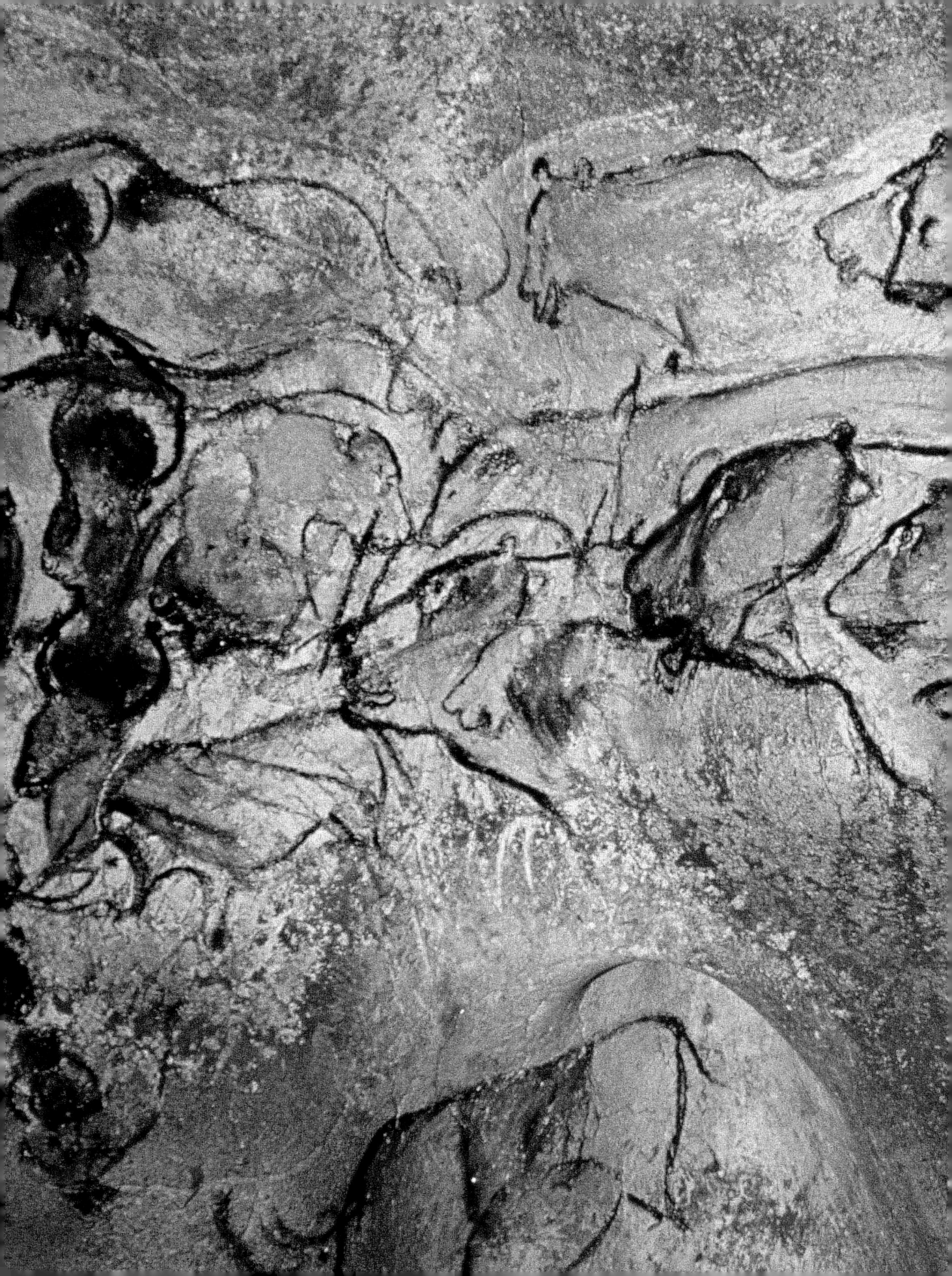

예술과 과학

호모 사피엔스의 창의력은 약 30,000년 전에 만개했다. 바야흐로 세계 최초의 예술 전통이 모습을 드러냈다. 그 가운데 아주 일부가 햇볕이 전혀 들지 않는 좁은 골짜기의 암벽에, 또는 섬세하게 조각한 동물 뼈의 형태로 남아 있다. 최초의 예술작품이 언제, 어디서 처음으로 등장했는지는 확실히 알 수 없다. 동굴 예술은 오스트레일리아와 남아프리카에서 활발하게 일어났으며, 유럽에서도 비슷한 시기에 나타났다. 따라서 동굴 예술은 인간의 창의력이 어느 순간 봇물처럼 터지면서 빚어진 결과인 듯하다. 예술이 탄생하게 된 계기에 대해서는 의견이 분분하다. 뇌리를 떠나지 않는 환상에서 비롯되었을 수도 있고, 샤머니즘이나 도취된 의식과 관련이 있었을 수도 있다. 아니면 특정 집단과 정보를 공유하고자 하는 의도의 표출이었을 수도 있다. 하지만 그림이든 조각이든 남아 있는 사례는 매우 드물다.

영창과 춤, 음악과 노래는, 입을 통해 세대에서 세대로 지식을 전수했던 지역이라면 세계 어디서나 공통으로 발견되는 인간 사회의 현상이었다. 북과 피리는 빙하기 말기부터 음악 전통의 일부로 자리 잡았고, 이후 초기 문명 사회에 이르러 좀더 정교한 악기가 등장했다.

지금도 그렇지만 음악은 의사소통의 한 형태였다. 그 후 개인끼리 정보를 주고받는 수단이자, 인간의 기억력을 보조하는 수단인 문자 체계가 개발되었다. 초기의 농경지에서 발견된 점토 경화(硬貨)가, 초기의 메소포타미아 도시들에서 상거래를 기록했던 설형문자 점토판의 전신이라는 주장이 설득력을 얻고 있다. 설형문자 서판은 동부 지중해 세계의 표준 외교 문서로 자리 잡았다. 이집트, 미노아, 미케네, 하라파, 중국에서도 저마다 문자를 사용했다. 중앙아메리카 저지대의 마야인들은 상형문자를 개발해, 달력뿐만 아

프랑스 쇼베 동굴에 그려진 사자 그림. 눈길을 사로잡는 이 동굴화의 연대는 약 30,000년 전으로 거슬러 올라간다. 초기의 동굴벽화에 묘사된 동물들은 맹수인 경우가 많다.

니라 통치자의 업적과 가계를 기리는 공식 문서에도 사용했다. 학식을 쌓으려면 정보에 접근해야 했다. 정보는 곧 힘을 의미했으므로, 국가 기밀을 보호하는 한편 갈수록 넓어지는 식자층 사이에서 정보의 흐름을 제한하기 위해 기호와 암호가 나왔다. 마야의 통치자들이 정복한 도시의 서기들 손가락을 자른 건 우연이 아니었다.

책과 종이가 나오기 전에는 점토판과 밀랍판, 파피루스, 댓조각, 심지어 나무 껍질까지 정보를 보존하고 확산하는 재료로 사용되었다. 이집트 알렉산드리아의 경우와 같은 초기의 도서관은 두루마리 책을 소장했던 데 비해, 아스텍의 서기들은 사슴 가죽에 글을 써서 공식적인 역사 기록의 성격을 띠는 사본을 남겼다. 이처럼 오랜 기간 공을 들인 끝에 후대에 전해진 정보에는 달력상의 사건과 천체의 움직임을 기록한 내용도 포함되었다.

계절의 변화를 중심으로 삶이 돌아갔던 초기의 농업 사회에서 천문학은 매우 중요한 비중을 차지했다. 사람들은 천체의 움직임을 관측해 하지, 동지, 춘분, 추분을 알아냈다. 스톤헨지와 아일랜드 뉴그레인지의 거석묘를 보면, 1년 중 중요한 의미를 갖는 천체의 위치를 중심으로 배치되어 있다. 초기의 달력 역시 점성학 관측 결과에 의존했다. 고대의 마야인과 잉카인은 점성학을 토대로 정교한 달력 체계를 고안했다. 시간 측정은 까다롭기 그지없는 기술이었지만, 정확한 일정에 맞추어 중요한 기념식이나 기타 행사를 치르려면 꼭 필요했다. 바빌로니아의 점성술사들 사이에서 시간을 측정하려는 최초의 시도가 이루어졌다.

문명의 발달과 더불어 과학과 의학 지식이 빠르게 발전해 나갔다. 생활은 갈수록 복잡해졌고, 왕궁에서는 학자와 의사들을 아낌없이 지원했다. 그 결과, 여기저기서 정보가 폭주했다. 지도가 발명되었고, 다양한 종류의 계산 도구가 속속 등장했다. 복잡한 상거래와 세금 제도를 개선하기 위해 동전이 주조되었다. 그 결과, 상품의 부피와 무게를 측정하는 방법도 정교해지고 규격화되었다. 중국의 도시들과 아스텍의 수도 테노치티틀란의 시장에서는 점차 통일된 측량 단위를 사용했다. 인더스 강 유역의 하라파와 모헨조다로에서도 국제 교역에 규격화된 단위를 사용했다.

의학에서도 아주 큰 진보가 이루어졌다. 이집트와 중국은 민간 처방전뿐만 아니라 침술과 정교한 외과술을 선보임으로써 이 분야에서 두각을 나타냈다. 이집트의 해부학 지식은, 갈수록 복잡한 양상을 띠었던 미라 처리 과정에 잘 나타나 있다. 이집트의 미라는 사후 세계에 대한 강한 믿음의 발로였다.

350년에 청동으로 만든 로마 시대의 천칭. 최초의 저울에 해당하는 이런 종류의 저울은 사진에서 보다시피 가운데에 있는 막대 양쪽 끝에 접시나 고리를 매달았다. 무게를 잴 때는 한쪽 접시에 물건을 올려놓고 수평을 이룰 때까지 다른 쪽 접시에 추를 더 올리거나 빼는 방법을 사용했다.

최초의 예술

> 멋지군,
> 하지만 이것이 과연 예술일까?
> 러디야드 키플링, 1895

약 30,000년 전 빙하기의 유럽에서 생활하던 사람들은 동굴벽화를 그리기 시작했다. 벽화에는 주로 툰드라 지대의 동물들과 알 수 없는 기호와 손바닥을 눌러 찍은 자국이 등장한다. 이들은 또한 상아와 동물 뼈를 깎고 다듬어 독일 홀렌슈타인슈타델에서 나온 '사자 인간'처럼, 반은 인간이고 반은 동물인 초자연적 형상을 빚어내기도 했다. 이와 비슷한 시기에 지구 반대편 태즈메이니아의 깊은 골짜기에서 생활하던 애보리진도 동굴벽화를 그렸다. 이 두 경우가 최초의 표현예술로 알려져 있다. 하지만 30,000년 전의 흔적이 인간의 표현 행위를 알리는 신호탄인지, 아니면 그 전에 이미 그와 같은 예술 형태가 존재했는지는 여전히 논쟁거리로 남아 있다.

문제는 고대 부족들이 만든 예술작품은 나무 껍질이나 생가죽처럼 썩기 쉬운 재료를 사용해서 고고학 증거가 거의 남아 있지 않다는 데 있다. 고고학자들이 무심코 지나칠 수도 있는 아주 간단한 흔적이 복잡한 의미를 담고 있는 경우도 있다.

예술작품을 창조하는 능력은 종종 호모 사피엔스만의 특징으로 간주된다. 그런 점에서 네안데르탈인과 같은 원시 인류가 남긴 예술작품은, 같은 종으로서의 우리 인간의 정체성에 심각한 의문을 제기한다.

하지만 이것이 과연 예술일까?

원시 인류가 만든 것으로 추정되는 예술작품이 더러 있다. 하지만 면밀히 조사해보면 의심이 가는 경우가 대부분이다. 그 중 길이 35밀리미터 안팎의 화산암 조각을 부싯돌 도구로 깎아 만들었다는 여자 형상은 가장 많은 논란을 불러일으켰다. 이스라엘의 베렉하트 유적지에서 나온 이른바 베렉하트의 '조각상'이 바로 그 논란의 주인공이다. 유물의 연대는 아슐리안 공작기인 약 25만 년 전으로 추정된다.

여기서 2가지 질문을 던지지 않을 수 없다. 첫째, 화산암 조각이 정말 인간의 손을 거쳐 다듬어졌을까? 둘째, 여자 형상을 만들려는 의도가 있었을까? 현미경으로 관찰한 결과, 돌에 팬 홈은 부싯돌 칼날이 낸 사선형 자국으로 드러났지만, 어떤 구체적인 형태를 만들려는 의도가 있었는지에 대해선 의견이 분분하다. 상당수의 고고학자들이 여자처럼 보이는 형태는 순전히 우연이라고 믿고 있다. 즉 문제의 돌을, 날 끝을 뭉툭하게 하는 데 사용하거나, 작은 쐐기나 기타 일상도구로 사용하는 과정에서 생긴 결과로 보고 있다. 베렉하트의 '조각상'을 최초의 표현예술로 보는 견해가 있는 반면, 독일 남부의 빌징스레벤에서 나온 약 35만 년 전의 유물을 최초의 추상예술로 보는 견해도 있다. 빌징스레벤 유적지에서는, 보는 이에 따라 일부러 만든 부싯돌 칼날 자국인 듯한 홈집이 나 있는 뼈가 여러 점 출토되었다. 발굴자는 이 자국에 어떤 상징

이스라엘에서 출토된 35밀리미터 길이의 베렉하트 '조각상'. 화산암을 부싯돌 도구를 사용해 일부러 다듬었을 가능성을 배제할 수 없지만, 여인의 모습을 닮은 형상은 우연의 일치일 가능성이 높다.

위 남아프리카 블롬보스 동굴에서 나온 약 70,000년 전의 붉은색 황토 덩어리. 보다시피 일정한 문양이 새겨져 있다.

아래 독일 보겔헤르트에서 나온 길이 5센티미터 안팎의 상아 말 조각상. 연대는 약 30,000년 전이다.

다음 쪽 독일 홀렌슈타인 슈타델에서 나온 사자 인간. 매머드 뼈를 사용했으며, 키는 29센티미터 안팎이다.

적 의미가 있다는 주장을 펼쳐왔다.

여기에 대해 그와 같은 자국은, 문제의 뼈로 고기나 식물을 써는 과정에서 생겼다는 반박 이론도 있다. 그렇다면 우리 눈에는 기하학 문양처럼 보이는 이런 자국이 의도와는 상관없이 나온 결과인 셈이다.

이보다 훨씬 설득력 있는 추상예술의 증거는 70,000년 전 남아프리카의 블롬보스 동굴에서 나온다. 작은 뼛조각과 붉은색이 도는 황토 덩어리가 그것인데, 2001년에 발견된 후자의 경우, 열십자 무늬가 찍혀 있어 예술 활동의 결과라는 데 거의 이견이 없는 듯하다. 이 유물은 호모 사피엔스가 만든 것으로 추정된다. 문제는, 왜 이런 유물이 존재하는지가 아니라, 예술작품의 창조가 호모 사피엔스의 특징이라면 이런 유물이 왜 그렇게 드물게 나타나는가 하는 점이다. 아마도 이 당시 남아프리카의 동굴에 황토가 다량 쌓여 있어 이를 염료나 크레용, 팔레트로 활용해 많은 예술작품을 만들지 않았을까 싶다. 황토를 재료 삼아 예술작품을 만들었다면, 그 흔적을 추적하기가 왜 그렇게 힘든지 충분히 이해가 간다.

동굴벽화와 그 의미

블롬보스 동굴이 발견되기 전에는 유럽 남서부의 동굴벽화가 최초의 예술작품으로 알려져 있었다. 19세기 후반에 발견된 이 벽화에 학계에서는 처음에 미심쩍은 반응을 보였다. '선사시대의 야만인'이 그린 그림이라고 보기에는 기법과 감수성이 너무 뛰어났기 때문이다. 지금은 문제의 벽화들이 최초의 현생 인류가 고향 땅 아프리카에서 유럽으로 건너간 직후인 약 30,000년 전에 처음 그려졌다는 사실이 밝혀졌다.

프랑스의 쇼베 동굴벽화와 같은 최초의 예술작품은, 사자와 털북숭이 코뿔소 같은 '위험한' 동물을 주로 묘사했다. 하지만 빙하기의 절정기인 BC 20000년경으로 가면서 기후 조건이 황폐해지자, 덩치 큰 초식동물로 대체되는 양상을 보인다. 그 결과, 라스코, 페치메를(프랑스), 알타미라(스페인)와 같은 동굴의 벽화들에서는 말, 들소, 사슴이 주로 등장한다. 추상적인 문양도 광범위하게 발견되는데, 그 중에는 인간의 형상과 손바닥 자국도 더러 보인다. 뼈와 돌과 상아 조각은 동굴벽화보다 더욱 광범위하게 발견된다.

고고학자들은 이러한 예술작품의 의미를 놓고 100년 넘게 설전을 벌여왔다. 예를 들어 '예술을 위한 예술'이라거나, 사냥이 잘 되기를 기원하는 주술적 의식의 일환이라거나, 생존에 매우 중요한 정보를 암호화해 수록한 '부족의 백과사

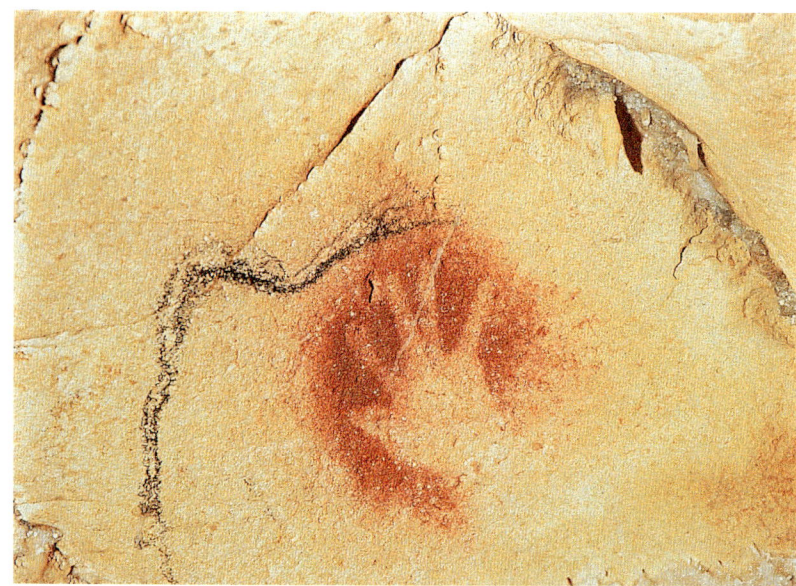

왼쪽 몇몇 동굴에서는 손바닥을 눌러 찍은 자국이 작품 소재로 자주 등장하는데, 아마도 고대의 화가가 손바닥의 주인이 아닐까 싶다. 손바닥 자국은 동굴 벽에 대고 손을 지긋이 누른 상태에서 입이나 관을 통해 그 주변에 염료를 흩뿌리는 방법으로 만들었던 것 같다. 사진은 프랑스 쇼베 동굴에서 발견된 손바닥 자국이다.

아래 프랑스 쇼베 동굴에서 발견된 30,000년 전 말 그림의 일부. 음영 효과를 사용해 3차원 공간의 느낌과 동작의 역동성을 생생하게 표현했다.

전'이라는 이론이 제기되어왔다. 하지만 문제의 예술이 20,000년이라는 세월에 걸쳐 만들어졌고, 또 우랄 산맥부터 스페인 남부까지 산재해 있다는 점으로 보건대, 어느 한 가지 이론만으로 모두를 설명해내기엔 부족한 듯하다.

고고학자들은 오스트레일리아의 애보리진과 같은 수렵-채취 사회의 바위 예술을 연구해오면서 실로 다양한 의미로 해석할 수 있다는 결론을 내렸다. 그렇다면 빙하기의 동굴벽화도, 사냥 정보의 저장이라는 기능 차원의 목적과, 초자연적 존재의 표현이라는 상징 차원의 목적을 모두 지녔을 확률이 높다.

전 세계의 예술

빙하기 유럽의 동굴에 벽화가 그려질 무렵, 현생 인류는 아프리카, 아시아, 오스트레일리아에 흩어져 있었다. 나미비아의 아폴로 동굴에서 나온 일련의 석판에는 기린처럼 생긴 동물과 코뿔소, 인간의 다리를 하고 있는 듯한 야생 고양이가 그려져 있다. 고고학자들은 이 석판의 연대가 BC 20000년에 가까운지, BC 30000년에 가까운지를 놓고 여전히 말이 많다.

최근 들어 가장 눈길을 끄는 사례는 태즈메이니아의 후미진 계곡에서 나왔다. 1981년 쿠티키나 동굴에서 선사시대의 거주 흔적이 최초로 확인되었다. 그 후 20년 넘게 놀라운 증거들이 발굴되면서, 숲이 형성되기 전인 30,000년 전~12,000년 전의 빙하기 때 계곡에 거주하던 사람들이 왈라비(캥거루과에 속하는 중간 크기의 유대류: 역주)를 사냥했다는 사실이 드러났다.

1986년 최초의 태즈메이니아 예술이 발견되었다. 맥스웰 강 계곡의 발라윈 동굴 깊숙한 곳에서 나온 16개의 손바닥 자국이 거기에 해당한다. 손바닥 자국의 주인은 최소한 5명이며, 판판한 벽에 손바닥을 갖다 댄 상태에서 곱게 빻아 물에 갠 산화철을 흩뿌리는 방법을 사용했다. 여기서 남동쪽으로 85킬로미터 떨어진 와가타 동굴에서 더 많은 손바닥 자국이 발견되었다. 어른뿐 아니라 아이 손바닥 자국도 있는데, 손바닥 주인들은 인간의 피를 염료로 사용해 자신의 존재를 영원히 남겨놓았다.

주요 연대

추상예술	350,000년 전?, 독일
최초의 조각상	250,000년 전?, 근동
추상예술	70,000년 전, 남아프리카
동굴벽화	30,000년 전, 유럽
조각	30,000년 전, 유럽

염료

지난 10년 동안 빙하기 예술 연구는 염료 샘플을 현미경으로 분석하는 과학기술을 적용해 이루어져왔다. 그 결과, 그림이 그려지기까지의 복잡한 과정이 실체를 드러냈다. 동굴벽화의 경우 2가지 색깔, 즉 붉은색과 검은색이 주종을 이룬다. 갈색에서부터 밝은 주황색에 이르기까지 색조가 아주 다양한 붉은색 염료는 산화철을 함유한 광물이나 붉은색 황토에서 나온다. 프랑스 코냑 동굴 바닥에서 붉은색 염료의 흔적이 발견되었다(위). 검은색 염료는 산화망간이나 숯에서 얻는다. 빙하기 화가들은 이런 물질을 곱게 빻아 고착제를 섞어 사용했다. 더러 동굴에서 나오는 물을 섞는 경우도 있었고, 동물성 지방이나 식물성 지방을 사용하기도 했다. 따라서 빙하기의 일부 화가들은 유화를 그렸던 셈이 된다.

이 밖에 다른 광물이 추가되었을 수도 있다. 프랑스의 니오 동굴벽화를 분석한 결과, 3가지 염료 '처방전'을 사용했던 것으로 드러났다. 칼륨장석을 함유한 염료, 운모를 함유한 염료, 흑운모를 함유한 염료가 거기에 해당했다. 그림의 종류와 위치, 거기에 사용된 염료는 아무런 연관관계가 없는 것으로 보인다. 그보다는 각기 다른 시기에 각기 다른 염료 처방전을 사용했을 확률이 높다. 다행히 요즘에는 방사성 탄소 연대 측정법(AMS)을 사용하면, 그림에서 채취한 소량의 숯 샘플만으로도 연대 측정이 가능해졌다. 이런 새로운 기술들은 앞으로 빙하기 예술의 수수께끼를 푸는 데 많은 도움이 될 것이다.

53 음악과 악기

음악은 우리의 관찰 범위를 벗어난 현상이기 때문에
그 기원을 추적하기가 매우 어렵다.

모리스 슈나이더, 1957

위 현재까지 발견된 가장 오래된 악기. 곰의 대퇴부를 깎아 만든 이 피리는 음악의 존재를 구체적으로 보여주는 최초의 증거로, 연대는 43,400년 전~67,000년 전이다.

음악의 기원은 정확히 알기 어렵다. 기록 시대 이전의 음악은 이렇다 할 흔적이 남아 있지 않다. 따라서 음악이 처음 시작된 시기와 장소 및 형식을 추정하는 건 불가능하다. 선사시대 역사학자들은 신호를 전달하기 위해 동물의 소리(초기 형태의 언어)를 흉내냈거나, 아이들이 놀면서 가락을 흥얼거렸던 데서부터 음악이 발전되었을 것으로 추측한다. 그와 같은 이론의 이면에는, 처음에는 간단한 소리에서 시작되어 점차 반주용 도구(즉 악기)의 개발로 이어졌을 것이라는 전제가 깔려 있다. 음악의 기원에 비해 악기의 기원은 그 흔적을 추적하기가 좀더 쉽다. 왜냐하면 선사시대 악기들의 잔해가 지금까지 남아 있기 때문이다. 고고학 증거에 따르면, 악기는 여러 장소에서 발명되어 사용되었던 것으로 보인다.

음악에 관한 최초의 증거는 옛 유고슬라비아 지역에서 최근 발견된 무스테리안기(네안데르탈인) 문화의 유물로, 곰의 대퇴골을 깎아 만든 피리다. 제작 시기는 43,400년 전~67,000년 전이다. 피리에 나 있는 구멍들은 온음계(현대 서구 음악의 기초를 이루는 7음계)를 표현하기 위해 설계된 듯한 인상을 준다. 이들 피리는, 이전에 가장 오래된 악기로 추정되었던 단음 호루라기(20,000년 전~30,000년 전)보다 훨씬 정교하다.

선사시대의 악기가 상당히 복잡한 역사를 지니고 있다는 증거는 중국에서 발견된 악기들에서도 확인된다. 고고학자들은 초기 신석기 시대의 유적지 지아후에서 구멍이 6개 뚫린 피리들을 발견했다. 이들 피리의 제작 연대는 BC 7000년경이며, 재료는 두루미의 뼈다. 음계와 운지 방법이 서로 다른 이들 피리의 존재는 단일 문화권에서 음악의 전통과 형태가 매우 다채롭게 발달했

오른쪽 최초의 연주 악기인 이들 피리는 두루미의 뼈로 만들었다. 연대는 BC 7000년경이고, 발굴 장소는 중국 지아후의 신석기시대 유적지다. 다양한 음계와 운지 방법은, 음악이 이때부터 이미 상당히 복잡한 체계를 갖추었다는 점을 보여준다.

메소포타미아와 이집트

초창기의 음악과 악기가 발달하게 된 경로를 보여주는 광범위한 증거가 고대 근동 지역, 즉 메소포타미아와 이집트에서 발견된다. 메소포타미아 지역에서 나온 최초의 악기는 다른 선사시대 문화권에서도 발견된, 호루라기와 피리에 불과하다. 하지만 이러한 증거는 BC 3000년경 이들 지역에서 복잡하고 정교한 음악문화가 발달했다는 사실을 뒷받침해준다.

우르의 왕릉에서 출토된 아름다운 하프들은 메소포타미아 주민들이 일찍부터 현악기를 개발해 사용했다는 점을 입증해준다. 더욱이 많은 부조와 그림은, 당시 다양한 형태의 현악기, 관악기, 타악기가 발달했고, 여러 가지 악기의 반주에 맞추어 노래를 불렀다는 사실을 뒷받침해준다. 청동 심벌즈, 딸랑이, 종을 비롯해 아나톨리아에서 발굴된 유물들은 고대 근동 지역에서

왼쪽 우르의 왕릉에서 출토된 '대(大)리라.' 황소 머리는 황금과 청금석으로 장식했고, 판에는 조가비를 아로새겼다. 연대는 BC 2600~BC 2400년경으로 추정된다. 순장된 여인들의 시신과 함께 발견되었다. 여인들은 궁내 악사와 가수였을 가능성이 높다.

아래 2명의 여성 악사를 묘사하고 있는 BC 2300년경의 이집트 부조. 한 여성은 하프를 연주하고 있고, 또 한 여성은 노래를 부르고 있다. 사카라에 있는 니카우레의 무덤에서 출토되었다. 하프는 고대 이집트에서 큰 인기를 누렸던 악기로, 예술작품의 소재로 자주 등장한다.

다는 점을 암시한다. 선사시대에 음악이 존재했다는 증거가 아나톨리아의 신석기시대 유적지와, 금석병용시대(BC 7000~BC 5000년) 유적지에서 출토되었다. 여기서 나온 각종 의식용 북과 타악기는 음악이 복잡한 체계를 갖추기 시작했다는 점을 암시한다. 음악과 악기의 사용은 석기시대 후반에 이르면서 발전을 거듭했고, 지역 또한 폭넓게 확대되었다.

53 예술과 과학

BC 470년경 타르퀴니아의 에트루리아 공동묘지 중 횡와(橫臥) 식탁묘에서 나온 벽화의 일부. 악사와 무희들의 행렬 가운데서 아울로스라는 쌍갈대 피리를 불고 있는 젊은 남자를 묘사하고 있다. 에트루리아의 피리 연주가는 기교와 재능이 뛰어나, 그리스와 로마인들 사이에서 매우 유명했다.

아래 오른쪽 베트남의 동손 문화 유적지에서 나온 청동 북 윗면 (BC 700~AD 200년).

아래 로마 시대의 이집트에서 출토된 토기 인형(100년경). 손에 작은북을 든 채 춤을 추고 있는 모습이다. 이처럼 무희들은 종종 악기의 반주에 맞추어 춤을 추곤 했다.

사용했던 초창기 악기의 종류를 보여준다.

메소포타미아에서 출토된 설형문자판에는 최초의 노랫말이 기록되어 있는데, 그 가운데는 여사제 엔헤두아나(BC 2300년경)가 만든 가사도 있다. 문자판에는 다양한 음악 용어와, 당시의 악사들에게 필요한 기법을 설명한 내용이 덧붙여져 있다. 아울러 고대 바빌로니아(BC 1800~BC 1600년)의 설형문자판에는 메소포타미아의 초기 음악 이론이 고스란히 보존돼 있다. 현악기를 소개하는 글에는 현악기의 각 부품을 가리키는 명칭, 고유 음색, 표현 가능한 음계, 조율 방법에 대한 설명이 포함돼 있다. 메소포타미아의 경우는 음악에 관한 정보가 문자 형태로 많이 남아 있는데, 초기 형태의 음표를 기록한 설형문자판도 있다.

음악 이론을 설명한 서판의 내용을 토대로 당시 불렀던 노래의 일부를 복원할 수도 있다. 하지만 그럴 필요 없이 완벽한 형태의 악보가 수록된 서판이 우가리트(시리아의 라스샤마라)에서 출토됐다. 악보는 일종의 찬미가인데, 이런 경우로는 최초인 이 서판은 후르리어(BC 1400년)로 씌어졌다. 음표에 해당하는 지시 기호 위에는 가사가 기록돼 있다. 음표에 대한 해석은 다소 엇갈리지만, 여러 증거를 종합해볼 때 이 당시 근동 지역에 복잡한 다음(多音) 체계를 갖춘 음악이 존재했던 건 분명하다. 고대 이집트 역시 나름대로 복잡한 음악 체계를 발전시켰다. 차이가 있다면, 이론과 기록보다 연주와 회화를 통한 묘사에 더 치중했다는 점이다. 피라미드 건축이 한창 진행될 무렵인 고왕국(BC 2650~BC 2450년)에 이르러 메소포타미아 지역의 기본 악기를 독특한 방식으로 개조해 사용했다. 특히 하프는 상당한 변형을 거쳐 복잡하고 정교한 악기로 발전했다. 하프는 전문 악사들은 물론, 아마추어 연주가들 사이에서도 큰 인기를 누렸다.

이집트는 기후 덕분에 메소포타미아보다 훨씬 더 많은 악기를 보존할 수 있었다. 당시의 회화와 유물을 통해 하프, 수금, 리라, 류트, 갈대 피리(단피리와 쌍피리)에 다양한 종류의 타악기를 곁들여 연주했다는 것을 알 수 있다. 신왕국의 통치자 투탕카멘(BC 1332~BC

이집트에서 발굴된 BC 250년의 파피루스 조각. 그리스의 비극을 표현한 악보 일부가 수록되어 있다.

1322년)의 무덤에서 이집트 최초의 연주용 악기가 발견되었다. 은제 나팔도 그 중 하나인데, 1939년에 실험해본 결과 실제로 소리를 냈다고 기록돼 있다.

이집트의 증거는 음악이 탄생한 배경과 그 용도를 보여준다. 당시의 부조나 그림을 보면, 사교 모임이나 축하 행사에서 음악을 연주하는 장면이 흔히 등장한다. 하프 연주자들은 전문 악사로 인기가 높았다. 최근 들어 악사들의 이름도 하나둘 드러나기 시작했다. 예를 들어 류트 연주가였던 하르모세라는 인물은 생전에 사용하던 악기와 함께 묻혔다. 음악은 이집트의 신전 의식에서 중요한 비중을 차지했다. 이집트의 엘리트 여성들은 신전에서 신이나 여신의 '악사'로 활동했는데, 주로 시스트럼(제의용 딸랑이: 역주)을 연주했다.

여신으로 분장한 여가수들이 불렀던 합창곡 가사가 장례 의식의 일부로 지금까지 전해내려온다. 하지만 이집트의 경우에는 노랫말이 음악에 대한 기록의 전부다. 그리스의 음표 체계가 도입되기 이전의 이집트에서 발견된 악보 딸린 가사는 극소수에 불과하다.

그리스와 로마

고대 세계의 음악 문화에서 그리스의 음표 체계는 가장 복잡한 경우에 속한다. 그리스의 전문 악사들과 아마추어 연주자들은 다양한 악기를 다루었다. 그 가운데 가장 인기가 높았던 악기는 키타라(리라에서 발전된 악기의 일종)와 아울로스(쌍갈대 피리, 한쪽 피리는 멜로디를 연주했고, 다른 쪽 피리는 저음을 깔아주었다)였다. 이 외에도 여러 형태의 현악기와 관악기를 비롯해, 장단을 맞추는 데 사용했던 손북과 캐스터네츠 같은 다양한 타악기가 개발되었다.

새로운 악기와 음악 형태가 개발됨에 따라 그리스에서는 복잡한 음표 체계가 등장했다. 이런 사실을 입증하는 증거가 이집트에서 발굴된 비문과 파피루스에 풍

위 멕시코 보남파크의 벽화에 묘사된 마야인들의 '오케스트라' 행렬(790년).

아래 높이가 1미터에 가까운, 아스텍의 수직형 북인 우에우에틀(1500년).

부하게 나타난다. 발굴된 증거로 미루어볼 때, 음표로 표현된 그리스 음악은 주로 극장 공연용이었다. 그리스인들이 음악 분야에서 달성한 가장 큰 업적은 음악 이론을 구축했다는 점이다. 그리스인들은 철학과 수학과 음악을 통해 음악의 본질을 연구했으며, 그 성과는 지금까지 영향을 미치고 있다.

그리스 문화를 존중했던 로마인들은 그리스의 음악 전통을 대부분 받아들였지만 거기에 자신들만의 독특한 개성을 가미했다. 그 가운데 군대 음악은 대표적인 사례였다. 이는 다양한 형태의 트럼펫 개발은 물론, 군대 차원에서의 음악 활용과 그 중요성을 연구하는 이론을 구축하는 계기가 되었다. 히드라울리스(수압으로 공기를 불어넣어 연주하는 파이프오르간)는 일찍부터 발명되었지만 본격적으로 사용하기 시작한 건 로마 시대에 들어와서였다. 로마인들은 히드라울리스의 웅장한 소리가 로마의 대형 극장에 적합하다고 생각했다.

신대륙

선사시대 신대륙의 음악과 악기 역시, 앞에서 살펴본 다른 문화권의 경우와 비슷한 경로를 통해 발전했다. 중앙아메리카 마야 문명의 경우에는 일찍이 500년부터 점토로 구워 만든 관악기를 사용했다. 다양한 형태의 호루라기·피리·오카리나(달걀 모양의 작은 피리)를 비롯해 조롱박·나무·소라 껍질 따위로 만든 나팔도 출토되었다.

타악기로는 강판, 딸랑이, 나무 징, 나무를 쪼개 만든 북, 나무와 동물 가죽을 사용한 다양한 형태의 손북이 있었다. 물론 노랫말도 더러 발견되었다. 이들 노랫말은 음성 음악의 복잡한 전통을 드러내지만, 유럽인들과 접촉하기 전에 음표나 현악기를 사용한 사례는 발견되지 않는다.

신대륙의 초기 음악은 대개 군사, 종교, 제의, 축제의 용도로 사용되었지만, 다른 문화권의 경우와 마찬가지로 다양한 표현 형태를 띠었다.

주요 연대

피리	43,400~67,000년 전, 발칸
연주용 피리	BC 7000년, 중국
하프	BC 2500년, 메소포타미아
노랫말	BC 2300년, 메소포타미아
음악 이론	BC 1800~BC 1600년, 메소포타미아
음표	BC 1400년, 우가리트

문자

54

문자는 계약서, 법률 문서, 명령문을 작성하는 데 사용되었다. 문자는 고대의 작은 국가가 좀더 큰 국가로 성장할 수 있는 발판을 마련해주었다. 아울러 문자의 발명은 연속적인 역사 기록을 가능케 했다. 제사장이나 왕의 명령과 인장이 당사자의 음성과 모습을 듣고 볼 수 없는 지역에까지 전달되고, 심지어는 사후에까지 보존될 수 있었던 것도 모두 문자 덕분이다.

H. G. 웰스, 1992

문자는 인류 역사상 가장 위대한 발명에 속한다. 문자를 가장 위대한 발명이라고 말하는 이유는 아마도 역사 기록을 가능케 했기 때문인 듯하다. 하지만 저술가들은 대개 문자의 존재를 당연하게 받아들인다. 우리는 어렸을 때부터 자연스럽게 문자를 익혀왔고, 성인이 된 지금 종이나 비디오 스크린에 생각을 상징 기호로 바꾸어 표현하거나, 컴퓨터 메모리에 바이트 단위로 정보를 입력하는 정신-물리적 협력 과정을 대수롭지 않게 여긴다. 문자가 어떤 식으로 발명되었는지를 아는 사람은 아무도 없다. 18세기 계몽주의 시대 이전만 해도, 신이 인간에게 문자를 가르쳐주었다는 견해가 지배적이었다.

BC 3000년대 말에 이르러, '문명의 요람'이라 불리는 메소포타미아의 수메르 지역에서 상거래와 행정 체계가 복잡해지기 시작했다. 그에 따라 거래 관계를 영구적인 형태로 보존해 논쟁의 소지를 없애는 일이 시급해졌다.

일부 학자들은 우루크라는 도시에 살았던 한 수메르인이 이 문제를 해결하기 위해 심혈을 기울인 결과, BC 3300년경에 문자를 발명했다고 추측한다. 그런가 하면, 개인보다는 집단(명석한 행정가와 상인들일 가능성이 높다)이 함께 지혜를 모아 문자를 발명했다고

위 쌍둥이 영웅 가운데 한 사람인 우나푸를 묘사한 마야 후고전기의 접시. 필기 도구를 든 서기의 모습으로 그려졌다. 접시 가장자리에는 옥수수 신을 뜻하는 상형문자가 씌어져 있다.

왼쪽 설형문자판(BC 2100년)에 기록되어 있는 신전의 영수증. 거래와 행정이 복잡해지면서 문자의 발명이 이루어진 것으로 보인다.

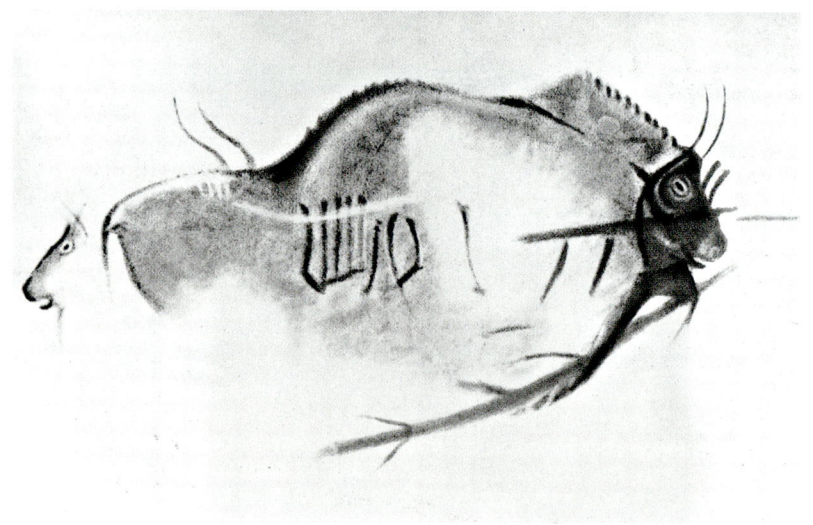

동굴벽화에는 판독이 불가능한 기호와 상징이 그려진 경우가 많다. 형태를 알아볼 수 있는 그림보다, 형태를 알아볼 수 없는 기호와 상징이 훨씬 더 빈번하게 나타난다. 프랑스 남부 마르솔라에서 나온 이 들소 그림(위)에는 선으로 된 기호가 첨가되었다. 사진은 아베 브뢰이가 옮겨 그린 그림이다.

오른쪽 프랑스의 쇼베 동굴 벽에 보면, 10마리의 코뿔소 옆에 의미를 알 수 없는 점들이 그려져 있다. 손바닥 자국이 찍힌 지역에서 나온 이 그림은 연대가 약 30,000년 전으로 추정된다. 사진에서 보다시피 이런 식으로 무리를 이루는 점들이 동굴벽화에서 종종 발견되지만 무슨 의미인지 알 길이 없다.

추정하는 학자들도 있고, 문자는 발명이 아니라 우연한 발견의 산물이라고 주장하는 학자들도 있다. 하지만 문자가 일순간의 영감에 의해서가 아니라 장기간에 걸쳐 서서히 발전되어왔다는 데에는 누구도 이의를 달지 않는다.

점토 '경화' (247쪽 참조) 중심의 계산 체계에서 문자가 발전했다는 이론도 있다. 중동 지역의 여러 유적지에서 발견된 점토 '경화'는 단순하고 평범한 원반 형태부터 복잡한 문양이 새겨진 형태까지 매우 다양하지만 정확한 용도는 베일에 가려져 있다. 어쨌든 전술한 이론은, 일종의 '경화'처럼 생긴 3차원 점토 상징물이 점토판으로 옮겨져 2차원의 상징 기호로 바뀌게 된 것이 문자 발명의 첫 단계였다고 주장한다. 한 가지 문제가 있다면, 수메르의 설형문자가 등장한 이후에도 여전히 점토 '경화'가 존재했을뿐더러, 점토판에 새겨진 2차원의 상징 기호가 3차원의 '경화'보다 덜 진보된 형태로 받아들여졌을 수도 있다는 점이다. 따라서 점토 '경화'가 문자의 발전을 촉진했다기보다 문자의 출현과 함께 등장했을 가능성이 더 높아 보인다.

원시 문자와 완전 문자

'경화' 외에도 이른바 '원시 문자'로 지칭되는 다양한 상징 기호가 존재한다. 프랑스 남부의 동굴에서 연대가 30,000년 전으로 추정되는 빙하 시대의 상징 기호, 즉 손바닥 자국과 붉은 점들이 발견되었다.

이 밖에 동물의 형상 위에 상징 기호를 곁들인 그림들도 있다. 아울러 달력의 역할을 했던 것으로 보이는

길일과 흉일에 관한 내용을 담고 있는 설형문자판(BC 600년). 초창기 메소포타미아 지역의 그림문자(알아볼 수 있는 형태로 개념을 표현한 상징문자)는 갈대 첨필(尖筆)로 눌러 쓴 쐐기 모양의 추상적인 상징 기호에서 발달했다.

눈금이 새겨진 뼈들도 발견되었다(239쪽 참조).

원시 문자는 오늘날 우리가 생각하는 문자와는 사뭇 다르다. 존 드프랑수아는 '완전 문자'를 '머리에 떠오르는 모든 생각을 전달하는 데 사용할 수 있는 상징 기호'로 정의했다. 이러한 정의에 따르면, 빙하기의 동굴 벽에 그려진 상징 기호는 물론이고, 중동 지역의 고대 '경화', 픽트족의 상징석, 매듭을 지은 잉카의 끈 퀴푸와 같은 부신(符信)이나, 국제 수송 부호 같은 현대의 기호 체계, 컴퓨터 아이콘, 수학 부호, 음표 따위는 모두 '원시 문자'에 해당한다.

인간의 생각을 온전히 표현하려면 음성 언어와 정확히 일치하는 문자 체계가 필요하다. 현대 언어학의 창시자인 소쉬르가 말한 대로 언어는 한 장의 종이에 비유할 수 있다. "생각이 종이의 한쪽 면이라면 소리는 그 반대쪽 면이다. 가위로 종이의 한쪽 면을 건드리지 않고 다른 쪽 면을 잘라낼 수 없듯이 문자에서 생각을, 생각에서 문자를 따로 구분하는 것 역시 불가능하다."

최초의 '완전 문자'는 그림문자라는 생각이 지배적이다. 그림문자 체계에서는 말 그대로 항아리나 물고기, 또는 벌린 입(먹는 개념을 나타냄)을 그려 의사를 전달한다. 이런 형태의 문자가 BC 3000년대 말의 메소포타미아와 이집트에서 발견되었다. 중국의 일부 고고학자들의 주장에 따르면(근거가 입증된 주장은 아니다), 이는 시기상으로 인더스 계곡의 경우보다 약간 늦고, 중국의 경우보다 상당히 빠른 편이었다. 대개의 경우, 그림의 형태가 너무 추상적인 탓에 그림문자에서 파생한 설형문자의 경우처럼 의미 해독이 거의 불가능하다.

그런데 그림문자는 사물과 현상을 나타내는 낱말을 온전히 표현하는 데 한계가 있었다. '완전 문자'가 순전히 상징으로만 이루어진 제한된 형태의 '원시 문자'와 뚜렷이 구별되어 발전하려면 반드시 레부스 원리(상징·기호·문자를 한데 짜맞추어 어구를 만드는 원

리: 역주)를 발견하는 게 필요했다. '사물들에 의해'라는 의미의 라틴어에서 유래한 이 혁신적인 개념의 발견으로 그림문자에 음가가 부여되었다. 예를 들어 영어의 경우 4라는 숫자가 그려진 벌(bee) 그림은 'before'를, 윙윙거리는 꿀벌 떼 옆에 개미 1마리를 그린 그림은 'Anthony'를 각각 나타냈다. 이집트의 상형문자는 처음부터 끝까지 레부스 원리로 이루어졌다. 예를 들면 R(a)나 R(e)로 발음되는 태양의 상징(원반 모양)은 파라오 람세스를 지칭하는 단어였다. 초기의 수메르 점토판에서는 갈대를 그려넣어 '상환하다'라는 추상 개념을 표현한 경우를 볼 수 있다. 수메르어에서 '상환하다'와 '갈대'는 모두 'gi'라는 음가를 지니고 있었다.

그렇다면 말과 생각을 완벽하게 표현할 수 있는 '완전 문자'는 메소포타미아 지역에서 발명되자마자(또는 우연히 발견했거나 서서히 진화했다고 볼 수도 있다) 전 세계로 확산되었을까? 이집트에서는 BC 3100년경부터 문자를 사용하기 시작했고(최근에는 BC 3250년으로 추정하고 있다), 인더스 계곡의 경우에는 BC 2500년, 크레테의 경우에는 BC 1750년, 중국의 경우에는 BC 1200년, 중앙아메리카의 경우에는 BC 500년부터 각각 문자를 사용했던 것으로 나타난다. 이들 연대는 물론 모두 근사치다.

이런 사실로 미루어, 문자의 개념(구체적인 기호의 형태로서가 아니라)은 어느 한 문화권에서 다른 먼 지역의 문화권으로 점차 퍼져나갔을 가능성이 높다. 인쇄 개념이 중국에서 유럽으로 전해지기까지는 600~700년의 세월이 필요했다. 종이 제조법은 그보다 훨씬 더 오랜 시간이 걸렸다(232쪽 참조). 그렇다면 메소포타미아의 문자 개념이 중국에 전달되는 데 이보다 더 오랜 시간이 필요했던 이유는 무엇일까? 문자의 개념이 다른 문화권으로 서서히 확산되었다는 확고한 증거가 없는 까닭에(심지어 지리상으로 훨씬 가까운 메소포타미아 문명과 이집트 문명 간에도 그런 증거가 발견되지 않는다), 대다수 학자들은 세계 문명의 발상지마다 독자적으로 문자를 발명했을 것이라는 가설을 선호한다.

BC 2000년대 중반 이집트의 사카라에서 출토된 채색 석상. 가부좌를 틀고 앉아 무릎 위에 파피루스 두루마리 일부를 펼쳐놓고 손으로는 펜을 잡고 있는 서기의 모습이다.

주요 연대

문자 체계	BC 3000년대 후반, 메소포타미아
	BC 3100년, 이집트
	BC 2500년, 인더스 계곡
	BC 1750년, 크레타
	BC 1200년, 중국
	BC 500년, 중앙아메리카
알파벳	BC 1000년대, 근동

알파벳

오늘날 대부분의 나라에서 사용하고 있는 알파벳의 기원과 발전 경로는 수수께끼에 싸여 있다. 알파벳이 고대 그리스를 통해 세상에 전달되었다는 건 이미 잘 알려진 사실이다. 알파벳(alphabet)이란 용어는 그리스의 첫번째 두 문자, 즉 알파와 베타에서 파생했다. 하지만 알파벳이 언제 어떻게 그리스에 등장했는지, 또 그리스인들이 어떻게 자음과 모음을 갖춘 알파벳을 생각하게 되었는지에 대해서는 속 시원한 해답이 없다. 나아가 알파벳의 개념이 그리스 시대 이전인 BC 1000년대에 지중해 지역의 동쪽 끝에서 어떻게 최초로 발생하게 되었는지에 대해서는 더욱더 알 길이 없다.

아래의 사진은 1905년 시나이에서 발견된 BC 1500년경의 스핑크스인데, 언뜻 이집트의 상형문자와 비슷해 보이는 알파벳 기호가 몸체에 기록되어 있다. 이는 한때 알파벳이 이집트에서 기원했다는 추측을 낳았다. 하지만 나중에 가나안(팔레스타인) 지역에서 발견된 알파벳 비문은 그보다 좀더 빠른, BC 17~BC 16세기경에 제작된 것으로 드러났다. 그 후 1990년대에 이집트에서 나온 고고학 증거는 알파벳이 BC 1900년대부터 사용되었을 가능성을 시사한다. 최초의 알파벳은 이집트와 메소포타미아 지역에서 발흥한 대제국들의 문서에 영향을 받은 것이 확실한 듯하다(물론 크레타의 영향도 배제할 수 없다). 아마도 상인들이 설형문자와 상형문자보다 더 간단하고, 신속하게 거래 내역을 기록하고, 또 지중해 동쪽 끝 지역의 상인들이 사용하던, 알아듣기 어려운 언어를 글로 표현하기 위한 방책으로 알파벳을 개발한 듯하다.

위 푸른색 파앙스에 흰색 파앙스를 아로새긴 BC 13세기 이집트 파라오 람세스 2세의 타일. 왕의 이름을 둘러싸고 있는 타원형 테두리 안에 새겨진 상형문자는 'Ramesses-Usermaatre-setepenre'라는 이름 가운데 첫번째 이름이나 왕좌의 명칭을 뜻한다. 둥근 원은 태양(Re)을 나타내고, 머리에 깃털을 꽂고 앉아 있는 여자의 형상은 여신 마트다.

오른쪽 페니키아 알파벳은 22개의 문자로 이루어져 있다. 각 문자의 명칭은 히브리인들이 사용했던 문자의 명칭과 동일하다. 히브리 알파벳의 첫번째 글자는 알레프이고 두번째 글자는 베트였다. 페니카아인들은 지중해 전역을 돌며 무역을 하던 상인들이었기에 곳곳에 자신들의 알파벳을 퍼뜨렸을 것으로 추정된다.

왼쪽 점치는 뼈에 새겨진 초창기 중국의 비문. 연대는 은 왕조기인 BC 12세기. 비문의 목적은 점을 치는 데 있었지만 거기에 사용된 상징 부호들은 한자의 전조가 되었다.

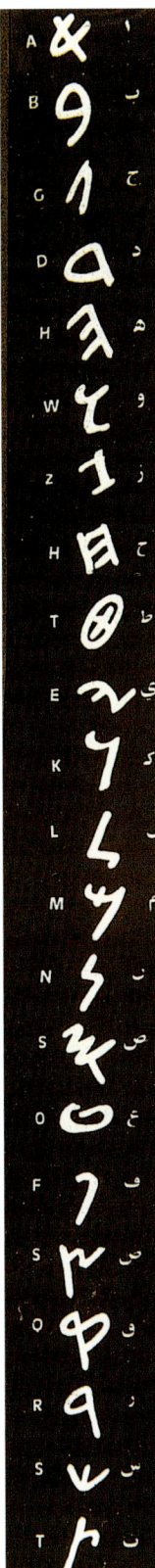

기호와 암호

아인슈타인은 자연의 법칙 배후에서 신의 손길을 보았다.
그런 신처럼 고대의 문자 체계도 이해하기 어려울 만큼 은밀하지만 악의는 전혀 없다.……
반면 암호 체계는 은밀함을 갖추지 못하면 악의로 그 약점을 가린다.
암호 체계의 목적은 정보를 숨기는 데 있다.

화이트필드 디피, 1999

오른쪽 이집트에서 출토된 스카라브. 연대는 후기 왕조 시대인 BC 664~BC 332년경이다. 태양, 고양이, 바구니, 항아리 문양이 새겨져 있다. 이 암호는 각 글자의 머리글자에 근거할 때, '아문의 총애를 받는 사람'으로 해석할 수 있다. 아울러 액면 그대로 보면, 태양신의 화신인 고양이가 제물로 바친 항아리 앞에서 주권을 뜻하는 상징 위에 앉아 있다.

아래 장 프랑수아 샹폴리옹이 이집트 상형문자를 해독하는 데 사용했던 로제타석. 로제타석에도 상형문자를 암호처럼 사용한 예가 발견된다.

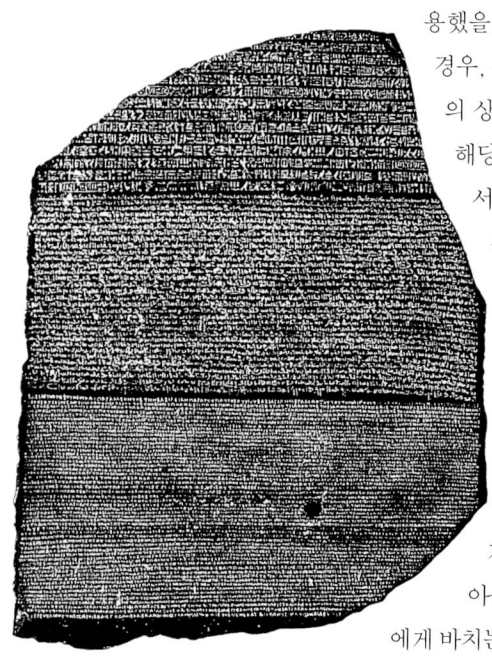

암호학은 비밀을 유지할 목적으로 암호를 만들거나 해독함으로써 정보, 즉 '평문(平文)'을 변형하는 학문이다. '기호'라는 말에 종종 '암호'의 의미가 포함되어 있지만, 두 용어는 서로 구별되어야 마땅하다. 기호화는 평문 안에서 낱말과 음절 같은 언어 요소를 해부하는 과정을 말하고, 암호화는 의미 없는 요소를 문자로 전환하는 과정을 의미한다. 예를 들어 기호의 경우에는 '그(the)'가 하나의 상징을 나타내지만 암호의 경우에는 3가지 상징을 나타낸다.

암호 체계는 BC 1900년 고대 이집트에서 처음 발견된다. 하지만 이집트 문명이 까마득히 먼 옛날에 생겨났다는 점을 감안할 때 이는 매우 신기한 현상이 아닐 수 없다. 더욱이 암호를 메시지 전달에 사용했던 것도 아니다. 그보다는 상형문자를 비유나 수수께끼에 사용했을 뿐이다. 예를 들어 로제타석의 경우, 각각 구멍과 뱀을 묘사하는 2개의 상징(이 둘은 각각 음가 gs와 f에 해당하는 음소다)을 결합해 구멍에서 빠져나가는 뱀을 보여줌으로써, 원래의 상징 2개와 음소상 공통점이 전혀 없는 '앞으로 나가다(prj)'는 의미를 전달한다. 또 다른 사례로 카르나크에서 나온 거대한 석비에는 상형문자를 가로와 세로로 동시에 읽을 수 있는 일종의 십자말풀이가 새겨져 있다.

아울러 《사자의 서》에 나오는 토트에게 바치는 찬가와, 룩소르에서 발견되는 파라오의 칭호를 비롯해 다른 여러 곳에서도 비유적인 의미 변형의 사례가 목격된다. 암호 일색인 BC 1500년경의 설형문자판과 달리 이런 사례들은 비밀을 유지하려는 목적을 띠었던 것 같지는 않다. 하지만 이들 이집트의 암호는 읽는이가 판독하는 데 상당히 큰 부담을 주었을 것이다.

전치 암호법과 대치 암호법

암호를 처음 군사 용도로 사용한 사례는 BC 5세기경 그리스의 스파르타에서 발견된다. 암호에 사용된 도구는 가죽띠를 나선형으로 감아 올린 스키테일(scytale)이라는 나무 지팡이였는데, 가죽띠에 가로로 메시지를 적은 뒤 가죽띠를 풀어 수신자에게 보냈다. 그러면 문자가 뒤죽박죽 섞여 무슨 뜻인지 알아보기 어려웠고 단순한 가죽띠처럼 보여 남의 이목을 피하기도 쉬웠다. 가죽띠를 전달 받은 자는 직경이 똑같은 스키테일에 다시 감아 올려 메시지를 확인할 수 있었다.

이런 식의 단순 대치법을 적용할 경우 알파벳 문자의 위치를 바꿀 수 있는 경우의 수는 25가지다. 하지만 A부터 Z까지라는 익숙한 순서에 따르지 않고 문자를 좀더 복잡하게 대치한다면 거의 천문학적인 숫자에 가까운 대치 암호문을 만들어낼 수 있다. 그럴 경우에는 오늘날의 초고속 컴퓨터를 사용해 암호를 해독한다고 해도 쉽게 해결되지 않는다.

이는 이른바 '전치 암호법'을 적용한 사례다. 전치 암호법에서는 일정한 규칙(즉 알고리즘)에 따라 문자의 위치를 바꾸어 암호화된 새로운 문자 배열을 만든다.

이 밖에 각기 다른 알고리즘에 따라 평문에 상징이나 기호를 삽입하는 '대치 암호법'도 있다. 대치 암호법을 군사 목적에 처음 사용한 인물은 카이사르였다. 그는 작전 지시를 내릴 때는 물론 개인적인 용도로도 암호문을 사용했다. 그는 필요한 라틴 문자를, 라틴어 알파벳 순서상 그 다음 세번째에 오는 문자로 대치했다. 영어 알파벳에 '카이사르의 대치 암호법'을 적용하면 다음과 같다.

평문 abcdefghijklmnopqrstuvwxyz
암호 DEFGHIJKLMNOPQRSTUVWXYZABC

왼쪽 및 위 파세르의 십자말풀이 석비. 보존 상태가 매우 불량하다. 이집트 카르나크에 있는 아몬 신전에서 출토되었으며, 연대는 BC 12세기로 추정된다. 신들의 형상이 새겨진 부분 밑으로 상형문자가 정사각형 격자 안에 가지런히 나열되어 있다. (옆의 사진은 그 세부 모습이다.) 이들 상형문자는 가로와 세로로 동시에 읽을 수 있다. 하지만 석비에 새겨진 비문에는 상형문자를 3가지 방법으로 읽을 수 있다고 명시되어 있다.

아래 스파르타의 스키테일 (BC 5세기)를 복원한 그림. 양피지나 가죽띠를 스키테일에 말아 가로로 메시지를 기록한다. 그런 다음 띠를 풀어내면 똑같은 직경의 스키테일에 말지 않고선 무슨 뜻인지 알 수 없다.

주요 연대

암호 사용	BC 1900년, 이집트
군사용 암호	BC 5세기, 그리스
대치 암호법	1세기, 로마

56 책과 종이

> 여자들은 남자들이 책을 먹지 않는 것을 이상하고 어리석다고 생각한다.
>
> 타고르, 1928

컴퓨터를 비롯해, 정보 저장과 의사소통을 가능케 하는 최첨단 전자장비가 널리 확산되고 있는데도 종이 소비와 도서 출판은 끊임없이 증가하고 있다. 종이와 책이 없는 현대 문명은 생각조차 할 수 없다. 전 세계에서 대량으로 쏟아져 나오는 새로운 출판물 가운데 대부분이 아무리 수명이 짧다고 해도, 책은 여전히 한 국가의 지식과 문화를 고스란히 저장할 수 있는 주된 수단이다. 권력 찬탈자와 정복자가 종종 책을 불태워 없앤 이유도 바로 여기에 있다. 예를 들어 중국에서는 진시황에 의해(BC 213년), 멕시코에서는 스페인 정복자들에 의해(16세기), 독일에서는 나치에 의해(1930년대) 분서 사태가 빚어졌다.

하지만 책은 인쇄나 필사를 통해 글자를 기록한 종이를 여러 장 합쳐 만든 것만을 의미하지 않는다. 책의 개념은 그보다 훨씬 광범위하다. 바빌로니아의 점토판, 이집트의 파피루스 두루마리, 중세 유럽의 양피지 사본, 재규어 가죽으로 만든 접이식 마야 사본, 마이크로필름, 전자도서 등도 인쇄 제본된 책과 똑같이 책으로 간주할 수 있다. 다들 배포의 용이성, 탁월한 보존성, 운반의 용이성이라는 책의 특성을 지니고 있다. 책은 다양한 수단을 통해, 시간과 공간을 뛰어넘어 지식을 널리 보급하는 데 기여한다.

이런 점에서 책의 기원은, 인쇄술이 개발된 15세기가 아니라 문자가 발명된 직후(225쪽 참조)인 BC 2000년대 초까지 거슬러 올라간다. 최초의 책은 갈대 첨필을 이용해 손으로 쐐기형 문자를 새긴 메소포타미아의 점토판과, 붓과 먹을 이용해 문자를 기록한 이집트의 파피루스 두루마리(대표적인 사례는 사자의 서)였다. 이들 두루마리 가운데 가장 오래된 예는 사카라에 있는 제1왕조의 헤마카의 무덤에서 발견되었다. BC 3035년경 제작된 것으로 보이는 이 두루마리에는 그러나 아무런 내용도 기록되어 있지 않다.

중국에서는 BC 1000년대에 나무나 대나무 조각을 끈으로 엮은 책이 제작되었고, 지중해 지역에서는 1개에서 10개에 이르는 나무나 상아 조각을 쬠쇠나 경첩으로 연결하거나, 가장자리에 구멍을 뚫어 끈으로 묶

15세기의 드레스덴 사본 가운데 일부 마야 서기들은 잔가지나 깃털 펜을 사용해 이와 같은 가죽 사본을 제작했다. 기록 작업이 끝나면 가죽을 여러 겹으로 접어 대개 재규어 가죽으로 장정했다.

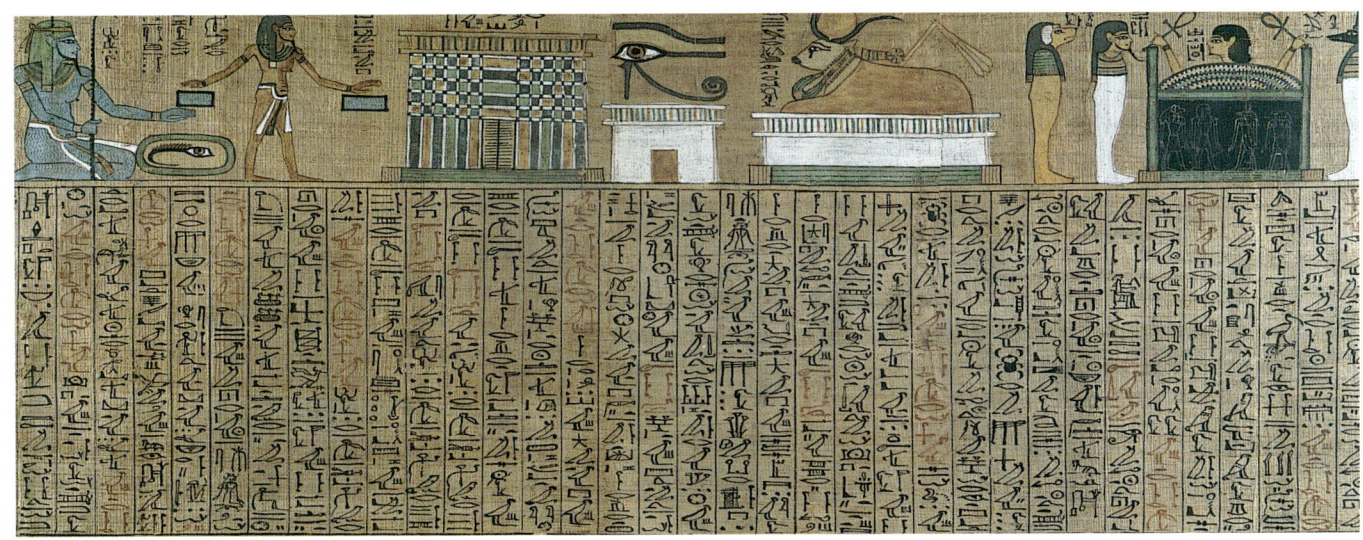

은 서판이 개발되었다. 터키 해안에서 발견된 난파선 울루부룬 호에서 나온 회양목 서판도 그런 예에 속한다. 이 경우, 서판은 상아 경첩으로 연결되어 있었다. 그 후 고대 그리스인들과 로마인들도 밀랍 서판과 파피루스나 양피지 두루마리를 사용했다. 그리스인들은, 파피루스는 'khartes'('card', 'carton', 'chart' 같은 영어 단어는 여기서 파생했다)로, 파피루스 두루마리는 'biblion'으로 각각 달리 불렀다. 'biblion'이라는 그리스어는 '파피루스 껍질 안쪽의 유조직(柔組織)'을 뜻한다(영어의 'bible'은 여기서 유래했다). 로마인들은 파피루스 두루마리를 'volumen'이라고 불렀다(영어의 'volume'은 여기서 유래했다).

파피루스와 종이

14세기 이후 영어에 등장하기 시작했던 '종이(paper)'라는 말은 파피루스를 뜻하는 라틴어에서 유래했다. 하지만 파피루스를 세계 최초의 종이라고 주장한다고 해도, 현대에 이르러선 파피루스와 종이의 용도가 엄연히 구별된다. 파피루스는 나일 강 삼각주에서 자생하는 파피루스 식물의 줄기를 벗겨내 얇게 잘라 만든다. 수액을 머금고 있는 얇은 유조직을 포개놓으면, 겹겹이 쌓인 무게에 눌려 끈끈한 수액이 빠져나온다. 그런 다음 천천히 말리면 단단하면서도 부드러운 파피루스가 된다. 이와는 달리 종이는 잘게 자른 면, 아마,

나무 등에 수분을 첨가해 열로 처리를 한 다음, 섬유질이 나올 때까지 두들긴다. 그렇게 해서 얻은 펄프를 망위에 펼쳐놓고 압축 건조시키면 종이가 된다. (이 과정에서 표백제와 풀 같은 여러 가지 화학 물질을 가미해 색깔을 희게 하고, 보호막을 입혀 수분 흡수력을 차단한다.)

종이 제조법을 처음 발견한 사람은 중국 후한 시대의 환관 채윤(蔡倫)으로, 105년에 '지(紙)'를 만들었다고 전해진다. 현대 중국어 사전에는 '지'가 나무 껍질, 대

위 아니의 《사자의 서》 (BC 1250년경). 파피루스 두루마리의 형태를 띠는 이러한 종류의 책들은 사자의 사후 생활을 돕는 종교적인 주문과 삽화로 이루어져 있다.

아래 터키 해안 울루부룬의 난파선에서 발견된, 상아 경첩으로 연결된 회양목 서판(BC 14세기). 글자를 쓸 수 있도록 움푹 들어간 직사각형의 공간에 밀랍을 채워넣었다.

아래 대마로 만든 종이 조각. 중국 시안 근처의 후한 시대 무덤에서 발견되었다. 연대는 109년. 현존하는 세계 최초의 대마 종이다.

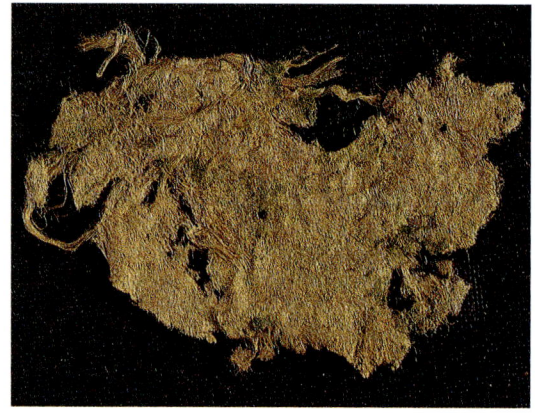

주요 연대

설형문자 점토판	BC 2000년대, 메소포타미아
파피루스 두루마리	BC 3035년, 이집트
대나무 서책	BC 1000년대, 중국
서판	BC 1000년대, 지중해 지역
종이	BC 1000년대, 중국

마 잔해, 천조각, 낡은 그물에서 나온 '못 쓰는 섬유질로 만든 판판한 면'으로 정의돼 있다. 하지만 중국 서부 지역에서 발견된 초창기의 종이 견본을 살펴보면, 중국 남부와 남동부와 같은 열대성 기후 지역에서는 이보다 훨씬 이른 BC 2세기경 종이를 제조했다는 증거가 포착된다. 심지어는 대마와 아마 성분의 옷을 빨기 시작했던 BC 6~BC 5세기경에 시작되었을 수도 있다. 즉 누군가가 돗자리에서 젖은 옷을 말리다가 우연히 종이 제조법을 발견했을 가능성을 배제할 수 없다.

종이 제조법은 중국에서부터 대한민국과 베트남과 일본으로 전래되었다. 이 나라들은 몇 세기 만에 자체적으로 종이를 제작하기 시작했다. 지리상으로 멀리 떨어진 유럽에 종이가 전래되기까지는 훨씬 많은 시간이 필요했다. 유럽의 경우, 11세기가 되어서야 비로소 종이가 등장했다. 종이 제조법은 비단길을 통해 아랍과 이슬람 문명을 거쳐 유럽에 전래되었다. 전승에 따르면, 중앙아시아에서 전쟁이 벌어졌을 때 무슬림 군인들이 중국인 종이 제작자 몇 명을 생포해 사마르칸트로 데려왔고, 이때부터 종이 산업이 시작되었다고 한다. 하지만 중국 서부 지역에서 8세기에 만들어진 종이는 뽕나무와 모시풀을 재료로 사용했던 데 비해, 이슬람 문화권에서 제작된 종이는 폐기된 섬유질이 주요 재료였다. 이런 사실을 고려할 때, 종이 제조법이 중앙아시아에 전래된 시기는 이슬람의 정복이 이루어지기 훨씬 이전일 확률이 높다. 하지만 스페인의 무어인 통치자들이 종이 공장을 만들어 기독교를 믿는 유럽에 고대 중국의 발명품을 소개했다는 사실만큼은 분명하다. '연(連)'을 뜻하는 영어 단어 'ream'은 스페인어 'resma'에서 파생된 프랑스어 'rayme'에서 유래했고, 스페인어 'resma'는 '꾸러미 또는 다발'을 뜻하는 아랍어 'rizma'에서 유래했다. 오늘날 '연'은 종이 500장을 일컫는 단위로 사용되고 있다.

아래 종이에 씌어진 상인의 편지. 비단길 상의 둔황 근처에서 오렐 스타인이 발견한 소그디아나(중앙아시아의 고대 국가: 역주) 문서 가운데 하나. 연대는 4~6세기이다.

오른쪽 고비 사막에서 발견된 2세기경의 종이 조각. 현존하는 증거로 미루어볼 때, 종이는 BC 1000년대에 중국 남부와 남동부 지역에서 발명되었을 가능성이 높다. 물론 그보다 훨씬 앞선 BC 6세기나 BC 5세기가 될 수도 있다.

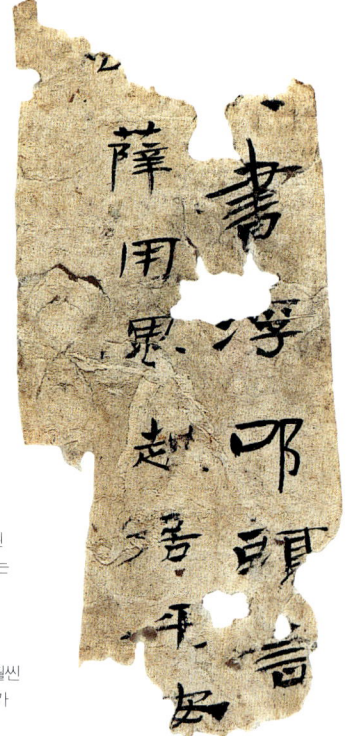

점성술과 천문학

왕족의 후손이자 귀족, 신성한 기록을 이해할 수 있는 지혜를 지닌 유일한 벗,
그는 하늘과 땅에 있는 만물을 관찰하고, 맑은 눈빛으로 늘 한결같은 별들을 살펴보았노라.
그는 미래의 일을 예언하는 신들과 함께 별들이 뜨는 때와 지는 때를 예고하였으며……
자신의 말로 온 나라를 만족케 하였노라.

고대 이집트 점술가이자 점성가인 하르카비의 조각상에 새겨져 있는 비문, BC 2100년경

별을 연구하는 천문학은 가장 오래된 과학이다. 천문학의 목적은 우주와 별들이 어떻게 존재하게 되었는지를 수학적으로 규명하는 데 있다. 이와는 달리 점성술은 창공에 떠도는 별들에 거한다고 여겨졌던 초월적 힘의 진로를 읽어내 미래를 예언하는 일종의 점술이다. 점성술사들은 초월적인 힘이 지상에서 일어나는 사건에 영향력을 행사한다고 믿었다. 여기서 '영향력'이라는 단어는 퍽 중요한데, 중세시대의 경우에는 위에서 아래로 전달되는 힘의 특성을 빛(에너지나 광채)의 유출(또는 유입)로 생각했기 때문이다.

18세기 계몽주의 시대에 이르러 서구 문화가, 정신의 힘과 물질의 힘이 긴밀한 관계를 맺고 있다는 신념을 버리기 전까지만 해도 점성술은 천문학의 발전에 크게 기여했다. 그 이유는 천체의 위치를 정확히 예견할수록 별들의 미묘한 움직임에 담긴 의미를 더욱 잘 파악할 수 있다고 믿었기 때문이다.

천문학의 기원은 적어도 문자가 등장했던 시기로 거슬러 올라간다. 예를 들어 BC 17세기에 작성된 아시리아의 암미자두가(에누마 아누 엔릴) 설형문자판은 금성의 진로를 천문학적으로 정확하게 제시한다. 서판에는 금성의 진로가 비틀리거나 구부러질 때마다 그와 관련된 징조를 예언한 글도 첨부되어 있다. 그 대목을 잠시 인용하면 다음과 같다.

아라흐삼나월 28일에 금성이 서쪽에서 자취를 감춘 후 사흘 동안 모습을 보이지 않고, 키슬레브월에도 여전히 금성이 동쪽에 나타나지 않을 때는 곡식과 짚이 부족하여 기아가 창궐하고 황폐함이 임할지니.

과학 교육을 받은 현대인들이 보기에는 천체의 현상과 기아가 상관관계를 맺고 있다는 내용을 납득하기 어려울 것이다. 하지만 세계 도처의 점성술 사본에는 이런 식의 논리가 공통으로 발견된다. 예를 들어 방금 언급한 설형문자판보다 3,000년 뒤에 제작된 마야 사본에는 금성의 움직임과 관련해 다음과 같은 내용이 나온

위 프랑스 르플라카르에서 출토된 BC 13500년의 눈금이 새겨진 독수리 뼈. 눈금은 아마도 월력을 표기한 것일 가능성이 높다. 인간은 오랫동안 행성과 별들의 움직임에 관심을 기울임으로써 점성술과 천문학의 토대를 마련했다.

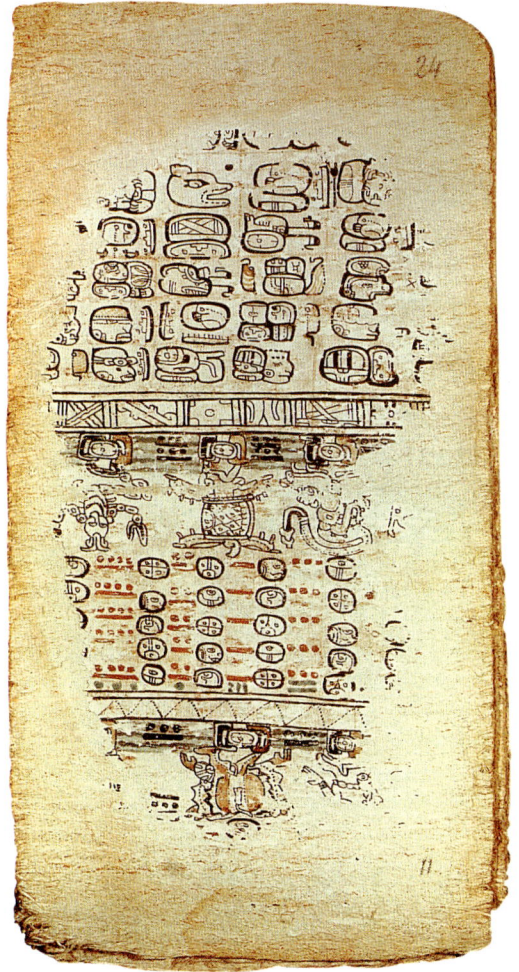

왼쪽 14세기에 제작된 마야의 천궁도, 파리 사본에 수록되어 있다. 하늘을 상징하는 뱀의 몸체에 매달려 있는 다양한 종류의 짐승들(전갈, 거북이, 독수리 등)은 별자리를 나타낸다. 마야의 13궁도는 구대륙의 12궁도와 대조를 이룬다.

위 독일 고제크에서 발견된 시설물(BC 4900년경). 천문 관측소로 사용되었을 가능성이 높다. 나무 울타리로 동심원을 만들었고, 3군데에 출입구를 마련했다. 일부 학자들은 태양, 달, 별들의 움직임과 같은 천체 현상을 관측하고 시간을 측정할 목적으로 세워진 시설물로 추정한다.

오른쪽 고제크와 가까운 독일 미텔베르크 언덕에서 발견된 BC 1600년의 네브라 천체 원반. 청동으로 만든 원반에 금을 붙여 달과 태양의 지점(至點)을 표시했다. 작은 원들은 아마도 황소자리의 산개 성단을 나타내는 것 같다. 이 원반은, 밤하늘의 모습을 천문학 지식에 의거해 묘사한 세계 최초의 유물이다.

년 동안 움직이는 궤도와, 달이 1달 동안 움직이는 궤도를 추적하는 천문학 지식에서 출발한다. 그리스인들은 이를 '천궁도(zodiac)'라고 불렀다. 이 말은 '동물들의 원'을 의미한다. 그 이유는 전갈, 사자, 황소와 같은 동물들이 서로 30도의 거리를 유지한 채 12개의 구역을 형성하며 하늘을 돌기 때문이다.

천궁도는 5개의 발광체(즉 행성. 바빌로니아인들은 행성을 '떠돌이별'이라고 불렀다. 구체적으로 말해 빠르게 움직이는 수성, 밝고 하얀 광채를 뿜어내는 금성, 붉은 빛을 발하는 화성, 천천히 움직이는 목성, 게으름

다(참고로, 서양에서는 금성이 여신으로 숭배되었지만 중앙아메리카에선 금성을 남신으로 간주했다.)

시미 9일에 서쪽 하늘을 바라봤을 때 금성이 90일간 사라졌다가 북쪽에서부터 다시 모습을 드러낼 경우에는 달과 사람이 저주를 받고, 2차 옥수수 수확물에 질병이 퍼지고…… 밤에 저주가 내리리라.

아울러 중국 당나라 시대의 점성술 사본에는 "깜박깜박 반짝이는 별(화성)이 남방 북두칠성의 자리에 진입해 핏빛을 드리우면 한발이 찾아온다"는 글귀가 적혀 있다.

천궁도

점성술이 출현하게 된 이유는 매우 간단하다. 선사시대 사람들이 태양의 위치가 계절에 영향을 주고, 달의 변이가 조수와 월경에 영향을 미친다는 사실을 의식하면서부터 점성술이 발달하기 시작했다. 그렇다면 다른 천체도 남성과 여성의 관계에 영향을 미치지 않았을까?

점성술은 하늘을 에워싸는 별들의 경로, 즉 태양이 1

뱅이처럼 보이는 토성이 여기에 해당한다)가 이동하는 경로를 표시한다는 점에서 역사상 많은 주목을 받았다. 행성은 각자 고유한 궤도가 있으며, 여러 가지 복잡한 속성을 지닌다. 예를 들어 바빌로니아인들은 화성을 네르갈이라고 불렀다. 네르갈은 여름철의 태양을 붉게 달굼으로써 농작물을 파괴한다고 여겨졌다. 금성은 항상 태양 근처에 있어서 태양빛에 가려 정기적으로 모습을 감추었다가 새벽이 되면 되살아난다. 멕시코의 아스텍/믹스텍 사회에서는 금성을 케트살코아틀이라고 부르면서 '방황하는 작은 신'으로 간주했다. 그리스 사회에선 항상 귀를 땅에 가까이 대고 있는, 발빠른 천체의 전령의 모습으로 묘사되는 금성이 소문을 관장하는 신으로 숭배되었다.

행성에 속성을 부여하는 전통은 발전을 거듭해, 여러 가지 사물과 더욱더 긴밀한 관계를 맺게 되었다. 예를 들면 금속, 식물, 신체 장기를 비롯해 심지어는 다양한 형태의 신체 분비물까지 행성과 연계되었다.

별자리 운세를 점치는 점성술

고대 문명은 세상에서 경험하는 일들에 대응하는 우주를 창조했다. 바빌로니아의 위계 질서는 왕족, 상인, 농부의 순서로 이어졌다. 그들은 수직 구조를 만들어 계층을 나누고, 각 계층을 행성에 빗대 표현했다. 가장 느리게 움직이는 토성이 최고의 위치를 차지했고, 결과적으로 가장 큰 영향력을 소유했다고 여겨졌다. 그 다음은 목성, 화성, 태양, 금성, 수성의 차례였고, 마지막에 달이 위치했다.

아울러 7개의 발광체는 요일의 명칭에도 적용되었다(239쪽 참조). 밤낮이 번갈아 찾아오고 인생사에 길흉이 반복되듯이, 천체의 세력도 악-선-악의 교차 원리를 따른다고 생각되었다. 즉 토성은 가장 큰 세력을 지닌 악, 목성은 선, 화성은 악이라는 식이었다.

오늘날의 점성술은 별자리 운세를 점쳤던 그리스의 점술 체계에서 비롯되었다('horoscope'는 말 그대로 풀면 '때를 관찰한다'라는 뜻이다). 별자리 운세란 개인이 태어난 때와 장소에서 바라본 하늘의 모양을 해석함으로써 미리 알아보는 인생의 길흉화복을 말한다. 이러한 점성술은 천궁대를 도는 떠돌이별의 위치와 운세 체계를 근거로 이루어졌다. 첫번째 운세(개인의 성품, 생김새, 초년기의 운에 영향을 미친다)는 동쪽 하늘 아래 천궁대의 처음 30도 구간에 좌우된다. 즉 출생 장소에서 바라본 지평선을 가로질러 막 시야에 들어오려고 하는 천체의 모습이 초년 운세를 결정한다. 두번째 운세는 재물 운세이고, 그 밖에 사랑, 결혼, 죽음, 명예 운세 등이 있다. 황도를 부분별로 나누어 관찰하고, 지평선에서 가까운 첫번째 부분에 가장 큰 의미를 부여한 점성술의 개념은 실제 삶의 경험을 근거로 한 듯하다.

덴드라의 신전 지붕 위에 세워진 성소 천장에 그려져 있는 이집트의 12천궁도(BC 30년경). 금성은 물고기, 목성은 게, 수성은 처녀, 화성은 염소로 각각 묘사되었다.

57 예술과 과학

이집트의 메르케트는 그림자를 이용해 낮 동안의 시간을 측정하거나, 밤중에 자오선을 지나가는 별들을 관찰하는 데 사용했던 도구다.
연대가 BC 600년경으로 추정되는 사진의 메르케트는 콘시르디스의 아들인 베스라는 이름의 사제가 소장했던 것이다. 그는 상이집트 이드푸의 호루스 신전에서 시간을 측정하는 임무를 담당했다.

주요 연대	
천문학 기록	BC 17세기, 아시리아
수학 계산	BC 6세기
천궁도	BC 5세기, 바빌로니아
천문학 관찰 도구	고대 그리스
별들의 목록	BC 400년, 중국

점성술과 천문학의 상호관계

정확한 천문학 관찰이 가능해진 이유는 2가지 발명 덕분이었다. 그 가운데 하나는 구대륙에서 개발된 정교한 관찰 도구였다. 천문학은 그리스에서 시작되어 이슬람권에서 활짝 꽃을 피웠다. 이슬람 세계는 그리스의 천문학과 점성술을 한층 더 발전시켰다. 또 하나의 발명은 앞의 것보다 훨씬 이른 시기인 BC 6세기에 바빌로니아에서 이루어졌다. 즉 하늘의 징조에 근거해 국운을 점치는 과정에서 천체의 현상을 예견하는 데 필요한 수학 기법이 발명되었다. 바빌로니아인들은 천체의 복잡한 움직임을 수학으로 설명해낼 수 있는 작은 단위로 나눈 뒤 이를 다시 조합해 정확한 진로를 예측했다. 그리스인들은 지구 중심의 기하학 모델을 고안함으로써 바빌로니아의 이성적이고 추상적인 접근 방식을 더욱 예리하게 다듬었다.

한편 중국에서는 학자나 사제보다 관리들이 점성술에 관심을 기울였다. BC 400년경에 이미 별들의 목록이 등장한 데 이어 거대한 해시계와 천구가 개발되었다. 하지만 이러한 연구는 점성술의 성격이 짙었다. 중국의 천문학자들은 행성의 합(合)과 삭(朔)을 묘사하는, 다양하고 정교한 용어들을 발전시켰다.

장비와 기술이 턱없이 조잡했던 상황에서 동양이든 서양이든 망원경(17세기 초에 발명됨)의 도움 없이 그토록 정확한 천체도를 완성했다는 사실은 참으로 놀라운 일이 아닐 수 없다. 일식과 월식을 예언했던 마야인의 천문학 지식을 접하면 그 놀라움은 더욱더 배가된다. 마야인도 고도로 발달한 수학의 발명 덕분에 그런 업적을 이룰 수 있었다. 고대인들이 과학기술의 도움 없이 그토록 놀라운 업적을 이룰 수 있었던 건 끈질긴 인내심을 발휘해 하늘을 관찰하고 또 관찰했기 때문이다. 현대인들은 정교한 과학기술 문명에 익숙하다 보니 고대인들의 경이에 가까운 업적을 간과하는 경우가 많다.

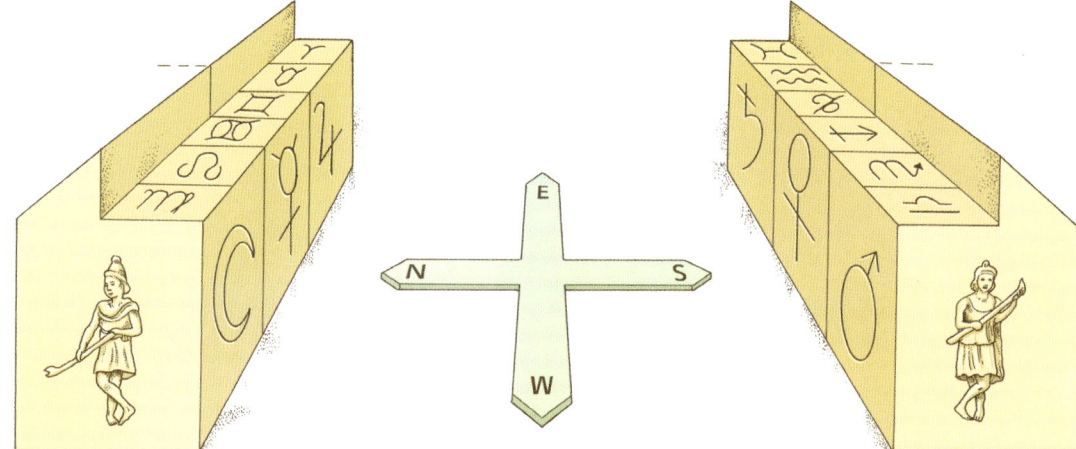

오른쪽 로마 근처 오스티아에 있는 미트라 제단을 그린 그림. 군사 목적을 띤 숭배 행위가 이루어지던 곳이다. 로마인들의 군신 숭배는 초기 기독교 신앙과 꽤 치열하게 경쟁했지만 결국 패하고 말았다. 벤치에는 세상이 창조되던 날 밤에 하늘에 떠 있던 별자리 상징물이 순서대로 새겨져 있다.

달력과 시간 측정

시간은 인생을 지배한다.
미국시계제조사연합회 모토

58

하늘이 인간에게 내린 발명품이 있다면 바로 달력이다. 세계 도처에서 발명된 다양한 형태의 달력은 모두 천문학 관찰에 뿌리를 두고 있다(235쪽 참조). 사람들이 이른바 달력이라는 활동 일정표를 만든 데에는 농사를 지으려는 의도에서부터 국가 종교를 강고히 다지려는 의도에 이르기까지 매우 다양한 동기가 작용했다. 그 모든 노력의 배후에는 미래를 알고 싶어하는 욕망이 깃들여 있다. 미래를 예측하기 위해서는 과거로부터 배워야 한다. 전해오는 과거의 기록 가운데 가장 신뢰할 수 있고 예측 가능한 사건은 시계처럼 정확하게 움직이는, 하늘에서 일어나는 현상이다.

달력을 가만히 분석해보면, 하루, 한 달, 일년이 특정한 천체의 움직임에 근거한다는 사실을 발견할 수 있다. 수평선에서 떠오른 태양이 막대의 그림자가 가장 짧아지는 지점(즉 정오)을 통과하고 사라지면, 낮 동안 보이지 않았던 별들이 반짝이는 밤이 찾아오고 다시 태양이 원래의 위치에 오는 과정이 계속 반복되어 1년이 형성된다. 이런 변화는 식물의 싹이 트거나 비가 오거나 강이 범람하는 등 인간의 삶에 영향을 미치는 불가해한 현상과 밀접한 관련이 있다.

고대 문명권에서는 대부분, 직접적인 관찰에 의지해 시간의 흐름을 파악했다. 예를 들어 처음 모습을 드러내는 초승달을 보고 이를 한 달의 시작으로 삼았다. 하지만 중앙아메리카의 마야와 근동 지역의 바빌로니아처럼 복잡한 계산 체계를 갖춘 문명 사회에서는 자연 세계를 직접 관찰하지 않아도 되는 정교한 달력을 고안했다. 인간의 문화, 특히 서구 문화가 자연을 지배하게 되면서 시간은 시계라는 기계 장치 안에 고스란히 담기게 되었다. 시계는 발전에 발전을 거듭해, 인생의 계획을 세우는 데 도움을 주는 역할에 그치지 않고, 급기야는 우리의 손목 위에서 삶을 지배하는 단계에 이르렀다. 물시계(242쪽 참조)는 그와 같은 통제를 가능케 한 최초의 사례였다.

최초의 달력

최초의 달력은, 초승달과 만월 사이에 오는 29일 내지 30일을 눈금으로 표시한 막대기나 뼛조각 형태였다. 원시시대 사람들은 이를 토대로, 환한 달빛 아래 야간 사냥에 나설 간격을 계산했을 것이다. 임신한 여인도 이를 기준으로 임신과 출산의 개월 수를 세었을 것이다.

솔즈베리 평원에 스톤헨지(BC 3000년경)를 세운, 고도로 조직화된 부족 사회는 거대한 돌을 원형으로 배치해 한여름의 태양 지점(至點)을 측정했다. 하지는 태양신이 북쪽 하늘에 가장 높게 솟아오르는 날로, 1년 중 가장 길었을 뿐만 아니라 풍성한 수확을 약속했다. 한겨울의 태양 지점도 분명 스톤헨지 건축가들에게 큰 의미를 가져다주었을 것이다. 아일랜드에서는 태양의 계절 운동과 장례 절차의 연관성을 보여주는 유적이 발견되었다. 뉴그레인지에서 떠오른 동지의 태양은, 길이가 19미터에 달하는 비좁은 통로를 통해 묘실까지 그 빛을 드리운다. 로마인들은 해마다 동지 때면 '정복할 수 없는 태양'이 남쪽 나라에서 다시 되돌아온 것을 축하하는 축제를 벌였다(이 축제는 나중에 성탄절로 바뀌었다). 온 대지에 빛을 드리우는 태양의 움직임은 인간 사회에 여러 가지 축제일을 만들어냈다.

1년

1년을 365일로 나누는 서구 문명의 관행은 고대 이집트에서 비롯되었다. 신석기시대의 나일 계곡 주민들

프랑스 레제지에서 발굴된 넓적한 뼛조각. 연대는 25,000~30,000년 전이다. 구멍과 눈금이 새겨져 있는 이 뼛조각은 달력의 일종으로 추정된다. 일찍부터 시간을 표시해 삶을 계획적으로 살고자 했던 인간의 의도가 엿보인다.

58 예술과 과학

한겨울의 저녁 태양빛을 받고 있는 스톤헨지의 모습. 이 거대한 돌기둥은 BC 3000년경에 최초로 건축되었으며, 그 후 여러 번 증·개축되었다. 한마디로 돌로 만든 거대한 달력이라고 생각하면 된다. 중앙에 서서 보면, 하지의 태양이 언덕 위에 세워진 돌기둥(아래 그림 참조) 위로 솟아오른다. 한겨울과 한여름에 이루어졌던 태양과 보름달의 다른 움직임도 알아낼 수 있게 설계되었던 듯하다.

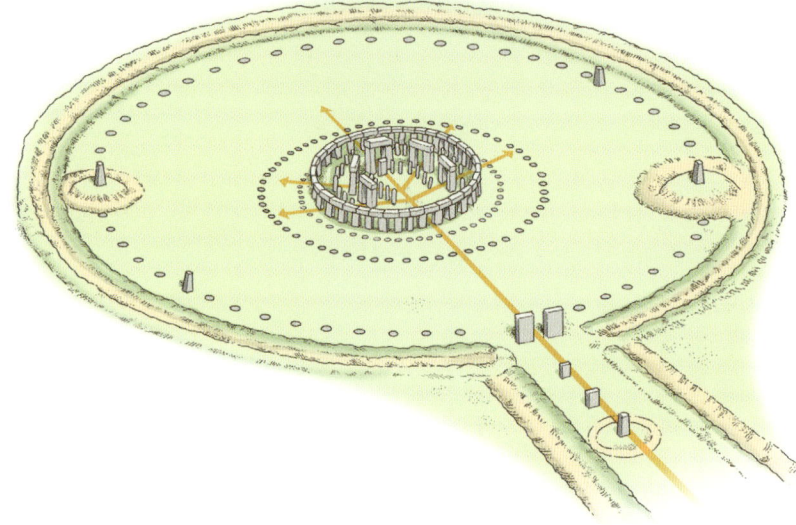

오른쪽 자바인들은 색다른 해시계를 사용해 달력을 만들었다. 이들은 시간보다는 태양의 그림자 길이에 초점을 맞춰 시곗바늘(즉 수직 막대)이 드리우는 정오의 그림자를 기준으로 1년을 나누었다. 그 결과, 각 달의 길이가 달라졌다.

은 해마다 일어나는 나일 강의 범람이, 하늘에서 가장 밝은 별인 천랑성이 몇 주 동안 햇빛에 가려 보이지 않았다가 새벽 하늘 위로 잠시 어렴풋하게 빛을 드리우는 시간과 거의 일치한다는 사실에 주목했다. 그들은 이러한 관측 결과와 하지의 태양을 근거로, 믿을 만한 시간 확인 장치를 고안했다.

이집트인들은 1년을 12달로 나누고, 한 달은 30일로 설정했다. 그리고 나서 남는 5일은 맨 끝 달에 갖다 붙였다. 그들은 30일이 아니라 29.53일을 주기로 이루어지는 달의 변화가 1년 주기에 어긋난다는 사실이나, 365일이라는 설정 주기가 실제 1년 주기인 365.24일과 일치하지 않는다는 사실에 크게 개의치 않았던 것 같다. 자연의 주기와 인간이 만든 달력의 주기를 맞추기 위해 창안된 윤년은 카이사르의 시대에 이르러서야 비로소 등장했다.

모든 달력이 달의 변화에 기초해 날수를 계산하는 건 아니다. 예를 들어 인도네시아에서는 완벽한 기하학과 지리 여건이 결합하면서 18세기에 이곳을 찾은 네덜란드 인류학자들을 곤혹스럽게 했던 달력이 탄생했다. 열대 지방의 위도에서는 1년을 설정하는 천체의 기준점이 온대 지역에서와 크게 다르다. 그 결과, 이 지역에서는 아주 색다른 달력이 나왔다.

자바(남위 7°)에서 태양은 1년에 2차례 천정(天頂)을

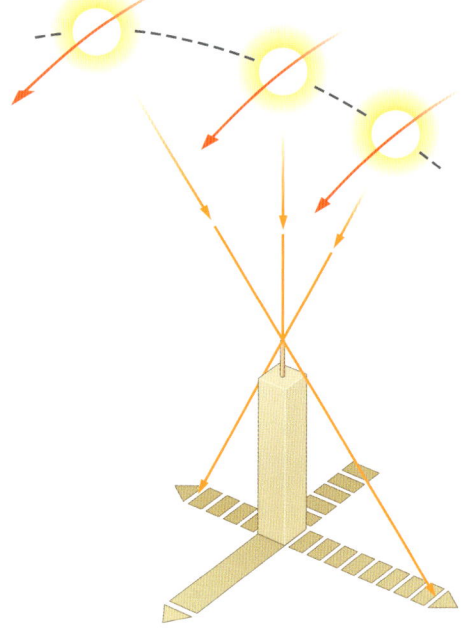

240

가로지른다. 6월 하지의 정오 태양이 천정의 북쪽 자오선에 머물면서 남쪽으로 드리우는 바늘(수직 막대)의 그림자는 12월 동지의 태양이 천정의 남쪽에 있을 때의 그림자보다 정확히 두 배가 더 길다. 자바인들은 동지 때의 그림자는 이등분하고 하지 때의 그림자는 사등분해서 12달로 구성된 달력을 만들었다. 한 달의 길이가 23일에서 43일까지 일정치 않은 이유는 동일한 시간대의 태양의 그림자 길이가 다르기 때문이다. 자바인들은 일단 독특한 시계 장치의 대칭점을 정확히 파악한 다음 하루나 이틀씩 간격을 조절하는 방법으로, 농사 일정과 일상 활동에 좀더 부합하는 달력을 개발했다.

위 원의 중앙에는 달이, 측면에는 날짜가, 위에는 1주일의 7일이 표시되어 있는 로마의 달력. 윤년 개념은 율리우스 카이사르의 시대에 발명되었다.

일주일

한 해의 주기가 천체의 움직임으로 결정된 데 비해 일주일 주기는 주로 인간의 경제 활동에 의해 결정되었다. 페루의 잉카 사회는 8일, 서구 사회는 7일, 이집트 사회는 10일을 일주일의 주기로 삼았다. 어떤 식으로 주기를 결정했든, 사람들은 일주일을 기준으로 과일이나 채소가 너무 많이 익기 전에 필요한 양을 거두어 근처의 시장에 내다 팔고 다시 들판에 돌아와 같은 활동을 반복하는 데 소요되는 시간을 측정했다. BC 1000년 이전의 수메르 사회에서는 천체의 움직임을 고려해 이와 같은 '시장 주간'을 7일에 맞추었다. 7일은 달이 차기까지의 처음 4분의 1 기간(즉 만월이 되는 데 걸리는 시간의 절반)에 해당했을 뿐만 아니라, 황도대 근처를 떠도는 관찰 가능한 7개의 발광체, 즉 태양과 달을 비롯해 5개의 행성(수성, 금성, 화성, 목성, 토성)의 숫자와도 정확히 일치했다(236쪽 참조).

달과 해

1년이 반드시 365일이어야 할 필요는 없다. 남태평양의 트로브리안드 제도의 주민들은 환형동물의 일종인 밀라말라의 산란기에 근거해 1년을 계산했다. 그들은 1년 중 첫 달에 이 동물의 이름을 붙였다. 태양력으로 10월 말이 되면 밀라말라가 해수면 위로 올라와 알을 낳는다. 이는 농사철의 시작을 알리는 신호탄이었다. 섬사람들은 벌레를 잡으면서 먹고 마시며 축제를 벌였다. 트로브리안드 달력은 밀라말라의 출현 직후에 이루어진 첫번째 만월에서부터 계산해 1년을 10달로 나누었다. 두 달은 농사를 짓지 않는 시기라는 이유로 아예 셈에 넣지 않았다. 즉 인간이 활동을 중단하면 시간도 존재하지 않았던 셈이다. 페루의 잉카 사회도 이와 비슷했다. 그들은 콜카('창고')라고 명명한 황소자리의 산개 성단이 처음 관측되는 날부터 시작해 1년을 327일로 계산했는데, 나머지 37일은 계산에서 제외했다. 다시 말해 37일은 죽은 날이나 다름없었다.

중국인들도 서구인들처럼 해시계를 발명했지만(최초의 해시계는 은 왕조기인 BC 15세기에 등장했다), 태양보다는 달의 변화에 더 큰 관심을 기울였다. 한 왕

아래 멕시코에서 나온 이 사본은 중앙아메리카에서 가장 중요하고 오래된 달력이다. 마야인들은 1년의 제례 주기를 260일로 설정해 20일씩 13주기로 나누었다. 각각의 날에는 이름과 숫자를 부여했고, 사진에서 보다시피 여러 가지 형상과 점으로 표기했다. 중앙에는 불의 신 시우테쿠틀리가 그려져 있다. 그는 1년을 주관하는 신이자 시간 자체로 간주되었다.

오른쪽 로마의 해시계(1세기). 해시계는 세월이 흐르면서 점차 정확하게 발전했지만 여전히 계절마다 시간의 길이가 달랐다. 65년, 세네카가 "정확한 시간은 말할 수 없다. 시계보다는 철학자들 사이에서 의견의 일치가 이루어지는 것이 더 쉽다"고 말했던 데에는 그럴 만한 이유가 있었다.

> **주요 연대**
>
> 365일 단위의 1년   고대 이집트
> 해시계   BC 15세기, 중국
> 7일 단위의 1주일   BC 1000년 이전, 수메르
> 달력   BC 600년, 중앙아메리카

조(1세기) 시대의 별자리표는 하늘을 달이 거하는 18개 구간으로 나누었다. 천궁도의 경우에도, 서구와 달리 황도가 아니라 천구의 적도를 중심으로 삼았다.

시간은 곧 삶이다. 즉 우리가 만든 달력은 우리의 생활과 밀접한 관련이 있다. 이는 전 세계 문화권의 달력에서 여실히 증명된다. 달력은 매달 이루어지는 주된 활동이나 현상을 반영한다. 예를 들어 한 달을 20일로 정해 날짜마다 이름을 붙인 마야 사회의 달력은 중앙아메리카 열대 우림 지역에 풍부하게 서식하고 있는 동식물의 생활 주기와 연관되어 있다.

마야인들은 적어도 BC 600년대부터 1년을 260일로 설정했다(이는 멕시코 남부의 고원 지대에서 발굴된, 중앙아메리카 최초의 달력에 근거해 추론한 연대이다). 260이라는 숫자는 인간의 임신 주기에 근접할 뿐만 아니라, 인간의 몸에 달린 손가락·발가락 숫자의 배수와도 비슷하다. 아울러 9개월의 태음월과 금성이 모습을 드러내는 기간과도 거의 일치한다(마야인은 저녁 하늘과 새벽 하늘에 빛을 드리우는 금성을 창조신으로 숭배했다). 마지막으로 260일이라는 기간은 식 주기와도 근사치를 이룬다. 이처럼 마야의 달력은 모든 계절에 적용되는 진정한 달력이었다.

하루

하루를 시간으로 나누는 서구인의 습관은 60진법을 사용했던 바빌로니아인들에게서 유래했다(247쪽 참조). 60진법에 따라 1시간은 60분, 1분은 60초, 하루는 24시간으로 결정되었다. 정확성을 기하려는 성향은 로마인들의 해시계와, 6세기경의 기독교 수도원(성 베네딕투스 수도회칙은 하루의 기도 시간을 엄격하게 정해놓았다)에서도 발견된다. 하지만 모든 문화권이 이처럼 정확성을 중시하진 않았다.

많은 경우, 하늘을 향해 팔을 내뻗어 식사 시간, 젖 먹이는 시간, 가축을 축사에 들이는 시간 등을 어림잡는 것으로 만족한 듯하다. 따라서 시간을 흉내낸 건 시곗바늘이 아니라 인간의 손이다. 달의 변화나 시곗바늘이나 똑같이 시간의 흐름을 알려준다. 다만 차이가 있다면, 전자는 시간을 대충 알려주지만 후자는 좀더 정확하게 알려준다는 것뿐이다.

아래 BC 5세기에 세워진 아테네의 풍탑. 내부에는 일정한 비율로 물이 떨어지는 물시계를 설치했던 흔적이 있다. 아울러 외부에는 정교한 해시계를 새겼다.

물시계

한 역사가는 기계 시계를 가리켜 역사상 가장 큰 영향을 미친 발명품이라고 일컬었다. 12세기 초에 기계 시계가 발명됨으로써 그림자에 의존하는 해시계가 안고 있던 문제점, 즉 계절에 따라 나타나는 시간의 편차가 일시에 해결되었다. 하지만 해시계와 기계 시계만이 시간의 길이를 측정하는 유일한 방법은 아니었다. 중세시대에는 끈을 묶거나 색깔을 입혀 시간대를 구별하는 양초와 물시계도 중국과 유럽에서 상당히 인기를 누렸다. 고대 아테네의 풍탑 내부에도 물시계를 설치했다고 전해진다. 물시계는 대개 수조 안에 매단 부구(浮球)가 작용하면서 물이 밑으로 떨어지는 원리로 작동되었다. 부구는 눈금자 위에서 움직이는 바늘에 부착했는데, 이것이 문제였다. 이런 구조 때문에 물의 양이 줄어들면 압력이 떨어져 시간이 빠르게 흘렀다. 중국인들은 보조 수조를 추가로 달아, 물이 일정한 속도로 천천히 흐르게 함으로써 이 문제를 해결했다. 이 밖에도 중국인들은 물방아 바퀴를 동력으로 사용하는 기계 시계도 개발했다.

지도와 지도 제작법

59

> 우리의 젊은이들이 이 세상 모든 땅과 육지는 물론,
> 로마의 막강한 통치자들이 존경하는 마음에서 복구하기도 하고, 불굴의 용기로 정복하기도 하고,
> 공포로 억압하기도 하는 나라와 민족과 도시를 날마다 볼 수 있게 하자,
> 마침내 우리는 세계를 정복함으로써 온 세상을 한눈에 볼 수 있게 되었다.
> 로마 제국을 침공한 이민족을 물리친 뒤 갈리아 지방에서 행한 연설의 한 대목, 290년대 말

지도는 인간의 공간 의식을 반영한다. 인간의 공간 의식은 지역, 지방, 세계, 하늘이라는 다양한 공간 감각에서 비롯한다. 현존하는 동굴벽화나 암각화로 판단하건대, 구대륙에 거주했던 선사시대 사람들 역시 공간 의식을 표현하려는 욕구를 가졌던 듯하다. 물론 그들이 남긴 흔적은 수수께끼에 가까워 그 의미를 정확하게 파악하긴 어렵다.

그보다는 문자 체계를 발전시킨 고대 근동 지역의 문명 사회가 남긴 자료를 이해하는 편이 훨씬 쉽다. 특히 바빌로니아인들은 수학과 천문학은 물론, 측량술에서도 상당한 수준의 발전을 이루었다. 바빌로니아 점토판을 보면, 이미 BC 1000년대에 건물과 토지와 거주지에 대한 계획을 세웠다는 사실을 알 수 있다. 더러는 스케치 상태에 불과하지만 정확한 척도에 기초한 것들도 있다. 아울러 세계와 별들을 묘사한 점토판도 발견된다. 이집트도 고왕국 시대부터 상당히 정교한 지도 제작술을 확보하고 있었다. 파피루스와 무덤의 부조 가운데, 농장과 도로와 수로를 표시한 그림은 물론, 심지어는 지하 세계를 스케치한 그림도 발견된다.

중국의 지도 제작

중국에는 남아 있는 지도가 거의 없어 그 기원을 추적하기가 매우 어렵다. 하지만 BC 2세기경에 이미 척도를 사용했고, 눈금자·직각자·측량줄·컴퍼스 등 지도 제작에 필요한 도구를 개발했던 것만큼은 분명하다. 더욱이 낯선 지역에 파견되어 행정이나 군사 업무를 담당했던 관리들은 지도를 매우 귀중하게 생각했다.

중국의 지도는 다른 형태의 표현 수단과 밀접하게 연관되었다. 지도 제작자들은 도안사이자 서예가였을 뿐만 아니라, 학자이자 시인이기도 했다. 그들은 다양한 재료(비단, 나무, 종이, 청동, 돌, 동굴과 무덤 벽) 위

왼쪽 BC 600년경 점토판에 새겨진 바빌로니아의 세계 지도. 이미 알려진 세계뿐만 아니라, 바다 건너에 있는 먼 지방도 표시되어 있다.

아래 동부 사막 지역에서 채석 활동에 사용했던 BC 1160년의 이집트 지도. 다양한 색깔로 바위의 형태를 구분했다.

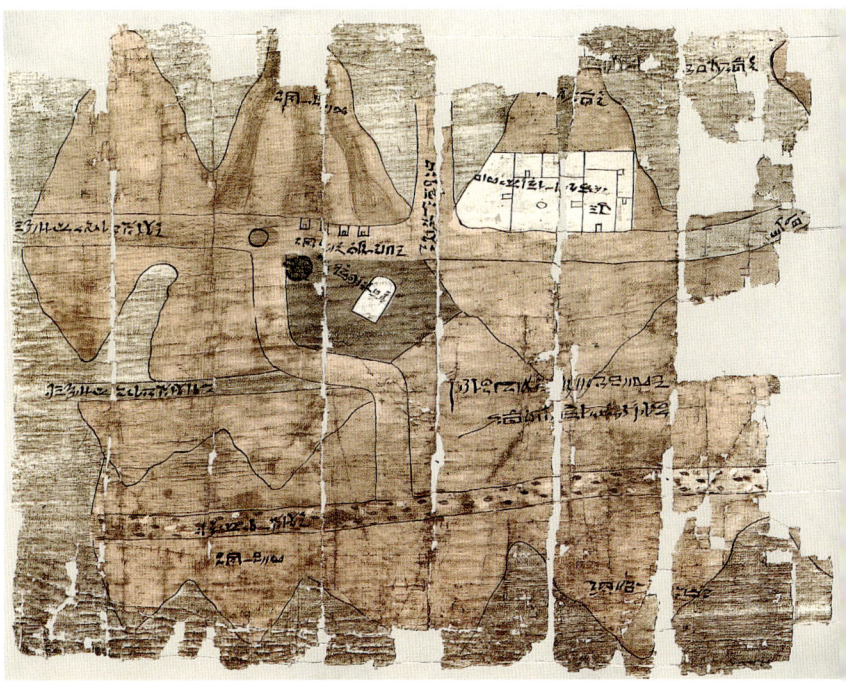

243

비단에 그려진 지형도. BC 168년 창사(長沙) 근처의 한나라 무덤 마왕퇴(馬王堆, 장군의 무덤으로 추정됨)에서 잘 접힌 형태로 발굴되었다.

에 형형색색의 지도를 그리거나 새겨넣었으며, 3차원 부조 형태의 지도를 선보이기도 했다.

하지만 격자 무늬 바탕에 지형을 그려넣은 중국의 지도들을 '과학적'이라고 판단하기는 어렵다. 그리스의 경우처럼 위도와 경도를 표시한 것이 아니라 단지 척도를 나타내는 데 그쳤기 때문이다. 더욱이 중국의 지도 제작자들은 지구가 평평하다고 생각했기 때문에 입체감을 전혀 고려하지 않았다.

중국의 지도 제작자들은 사실적인 모습을 완벽·정확하게 묘사하기보다, 산과 강을 그림의 형태로 표현하는 데 관심을 기울였다. 이런 예술적인 지도를 제작하는 전통은 19세기 말까지 지속되었다. '지도'를 뜻하는 중국어 '도(圖)' 자체가 모호한 뜻을 지닌다. 즉 이 말은 '계획' 또는 '그림'을 의미한다.

그리스인의 세계관과 지도

그리스인의 공간 의식은 최초의 그리스 문학, 즉 호메로스가 저술한 두 편의 위대한 서사시 《일리아드》와 《오디세이아》에서 유감없이 드러난다. 그리스인들은 지구가 끝없는 바다에 둘러싸인 섬 같은 실체라고 믿었다. 그리스인들은 물론 나중에는 로마인들까지, 거듭되는 반론에도 불구하고 그런 신념을 버리지 않았다. 그리스인의 세계관은 BC 8세기부터 6세기까지 이른바 '민족 대이동'이 진행되는 동안 널리 확장되었다. 당시 많은 사람이 이탈리아 남부의 시칠리아와 흑해 연안, 심지어는 멀리 스페인까지 이주했다. BC 5세기에 활동했던 역사가 헤로도토스는 페르시아 제국, 북아프리카, 지중해 서부 지역에 관한 새로운 지식을 소개함으로써, 바다가 세상을 둘러싸고 있다는 신념에 문제를 제기했다(그는 '오이코우메네'라는 신조어를 만들어냈는데, 이는 '인간이 거주하는 세상'이라는 뜻이다). 그는 세상의 다른 곳에도 사람들이 살고 있을 것이라고 추정했다. 하지만 그는 오이코우메네가 바다와 광대한 사막에 가로막혀 있어, 다른 지역의 사람들이 누군지 알 수 없으며 접촉도 불가능하다고 믿었다.

에게 해 동부의 이오니아에 살았던 그리스 사상가들은 지구가, 폭이 깊이의 세 배에 달하는, 평평하면서도 오목한 원반처럼 생겼다고 생각했다. 기록에 따르면, BC 500년 밀레투스의 통치자는 '바다와 강을 보여주는 청동에 새긴 세계 지도'를 소유했다고 전한다. 하지만 어떤 모양이었는지는 알 길이 없다. 지구가 구형이며 태양계의 일부라는 개념은 신비의 사상가 피타고라스의 이론에서 처음 비롯했으며, 그 후 시간이 지나면서 많은 지지를 받았다.

4세기경 지구를 지역별로 나누어 생각하는 방법이 처음 등장했다. 즉 지구는 2개의 회귀선과 하나의 적도에 의해 북극 지대, 온대 지대, 적도 지대, 남극 지대로 분할되었다. 때마침 지구의 원주율을 측정하려는 노력이 있었고, 그 결과 오이코우메네가 전체의 지극히 작은 일부에 불과하며, 다른 지역에도 사람들이 살고 있을 것이라는 추측이 새롭게 고개를 들기 시작했다. 예를 들어 서쪽 대양 건너편(플라톤은 이곳을 아틀란티스라고 상상했다)이나 적도 남쪽에 유럽, 아시아, 아프리카와 대칭을 이루는 세계(즉 '대척지' 또는 '반대편의 세계)가 존재할 것이라는 추측이 나돌았다.

BC 4세기 말 알렉산드로스 대왕이 페르시아와 그 너머의 세상까지 정복하면서 주변 세상에 대한 그리스인들의 관심이 크게 고조되었다. 특히 에라토스테네스는 알렉산드리아의 도서관에서 투영법을 개발해 지도 제작술을 한 차원 끌어올렸다. 투영법의 개발로, 평평한 표면에 굴곡을 이루며 뻗어나가는 땅의 모습을 표현할 수 있는 길이 열렸다. 그의 방법론은 매우 탄탄했다. 그는 정확한 물리학 자료와 천문학 자료가 필요하다는 점을 이해했다. 하지만 그와 같은 정보를 얻기란 매우 어려웠다. 시간과 거리를 정확하게 측정하는 단위와 도구가 부족했기 때문이다(정확한 경도 설정은 18세기에 와서야 비로소 이루어졌다). 에라토스테네스의 저서는 전하지 않지만, 그의 지식은 프톨레마이오스가 《지리학》(BC 2세기)을 저술하는 계기를 마련했다. 이 책은 현대의 데이터뱅크에 해당하는 지리정보 시스템으로, 사용자에게 지구 전체나 그 일부를 지도로 옮길 수 있는 투영법과 척도를 제공한다. 프톨레마이오스가 그린 지도는 존재하지 않지만, 중세시대 이후 다른 사람들이 그의 방법론에 입각해 그린 지도는 지금까지 전해오고 있다.

지도에 대한 고대인의 태도

오늘까지도 프톨레마이오스의 《지리학》은 서구 사회의 지도 제작에 토대를 제공한다. 하지만 고대 그리스인이나 로마인들은 지도에 별다른 관심이 없었다. 교육 받은 사람들의 경우에는 지도를 어렵다고 생각하지는 않았지만 특별한 관심을 기울이지 않기는 마찬가지였다. 지도는 유행이나 취향에 좌우되는 주관적인 문제로 치부되었다. 지도 제작에 적용할 수 있는 객관적인 기준이 개발되지 않았기 때문이다. 그리스어나 라틴어에는 '지도'를 뜻하는 특정한 용어가 존재하지 않는다. 다용도 지도도 없었고, 지도의 대량 생산도 이루어지지 않았다. 인쇄술이 개발되지 않은 시대여서, 아주 간단한 지도를 필사하는 데에도 큰 어려움이 뒤따랐다. 여러 지역의 지도를 한데 모아 편집한 지도책(아틀라스)도 없었다. '아틀라스'라는 용어는 16세기에 와서야 비로소 등장했다. 지도 제작법이 학문의 하나로 자리 잡게 된 것도 19세기가 되어서였다. 그 전까지는, 통치자나 장군이나 선원이나 무역상이나 지도의 혜택을 전혀 누리지 못했다.

로마의 지도 제작

로마 시대에도 사유지를 표시한 지도나 대축척 지도가 법률적·경제적 목적으로 제작되어 전시되었다. 이런 관행은 그리스의 지배를 받았던 이집트와 로마 사회에서 가장 널리 이루어졌다. 로마의 토지 측량사는 전문가 집단을 형성하며 다양한 활동을 펼쳤다. 그들의 작업 흔적은 아라우시오(지금의 프랑스 오랑주)산 대리석에 새긴 토지 측량 기록과, 토지를 장기판과 같은 무늬로 분할한 그림에 고스란히 남아 있다. 특히 후자

폼페이에서 발굴한 금속 조각을 토대로 복원한 그로마. 로마의 측량사에게 가장 중요한 도구였다. 측량사는 이 직각기를 사용해 직선과 직각을 정확하게 설정했다.

아래 프톨레마이오스의 (부정확한) 좌표를 이용해 그린 영국의 지도.

의 경우, 지중해 지역의 여러 곳에서 확인된다. 반면 측량사들이 로마의 도시에서 그런 활동을 했다는 증거는 아주 드물다. 그들은 주로 1:240의 척도를 사용했다.

하지만 200년에 제작된 로마의 대리석 도시 구획도는 그들의 존재를 여실히 보여준다. 이 구획도는 현재 전체의 약 10퍼센트만 남아 있는데, 신전 벽 높은 곳에 설치했던 점으로 보아, 실용적인 목적보다 보는 이들에게 멋진 인상을 심어주려는 목적이 강했던 것 같다.

여행자들은 각 거주지의 위치와 거주지 사이의 거리를 표시한 자료를 만들어 가지고 다녔다. 이런 자료를 사용해 만든 지도로는, 현재까지 가장 큰 고대 지도로 알려진 로마 시대의 육상 지도가 있다. 흔히 '포이팅거 지도'로 일컬어지는 이 지도의 제작 연대는 4세기경으로 추정되는데, 지금은 중세시대에 복사한 사본(가로 6.8미터, 세로 33센티미터)만 전해온다. 지도를 제작한 목적은 오이코우메네를 완전히 장악하고 있는 로마의 영광을 만방에 선포하기 위해서였다. 아우구스토두눔(지금의 프랑스 오툉)의 수사학 학교에 소장된 지도에도, 로마의 영광을 노래하는 찬가(이 장 서두의 인용문 참조)가 기록되어 있다.

주요 연대	
척도의 사용	BC 1000년대, 바빌로니아
투영법	BC 3세기, 알렉산드리아
지도 제작용 도구	BC 2세기, 중국

왼쪽 대리석에 새겨진 로마의 도시 구획도(200년경). 축척을 이용해 매우 정교하게 도시의 모습을 그렸다. 심지어는 기둥과 계단까지 묘사되어 있다.

아래 포이팅거 지도의 일부. 소아시아 남부의 일부 지역과 키프로스, 시리아를 표시하고 있다. 지형과 도로에 초점을 맞추기 위해 물이 있는 지역은 모두 배제했다.

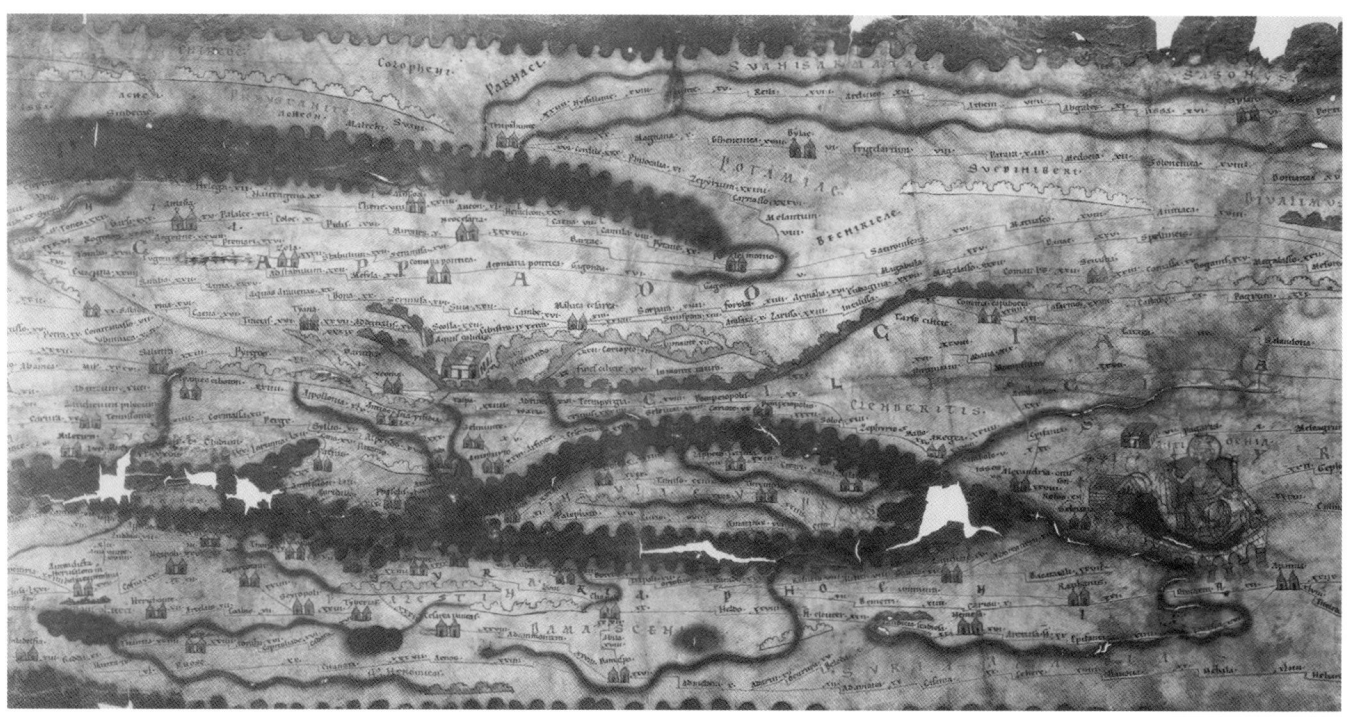

수학과 계산 도구

스트렙시아데스: 그러면 이것이 무엇이냐? / 학생: 기하학입니다.
스트렙시아데스: 기하학의 용도는 무엇이냐? / 학생: 땅을 측량하는 데 있습니다.
스트렙시아데스: 사유지를 할당 받은 군인들을 위한 땅을 말하는가?
학생: 아닙니다. 일반적인 땅을 의미합니다.
스트렙시아데스: 매혹적인 개념이로구나! 참으로 유익하고 민주적인 학문이 아닐 수 없다.

아리스토파네스, BC 423년

계산법의 발명은 문자의 발명을 몇천 년이나 앞지른다. 중동 지역에서부터 터키를 거쳐 이란에 이르는 신석기시대 사회는 작은 점토 조각이나 돌 조각을 사용해, 보관하고 있는 상품이나 거래하는 상품의 숫자를 셌다. BC 3000년대에 접어들면 점토로 만든 작은 용기 안에 일종의 경화에 해당하는 점토 조각을 넣어 보관했다. 용기에는 때로 경화를 눌러 찍어 자국을 남겼다. 이란 남서부의 수사, 이라크 남부의 우루크, 시리아 동부의 하부바 카비라와 같은 고대 도시 중심부나 외곽 지역에서 주로 발견되는 이러한 유물은 당시의 행정관리 체계를 짐작하게 해준다.

BC 3000년대 말의 사회에서 숫자 계산은 기록의 주요한 기능이었다. 왕조 수립 이전의 이집트 나카다에서 발굴된 무덤 부장품인 계산용 상아 찌지를 비롯해, 우루크와 수사와 같은 대도시는 물론 이라크의 엠데트 나스르 같은 소규모 농촌 부락의 경제 상황을 기록한 수천 개의 점토판이 이 점을 뒷받침해주고 있다. 우루크와 같은 도시에서 최초로 이루어진 수학 교육은 토지의 면적을 계산하는 데 초점을 맞추었던 것 같다.

수학 교육

하지만 수학이 명실공히 인간의 지성 활동으로 자리 잡게 된 건 청동기시대 중엽에 이르러서였다. 이집트에서 출토된 린드 파피루스(BC 1560년경)에는 숫자판과 예제가 수록되어 있다. 수학과 관련된 이런 파피루스는 12개 정도 알려져 있다. 바빌로니아인들은 60진법을 사용하는 곱셈 연산법으로 해결할 수 있는 수천 개의 수학 문제를 비롯해, 수백 개의 기하학 문제와 구체적인 대수학 및 추상적인 주제를 다룬 기록을 남겼다. 다섯 줄로 된 주판을 사용했다는 증거가 있지만, 중급 정도의 계산은 주로 암산이나 점토판을 이용해 간단히 해결했다.

BC 1000년경의 《베다》(고대 힌두교 경전)에서 확인

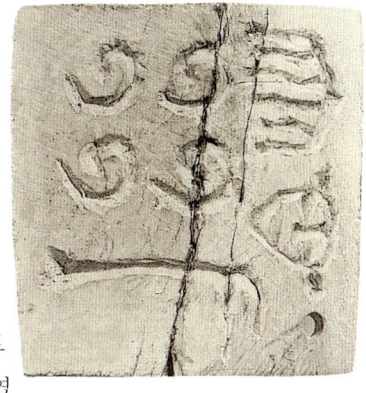

위 초창기 이집트의 왕족과 귀족은 생전에 사용하던 물품을 무덤까지 가져갔다. 물품에는 품목을 기록한 목록과 찌지를 붙였다. 나카다에서 출토된 BC 3000년경의 이 상아 찌지는 400개의 구슬로 만든 목걸이에 부착되어 있었다. 목걸이의 주인은 네이트호테프 왕비였다.

왼쪽 BC 3000년대 들어 막 국가로 발돋움하기 시작했던 중동 지역의 도시 행정관들이 숫자를 세는 데 사용하던 작은 점토 조각. 모양과 크기가 일정한 이런 경화는 숫자의 전신이었다. 사진 왼쪽에는 봉인된 점토 용기(직경 66밀리미터)가 놓여 있다. 이란의 수사에서 출토된 이 점토 용기에는 경화가 몇 개나 들어 있는지를 보여주는 표시가 새겨져 있다.

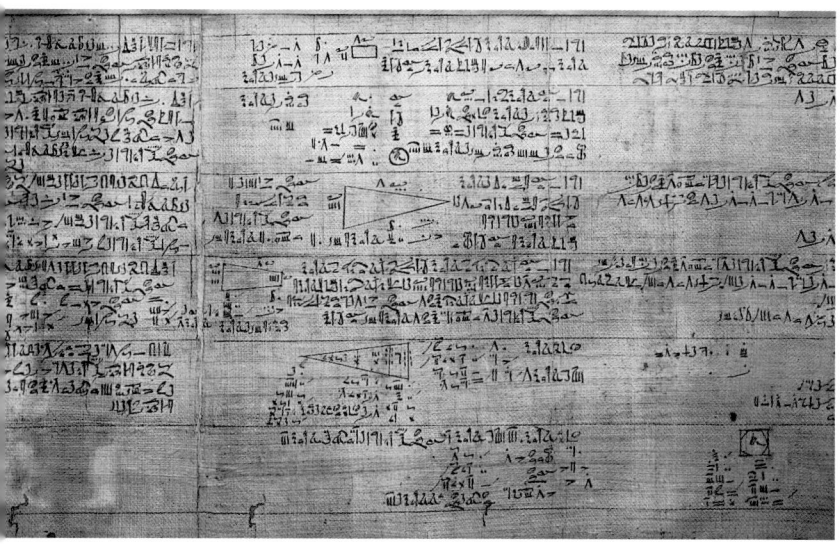

위 BC 1560년경 아모세라는 이름의 이집트 서기가 베껴 적은 린드 파피루스. 이 부분은 평면 기하학에 관한 내용을 담고 있다.

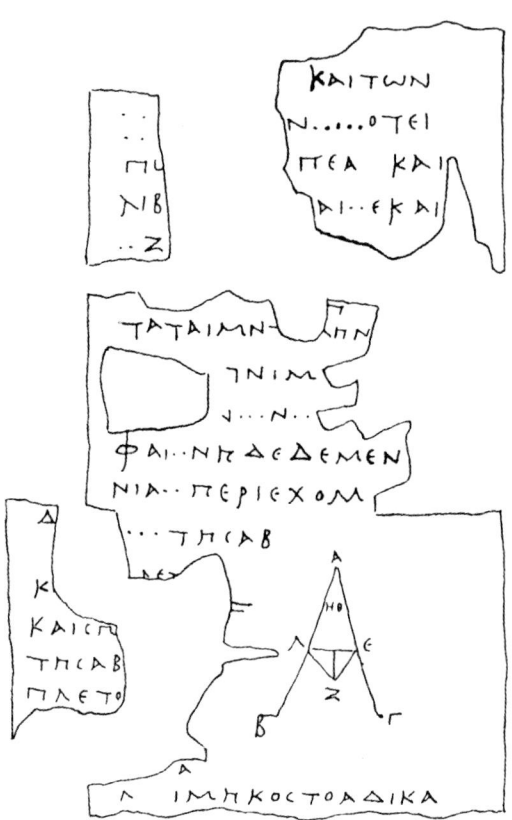

위 BC 18세기의 바빌로니아 학생들은 작은 점토판에 수학 문제를 풀었다. 이라크 남부에서 출토된 이 점토판은 인근 지역의 면적을 계산하는 당시의 전형적인 수학 문제를 보여준다. 점토판 아래에는 학생이 문제를 풀면서 숫자를 쓴 흔적이 남아 있다.

위 오른쪽 유클리드의 《기하학 원본》을 필사한 매우 희귀한 고대 사본(BC 300년경). 이 부분은 1권 서두에 나오는 명제를 보여주고 있다.

할 수 있듯이, 인도의 숫자 체계는 바빌로니아에서 건너온 60진법 때문에 약간의 혼란을 겪기도 했지만 주로 10진법에 근거했다. 《베다》에는 벽돌 제단을 건축하거나 개축하는 데 사용했던 기하학 방법이 묘사되어 있다. BC 5세기 전후의 불교도와 자이나교도는 수학을 우주적이고 철학적인 도구로 간주했다. 상인들의 경우에는 '계산용 구덩이'를 사용했다. 즉 땅을 파서 그 안에 계산용 돌 조각을 일렬로 늘어놓았는데, 돌 조각은 각각 숫자 10에 해당했다. 500년경의 《아리아바티야》(현존하는 가장 오래된 산스크리트 수학 교본)에는 수학 등식을 푸는 방법과 덧셈법이 기록되어 있다. 특히 덧셈법의 경우에는 운을 달아 쉽게 암기할 수 있도록 했다.

0에는 3가지 기능이 있다. 그 가운데 2가지는 자릿값이 정해져 있는 체계에만 필요하다. 숫자 사이에 0을 삽입한 사례(예를 들면 207)가 BC 1600년경의 설형문자판에서 발견되며, 숫자의 처음이나 맨 끝에 0을 사용하는 사례(0.0045나 27,000)는 150년경 프톨레마이오스가 저술한 천문학 저서에 처음 나타난다. 프톨레마이오스는 바빌로니아의 60진법 체계를 약간 고쳐서 사용했다. '하나도 없음'을 뜻하는 0의 개념은 7세기 초의 산스크리트 수학에서 비로소 형성되었다.

중국의 경우에는 10진법 체계를 사용했다. 중국 최초의 숫자는 연대가 BC 1500~BC 1200년으로 거슬러 올라가는 은 왕조기의 점술용 뼈에서 발견된다.

중국에서는 최소한 BC 500년부터 상아와 대나무로 만든 계산용 막대가 산술과 대수학에 적용되었다. 막대는 일정한 규칙에 따라 배열했으며, 양수는 붉은색, 음수는 검은색으로 표시했다. 중국의 수학 논문은 약 10편이 알려져 있는데, BC 500~AD 500년에 작성되었다. 그 가운데는 저 유명한 〈수학에 관한 원리 9가지〉도 포함되어 있다. 다른 문화권에서 발달한 초창기 수학처럼 중국의 경우에도 제곱근, 입방근, 피타고라스 정리, 선의 등식과 정사각형 등식, 천문학 계산, 산술 규칙, 마방진 등에 관심을 기울였다.

그리스와 로마의 수학

지금까지의 내용에 비해 지중해 동부 지역에서 발전한 수학 전통은 매우 이례적이다. 그리스어를 사용하는 세계 역시 다른 고대 사회의 경우처럼 회계사, 측량사,

> **주요 연대**
>
> 점토 경화   BC 3000년대, 중동
>
> 숫자판과 수학 문제   BC 1000년대, 이집트와 이라크
>
> 10진법   BC 1000년대, 중국

왼쪽 수염이 덥수룩한 페르시아 세리가 셈판을 이용해 세금 수입을 계산하는 모습이 그려진 BC 4세기의 화병. 셈판 위의 문자는 숫자를 나타낸다. 세리의 손에는 '100탈렌트'라고 적힌 밀랍판이 들려 있다. 아마도 공물의 무게를 나타낸 듯하다.

토목 기사, 세무사와 같은 역할을 맡아줄 사람이 필요했다. 맨 앞에서 인용한 아리스토파네스의 글에 보이듯 이 시기 들어 수학이 정식으로 모양새를 갖추면서 그 위치와 중요성이 크게 강조되었다. 스트렙시아데스는 '만인을 위한 땅'을 염두에 두었던 학생의 의도를 잘못 이해하고, 수학을 부의 재분배라는 정치 도구로 간주했다. 반면 '추상적인 땅'을 의미했던 학생의 경우, 원과 삼각형의 속성에 더 많은 관심을 기울였을 것이다. 귀족 출신의 수학자들이 한가롭게 지성을 연마할 목적으로 도표와 공리를 증명했던 전통은 BC 300년경 이집트의 알렉산드리아에서 정점에 달했다.

그 후 얼마 되지 않아, 숫자와 문제 위주의 아시아 수학이 유클리드의 전통과 뒤섞여 지중해 동부 지역에 다시 모습을 드러냈다. 수학을 탄도학, 건축학, 기계학 등에 적용하려는 실용적인 전통이 전면에 부상했다. 아르키메데스, 비트루비우스, 헤론의 역작에서 그런 전통의 일면이 확인된다. 파푸스와 히파티아 같은 학자들은 선배들의 저서를 재편집해 주석을 다는 등 수학의 역사를 종합하는 데 많은 노력을 기울였다.

그리스와 로마의 10진법은 자릿값의 개념을 갖추고 있지 않았던 탓에 계산식을 만들 수가 없었다. 유일한 해결책은 셈판을 이용하는 것이었다. 나중에 로마인들은 주판을 발명했다. 히파르쿠스 이후에 등장한 천문학자들은 60진법 체계를 그리스의 기수법에 적용했다. 수메르인들이 BC 3000년대에 점토 경화를 이용해 양떼의 수를 헤아렸듯이, 우리도 60년대의 방식으로 여전히 시간과 각도를 측정한다.

아메리카의 수학

중앙아메리카의 사포텍 사회, 마야 사회, 믹스텍 사회, 아스텍 사회에서는 20진법을 사용해 월력을 계산하는 데 주로 관심을 기울여, 그 결과를 석비와 나무 껍질로 만든 사본에 남겼다. 사포텍-마야 기수법에 따르면, 막대기는 5, 점은 1을 각각 나타냈다. 하지만 8세기 이후부터 마야인들은 각 신의 이름에 해당하는 '두상 그림 문자'로 1에서 13까지를 표기했다.

가운데 8세기의 마야 토기 중에는 계산을 하는 서기를 묘사한 그림이 많이 발견된다. 그림에서는 서기의 신 파우아툰이 2명의 학생에게 수학을 가르치고 있다. 학생들의 표정이 사뭇 진지하다. 파우아툰은 '11, 13, 12, 9, 8, 7'과 같은 숫자를 말하면서 붓으로 자기 앞에 놓여 있는 사본을 가리키고 있다.

아래 현대에 와서 복원한 고대의 주판. 후대에 등장한 구슬 주판과는 현격하게 다르다. 물론 청동으로 만든 로마 시대의 소형 주판 3점은 예외다. 사진에서 보다시피 1~4에 해당하는 세로줄과 각각 10에 해당하는 세로줄이 5개 있다(오른쪽에서 왼쪽으로 I, X, C 등의 순서). 맨 오른쪽의 두 줄은 돈을 계산할 때 사용했다. 가지고 다니기 편하도록 구슬을 판에 부착했다.

61 동전과 화폐

> 소크라테스가 아데이만토스에게 "도시에 사는 사람들은 어떻게 각자가 만든 물건을 교환할까? 우리가 공동체를 만들고 도시를 건설하는 이유는 바로 상호거래를 위해서다"라고 말해 이상적인 도시에서는 동전이 사용되리라는 점을 암시했다. 그는 "분명히 사고 파는 행위가 이루어지고, 그로 인해 시장이 형성되면서 동전이 교환 수단으로 사용될 게야. 암, 틀림없어"라고 했다.
>
> 플라톤, BC 4세기

오른쪽 BC 5세기 말의 아테네 은화. 앞면에는 도시의 수호 여신인 아테나의 두상이 새겨져 있고, 뒷면에는 아테나를 상징하는 신성한 새 올빼미와 함께, '아테네인에게 속하다'를 의미하는 그리스어 문자 3개가 새겨져 있다.

아래 리디아의 1/3 스타테르(BC 650년경~600년). 앞면에는 사자 머리가 새겨져 있고, 뒷면에는 압인기를 눌러 찍은 자국이 나 있다. 팍톨루스 강에서 발견된 이 초창기 동전은 재질이 호박금(금과 은이 섞인 천연 합금)이다. 합금의 비율이 경우에 따라 다를 수 있어 호박금으로 만든 동전은 곧 은화로 대체되었다. 은 동전 제조에 가장 흔히 쓰인 금속이었다. 모든 동전에는 앞면과 뒷면이 있기 마련이다. 초창기 동전의 경우 앞면에만 문양을 새겼다.

동전은 BC 7세기에 와서야 발명되었지만, 화폐는 그보다 훨씬 이전에 존재했다. 고대 메소포타미아와 이집트에서 나온 BC 2000년대의 문서에 보면, 은으로 화폐를 만들었다는 사실을 알 수 있다. 메소포타미아와 이집트 모두 표준 중량 단위를 사용했다(253쪽 참조). 고대의 화폐는 금속을 무게로 달아 지불하는 형식이어서 주괴나 철사, 반지 등 그 형태가 매우 다양했다.

고대 사회에서 금속 화폐는 부유한 사람들 간에만 통용되었고 그 외에는 곡식 같은 상품을 화폐로 사용한 것 같지만, 당시 교역 형태는 대부분 물물교환이었다.

그리스의 동전 발명

BC 7세기 말 터키 서부의 리디아 왕국에서 최초로 동전이 주조되었다. 이는 메소포타미아와 이집트에서 사용하던 은괴에서 자연스럽게 발전한 결과였다. 초기 동전의 특징은 발행자의 권위를 나타내는 문양을 새겨 넣었다는 점이다. 이러한 문양은 동전의 질을 보증해주었다. 동전은 표준 중량 단위에 근거해 주조되어, 일일이 무게를 달아보지 않고도 거래가 가능했다.

BC 6세기에 이르러 동전은, 동쪽으로는 아케메네스 제국까지, 서쪽으로는 에게 해를 거쳐 그리스 내륙 지방까지 확산되었다. 당시의 그리스는 여러 개의 작은 도시 국가들로 구성되어 있었다. 서쪽의 스페인에서부터 동쪽의 흑해 지역에 이르는 작은 공간에 250개가 넘는 도시가 100년 이상 존재하면서 각자 자기 도시를 상징하는 표시를 새긴 동전을 발행했다. 맨 위의 인용문에서 알 수 있듯이, 동전 발행은 도시 국가의 정상적인 기능 가운데 하나로 간주되었다.

BC 5세기가 되자 아테네가 그리스 세계의 주도권을 장악했다. 아테네의 힘은 주로 라우리움 은광에서 나오는 막대한 수익에 근거했다. 아테네는 동전을 다량으로 제조해 지중해 동부 지역에 널리 유통시켰다. 하지만 BC 4세기에 알렉산드로스 대왕이 다스리는 마케도니아 왕국이 패권을 쥐면서 아테네의 권력은 쇠퇴하기 시작했다. 알렉산드로스 대왕은 그리스의 영토를 인도 국경까지 확대하면서 세계 최초의 공용 화폐를 만들었다.

중국과 인도

근동 지역과 지중해 지역에서만 화폐를 사용했던 건 아니다. 중국의 비문에 따르면, BC 13세기에 조가비를 화폐로 사용했고, BC 1000년에는 조가비 모양의 청동 화폐가 사용되었다. 중국 최초의 동전은 춘추전국시대인

BC 7세기 말이나 BC 6세기 초에 발명된 것으로 추정되는데, 칼이나 삽의 형태로 주조한 청동 동전이었다. 그 후 BC 3세기 말에 이르러 중국을 통일한 진 왕조가 원형 동전인 엽전을 역시 청동으로 주조하기 시작했다. 엽전은 겉은 둥글고 중앙에는 정사각형의 구멍이 뚫려 있었는데, 20세기에 이르기까지 계속 사용되었다. 현재까지 중국에서는 귀금속으로 만든 동전이 발행된 적이 없다. 구리 엽전은 가치가 적었다. 따라서 값비싼 거래는 물물교환을 통해 이루어진 듯하다.

인도에서는 BC 4세기에 동전이 등장했다. 페르시아의 아케메네스 제국에서 만든 동전이 인도에서도 통용되었다. 아케메네스 제국은 BC 600년경 서쪽 영지에서 최초로 동전을 제조하기 시작했다. 은으로 만든 인도 최초의 동전은 앞면에만 문양을 새겼고 뒷면은 압인기로 눌러 찍었다. 그 후 BC 3세기에 들어와 장방형의 틀에 주조한 구리 동전이 등장했다.

로마

알렉산드로스 대왕의 시대만 해도 로마는 그리스 세계의 변두리에 위치한 소도시에 불과했다. 로마는 BC 3세기에 들어와서야 비로소 동전을 제조하기 시작했다. 로마 최초의 동전은 각기 다른 2가지 경로를 통해 발전했다. 먼저 그리스 동전을 본떠 주조한 은전을 들 수 있다. 개중에는 그리스의 도시 이름까지 그대로 새겨넣은 동전도 있었다. 이와 동시에 로마는 이탈리아의 고유한 특성을 보여주는 커다란 청동 주화를 만들었다. 하지만 이 동전은 오래 사용되지 않았다. BC 200년경

에 이르러 로마는 '데나리우스'라는 은화와, '아스'에서 '운시아'에 이르는 6가지의 청동 주화를 만들어 사용하기 시작했다. 청동 주화는 고정된 교환 비율 아래서 은전과 함께 통용되었다.

BC 2~BC 1세기에 로마는 유럽 북부와 중부 대부분은 물론, 지중해 지역 전체를 서서히 합병해 나갔다. 이 당시 로마는 여전히 공화국이었으며, 신들의 모습을 새겨넣은 그리스 도시의 동전을 본뜬 동전을 사용했다. 그런 와중에서 아우구스투스가 몇 차례의 내전을 통해 다른 장군들을 누르고 승자로 부상했다. 그는 로마 제국을 건설하는 한편, 로마의 동전에 황제의 두상을 새겨넣는 새로운 전통을 수립했다.

처음 2세기 반 동안 로마 제국은 3가지 종류의 금속(금, 은, 동)으로 동전을 만들어, 교환 비율을 정해놓고 이를 함께 사용했다. 이러한 통화 체계는 3세기에 접어들면서 점차 와해되었다. 첫째는 은이 부족했기 때문이고, 둘째는 국경 지대를 위협하는 외부 세력의 압력이 심각했기 때문이다. 결국 로마의 통치자들은 은의 함량을 줄일 수밖에 없었다. 그 결과, 270년경에는 순도가 1~2퍼센트에 불과한 은전이 주조되었다. 이런 현상은 2가지 결과를 낳았다. 첫째, 청동 주화가 들어설 자리가 없어졌다. 청동 주화의 제작은 즉각 중단되었다. 둘째, 순도가 낮은 은전('라디아테스')이 대량으로 발행되었다. 테트리쿠스 1세(재위 271~274년)는 하루에 100만 개의 동전을 발행했던 것으로 추정된다. 이는 산업혁명 이전에는 유례가 없는 발행 규

위 고대 중국에서 발행했던 삽 모양의 청동 주화.

위 왼쪽 인도의 마우리아 제국에서 주조한 BC 3세기의 구리 동전. 동전 표면에 코끼리, 황소의 머리, 깃발이 새겨져 있다.

중국의 동전 주조틀. 중국의 동전은 겉은 둥글고 중앙에는 정사각형의 구멍이 나 있는 '엽전'이다.

위 BC 280년경 로마에서 발행했던 막대 형태의 청동 주화. 중량이 약 1.5킬로그램에 달한다. 로마의 역사가 리비우스는 로마의 상류 계급이 돈을 마차에 싣고 다녔다는 기록을 남겼는데, 아마도 이 주화를 염두에 두고 했던 말인 듯하다. 동전의 코끼리 형상은 로마인들이 코끼리를 전투에 이용했던 그리스 왕 피로스를 상대로 벌인 전쟁을 암시하는 듯하다.

오른쪽 페루의 스폰딜루스 조가비 목걸이(15세기). 잉카인들은 주홍빛을 띠는 이 조가비를 매우 귀하게 여겼다.

아래 콘스탄티누스 황제 시대(307~337년)에 만들어진 금화 솔리두스. 시스키아(지금의 크로아티아 시사크)에서 주조되었다. 이 금화는 약간 특이하다. 동전 뒷면에 콘스탄티누스 황제의 이름과 칭호가 새겨져 있을 뿐만 아니라, 머리가 위를 향하고 있기 때문이다. 콘스탄티누스는 최초의 기독교 황제였다. 교회사가 에우세비우스는 콘스탄티누스 황제가 "눈을 들어 하느님께 기도하는 형태로 그의 형상을 금화에 새겨넣도록 지시했다"고 전하는데, 아마도 이 동전을 염두에 두고 했던 말인 듯하다.

모였다. 은전의 가치 저하와 대규모 발행은 심각한 인플레이션을 초래했고, 그 여파가 150년 동안 지속되었다. 하지만 결과가 전부 나빴던 것만은 아니었다. 즉 가치가 적은 동전이 대량으로 유통됨에 따라 로마 제국 전역에서 동전 사용이 일반화되었다.

4세기에도 동전을 대량으로 발행하는 관행은 여전했다. 이 시기에는 '솔리디'라는 금화와, 순도가 낮은 은전 및 청동 주화가 발행됐다. 그러다가 5세기 들어 로마 제국 서쪽 지역에서 동전 발행이 중단되었다. 이 민족이 로마를 정복하면서 로마의 동전을 본뜬 동전을 자체적으로 발행하기 시작했기 때문이다. 하지만 로마 제국의 동쪽 지역에서는 1453년 투르크족에 의해 콘스탄티노플이 함락되기까지 무려 1,000년 동안 동전이 발행되었다. 7세기에 등장한 이슬람 국가들의 동전은 비잔틴 제국의 동전에서 유래했다.

아메리카

아메리카 원주민들은 유럽 세력과 조우하기 훨씬 이전부터 고도로 발달한 문명 사회를 건설했다. 하지만 콜럼버스가 아메리카 대륙을 발견하고 나서 몇 년 후에 작성된 스페인 문서가 그들의 통화 체계를 알 수 있는 유일한 단서다. 아스텍의 기록에 보면, 초콜릿 원료인 카카오 열매(120쪽 참조)를 자루에 담아 물건 값을 치르는 장면이 나온다. 멕시코에 처음 정착한 스페인

주요 연대	
은을 화폐로 사용	BC 3000년대, 메소포타미아와 이집트
자패를 화폐로 사용	BC 13세기, 중국
금속 화폐	BC 7세기, 터키
카카오 열매	콜럼버스 이전의 아메리카

사람들도 원주민들이 카카오 열매를 돈으로 사용했다고 전한다. 남쪽에 위치한 페루와 볼리비아의 잉카 사회에서는 스폰딜루스라는 가시투성이의 조개 껍질을 가장 귀하게 여겼다.

아메리카에서는 대량의 보석과 아름다운 공예품이 제작되었지만 금을 돈으로 사용한 적은 없었다. 북아메리카에 처음 정착한 영국인들은 북동 지역의 숲에서 생활하던 아메리카 원주민들이 조가비로 만든 벨트를 제 때 헌물로 바치는 모습에 주목했다. 그들은 그와 비슷한 물건을 만들어 아메리카 원주민들과 거래할 때 사용했다.

저울과 도량 단위

62

> 선술집 여주인이 술값으로 곡식을 받기를 거부하고 무게가 많이 나가는 분동으로 측량한 은만을 받는다면 이는 곡식의 가치에 비해 술의 가치를 부풀리는 것에 해당한다. 그럴 때는 선술집 여주인의 죄를 물어 그녀를 강물에 던져 넣어라.
>
> 함무라비 법전, BC 1750년경

양손에 크기가 동일한 물건을 하나씩 들고 중량을 비교하는 건 그리 어렵지 않다. 하지만 무게의 차이를 늘 정확하게 판별하기란 불가능하다. 나일 강 유역과 인더스 계곡에서 발견된 초창기의 분동은 보석이나 금속 같은 작고 귀한 물건의 무게를 측정하는 데 사용했던 것으로 보인다. 이집트의 베카 체계는 BC 3000년대 초에 처음 등장했는데, 오로지 관리들만이 체계를 이용해 금이나 귀금속의 무게를 측정했다. 베카 체계의 기본 단위는 13그램(±5퍼센트)이었다. 하지만 모헨조다로와 하라파의 경우에는 13.7그램(±2퍼센트)을 기본 단위로 하는 분동이 일반 주택에서 발견되었다. 이는 일반인도 무게를 측정할 수 있었다는 것을 의미한다.

메소포타미아에서는 BC 2000년대 중반 들어 보리와 은의 표준 중량 단위가 등장했다. 메소포타미아의 경우, 거래할 때 셰켈(약 8.3그램)과 미나(약 500그램)에 근거한 60진법 체계를 사용했다. 문서나 유물을 통해 보석상과 선술집 주인들이 분동과 저울을 사용한 사실을 알 수 있다. 표준 단위를 관장하고 서로 다른 무게 단위를 조정하는 일은 통치자의 의무였다. 저울의 개념은 공평무사와 신의 정의라는 개념과 밀접하게 연관되었다. 동전(250쪽 참조)이 발명된 이후에도 통화의 가치를 결정하는 데 무게 측정은 중요한 역할을 했다.

무게 단위는 주로 곡식과 씨앗의 무게가 거의 변함없이 일정하게 유지된다는 사실에 근거했다. 메소포타미아에서는 보리 알갱이가, 인도에서는 쥐엄나무 씨앗이 무게를 측정하는 데 사용되었다. 1세기경 중국에서는 후안종이라는 피리에 기장 씨앗을 가득 채웠을 때 나오는 숫자, 부피, 무게(약 14그램)를 기준으로 도량형을 수립했다. 이와 같은 도량형은 전설상의 황제(黃帝)가 창안했다고 전한다.

저울과 대저울

최초의 저울은 나무나 청동으로 만들었는데, 가운데에 있는 막대 양쪽 끝에 접시나 고리를 매단 천칭의 형태를 띠었다. 한쪽 접시에는 무게를 측정할 물건을 올려놓고 다른 쪽 접시에는 저울이 수평을 이룰 때까지 분동을 올려놓았다. 비잔틴의 화폐 주조자들은 고도의 정확성을 자랑하는 유리 분동을 사용했다.

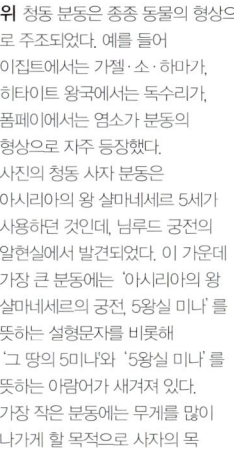

위 청동 분동은 종종 동물의 형상으로 주조되었다. 예를 들어 이집트에서는 가젤·소·하마가, 히타이트 왕국에서는 독수리가, 폼페이에서는 염소가 분동의 형상으로 자주 등장했다. 사진의 청동 사자 분동은 아시리아의 왕 살마네세르 5세가 사용하던 것인데, 님루드 궁전의 알현실에서 발견되었다. 이 가운데 가장 큰 분동에는 '아시리아의 왕 살마네세르의 궁전, 5왕실 미나'를 뜻하는 설형문자를 비롯해 '그 땅의 5미나'와 '5왕실 미나'를 뜻하는 아람어가 새겨져 있다. 가장 작은 분동에는 무게를 많이 나가게 할 목적으로 사자의 목 주변에 약간 조잡한 깃을 덧붙였다.

왼쪽 연대가 BC 3000년대로 추정되는 돌 분동이 이집트와 인더스 계곡에서 처음 발견되었다. 사진에서 보듯이 수암(부싯돌의 일종)으로 만든 주사위 형태의 분동이 인더스 계곡의 여러 도시뿐만 아니라 아라비아 만 일대와 이라크 남부 지역에서도 나왔다. 이런 모양의 분동은 BC 1500년경까지 제작되었다.

오른쪽 이집트의 《사자의 서》에 따르면, 죽은 자는 심장을 진리의 깃털에 달아본 후에야 비로소 지하 세계의 출입이 허용된다고 한다. 사진은 자칼의 머리를 한 죽음의 신 토트가 왕궁 서기 아니의 심장을 다는 모습이다. 연대는 BC 1250년경.

맨 오른쪽 고대 사회에서 인간의 신체 부위는 거리를 측정하는 기본 단위로 종종 이용되었다. 이 애슈몰린 도량형 부조는 BC 5세기 중반 터키 서부 지역이나 그리스 섬에 있던 도량형 사무소의 외관을 장식했던 것으로 보인다. 부조에는 피트(여기에서는 297밀리미터)를 비롯해, 손가락과 손을 이용한 측량 단위가 기록되어 있다. 예를 들면 큐빗(손가락에서 팔꿈치까지의 길이, 여기에서는 520밀리미터)과 길(양팔을 활짝 벌렸을 때 한쪽 손 손가락 끝에서 다른 쪽 손 손가락 끝까지의 길이, 여기에서는 2.08미터) 등이다.

아래 중국에선 BC 200년경부터 정부가 나서서 각종 도량 단위를 엄격하게 관리했다. 부피 측량에 사용했던 사진의 청동 됫박(양쪽에 계량 컵 2개가 부착되어 있다)은 약 2리터의 곡식을 담을 수 있다. 연대는 서기 9년이다. 이와 같은 측량 도구에는 보통 눈속임을 경고하는 다음과 같은 문구가 새겨져 있다. "됫박을 속이려고 할 때는 즉시 저지해야 한다. 중단하지 않을 때는 처벌해야 한다."

주요 연대

분동　　BC 3000년대, 이집트와 인더스 계곡
대저울　1세기, 로마

고대 문명권에서는 기본 단위는 각기 달랐을지라도 이원 분동 체계를 사용했다. 즉 기본 단위를 이루는 분동의 개수를 늘리거나 줄이는 방법으로 무게를 쟀다. 이는 다른 문화의 영향을 받아서가 아니라 실용성 때문이었다. 가장 가벼운 물건에서부터 가장 무거운 물건에 이르기까지 동일한 정확도를 유지하면서 무게를 측정하려면 무게 단위별로 분동이 필요했다.

하지만 하중은 무게와 중심점에서의 거리에 따라 결정된다는 원리를 적용해 만든 로마의 대저울이 등장하면서 분동을 일렬로 갖추어 놓을 필요가 없어졌다. 막대 한쪽 끝에 물건을 올려놓고 수평을 이룰 때까지 다른 쪽 끝의 평형추를 움직였다. 물건의 무게는 막대에 새겨진 눈금을 읽는 것으로 측정되었다. 로마의 기본 단위는 운시아(온스, 약 27그램)였다. 1세기에 발명된 대저울은 급속히 확산되었고, 200년이 채 못 되어 중국에까지 전래되었다.

다른 측량 단위

나머지 도량형은, 측정할 물건의 종류에 따라 좌우되었다. 예를 들어 말은 뼘으로, 바다의 깊이는 길로 측정했다. 뼘과 길(양팔을 활짝 벌렸을 때 한쪽 손가락 끝에서 다른 쪽 손가락 끝까지의 길이)의 경우처럼, 길이의 단위는 신체 부위를 기준으로 삼았다. 하지만 개인의 신체는 각기 다르기 때문에 표준 길이를 설정하고 단위 사이의 비율을 정해야 했다. 구대륙에서는 중국에서 유럽에 이르기까지 큐빗(완척)은 약 50센티미터(±10퍼센트)를, 길은 약 4큐빗(6~7피트)을 가리키는 표준 단위로 사용되었다. 이는 문화 접촉의 결과라기보다, 성인 남자의 신체가 대체로 비슷했기 때문에 나타난 결과였다.

한편 부피 단위는 시대와 장소는 물론, 물건의 종류에 따라 훨씬 더 큰 차이를 보였다. 해당 사회의 취향에 따라 유형과 크기가 각기 다른 측정 도구가 사용되었다. 이런 이유로 부피 단위 역시 중앙 권력의 엄격한 통제가 필요했다.

일반 의학

주민들의 건강을 바라보는 태도와 의학의 발달은
그 사회에서 이루어지는 발전의 질과 질서의 정도를 가늠하는 척도다.
로버트 아노트, 1996

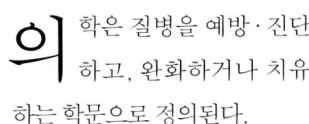

의학은 질병을 예방·진단하고, 완화하거나 치유하는 학문으로 정의된다.

인간은 질병의 고통에서 완전히 해방될 수 없기 때문에 과거로부터 누적되어온 자료를 활용해 이를 극복하려는 노력은 앞으로도 계속될 수밖에 없다. 고고학 증거에서도 그런 시도가 드러난다.

상처를 '드레싱' 한 흔적이 엿보이는 미라와 유골이 더러 남아 있기는 하지만, 질병을 극복하려는 인류의 노력은 주로 그림이나 기록을 통해 발견된다. 고고학 증거는, 병원을 비롯해 환자들을 돌보았던 기관의 유물과 의학용 도구의 형태를 띤다.

기록이 남아 있지 않은 선사시대의 경우에는 단지 추측에 근거할 수밖에 없다. 천공술을 시술한 증거가 더러 발견되기는 하지만, 종교 의식이나 약초에 의존하는 치료 행위가 주를 이루었던 것으로 보인다.

신대륙의 의학

신대륙은 구대륙에 비해 의료 행위를 보여주는 고고학 증거가 더욱 드물다. 하지만 15세기 말 스페인의 정복이 이루어지면서 역사가들은 이미 상당한 수준에 다다른 원주민들의 의학 지식을 문서로 기록하기 시작했다. 치유와 질병과 관련된 신들이 있었고, 질병은 죄의 개념과 직결되었다. 그러다 보니 죄의 고백이 질병 치유의 한 방편이 되기도 했다. 점성술이 질병 진단에 이용되었고, 부적과 주문이 치료 수단으로 쓰였다.

멕시코의 아스텍 사회는 약 1,200종에 달하는 약초에 관한 지식을 가지고 있었을 뿐만 아니라, 훈증 소독법, 세척, 방혈, 식이요법과 같은 치료법을 사용하기도 했다. 아울러 해마다 돌아오는 시투아라는 의식이 시작되면 집 안을 깨끗하게 청소했다. 이러한 관행은 틀림없이 공중 위생에 크게 기여했을 것이다. 페루의 잉카 사회 역시 질병의 원인에 대해 비슷한 개념을 가지고 있었고, 여러 가지 형태의 치료 수단을 사용했다.

페루 북부 해안의 모체에서는 당시의 사회 풍습을 엿볼 수 있는 도자기가 종종 발견된다. 왼쪽의 도자기는 치유자가 환자를 돌보는 모습을 묘사하고 있는데, 아마도 치유를 기원하는 기도를 올리고 있는 듯하다. 아래의 도자기에는 출산을 돕는 산파의 모습이 묘사되어 있다.

오른쪽 아메리카 남서부 지역에서 발굴된 부목, 목발, 피를 뽑아내기 위해 사용했던 것으로 보이는 파이프, 부싯돌 칼을 복원한 그림(1923년).

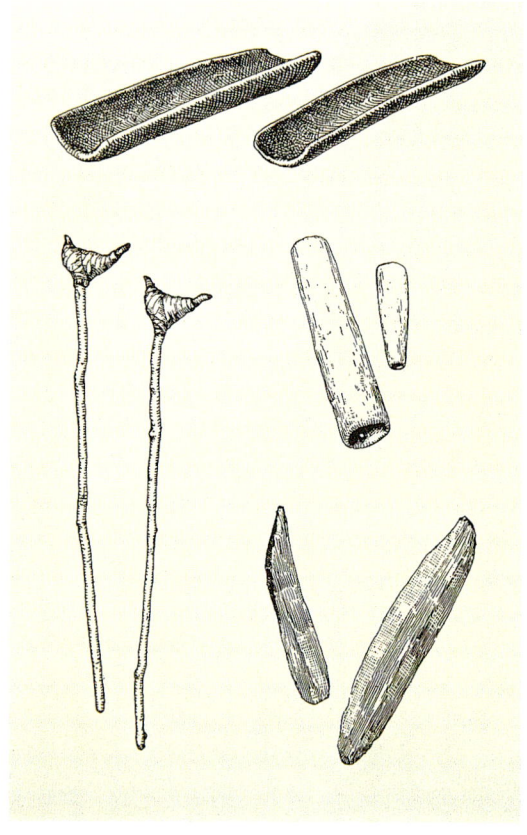

예를 들어 인간의 질병을 동물에게 옮기는 방법도 치료 행위의 하나로 간주되었다.

질병의 원인과 치료법

의학 기술을 문서로 남긴 최초의 증거가 파피루스 형태로 이집트에서 발굴되었다. 그 가운데 가장 유명한 문서는 에드윈 스미스 문서(BC 1550년), 에버스 문서(BC 1550년), 허스트 문서(BC 1450년), 베를린 문서(BC 1200년)다. 에드윈 스미스 문서에는 검사와 진찰 방법을 비롯해 다양한 증상과 치료법이 상세히 기록되어 있다. 이 문서는 '외과 교재'로 분류된다.

에버스 문서의 경우, 이미 진찰이 이루어졌다는 전제 아래 다양한 의학 자료를 110페이지에 걸쳐 요약해 놓았다. 그 안에는 동물, 채소, 과일, 미네랄 혼합물을 이용해 안구 질환, 물린 상처, 피부병, 상해 등을 치유하는 방법이 적혀 있다.

이집트의 의사들은 미라를 만드는 과정을 지켜보거나 사고로 숨진 희생자를 관찰함으로써 해부학 지식을 쌓았던 듯하다(264쪽 참조). 많은 질병이 몸에 들어온 악귀에 의해 생긴다고 생각했기 때문에 치료법의 일환으로 주술 행위가 이루어졌고, 종교와 민간 요법이 의학과 밀접한 관련을 맺었다. 많은 주술사가 의사로 활동했다는 사실을 보여주는 증거도 있다. 아울러 고대 이집트에는 약사, 간호사, 산파, 물리 치료사, '붕대 감는 자'가 존재했다.

중국에서도 BC 2000년경에 이미 의학의 발전이 이루어졌다. 당시의 문서에는 치료법, 진찰법, 투약법과 처방전 등이 기록되어 있다. 아울러 살아 있는 사람의 건강과 행복이 죽은 사람과의 관계에 달려 있다고 믿었기 때문에, 질병의 원인과 치유법을 알아내기 위해 죽은 자의 혼령을 불러 조언을 구하기도 했다. 죽은 자를 잘 대접하지 않으면 살아 있는 자에게 저주가 내린다는 것이 당시 사회의 통념이었다. 예를 들어 중국인들은 BC 8~BC 3세기까지 혼란기가 이어진 이유를, 질병을 일으키는 악귀가 인간의 육신에 들어왔기 때문이라고 생각했다. 이처럼 중국의 의학은 질병의 원인과 결과를 매우 중요시했다. 진나라가 천하를 통일한 BC 221년 전후에 쓰여진 다양한 문서에 보면, 당시의 사회·경제

오른쪽 이집트 나가에드데이르의 공동묘지에서 출토된 BC 2400년경의 부목. 부목의 재질은 나무 껍질이다. 부목을 고정했던 아마 붕대와 함께 골절된 요골과 척골이 발견되었다. 부러진 뼈들은 치유되지 않은 상태였다.

상황과 밀접하게 연관된 치료법이 기록돼 있다.

중국 의학을 알 수 있는 주된 증거 가운데 하나는 BC 479~BC 300년에 저술된 것으로 추정되는 《내경(內經)》이라는 의학서다. 이 책을 쓴 사람은 질병이 인체에 침입한 외부의 물체(벌레나 곤충)나 다양한 기능 장애를 통해 유발된다고 생각했다. 아울러 맥박, 안색, 입냄새를 진단의 잣대로 사용하기도 했다.

13세기에 이르러 중국의 의사들은 약물 치료와 인체의 조화를 유지하는 방법에 관심을 기울였다. 최초의 약초 교본 《신농본초경(神農本草經)》은 연대가 1세기로 거슬러 올라간다. 치료법으로는 마사지, 식이요법, 주술 의식, 소작법(뜨거운 인두로 질병이 생긴 부위를 지지는 방법) 등이 사용되었다. 침술 시술은 편작(扁鵲)이 BC 90년에 처음 언급했다.

의료 윤리 강령

BC 7세기에 메소포타미아를 통치했던 아슈르바니팔 왕의 서재에서 질병의 명칭과 치유법을 적은 점토판이 다량 발견되었다. 당시에는 의학과 종교가 서로 밀접히 연관되었고, 점성술이 치료 방법에서 큰 비중을 차지했다. 질병 치유에 종사했던 사람들은 3종류였다. 첫째는 질병의 진행 상태를 예측하는 사람, 둘째는 질병을 일으킨 악귀를 쫓아내는 사람, 셋째는 250종의 식물과 120가지의 미네랄 및 동물의 장기 정보를 수록한 자료를 이용해 약을 처방하는 사람. 함무라비 법전(BC 2000년경)에는 최초로 의료 윤리 강령이 수록되기도 했다.

하지만 '과학적인 의료 기술'을 개발한 이들은 그리스인이었다(BC 500년경). 그리스인들은 서구 사회의 의학 발전에 크게 기여했다. 특히 히포크라테스와 그의 제자들이 집필한 의학 서적은 지대한 영향을 미쳤다. '의학의 아버지'로 불리는 히포크라테스는 코스에 의료 학교를 설립했다. 코스에서 활동했던 여러 의학자들의 공동 작

위 4가지 체액이 4원소와 맺고 있는 관계를 보여주는 그림. 고대의 의학은 대부분 이런 체계를 믿는 신념에 근거했다. 즉 고대인들은, 질병은 체액의 균형이 무너지면서 발생한다고 생각했다.

왼쪽 BC 500년의 적회식 아티카 도자기 안쪽에 그려져 있는 그림. 아킬레우스가 부상당한 파트로클로스의 상처에 붕대를 감아주고 있는 모습이다. 파트로클로스는 고개를 한쪽으로 돌리고 있고, 아킬레우스는 붕대의 끝을 잡고 팔에 난 상처를 싸매고 있다.

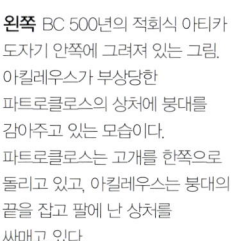

63 예술과 과학

위 트라야누스의 기념주 가운데 일부. 부상당한 군인들과 이들의 상처를 치료하는 간호병들의 모습을 묘사하고 있다.

오른쪽 독일 빙겐에서 나온 로마 시대의 청동 부항. 방혈을 통해 정맥의 피 흐름을 원활하게 하거나, 체액을 뽑아내 신체의 균형을 회복하는 데 사용했던 도구다.

로마의 의학

로마는 1세기에 의학의 중심지가 되었다. 켈수스의 의학 서적에는 그리스의 영향을 받은 흔적이 발견된다. 《의학에 대하여》(30년)는 여러 사람의 글을 묶어 편집한 최초의 의학서다. 그 뒤를 이어갈레노스(2세기) 역시 이런 종류의 의학서를 펴냈으며, 진찰법과 해부학에도 크게 공헌했다. 그의 해부학 지식은 동물 해부에서 비롯했다. 로마 제국이 보건 분야에 가장 크게 기여한 건 질병 예방의 길을 열어놓았다는 점이다. 수도 시설, 배수 시설, 화장실, 하수구, 공중 목욕탕과 같은 시설물의 보급은 공중 위생 수준을 한 차원 끌어올렸다(84쪽 참조). 또한 로마는 마을과 도시와 군사 기지에 진료소를 세우기도 했는데, 이는 훗날 병원이 본격적으로 발달하는 계기를 마련했다.

품으로 간주되는 히포크라테스 의학 전집은 질병의 종류와 증상을 상세히 기록하고 있다.

이 당시까지만 해도 의학은 주로 환자의 치유에 초점을 맞추었다. 하지만 BC 5세기에 진정한 의학 개념이 도입되었다. 다시 말해 환경과 질병 발생의 관계에 관심을 기울였고, 건강에 이로운 삶의 방식을 채택하기 시작했으며, 자연 치유를 주장하는 이론이 등장하면서 종교나 초자연의 세계와는 무관한 의료 체계가 발달했다. 중국 의학의 경우에는 '몸의 조화'를 건강 유지의 핵심으로 꼽으면서 4가지 체액(혈액, 담, 검은 담즙, 노란 담즙)의 균형을 강조했다. 아울러 식이요법, 휴식과 운동, 부항 등이 몸의 부조화를 치료하는 방법으로 사용되었다.

BC 330년 이집트의 알렉산드리아에 또 하나의 의료 학교가 설립되었다. 이 학교 출신의 헤로필로스는 '해부학의 아버지'로, 에리사스트라토스는 '생리학의 아버지'로 불렸다. 알렉산드리아 학파는 히포크라테스 학파에 필적할 만한 성공을 거두지는 못했지만 해부학과 생리학 지식을 발전시켜 의학 발달에 크게 공헌했다.

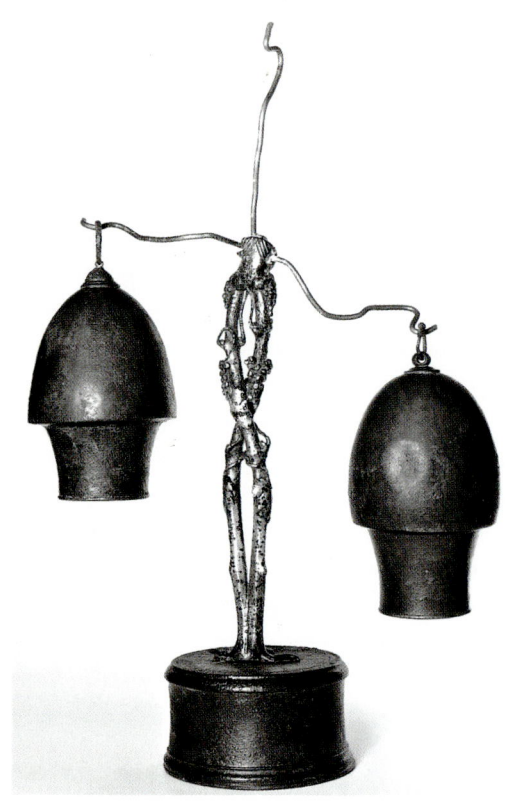

일반 의학

맨 왼쪽 프랑스 모젤 강에서 발견된 로마 검안사의 인장. 검안사는 백내장과 같은 안과 질환을 치유하는 전문가였다. 인장은 그들이 처방했던 연고나 의약품을 식별하는 수단으로 사용되었다.

주요 연대

의료 윤리 강령	BC 2000년경, 메소포타미아
의학 문서	BC 1550년경, 이집트
'과학적인 의학의 발전'	BC 500년, 그리스
침술	BC 90년, 중국
약초 교본	1세기, 중국

왼쪽 레바논에서 발견된 로마의 청동제 질 검경. 나선형으로 설계되어 열거나 닫을 수 있었다. 로마 시대 의료 장비의 정교함을 엿볼 수 있다.

인도의 의학

인도의 의학도 신체의 3가지 요소(호흡, 담즙, 담)가 균형을 잃을 때 질병이 발생한다고 생각했지만, 그리스나 이슬람, 또는 중국의 의학과는 분명한 차이를 보였다. 아유르베다(생명에 관한 지식 또는 과학)로 불렸던 힌두 의학은 삶의 모든 측면에 관해 실제적인 조언을 제공했다. 즉 힌두 의학은 적당한 휴식, 섭생, 운동, 섹스가 건강한 삶을 사는 첩경이라고 강조했다. 1세기에 최초의 의학서가 씌어졌는데, 내용은 약초 사용과 식이요법이 주를 이룬다. 때로 종교와 결부된 마술이 치료에 적용되기도 했다. 가장 유명한 의학서는 1세기와 4~6세기에 편집된 《삼히타》다.

기독교와 의학

유럽의 교회는 400년 이후부터 질병 치료와 의학의 발전에 줄곧 공헌해왔다. 질병은 종종 죄에 대한 징벌로 간주되어, 사람들은 질병 치유를 위해 성인들의 유골이 안치된 교회나 사당을 찾았다. 하지만 수도원 제도가 정착되면서 환자를 치유하는 방법에 상당한 수준의 발전이 이루어졌다. 수도원은 '지식의 보존자'로서의 역할을 톡톡히 해냈다. 그들의 지식은 주로 그리스-로마의 의학 서적을 번역하는 데서 비롯했다.

의치(틀니)

나이를 먹으면 대개 이빨이 빠지기 마련이다. 치과 치료가 열악했던 과거에는 지금보다 일찍 이빨이 빠지는 경우가 많았다. 아마도 당시에는 음식을 씹어 소화시킬 목적보다는 허영심 때문에 빠진 이빨을 대체할 수 있는 방법을 연구했던 것 같다. 최초의 의치는 이탈리아(토스카나)에 거주하던 에트루리아 사람들 사이에서 나왔다. BC 700년 두께 3~5밀리미터의 황금 철사로 대체 치아를 고정시킨 부분 틀니가 제작되었다(사진). 초창기 치과 보철술을 보여주는 또 다른 증거는 시돈에 있는 한 페니키아인의 무덤에서 발견되었다(4~6세기). 이번에는 상아를 깎아 만든 치아를 황금 철사로 고정시킨 형태를 띠었다.

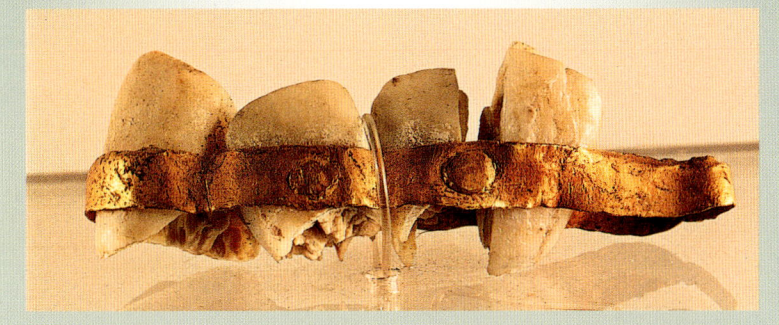

64 외과 수술과 수술 도구

> 외과 의사는 젊어야 한다. …… 손이 떨리지 않고 안정되고 강해야 할 뿐 아니라,
> 오른손은 물론 왼손도 자유자재로 사용할 줄 알아야 하고,
> 시력이 예리하고 날카로워야 하며 두려움이 없어야 한다.
> 아울러 환자를 가엾게 여기는 마음으로 인술을 베풀어야 하지만
> 비명 소리에 놀라 너무 서둘러서도 곤란하고,
> 환부를 불충분하게 절단하는 잘못을 범해서도 안 된다.
>
> 켈수스, 1세기

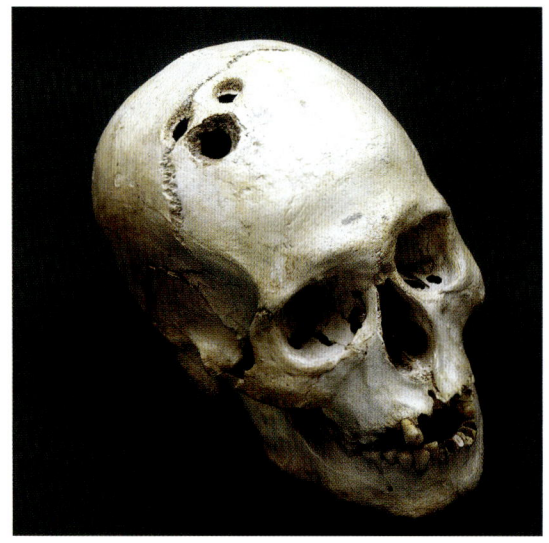

위 예리코에서 발굴된 청동기시대의 두개골(BC 2200~BC 2000년). 둥글게 뚫린 구멍은 천공기 같은 도구를 사용한 흔적이다. 뼈에 치유의 흔적이 있는 점으로 보아, 두개골의 주인은 무사히 수술을 받았던 듯하다.

오른쪽 맨 위에 천공 장면을 조각한 천공용 칼. 페루에서 출토되었다.

인류 역사가 시작된 이래 사람들은 부상, 상처, 쇼크로 고통을 받아왔다. 따라서 적절한 치료법을 찾는 건 지극히 자연스런 현상이었다. 대개 주변에서 쉽게 얻을 수 있는 천연 물질을 이용해 질병을 치료하려고 노력했다. 아울러 인간의 손은 재능이 많다. 인간이 외과 치료에 손 이외의 도구를 사용한 건 선사시대부터인 듯하다. 하지만 문서로 전해지는 기록도 없고, 또 외과용 도구라고 해도 주방 용품 같은 일반 도구와 별로 차이가 없었을 것이므로, 초창기에 사용했던 외과용 도구를 확인하기란 거의 불가능하다.

천공술

부드러운 신체 조직은 모두 썩어 없어졌고 또 수술 현장도 전혀 남아 있지 않아, 인간의 유골에서 외과 수술의 흔적을 찾을 가능성은 매우 희박하다. 하지만 수술 흔적이 뼈에 남아 있는 경우가 몇 군데서 발견된다. 두개골을 절제하는 천공술을 시술한 극적인 증거 하나가 신석기시대 초기(약 7,000년 전)의 것으로 추정되는 인간의 유골에서 발견되었다. 이는 외과 수술의 흔적을 보여주는 가장 오래된 증거다.

만성 두통을 비롯해 질병, 부상, 편두통으로 극심한 두통에 시달릴 경우, 상당한 고통과 위험이 뒤따르는 외과 수술이 시행되었을 가능성이 높다. 유럽에서 시행된 최초의 천공술은 머리가죽을 절개한 뒤 부싯돌 칼로 두개골을 자르거나 깎아내는 방법을 사용했다. 갓 깨서 만든 부싯돌 칼은 매우 예리할뿐더러 세균에 감염될 염려도 없어 수술 도구로 사용하기에 손색이 없었다. 뼈의 가장자리가 치유되거나 재구성된 점으로 보아, 선사시대 환자들 가운데 많은 수가 수술 후에 생명을 연장했을 것으로 추정된다.

천공 도구를 따로 만들게 된 건 BC 3~BC 2세기에 이르러서였다. 유럽의 켈트족 유적지에서 발굴된 라텐 C 고분군 몇 군데에서 쇠로 만든 작은 도구들이 나왔다. 여기에는 19세기 초에 천공 도구로 사용했던 헤이의 외과용 톱과 비슷하게 생긴 도구도 포함되어 있었다. 이 도구는 자루 달린 톱의 형태를 띠는데, 자르는 부위는 작고 섬세한 톱니로 이루어져 있다. 아울러 독일 빙겐에서 발굴된 2세기 초의 무덤에서도 두개골 천공술에 사용

했던 외과용 도구 세트가 나왔다. 이 도구 세트는 청동으로 만든 원통형 천공기 2개와 접이식 절단기로 구성되어 있다.

골절과 절제술

두개골 천공술보다 부러진 팔다리 치료가 훨씬 더 보편적으로 이루어졌다. 부목 치료는 일찍이 BC 2000년대부터 시작되었다. 나가에드데이르에 있는 이집트 제5왕조기(BC 2400년경)의 바위를 깎아 만든 무덤에서, 부러진 팔다리에 나무 껍질로 만든 부목을 아마 붕대로 감아 고정시킨 미라가 발견되었다(256쪽 참조). 고대 이집트의 의학 문서 가운데 지금까지 전해오는 에드윈 스미스 파피루스는, 파라오의 주치의들을 위한 의학 교본이었다. 이 문서에는 신체의 상부에 충격을 받았을 때 이를 처치하는 방법이 수록되어 있는데, 골절된 부위를 접합하거나 탈골된 뼈를 맞추거나 상처를 꿰매고 붕대로 감는 등의 치료 행위가 대부분을 차지한다.

위생 상태가 좋지 못했던 고대에는 상처가 세균에 감염되어 궤양이나 탈저로 고통을 받거나 생명이 위태로울 수 있는 가능성이 항상 존재했다. 1세기 초 로마의 저술가 켈수스는 탈저로 썩어가는 팔다리를 절제하는 과정을 설명했다. 아울러 최근 들어 2세기에 다리 절제가 성공리에 이루어졌다는 사실을 보여주는 증거가, 로마 근처의 오스티아에 있는 2세기의 이솔라 사크라 공동묘지에서 발견되었다.

없는 팔다리의 기능과 미관을 보완할 목적으로 의족이나 의수를 사용했다는 사실을 보여주는 고고학적 증거가 이탈리아 남부 카푸아의 한 무덤(BC 300년경)에서 발견되었다. 무덤의 주인은 오른쪽 다리 아래가 잘려 있었고, 나무에 청동판을 덧대 만든 의족을 착용하고 있었다. 의족은 발목에서 무릎 바로 아래에 이르는 실제 정강이와 장딴지를 거의 그대로 옮겨놓은 듯했다. 의족의 위 부분과 아래 부분은 비어 있었다. 전자는 무릎 바로 아래에 남아 있는 정강이를 감싸기 위해서였고, 후자는 인공 발을 부착하기 위해서였다.

외과용 도구

고대 이집트와 그리스의 의학 서적을 보면, BC 1000년대 이후부터 간단한 외과 수술은 물론 상당히 복잡한 외과 수술도 이루어졌다는 증거가 포착된다. 하지만 수술 도구는 거의 발견된 게 없다. 단 하나 예외가 있다면 청동으로 만든 방혈 도구다. BC 6세기경의 이 그리스 방혈 도구는 피를 뽑아내 절개된 정맥에서 피가 흘러나오는 속도를 빠르게 하거나, '유해한 체액'으로 추정되는 물질을 피부의 구멍을 통해 배출시키는 데 사용되었다. 이러한 방혈 도구는 고대 사회에서 가장 오래 유행했던 질병 이론 가운데 하나, 즉 4체액 이론(258쪽 참조)을 뒷받침하는 보조물이었다. 방혈 요법은 체액의 균형을 회복하는 주요 수단이었다. 그리스와 로마 세계에서 사용했던 방혈 도구의 모양은 BC 6~BC 4세기까지 거의 변하지 않았다.

《수스루타 삼히타》는 인도의 초기 의학서다. 여기에는 그 이전부터 구전으로 전해오는 의학 지식이 집대성되어 있다. 고대 인도의 의학은 외과 수술의 형태를 적출(절제), 절개, 난절, 천자, 상처 탐침, 적출, 배농, 봉합으로 구분했다. 아유르베다 치료사들은 날 있는 도구와 날 없는 도구, 인두, 바늘, 탐침 등을 사용했다. 이들도 그리스와 로마의 외과 의사들처럼, 손상된 귀와 코를 성형하는 수술을 비롯해 요도 결석과 치루나 치질을 제거하는 수술, 백내장 치료를 위해 수정체를 전위(轉位)하는 수술을 시행하기도 했다. 외과 지식은 그리스 세계와 인도 사이에서 쌍방향으로 전래됐을 가능성이 높다. 안타깝게도 인도의 외과용 수술 도구

위 이탈리아 카푸아에서 출토된 의족(BC 300년경을 복원한 모습). 나무에 청동판을 덧대 만든 의족은 실제 다리 모양대로 설계되어 있었다. 의족 밑에는 인공 발을 부착했던 것으로 보인다.

아래 독일 빙겐에서 나온 2세기 초 로마 시대의 두개골 절제 도구 세트(이를 빙빙 돌려가며 뼈를 잘라냈다). 사진에서 보듯이, 도구 세트는 청동으로 만든 원통형 천공기 2개와 접이식 절단기로 구성되었다.

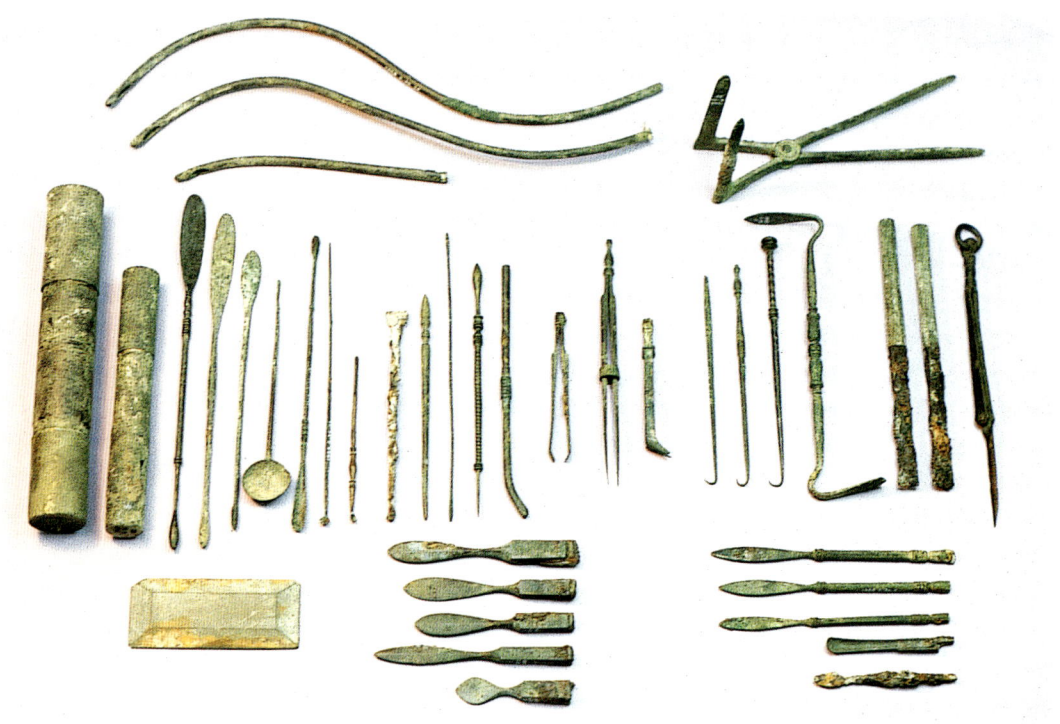

로마 시대의 외과용 도구 세트. 외과용 칼, 갈고리, 핀셋, 탐침, 바늘, 카테터, 뼈 끌, 약품 상자, 직장 확장기 등으로 이루어져 있다. 이탈리아에서 발견되었으며, 연대는 1세기나 2세기로 추정된다.

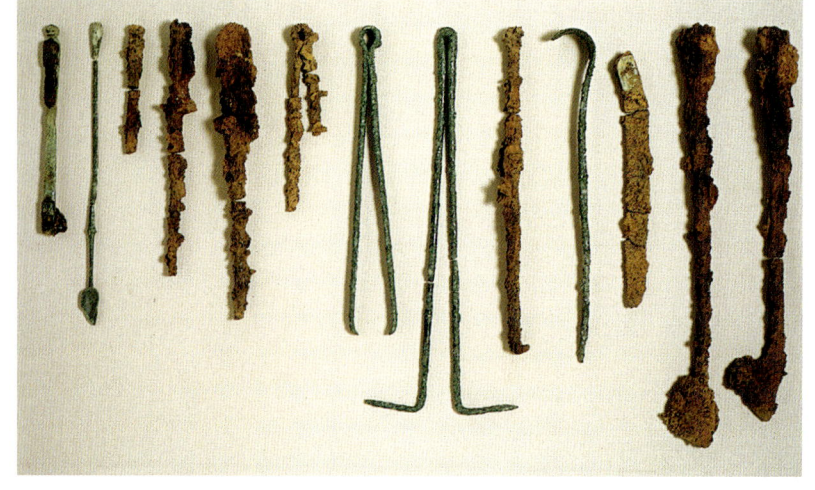

아래 에섹스 스탠웨이에서 나온 외과용 도구. 고대의 외과 수술에는 이와 같은 기본 도구들이 사용되었다.

는 아직 확인되지 않고 있다.

하지만 1세기에 이르러 로마에서 외과 수술용 의료 도구가 제작되기 시작했다는 사실을 보여주는 고고학 기록이 나왔다. 당시의 도구는 설계도 훌륭했고, 매우 섬세했으며, 정교하게 장식되었다. 로마 시대의 금속 세공가들은 예리한 칼, 끝이 매우 뾰족한 바늘, 놀라울 정도로 표면이 부드러운 카테터를 비롯해 정밀한 도구를 많이 만들었다. 소재는 주로 구리와 구리 합금이었다. 대개는 황동이나 청동이 사용되었고, 철은 특별히 칼을 만드는 데 쓰였다. 그런 도구들이 로마 제국 도처에서 발견되었다. 이는 외과 수술에 대한 의학 이론은 달랐을지 몰라도 거의 동일한 수술 방법이 널리 적용되었다는 사실을 입증한다.

외과용 수술 도구 세트

고고학 유적지에서 나온 도구들은 고대의 외과 수술이 어떻게 진행되었는지를 상상할 수 있게 해준다. 하지만 로마 시대의 무덤에서 나온 외과용 수술 도구 세트는 훨씬 더 많은 정보를 제공한다. 1996년 잉글랜드 스탠웨이에서 발견된 무덤에서 1세기 중반의 것으로 추정되는 외과용 수술 도구 14종 세트가 나왔다. 말하자면 고대의 외과 수술에 사용되었던 기본 도구가 총망라된 셈이었다. 메스, 핀셋, 바늘, 날카로운 갈고리, 뭉툭한 갈고리(상처나 절개 부위의 가장자리를 마무리하는 데 사용하는 도구), 작은 톱이 거기에 해당한다. 이는 외과용 수술 도구 세트로는 최초의 사례에 속한다.

폼페이의 경우처럼, 갑작스런 재난으로 폐허가 된

장소에서 발견된 유물들은 훨씬 더 많은 정보를 전해준다. 희생자 가운데는 의사들도 있었는데, 대표적인 예로 수술용 도구 세트가 들어 있는 나무 상자를 손에 쥔 채 원형 극장 근처에서 사망한 한 의사를 들 수 있다. 이 밖에도 약 20가구에서 외과 수술을 전업으로 삼았거나, 아니면 개인적으로 시술했던 흔적을 보여주는 수술용 도구들이 발견되었다. 산부인과용 도구나 외과용 도구를 소장한 사람도 있었고, 외과 수술과 의약품 처방을 병행했던 것으로 추정되는 사람도 있었다.

폼페이는 도시 전체가, 당시의 의료 활동이 어떤 식으로 이루어졌는지를 짐작하게 해주는 매우 특이한 경우에 속한다. 다른 곳에서도 개인적으로 의료 활동에 종사했던 사람들의 유물이 발견되는데, 가장 눈에 띄는 곳은 이탈리아 리미니에 있는 의사의 집이다. 이 집은 3세기 중엽에 화재로 소실되었는데, 발굴 당시 무려 150개가 넘는 금속 도구가 보존되어 있었다. 이는 지금까지 발견된 의료용 도구 가운데 최대 규모다. 수술용 기본 도구를 비롯해 골절 부위를 들어올리는 데 사용하는 레버, 뼈를 자르고 다듬는 데 사용하는 둥근 정과 끌, 부서진 뼛조각을 제거하는 데 사용하는 핀셋, 절단기를 작동하는 데 사용하는 접이식 손잡이, 결석 제거 수술(방광에서 돌을 제거하는 수술)과 같은 매우 위험한 수술을 하는 데 사용하는 까칠까칠한 국자, 후두부 수술과 치질 제거 수술에 사용하는 핀셋 등이 발견되었다. 이들 도구를 통해 로마 시대의 의사가 어떤 장비를 갖추고 있었는지를 확연히 알 수 있다.

위의 도구들을 소유했던 의사가 어느 정도의 실력을 갖추고 있었는지, 또 성공리에 치료를 끝마쳤는지에 대해서는 확실히 알 길이 없다. 하지만 환자의 증세를 진찰하고 병세의 진전을 예측하면서 식이요법을 권장하거나 약을 처방하고 수술을 실시하는 등 일반적인 의료 활동을 벌인 것만은 틀림없다. 고대 사회에서도 외과 수술이 상당히 광범위하게 실시되었으며, 오늘날처럼 외과용 수술 도구를 개발하려는 노력이 끊임없이 이루어졌다.

주요 연대

두개골 절제술	BC 5000년경, 유럽
부목	BC 2000년대, 이집트
방혈 도구	BC 6세기, 그리스
의족과 의수	BC 300년경, 이탈리아
외과용 수술 도구	1세기, 로마

위 이탈리아 리미니에서 발굴된 로마 시대의 외과용 도구 가운데 일부. 뼈에 구멍을 뚫는 천공기, 뼈를 집는 핀셋, 결석 제거용 국자 등을 볼 수 있다. 3세기에 화재로 소실된 의사의 집터에서 발견되었다. 150개가 넘는 도구 세트는 지금까지 발견된 사례 가운데 최대 규모다.

왼쪽 목젖이나 치질을 비롯해 여러 가지 종양을 제거하는 수술에 사용했던 로마 시대의 플런저 핀셋. 로마의 외과용 도구는 매우 정교하고 실용적이었을 뿐만 아니라 아름답게 장식되어 있었다. 대개 구리나 청동, 또는 황동으로 제작했다.

65 미라와 미라 제작법

> 시신들은 고스란히 보존되어 있었다.
> 심지어는 머리카락이나 눈썹과 속눈썹조차 그대로였다.
> 또한 시신들은 살아 있을 때와 똑같은 옷차림을 하고 있었고,
> 어떤 인디언이든 팔이나 어깨를 이용해 집에서 집으로 옮길 수 있을 만큼 가벼웠다.
>
> 가르실라소 데 베가, 1609

오른쪽 페루 남부의 일로에서 출토된 치리바야족 유아의 미라. 연대는 800~1000년경. 무덤 부장품들과 함께 발견되었다.

미라는 부드러운 신체 조직, 피부, 머리, 손톱을 모두 갖추고 있는 시신을 일컫는 용어다. 건조한 지역이나 얼어붙은 지역, 또는 물에 잠긴 지역에서는 자연적으로 시신의 부패가 지연되지만, 인위적인 방법을 사용해 미라를 만들 수도 있다. '미라'라는 용어는 주로 고대 이집트 사회와 밀접하게 관련되지만 사실상 미라 형태로 보존된 시신은 5대륙 전역에서 발견된다. 특히 남아메리카의 경우, 미라의 역사는 8,000년 전으로 거슬러 올라간다.

세계 최초의 미라 – 남아메리카

페루와 칠레의 접경 지역에 있는, 건조한 아타카마 사막의 해안 쪽에서 BC 6000년경의 세계 최초의 인공 미라가 발견되었다. 미라를 만든 장본인은 친초로 문화권에 속했던 작은 어촌 사람들이었다. 그들은 매우 복

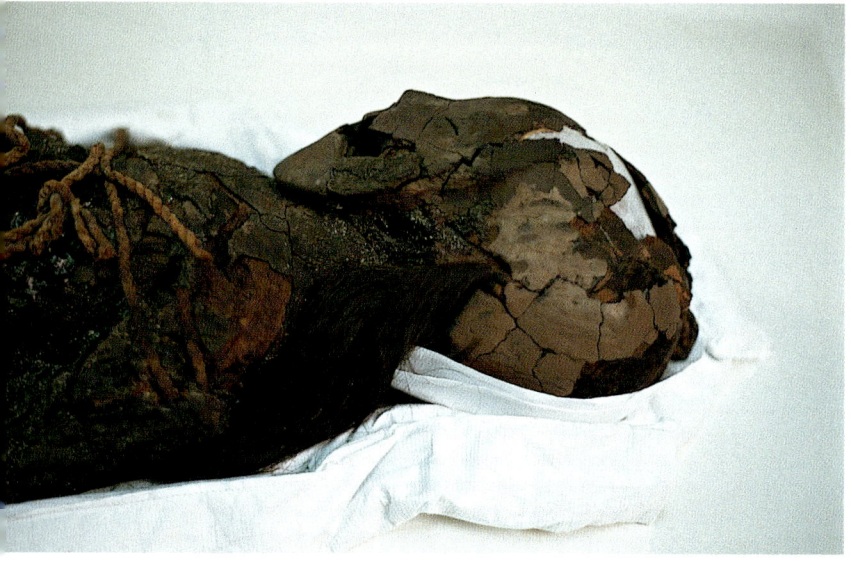

아래 BC 2600년경 친초로족 소년의 미라. 점토로 만든 가면과 인간의 머리털로 만든 가발을 착용하고 있다. 칠레 북부의 카마로네스 지역에서 발굴되었다.

잡한 절차를 거쳐 미라를 만들어 시신을 보존했다. 먼저 시신을 펼쳐놓고 살을 제거한 다음 장기를 적출하고, 뜨거운 재를 이용해 뼈를 건조시킨 뒤 작은 나뭇가지와 갈대를 지지대로 이용해 다시 짜맞추었다. 그런 다음 본래의 피부를 시신에 입히고(때로는 재로 만든 연고를 발라 보호막을 형성하기도 했다), 머리카락을 다시 붙였다. 마지막에는 얼굴에 진흙으로 만든 가면을 씌우고, 검은색 망간이나 붉은색 황토를 칠했다.

일부 가면에서 다시 색칠을 한 흔적이나 발 주변이 손상을 입은 흔적이 엿보이는 점으로 보아, 마지막으

미라와 미라 제작법 **65**

로 매장하기 전에 존경의 표시로 가족들이 지켜보는 앞에서 시신을 똑바로 세웠던 것으로 추측된다. 초기의 미라가 태아나 유아였던 사실로 미루어, 미라를 처음 만든 사람은 친초로족 여인들일 확률이 높다.

미라를 제작하는 기술은 발전에 발전을 거듭했다. BC 400년경 페루 남부의 농촌 지역에서는 시신을 묻을 때 무릎을 턱까지 끌어올려 수축된 상태로 매장하기 시작했다. 시체의 부패를 야기하는 체액을 없애기 위해서였다. 시신을 수축해 운반하기 쉽게 만든 다음, 갖가지 장식이 그려져 있는 천으로 겹겹이 감쌌다. 파라카스와 나스카 지역에서 이런 미라가 주로 발견되는데, 이런 미라 제작법은 600년까지 계속됐다.

이와 비슷한 미라는 페루 북부의 고산 지대에 거주하는 이른바 '구름 부족'인 차차포야족 마을에서도 발견되었으며, 좀더 최근에는 리마의 거대한 지하 공동묘지에서도 발견되었다. 잉카 제국 왕들의 미라는 다양한 물질로 처리한 덕분에 흡사 살아 있는 듯 생생하다. 이와 관련해 스페인 사람들은 톨루발삼, 호리병박, 무냐를 비롯해 역청과 비슷한 이름 모를 물질을 사용했다고 전한다. 미라로 제작된 왕들은 살아 있는 존재로 간주되어 음식도 먹이고, 옷도 입히고, 자문 상대가 되기도 하고, 국가 행사가 있을 때마다 꺼내 높은 곳에 세워놓기도 했다. 이런 관행은 스페인이 정복한 뒤 종교 개혁을 단행하면서 미라가 발견되는 족족 모두 소각해버려 없어졌다.

이집트의 미라

물론 미라를 제작하는 관행이 이집트에서 처음 기원한 건 아니지만, 미라는 고대 이집트와 불가분의 관계를 맺고 있다. 고대 이집트인들은 영혼이 영원히 머물 수 있는 안식처를 마련하기 위해 육체를 보존했다. 초기의 이집트 미라는 자연의 작품이었다. 즉 태아가 자궁 속에 있을 때의 자세로 시신을 매장했더니 뜨거운 사막의 모래가 부패를 촉진하는 체액을 흡수해 시신은 자연스레 미라로 변했다. 피부, 머리카락, 손톱 등이 손상되지 않은 채 생전과 비슷한 형체를 유지하고 있는 시신은 이를 우연히 발견한 사람들에게 깊은 인상을 주었을 것이 틀림없다. 사람들은 여기에 착안해, 자신이 알고 있는 사람이 사망했을 때 자연이 했던 일을 그대로 모방하려고 시도했던 듯하다. 예를 들어 바다리안기(BC 4500~BC 4100년경)의 것으로 추정되는 아마포로 감싼 시신들이 이런 추측을 뒷받침해준다. 그 후 몇 세기를 지나면서 시신의 형체를 유지할 목적으로 아마포에 송진을 바르거나 회반죽을 덧씌우는 방법이 개발되었다.

하지만 시신을 최적의 상태로 보존하려면 부패가 시작되는 내장을 제거해야 했다. 예를 들어 헤테페레스 왕비의 경우(BC 2600년경)에는 내장을 제거한 뒤 시신을 소다석(탄산나트륨과 중탄산나트륨) 용액에 담갔다. 내장을 제거하는 방법이 개발되면서 미라의 자세를 태아처럼 만들 필요가 없어졌다. 덕분에 미라 제작자들은 시신을 똑바로 펴놓고 좀더 수월하게 신체 장기를 제거할 수 있었다.

이런 식으로 기술이 점차 발

이집트 파라오 세티 1세 (재위 BC 1290~BC 1279년)의 미라. 보존 상태가 매우 양호한 이 미라는 테베의 데이르 엘 바리에 있는 비밀 무덤에서 발견되었다. 고대 이집트의 미라 제작법을 엿볼 수 있게 해준다.

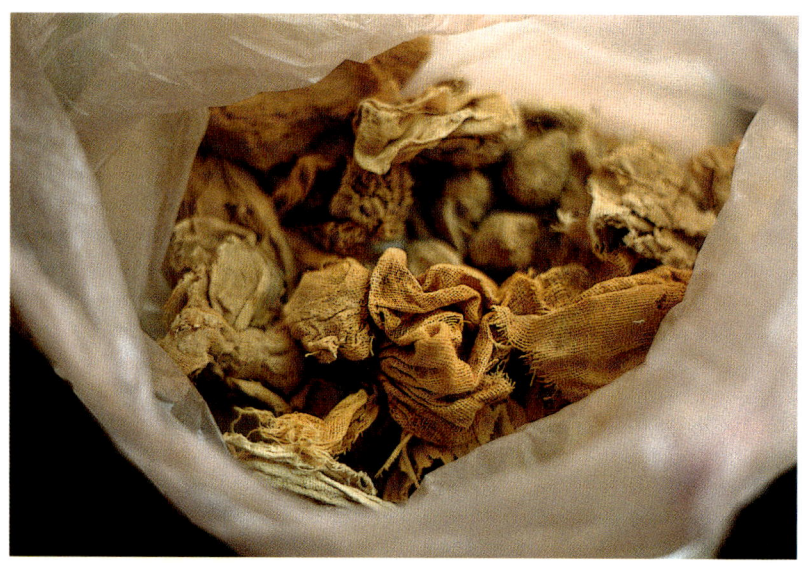

위 소다석과 유기 물질이 담겨 있는 아마포 주머니. 사진은 왕들의 계곡에 있는 KV39 무덤에서 나온 유물의 모습이다. 이집트 18왕조에서 21왕조까지 이런 식의 미라 제조법을 사용했다.

달한 결과, BC 1500년경에 이르러 마침내 완벽한 미라 제작이 가능해졌다. 뇌는 긴 금속 탐침으로 코를 통해 긁어냈고, 위장·간·허파·창자는 흑요석 칼로 왼쪽 복부 끝을 절개해 제거했으며, 강(腔)과 각종 조직은 대추야자 열매로 만든 술로 소독 처리했다. 그런 다음 시신이 완전히 파묻히도록 소다석을 부어 40일 동안 건조시켰다. 그렇게 해서 완전히 건조된 피부는 깨끗이 닦아낸 뒤 마지막으로 송진과 밀랍과 향유를 섞어 만든 혼합 물질을 발라 마무리했다. 이러한 마무리 처리는 종교적인 목적뿐만 아니라 습기 침투를 막으려는 목적도 띠고 있었다. 역청도 동일한 목적으로 널리 사용되었지만 그 범위는 그리스-로마 시대에 국한되었다.

화장품을 바르고 머리 모양을 가다듬어 살아 있는 것처럼 보이게 한 다음 아마포로 겹겹이 감싸면서 사이사이에 부적을 끼워넣으면 미라가 완성되었다. 이집트인들은 완성된 미라를 목관에 담은 다음, 매장하기 전에 영혼을 다시 일깨우는 장례 의식을 치렀다.

다른 문화권의 미라

그리스-로마 시대에 이르러 미라 제작 기술이 크게 퇴보했지만, 이집트는 물론 고대 세계 전역에 걸쳐 미라 제작 관행이 이전보다 훨씬 광범위하게 확산되었다.

그리스 역사가 헤로도토스는 페르시아인들이 밀랍을 사용해 시신을 방부 처리했다고 전한다. BC 323년 바빌론에서 사망한 알렉산드로스 대왕의 시신도, 밀랍과 꿀과 향료를 이용해 이와 유사한 방법으로 방부 처리되었다. 그러나 왕위 계승자들 사이에서 암투가 벌어지는 바람에 그의 시신은 약 30년이 지나서야 비로소 알렉산드리아에 묻힐 수 있었다. 그로부터 거의 3세기가 지나 로마 황제 아우구스투스가 방문했을 당시에도 시신의 보존 상태는 여전히 양호했다.

BC 500~BC 400년경의 스키타이 사회에서도 밀랍과 식물을 혼합해 만든 물질로 통치자들의 시신을 미라로 만들었다. 이에 대해 헤로도토스는, 내장을 제거하고 안에다 '다양한 향료, 으깬 생강, 파슬리 씨앗, 아니스 열매를 채워넣고 꿰맨 다음 시신에 밀랍을 입혔다'고 기록한다. 중국의 타클라마칸 지역에서 출토된 미라는 대개 자연스레 만들어졌다. 하지만 BC 1000년경의 것으로 추정되는 시신 몇 구에서는 인위적으로 미라를 만들고자 했던 의도가 엿보인다. 왜냐하면 단백질 재질의 풀을 피부에 바른 흔적이 나타나기 때문이다.

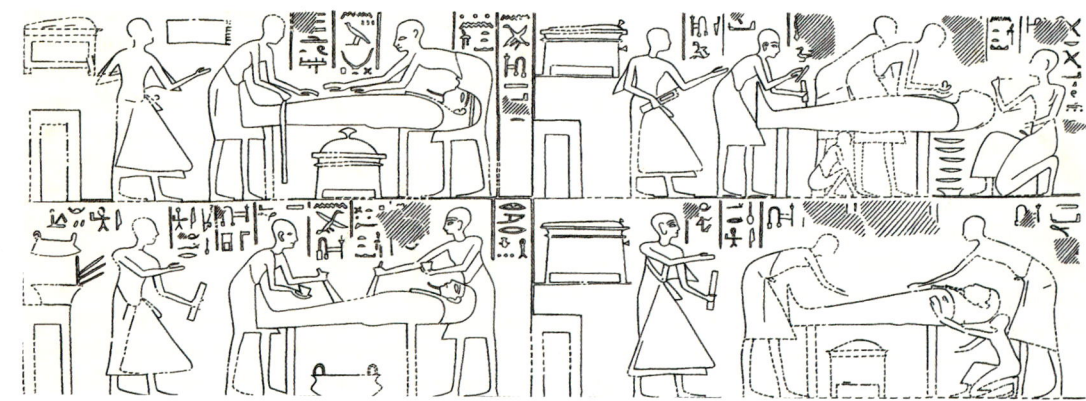

오른쪽 이집트 미라 제작의 마지막 단계를 보여주는 진기한 그림. 의식용 주문을 외우면서 녹인 송진을 미라의 외관에 바르는 모습을 볼 수 있다 (아래 왼쪽). 토이의 무덤에서 나온 이 그림의 연대는 BC 1200년경으로 추정된다.

아울러 BC 1~AD 1세기의 로마 제국 일부 지역에서도 미라를 만드는 관행이 존재했다. 로마에서만 최소한 3구의 인공 미라가 발견되었다. 최근 들어 예멘에서 BC 1200~BC 300년에 아라비아 남부의 귀족들이 미라를 제작했다는 증거가 나왔다. 증거를 분석한 결과, 자생 식물로 만든 건조제, 동물 기름, 미네랄 방부제를 이용해 미라를 만든 뒤 아마포와 가죽으로 시신을 감쌌다는 사실이 드러났다.

최근에 내장을 제거한 뒤 동물 가죽으로 감싼 어린 아이의 미라가 발견되었다. 이 미라는, 리비아 남부 지역에서도 일찍이 BC 3500년부터 미라를 만드는 관습이 존재했다는 점을 뒷받침해준다. 이 밖에 멀리 서쪽에 있는 카나리아 제도의 관체족 사회에서도, 15세기 들어 스페인의 정복이 이루어질 당시 미라를 만드는 관행이 포착되었다. 이곳 주민들은 내장을 제거한 시신을 햇빛이나 불로 건조시켜 모래, 경석 가루, 숯, 솔잎, 동물 기름과 같이, 주변에서 구할 수 있는 방부제로 처리한 다음 동물 가죽으로 시신을 감쌌다.

오스트레일리아 원주민을 비롯해 멜라네시아 제도와 알류샨 열도의 주민들 사이에서도 내장을 제거한 정교한 인공 미라가 발견되었다. 몇 세기만 거슬러 올라가 보아도 이전의 관습이 여전히 지속되어왔다는 사실을 바로 알 수 있다.

주요 연대	
최초의 미라	BC 6000년경, 남아메리카
	BC 4500년경, 이집트
	BC 1200년경, 예멘
	BC 1000년경, 중국
	BC 500년경, 스키타이
	BC 400년경, 페르시아

염소 가죽으로 감싼 성인 남자의 미라. 관체족 문화의 유산이다. 카나리아 군도 테네리페에 있는 산아드레스의 한 동굴 무덤에서 발굴되었다.

태아처럼 웅크리게 한 뒤 머리를 제외한 나머지 부분을 낙타 가죽 수의로 감싼 BC 400년경의 예멘의 미라. 시밤엘기라스에서 출토되었다.

치장

인간이 언제부터 몸을 따뜻하게 하기 위해 옷을 차려입거나, 발을 보호하기 위해 신발을 신었는지는 정확히 알 수 없다. 다만 사람들이 추운 한대지방에 정착하면서 의복의 역사가 시작된 건 분명하다. 호모 에렉투스는 그런 지역에 거주했던 최초의 인류였다. 이들의 흔적은 약 100만 년 전으로 거슬러 올라간다. 수십만 년 동안 모피와 동물 가죽이 의복 역할을 했다. 모피와 동물 가죽은 씨앗과 견과류를 담아 나르는 용기의 역할을 겸하기도 했지만, 극도로 추운 날씨를 버텨내기에는 아무도 부족했다. 75,000년 전의 네안데르탈인이 북유럽과 유라시아의 광활한 초원지대에 정착하지 못했던 건 바로 이 때문이 아닐까 싶다. 앞에서 살펴본 대로, 귀 있는 바늘이 발명되면서 상황은 일거에 바뀌었다(31쪽 참조). 여러 겹으로 만든 옷이 개발되자, 사냥을 업으로 삼던 사람들은 영하의 추운 환경에서도 정착촌을 이룰 수 있었다.

선사시대에는 인구가 매우 적었기 때문에 다른 사람들과 마주치는 일이 거의 없었고, 그런 일이 생긴다면 매우 색다른 경험이 아닐 수 없었다. 그런 경우 사람들은 때로는 경계 태세를 취하면서 적의를 드러내기도 했지만 대개는 서로를 환영했다. 보디페인팅은 가장 오래된 예술 형태로, 어느 부족 소속인지를 식별하거나, 코끼리 사냥꾼으로서의 위용을 자랑하는 방편으로 활용되었다. 50,000년 전부터 종교 의식이 인간 사회의 중요한 일부로 자리 잡게 되면서 보디페인팅은 성년식과 무도회의 핵심 요소로 부상했다. 당시의 보디페인팅이 어떤 식으로 이루어졌는지를 추측할 수 있는 고고학 기록은 발견되지 않았지만, 빙하기 후기와 농경기 초기에 이르러 그 중요성이 훨씬 더 커졌던 것으로 보인다. 무엇보다도 보디페인팅은 사회에서의 역할과 직위를 나타내는 신분 확인의 수단이었다.

이집트 네바문의 무덤에서 출토된 벽화의 세부 모습.
연대는 BC 1350년경으로, 연회에 참석한 여인들을 묘사하고 있다.
여인들은 화려한 가운과 보석으로 치장하고, 머리에는 원뿔형 향료함을 부착한 가발을 쓰고 있다.

치장

문신도 사회적·종교적으로 중요한 의미를 지니는 예술 행위다. 다만 보디페인팅에 비해 좀더 영구적인 흔적을 몸에 남긴다는 점이 다를 뿐이다. 이탈리아 알프스의 시밀라운 빙하 지대에서 발견된 빙하 인간은 무릎 뒤쪽에 문신을 하고 있었다. 시베리아의 파지리크 고분군에서도 온몸에 정교하게 문신을 새긴 스키타이 전사들의 시신이 발견되었다. 뉴질랜드의 마오리족 사회에서도, 얼굴과 몸에 문신을 새겨 신분의 고하를 나타냈다.

의복과 신발은 실용적인 차원에서 개발되었고, 수천 년 동안 그런 용도로 사용되었다. 하지만 빙하기 후기부터 몸치장에 관심을 기울였던 흔적이 엿보인다. 맹수의 발톱과, 조가비로 만든 목걸이와, 수백 개의 작은 구슬을 공들여 꿰매 붙인 의복 잔해가 유골과 함께 발견되었다. 정착 생활이 점차 확산되면서 도시가 생겨나고, 농사를 짓지 않는 부유층과 유한 계층이 출현했다. 이에 따라 값비싼 옷과 신발과 장신구에 대한 관심이 더욱 높아졌다.

보석과 각종 장신구 또한 신분을 나타내는 수단이었다. 밝은 광채를 드리우는 금속, 준보석, 유리 구슬로 만든 목걸이는 높은 서열과 특권과 권한을 만천하에 알리는 상징물이었다. 이러한 상징물의 패용은 공식 행사에서 매우 중요한 역할을 차지했을 뿐만 아니라, 전쟁터에서는 통솔자의 모습을 눈에 잘 띄게 해주어 병사들의 결집을 이끌어냈다. 이집트 파라오의 왕보(王寶)는 그의 신성한 권력과, 그가 신들과 가까운 존재이며 이집트를 다스리는 군주라는 사실을 강조하는 의미를 담고 있었다. 마야의 군주들이 입었던 깃털 장식의 화려한 의복 역시 마찬가지 의미를 지니고 있었다. 옥은 마야에서뿐만 아니라 중국에서도 중요한 의미를 지니는 보석이었다. 한나라의 귀족들은 영생불사의 삶을 얻기 위해 옥으로 만든 옷을 무덤까지 가져갔다.

의복과 장신구로 신분과 부를 과시했던 풍조의 이면에는 개인의 허영심과 시시각각 달라지는 유행이 자리했다. 왕궁에서 미묘한 경쟁을 벌이던 후궁들, 신분을 의식한 조정 대신들, 부를 축적한 관리와 상인 계층은 장인들의 뒤를 봐주는 대가로 좀더 화려하고 멋있는 의복과 장신구를 손에 넣었다. 화장품과 향수의 경우도 이와 다르지 않았다. 이집트나 청동기시대의 크레타를 중심으로 번창했던 미노아 문명과 같은 고대 문화권에서는 남성도 여성만큼 향수를 즐겨 사용했다. 거울 역시 제의 목적 외에도 허영심을 충족시키는 수단으로 이용되었다. 사람들은 맑은 물이나 반짝이는 흑요석 표면에 비친 자신의 모습에 매료되곤 했다. 한편 고대 왕실에서는 피임약과 최음제도 육체의 만족과 젊음과 아름다움을 추구하는 수단으로 이용되었다. 그러한 욕망은 오늘날까지도 여전히 우리를 사로잡는다.

불의 신 시우테쿠틀리를 표현한 믹스텍의 펜던트. 멕시코 몬테알반에서 출토되었다. 연대는 후고전기로 추정된다. 솜씨가 뛰어났던 믹스텍인들은 아스텍 사회에 훌륭한 보석 공예품을 많이 공급했다.

보디아트와 문신

> 트라키아인은 문신이 있으면 출생 신분이 높고,
> 문신이 없으면 출생 신분이 낮다는 의미로 간주했다.
>
> 헤로도토스, BC 5세기

신체의 외관을 영구적으로 바꿀 수 있는 방법은 다양하다. 피부에 구멍을 뚫거나, 상처를 내거나, 낙인을 찍거나, 문신을 새기거나, 머리에 두개골 모형을 씌우거나, 발을 묶어 뼈의 모양을 바꾸는 등, 고대 사회에서는 이런 식으로 신체에 변형을 가함으로써 개인의 신분은 물론 사회와의 관계를 표현하기도 하고, 치료나 보호의 목적을 달성하기도 했다.

피어싱

가장 널리 사용되었던 신체 변형 방법 가운데 하나는 귓불에 구멍을 뚫는 것이었다. 우르의 왕릉에서 귀고리를 한 남녀의 시신이 발굴되었다. 이로 미루어볼 때, 피어싱의 역사는 BC 2000년대까지 거슬러 올라간다. BC 1600년경에 이르러 피어싱은 누비아에서 이집트로 전래되었고, 곧이어 사회 전체의 유행으로 자리 잡았다. 투트모세 4세와 투탕카멘의 미라에서도 귓불에 피어싱을 한 자국이 발견된다. 일부 귀족 여성들은 양쪽 귓불을 다 뚫기도 했다. 중국의 타클라마칸 지역에서 발굴된 BC 1000년대의 남녀 미라도 귓불에 피어싱을 하고 있었다. 아울러 아시리아의 왕들과 페르시아의 귀족들도 장식의 일환으로 피어싱을 즐겼다. 로마 여성들은 유아 시절에 귓불을 뚫었고, 인도의 초기 힌두교 신자들은 구멍이 크면 클수록 미적인 효과가 증대된다고 생각했을 뿐만 아니라, 귓불 피어싱이 악귀를 물리치는 효험이 있다고 믿었다.

남아메리카에서는 토기가 등장하기 이전인 BC 3000～BC 1800년에 이미 귓불 피어싱이 유행했다. 잉카인들 사이에서는 피어싱을 한 기다란 귓불이 높은 신분을 나타내는 상징으로 간주되었다. 잉카 문명 이전의 시대에는 코 피어싱이 남성 귀족들 사이에서 유행했다. 페루 모체의 통치자들은 코 격벽에 구멍을 뚫고 커다란 장식용 코걸이를 달았다. 중앙아메리카의 마야 사회와 아스텍 사회 주민들은 신에게 스스로를 바치는 방혈 의식을 거행하면서 귀와 혀와 성기에 구멍을 뚫었다.

난절과 낙인

이집트에서 발굴된 BC 2000년경의 여성 미라의 복부

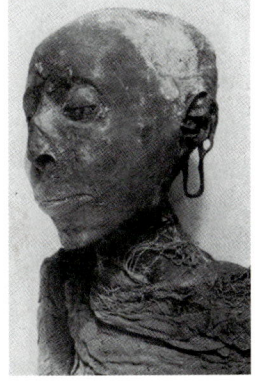

위 테베의 데이르 엘 바리에서 출토된 BC 1000년경의 이집트 귀부인 테예의 미라. 보존 상태가 매우 양호하다. 무거운 귀고리를 단 관계로 귓불의 모양이 크게 변형되어 있다.

왼쪽 모체족 귀족 남성을 표현한 도자기. 높은 신분을 상징하는 장식용 코걸이가 코의 격벽을 뚫고 매달려 있는 모습을 볼 수 있다. 연대는 중간기초기인 BC 200년경 ～AD 500년로 추정되며, 페루 북부에서 출토되었다.

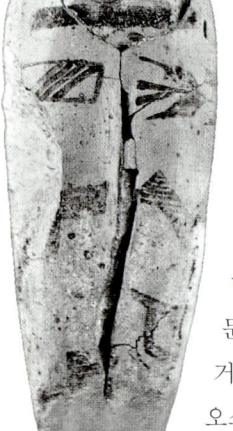

오른쪽 나카다에서 출토된 이집트 선왕조기의 토기 인형. 기하학 문양과 자연에서 본뜬 문양을 새겨넣었다. 연대는 나카다 2기인 BC 3500~BC 3100년경으로 추정된다.

맨 오른쪽 치리바야족 성인의 미라에서 떨어진 나온 오른손. 추상적인 문양의 장식용 문신이 새겨져 있다. 연대는 800~1000년경으로 추정되며, 페루 남부의 일로 지역에서 발굴되었다.

아래 스키타이 여성의 꽁꽁 얼어붙은 몸에 새겨져 있는 정교한 문신. 시신은 시베리아의 파지리크 공동묘지에 묻혀 있었다. 연대는 BC 400년경으로 추정된다. 당시 사회에서 문신은 높은 신분을 나타내는 상징이었던 듯하다.

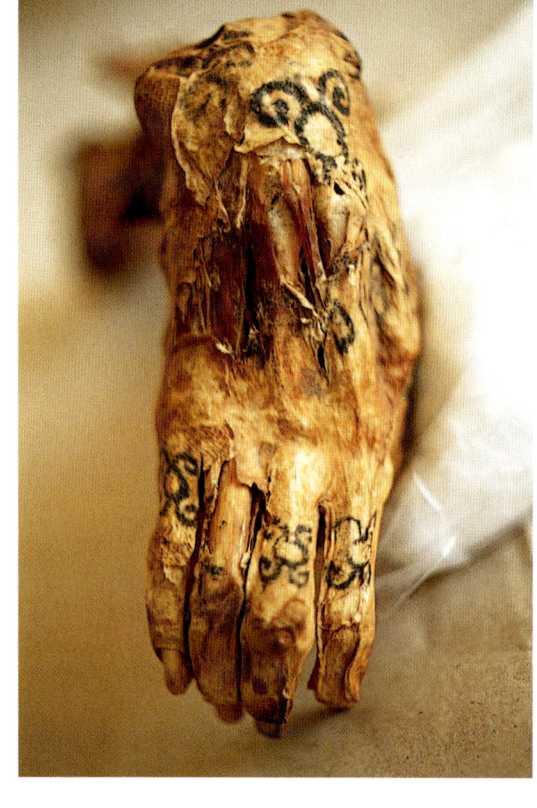

에서 알 수 있듯이, 몸에 상처를 내는 방법으로 피부에 흔적을 남길 수 있다. 스키타이인들의 경우에는 애도 의식을 치를 때 팔에 칼로 둥근 문양을 새겼고, 얼굴에도 슬픔의 표시로 칼자국을 냈다. 낙인은 죄수들을 구별하는 방편으로도 사용되었다. 파라오 람세스 3세는 BC 1150년경 "나의 이름으로 낙인을 찍어 노예로 만들었다"고 선언했다.

문신

영어에서 문신을 뜻하는 'tattoo'는 폴리네시아어 'tattaw'에서 유래했다. 문신은 고대 사회 전역에서 유행했다. 지금까지 밝혀진 최초의 문신 사례는 약 5,300년 전으로 거슬러 올라간다. 이탈리아와 오스트리아의 접경 지대 알프스에서 꽁꽁 얼어붙은 빙하 인간이 발견되었는데, 등뼈와 무릎 관절 주위에 점 형태의 문신이 새겨져 있었다. 아마도 긴장 때문에 생긴 뼈와 인대의 통증을 완화시키려고 문신한 것 같다.

이집트 여성들도 이와 비슷한 목적에서 문신을 했던 듯하다. BC 4000년경 이후로 추정되는 작은 인형에 그려진 문양이 여성 미라들에게서도 발견된다. 이러한 문신은 임신과 출산이 이루어지는 동안 영구 부적으로 사용됐을 것으로 보인다.

남아메리카 일부 지역의 여성들도 보호 목적에서 문신을 새겼던 듯하다. 콜럼버스 이전의 남아메리카 사회에서는 남녀 모두, 높은 신분을 상징하는 표시로 몸통과 팔다리와 얼굴에 문신을 새겼다. 파지리크에서 나온 스키타이 통치자들의 미라(BC 400년)에서도 장식용 문신이 발견된다. 고대 브리튼족도 '온갖 종류의 동물 형상을 새긴' 문신을 했던 것으로 전한다. 그 후 로마 군인들이 문신을 하기 시작하면서 문신 관행은 로마 제국 전역으로 급속히 확산되어, 기독교의 공인이 이루어질 때까지 크게 유행했다.

왼쪽 문신을 새기는 데 사용했던 것으로 추정되는 청동 바늘 7개. BC 1500~BC 1100년경으로 추정되며, 이집트 북부 구로브에서 발굴되었다.

주요 연대	
두개골 변형	60,000년 전, 이라크
기다란 귓불	BC 3000~BC 1800년, 남아메리카
문신	BC 3300년, 유럽
귀 피어싱	BC 2600년, 메소포타미아
난절	BC 2000년, 이집트
낙인	BC 12세기, 이집트

기독교의 영향 아래 문신은 '하느님의 형상을 훼손하는 행위'로 간주되었고, 콘스탄티누스 황제(재위 307~337년)는 문신을 금지하는 법령을 발효했다. 중국의 한나라에서는 죄수들만 문신을 새겼고, 일본에서는 3세기 말부터 남자들이 신체를 장식할 목적으로 정교한 문신을 새기기 시작했다.

두개골 변형

두개골의 형태를 의도적으로 변형시키는 관행은 60,000년 전으로 거슬러 올라간다. 이라크 북부에서 나온 네안데르탈인의 두개골이 그 증거다. 아메리카에서도 두개골 변형이 크게 유행했던 것으로 나타난다. 아메리카인들은 나무판과 끈과 요람을 이용해 어렸을 때 두개골의 모양을 변형했다. 이러한 두개골 변형의 전형적인 사례는 콜럼버스 이전의 파라카스 문화권에서 발견되었다. 치리바야와 같은 잉카 문명 이전의 문화권에서도 삼각건으로 안면을 동여매 두개골을 압축했던 사례가 발견된다. 마야인들 사이에서는 이마를 편평하게 만드는 관행이 유행했다.

페루 남부의 파라카스-나스카 유적지에서 나온 BC 400~BC 200년경의 귀족 남성들의 두개골. 두개골의 형태가 크게 변형되어 있다.

67 의복, 신발, 가발

> 부유한 인도인은 수염을 하얀색, 짙푸른 색, 붉은색, 자주색, 심지어는 초록색으로 물들였다.
> 그들은 아마포로 만든 의복을 입었고, 정강이의 절반까지 내려오는 튜닉을 걸쳤으며,
> 망토 하나는 어깨에 두르고 다른 하나는 머리를 감싼 차림새를 하고 있었다.
> 여기다 화려하게 장식한 하얀색 가죽신을 신고 있었는데,
> 바닥을 두껍게 만들어 키를 커보이게 했다.
> 아울러 매우 가난한 사람들을 제외하고는 모든 사람이 여름철에 양산을 들고 다녔다.
> 네아르코스, BC 326년경

오른쪽 중국 한나라 시대의 마왕퇴에서 출토된 BC 145년경의 귀족 부인의 비단옷. 보다시피 보존 상태가 양호하다. 길이는 1.6미터에 달하지만 무게는 고작 49그램에 불과하다.

위 투탕카멘 왕이 허리에 둘렀던 천(BC 14세기). 모두 145개가 발견되었다. 아마포로 만들었으며 말끔하게 개어놓은 상태였다. 왕들의 계곡에 있는 그의 무덤에서 발굴되었다.

인간이 본격적인 의복을 만들어 입기 시작한 시기는 약 25,000년 전이다. 그 전에는 동물 가죽을 대충 걸쳐 추운 날씨로부터 몸을 보호하는 데 그쳤지만, 뼈로 만든 바늘이 발명되면서(31쪽 참조) 실용성을 갖춘 의복이 발전하기 시작했다.

가죽옷

러시아의 숭기르 유적지에서 셔츠와 바지와 상아 구슬이 달린 가죽 모자를 착용한 BC 23000년경의 시신들이 발견되었다. 아울러 시베리아에서도 모피 옷을 입고 있는 작은 인형이 출토되었다. 미국 네바다의 스피리트 동굴에서 발견된 한 남자의 시신(BC 7400년경)은 토끼 가죽으로 만든 겉옷을 입고 있었고, 아메리카 남서부에서 발굴된, 그보다 후대의 시신들은 털옷이나 사슴 가죽옷을 걸치고 있었다.

왕조 설립 이전 이집트에서 발굴된 시신들에는 염소와 영양 가죽으로 만든 겉옷이 입혀져 있었다. 이러한 옷들은 뼈나 상아로 만든 비녀 형태의 장치로 고정했고, 때에 따라서는 천연 염료로 물을 들이기도 했다. 물감을 들인 가죽옷은 누비아의 고분군(BC 1640~BC 1532년경)에서도 발견된다. 이 밖에 아멘호테프 2세와 투탕카멘의 무덤(182쪽 참조)에서도 가죽 갑옷의 잔해가 나왔다. 북유럽의 소택지에서 발견된 BC 5~AD 1세기경의 시신들도 가죽옷을 입고 있었다. 아울러 런던에서도 1세기경의 로마 시대 '비키니형' 가죽옷이 발견되었다.

직물 옷

현존하는 가장 오래된 직물 옷은 터키의 차탈휘위크에서 나온 BC 6000년경의 치마 조각이다. 팔레스타인 남부의 사막 지역에 위치한 나할테르마르에서도 BC 6500년경의 아마포 조각이 발견되었다. 아마는 BC

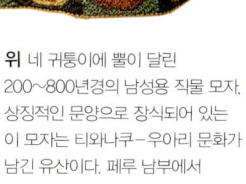

위 네 귀퉁이에 뿔이 달린 200~800년경의 남성용 직물 모자. 상징적인 문양으로 장식되어 있는 이 모자는 티와나쿠–우아리 문화가 남긴 유산이다. 페루 남부에서 출토되었다.

맨 왼쪽 피트리박물관에 소장되어 있는 '세계에서 가장 오래된 드레스.' 연대는 BC 2800년경으로, 촘촘하게 주름을 잡은 어깨 부위와 긴 소매로 미루어, 십대 소녀가 입었던 것으로 추정된다. 이집트 북부 타르칸의 한 무덤에서 출토되었다.

은 자신이 건설한 제국의 다양한 문화를 상징하기 위해 페르시아 옷을 입으면서 바지에 선을 그려넣었다. 그리스인들은 그런 차림새를 여성스럽다고 생각했고, 플루타르크는 '야만스럽고 이국적'이라고 표현했다. 자주색은 고대 세계에서 높은 신분을 상징했다. 마케도니아의 군주와 BC 5세기의 이집트 신들에 이어 로마의 황제들도 자주색 토가(헐렁하고 우아하게 주름 잡은 겉옷: 역주)를 즐겨 입었다.

사치가 심했던 로마 황제 엘라가발루스(재위 217~222년)는 시리아의 복식 문화에 착안해 비단으로 만든 5000년경에 이집트에 도입되었는데, 최초의 아마포는 파이윰 지역의 신석기시대 무덤에서 발견된다. 그 후 아마포는 1세기에 면이 도입되기까지 5,000년 동안 고대 이집트의 의복 소재로 사용되었다.

이집트의 남자들은 주로 짧은 치마를, 여자들은 긴 원피스를 입었다. 이집트의 타르칸에서 BC 2800년경의 여성용 원피스가 발견되었는데, 이런 종류로는 세계에서 가장 오래된 사례로 꼽힌다. 이집트인들은 남자와 여자 모두 아마포로 만든 허리 가리개를 둘렀으며, 그 위에 숄·망토·허리띠·장갑·머리 수건 등을 걸쳐 멋을 냈다. 투탕카멘의 무덤에서는 아마포로 만든 양말도 발견되었다.

질 좋은 아마포는 외교 사절단의 선물 형식으로 국외로 수출되기도 했다. 외국의 통치자들은 채색 셔츠, 거친 양모로 만든 각반, 자주색 물감을 들인 양모 겉옷, 모자 등을 선물에 대한 보답으로 파라오에게 보냈다.

헤로도토스는 페르시아인들이 '본래 모습보다 더 멋있어 보이게 하는' 옷을 즐겨 입었으며, 특히 메디아산 튜닉과 바지를 선호했다고 전한다. 알렉산드로스 대왕

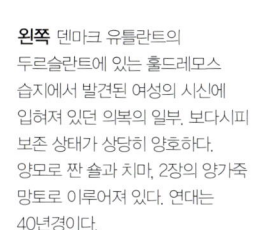

왼쪽 덴마크 유틀란트의 두르슬란트에 있는 홀드레모스 습지에서 발견된 여성의 시신에 입혀져 있던 의복의 일부. 보다시피 보존 상태가 상당히 양호하다. 양모로 짠 숄과 치마, 2장의 양가죽 망토로 이루어져 있다. 연대는 40년경이다.

긴 옷을 걸쳤다. 당시 비단은 중국에서 들여온 매우 값비싼 사치품 가운데 하나였다. 중국은 BC 1500년부터 비단을 생산했고, 522년에 이르러 직조 비밀이 콘스탄티노플에 전래되기 직전까지 BC 10세기부터 비단길을 통해 유럽에 수출했다. 한나라 시대 제후의 가족묘인 마왕퇴 가운데 제후의 부인 무덤에서 비단으로 만든 긴 옷, 치마, 양말, 장갑이 나왔다. 이 밖에도 중국인들은 BC 6세기부터 뽕나무로 만든 두꺼운 종이를 의복 재료로 사용했다. 5세기 초에 중국의 한 철학자는 종이로 만든 옷과 모자를 입고 다녔다고 전해진다. BC 2000~BC 1000년경에 타림 분지의 타클라마칸 지역에 최초로 거주하던 주민들은 양모와 펠트로 만든 망토, 외투, 셔츠, 바지, 드레스, 모자, 후드를 착용했다. 덴마크의 침수지에서 발견된 무덤에서도 BC 14세기와 그 이후에 제작된 양모 옷이 나왔다.

북아메리카의 경우에는 네바다의 스피리트 동굴에서 갈대를 엮어 만든 수의를 걸친 BC 7400년경의 남자 유골이 발견되었다. 남아메리카에서는 라마·알파카·비쿠나 털로 짠 옷을 비롯해, BC 2500년경부터 재배하기 시작한 면 소재의 옷이 등장했다. 전문가들이 염색한 천에 종종 깃털, 조가비, 금속 등으로 장식한 이런 직물 옷은, 화폐나 공물 또는 외교 사절단의 선물로 활용되었다.

의복 장식은 스페인 세력의 도래와 더불어 문자가 도입되기 직전까지 정보를 기록하는 중요한 수단이기도 했다. 의복과 모자는 착용자의 신분과 출신 내력에 관한 정보를 알려주었다. 대다수의 사람들은 간단한 튜닉과 망토를 입었지만, 모자만큼은 챙이 있는 형태와 테를 두른 모자에서부터 깃털로 장식한 왕관에 이르기까지 매우 다양했다. 잉카 제국의 왕족 여인들이 만든 최상의 의복은 왕과 신들의 전유물이었다. 그 가운데 신들의 옷은 산꼭대기로 가져가 태우거나, 인간 제물과 함께 공물로 바쳤다.

신발

최초의 신발은 추위로부터 발을 보호하기 위해 개발되었다. 시베리아 고분군에서 20,000년 전의 가죽 모카신이 발견되었다. 타클라마칸 지역에서 발견된 BC 1000년경의 미라는 사슴 가죽으로 만든 흰색 장화를 착용하고 있었고, 파지리크 공동묘지에서는 장식을 박아넣은 BC 500년경의 펠트 장화가 발견되었다.

대부분의 고대 사회에서 샌들은 가장 실용적인 신발이었다. 가죽으로 만든 이집트 최초의 샌들은 왕조 이전 시대로 거슬러 올라간다. 식물 섬유를 소재로 한 샌들은 그 후에 등장했다. BC 3100년경에 왕의 시신에서 이집트 최초의 샌들이 발견되었다. 참고로 신분이 높은 사람 앞에서는 샌들을 벗는 것이 당시의 예절이었다.

샌들 장식은 상징적인 역할을 하기도 했다. 예를 들면 왕의 샌들 밑바닥에, 걸을 때마다 짓이겨 뭉갠다는

의복, 신발, 가발 **67**

대개 기생충을 예방하기 위해 박박 밀거나 짧게 자른 머리에 착용했던 가발은 위생적이면서도 아름다운 머리 모양을 유지할 수 있는 수단이었다. 또한 가발은 뜨거운 햇볕으로부터 두피를 보호하는 한편, 머리에 직접 닿는 부분이 망사로 되어 있어 시원한 느낌을 주기도 했다. 가발은 실용적인 목적에서뿐만 아니라 신분을 상징하는 표시로도 이용되었다.

이집트, 메디아, 페르시아, 아나톨리아와 같은 고대 사회의 통치자들은 그런 이유에서 가발을 착용했다.

그리스에서는 배우들이 가발을 분장에 활용했고, 부유한 로마인들은 대머리를 감추거나 머리 모양을 아름답게 가꾸기 위해 가발을 착용했다. 그들은 독일로

앞 쪽 왼쪽 전차를 모는 젊은 남자의 동상. 델피에서 출토되었으며, 연대는 BC 450년경이다. 섬세하게 주름을 잡은 긴 옷 키톤을 착용하고 있다.

앞 쪽 오른쪽 투탕카멘 왕의 샌들. 나무 밑창에 가죽, 목피, 금박을 장식했다.

왼쪽 샌들 제작자의 작업 광경을 묘사한 그리스의 흑회식 도자기.

아래 곱슬머리로 만든 가발을 착용하고 있는 BC 1320년경 이집트 여사제의 석상. 연꽃 문양의 머리띠로 묶은 모습을 확인할 수 있다.

의미에서 적의 모습을 그려놓았다. 투탕카멘의 무덤에서 나온 93개(짝이 있는 것은 42켤레이고, 나머지는 각기 한 짝씩이다)의 샌들이 그러한 사실을 뒷받침해준다. 샌들은 대부분 금과 구슬로 화려하게 장식되어 있었다.

장식한 가죽신은 BC 4세기의 인도와 아라비아 남부 및 이집트에서 영국에 이르는 로마 제국 전역에서 사용되었다. 로마인들은 직업에 따라 색깔이 다른 샌들을 신도록 법으로 규정했다. 이들은 내구성을 높이기 위해 샌들 밑바닥에 징을 박아넣었다.

가발과 머리장식

가발과 가모의 역사는 수천 년에 이른다. 남아메리카에서 발견된 친초로족 미라(BC 6000년경)의 머리에는 인간의 머리털을 다시 붙인 흔적이 엿보인다. 산 사람의 외모를 돋보이게 하려는 목적에서 가발을 사용한 최초의 증거는 이집트 히에라콘폴리스에서 발견되었다. BC 3400년경의 이 가발은, 헤나 물감으로 염색해 촘촘히 땋아 내린 일종의 '붙이는 가발'이었다. 이집트 전역에서 모든 계층의 남녀가 이런 붙이는 가발을 착용했다. 최초의 완벽한 가발(BC 2000년경)은 여사제 아무네트의 무덤에서 나왔다.

주요 연대

가죽옷	BC 20000년, 러시아
신발	BC 20000년 전, 시베리아
직물옷	BC 6000년대, 아나톨리아
부분 가발	BC 3400년경, 이집트
부채	BC 3150년경, 이집트
샌들	BC 3100년경, 이집트
파라솔	BC 2000년대 후반, 아시리아
가발	BC 2000년경, 이집트
우산	386~535년, 중국

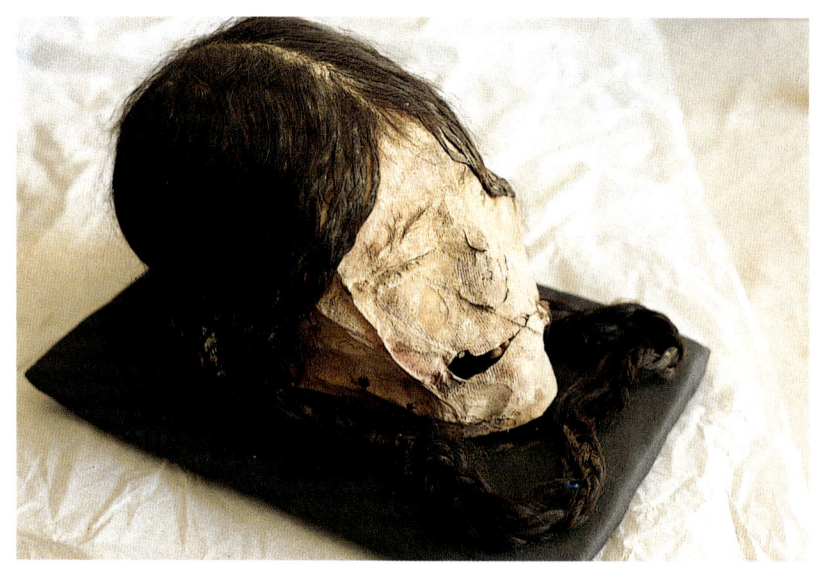

아래 800~1000년경의 치리바야족 여인의 미라 두상. 머리에는 긴 머리를 붙였고, 뺨에는 분홍빛 천연 물감으로 화장을 했다. 페루 남부에서 발견되었다.

오른쪽 햇빛 가리개 아래 서 있는 아시리아 왕의 모습을 보여주는 부조와, 케트살의 화려한 깃털로 만든 아스텍의 깃털 부채(16세기 초).

부채, 파라솔, 양산, 우산

고대 문화권에서는 부채, 파라솔, 우산을 개발해 개인의 편의를 도모했다. 부채는 이집트에서 처음 개발되었다. BC 3150년경 이집트 남부를 다스렸던 왕은 부채를 들고 다니는 시종을 따로 두었다. 왕릉에서도 부채가 더러 발견되었다. 예를 들어 투탕카멘의 무덤에서는 왕이 직접 사냥해 잡은 타조 깃털로 만든 부채 8개가 나왔다. 아울러 종려나무 잎사귀나 식물 섬유로 만든 값싼 부채가 이집트 전역에서 사용되었다. 멕시코의 아스텍인들은 케트살의 화려한 깃털을 이용해 멋진 부채를 만들었다.

부유한 이집트인들은 천막을 방불하는 커다란 차양에서부터 손에 들고 다닐 수 있을 정도로 작은 햇빛 가리개까지 사용했다. 그런 증거들이 무덤과 신전 벽화에서 더러 발견된다. 웨나문이 전하는 이야기에 따르면, BC 1080년경 비블로스의 왕자 체케르바알은 이집트인 집사에게 햇빛 가리개를 들고 다니게 했다고 한다. 고대 이라크의 왕들도 햇빛 가리개를 사용했다. 예를 들어 BC 2000년대 중반의 부조를 보면, 아카드의 사르곤이 햇빛 가리개를 들고 다니는 시종의 시중을 받는 모습이 나와 있다. 아울러 BC 450년경의 부조에서도 아시리아의 아슈르바니팔 왕이 대형 파라솔 그늘 아래서 전차 위에 서 있는 모습이 확인된다. BC 4세기경 인도에서는 대부분의 사람들이 파라솔을 들고 다녔다. 부유한 아테네 여인들과 로마인들은 뜨거운 햇빛을 가리기 위해 양산을 사용했다. 방수 처리를 한 우산은 386~535년 중국인들이 기름을 먹인 뽕나무 종이가 빗물을 효과적으로 막아준다는 사실을 발견하면서 처음 등장했다.

부터는 금발과 붉은 머리를, 인도로부터는 검은 머리를 들여왔다. 하지만 1~2세기로 들어와 로마, 이집트, 영국의 가발 제조업자들은 경비를 절약할 목적에서 식물 섬유로 가발을 만들기도 했다.

아래 인간의 머리털로 만든 남성용 가발. 곱슬머리와 땋은 머리, 두 부분으로 이루어져 있다. 머리카락에는 밀랍과 송진을 혼합해서 만든 물질을 발라 보호막을 형성했다. 이집트 데이르 엘 메디나에서 발굴되었다. 연대는 BC 1400~BC 1300년경이다.

보석

훌륭한 장인으로 인정받고 싶다면 다양한 예술 분야에 능통해야 한다.
왜냐하면 공예품의 소재로 삼을 수 있는 재료가 무한정이기 때문이다.
모름지기 금과 은을 다루는 사람이라면 다른 모든 장인을 능가하는 지식과 업적을 쌓아야 한다.

바노초 비링구초, 16세기

몸 치장은 인간의 기본 욕구다. 보석을 둘러싼 인간의 욕망은 지난 몇천 년 동안 귀금속을 손에 넣으려는 정복 행위와 상거래를 끊임없이 자극해왔다. 그러한 역사는 인간의 허영심과 탐욕을 보여주는 증거이기도 하지만, 위대한 예술가와 장인들을 탄생시킨 원동력이 되기도 했다. 보석은 처음에는 트로피와 부적으로 출발했던 듯하다. 줄을 이용해 목에 매단 사자 발톱은 사냥꾼의 능력과 용맹을 나타내는 상징이자 다른 짐승들에 대한 경고였으며, 보이지 않는 위험을 예방하는 호신부였을 것이다. 아울러 예쁜 돌이나 조가비로 만든 장식품도 있었다. 조가비와 구슬로 만든 목걸이가 석기시대 유적지에서 발견되었다. 프랑스 아르시쉬르퀴르에서 출토된 30,000년 전의 펜던트와, 모스크바 근처의 숭기르에서 출토된 23,000년 전의 상아구슬 목걸이가 거기에 해당한다.

정착 생활과 함께 농경 문화가 형성되면서 사냥이나 싸움 기술 외에 다른 것이 신분을 나타내는 척도가 되기 시작했다. 상류층 사람들은 사냥을 대신 해줄 사람들을 고용했다. 그렇다면 높은 신분은 어떻게 과시했을까? 그 답은 소수의 특권층만이 손에 넣을 수 있는 희귀한 재료로 솜씨 있는 장인이 만든 의복과 장신구에서 나온다.

금, 은, 옥

지금도 그렇지만 가장 널리 쓰였던 귀금속은 금이었다. 거기에는 여러 가지 이유가 있다. 무엇보다도 금은 덩어리나 가루, 또는 암맥의 상태로 발견되기 때문에 복잡한 제련 과정을 거칠 필요가 없다(43쪽 참조). 금은 강바닥에 침전되어 있기 때문에 밝은 노란빛에 매력을 느끼는 사람이라면 누구든 손에 넣을 수 있었다. 더욱이 금은 다른 화학 반응에도 강해, 수천 년 동안 강바닥에 가라앉아 있더라도 조금도 변하지 않는다. 다시 말해 금은 아무리 사용해도 퇴색이나 산화를 염려할 필요가 없다. 금으로 만든 식기는 주인이 살아 있을 때는 변치 않는 국물 맛을 제공했고, 주인이 죽으면 무덤에 함께 묻혀

위 동물의 이빨과 뼈로 만든 펜던트. 아마도 호신부로 사용했던 듯하다. 구멍을 뚫거나 홈을 파서 매달 수 있게 만들었다. 프랑스 아르시쉬르퀴르에서 발견되었고, 연대는 BC 30000년경으로 추정된다.

왼쪽 우르에서 출토된 BC 2000년대 중엽의 구슬 목걸이. 서로 멀리 떨어져 있는 여러 문화권의 특색이 한꺼번에 드러난다. 청금석은 아프가니스탄의 산물이고, 홍옥수 세공 기술은 인더스 계곡에서 시작되었다.

279

위 이라크 우르에서 나온 BC 2000년대 중반의 푸아비 왕비의 화려한 머리장식과 귀고리. 꽃잎뿐만 아니라 버드나무와 너도밤나무 잎사귀를 형상화했다. 맨 위에는 빗을 꽂았다. 이러한 귀금속은 신분을 표시하는 상징이었다.

금제품을 만들려면 돌 외에 다른 금속 연장이 필요했다. 따라서 본격적인 금세공 기술은 청동기시대인 BC 2500년에 이르러서야 비로소 근동 지역에 등장하기 시작했다.

금이 태양을 상징하는 귀금속이라면 창백한 빛깔의 은은 달을 상징했다. 백금은 은백색을 띠고 있어 은 대용으로 많이 사용되었다. 사실 초창기 이집트의 '은'은 대부분 백금이었다.

은과 금은 세공 방법이 거의 흡사했다. 하지만 철기시대 스페인과 같은 일부 지역에서는 은제품이 매우 귀했다. 심지어 그리스와 로마 시대에도 은으로 만든 식기와 장신구는 부자들만 소유할 수 있었다.

가느다란 철사나 사슬 형태로 만들거나, 미세한 알갱이를 땜질해 붙이는 고대 사회의 금세공 기술은 BC 2000년경에 이르러 근동 지역에서 크게 발전했다. 그 후 3,000년 동안 인류는 새로운 금세공 기술을 개발하기보다 과거의 기술을 보급하고 응용하는 데 만족했다. 하지만 그런 와중에도 더러 중요한 발전이 이루어지기도 했다. 예를 들어 BC 700년경에 이르러 철제 도구가 제작되기 시작하면서 재료의 성분과 용융점의 예측이 가능해졌다. 이는 금 제련술의 확산으로 이어졌고, 그 결과 더욱 가느다란 금줄을 제조할 수 있었다.

청동기시대 알프스 이북의 금세공 기술은 간단히 두들기거나 주조하는 수준에 머물러 있었다. 물론 탁월한 기술 수준을 보여주는 장신구들도 없지 않다. 개중에는 구리 합금을 사용한 경우도 있지만 은은 거의 찾아볼 수 없다. 각기 다른 미세한 조각을 땜질로 이어 붙이는 근동 지역의 금세공 기술은 철기시대 말에 이르러 북유럽에 전래되었다. 하지만 이 기술은 법랑을 칠한 구리 합금 장신구가 유행했던 로마 시대 이전에는 그리 흔하지 않았다.

극동 지역의 중국에선 BC 5세기 이전에는 정교한 귀금속 세공술을 보여주는 증거가 거의 없다. 귀금속 세공 기술은 지중해를 거쳐 러시아 초원 지대의 유목민들을 통해 중국에 전래되었다. 하지만 중국은 옥 세공술에 관한 한 가히 독보적이었다. 옥은 재질이 단단해 세공하기가 쉽지 않았다. 하지만 중국의 옥 세공품은

사후에도 편의를 제공했다. 어쩌면 그 긴 수명의 일부를 나누어주었을지도 모른다. 더욱이 금은 만물에 생명을 공급하는 태양과 색깔이 같다. 하지만 금은 재질이 너무 물러 장신구나 장식품 이외의 용도로 사용하는 데는 한계가 있었다.

작은 금덩이는 펜던트로 착용하거나, 망치로 두들겨 잔이나 부적을 만들었다. 하지만 크기가 큰 장신구나 장식품의 경우에는 대개 금덩이나 금가루를 녹여 만들었다. 발칸 반도와 같은 구대륙의 일부 지역에서는 금을 주조하거나 두들겨 펴서 장신구를 만드는 관행이 BC 4000년 이전부터 발달했다. 하지만 좀더 정교한

연대가 BC 3000년경으로 거슬러 올라간다. 지중해 지역이나 유럽에서 더러 옥으로 도끼 같은 도구를 만들어 사용하기는 했지만 옥 세공품은 알려진 바가 사실상 전무하다. 따라서 중국의 옥 세공품이 서양에 전해졌을 가능성은 거의 없어 보인다.

중앙아메리카의 경우에는 BC 1000년경부터 옥을 사용하기 시작했다. 하지만 안데스 지역에서는 옥 세공보다 금속 세공이 더 활발하게 이루어졌다. 중남미의 장인들은 견고한 금속 도구를 확보할 수 없었기 때문에, 대개 망치로 두들겨 판판하게 만들거나 주조하는 방법에 의존했다. 주조 과정에는 주로 밀랍을 사용했다. 이 경우 먼저 밀랍(또는 밀랍과 비슷한 효과를 내는 식물의 추출물)으로 원하는 형태를 만든 다음 점토를 발라 틀을 만들었다. 점토 틀이 완성되면 불을 지펴 밀랍을 녹여내고 빈 공간에 금을 녹인 물을 부었다. 그런 다음 금물이 식어 딱딱하게 굳으면 점토 틀을 깨뜨려 원하는 장신구를 손에 넣었다. 순금은 주조하기가 까다롭기 때문에, 붉은 빛이 감도는 금과 구리의 합금이 장신구나 장식품 재료로 종종 사용되었다. 여기에 화학 물질을 가해 표면에 들러붙어 있는 구리를 긁어내면 밝은 금빛을 발하는 외관을 얻을 수 있었다(44쪽 참조).

순금 제품을 가질 만큼 신분이 높지 못하거나 재력이 부족한 사람들은 금박을 입힌 장신구로 욕구를 달래야 했다. 다른 금속에 얇은 금박을 입히는 기술은 매우 오래전부터 발달했다. 하지만 접착제를 사용하거나 가장자리를 구부리는 방법으로 금박을 고정시켜 내구성을 높인 금박 기술은 BC 1500년경에 이르러서야 비로소 등장했다. 은이나 구리에 금박을 입히는 이러한 방법은 로마 시대에 들어와 이른바 아말감 도금 기술로 대체되었다. 중국에서는 이보다 일찍 개발되었다. 아말감 도금 기술이란 금을 수은과 섞어 마치 버터와 같은 혼합물을 만든 다음 열을 가한 금속 위에 바르는 방법을 말한다. 그러면 수은은 수증기가 되어 빠져나가고 도금한 금속만 남게 된다.

시리아의 텔브라크에서 출토된 BC 2300~BC 2159년경의 목걸이. 4중으로 된 나선형 구슬이 매우 특이하다. 이와 비슷한 장신구가 에게 해에서부터 인더스 계곡에 이르는 지역에서 발견된다. 사진에서처럼 은보다는 대개 금으로 만들었다. 고대 사회에서는 은 장신구가 금 장신구보다 훨씬 희귀했다.

오른쪽 키타라를 연주하고 있는 세이렌의 모습을 새긴 BC 330~BC 300년경의 금귀고리. 여러 가지 귀금속을 조합한 전형적인 그리스 장신구의 특색을 갖추고 있다. 키타라 줄은 현존하는 그리스 금 세공품 가운데서 가장 가느다란 경우에 속한다.

왼쪽 중남미에서 사용했던 밀랍 주조 기술. 먼저 원하는 형태를 밀랍으로 만든 다음, 점토를 입혀 틀을 만든다. 그러고 나서 열을 가해 밀랍을 녹여내고 그 공간에 금물을 붓는다. 그런 다음 금물이 식어 딱딱해지기를 기다렸다가 점토 틀을 깨뜨리면 원하는 형태의 장신구가 나왔다.

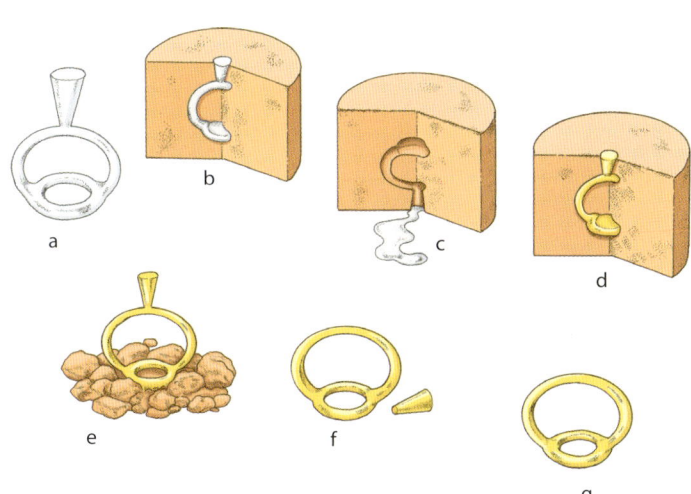

위 사슬 형태의 금목걸이. 양쪽 끝에 금박으로 만든 사자 머리를 부착했다. 사자의 눈은 청색 법랑으로 장식했다. 사슬 크기가 상당히 크지만 고리와 고리를 잇는 단순한 방법을 사용했다. 아래 그림은 이런 형태의 사슬을 만드는 방법을 보여준다.

구리와 아연 합금으로 만든 로마 시대의 '모조' 귀금속도 종종 발견된다. 구리와 아연 합금은 색깔이 금과 비슷한데다 잘 닦으면 눈부신 광채를 발한다. 이러한 장신구를 제작하는 데에는 대개 주조법을 사용했다. 사례가 아주 풍부하게 남아 있는 이들 합금 장신구 중에는 최근까지도 금 대용품으로 사용하고 있는 금색 동과 재질이 비슷한 경우도 있다.

보석

보석은 일찍부터 줄에 매단 펜던트나 구멍을 뚫은 구슬의 형태로 패용했다. 원시적인 도구를 가지고 단단한 보석에 정교하고 정확하게 구멍을 뚫었다는 사실은 참로 놀랍기 그지없다. 오랜 시간 힘든 작업에 매달려야 했을 것이기 때문이다. 형형색색의 보석을 가공하는 기술은 비교적 정교한 금속 세공술이 개발되면서부터 가능해졌다. 최초의 보석 세공 사례가 고왕국기의 이집트와 우르(지금의 이라크)의 왕릉에서 발견되었다. 이들 지역에서는 주홍빛을 띤 홍옥수와 짙푸른 청금석이 가장 인기가 높았다. 홍옥수의 일부는 인도에서 들여왔고, 청금석은 멀리 바다흐샨(지금의 아프가니스탄) 광산에서 들여왔다. 홍옥수와 청금석은 주로 장신구에 색깔을 입히는 용도로 사용했는데, 불투명한 원석을 원하는 모양으로 깎은 다음 금속판에 박아넣었다. 보석 자체를 직접 가공하는 기술은 훨씬 뒤에야 등장했다.

북유럽의 경우에는 기독교 시대 직전까지 색깔 있는 보석이 거의 사용되지 않았다. 단 송진이 화석처럼 굳어서 형성되는 호박은 예외였다. 철기시대 초기에 물에 휩쓸려 북해와 발트 해 연안으로 밀려 올라온 호박이 바로 거기에 해당했다. 그 가운데 일부는 남쪽으로 수출되어 그리스의 보석으로 거듭나면서 유럽과 근동 지역의 재료와 기술이 한데 섞이는 결과를 낳았다.

그런 와중에서 페르시아 제국이 발흥하는 BC 10세기를 기점으로 점차 투명한 보석을 선호하기 시작했다. 이런 추세는 알렉산드로스 대왕의 동방 원정으로 더해진 다음, 로마 시대에 이르러 진주와 보석 무역이 번창한 데 이어, 보석 섬 스리랑카로 가는 직항로가 발견되면서 보석 산업이 본격적으로 위용을 갖추기 시작했다.

보석은 인장을 만드는 데에도 요긴하게 사용되었다. 그리스와 로마 시대에는 종종 보석으로 만든 인장을 금반지에 물려 고정했다. 청동기시대에는 보석이 대개 장신구나 구슬 또는 인장을 만드는 데 사용되었는데, 모래나 부싯돌 같은 규산염 물질을 사용하면

오른쪽 고양이과 동물의 머리 형상대로 만든 BC 3세기의 허리띠 고리. 구리 합금에 금박을 입힌 뒤 은을 아로새긴 전형적인 고대 중국의 장신구다.

위 '카르타고의 보물.' 연대는 400년경으로, 사파이어는 스리랑카산이고, 에메랄드와 진주는 각각 이집트 동부의 사막 지대와 페르시아 만(또는 인도)에서 들어온 것으로 추정된다.

광을 내거나 자를 수 있었다. 보석 원석은 원하는 모양대로 깎아 박아넣거나, 구멍을 뚫어 구슬로 만들거나, 문자를 새겨 인장으로 만들었다. 그 전에도 수직 송곳을 이용하여 고도로 정교한 보석 제품을 생산했지만, 회전식 수평 절삭기가 등장하면서 보석 세공은 새로운 도약을 맞이했다. 이런 도구를 만들려면 미세하면서 견고한 부품이 필요했고, 그 결과 자연스레 철의 개발과 사용을 촉진시켰음이 분명하다. 사실상 회전식 수평 절삭기의 개발 시기는 철기시대의 시작과 일치한다. 로마시대에 이르러 끝에 다이아몬드를 씌운 도구가 발명되면서 강도가 매우 강한 보석도 세공할 수 있게 되었다.

주요 연대

망치로 두들기거나 주조하는 금세공 기술	BC 4000년대, 발칸 반도
옥 세공	BC 3000년, 중국 BC 1000년, 중앙 아메리카
금줄과 금사슬	BC 2000년, 근동 지역
금박	BC 1500년

왼쪽 콜롬비아 포파얀에서 출토된 1100~1500년경의 정교한 가슴 장식. 여기에 들어간 부속품은 모두 밀랍 주조 기술을 이용해 만들었다. 중앙에 있는 사람 모양의 커다란 형상에서 코에 원반 장식을 달고 있는 모습을 확인할 수 있다.

화장품과 향수

얼굴에는 화장품을 바르고, 입술에는 향고(香膏)를 칠하고, 눈가는 먹으로 그리고…….

우르 왕 슐기의 찬가에 나오는 이난나의 노래, BC 2094~BC 2047년

화장한 노프레트의 석회암 조각상. 연대는 BC 2600년경으로, 눈에는 검게 칠한 유리를 박아넣었고, 짧은 머리 위에는 두꺼운 가발을 씌웠다. 이집트 메이둠에서 출토되었다.

인류는 지금까지 7,000년 이상 용모를 가꾸고 피부를 보호하기 위해 화장품과 향수를 사용해 왔다. 고대인의 무덤에서는 남성과 여성이 사용했던 화장품이 종종 부장품으로 발견된다.

화장품

최초의 화장품은 이집트 바다리안기(BC 4000년대)의 무덤들에서 발견되었다. 원료 상태와 회색 사암 석판에, 으깬 가루 상태의 녹색 공작석(구리 광석), 흑색 방연광(납 광석), 붉은 황토(산화철) 등이 남녀의 무덤에서 출토되었다. 가루는 조개 껍질이나 속이 빈 갈대 등의 용기에 담긴 채 작은 바구니나 상자에 보관되었다.

BC 2000년경에 이르러 화장용 도구가 발명되기 전만 해도, 필요할 때마다 광석을 빻아 물이나 기름(또는 지방)에 섞어 손가락으로 찍어 발랐다. 공작석 가루는 녹색 아이새도로 활용되었다. 처음에는 공작석 가루를 이용해 눈 가장자리와 볼 위에 두껍게 바르는 화장술이 유행했다. 그 후 흑색 방연광으로 눈을 그리고 뺨과 입술에 붉은 황토를 바르는 화장술이 개발되었다.

화장품은 종교 의식에서도 중요한 비중을 차지했다. 예를 들어 녹색 눈 화장품은 피라미드 본문(이집트인의 장례 기도문·찬송·주문 모음: 역주)에 언급되어 있을 뿐만 아니라, 부적의 의미를 지녔던 호루스 신의 눈과도 밀접한 관련을 맺었다. 이집트인들은 신전의 석상들에도 눈 화장을 했고, 나중에는 죽은 자들에게까지 그와 같은 관행을 적용했다. 즉 죽은 자들의 눈을 그리고 입술과 뺨을 붉게 단장해 살아 있는 사람처럼 보이게 하려고 했다. 화장품은 일상 생활에서도 사용되었다. 화장품은 단지 얼굴을 아름답게 가꾸려는 목적에 그치지 않았다. 이집트인들은 강렬한 햇볕을 차단하는 한편, 태양열과 모래 가루 때문에 생기는 피부

자극을 완화하기 위해 화장품을 사용했다. 눈 화장품 용기를 살펴보면, 더러 날짜가 적힌 찌지를 붙여 매일 사용하는 화장품과 구분했다. 이 밖에 소유자의 이름이나 왕의 이름(이는 왕이 하사한 선물임을 암시한다)이 적힌 찌지를 붙인 경우도 있다.

여성 화장술사('입술을 그리는 사람'으로 알려졌다)가 등장해 손톱 관리사와 미용사와 함께 일했다. 헤나 물감은 손, 발, 손톱, 머리카락에 색을 입히는 데 사용되었다. 의학 문서에도 클렌징 크림과 안면 팩에서부터 회춘 오일에 이르기까지 다양한 화장품이 소개되어 있다. 그 가운데 회춘 오일의 경우에는 BC 1500년경에 단 한 번 언급되는데, '늙은 남자를 젊은 남자로 만드는 법…… 효과가 수없이 입증되었다'는 흥미로운 설명이 붙어 있다.

화장품은 BC 2000년대의 메소포타미아 지역에서도 유행했다. 녹색 공작석과 검은 먹을 비롯해 다양한 색조 화장품이 남녀의 무덤에서 발견되었다. 슐기 왕의 찬가에 보면, 여신 이난나도 눈 화장을 했던 것으로 나타난다. 같은 시기에 인더스 계곡의 문화권에서는 백랍이 화장품으로 사용되고 있었다. 나중에는 아테네 여성들도 이 화장술을 채택해 자외선을 차단하고 아름다움을 가꾸는 데 사용했다. 《얼굴 화장술에 대하여》를 저술한 로마 시인 오비디우스는 백랍 분의 사용을 독려했다. 한편 네로의 아내 포파이아는 입술과 뺨과 손톱은 붉게 칠하고, 눈썹은 검게 칠하기를 좋아했다. 화장을 가장 즐겨했던 로마인은 엘라가발루스 황제의 가족이었다. 황제 자신도 눈은 청색과 금색으로, 입술은 청색으로, 발은 헤나 물감으로 붉게 치장했다.

초기 유럽인들 역시 화장품으로 얼굴과 몸을 치장했다. 로마인들은 브리튼족의 일족인 크루이트니족이 청색 물감을 몸에 칠한다고 해서 '색칠한 사람들'을 뜻하는 픽트족이라고 일컬었다. 프로페르티우스(BC 20년경)는 '화장한 브리튼족'을 비판했으며, '로마인들이 뺨에 벨기에 루주를 바르는 행위'를 혐오했다.

얼굴 화장은 고대 세계 대부분의 지역에서 유행했다. 예를 들어 타클라마칸 지역에서 출토된 BC 1000년

위 유리로 만든 향수병 2점과, 종려나무 모양의 눈 화장품 용기(맨 오른쪽). 연대는 BC 14세기경으로, 파라오 아멘호테프 3세 시대에는 이런 형태의 용기가 유행했다.

왼쪽 BC 14세기경 도자기로 만든 화려한 화장품 용기. 이집트 가정의 수호신으로 숭배되었던 베스를 형상화했다. 귀에 구멍을 뚫은 모습이 인상적이다. 용기 안에는 화장품을 바를 때 사용하는 도구들이 들어 있었다.

아래 금을 아로새긴 중국 전한 시대의 청동 향로. 연대는 BC 2세기 말로, 향을 사르는 용도로 사용되었던 듯하다.

오른쪽 연회에 참석한 이집트 여성의 모습. 눈 주위를 검게 그리고, 원뿔 모양의 향고와 띠를 두른 긴 가발을 착용하고 있다. 나크트의 무덤에서 출토되었다.

경의 여성 미라의 코 주위에는 노란색 나선형 무늬가 그려져 있었고, 아스텍 여인들은 노란색 황토나 붉은 양홍(연지벌레로 만든 물감: 역주)을 얼굴에 발랐다. 페루에서 출토된 잉카 문명 이전의 치리바이족 여인의 미라와, 콜롬비아의 무이스카 문화(13세기 초)에 속하는 미라의 얼굴에서도 일부러 칠한 붉은 반점 무늬가 확인되었다.

향수

고대의 향수는 열악한 위생 상태를 감출 목적으로 사용되었다. 하지만 이집트인들은 목욕을 자주 했을 뿐만 아니라 다양한 꽃, 허브, 향료, 송진을 섞어 만든 향수를 보습제로 사용했다. 전왕조기(BC 3100년 이전)의 무덤에서, 수입한 송진과 식물성 기름으로 만든 초창기의 향수가 발견되었다.

석회암에 새겨진 BC 380~ BC 343년경의 이집트 부조. 여성들이 향수를 만들기 위해 백합 기름을 짜내는 모습을 묘사하고 있다.

BC 4세기에 이르러 증류 기술이 개발되기 전까지는 재료를 오일이나 기름에 담가두거나 열을 가하는 방법으로 향수를 만들었다. 성분이 복잡한 경우에는 향수를 만드는 데 1년이 걸리기도 했다. 향수와 향유를 만드는 장면이 무덤과 신전에서 종종 발견된다. 일부 신전에는 향수 제조실이 따로 마련되어 있기도 했다.

향수는 이집트의 종교 의식에서 중요한 역할을 차지했다. 신들은 향기로운 냄새를 풍기는 존재로 간주되었다. 이집트인들은 신들의 속성을 향수로 표현했다. 아울러 향수는 보호의 목적으로 사용되기도 했다. 예를 들어 달콤한 냄새는 악귀를 쫓아주고, 강한 냄새는 장례식에서 죽은 자의 감각을 되살리는 데 사용되었다. 미라를 만드는 과정에도 향수가 사용되었다. 헤로도토스는 시체의 부패를 숨기기 위해 '몰약과 계피를 비롯해 다양한 향료를 사용했다'고 전한다.

향수는 주로 집에서 사용되었지만, "사는 동안 마음이 즐거운 대로 행하고, 머리에 몰약을 바르고, 신에게 어울리는 기름을 몸에 바른다"는 연회에 초대되었을 때는 반드시 몸에 향수를 뿌려야 했다. 원뿔 모양의 향고 단지를 과장되게 묘사한 그림에 보면, 사람들이 이를 몸에 문질러 옷 위로 적갈색 줄무늬가 배어 나오는 모습이 포착된다. 왕이 총애하는 신하들은 향수를 선물로 받았다. BC 1300년경의 한 장수는 "향을 피우고 군사들의 몸과 전차에 향수를 발라 파라오 앞에서 완벽한 준비를 갖추도록 하라"는 지시를 받기도 했다.

왼쪽 이집트 파라오 아멘호테프 3세와 그의 아내 티이의 이름이 새겨진 노란색 파양스 향수 용기. 연대는 BC 14세기.

아래 오른쪽 이집트 12왕조의 공주 시트 하토르 루네트의 무덤에서 나온 화장품 상자. 흑단을 아로새겨 만든 상자에는 하토르 여신의 형상을 새긴 손잡이가 달려 있는 거울, 금으로 장식된 작은 항아리들, 루주 접시, 면도칼, 숫돌 등이 들어 있었다.

아래 파리스의 심판을 묘사한 장면이 새겨져 있는 BC 3세기의 에트루리아 청동 거울. 파리스 자신도 거울을 들고 있다.

주요 연대

화장품 재료	BC 5500년경, 이집트
흑요석 거울	BC 5000년, 아나톨리아
향수	BC 3100년 이전, 이집트
금속 거울	BC 2000년대, 이집트
향수 증류술	BC 4세기

하지만 누구나 다 그런 관습을 좋아했던 건 아니다. 스파르타에서는 향수 사용을 금지했다. BC 361년 스파르타 왕 아게실라오스는 과다한 향수 사용이 타락을 부추기고 여성화를 조장한다는 이유로 이집트의 연회 관습을 폐지했다고 전한다.

그리스-로마 시대의 이집트 수도 알렉산드리아는 명실공히 세계 향수 생산의 중심지였다. 이곳 사람들은 멀리 아바리아, 인도, 극동 지역에서 원료를 수입해 향수를 만들었다. 플리니우스는 "향수 산업은 이익이 많이 남는 장사였기 때문에 인부는 엄격한 신원 조사를 거쳐야 했을 뿐만 아니라, 작업장을 떠날 때도 입고 있던 옷을 모두 벗어 조사에 응해야 했다"고 전한다.

테오프라스토스는《향수에 관하여》에서 이집트의 향수가 세계 최고라고 소개했다. 한 그리스 상인은 8년 동안 가게에 놔두었던 이집트 향수가 새로 만든 향수보다 더 질이 좋았다고 증언했다. 로마는 이집트 향수를 가장 많이 수입한 나라이기도 했지만, 카푸아에서 독자적으로 향수를 생산해 이를 운구엔타리아라는 작은 유리병에 담아 제국 전역에 수출했다.

향수는 인도에서도 BC 2000년대부터 유행했다. 헤로도토스에 따르면, 아시리아인들은 의식용으로만 향수를 사용했던 데 비해 바빌로니아인들은 '향수를 온몸에 발랐다.' 아라비아 남부에서 출토된 향로에 새겨진 글귀는 BC 8세기경에 그 지역의 신들에게 분향하는 관습이 있었다는 사실을 보여준다. BC 2세기의 중국 역사가 사마천은 100여 가지 원료를 조합해 향을 만들었다고 전한다. 아울러 중국인들은 BC 100년경에 방석 사이에 놓고 사용하는 향로를 발명했다.

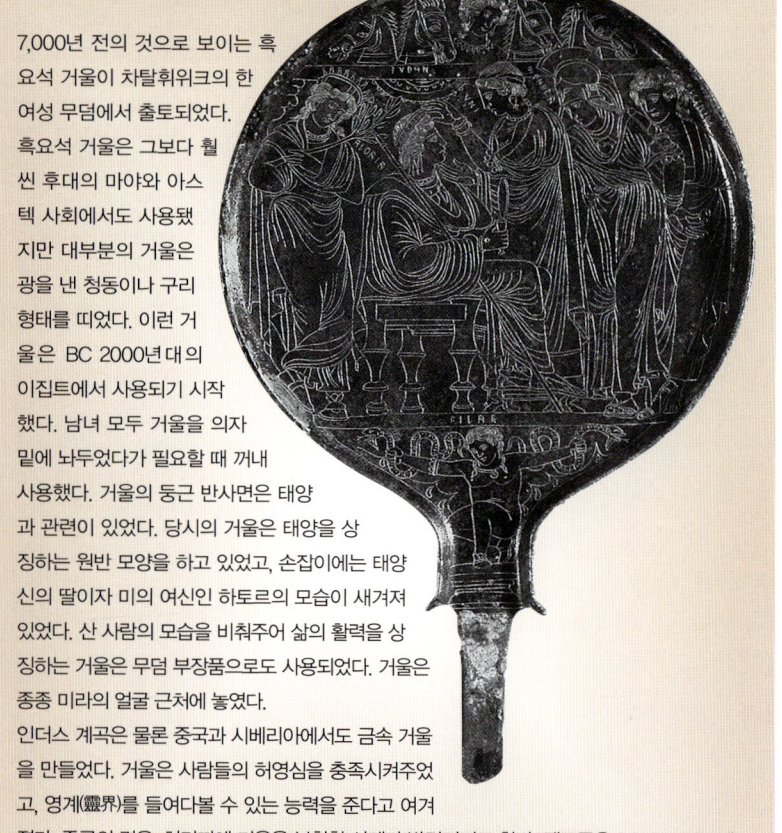

거울

7,000년 전의 것으로 보이는 흑요석 거울이 차탈휘위크의 한 여성 무덤에서 출토되었다. 흑요석 거울은 그보다 훨씬 후대의 마야와 아스텍 사회에서도 사용됐지만 대부분의 거울은 광을 낸 청동이나 구리 형태를 띠었다. 이런 거울은 BC 2000년대의 이집트에서 사용되기 시작했다. 남녀 모두 거울을 의자 밑에 놔두었다가 필요할 때 꺼내 사용했다. 거울의 둥근 반사면은 태양과 관련이 있었다. 당시의 거울은 태양을 상징하는 원반 모양을 하고 있었고, 손잡이에는 태양신의 딸이자 미의 여신인 하토르의 모습이 새겨져 있었다. 산 사람의 모습을 비춰주어 삶의 활력을 상징하는 거울은 무덤 부장품으로도 사용되었다. 거울은 종종 미라의 얼굴 근처에 놓았다.
인더스 계곡은 물론 중국과 시베리아에서도 금속 거울을 만들었다. 거울은 사람들의 허영심을 충족시켜주었고, 영계(靈界)를 들여다볼 수 있는 능력을 준다고 여겨졌다. 중국의 경우, 허리띠에 거울을 부착한 사례가 발견되기도 한다. 켈트족은 BC 4~BC 1세기에 정교하게 장식된 청동 거울을 만들어 사용했다. 에트루리아인도 거울을 사용했다. BC 140년경에 사망한 한 귀족 여성이 위풍당당한 자태로 은제 거울을 들고 있는 모습이 조각되어 있는 석관에서 그 사실을 확인할 수 있다. 아울러 그리스인들과 에트루리아인들은 콤팩트 거울처럼 뚜껑이 달린 금속 거울도 사용했다. 플리니우스는 레바논 지역의 시돈에서 최초의 유리 거울이 제작되었고, 나중에 로마인들이 이를 본뜬 유리 거울을 만들었다고 전한다.

피임약과 최음제

"네가 태어나지 못할 운명이었고, 결혼하지 않은 채로 죽으면 좋을 텐데"라는 글귀를
보석에 새겨 몸에 착용하거나 입으로 말하면 임신을 피할 수 있다.
이 말을 새 파피루스에 적어 노새의 털로 묶어놓아라.

그리스의 피임 비결, 3세기

왼쪽 및 아래 페루에서 출토된 100~600년경의 모체 양식 토기 2점. 임신을 피하면서 섹스를 즐기는 남녀 두 쌍의 모습을 묘사하고 있다. 믿을 만한 피임법이 없었던 고대 사회에서는 이런 식으로 임신을 피했던 것으로 보인다.

인용한 주문이 암시하는 대로, 고대인들은 신뢰할 만한 피임약을 개발하지 못했다. 왜냐하면 굳이 피임할 이유가 없었기 때문이다. 고대 사회에선 조산율과 유아 사망률이 너무 높아, 될 수 있는 한 아이를 많이 낳아야 했다. 태어난 아이 중 절반이 10세 이전에 사망해 여성들이 계속 출산하지 않으면 인구가 심각하게 줄어들 수밖에 없었다. 여성 1인당 5~6명의 자녀를 낳아야만 성인 인구가 안정된 숫자를 유지할 수 있었다. 고대 사회의 인구가 대부분 증가세를 보인 점으로 보아, 효과적인 피임이 널리 이루어지지 않았던 것이 분명하다. 그래도 과도한 출산은 건강을 위협했을뿐더러 많은 시간을 잡아먹어, 여성들은 피임 방법이 있다면 뭐든 사용하려고 했다. 의학 지식이 발달했던 그리스, 로마, 이집트에서 그러한 사례들이 발견된다.

마술과 의학

고대 사회에서는 가능한 한 아이를 많이 낳았다. 하지만 그런 상황에서도 몇 가지 피임 방법이 존재했다. 물론 효과는 미지수였다. 당시에는 무엇보다도 콘돔이 존재하지 않았다. 동물의 방광이나 얇은 피부를 이용해 만든 콘돔이 있었다는 주장이 종종 제기되기도 하지만 16세기 이전에는 콘돔이 개발된 적이 없다. 가장 단순한 피임 방법은 구강 성교와 항문 성교처럼 임신이 불가능한 체위의 섹스였다.

'마술' 차원의 피임 방법은 믿을 수가 없었다. 그렇다고 완전히 무용지물은 아니었다. 그 이유는 초자연적인 요소에 종종 의학적인 처치나 식이요법이 곁들여졌기 때문이다. 예를 들면 수유기를 늘리는 데 초점을 맞춘 이집트의 주술의 경우, 여성들은 흰색 돌로 만든 부적을 몸에 지니고 다니는 한편, 단백질이 풍부한 음식을 섭취했다. 젖을 먹이는 기간에는 프롤락틴이 생성되어 임신이 억제된다. 거기다 주문을 외우고 부적을 찰 경우, 위약 효과를 가져다주었음이 틀림없다.

낙태를 유도하는 물질을 사용하는 것도 고대의 피임 방법 가운데 하나였다. 하지만 낙태나 피임이나 별반 차이가 없었다. 가장 믿을 만하면서 이른바 '과학적인' 피임 방법은 꿀이나 명반, 삼나무 오일 같은 살정제를 바른 장치를 삽입해 정자가 자궁 경부로 진입하지 못하게 막는 것이었다. 그런 장치로는 해면, 천으로 만든 탐폰, 작은 양파에서부터, 설비를 제대로 갖춘 약국에서만 제조가 가능한 복잡한 페서리에 이르기까지

오른쪽 베스 신의 형상을 하고 있는 이집트의 부적. 베스는 출산할 때 악령을 내쫓는 신으로 숭배되었다. 이러한 부적은 이집트 여성들이 피임보다 안전한 출산을 더 중요하게 생각했다는 사실을 암시한다.

아래 폼페이에서 출토된 로마 시대의 청동 풍경. 연대는 1세기경으로, 남자 성기 모양의 축이 인상적이다. 이런 종류의 풍경(風磬)은 행운을 가져다주는 부적의 효과를 지니고 있다고 간주되었다.

다양하게 사용되었다. 최근에 약사들이 분석한 결과, 고대의 피임 비법이 놀라운 효과를 지녔다는 사실이 드러났다.

고대의 경구 피임약?

고대 그리스의 경우에는 배란 촉진 호르몬을 형성하는 뇌하수체의 활동을 억제하는 효과가 있는 천연 에스트로겐 성분을 다량 함유한 석류 같은 식물을 이용해 피임용 페서리를 만들었다. 이들 고대 페서리의 작용 원리는 오늘날의 경구 피임약과 동일하다(물론 고대 사회의 의사들은 이런 원리를 알지 못했다). 하지만 문제는 그리 간단하지 않았다. 분석 결과, 석류 씨앗을 둘러싸고 있는 표피에만 배란을 억제하는 성분이 함유되어 있는 것으로 드러났다. 따라서 석류 껍질만을 사용했던 고대의 피임 비법은 아무런 효과가 없었다. 피임 효능이 있다고 추정된 다른 식물들, 즉 고수풀, 쑥국화, 버드나무 같은 경우에도 다량이나 정제(錠劑)된 형태로 복용해야만 효과를 거둘 수 있는 것으로 나타났다. 하지만 고대 사회에는 정제 형태의 피임약을 개발할 만한 기술이 없었다.

더욱이 고대의 의사들은 과학적인 연구 결과가 아니라 신화를 바탕으로 피임 효과를 지니는 식물을 추려냈다. 예를 들어 석류가 피임 효과가 있다고 믿었던 이유는 페르세포네 여신이 석류 씨앗을 먹어 지하 세계에서 6개월을 거하는 바람에 땅이 열매를 맺지 못했다는 신화 때문이었다. 또 다른 사례는 악어의 배설물로 만든 페서리였다. 이 방법은 이집트의 의학 문서에 기록되어 있다. 악어의 배설물은 어느 정도 피임 효과가

주요 연대	
부적	고대 이집트
살정 장치	고대 이집트
피임 페서리	고대 그리스
악어 배설물 페서리	고대 이집트
최음제	고대 로마

있었을지도 모른다. 하지만 이를 피임약으로 사용하게 된 동기는 악어 배설물이 낙태를 비롯해 무질서와 황폐함을 관장하는 신 세트와 관련이 있었기 때문이다. 결국 고대의 일부 피임약이 경험과 과학에 근거해 개발되었다는 현대의 주장은, 당시 사회의 의약품 제조 기술이 신화와 추측에 바탕을 두고 있었다는 사실을 고려할 때 그다지 신빙성이 없다.

최음제: 고대의 비아그라?

여성용으로 만들어져 주로 질에 삽입했던 피임약과는 달리 고대의 최음제는 대부분 남성들을 위해 만들어졌다. 고대의 최음제는 입으로 복용하거나 성기에 바르는 형태였다. 최음제가 주로 남성에게 적용되었던 건 여성이 남성보다 더 음탕하므로 성욕을 부추길 자극제가 필요없다는 가부장 사회의 이데올로기를 반영한다. 로마의 최음제가 대표적인 예다. 솔방울과 후추, 또는 셀러리와 아루굴라(양상추의 일종: 역주) 씨앗으로 담근 술을 마시거나, 성기에 꿀과 후추 또는 당근즙을 바르는 방법이 남성들에게 권유됐다.

고대의 최음제 역시 신화에 근거하다 보니 오히려 성욕을 감퇴시키는 성분을 포함하는 경우가 많았다. 하지만 개중에는 지금도 여전히 흥분제로 사용하고 있는 성분을 포함한 경우도 더러 있다. 예를 들어 말린 '스페인 파리'는 널리 알려진 최음제였다. 이 밖에 양상추도 최음제로 간주되었다. 양상추를 자를 때 나오는 우윳빛 수액이 정자의 생산력을 증강시킨다고 믿었기 때문이다. 이집트산 송진 같은 방향 물질의 경우에는 근육을 이완하고 몸의 기능을 전반적으로 끌어올려 성행위에 도움을 준다고 여겨져 남녀에 관계없이 종종 이용되었다.

참고문헌

과학기술

1 돌로 만든 도구
Boesch, C. & Boesch, H., 'Tool-use and tool-making in wild chimpanzees', in Berthelet, A. & Chavaillon, J. (eds), *The Use of Tools by Human and Non-Human Primates* (Oxford, 1990), 158–74
Toth, N., 'The Oldowan reassessed: a close look at early stone artefacts', *Journal of Archaeological Science* 12 (1985), 101–20
Whittaker, J., *Flint Knapping, Making and Understanding Stone Tools* (Austin, 1994)
Johanson, D. & Edgar, B. (eds), *From Lucy to Language* (New York & London, 1996)

2 불
Bellamo, R. V., 'A methodological approach for identifying archaeological evidence of fire resulting from human activities', *Journal of Archaeological Science* 20 (1993), 525–55
Mellars, P. & Dark, P., *Star Carr in Context* (Cambridge, 1998)
Rehder, J. E., *The Mastery and Uses of Fire in Antiquity* (Montreal, 2000)

3 나무로 만든 도구
Boesch, C. & Boesch, H., 'Tool-use and tool-making in wild chimpanzees', in Berthelet, A. & Chavaillon, J. (eds), *The Use of Tools by Human and Non-Human Primates* (Oxford, 1990), 158–74
Burov, G. M., 'The use of vegetable materials in the Mesolithic of Northeast Euope', in Zvelebil, M., Dennell, R. & Doman'ska, L. (eds), *Harvesting the Sea, Farming the Forest* (Sheffield, 1998), 53–64
Mercader, J. & others, 'Excavation of a chimpanzee stone tool site in the African rainforest', *Science* 296 (2002), 1452–55
Thieme, H., 'Lower Palaeolithic hunting spears from Germany', *Nature* 385 (1997), 807–10

4 복합 도구 그리고 날과 끌
Bordes, F., *The Old Stone Age* (New York, 1968)
Fagan, B., *The Journey from Eden* (London & New York, 1990)
Gamble, C., *The Palaeolithic Societies of Europe* (Cambridge, 1999)
Mithen, S., *The Prehistory of the Mind* (London & New York, 1996)
Stringer, C. & Gamble, C., *In Search of the Neanderthals* (London & New York, 1993)

5 뼈와 뿔로 만든 도구
Gamble, C., *The Palaeolithic Societies of Europe* (Cambridge, 1999)
Hoffecker, J., *Desolate Landscapes* (New Brunswick, 2001)
Mithen, S., *The Prehistory of the Mind* (London & New York, 1996)
White, R., *Dark Caves, Bright Images* (New York, 1996)

6 맷돌, 광내기 그리고 광을 낸 도끼
Fullagar, R. & Field, J., 'Pleistocene seed-grinding implements from the Australian arid zone', *Antiquity* 71 (1997), 300–07
Wright, K., 'Early Holocene ground stone assemblages in the Levant', *Levant* 25 (1993), 93–111
Bradley, R. & Edmonds, M., *Interpeting the Axe Trade: Production and Exchange in Neolithic Britain* (Cambridge, 1993)

7 바구니와 바구니 짜는 기술
Berns, M. & Hudson, B. R., *The Essential Gourd: Art and History in Northeastern Nigeria* (Los Angeles, 1986)
Capistrano-Baker, F. H., *Basketry of the Luzon Cordillera, Philippines* (Los Angeles, 1998)
Guss, D. M., *To Weave and Sing; Art, Symbol and Narrative in the South American Rain Forest* (Berkeley, 1989)
McGregor, R., *Prehistoric Basketry of the Lower Pecos, Texas* (Madison, Wisconsin, 1992)
Wendrich, W. Z., 'Basketry', in Nicholson, P.T. & Shaw, I. (eds), *Ancient Egyptian Materials and Technology* (Cambridge, 2000)

8 토기
Barnett, W. K. & Hoopes, J. W., *The Emergence of Pottery: Technology and Innovation in Ancient Societies* (Washington DC, 1995)
Cooper, E., *Ten Thousand Years of Pottery* (London & Philadelphia, 2000)
Freestone, I. & Gaimster, D. (eds), *Pottery in the Making: World Ceramic Traditions* (London & Washington, DC, 1997)
Kenrick, D. M., *Jomon of Japan: The World's Oldest Pottery* (London, 1995)
Rice, P. M., *Pottery Analysis: A Sourcebook* (Chicago, 1987)
Rice, P. M., 'On the Origins of Pottery' *Journal of Archaeological Method and Theory* 6(1) (1999) 1–54
Sentance, B., *Ceramics* (London & New York, 2004)

9 구리, 청동, 금, 은
Craddock, P. T., *Early Metal Mining and Metal Production* (Edinburgh, 1995)
Craddock, P. T., 'From Hearth to Furnace: Evidences for the Earliest Metal Smelting Technologies in the Eastern Mediterranean', *Paléorient* 26.2 (2001), 151–65
Craddock, P. T. & Lang, J. (eds), *Mining and Metal Production Through the Ages* (London, 2002)
Hauptmann, A., Pernicka, E., Rehren, Th. & Yalçin, Ü., *The Beginnings of Metallurgy*, Der Anschnitt, Beiheft 9 (Bochum, 1999)
Maddin, R., *The Beginning of the Use of Metals and Alloys* (Cambridge, MA, 1988)
Ramage, A. & Craddock, P. T., *King Croesus' Gold* (London, 2000)
Tylecote, R. F. *The Prehistory of Metallurgy in the British Isles* (London, 1986)

10 철과 강철
Coghlan, H. H., *Notes on Prehistoric and Early Iron in the Old World*, Pitt Rivers Occasional Paper 8 (Oxford, 1956)
Craddock, P. T., *Early Metal Mining and Production* (Edinburgh, 1995)
Craddock, P. T., 'Cast iron, fined iron, crucible steel: liquid iron and steel in the ancient world', in Craddock, P. T. & Lang, J. (eds), *Mining and Metal Production Through the Ages* (London, 2002), 233–48
Rostocker, W. & Bronson, B., *Pre-Industrial Iron*, Archaeomaterials Monograph 1 (Philadelphia, 1990)
Tylecote, R. F., *A History of Metallurgy* (London, 1976)
Wagner, D. B., *Iron and Steel in Ancient China* (Leiden, 1993)

11 유리
Grose, D. F., *Early Ancient Glass* (New York, 1989)
Henderson, J., *The Science and Archaeology of Materials* (London, 2000), 24–108
Newby, M. & Painter, K. (eds.), *Roman Glass,* Society of Antiquaries of London, Occasional Papers XIII (London, 1991)
Nicholson, P. T., *Egyptian Faience and Glass* (Aylesbury, 1993)
Tait, H. (ed.), *Five Thousand Years of Glass* (London, 1991)
Saldern, A. von, Oppenheim, A. L., Brill, R. H. & Barag, D., *Glass and Glassmaking in Ancient Mesopotamia* (Corning, 1970)
Tatton-Brown, V. & Andrews, C., 'Before the invention of glass blowing', in Tait, H. (ed.), *Five Thousand Years of Glass* (London, 1991), 20–61

12 직물과 직조술

Barber, E. J. W., *Prehistoric Textiles* (Princeton, 1991)
Barber, E. J. W., *Women's Work: The First 20,000 Years* (New York, 1994)
Broudy, E., *The Book of Looms: A History of the Handloom from Ancient Times to the Present* (Providence, 1979)
Emory, I., *The Primary Structures of Fabrics* (Washington, DC, 1962)
Gervers, V. (ed.), *Studies in Textile History* (Toronto, 1977)
Good, I., 'Archaeological textiles: a review of current research', *Annual Reviews of Anthropology*, 30 (2001), 209–26
Rutt, R., *A History of Handknitting* (Loveland, CO,1987)

주거와 생활

13 주택

De Laet, S. J. (ed.), *History of Humanity*, Vol. I (Paris & London, 1994)
Johnson, M., 'Studying Structures', in Barker, G. (ed.), *Companion Encyclopedia of Archaeology* (London, 1999), 310–43
Oliver, P. (ed.), *Encyclopedia of Vernacular Architecture of the World* (Cambridge, 1997)
Preston Blier, S., *The Anatomy of Architecture; Ontology and Metaphor in Batammaliba Architectural Expression* (Cambridge, 1987)

14 석조 건축물

Adam, J. P., *Roman Building. Materials and Techniques* (London & Bloomington, 1994)
Arnold, D., *Building in Egypt: Pharaonic Stone Masonry* (Oxford, 1991)
Coulton, J., *Ancient Greek Architects at Work. Problems of Structure and Design* (New York, 1977)
Nicholson, P. T. & Shaw, I. (eds), *Ancient Egyptian Materials and Technology* (Cambridge, 2000)
Oliver, P. (ed.), *Encyclopedia of Vernacular Architecture of the World* (Cambridge, 1997)
Scarre, C. (ed.), *The Seventy Wonders of the Ancient World* (London & New York, 1999)

15 가구

Baker, H. S., *Furniture in the Ancient World: Origins and Evolution 3100–475 BC* (London & New York, 1966)
Killen, G., *Ancient Egyptian Furniture, Vol. I, 4000–1300 BC* (Warminster, 1980; repr. 2002); *Vol. 2, Boxes, Chests and Footstools* (Warminster, 1994)
Killen, G., *Egyptian Woodworking and Furniture* (Princes Risborough, 1994)
Killen, G., 'Wood turning in ancient Egypt', *The Journal of the Tool and Trades History Society*, 10 (1997)
Richter, G. M. A., *The Furniture of the Greeks, Etruscans and Romans* (London, 1966)
Simpson, E. & Spirydowicz, K., *Gordion, Wooden Furniture* (Ankara, 1999)
Simpson, E., 'Early evidence for the use of the lathe in antiquity', in *Meletemata, Studies in Aegean Archaeology Presented to Malcolm H. Wiener* (Liège, 1999)

16 조명과 난방

Forbes, R. J., *Studies in Ancient Technology*, vol. 6 (Leiden, 1966, 2nd ed.)
Humphrey, J. W., Oleson, J. P. & Sherwood, A. N., *Greek and Roman Technology: A Sourcebook* (London & New York, 1998)
Szentléleky, T., *Ancient Lamps* (Chicago, 1969)

17 물 공급과 배관

Dalley, S., 'Water management in Assyria in the ninth to seventh centuries BC' *ARAM* 13/14 (2001/2), 443–60
Evans, H., *Water Distribution in Ancient Rome* (Ann Arbor, 1993)
Hodge, A. T., *Roman Aqueducts and Water Supply* (London, 1992)
Koloski-Ostrow, A. (ed.), *Water Use and Hydraulics in the Roman City* (Dubuque, 2001)
Wikander, Ö. (ed.), *Handbook of Ancient Water Technology* (Leiden, 2000)

18 목욕과 위생

Fagan, G. G., *Bathing in Public in the Roman World* (Ann Arbor, 1999)
Forbes, R. J., *Studies in Ancient Technology*, vol. 2 (Leiden, 1965, 2nd ed.)
Jansen, G. C. M. (ed.), *Cura Aquarum in Sicilia* (Leiden, 2000), 275–312
Yegül, F., *Baths and Bathing in Classical Antiquity* (Cambridge, 1992)

19 안전 장치

British Museum, *A Guide to the Exhibition Illustrating Greek and Roman Life* (London, 2nd ed., 1920)
Pitt-Rivers, A. H. L-F., *On the Development and Distribution of Primitive Locks and Keys; illustrated by specimens in the Pitt-Rivers Collection* (London, 1883)
Manning, W. H., *Catalogue of the Romano-British Iron Tools, Fittings and Weapons in the British Museum* (London, 1985)

20 곡물 농업

Mithen, S., *After the Ice: A Global Human History* (London, 2003; Cambridge, Mass., 2004)
Smith, B. D., *The Emergence of Agriculture* (New York, 1995)
Stordeur, D., Helmer, D. & Willcox, G., 'Jerf el-Ahmar, un nouveau site de l'horizon PPNA sur le moyen Euphrate Syrien', *Bulletin de la Société Préhistorique Française* 94 (1997), 282–85

21 땅 파는 막대에서 쟁기까지

Fowler, P. J., *The Farming of Prehistoric Britain* (Cambridge, 1983)
Glob, P. V., *Ard og Plov i Nordens Oldtid [Ard and Plough in Prehistoric Scandinavia]*, (Aarhus, 1951). With lengthy English summaries
Sherratt, A., 'Plough and pastoralism: aspects of the secondary products revolution', in Hodder, I., Isaac, G. & Hammond, N. (eds) *Pattern of the Past* (Cambridge, 1981), 261–305
Tools and Tillage (periodical)

22 관개

Adams, R. McC., *Heartland of Cities: Surveys of Ancient Settlement and Land Use on the Central Floodplain of the Euphrates* (Chicago, 1982)
Butzer, K. W., *Early Hydraulic Civilization in Egypt* (Chicago, 1976)
Butzer, K. W., 'Irrigation' and 'Nile', in Redford, D. B. (ed.), *The Oxford Encyclopedia of Ancient Egypt* (New York & Oxford, 2001), 183–88 & 543–51
Eyre, C. J., 'The water regime for orchards and plantations in Pharaonic Egypt', *Journal of Egyptian Archaeology* 80 (1994), 57–80
Landels, J. G., *Engineering in the Ancient World* (Berkeley, 2000)

23 맷돌과 물방아 그리고 양수기

Frankel, R., 'The Olynthus Mill, its origin and diffusion', *American Journal of Archaeology* 107 (2003) 1–21
Lewis, M. J. T., *Millstone and Hammer: The Origins of Water Power* (Hull, 1997)
Oleson, J. P., 'Water-Lifting', in Wikander, Ö. (ed.), *Handbook of Ancient Water Technology* (Leiden, 2000), 217–302
Wikander, Ö., 'The Water-Mill', in Wikander, Ö. (ed.), *Handbook of Ancient Water Technology* (Leiden, 2000), 371–400

24 정원

Carroll, M., *Earthly Paradises. Ancient Gardens in History and Archaeology* (London & Los Angeles, 2003)
Farrar, L., *Ancient Roman Gardens* (Stroud, 1998)
Gothein, M. L., *A History of Garden Art*, 1, trans. L. Archer-Hind (New York, 1966)
Moynihan, E. B., *Paradise as a Garden* (London, 1980)
Shoemaker, C. A.(ed.), *Encyclopedia of Gardens, History and Design*, 3 vols (Chicago & London, 2001)
Thompson, D. B., *Garden Lore of Ancient Athens* (Princeton, 1963)
Wilkinson, A., *The Garden in Ancient Egypt* (London, 1998)

25 가축 사육

Clutton-Brock, J., *Domesticated Animals from the Earliest Times* (London, 1981)
Collins, B. J. (ed.), *A History of the Animal World in the Ancient Near East* (Leiden, 2002)
Foster, K. P., 'Gardens of Eden: exotic flora and fauna in the ancient Near East', in Albert, J., Bernhardsson, M. & Kenna, R. (eds) *Transformations of Middle Eastern Natural Environments: Legacies and Lessons* (New Haven: Yale School of Forestry and Environmental Studies, Bulletin 103, 1998), 320–29
Houlihan, P. F., *The Animal World of the Pharaohs* (London & Cairo, 1996)
Sherratt, A., 'The secondary exploitation of animals in the Old World', *World Archaeology* 15 (1983), 90–104
Smith, B. D., *The Emergence of Agriculture* (New York, 1995)
Speed Weed, W., 'First to ride', *Discover* (March 2002), 54–61
Zeder, M. A. & Hesse, B., 'The initial domestication of goats (*Capra hircus*) in the Zagros Mountains 10,000 years ago', *Science* 287 (24 March 2000), 2254–57

26 조리

Bode, W., *European Gastronomy: The Story of Man's Food and Eating Customs* (London, 2000)
Brothwell, D. & P., *Food in Antiquity: A Survey of the Diet of Early Peoples* (London, 1969; Baltimore, 1998)
Rossotti, H., *Fire* (Oxford, 1993)
Schick, K. & Toth, N., *Making Silent Stones Speak: Human Evolution and the Dawn of Technology* (New York, 1993)

27 발효 음료

Huang, H.-T., 'Biology and biological technology, Part V: Fermentations and food science', in Needham, J. (ed.), *Science and Civilization in China*, Vol. 6 (Cambridge, 2000)
Katz, S. H. & Voigt, M. M., 'Bread and beer: The early use of cereals in the human diet', *Expedition* 28 (1986), 23–34
McGovern, P. E., *Ancient Wine: The Scientific Search for the Origins of Viniculture* (Princeton, 2003)
McGovern, P. E., Fleming, S. J. & Katz, S. H. (eds) *The Origins and Ancient History of Wine* (New York, 1995)
McGovern, P. E. & others, 'A feast fit for King Midas', *Nature* 402 (1999), 863–64
McGovern, P. E. & others, 'The beginnings of winemaking and viniculture in the ancient Near East and Egypt' *Expedition* 39 (1) (1997), 3–21
McGovern, P. E. & others, 'Neolithic resinated wine', *Nature* 381 (1996), 480–81
Michel, R. H., McGovern, P. E., & Badler, V. R., 'The first wine and beer: chemical detection of ancient fermented beverages', *Analytical Chemistry* 65 (1993), 408A–413A

28 식료품 보관

Forbes, R.J., *Studies in Ancient Technology: Heat and Heating – Refrigeration, The Art of Cooling and Producing Cold-Light* (New York, 1997)
Kurlansky, M., *Salt. A World History* (New York & London, 2002)
Mack, L., *Food Preservation in the Roman Empire* (Chapel Hill, NC, 2001)
Shephard, S., *Pickled, Potted, and Canned: How the Art and Science of Food Preserving Changed the World* (London, 2000)

29 초콜릿과 차

Chow, K. & Kramer, I., *All the Tea in China* (San Francisco, 1990)
Coe, S. D. & M. D., *The True History of Chocolate* (London & New York, 1996)
Schafer, E. H., 'T'ang', in Chang, K.C. (ed.), *Food in Ancient China* (New Haven & London, 1977), 85–140
Howstuffworks, 'What is chewing gum made of?' http://science.howstuffworks.com/question86.htm
Sahagún, Fray Bernadino de, *General History of the Things of New Spain, Book 10 – The People* (Santa Fe, 1961)
Tagalder Technology Corporation, *China's Tea Culture* http://www.index-china-food.com/tea-culture.htm
Wild Things, Inc. 'The botany and ecology of *chicle*, Manilkara zapota http://www.junglegum.com/Chicle/botany.html

30 마약과 최면제

Emboden, W. A., *Narcotic Plants: Hallucinogens, Stimulants, Inebriants, and Hypnotics, Their Origins and Uses* (London & New York, 1979)
Furst, P. T. (ed.), *Flesh of the Gods: The Ritual Use of Hallucinogens* (London & New York, 1972)
Goodman, J., Lovejoy, P. E. & Sherratt, A. (eds.), *Consuming Habits: Drugs in History and Anthropology* (London & New York, 1995)
Rätsch, C., *The Dictionary of Sacred and Magical Plants* (Bridport, 1992)
Rudgley, R., *The Encyclopaedia of Psychoactive Substances* (London, 1998; New York, 1999)
Schultes, R. E. & Hofmann, A., *Plants of the Gods: Origins of Hallucinogen Use* (New York & London, 1980)

교통수단

31 스키, 설상화, 터보건 그리고 스케이트

Burov, G. M., 'Some Mesolithic wooden artifacts from the site of Vis I in the European North East of the U.S.S.R.', in Bonsall, C. (ed.), *The Mesolithic in Europe* (Edinburgh, 1989), 391–401
Clark, J. G. D., *Prehistoric Europe: the Economic Basis* (London, 1952)
Helm, J., *Handbook of North American Indians: vol. 6 Subarctic* (Washington, DC, 1981)
Trigger, B., *Handbook of North American Indians: vol. 15 Northeast* (Washington, DC, 1978)

32 바퀴와 수레

Littauer, M. A. & Crouwel, J. H., *Wheeled Vehicles and Ridden Animals in the Ancient Near East* (Leiden/Köln, 1979)
Needham, J., *Science and Civilization in China*, Vol. 4: *Physics and Physical Technology* (Cambridge, 1965)
Piggott, S., *The Earliest Wheeled Transport: From the Atlantic Coast to the Caspian Sea* (London, 1983)
Piggott, S., *Wagon, Chariot and Carriage: Symbol and Status in the History of Transport* (London, 1992)

33 말과 마구

Hyland, A., *Equus. The Horse in the Roman World* (London & New Haven, 1990)
Marsha, L., 'The origins of horse husbandry on the Eurasian Steppe', in *Late Prehistoric Exploitation of the Eurasian Steppe* (Cambridge, 1999)
Meadow, R. H. & Uerpermann, H. P. (eds), *Equids in the Ancient World*, (Wiesbaden, vol. I 1986; vol. II 1991)
Postgate, J. N., *Taxation and Conscription in the Assyrian Empire* (Rome, 1974)
Potratz, J., 'Die Pferdetrensen des Alten Orients', *Analecta Orientalia* 41 (Rome, 1966)

34 오솔길과 도로

Chevallier, R., *Roman Roads* (London & Berkeley, 1976)
Coles, B. & Coles, J., *Sweet Track to Glastonbury: the Somerset Levels in Prehistory* (London & New York, 1986)
Coles, B. & Coles, J., *People of the Wetlands: Bogs, Bodies and Lake-Dwellers* (London & New York, 1989)
Coles, J. M. & Lawson, A. J. (eds), *European Wetlands in Prehistory* (Oxford, 1987)
Hyslop, J., *The Inca Road System* (New York, 1984)
Raftery, B., *Trackway Excavations in the Mountdillon Bogs, Co. Longford, 1985–1991*. Irish Archaeological Wetland Unit, Transactions: Vol. 3. (Dublin, 1995)
Raftery, B. & Hickey, J. (eds), *Recent Developments in Wetland Research*. Seandálaíocht, Vol. 2/ WARP Occ. Paper 14 (Dublin, 2001)
Whitfield, S., *Life Along the Silk Road* (Berkeley, 2000)

35 다리와 운하
Hopkins, H. J., *A Span of Bridges: an Illustrated History* (Newton Abbot, 1970)
Needham, J., *Science and Civilization in China*, Vol.4: *Physics and Physical Technology, part III: Civil Engineering and Nautics* (Cambridge, 1971)
O'Connor, C., *Roman Bridges* (Cambridge, 1993)
Payne, R., *The Canal Builders: the Story of Canal Engineers through the Ages* (New York, 1959)
Robins, F. W., *The Story of the Bridge* (Birmingham, 1948)
Smith, N., *Man and Water: A History of Hydro-Technology* (New York, 1975)

36 낙타와 낙타 안장
Bovill, E. W., *The Golden Trade of the Moors* (Princeton, 1995)
Bulliet, R., *The Camel and the Wheel* (New York, 1990)
Wilson, R. T., *The Camel* (London & New York, 1984)

37 뗏목과 통나무배
Adney, E. T. & Chapelle, H. I., *Bark Canoes & Skin Boats of North America* (Washington, DC, 1964)
Edwards, C. R., *Aboriginal Watercraft on the Pacific Coast of S. America* (Berkeley & Los Angeles, 1965)
Greenhill, B., *Archaeology of Boats & Ships* (London, 1995)
Hornell, J., *Water Transport* (Cambridge, 1946; Newton Abbot, 1970)
Johnstone, P., *Seacraft of Prehistory* (London, 1988)
McGrail, S., *Boats of the World from the Stone Age to Medieval Times* (Oxford, 2002)

38 판자배와 선박
Casson, L., *Ships & Seamanship in the Ancient World* (Baltimore & London, 1995)
Haddon A. C. & Hornell, J., *Canoes of Oceania* (Honolulu, 1936–38/1975)
Hudson, T., Timbrook, J & Rempe, M. (eds), *Tomol: Chumash Watercraft*, Anthropology Papers 9 (Santa Barbara, 1978)
Jones, D., *Boats (Egyptian)* (London, 1995)
McGrail, S., *Boats of the World from the Stone Age to Medieval Times* (Oxford, 2002)
Steffy, J. R., *Wooden Shipbuilding & the Interpretation of Shipwrecks* (College Station, 1994)

39 범선
Casson, L., *Ships & Seamanship in the Ancient World* (Baltimore & London, 1995)
Doran, E., *Wangka: Austronesian Canoe Origins* (College Station, 1981)
Haddon, A. C. & Hornell, J., *Canoes of Oceania* (Honolulu, 1936–38/1975)
Johnstone, P., *Seacraft of Prehistory* (London, 1988)
McGrail, S., *Boats of the World from the Stone Age to Medieval Times* (Oxford, 2002)

40 짧은 노, 장대 그리고 긴 노
Casson, L., *Ships & Seamanship in the Ancient World* (Baltimore & London, 1995)
Johnstone, P., *Seacraft of Prehistory* (London, 1988)
McGrail, S., *Boats of the World from the Stone Age to Medieval Times* (Oxford, 2002)

41 항해술, 항구, 등대
Casson, L., *Periplus Maris Erythraei* (Princeton, 1989)
Lewis, D., *We the Navigators* (Honolulu, 1994)
McGrail, S., *Boats of the World from the Stone Age to Medieval Times* (Oxford, 2002)
Taylor, E. G. R., *Haven-Finding Art* (London, 1971)
Taylor, E. G. R. & Richey, M., *Geometrical Seaman* (London, 1962)
Waters, D. W., *Art of Navigation in England in Elizabethan and Early Stuart Times* (London, 2nd ed., 1978)

사냥, 전쟁 그리고 스포츠

42 동물 덫과 물고기 덫 그리고 그물
Bateman, J., *Animal Traps and Trapping* (Newton Abbot, 2nd ed., 1988)
Pedersen, L., '7000 years of fishing: stationary fishing structures in the mesolithic and afterwards', in Fischer, A. (ed.), *Man and Sea in the Mesolithic* (Oxford, 1995), 75–86
Stewart, H., *Indian Fishing. Early Methods on the Northwest Coast* (Vancouver, 1977)

43 던지는 창, 부메랑, 활과 화살
Bleed, P., 'The optimal design of hunting weapons: maintainability or reliability', *American Antiquity* 51 (1986), 737–47
Clark, J. G. D., 'Neolithic bows from Somerset, England, and the prehistory of archery in North-western Europe', *Proceedings of the Prehistoric Society* 29 (1963), 50–98
Peterkin, G. L., Bricker, H. & Mellars, P. (eds), *Hunting and Animal Exploitation in the Later Palaeolithic and Mesolithic of Eurasia*. Archaeological Papers of the American Anthropological Association no. 4 (1993)
Rausing, G., *The Bow. Some Notes on its Origin and Development* (Lund, 1967)
Torrence, R., 'Hunter-gatherer technology: macro- and microscale approaches', in Panter-Brick, C., Layton, R. & Rowley-Conwy, P. (eds), *Hunter-Gatherers. An Interdisciplinary Perspective* (Cambridge, 2001), 73–98

44 검, 단도, 전쟁용 창
Coe, M. D. & others, *Swords and Hilt Weapons* (London & New York, 1989)
Oakeshott, R. E., *The Archaeology of Weapons* (London & New York, 1960)
Stone, G. C., *A Glossary of the Construction, Decoration and Use of Arms and Armour in All Countries and in All Times* (Portland, 1934, repr. New York, 1999)
Yadin, Y., *The Art of Warfare in Biblical Lands* (London & New York, 1963)

45 갑옷, 투구, 방패
Benitez-Johannot, P. & Barbier, J.P., *Shields* (London & Munich, 2000)
Dien, A. E., 'A study of early Chinese armour' *Artibus Asiae*, vol. 43, 1 & 2 (New York, 1981/82)
Oakeshott, R. E., *The Archaeology of Weapons* (London & New York, 1960)
Robinson, H. R., *The Armour of Imperial Rome* (London & New York, 1975)
Stone, G. C., *A Glossary of the Construction, Decoration and Use of Arms and Armour in All Countries and in All Times* (Portland, 1934, repr. New York, 1999)
Woolley, C. L. & Moorey, P. R. S., *Ur of the Chaldees* (London & Ithaca, 1982)
Yadin, Y., *The Art of Warfare in Biblical Lands* (London & New York, 1963)
Zettler, R. L. & Horne, L. (eds), *Treasures from the Royal Tombs of Ur* (Philadelphia, 1998)

46 요새
Hogg, I. V., *The History of Fortification* (New York, 1981)
Johnson, S., *Hadrian's Wall* (London, 1991)
Mulvihull, M., *Roman Forts* (New York, 1990)
Qiao Yun, *Defense Structures: Ancient Chinese Architecture* (Princeton, 2002)
Toy, S., *A History of Fortification from 3000 BC to AD 1700* (London, 1955)

47 공성기, 쇠뇌, 격발식 활
Alm, J. & Wilson, G. M. (ed.), *European Crossbows: A Survey*, trans H. Bartlett Wells (Leeds, 1994)
Kern, P., *Ancient Siege Warfare* (London, 1999)
Marsden, E. W., *Greek and Roman Artillery: Historical Development* (Oxford, 1969)
Payne-Gallwey, R., *The Book of the Crossbow* (New York, 1995, repr. of 1903 ed.)
Van Creveld, M., *Technology and War: From 2000 BC to the Present* (New York, 1989)
Yadin, Y., *The Art of Warfare in Biblical Lands* (London & New York, 1963)

48 전차와 기병대
Hyland, A., *Training the Roman Cavalry from Arrian's 'Ars Tactica'* (Stroud, 1993)
Kendall, T., *Warfare and Military Matters in the Nuzi Tables* (Michigan, 1974)
Littauer, M. A. & Crouwel, J. H., *Wheeled Vehicles and Ridden Animals in the Ancient Near East* (Leiden/Köln, 1979)
Xenophon, *The Cavalry Commander* in *Scripta Minora*, trans. E. C. Marchant (Loeb Classical Library; London, 1925)

Xenophon, *The Art of Horsemanship,* trans. M. H. Morgan (London1962 (1979))
Yadin, Y., *The Art of Warfare in Biblical Lands* (London & New York, 1963)

49 갤리선과 전함
Casson, L., *Ships & Seamanship in the Ancient World* (Baltimore & London, 1995)
Gardiner, R. & Morrison, J. S. (eds), *The Age of the Galley. Mediterranean Oared Vessels since Pre-Classical Times* (London, 1995)
McGrail, S., *Boats of the World from the Stone Age to Medieval Times* (Oxford, 2002)
Morrison, J. S. & Coates, J. F., *Greek and Roman Oared Warships 399–30 BC* (Oxford, 1996)
Morrison, J. S., Coates, J. F. & Rankov, N. B., *The Athenian Trireme. The History and Reconstruction of an Ancient Greek Warship* (Cambridge, 2nd ed., 2000)

50 구기 경기와 경쟁이 치열한 스포츠
Blanchard, K., *The Anthropology of Sport. An Introduction* (Westport, 1995)
Gardiner, E. N., *Athletics of the Ancient World* (Oxford, 1930)
Gutmann, A., *From Ritual to Record* (New York, 1978)
Mandell, R. D., *Sport. A Cultural History* (New York, 1984)
Poliakoff, M. B., *Combat Sports in the Ancient World* (Yale, 1987)
Sansone, D., *Greek Athletics and the Genesis of Sport* (Berekeley, 1988)
Swaddling, J., *The Ancient Olympic Games* (London, 2nd ed., 1999)
Whittington, E. M. (ed.), *The Sport of Life and Death. The Mesomerican Ballgame* (London & New York, 2001)

51 보드 게임
Murray, H. J. R., *A History of Board Games other than Chess* (Oxford, 1952)
Parlett, D., *The Oxford History of Board Games* (Oxford, 1999)

예술과 과학

52 최초의 예술
Bahn, P. & Vertut, J., *Journey Through the Ice Age* (London & Berkeley, 1997)
Clottes, J., 'Paint analyses from several Magdalenian caves in the Ariège region of France', *Journal of Archaeological Science* 20 (1993), 223–35
D'Errico, F. & Nowell, A., 'A new look at the Berekhat Ram figurine: implications for the origins of symbolism', *Cambridge Archaeological Journal* 9, 1999
Henshilwood, C. & others, 'Emergence of modern human behaviour: Middle Stone Age engravings from South Africa', *Science* 295 (2002), 1278–80
Jones, R., 'From Kakadu to Kutikina: The southern continent at 18,000 years ago', in Gamble, C. & Soffer, O. (eds), *The World at 18,000 BP, Vol. 2, Low Latitudes* (London, 1990), 264–95
Lewis-Williams, D., *The Mind in the Cave. Consciousness and the Origins of Art* (London & New York, 2002)
Mithen, S., *The Prehistory of the Mind: A Search for the Origins of Art, Religion and Science* (London & New York, 1996)

53 음악과 악기
Landels, J. G., *Music in Ancient Greece and Rome* (London & New York, 1999)
Manniche, L., *Music and Musicians in Ancient Egypt* (London, 1991)
Stevenson, R., *Music in Aztec and Inca Territory* (Berkeley, 1968)
Wellesz, E., *Ancient and Oriental Music,* Oxford History of Music 1 (London, 1957)

54 문자
DeFrancis, J., *Visible Speech: The Diverse Oneness of Writing Systems* (Honolulu, 1989)
Harris, R., *The Origin of Writing* (London & La Salle, 1986)
Healey, J. F., *The Early Alphabet* (London & Berkeley, 1990)
Marshack, A., *The Roots of Civilization* (New York, 2nd ed., 1991)
Naveh, J., *Origins of the Alphabet* (London, 1975)
Nissen, H. J., Damerow, P. & Englund, R. K., *Archaic Bookkeeping* (Chicago, 1993)
Robinson, A., *The Story of Writing* (London & New York, 1995)

Schmandt-Besserat, D., *How Writing Came About* (Austin, 1996)

55 기호와 암호
Kahn, D., *The Codebreakers* (New York, rev. ed., 1996)
Parkinson, R., *Cracking Codes: The Rosetta Stone and Decipherment* (London & Berkeley, 1999)
Robinson, A., *Lost Languages: The Enigma of the World's Undeciphered Scripts* (New York, 2002)
Singh, S., *The Code Book* (London, 1999)

56 책과 종이
Bloom, J. T., *Paper Before Print* (New Haven & London, 2001)
Chiera, E., *They Wrote on Clay* (Chicago, 1975)
Hooker, J. T. & others, *Reading the Past: Ancient Writing from Cuneiform to the Alphabet* (London & Berkeley, 1990)
O'Donnell, J. J., *Avatars of the Word: from Papyrus to Cyberspace* (Cambridge, MA, 1998)
Parkinson, R. & Quirke, S., *Papyrus* (London, 1995)
Steinberg, S. H., *Five Hundred Years of Printing,* new ed. revised by J. Trevitt (London, 1996)

57 점성술과 천문학
Aveni, A., *Conversing with the Planets* (Boulder, 2003)
Pannekoek, A., *A History of Astronomy* (London & New York, 1961)
Tester, J., *A History of Western Astrology* (Wolfeboro, NH, 1987)

58 달력과 시간 측정
Aveni, A., *Empires of Time* (London, 2000; Boulder, 2002)
Lippincott, K. (ed.), *The Story of Time* (London, 2000)
Walker, C., *Astronomy Before the Telescope* (London & New York, 1996)

59 지도와 지도 제작법
Adams, C. & Laurence, R. (eds), *Travel and Geography in the Roman Empire* (London & New York, 2001)
Berggren, J. L. & Jones, A., *Ptolemy's Geography: An Annotated Translation of the Theoretical Chapters* (Princeton & Oxford, 2000)
Campbell, B., *The Writings of the Roman Land Surveyors: Introduction, Text, Translation and Commentary* (London, 2000)
Harley, J. B. & Woodward, D. (eds), *The History of Cartography, vol. 1: Cartography in Prehistoric, Ancient, and Medieval Europe and the Mediterranean* (Chicago & London, 1987)
Harley, J. B. & Woodward, D. (eds), *The History of Cartography, vol. 2.2: Cartography in the Traditional East and Southeast Asian Societies* (Chicago & London, 1994), chaps. 3–9 (by C. D. K. Yee)
Lewis, M. J. T., *Surveying Instruments of Greece and Rome* (Cambridge, 2001)
Rihll, T. E., *Greek Science* (*Greece & Rome* New Surveys in the Classics 29, Oxford, 1999), chapter V, 'Geography'
Selin, H. (ed.), *Encyclopaedia of the History of Science, Technology, and Medicine in Non-Western Cultures* (Dordrecht, Boston, London, 1997), 'Maps and Mapmaking in China'

60 수학과 계산 도구
Cuomo, S., *Ancient Mathematics* (London & New York, 2001)
Closs, M. (ed.), *Native American Mathematics* (Austin, 1986)
Grattan-Guinness, I. (ed.), *Companion Encyclopedia of the History and Philosophy of the Mathematical Sciences. Part 1: Ancient and non-Western traditions* (London, 1994), 17–165
Nissen, H. J., Damerow, P. & Englund, R. K., *Archaic Bookkeeping* (Chicago, 1993)
Pullan, J. M., *The History of the Abacus* (London & New York, 1968)
Robbins, G. & Shute, C., *The Rhind Mathematical Papyrus* (London, 1987)

61 동전과 화폐
Burnett, A., *Coinage in the Roman World* (London, 1987)
Carradice, I., *Greek Coins* (London & Austin, 1995)
Cribb, J. (ed.), *Money. From Cowrie Shells to Credit Cards* (London, 1986)
Grierson, P., *Numismatics* (Oxford,1975)
Howgego, C., *Ancient History from Coins* (London & New York, 1995)
Williams, J. (ed.), *Money. A History* (London, 1997)

62 저울과 도량 단위
Dilke, O. A. W., *Mathematics and Measurement* (London & Berkeley,1987)
Kisch, B., *Scales and Weights: A Historical Outline* (New Haven, 1965)
Kletter, R., *Economic Keystones: The Weight System of the Kingdom of Judah* (Sheffield, 1998)
Powell, M. A., 'Weights and measures', in Meyers. E. M. (ed.), *The Oxford Encyclopedia of Archaeology in the Near East* (New York & Oxford, 1997), vol. 5, 339–42
Selin, H. (ed.), *Encyclopaedia of the History of Science, Technology, and Medicine in Non-western Cultures* (Dordrecht, Boston & London, 1997), 'Weights and measures' 1005–28
Skinner, F. G., *Weights and Measures: Their Ancient Origins and Their Development in Great Britain up to AD 1855* (London, 1967), 1–80

63 일반 의학
Ackerknecht, E. H., *A Short History of Medicine* (Baltimore & London, rev. ed., 1982)
Kiple, K. (ed.), *The Cambridge World History of Human Disease* (Cambridge, 1993)
Porter, R., *The Greatest Benefit to Mankind. A Medical History of Humanity from Antiquity to the Present* (London, 1999)
Porter, R. (ed.), *The Cambridge Illustrated History of Medicine* (Cambridge, 1996)
Singer, C. & Underwood, E. A., *A Short History of Medicine* (Oxford, 2nd ed., 1962)
Vogel, V. J., *American Indian Medicine* (Norman & London, 1970)

64 외과 수술과 수술 도구
Bliquez, L. J., *Roman Surgical Instruments and Other Minor Objects in the National Museum of Naples* (Mainz, 1994)
Jackson, R., *Doctors and Diseases in the Roman Empire* (London & Norman, 1988)
Jackson, R., 'Medical instruments in the Roman World', *Medicina nei Secoli* 9:2 (1997), 223–48
Künzl, E., 'Forschungsbericht zu den antiken medizinischen Instrumenten', *Rise and Decline of the Roman World*, Pt II, 37.3 (Berlin & New York, 1996), 2433–39
Künzl, E., *Medizen in der Antike. Aus einer Welt ohne Narkose und Aspirin* (Stuttgart, 2002)
Majno, G., *The Healing Hand. Man and Wound in the Ancient World* (Cambridge, MA, & London, 1975)
Nunn, J. F., *Ancient Egyptian Medicine* (London & Norman, 1996)
Roberts, C. & Manchester, K., *The Archaeology of Disease* (Stroud & Ithaca, 1995)

65 미라와 미라 제작법
Arriaza, B., *Beyond Death: the Chinchorro Mummies of Ancient Chile* (Washington, DC, 1995)
Barber, E. W., *The Mummies of Urumchi: Did Europeans Migrate to China 4,000 Years Ago?* (New York & London, 1999)
Brothwell, D., *The Bog Man and the Archaeology of People* (London & Cambridge, MA, 1986)
Cockburn, A, Cockburn, E. & Reyman, T.A. (eds), *Mummies, Disease and Ancient Cultures* (Cambridge, 1998)
Reid, H., *In Search of the Immortals*, (London, 1999; New York, 2001)
Taylor, J., *Death and the Afterlife in Ancient Egypt* (London & Chicago, 2001)

치장

66 보디아트와 문신
Cockburn, A, Cockburn, E. & Reyman, T. A. (eds), *Mummies, Disease and Ancient Cultures* (Cambridge, 1998)
Fletcher, J., 'The decorated body in ancient Egypt: hairstyles, cosmetics and tattoos', in *Proceedings from The Clothed Body in the Ancient World Conference*, (Oxford, 2003)
Fletcher, J., *Ancient Egyptian Cosmetics and Tattoos* (Austin, forthcoming)
Longhena, M. & Alva, W., *Splendours of the Ancient Andes* (London & New York, 1999)
Spindler, K., *The Man in the Ice* (London & New York, 1993)
Stone-Miller, R., *Art of the Andes from Chavin to Inca* (London & New York, 1995)

67 의복, 신발, 가발
Barber, E. W., *The Mummies of Urumchi: Did Europeans Migrate to China 4,000 Years Ago?* (New York & London, 1999)
Longhena, M. & Alva, W., *Splendours of the Ancient Andes* (London & New York, 1999)
Nicholson, P. T. & Shaw, I. (eds), *Ancient Egyptian Materials and Technology* (Cambridge, 2000), chapters on 'Textiles', 'Leatherwork', 'Hair'
Stone-Miller, R., *Art of the Andes from Chavin to Inca* (London & New York, 1995)
Vogelsang-Eastwood, G., *Pharaonic Egyptian Clothing* (Leiden, 1993)

68 보석
Aldred, C., *Jewels of the Pharaohs* (London & New York, 1971)
Antonova, I., Tolstikov, V. & Treister, M.,*The Gold of Troy* (London & New York 1996)
McEwan, C. (ed.), *Precolumbian Gold* (London, 2000)
Ogden, J., *Jewellery of the Ancient World* (London & New York 1982)
Ogden, J., *Interpreting the Past: Ancient Jewellery* (London & Berkeley, 1992)
Tait, H. (ed.), *Seven Thousand Years of Jewellery* (London & New York, 2nd ed., 1986)
Williams, D. & Ogden, J., *Greek Gold* (London & New York, 1994)

69 화장품과 향수
Brovarski, E., Doll, S. K. & Freed, R. E., *Egypt's Golden Age: The Art of Living in the New Kingdom 1558–1058 BCE* (Boston, 1982)
Fletcher, J., *Oils & Perfumes of Ancient Egypt* (London, 1998)
Lilyquist, C., *Ancient Egyptian Mirrors from the Earliest Times through the Middle Kingdom* (Munich, 1979)
Nicholson, P. T. & Shaw, I. (eds), *Ancient Egyptian Materials and Technology* (Cambridge, 2000)
Simpson, S. (ed.), *Queen of Sheba: Treasures from Ancient Yemen* (London, 2002)
Zettler, R.L. & Horne, L. (eds), *Treasures from the Royal Tombs of Ur* (Philadelphia, 1998)

70 피임약과 최음제
Hopkins, K., 'Contraception in the Roman Empire', *Comparative Studies in Society and History* 8 (1965), 124–51
King, H., *Hippocrates' Woman: Reading the Female Body in Ancient Greece* (London & New York, 1998), 147–51
McLaren, A., *A History of Contraception from Antiquity to the Present Day* (Oxford, 1990)
Riddle, J., *Contraception and Abortion from the Ancient World to the Renaissance* (Cambridge, MA, & London, 1992)

도판 출처

a: 위, b: 아래, c: 가운데, l: 왼쪽, r: 오른쪽

아래의 자료 출처 설명에 나오는 약어의 원래 명칭은 다음과 같다.
AA&A – Ancient Art & Architecture Library; BM – British Museum, London; GL – Giovanni Lattanzi; PB – Peter Bull; RHPL – Robert Harding Picture Library; SSPL – Science and Society Picture Library; WF – Werner Forman Archive

1 SSPL; 2–3 Scala; 4 Ashmolean Museum, Oxford; 5l WF; 5r Simon Nicholls; 6l WF; 6r Scala; 7l Florida State Museum; 7r Egyptian Museum, Cairo; 12 Photo © RMN – J. G. Berizz; 13a Photo © RMN – R. G. Ojeda; 13b © CORBIS; 14l © Lowell Georgia/CORBIS; 14ar WF; 15a © Zev Radovan; 15b The Kisterman Collection, Aachen; 16a WF; 16bl Metropolitan Museum of Art, New York, Classical Purchase Fund, 1978; 16c National Museum, Athens; 17a Ediciones Turisticas QAPAC, Peru; 17b Sally Nicholls; 18–19 David L. Arnold/National Geographic Society Image Collection; 20 © V. Vitanov/AA&A; 21 RHPL; 22ar © Mary Jelliffe/AA&A; 22cl, bl PB; 22br SSPL; 23al Photo © RMN; 23ar PB; 24a PB, after Bellamo, R. V., in J. S. Oliver et al. (eds), *Early Hominid Behavioural Ecology* (1994), 175; 24b Dr Michael J. Rogers; 25ar John Sibbick; 25b Dr Ofer Bar-Yosef; 26a © Gallo Images/CORBIS; 26r Dr Hartmut Thieme; 27a Dr Hartmut Thieme; 27b *Acta Archaeologica Lundensia* series 8, no.12; 28c PB; 28br Photo © RMN – J. G. Berizz ; 29a Photo © RMN – J. G. Berizz; 29b © Warren Morgan/CORBIS; 30a Photo © RMN – Jean Schormans; 30b Musée de l'Homme, Paris. Photo: B. Hatala; 31a&b Photo © RMN – Loic Hamon; 32 J. Field, University of Sydney; 33al&r Dr Ofer Bar-Yosef; 33b Dr Philip Edwards; 34a PB, after Willeke Wendrich; 34b Landesmuseum Trier. Photo: Th. Zühmer; 35al Griffith Institute, Ashmolean Museum, Oxford; 35r PB, after Willeke Wendrich; 35b Petrie Museum, University College, London; 36 bl PB, after Willeke Wendrich; 36br BM; 37a&b Jean Vertut; 38al © Sakamoto Photo Research Laboratory/CORBIS; 38br Museo Arqueológico Rafael Larco Herrera, Lima; 39 Historical Museum, Beijing; 40a Bill Sillar; 40c BM; 40b P. Newberry, *Beni Hasan*, 1893; 41 akg-images/Erich Lessing; 42a P. T. Craddock; 42bl Staatliche Museen zu Berlin, Preußischer Kulturbesitz, Antikensammlung; 42br PB, after W.B. Dinsmoor, in J. Camp, *The Athenian Agora* (1986), fig. 115; 43 Hubei Provincial Museum, Wuhan; 44a Museo del Oro, Bogota; 44bl AA&A; 44br P. T. Craddock; 45 BM; 46b State Historical Art Preserve, Periaslav-Khmel'nyets'kyi; 46r Egyptian Museum, Cairo; 47b © David Cumming/Eye Ubiquitous/CORBIS; 47a PB, after
J. Allan & B. Gilmour, *Persian Steel* (2000), fig. 3; 48 PB, after Li Jinghua, *Bulletin of the Metals Museum* 25 (1996), fig. 30; 49ar BM; 49b PB, after D. Foy & M. D. Nenna, *Tout Feu, Tout Sable* (2001), 38; 50l PB, after P. T. Nicholson; 50b Corning Museum of Glass; 51a&b BM; 52a Corning Museum of Glass; 52b Denise Allen; 53 Courtesy Museum of Fine Arts, Boston; 54 Metropolitan Museum of Art, New York/WF; 55l Courtesy Museum of Fine Arts, Boston, Mrs Samuel Cabot's Special Fund; 55r Jingzhou Regional Museum, Hubei Province; 56al PB; 56ar Metropolitan Museum of Art, New York, Fletcher Fund, 1931 (31.11.10); 56b WF; 57bl WF; 57r PB; 58–59 © Alison Wright/CORBIS; 60 GL; 61 PB, after J. Wymer, *The Palaeolithic Age* (1982); 62a Colin Ridler; 62b PB, after Çatalhöyük Research Project; 63 Heidi Grassley, © Thames & Hudson Ltd; 64a E. Naville, *The Temple of Deir el Bahari*, Pt III (1898), pl. 69; 64b GL; 65a PB, after P. Oliver (ed.), *Encyclopedia of Vernacular Architecture of the World* (1997), 61; 65c&b Henan Provincial Museum, Zhenzhou; 66 Michael Jenner; 67a&b Kate Spence; 68 Jeremy Stafford-Deitsch; 69 Simon Nicholls; 70a Heidi Grassley, © Thames & Hudson Ltd; 70b © Roger Wood/CORBIS; 71 Crown Copyright reproduced by courtesy of Historic Scotland; 72 Griffith Institute, Ashmolean Museum, Oxford; 73 WF; 74a BM; 74b Metropolitan Museum of Art, New York, Rogers Fund, 1903 (03.14.13); 75bl Metropolitan Museum of Art, New York; 75br Geoffrey P. Killen; 76al Griffith Institute, Ashmolean Museum, Oxford; 76ar PB, after H. Carter, *The Tomb of Tut.ankh.Amen*, III (1933); 76b Photo © RMN – J. Schormans; 77 Hebei Provincial Museum, Shijiazhuang; 78a&b Soprintendenza Archaeologica di Pompeii; 79a PB; 79b GL; 80a Photo Hirmer; 80b BM; 81a PB, after F. Glaser in Ö. Wikander, *Handbook of Ancient Water Technology* (2000), fig. 19; 81b Soprintendenza Archaeologica di Pompeii; 82 GL; 83 akg-images; 84 © B. Norman/AA&A; 85a Archivi Alinari, Florence; 85b Roger Wilson; 86 GL; 87 Kevin Gould/Janet Delaine; 87b The J. Paul Getty Museum, Malibu, California; 88a&b W. H. Manning; 89a Griffith Institute, Ashmolean Museum, Oxford; 89b BM; 90a BM; 90bl PB, after R. E. M. Wheeler, *London in Roman Times* (1946), fig. 16; 90br PB, after W. H. Manning, *Bulletin of the Board of Celtic Studies* 22 (1968), fig. 3; 91 Dr Mordechai Kislev; 92&93b WF; 94 © CNRS. Photo: Magali Roux; 95a Paul Sillitoe, Department of Anthropology, University of Durham; 95b Royal Library, Copenhagen; 96a Staatliche Museen zu Berlin, Preußischer Kulturbesitz, Antikensammlung; 96bl Scala; 96br National Museum of Denmark, Copenhagen; 97 WF; 98 WF; 99a Egyptian Museum, Cairo; 99b PB; 100a PB; 100b WF; 101a SSPL; 101b Bodegas Centrales del Instituto Hondureño de Antropologia e Historia, Tegucigalpa; 102a I Musei Vaticani, Rome; 102b Jingzhou Regional Museum, Hubei Province; 103a PB; 103b Museum of London; 104 Michael Jenner; 105a WF; 105b BM; 106 Scala; 107a Sussex Archaeological Society; 107b Scala; 108 © Gianni Dagli Orti/CORBIS; 109 John G. Ross; 110 Jingzhou Regional Museum, Hubei Province; 111a WF; 111bl BM; 111br © Zev Radovan; 112a Museo Arqueológico Rafael Larco Herrera, Lima; 112b Sally Nicholls; 113a Staatliche Museen zu Berlin, Preußischer Kulturbesitz, Antikensammlung; 113b Hubei Provincial Museum, Wuhan; 114a&b © Zev Radovan; 115a Norman de Garis Davis, *Tomb of Antefoqer*, 1920; 115b Art Archive/Dagli Orti; 116a Courtesy of Hasanlu Project, University of Pennsylvania Museum, no. 69-12-15 & David Parker/Science Photo Library, London; 116b Courtesy of Juzhong Zhang & the Institute of Archaeology, Zhengzhou; 117a BM; 117b Courtesy of the Gordion Project, University of Pennsylvania Museum of Archaeology and Anthropology; 118a D.A.I., Cairo; 118b Norman de Garis Davis, *The Tomb of Nakht at Thebes*, 1917; 119a GL; 119b Norman de Garis Davis, *The Tomb of Nakht at Thebes*, 1917; 120a © James L. Amos/CORBIS; 120b Brooklyn Museum of Art, Museum Collection Fund 40.16; 121a&b © Justin Kerr; 122a © Justin Kerr; 122b, 123a Michael Coe; 123b Famensi Museum, Fufeng, Shaanxi Province; 124a *Antiquity* 198, 1976; 124bl R. S. Merrilees; 124c Photo Hirmer; 125a Photo Nimatallah/Agenzia Luisa Ricciarini; 125b *Antiquity* 198, 1976; 126l Museo Nazional de Antropologia, Mexico City; 126a PB; 127 © Gianni Dagli Orti/CORBIS; 128–29 WF; 130 GL; 131bl& Copyright © 2004 by WARA, Centro Camuno di Studi Preistorici, 25044 Capo di Ponte, Italy; 132a PB, after David G. Mandelbaum, *The Plains Cree* (1979), fig. 12; 132b © Canadian Museum of Civilization, catalogue no. III-L-185 a–b, photographer Ross Taylor, 1993, image no.S93-7877; 133a © Canadian Museum of Civilization, catalogue no. III-H-100, negative no. J5412; 133b Chapin Collection, Department of Anthropology, University of Winnipeg; 134a H.A. Shelley in S. Piggott, *The Earliest Wheeled Transport* (1983), fig. 8; 134b © Ronald Sheridan/AA&A; 135a Centrale Fotodienst der Rijksuniversiteit Groningen; 135c Institut za arheologijo ZRC SAZU, Ljubljana. Photo Marko Zaplatil; 136a Stuart Piggott; 136cl J. P. Mallory; 136b PB, after J. P. Mallory; 137al Courtesy of the American Museum of Natural History; 137ar Sichuan Provincial Museum, Chengdu; 138 Giovanni Dagli Orti; 139 © Roger Wood/CORBIS; 140a Byron Brett; 140c Photo Hirmer; 140b BM; 141a Richard Bryant; 141c PB; 141b Roger Wilson; 142 Andy Burnham; 143a © Dept. of Environment, Heritage & Local Government Photo Unit, Dublin; 143b Photo Courtesy USGS; 144a akg-images/Hilbich; 144c Catherine Lawrence & Claire Ivison; 144b RHPL; 145 © Francesco Venturi/CORBIS; 146a&bl Colin O'Connor; 146br Drazen Tomic, after Colin O'Connor; 147 Colin O'Connor; 148a&b Colin O'Connor; 149 RHPL; 150a Musée Cernuschi, Paris; 150b Polish Archaeological Mission to Palmyra; 151a Sally Nicholls; 151b © Patrick Ward/CORBIS; 152 Drents Museum; 153a WF; 153b © Cameron McPherson Smith; 154a&c British Archaeological Expedition to Kuwait; 154b © Mary Jelliffe/AA&A; 155 Sally Nicholls; 156a Photo Peter Howorth, courtesy of Santa Barbara Museum of Natural History; 156b John G. Ross; 157a&c © National Maritime Museum, London; 158a PB, after Seán McGrail; 158bl © Hulton-Deutsch Collection/ CORBIS; 158br after H. P. Ray, *Monastery and Guild* (1986), fig. 4.1; 159a after
J. Newcomer; 159b BM; 160 John Sherwood Illsley; 161a GL; 161b WF; 162 Metropolitan Museum of Art, Rogers Fund and Edward S. Harkness Gift, 1920; 163a National Museum of Denmark, Copenhagen; 163b © Gianni Dagli Orti/CORBIS; 164 Landesmuseum, Mainz. Photo Ursula Rudischer; 165a After J.-F. Champollion *Monuments de L'Egypte et de la Nubie*, 1835-45; 165r Staatliche Museen zu Berlin, Preußischer Kulturbesitz, Antikensammlung; 166l PB, after E. G. R. Taylor, *The Haven-Finding Art* (1971), fig. 5a; 166r Eckhard Slawik/Science Photo Library; 167a PB, after D. Lewis, *We the Navigators* (1972), fig. 14; 167b PB, after Seán McGrail; 168a&b GL; 169 Prof. John P. Oleson; 170–71 akg-images/Erich Lessing; 172 © Justin Kerr; 173bl PB; 173br © Paul A. Souders/CORBIS; 174a Scala; 174c Sally Nicholls; 175l Photo © RMN; 175b PB;

도판 출처

176a&b Peter Rowley-Conwy; 177l National Museum of Denmark, Copenhagen; 177ar&c PB; 177b BM; 178ar © James Mellaart, courtesy Çatalhöyük Research Project; 178bl Bibliothèque Nationale de France, Paris; 179 Jürgen Liepe; 180a l andesmuseum, Mainz; 180c PB; 180b Peter Clayton; 181a PB; 181c © The Trustees of the National Museums of Scotland; 181r Cultural Relics Publishing House, Beijing; 181b National Museum of Denmark, Copenhagen; 182l National Museum of the History of the Ukraine; 182b Griffith Institute, Ashmolean Museum, Oxford; 183l D.A.I., Athens; 183r Qin Terracotta Museum, Lintong, Shaanxi Province; 184al PB, after Dien, 1981/82, fig. 2; 184cl PB; 184ar BM; 184br Museum für Völkerkunde, Vienna; 185 © Gianni Dagli Orti/CORBIS; 186a akg-images/A. Lorenzini; 186b Scala; 187 akg-images; 188ar © Paul Almasy/CORBIS; 188bl akg-images; 189 Scala; 190a © Angelo Hornak/ CORBIS; 190b © Chris Hellier/AA&A; 191a Graeme Peacock; 191b akg-images; 192a AA&A; 192b P. Newberry, *Beni Hasan* (1893); 193a akg-images/ Erich Lessing; 193b PB, after S. Grimbly, *Encyclopedia of the Ancient World* (2000), 240; 194a Sally Nicholls; 194b Roger Wilson, 195a PB, after E. W. Marsden, *Greek and Roman Artillery* (1969), fig. 1; 195c PB, after J. Alm, *European Crossbows, A Survey* (1994), fig. 44; 195b PB, after S. Turnbull, *Samurai Warfare* (1996), 12; 196a BM; 196b Photo Hirmer; 197a Index/Summerfield; 197b BM; 198a BM; 198b Morning Glory Publishers, Beijing; 199 Roger Wilson; 200 Jürgen Liepe; 201a akg-images/Erich Lessing; 201b akg-images; 202al Courtesy Boris Rankov; 202ar PB; 202b © Mike Andrews/AA&A; 203 akg-images; 204a Scala; 204b akg-images; 205 Scala; 206a P. Newberry, *Beni Hasan* (1893); 206b © Gianni Dagli Orti/CORBIS; 207a Peter Clayton; 207b The J. Paul Getty Museum, Malibu, California, Gift of Barbara and Lawrence Fleischman, h: 51 cm (20 ^{1}/$_8$ in), diam: 42 cm (16 ^{1}/$_2$ in); 208 BM; 209c © Danny Lehman/CORBIS; 209b © Justin Kerr; 210cl Irving Finkel; 210b BM; 211a Brooklyn Museum of Art, Charles Edwin Wilbour Fund; 211c GL; 211b Cultural Relics Publishing House, Beijing; 212–13 Ministère de la culture et de la communication, Direction régionale des affaires culturelles de Rhône-Alpes, Service regional de l'archéologie; 214 SSPL; 215 Courtesy Francesco d'Errico, CNRS; 216a Picture with permission of Chris Henshilwood, African Heritage Research Institute, Cape Town, South Africa; 216b Photo by Hilde Jensen, Institut für Ur-und Frühgeschichte und Archäologie des Mittelalters, Eberhard-Karls-Universität, Tübingen; 217 Photo Thomas Stephan, copyright Ulmer Museum; 218a&b Ministère de la culture et de la communication, Direction régionale des affaires culturelles de Rhône-Alpes, Service regional de l'archéologie; 219 Jean Vertut; 220a Inštitut za arheologijo ZRC SAZU, Ljubljana. Photo Marko Zaplatil; 220b Institute of Cultural Relics & Archaeology of Henan Province, Zhengzhou, China; 221l University of Pennsylvania Museum of Archaeology and Anthropology, Philadelphia; 221b WF; 222a Scala; 222bl Kelsey Museum of Archaeology, University of Michigan; 222br National Museum of Vietnamese History, Hanoi; 223 Papyrologisch Instituut der Rijksuniversiteit Leiden; 224a Florida State Museum; 224b Instituto Mexiquense de Cultura: Museo de Antropologica e Historia del Estado de México, Toluca; 225ar © Justin Kerr; 225b BM; 226t Drawing by H. Breuil; 226b Ministère de la culture et de la communication, Direction régionale des affaires culturelles de Rhône-Alpes, Service regional de l'archéologie. Photo Jean Clottes; 227 BM; 228bl Musée du Louvre, Paris; 228br The Institute of Archaeology, CASS, Beijing; 229al Staatliche Sammlung Ägyptischer Kunst, Munich; 229c AA&A; 229br BM; 230a&b BM; 231al BM; 231ar PB, after R. Parkinson, *Cracking Codes* (1999), 84; 231b PB, after S. Singh, *The Code Book* (1999), fig. 2; 232 Sächsische Landesbibliothek, Dresden; 233a BM; 233b Institute of Nautical Archaeology; 234bl&br The British Library, London; 235ar Alexander Marshack; 235c Bibliothèque Nationale de France, Paris; 236a Landesamt für Denkmalpflege und Archäologie Sachsen-Anhalt, drawing by K. Schauer; 236b Landesamt für Denkmalpflege und Archäologie Sachsen-Anhalt. Photo Juraj Lipták; 237 © Ronald Sheridan/AA&A; 238a SSPL; 238b PB, after R. Gordon, *Journal of Mithraic Studies* 1(2) 1977; 239 Photo © RMN; 240a Mike Pitts; 240c, b PB, after A. Aveni, *Ancient Astronomers* (1993); 241a&b AA&A; 242a WF; 242b Heidi Grassley © Thames & Hudson Ltd; 243a AA&A; 243b Museo Egizio, Turin; 244 Cultural Relics Publishing House, Beijing; 245a SSPL; 245b The British Library, London; 246a Musei Capitolini, Rome; 246b Kunsthistorisches Museum, Vienna; 247ar BM; 247b Photo © RMN – Gérard Blot; 248al BM; 248c Eleanor Robson; 248ar after D. H. Fowler, *The Mathematics of Plato's Academy: A New Reconstruction* (1999), pl. 1; 249a after S. Cuomo, *Ancient Mathematics* (2001), fig. 1.4; 248c after M. Closs, in H. Selin, *Mathematics Across Cultures* (2000), 228; 249b SSPL; 250a&b BM; 251al&tr BM; 251b Cultural Relics Publishing House, Beijing; 252a,c&b BM; 253a BM; 253b Courtesy Museum of Fine Arts, Boston; 254al BM; 254ar Eleanor Robson; 254b National Palace Museum, Taiwan; 255a&b Staatliche Museen zu Berlin, Preußischer Kulturbesitz; 256a R. L. Moodie, *Paleopathology* (1923), fig. 43; 256b G. Elliot Smith, *The Most Ancient Splints*, BMJ (1908) 732–34; 257a Drazen Tomic, after C. Singer & E.A. Underwood, *A Short History of Medicine*

(1962), 46; 257b BM; 258a Archivi Alinari, Florence; 258b Romisch-Germanisches Zentralmuseum, Mainz; 259ar&c SSPL; 259b GL; 260a SSPL; 260b Staatliche Museen zu Berlin, Preußischer Kulturbesitz; 261sa SSPL; 261b Romisch-Germanisches Zentralmuseum, Mainz; 262a BM; 262b Photos: Ralph Jackson; 263a&b Photos: Ralph Jackson; 264l&r Joann Fletcher; 265 G. Elliot Smith, *The Royal Mummies*, 1901; 266a Joann Fletcher; 266 b W. R. Dawson, *Journal of Egyptian Archaeology* 13 (1927); 267a&b Joann Fletcher; 268–69 WF; 270 WF; 271l AA&A; 271r Metropolitan Museum of Art, New York; 272al Ashmolean Museum, Oxford; 272ar Joann Fletcher; 272b © Charles O'Rear/CORBIS; 273a&b Joann Fletcher; 274c Cultural Relics Publishing House, Beijing; 274b Joann Fletcher; 275a Petrie Museum, University College, London; 275b National Museum of Denmark, Copenhagen; 276l Scala; 276br Egyptian Museum, Cairo; 277a Ashmolean Museum, Oxford; 277b Egyptian Museum, Cairo; 278a Joann Fletcher; 278c&br BM; 278bl Museum für Völkerkunde, Vienna; 279a Musée de l'Homme, Paris; 279b BM; 280 University of Pennsylvania Museum of Archaeology and Anthropology, Philadelphia; 281a Museum of Deir ez-Zor, Syria; 281bl PB, after Jack Ogden; 281br Metropolitan Museum of Art, New York, Rogers Fund, 1908; 282a BM; 282c Jack Ogden; 282b Courtesy of Eskenazi Ltd; 283a&b BM; 284 Egyptian Museum, Cairo; 285a WF; 285b Musée du Louvre, Paris; 286l Hebei Provincial Museum, Shijiazhuang; 286ar Abdel Ghaffar Shedid; 287a WF; 287b Musée du Louvre, Paris; 288l BM; 288r Metropolitan Museum of Art, New York; 289a WF; 289b Massimo Borchi/Archivio White Star; 290a Harer Family Trust; 290b GL

인용문 출처

1 John Frere, Report to the Society of Antiquaries, London, regarding ancient stone implements and fossil animal bones found at Hoxne, England, 1799; 4 Grahame Clark, *Prehistoric Europe* (London, 1952); 5 Steven Mithen, *The Prehistory of the Mind* (London & New York, 1996), 170; 7 de Civrieux, cited by David M. Guss, *To Weave and Sing; Art, Symbol, and Narrative in the South American Rain Forest* (Berkeley, 1989), 103; 8 V. Gordon Childe, *Man Makes Himself* (London, 1956), 83–84; 9 Georgius Agricola, *De re Metallica*, 1556, trans. H.C. Hoover & L. H. Hoover (London, 1912); 10 Homer, *Odyssey*, Book IX; 11 Pliny the Elder, *Natural History* XXXVI, 191–92; 12 From the Courtship of Inanna and Dumuzi, trans. D. Wolkstein and S. Kramer *Inanna. Queen of Heaven and Earth* (London, 1983); 13 Vitruvius, *Ten Books on Architecture*, Ingrid. D. Rowland & Thomas Noble Howe (Cambridge, 1999), 34; 14 M. Lichtheim, *Ancient Egyptian Literature* vol. II. The New Kingdom (Berkeley, 1976), 42; 15 Homer, *Odyssey*, Book XXIII; 16 Pliny the Elder, *Natural History* XXXVI, 200; 17 Frontinus, *On the Aqueducts of Rome* 1.16; 18 Marcus Aurelius, *Meditations* 8.24; 19 Homer, *Odyssey* XXI, 5–7 & 42–48, trans. Walter Shewring (Oxford, 1981); 20 Bruce D. Smith, *The Emergence of Agriculture* (New York, 1995); 22 Diodorus Siculus, I.35.3; 23 Antipater of Thessalonica, *Greek Anthology* 9.418; 26 Charles Darwin, *The Descent of Man* (London, 1871), 132; 27 Pliny the Elder, *Natural History* XIV, 28.137; 28 Apicius, *De re Coquinaria*, 1, 9; 29 trans. Michael D. & Sophie Coe; 30 Herodotus, *Histories*, 4. 74; 31 Thomas Drummond, 'The Canadian Snowshoe', *Transactions of the Royal Society of Canada* Series III, vol X, 1916, II, 305; 32 V. Gordon Childe, *Man Makes Himself* (London, 1936), 139; 34 Robert Louis Stevenson, *Travels with a Donkey* (London, 1878); 35 F. W. Robins, *The Story of the Bridge* (Birmingham, 1948); 37 James Hornell, *Water Transport* (Cambridge, 1946); 38 Basil Greenhill, *Archaeology of the Boat* (London, 1976); 40 Eric McKee, *Working Boats of Britain* (London, 1983); 41 John Masefield, *Sea Fever*; 42 Edward de Vere, Earl of Oxford, *The Labouring Man That Tills the Soil*; 43 William Blake, *Jerusalem*; 44 Richard Burton, *The Book of the Sword* (London, 1884); 46 Robert Bage, *Hermsprong* (Dublin, 1796); 47 Josephus, *The Jewish War*, V 6.3; 48 Homer, *Iliad* 20; 49 Pseudo-Xenophon, *The Constitution of the Athenians* 1.2; 52 Rudyard Kipling, *The Conundrum of the Workshops*; 53 Marius Schneider, 'Primitive Music' in E. Wellesz, *Ancient and Oriental Music* (Oxford, 1957); 54 H. G. Wells, *A Short History of the World* (London, 1922); 55 Whitfield Diffie, in R. Parkinson (ed.), *Cracking Codes: The Rosetta Stone and Decipherment* (London, 1999); 56 Rabindranath Tagore, *Fireflies*; 57 O. Neugebauer & R. Parker, *Egyptian Astronomical Texts III*, (London, 1969), 214–15; 59 *Panegyrici Latini* 9.20–21; 60 Aristophanes, *Clouds* 202–05, after A. H. Sommerstein, (Warminster, 1982); 61 Plato, *Republic* II, 371b; 62 Laws of Hammurabi, §108, trans. E. Robson; 63 R. Arnott, 'Healing and medicine in the Aegean Bronze Age', *Journal of the Royal Society of Medicine* 89 (1996), 265; 64 Celsus, *On medicine*, VII, Prooemium, 4; 65 Garcilaso de la Vega 1609, trans. H. V. Livermore, *Royal Commentaries of the Incas* (Austin, 1987); 66 Herodotus, *Histories*, Book V.6; 67 Nearchus, Fragment 11, 28, quoted in R. Lane Fox, *Alexander the Great* (London, 1973) 348; 68 Vannoccio Biringoccio, *Pirotechnia*; 69 J. Klein, in R.L. Zettler & L. Horne (eds), *Treasures from the Royal Tombs of Ur* (Philadelphia, 1998), 144.

찾아보기

*이탤릭은 도판 설명 페이지임

ㄱ

가공원(架空園) 60, 106
가구 13, 14, 15, 60, 73~75 ;
　그리스와 로마의 가구 73~75 ;
　근동의 가구 73 ; 신석기시대의 가구 71 ;
　아메리카의 가구 75 ; 중국의 가구 75 ;
　파라오의 가구 72~73
가락바퀴 53
가리개 71, 72
가마 39, 40, 40, 50 ; 가마 기술 40 ; 가마터 40
가발 269, 277, 277, 278, 284, 286
가사 222, 223
가죽 29 ; 가죽 띠 230, 231 ; 가죽 망토 20 ;
　가죽 부대 81 ; 가죽 사본 232 ;
가죽배 130, 161 ; 가죽옷 274
가축 15, 109, 109, 112, 114, 138, 150
갈대 바구니 35 ; 갈대 배 154, 164 ;
갈대 피리 222
갈레노스 80, 87, 258
감시탑 187, 188
감자 93, 94, 95
갑옷 15, 17, 172, 177, 178, 182, 182, 183 ;
　가죽 갑옷 183 ; 비늘 갑옷 183 ; 사슬 갑옷 183 ;
　청동판 갑옷 183, 183
강철 46~48, 181
강화 처리 51, 52, 52
개 109, 109, 110, 112, 133
갤리선 17, 172, 200~204, 201 ;
　트리아콘토르(1단 노 갤리선) 200~201 ;
　펜테콘토르(대형 갤리선) 201 ;
　트리이림(3단 노 갤리선) 201~203, 202, 203, 204 ;
　4단 노 갤리선 203 ;
　펜테레이(5단 노 갤리선) 203, 204 ;
　6단 노 갤리선 206
거석묘 59, 67, 214
거울 270, 288, 288
거푸집 48, 50, 51, 51, 52, 52 ;
　거푸집 공사 70 ; 거푸집 불기 51, 52
걸쇠 89, 90, 90
검 48, 178, 180, 180, 181 ;
　가타나 178 ; 글라디우스 히스파니엔시스 180, 181 ;
　스파타 180 ; 시아오 181 ; 지안 181 ;
　청동 검 181 ; 호플리테스 검 180
격발식 활 17, 194, 194, 195 ; 마링 전투 194 ;
　배불뚝이 활 195 ; 베게티우스 195 ;
　염소 발 지레 195, 195 ; 오유미 194 ;
　휴대용 격발식 활 195
격자 19, 21, 21, 22, 23, 23, 28, 32, 178
경구 피임약 290
경도 244, 245
경화 227, 247, 247
계단식 부지 59 ; 계단식 터널 80 ;
계단식 피라미드 67
계산 도구 214 ; 계산용 구덩이 248
계산용 막대 248
계소 202, 203
고든 차일드 37
고르디움 73, 117 ; 고르디움의 고분군 75

고무 123
고무공 208, 209
고물 155, 200, 201
고삐 139, 140 ; 간접 고삐 140
고양이 110, 112
고전기 마야 120, 121
곡물 91, 117, 118 ; 곡물창고 94, 110
공성 17, 172, 187, 188, 188, 192, 193 ;
공성기 17, 172, 187, 188, 188, 192, 193 ;
공성 망치 189, 192, 193 ; 공성 방패 192 ;
공성 사다리 192 ; 공성용 경사로 193 ;
공성 탑 192, 193, 204, 204 ; 누만티아 193 ;
　마사다 193 ; 알레시아 193
공이 32, 33, 33
공작석 285 ; 공작석 가구 284
공중 목욕탕 81, 86, 87
공중 위생 255, 258
과학기술 12~15, 19~22, 41, 76, 113, 177
관개 15, 80, 97, 103 ; 관개 수로 105, 105
관개용수 99
관체족 267, 267
괭이 95, 98
괴베클리 테페 92
괴철 46, 47
구기 경기 205, 206, 208, 209
구리 20, 41, 42, 44, 44, 47, 171 ; 구리 동전 251, 251 ;
　구리 제련 42 ; 구리 주조술 14, 41
구석기시대 41, 93, 116, 131, 174
구슬 41, 49, 282, 283 ; 구슬 목걸이 279
구일라 나쿠이트 동굴 93
군선 172
굴대 82, 103, 137
굴뚝 79, 115
굴대 15, 139, 140, 198
굴림대 134, 137
굴봉 95, 95
권투 205, 206, 206, 208
귀 있는 바늘 31, 269
귀고리 271, 280
그노몬 167
그랑 메니르 브로제 66
그레이엄 클라크 131
그리스 43, 70, 75, 79, 81, 86, 88, 89, 107, 113,
　117, 167, 172, 208, 223, 223, 229, 238, 244, 257,
　261, 275, 277, 281, 288, 289, 290
그림문자 96, 134, 135, 227, 227, 228
그물 16, 17, 174, 174
극동 49, 54, 66, 110
근동 39, 88, 110, 114, 117, 139, 280
굵개 22, 22, 23, 29
금 20, 43, 279, 280, 281, 286, 288 ;
　금 정제술 44 ; 금 제련술 280 ; 금귀고리 281 ;
금목걸이 282 ; 금박 281, 282 ; 금세공 기술 280
금성 235, 236, 242
금속 41, 42, 46, 73, 115, 178 ; 금속 거울 288 ;
금속 경첩 34, 41 ;
금속 굴대 140 ; 금속 냄비 115 ; 금속 단도 16 ;
금속 무기 181 ; 금속 보습 96 ; 금속 세공술 39, 282 ;
금속 용기 73, 115, 115 ; 금속 재갈 139 ;
금속 조리 기구 115 ; 금속 징 89 ; 금속 처리기술 21 ;

금속 톱 136 ; 금속 화폐 250
기둥 69, 69, 70
기병대 17, 172, 181, 197, 198, 199
기자 67, 69, 70, 72, 73
기장 92, 110
《기하학 원본》 248
기호 214, 230
길 254, 254
까뀌 20
깔개 36, 72

ㄴ

나무 15, 19, 21, 29, 30, 71, 73, 76, 89, 131, 142, 159 ;
나무 껍질 배 154 ; 나무 대못 89 ;
나무 도구 12, 26, 26 ; 나무 따비 96 ;
나무 바퀴 104, 135 ; 나무 원형관 104 ;
나무 징 224 ; 나무 창 14, 26, 27, 171 ;
나무못 158, 163 ; 나무진 117 ; 나무판 75
나스카 265 ; 나스카 문화 38 ; 나스카 토기 17
나카다 247, 247
나크트 105, 118, 119, 286
나투피안 유적지 32, 33
나할헤르마르 274
낙타 130, 150, 150, 151 ; 낙타 안장 14, 150, 151
난로 61, 71, 79
난방 15, 76
날 19, 23, 27, 29, 29, 180
날름쇠 89, 89, 90, 90
날실 56, 56, 57
남아메리카 38, 44, 57, 127, 264, 271, 272
납 44, 82 ; 납 유약 40 ; 납추 166
내비침 방식 57
내쌓기 공법 70, 80, 82, 148
냉장 오두막 80, 81, 81
넓적다리 보호대 141
네부카드네자르 106
네사우알코요틀 108
네안데르탈인 12, 14, 23, 25, 25, 28, 28, 113, 269,
　273
네코 2세 149
네이브하그두드 91, 92
노 16, 27, 130, 155, 162, 162, 163, 163, 164, 164,
　200, 200, 201, 202, 203, 204
노래 213, 221 ; 노랫말 222, 223, 224
노르웨이 57, 131, 132
노보티토로프카 문화 135, 136
노새 101, 102, 138
노이마겐 34
노잡이 172
노젓기 163~164
노프레트 284
녹로 40
놋촛 164
누구 183
누벽 172, 187~190
누비아 271, 274

누주 141, 198
눈 화장 284, 285 ; 눈 화장품 용기 285
눈칼 31
뉴그레인지 67, 239
뉴스테드 180 ; 뉴스테드 재갈 140
니네베 15, 17, 82, 105, 106, 112, 174, 177
니오 동굴벽화 219
님 83, 83
님루드 73, 112, 171

ㄷ

다리 83, 83
다리우스 149
다리우스 3세 199
디스킬레이온 141
다주식 복도 69, 69
단도 46, 171, 178, 178, 180
단봉낙타 150, 150, 151
단창 31, 171
달력 213, 214, 239, 239, 240, 240, 241, 241, 242
당나귀 135, 138
대마 125 ; 대마 종이 234
대삼각범 160, 160
대수층(帶水層) 80, 82, 83
대운하 149
대저울 254
던지는 창 16, 175, 175, 180, 183
덫 16, 27, 171, 173
데나리우스 251
데레이프카 138
데이르 엘 메디나 63, 99, 278
데이르 엘 바리 64, 271
델로스 83, 169
델리 철기둥 47, 47
도가니 39, 41~43, 47, 48
도가니강 47, 47, 48
도개교 188
도관 48, 81~83 ; 납 도관 81, 82 ;
　대나무 관 81 ; 점토 관 81 ; 토기 관 81
도구 19, 27, 41
도기 39, 40, 40
도끼 20, 33, 46 ; 도끼 머리 20 ; 도끼날 20
도량형 253, 254
도로 129, 143, 143, 144, 144, 145
도르래 103
도선장 168, 169
도시 구획도 246, 246
돌 15, 19, 21, 29, 41, 42, 59, 59, 61, 63, 66, 67,
　69~71, 76, 120, 146, 178 ; 돌 격지 27 ;
돌 도구 12, 21 ; 돌 버팀대 146 ; 돌 수로 82 ;
돌 창촉 14, 178 ; 돌 화살촉 176 ; 돌날 19, 30 ;
돌담 187 ; 돌달 130 ; 돌도끼 33 ; 돌망치 21 ;
돌모루 21 ; 돌문 88 ; 돌의자 70 ; 돌침대 71, 71 ;
돌칼 178, 181
돌니베스토니체 37, 56
동굴 61 ; 동굴 가옥 63 ; 동굴 예술 213 ;
동굴벽화 32, 215, 216, 219, 226

299

동물 뼈 215
동물원 106, 112
동손 문화 222
동이 99, 103 ; 동이 달린 물방아 103, 104
동전 44, 214, 250, *250*, 251, *251*, 252, 253 ;
동전 주조술 43
돛 14, 16, 130, 137, 155, 156, 159~161 ;
  가로돛 159, 160 ; 대삼각범 159, 160 ;
  돛자리돛 159, 161 ; 러그돛 159, 160, 200, *202* ;
  돛단배 153 ; 돛대 14, 160, *160*, 161, 164, 167
두대박이 범선 160
두개골 변형 273, *273*
두라에우로포스 141
두상 그림문자 249
둔황 234
드레스덴 사본 232
등대 78, 130, *168*, 169
등받이 72, 75 ; 등받이 없는 의자 72, 73
등자 195, *199* ; 등자 고리 141
등잔 76~78 ; 금속 등잔 78 ; 도기 등잔 78 ;
  토기 등잔 78 ; 피마자유 등잔 78, 77
디얄라 100, 138
디에고 두란 205
디오도로스 193
디오클레티아누스 140, 199
따비 96, *96*
딸랑이 221, 224
뗏목 27, 130, 152, 164

ㄹ

라디아테스 251
라마들렌 동굴 *13* ; 라마들렌 암벽 거주지 *30*
라스코 76, 216
라자레 동굴 61
라코루냐 169
라텍스 123
람세스 2세 69, 112, 229
람세스 3세 *165*, 272
레버 263
레부스 원리 227, 228
레슬링 205, 206, 208
레이구둔 *43*, 113
로마 43, 51, 60, 66, 70, 75, 79, 80~83, 85,
  86~88, *86*, *89*, 129, 144, 208, 251, 258, 261,
  262, 271, 272, 277, 281, 283, 288~290
로브스존 기빙스 75
로제타석 230, *230*
룩소르 230
류보 211
류트 222
르무스티어 28
르발루아 기법 23, *23*
르플라카르 *12*, 29, 31, 235
리디아 43, 250
리라 222
리마 265
리미니 263, *263*
리미라 148
리비우스 199, *252*
리히메키 131
린드 파피루스 247, *248*

ㅁ

마구 15, 111
마글레모시아인 31
마누포르트 21
마르도니우스 198
마르차보토 86
마르쿠스 아그리파 85, 86
마리 81, 105, 119
마리화나 125, 126, *126*
마상이 130, 158
마야 70, 120, 121, 123, 129, 214, 224, *224*, 235,
  238, 239, 241, 242, 249, 270, 271, 273, 288
마야 사본 235
마약 60, 124
마오리족 270
마왕퇴 244, 274, 276
마우리아 제국 251
마우리키우스 199
마차 111, 135, 143
마추픽추 59
마쿠아이틀 178
막대 88, 89, 132 ; 막대 싸움 206
만칼라 210
말 15, 111, 130, 137, 138, 140, 142, 196, 199, *199* ;
  말 갑옷 141 ; 말 방호구 141
망루 188~191
망치 21, 23, 281
망토 275, 276
맞물려 딸기 57
매머드 뼈 61, 62, *62*
맷돌 14, 20, 32, *32*, 91, 92 101, *101*, 102, *102*,
  120, 122
머리 보호대 141
머리받침 72, *73*
머리장식 277, *280*
멍에 96, 135, 140, 196 ; 멍에 안장 140
메기도 80
메디아 277
메로에 151
메소포타미아 *13*, 38~42, 49, 55, 76, 78, 80, 81,
  96, 97, 99, 100, 105, 112, 117, 135, 136, 138, 154,
  184, 205, 221, 227, 228, 232, 250
메이든 성 190, *190*
메츠히리치 62, *62*, 119
메케트레 56, *162*
멕시코 93, 95, 110, 120, 137
멘투호테프 172, 188
명령의 지팡이 *30*, 31
모닥불 25, 76
모자이크 유리 50, 51
모체 255, 271, *271*
모카신 132
모테쿠소마 108
모헨조다로 *13*, 84, 85, 165, 208
목걸이 20, 41, 279, *281*
목검 178, 183
목공술 31, 60, 75, 136
목공용 도구 29 ; 목공용 선반 75 ;
  목공용 작업대 75
목기 19, 26, 27
목발 256
목욕탕 79, *79*, 84, 87
목공 61, 63, 70, 72 ; 목재 다리 146 ;
목재 디딤대 146 ; 목재 버팀대 147 ; 목조 가옥 63
몬태나 19
몰도바 61
몰타 67
무와탈리스 2세 196
무이스카 문화 286
문신 17, *17*, 270, 272, 273
문양 216, 226, 250, *250*, 251, 272, *272*
문자 17, 213, 225~229, *225*, 232, 235, 247
물 60, 61, *80*, 82, 98 ; 물 공급 80, 85, 97 ;
물 수송 81~83 ; 물 저장 83
물갈퀴 104
물고기 덫 173, 174
물방아 102, 103, *104*
물시계 239, 242, *242*
미노아 125, 200, 206, 208, 270
미늘 31, *31*, 176 ; 미늘 갑옷 141
미다스 73, 75, 117
미라 214, 264~267, *264*, *266*, *267*, 271, *271*,
  272, 287, 288
미케네 70, 80, 85, *125*, 143, 184, 200 ;
  미케네 성채 189, *189* ; 미케네 항아리 180
미트라 제단 238
믹스텍 270, 249
밀 92, 94, 110
밀라말라 241
밀랍 31, 78, *233*, 266, 281, *281* ; 밀랍 서판 233 ;
밀랍판 214
밀레피오리 50, 51
밀펌프 103, 104

ㅂ

바구니 14, 15, 20, 35, *35*, 36, *36*, 56, *98* ;
바구니배 155, *155*
바늘 12, 19, 31
바다리안기 56, 265, 284
바다호산 광산 282
바르나 20, 43, 44
바르베갈 103, *103*
바르투 158
바빌로니아 238, 239, 242, 243, *243*, 247, 248,
  288
바빌론 54, 106
바퀴 *13*, 16, 102, 103, *103*, 104, 129, *129*, 134~
137, 142, 143 ; 바퀴 달린 수레 *134*, 136, 137, 151 ;
바퀴 달린 장난감 *136* ; 바퀴 장치 104 ;
바퀴 테 103 ; 바퀴살 103 ; 바퀴축 104
바크트 40, 206
바페이오 16
《박물지》 44, 86, 87
박음질 157, 158
박트리아낙타 112, 150
발라원 동굴 219
발칸 반도 41, 280
발판 72, *75*
발효 117, 120 ; 발효 음료 114, 116
방아 102
방아두레박 99, *99*, 100, 103
방패 171, 172, 178, 179, 180, 184~186, *186*, 193
방혈 255, 261 ; 방혈 의식 271
배 14, 66, 129, *130*, 168

배수 85, 103 ; 배수용 돌담 144 ; 배수 체계 15, 86
백금 280, 285
백스트랩 직기 57, *57*
밸브 81
뱃전판 155
범람원 97~99
범선 103, 159, 160, *160*, 161, 172
범장 159, 161
베게티우스 195
베니하 40
《베다》 248
베로니카 태턴 브라운 49
베르날 디아스 108
베를린 문서 256
베스 238, *285*, 290
베스타 76, 79
베이다 계곡 94
베이세울탄 55
베티 *115*, 204
벨리즈 120
벽돌 *84*, 137
벽화로 113
별 235 ; 별들의 목록 238 ; 별자리 *235*, 238 ;
별자리 운세 237
보겔헤르트 216
보남파크 224
보드 게임 210 ; 보드 게임 판 210
보디페인팅 269, 270
보레알기 131, 132
보리 91, *91*, 92, 94, 110
보리 맥주 117, 118
보석 17, *20*, 269, 270, 279~283
보스코레알레 75
보아즈코이 189, *190*
보타이 111, 138
복합 도구 27~29, 31
복합 무기 28, 177
복합 활 177
부교(浮橋) 147
부구(浮具) 152
부구(浮球) 242
부메랑 16, 175, 176, *176*
부목 256, 261
부분 틀니 259
부사(浮絲) 57
부싯돌 19, 20, 23, 27, 29, *177* ;
부싯돌 도끼 20 ; 부싯돌 칼 31, 260
부엌 113, 114, 115
부적 255, 266, 279, 289, *290*
부조 *15*, *17*, 35, 69, 75, *75*, 99, 105, 119
부채 278, *278*
부황 258, *258*
북 213, 221, 224
북극성 *166*, 167
북아메리카 57, 127, 132, 133
북유럽 132, 280, 282
분동 253, *253*, 254
분쇄용 도구 32, *33* ; 분쇄용 돌(암쇠) *33*, 101
불 15, 19, 24, 25, *25*, 34, 39, 41, 76, 113, 115
불로뉴 169
브라이언 헤이든 39
브레스트식 수차 102
브리튼 42, 76, 272
블롬보스 동굴 216, *216*

찾아보기

블루수스 160
비늘 갑옷 *199*
비단 54, 276
비단길 *144*, 145, 234, *234*, *274*, 276
비블로스 80
비잔틴 52, 82
비치스피트 25
비트루비우스 80, 81, 84, 249 ;
비트루비우스의 방아 102 ; 비트루비우스의 수차 103
빈도랜더 *141*
빗장 89
빙겐 260, *261*
빙하 인간 270, *272*
빨펌프 104
뼈 15, *19*, 21, 23, *29*, *29*, *30* ;
뼈로 만든 바늘 *274* ; 뼛조각 *24*
뿔 21, 23, *29*, *29*, 30, *30*, 141

ㅅ

사냥 20, 24, *109*, 129, 171, 177, 269
사라와크 *155*
사르곤 *278*
사르곤 2세 196, *198*
사르디스 *144*
사마천 *288*
사모스의 테오도로스 75
사발 38, *39*
사우스스트리트 96
사우테쿠틀리 *270*
사육 *109*, *110*, 112
《사자의 서》 *105*, 254
사카라 *67*, *221*, 228, *232*
사크사외만 69
사키야 99, 100, *100*, 103, 104
사포 *87*
사포딜라 *123*
사포텍 사회 249
사하라 안장 *151*
사후레 *112*
삭구 *159*
산페드로 선인장 *127*, *127*
산로렌조 *81*
산족 20, 91
산치 *141*
살라미스 해전 *202*, 203
살마네세르 5세 *253*
살바퀴 135~137, 196
살정제 *289*
살촉 *29*, 31
《삼히타》 259
상사식(上射式) 수차 *102*
상아 29, 31, 215
상징 기호 *226*, *227*, *227*
상징석 *227*
상형문자 213, *225*, 228, *229*, *230*, *231*
새기개 *23*
샌들 276, *277*, *277*
샘 80, *80*, 81
생가죽 부구 *152*, *153*
생이슐 *22*
샤먼 *126*, 127
샤파이어 *283*

살마네세르 3세 *192*, 196
서랍식 거푸집 *48*
서아시아 32, 49, 50, 91, 92, 99, 137
석기 19, 21, 22, 24, 26, *27*, 32, 69, 134, 178
석조 가옥 *65* ; 석조 건축물 15, 59, 66, 67, 70 ;
석조 건축술 *69* ; 석조 다리 *148* ; 석조 사원 *67*
석탄 48, *76*
석퇴 *98*, 99
석판 32, 101, 210, 219
선가(船架) *149*, 169
선박 *75*, *159*
선사시대 *124*, 220
설상화 *129*, *132*, *132*, *133*
설형문자 *226*, *227*, *253* ; 설형문자 서판 *213* ;
설형문자판 *225*, *227*, 230, 235, 248
섬유 53, 54, 56
성벽 *66*, *172*, *189*
세공 34, 36 ; 격자 세공 *35* ; 내비침 세공*35* ;
엮음질 세공 34, 35, *36*
세네카 *242*
세네트 *211*
세르드 *103*
세티 1세 *69*, *265*
센나케리브 *106*, *112*
센나케리브 왕 *17*, *82*
센워스레트 3세 *188*
셀라 쿠룰리스 *75*
셈판 *249*
소 *110*, *111*, 135, 137
소그디아나 문서 *234*
소다 *49*
소다석 *265*, *266*, *266*
소로 *142*, *142*, *144*
소쉬르 *227*
소지법 *257*
소치필리 *126*, *126*
손북 *223*, 224
손잡이 *180*
솔로카 *138*
솔루트레안 문화기 *176*
솔리두스 *252*
솔리디 *252*
송곳 *29*, 31
송진 *76*, *76*, *265*, *266*
쇠뇌 *189*, *193*, *193*, *194*, *194*, *195* ;
디오니시오스 193 ; 암미아누스 *194* ;
투석기 193, *194*, *194* ; 페린토스 *193* ;
필리포스 193, 203
쇠닝겐 *19*, *26*, *26*, *27*, *27*
쇼베 동굴 218, *226* ; 쇼베 동굴벽화 *216*
수레 *13*, *16*, *129*, *129*, 135, *136*, *136*
수렵 25, 91 ; 수렵-채집 사회 38, 219
수렵-채집인 37, 41, 91, 92, 95, 174, 175, 176, 205
수로 *82*, 85, 86, 98
수로교 *83*, *83*, 103, 107
수메르 *54*, *225*, 226, *241* ; 수메르 점토판 228
수사 *144*, 247, *247*
수수 99, 110
《수스루타 삼히타》 *261*
수원 80, 81
수조 *82*, *83*
수지(樹脂) *27*, *78*
수직 굴대 *103*
수직 송곳 *283*

수직 톱니바퀴 *103* ; 수평 톱니바퀴 *103*
수직식 직기 *57* ; 수평식 직기 *56*, *57*
수차 60, 103, *103*, *104* ; 수직 수차 *102*
수학 *238*, 247, 248, 249 ; 수학 교육 *247*, *248*
순록 *175*, *176*
숫자 247~249
숯 41, *43*, *48*, *76*, *79*, *113*, 219
슈칼리투다 *105*
스리랑카 *123*, *282*
스미스 파피루스 *261*
스웨덴 *131*, *133*
스위스 군대 칼 *28* ;
스위스 군대 칼 효과 *28*, *28*, 29~31
스위트 트랙 *142*, *142*
스카라브레 *67*, *71*, *71*, *85*
스케이트 *129*, *133*
스크래블 *211*
스크루펌프 *99*
스키 *16*, *129*, *131*~132, *131* ;
남쪽 양식 *132* ; 북쪽 양식 *132*
스키타이 *46*, *266* ; 스키타이 전사 *270* ;
스키타이족 *139*, *272*
스키테일 *231*
스탠웨이 *262*, *262*
스테튼아일랜드 *123*
스톤헨지 *66*, *134*, 214, *239*, *240*
스툴 *73*~75
스트라보 *154*
스트렙시아데스 *249*
스트리갈 *87*
스파르타 *180*, *208*, *231*, *288*
스페인 *57*, *265*, *267*
스포츠 *17*, *172*, *205*
스폰딜루스 *252*, *252*
스프랭 *54*
스피리트 동굴 *274*, *276*
슬로베니아 *135*
승기르 *279*
시나이 *229*
시돈 *288*
시디아브달라 *174*
시라쿠사 *203*
시리아 *57*, *139*, *198*
시베리아 *31*, *272*, *288*
시스시아 *252*
시스트럼*223*
시아오 *181*
시알크 *150*
시우테쿠틀리 *241*
시칠리아 *100*
시투아 *255*
시트 하토르 루네트 *288*
시황제 *119*, *145*
식량 *113* ; 식량 저장 용기 *34*
식물원 *106*, *108*
식이요법 *255*, *257*~259, *289*
식탁 *72*, *74*, *75*
신발 *269*, *270*, *276*
신석기시대 *14*, *27*, *33*, *35*, *39*, *41*, *71*, *81*, *85*,
92, *96*, *101*, *110*, *110*, *116*, *116*, *117*, *124*, *135*, *136*,
192, *194*, *247*, *260*
신전 *67*, *69*, *69*, *70*
실 *53*, *56*, *57*
실 잣기 *53*

쌀 *92*, 110
쌍갈대 피리 *222*
쌍노 *164* ; 쌍노 기술 *164*
썰매 *134*, *134*, *137*
쐐기 *136*
씨실 *56*, *57*

ㅇ

아게실라오스 *288*
아구차 *44*
아나톨리아 *38*, *41*, *42*, *73*, *221*, *277*
아니타스 *196*
아라비아낙타 *150*
아라우시오 *245*
아랍 제국 *99*, *141*
아레초 *96*
아르시 쉬르 퀴르 *279*, *279*
아르키메데스 *99*, *104*, *249* ;
아르키메데스의 스크루펌프 *100*
아리스토파네스 *85*, *249*
아리아노스 *141*
《아리아바티야》 *248*
아마르나 *49*, *63*, *65*, *125*
아마포 *265*, *266*, *274*, *275*
아만디오 *64*
아메리카 *42*, *43*, *46*, *69*, *93*, *110*, *118*, *127*, *273*
아메시오스 *207*
아메이노클레스 *203*
아멘호테프 2세 *274*
아멘호테프 3세 *285*, *287*
아몬 신전 *69*
아무네트 *277*
아베 브뢰이 *226*
아부심벨 *69*
아브릭 로마니 *114*
아비도스 *67*
아슈르나시르팔 2세 *73*
아슈르바니팔 3세 *196*
아슈르바니팔 왕 *75*, *105*, *198*, *198*, *257*, *278*
아스완 *67*, *69*
아스텍 *95*, *108*, *120*, *120*, *121*, *123*, *127*, *129*, *178*,
184, *224*, *249*, *252*, *270*, *271*, *278*, *278*, *286*, *288* ;
아스텍 건축 *69*
아시리아 *15*, *17*, *73*, *75*, *82*, *147*, *196*, *271*, *288*
아우구스토늄 *246*
아우구스투스 *251*, *266*
아우구스티누스 *199*
아울로스 *222*, *223*
아유르베다 *259*
아이누족 *131*
아이스킬로스 *76*
아인말리하 *91*
아즈라크 *88*
아치 *69*, *70*, *70*, *82*
아케메네스 제국 *144*, *198*, *251*
아쿠아클라우디아 수로 *82*
아크로티리 *165*
아키아가도 *144*
아킬레우스 *257*
아테네 *16*, *70*, *70*, *81*, *85*, *242*, *250*
아트레우스 *70*
아편 *124*, *124*, *125*, *125* ; 아편 흡입관 *125*

찾아보기

아폴로도루스 146, 147
아프리카 23, 61, 110
아피아가도 144, 145
악기 220~224 ; 악보 222, 223 ; 악사 222, 223
악어 배설물 페서리 290
안데스 42, 57, 93, 94
안장 15, 130, 140, 141, 150, 150, 198
안장 옷 140
안치교 148
안테포케르 115
안토니오 로페스 데 산타 안나 123
안트레아 174
안티오크 78
알공킨 인디언 132, 132
알랄라흐 197
알렉산드로스 대왕 106, 119, 139, 147, 193, 199, 245, 250, 266, 275, 282
알렉산드리아 100, 100, 102, 103, 130, 169, 214, 249, 258, 266, 288
알부뇰 동굴 124
알 우바이드 111
알코네타 148
알코올 116, 117, 120, 126, 127
알타미라 216
알파벳 229, 229
알파카 93, 94, 110
암미아누스 194
암미자두가 235
암쇠 101, 102
암포라 118, 119
암호 214, 230, 230, 231 ; 대치 암호법 230, 231 ; 스키테일 230 ; 스파르타 231 ; 전치 암호법 230, 231 ; 카이사르 231
애버리진 20, 25, 32, 91, 176, 176, 215, 219
애완동물 60, 112
앨프레드 버츠 211
야금술 12, 15, 20, 41, 44
야마 93, 94, 110, 112
야생 당나귀 138, 196
야생 말 138, 175
야생 밀 91
야생 쌀 92
야생 콩 93
야생 호박 93
야생 돼지 110
야쿠트족 132
양 110, 110, 111
양귀비 124 ; 양귀비 꼬투리 124, 125, 125 ;
양귀비 열매 124
양날 격지 29
양날 기술 23
양날 노 156, 162
양날 도구 23
양모 54, 55, 111
양수기 60, 103~105
양저우 54
양쯔 강 38, 80
양취안 119
양피지 231 ; 양피지 두루마리 233 ;
양피지 사본 232
양홍 286
얼음 119 ; 얼음 움집 60 ; 얼음집 119
에드윈 스미스 문서 256
에라토스테네스 245

에리사스트라토스 258
에버스 문서 256
에안나툼 왕 185
에오히푸스 138
에우세비우스 252
에우프로니오스 140
에트루리아 144, 222, 288
에페드라 125
에피쿠로스 107
엔니온 52
엔헤두아나 222
엘라가발루스 황제 275, 285
역청 154, 266
역행 방지판 104
엮음질 36 ; 엮음질 세공 36
연철 46, 47, 48, 181
연회용 식탁 73, 75
열쇠 89, 89, 90
염료 38, 218, 219
엽전 251, 251
예루살렘 81, 82
예르완 82
예리코 37, 62, 66, 92, 94, 187, 187, 260
예멘 267, 267
엠데트 나스르 247
오네라리아 161
오다이아모모토 38
《오디세이아》 167, 244
오렐 스타인 234
오록스 177
오비디우스 285
오스트랄로피테쿠스 61
오스티아 85, 144, 238, 261
오이코우메네 244, 246
오카 95
오카리나 224
오크니 제도 70, 71
옥 270, 280, 281 ; 옥 세공술 280
옥수수 93, 93, 110 ; 옥수수 낟가리 14 ;
옥수수 맥주 118
올덴부르크 142, 142
올두바이 도구 23 ; 올두바이 문화 21, 22 ;
올두바이 협곡 21, 22, 22 ; 올두바이의 석기 26
올레니 오스트로프 132
올림피아스 호 202, 203
올림픽 대회 205, 207, 208
올멕 문명 120
완전 문자 227, 228
외과 수술 260~263
외과용 도구 260~263, 262, 263 ; 국자 263 ;
끌 263 ; 레버 263 ; 메스 262 ; 바늘 262 ;
방혈 도구 262 ; 외과용 톱 260 ;
원통형 천공기 261 ; 접이식 손잡이 263 ;
정 263 ; 카테터 262 ; 톱 260, 262 ;
핀셋 262, 263, 263
외날 찍개 23
외륜 162, 200
외바퀴 손수레 14, 137
외팔보식 다리 147
요르단 계곡 91, 92
요새 17, 187~191 ; 로마의 요새 190 ;
만리장성 191 ; 메이든 성 190 ; 멘투호테프 188 ;
부헨 요새 188, 188 ; 센워스레트 3세 188 ;
아울루스 플라토리우스 네포스 190 ;

이집트의 요새 188 ; 장안의 요새 191 ;
정저우의 요새 191, 193 ;
하드리아누스의 성벽 190, 191
용광로 42, 48
용수철 89, 90
용재 46, 47
우루크 134, 154, 225, 247
우르 81, 117, 135, 183, 221, 271, 279, 280, 282
우르의 전승 기념판 111, 134, 182, 196
우물 80, 83, 104
우세르하트 196
우아스테펙 108
우에우에틀 224
우즈 118
욱스말 83
운시아 251, 254
운하 80, 98~100, 148
울루부룬 50, 157, 233
울타리 27, 173, 187, 190
울타리 수문 149, 149
워터-스크루 103, 104
원숭이 112, 112
원시 문자 226, 227
원양 항해 130 ; 원양목 뗏목 153
원예 15, 105, 108
원통 인장 99, 117 ; 원통형 단지 125 ;
원통형 바퀴 136, 196 ; 원통형 상아 그릇 125 ;
원통형 천공기 261, 261
원형관 104
월력 249
월식 238
웨나문 278
위도 244
위성 항법 장치 168
유라시아 19, 31, 118, 124, 134
유럽 66, 87, 96, 133, 136, 137
유리 40, 49, 51, 75, 284 ; 유리 가마 49 ;
유리 거울 288 ; 유리 그릇 49, 49, 50 ;
유리 막대 50 ; 유리 부는 기술 49, 50, 51 ;
유리 분동 253 ; 유리 제작술 14
유스티누스 139
유스티니아누스 199
유카탄 121
유클리드 248 ; 유클리드의 전통 249
유프라테스 강 99, 100
윤년 240, 241
은 20, 44, 250, 280 ; 은전 251 ; 은제 거울 288 ;
은제 나팔 223 ; 은제 접시 44 ; 은화 250
음계 220, 220
음료 60, 113, 113, 118, 120, 122
음악 213, 220~224 ; 음악 이론 222, 224
음표 222, 223 ; 음표 체계 223
의료 윤리 강령 257
의복 17, 270, 274, 276, 279
의자 72, 74, 75
의족 261, 261
의치 259
의학 255~259
이누이트족 46, 62
이동 경작 방식 95 ; 이동식 의자 72, 73 ;
이동식 잉아 56 ; 이동식 화로 79, 115
이물 155, 204
이슐리안 주먹도끼 22
이오니아 244

이외르트스프링 163
이음매 69
이음쇠 157
이중 나무 꺾쇠 158
이집트 14, 50, 50, 54, 66, 67, 69, 70, 72, 74, 75, 80, 81, 87, 97, 98, 99, 100, 105, 107, 112, 118, 119, 124, 124, 139, 144, 156, 159, 165, 177, 206, 211, 214, 221, 221, 222, 223, 227, 228, 232, 237, 239, 243, 250, 256, 261, 265, 265, 266, 266, 270~272, 275~278, 280, 282, 284, 286, 287~289 ; 이집트 문명 230 ; 이집트 상형문자 230 ;
이집트 파양스 49 ; 이집트 향수 288
이티 마르두크 발투 211
이포코스트 60
이뮈이 99
인더스 계곡 227, 228, 279, 281, 285, 288
인더스 평야 100
인도 43, 48, 110, 130, 261, 271, 288
인쇄 228, 232 ; 인쇄술 245
인장 88, 282, 283, 259
일로 264, 272
《일리아드》 244
일식 238
잉카 69, 95, 129, 145, 145, 214, 241, 271, 276

ㅈ

자갈 169
자귀 46
자르개 23
자물쇠 88, 89, 90, 90 ; 날름쇠 자물쇠 89, 90 ;
맹꽁이 자물쇠 90 ; 지레 자물쇠 89, 90
자바 240, 240, 241
자카르 직기 53
작물 37, 112, 114
작살 19, 31, 31, 174
작은곰자리 166, 167
장 프랑수아 샹폴리옹 230
장대 64, 64, 163, 167
장부 136, 157, 158 ; 장붓구멍 157, 158
장식용 문신 272 ; 장식용 코걸이 271, 271
장식장 71, 71
장식용 토기 127
장신구 15, 43, 270, 279, 280, 281, 281, 282
재갈 139, 139, 140
재배 감자 94
재배 밀 93
재배 콩 93
재배 퀴누아 93
쟁기 16, 60, 95, 95, 111, 135 ; 쟁기질 96
적회식 도자기 40 ; 적회식 항아리 42
전쟁 129, 171, 172 ; 전쟁 무기 17, 20, 178
전차 14, 17, 48, 111, 123, 135, 137, 141, 143, 172, 177, 196, 197
전투용 수레 196, 196
전함 17, 201, 204
절구 32, 33, 33
점성술 235, 235, 236, 238, 255, 257 ;
점성술사 235 ; 점성학 214
점토 37, 37, 40, 40, 62, 114, 224, 281, 281 ;
점토 경화(硬貨) 213, 226, 249; 점토 압인 88, 89 ;
점토 용기 115, 247 ; 점토 틀 281, 281 ;
점토 항아리 20 ; 점토판 214, 226, 232, 243, 243

247, 248, *248*, 257
접이식 ; 접이식 마야 사본 232 ; 접이식 스툴 73 ;
접이식 절단기 261, *261* ; 접이식 침대 *72*
정 19, 29, *29*, 30, 31
정원 60, 99, 105~108, *107* ;
　고대 중국과 일본의 정원 108 ;
　고대 페르시아의 정원 106 ; 그리스의 정원 107 ;
　로마의 정원 107, 108 ; 아메리카의 정원 108 ;
　아시리아와 바빌론의 정원 106 ;
　이집트의 정원 105, 106
제1차 포에니 전쟁 204
제갈량 137
제련술 41
제방 *97*, 98
제임스 쿡 166
제철술 46
조리 113~115, *113*, *114* ; 조리법 60, 113 ;
조리용 냄비 38, 39
조립식 원통 80
조명 76 ; 조명시설 15
조몬 문화 *38* ; 조몬 토기 37, *38*, 114
조세르 67
조시무스 48, 204
조지 라이스너 *73*
조지프 니덤 41
존 드프랑수아 227
종이 214, 233~234, *234* ;
종이 제조법 228, 233, 234
주(周) 왕조 49, 108
주랑 107, *107*
주먹도끼 *22*, 23
주발 39
주석 42, 47 ; 주석 광산 43
주술 의식 257 ; 주술 행위 256 ; 주술사 256
주판 247, 249
중국 *14*, 42, 48, 51, 63, 76, 81, 89, 90, 92, 110,
　110, 118, 119, 122, 123, 135, 137, 141, 147, 159,
　162, 208, 214, 220, 228, 238, 243, 244, 270,
　280, 282, 288
중동 41, 44, 48, 117, 210
중앙 키 162, 165
중앙아메리카 57, 81, 93, 101, 134, *136*, 137, 228,
　241, 281
중앙아시아 48, 135, 234
지도 214, 243~246, *243* ; 아틀라스 245 ;
　에라토스테네스 245 ; 지도 제작 243, 245 ;
　척도 243~245 ; 투영법 245 ;
　포이팅거 지도 246, *246*
지레 자물쇠 90
《지리학》 245
지방 63, *63*, 69, 76, 78, 79
지야후 220, *220*
지중해 57 101 117, 125
지하 ; 지하 구덩이 60 ; 지하 도관 *85* ;
　지하 도수 터널 82 ; 지하 수로 81, 82, 99
직기 53, 55, 56, *56*, 57
직물 14, 53, 56 ; 직물 옷 274
직조 57 ; 직조기술 15, *54*, 56 ; 직조법 57
직화 *114* ; 직화 구이 114
진주 282, *283*
질그릇 40
짐 썰매 129
짐리린 119
짐수레 129, 143

집게 52, *113*
짧은 노 162
찍개 19, 22, *22*

ㅊ

차 60, 122, *123*
차빈 데 우안타르 신전 127, *127*
차뉴 56
차탈휘위크 35, *62*, 63, 85, 178, *178*, 274, 288
창 13, 16, 19, 23, 26~28, 70, 171, 172, 179, *179*,
　185
창유리 51, 52
창촉 19
채색 ; 채색 사본 27 ; 채색 주발 39 ; 채색 토기 *14*
채색 항아리 74
채윤 233
채집 20, 24, 25, 91
척도 243, 245
천 54, 56, *56*, 57
천공 ; 천공 도구 260 ; 천공기 *260*, 263 ;
천공술 255, 260, 261 ; 천공용 칼 260
천구 238 ; 천구극 166 ; 천구의 적도 242
천궁도 235, 236, 242
천문학 214, 235, *235*, 236, 238, 239
천연 관개 97, 98
천연 구리 41
천연 설탕 116, 118
천연 역청 123
천연 효모 117
천체 235, 236, *236*, 237, 239, 240, 241
천체도 238
철 54, 46, 47, 48, 89, 96, 171, 180, 181, 283 ;
　철 석쇠 115 ; 철 용수철 89 ; 철 제련술 46 ;
　철괴 47 ; 철제 격자 88, 89 ; 철제 단도 46 ;
　철제 도구기술 75
철기시대 88, 132, 283
청금석 221, 279, 282
청동 42, 75, 134, 171, 180, 181 ; 청동 거울 288,
　288 ; 청동 검 181 ; 청동 그릇 *43* ; 청동 동전 251 ;
　청동 북 222 ; 청동 세발솥 113 ; 청동 심벌즈 221 ;
　청동 양동이 117 ; 청동 열쇠 걸이 89 ;
　청동 온수기 81 ; 청동 원형관 104 ;
　청동 재갈 140 ; 청동 조리 기구 115 ;
　청동 주화 251, *251*, 252 ; 청동 향로 *286* ;
　청동 화폐 250
청동기시대 *14*, 33, 42, 43, 76, 78, 80, 83, 86,
　106, 124, 136, 206, *207*, 260, 280
청주 117, 118
체스 172, 210, 211
초콜릿 60, 118, 120, *121*
최음제 17, 270, 290
추 30, *56*, 174, *214*
추크치족 62, 132
축 88, *88*, 90, 101, 103, 104, 137, 196, *290*
축력 101, 103
측량사 245, *245*, 246
측량술 243
측면 노 *165*
측면 키 165
측봉 166
측연추 *162*, 166, 169 ; 납 측연추 169 ;
　돌 측연추 169 ; 동물 지방 169 ; 부표 169

차남파 108
치리바야족 264, 272, 273, 278, 286
치마 275, *275*
치아파스 39
치장 32
치클 123
친초로 문화권 264
친초로족*264*, 265
침대 74 ; 침대 닫집 73 ; 침대 틀 72, 73
침수지 142
칭기즈 칸 177

ㅋ

카나트 99
카누 13, 16, 20, 27, 130, 200
카다고나 21
카렐리아 131, *131*, 132
카르나크 69, *69*, 106, *231*
카르타고 83
카리언 90
카말 167, *167*
카약 154, 162
카우치 74, *75*
카이사르 151, 152, 160, 199, *241*
카카오 ; 카카오 나무 *122* ;
　카카오 열매 120, *122* 252 ; 카카오 콩 120, *120*
카테터 262
카푸아 40, 261, *261*, 288
칼 23, 29, 171, *171*
칼리에나 169
칼브트레스카 131
캐드버리즈 122
캐럴 앤드루스 49
캐스터네츠 223
캐슬린 케니언 37
커디스프링스 32, *32*
케바라 동굴 25, *25*
케스텔 42, *42*
케티 193
켄트 플래너리 14
켈수스 258, 261
켈트족 155, 160, 288
코낙 동굴 219
코로이보이스 207
코린트 80
코사 107
코스 257
코스텐키 62
코엔라트 반 호텐 121
코코아 121 ; 코코아 버터 121 ; 코코아 분말 122
코크스 48
콘돔 289
콘스탄티노플 83, 276
콘스탄티누스 황제 252, 273
콜더우드 173
콜럼버스 55, 132, 133, 167, 252
콜리어 143 ; 콜리어 소로 143
쿠노벨리누스 165
쿠비포라 24, *24*
쿠스코 69
쿠티카나 동굴 219
쿠푸 왕 *156*, 157, 165
쿠누아 93

쿠푸 227
큐빗 254, *254*
크노소스 81, 86, 106, 148
크레타 200
크로마뇽인 29~31
크세노폰 139~141, 197
크세르크세스 147
크테시비오스 104 ; 크테시비오스의 장치 104
크테시폰 70
클라우디우스 황제 144, 169
클랙턴 27
클로비스 날 29
클로아카 막시마 85, 86
클리스모스 74, *75*
키레니아 160, *160*
키루스 106
키시 135
키쿨리 197
키타라 223
키타리스트 119
키톤 277
키티움 124, 125
키프로스 110 ; 키프로스산 토기 124, *124*

ㅌ

타르칸 275, *275*
타르퀴니아 222
타르퀴니우스 199
타악기 221, 222
타클라마칸 271, 276, 285
타페리나 38
탁실라 47
탄소 47, 48
탐부르 99
탐폰 290
터보건 133, *133*
테노치티틀란 69, 119
테베 73, *109*, 118, 119
테스코인코 108
테오나나카틀 127
테오브로민 120
테오시트 93
테오티우아칸 81, 83, 108
테오프라스토스 76, 288
테트리쿠스 1세 251
테판티틀라 신전 108
텔로 179, *185*
텔 브라크 143, 281
토기 15, 20, *20*, 37, *37*, 38, 39, 40, 56, 93,
　110, 115, 116, 129, *136* ; 토기 그릇 92, 114, 119 ;
　토기 용기 114, 115, 120, 125 ; 토기 인형 222 ;
　토기 항아리 104, 135
토사 97, 98
토피아리우스 107
토피어리 107
통나무 130 ; 통나무 나르기 208 ;
　통나무 뗏목 152, 160 ; 통나무 형교 147 ;
　통나무배 130, 152, 155, 158
투구 15, *46*, 172, 183, 184, *184*, 186 ;
　가죽 투구 183, 184 ; 구리 투구 184 ;
　금속 투구 183, 184 ; 멧돼지 엄니 투구 183, *184* ;
　몬테포르티노 양식의 투구 184 ;

미노아 양식의 투구 184 ; 쿨루스 양식의 투구 184
투나엘게벨 75
투석기 193
투쿨티누누르타 2세 197
투키디데스 201, 203
투탕카멘 27, 46, 50, 72, 73, 76, 76, 88, 112, 222, 271, 274, 274, 275, 277
투트모세 3세 49, 106, 112
투트모세 4세 198, 271
툼바가 44, 44
튜닉 275, 276
트라야누스 147 ; 트라야누스의 기념주 258
트라키아 126
트랜스바이칼 38
트리알레티 136
트리야누스 146
틀 우선 방식 157, 158
티글라트 필레세르 106
티글라스 필레세르 3세 192
티라 200
티이 287
티피 62

ㅍ

파라카스 54, 265, 273
파로스 섬 78, 169
파르테논 70, 70
파리 사본 235
파리스 288
파브리키우스 147 ; 파브리키우스 다리 147
파비우스 루푸스의 저택 78
파사르가다에 106
파세르 231
파양스 49, 229 ; 파양스 도기 40 ; 파양스 유약 49 ; 파양스 향수 용기 287
파오 65, 65
파우아툰 249
파이윰 65, 94, 275
파이톨리스 92
파지리크 126, 126, 140, 272
파칼 70
파트로클로스 257
파푸스 249
파피루스 214, 223, 233, 243, 256 ;
파피루스 두루마리 228, 232, 233, 233
판유리 52, 52
판자 152 ; 판자 우선 방식 157 ; 판자 찬장 75 ;
판자배 152, 155, 156, 156, 157, 158, 158, 159
팔렝케 70
팔마라 150
퍼골라 107, 107
페달식 직기 57
페드라핀타다 38
페루 17, 53, 54, 93, 100, 110
페르가몬 81, 82
페르세포네 125 ; 페르세포네 여신 290
페르세폴리스 139, 144
페르시아 99, 100, 107, 141, 167, 266, 271, 275, 277, 282
페리비 157
페서리 290
페세 152, 155
페요테 선인장 127
페치 메를 216
페토시리스 75
펜던트 270, 279, 279, 280, 282
펠라고니우스 139
펠트 54, 55
펜투산 92, 93
평문(平文) 230, 231
평형추 254
포도 ; 포도나무 117, 118 ;
포도주 116, 117, 117, 118, 118 ;
포도주 제조 산업 118 ; 포도주 효모 117
포틀랜드 항아리 51
포파이 285
폰즈수블리키우스 147
폰테 디 노나 148
폴리비오스 181
폴림네스토르 207
폼페이 60, 64, 65, 78, 79, 81, 82, 82, 84, 86, 86, 89, 102, 106, 107, 107, 262, 263, 290
퐁 뒤 가르 70, 83, 83, 148
표준 중량 단위 250, 253
푸아비 왕비 117, 280
프로페르티우스 285
프리즈 70, 122
프리지아 75, 117 ; 프리지아 고분군 73
프타호텝 154
프톨레마이오스 245, 245, 248
프톨레마이오스 4세 203
플라톤 244
플런저 핀셋 263
플루타르코스 275
플리니우스 44, 49, 75, 80, 86, 87, 107, 154, 288
피라미드 59, 67, 69, 69
피리 213, 220, 220, 221, 222, 224
피시본 107
피어싱 271
피임 290 ; 피임 용구 17 ; 피임법 13, 289 ;
피임약 270, 289, 290 ; 피임용 페서리 290
피타고라스 244
필리포스 139, 199
필리포스 아리디우스 75

ㅎ

히드리아누스 황제 141, 190
하라파 160, 208
하르모세 223
하르무트 티에메 27
하부바 카비라 247
하사식(下射式) 수차 102
하수 ; 하수 시설 85 ; 하수 체계 86 ; 하수관 86 ;
하수구 86
하워드 카터 72
하이포코스트 79, 79 ; 하이포코스트 가열 방식 86
하지 239, 240
하토르 288, 288
하투실리스 1세 196
하투실리스 3세 46
하트셉수트 64, 106, 112
하프 221, 221, 222
한(漢) 왕조 16, 48, 96, 102, 108
한니발 199
할리스코 15
함무라비 법전 257
합금 42 ; 합금 장신구 282
항아리 38, 39, 40, 49, 51, 75, 81, 99, 115, 116, 120
항해술 130
해부학 214, 256, 258
해시계 238, 240, 241, 242, 242
해양 아스트롤라베 167
해자 172, 187, 188, 189, 190
핵 23, 23, 28, 29, 49, 49, 50, 50, 51, 181
햇빛 가리개 278, 278
행성 235, 236, 237, 238, 241
향 122, 123, 286
향고 286 ; 향고 단지 287
향료 266, 287, 288
향수 17, 270, 286~288 ; 향수병 285
향정신성 마약 127
향정신성 식물 124, 126, 127
향차 123
허난성 116
허스트 문서 256
헤나 물감 277, 285
헤드스매시드인 173
헤라클레스 199
헤로데스 아티쿠스 81
헤로도토스 126, 126, 149, 244, 266, 275, 287, 288
헤로필로스 258
헤론 193, 249
헤르쿨라네움 82, 88, 89
헤마카 232
헤베아 브라실리엔시스 123
헤스티아 79
헤이 260
헤테페레스 왕비 72, 73, 265
헬레니즘 47
헬렉 156
현외 장치 130, 155, 158, 201, 202, 203, 203
호라티우스 147
호루라기 221, 224
호르사바드 47
호메로스 46, 47 163, 167, 169, 200, 244
호모 네안데르탈렌시스 23
호모 사피엔스 23, 28, 216
호모 에렉투스 25, 25, 269
호모 에르가스터 23, 25
호모 하이델베르겐시스 23
호박 93, 282
호플리테스 185
호형 아치 148
홀렌슈타인슈타델 215, 216
홍수 97~99
홍옥수 279, 282
홍수 279, 282
화덕 13, 24, 25, 25, 113~115
화살 16, 19, 23, 171, 172, 183, 188, ;
화살촉 23, 176, 177
화성 236
화장 278 ; 화장술 284 ; 화장용 도구 284 ;
화장품 17, 270, 284~286, 285 ; 화장품 용기 285
환상열석 65, 67
활 16, 19, 27, 171, 171
활과 화살 176~177, 194
활비비 76, 76
활주부 133
활차 129
활차 손수레 137
황금 221 ; 황금 모형 배 160, 161 ; 황금잔 16
황도 237, 242
황동 43
황소 96, 129 ; 황소 뛰어넘기 206, 207
황토 216, 216, 284, 286
횃불 13, 76, 76, 78, 169
회반죽 69, 70, 91, 265
회양목 서판 233, 233
회전석 ; 회전식 맷돌 60, 101, 101, 102 ;
회전식 손잡이 104 ; 회전식 수평 절삭기 283 ;
회전식 열쇠 89 ; 회전식 자물쇠 열쇠 89 ;
회전식 축 135
회춘 오일 285
회취법 44
효모 116, 117
후베이성 182
후투트모세 3세 139
훈족 113 ; 훈제법 119
훈증 소독법 255
흑요성 178, 178, 179, 181, 183, 270
흑화식 항아리 80
히드라울리스 224
히에라콘폴리스 277
히타이트 46, 177
히파르쿠스 249
히파티아 249
히포크라테스 257, 258
힌두쿠시 147

10진법 248, 249
12천궁도 237
18왕조 105, 106
20개의 사각형 210, 210, 211
20개의 선 211, 211
20진법 249
4가지 체액 257, 258
4체액 이론 261
60진법 242, 247~249, 253
FxJJ20 24, 24, 25